技术分析

Technical Analysis Explained, Fifth Edition
The Successful Investor's Guide to
Spotting Investment Trends and Turning Points

（原书第5版）

华章经典 · 金融投资

MARTIN J. PRING

〔美〕马丁 J. 普林格 著

笃恒 王茜 译

机械工业出版社
China Machine Press

图书在版编目（CIP）数据

技术分析（原书第 5 版）/（美）普林格（Pring, M. J.）著；笃恒，王茜译．—北京：机械工业出版社，2015.12（2025.11重印）

（华章经典·金融投资）

书名原文：Technical Analysis Explained：The Successful Investor's Guide to Spotting Investment Trends and Turning Points

ISBN 978-7-111-52601-8

I. 技⋯ II. ① 普⋯ ② 笃⋯ ③ 王⋯ III. 股票市场–分析 IV. F830.91

中国版本图书馆 CIP 数据核字（2015）第 311642 号

北京市版权局著作权合同登记　图字：01-2014-1073 号。

Martin J. Pring. Technical Analysis Explained：The Successful Investor's Guide to Spotting Investment Trends and Turning Points, 5th Edition.

ISBN 0-07-182-517-7

Original edition Copyright © 2014 by McGraw-Hill Education.

All Rights reserved. No part of this publication may be reproduced or transmitted in any form or by any means, electronic or mechanical, including without limitation photocopying, recording, taping, or any database, information or retrieval system, without the prior written permission of the publisher.

This authorized Chinese translation edition is jointly published by McGraw-Hill Education and China Machine Press. This edition is authorized for sale in the Chinese mainland (excluding Hong Kong SAR, Macao SAR and Taiwan).

Simple Chinese translation edition Copyright © 2024 China Machine Press. All rights reserved.

版权所有。未经出版人事先书面许可，对本出版物的任何部分不得以任何方式或途径复制或传播，包括但不限于复印、录制、录音，或通过任何数据库、信息或可检索的系统。

此中文简体翻译版本经授权仅限在中国大陆地区（不包括香港、澳门特别行政区及台湾地区）销售。

翻译版权 © 2024 由机械工业出版社所有。

本书封面贴有 McGraw Hill 公司防伪标签，无标签者不得销售。

技术分析（原书第 5 版）

出版发行：机械工业出版社（北京市西城区百万庄大街 22 号　邮政编码：100037）	
责任编辑：黄姗姗	责任校对：董纪丽
印　　刷：北京铭成印刷有限公司	版　次：2025 年 11 月第 1 版第 15 次印刷
开　　本：170mm×242mm　1/16	印　张：43
书　　号：ISBN 978-7-111-52601-8	定　价：138.00 元

客服电话：(010) 88361066　68326294

版权所有·侵权必究
封底无防伪标均为盗版

译者序
The Translators' Words

本书是技术分析领域一部里程碑式的作品，获美国股票技术分析师协会专业推荐！

作者马丁 J. 普林格（Martin J. Pring）是当今颇负盛名的技术分析家，金融教育类网站 pring.com 总裁、普林格 – 特纳资本公司的主席，他还是备受尊敬的时事通讯《跨市场评论》(The Intermarket Review) 的主编。普林格先生写作了大量获得读者高度认可的金融类书籍，其中包括《技术分析基础教程》《技术分析精论》《股票投资心理战术》《普林格教你技术分析选股》《普林格打开证券黑盒子》《动能指标》《股票投资心理战术》《短线交易技术指南》和《积极型资产配置指南》等，同时他还为《巴伦周刊》(Barron's)、《期货》(Futures) 和《投资视野》(Investment Vision) 等主流财经杂志撰稿。

在普林格的众多作品中，本书是集大成之作，堪称当今最佳的技术分析专著。它主要是指导广大的市场参与者（包括许多业内人士）正确判断和精确预测大盘与个股的走势，寻找买卖的最好时机，以提高收益。在新版本中，普林格根据市场变化带来的影响，如计算机和互联网的普及、投资者时间框架的缩减等，增加了许多全新的内容，他将最新的交易工具和技巧与成功的分析技术和投资策略有机结合，强调极长期趋势对后续市场走势的启示，探讨了衡量美国股市信心的指标和关系，纳入了 SPK 指标等新的元素，同时加入了许多关于 ETF 的案例。

在本书中，作者还深入解析了技术分析的原理。他认为面对股价的涨跌、突发性的商业资讯和定期的财经报道，市场参与者会习惯性地做出反应，甚至可能是过激的反应，而这种反应方式是可以预知的。技术分析是研究市场参与者对过去事件的反应规律，运用所学知识，精确预测大众在未来应如何做出反应的一门艺术。技术分析体现了这样一个观点：股价按照一种趋势运动，而这种趋势是由市场参与者对经济、货币、政治和心理力量的变化而不断改变的看法决定的。作为一门艺术，技术分析是在相对早期识别趋势的逆转，并顺应趋势，直到有足够证据表明或证明趋势已经逆转。此处所说的"证据"由本书所描述的各种技术指标提供。本书篇章既相互联系又彼此独立，如果读者不能从头到尾研读，那么各取所需，挑选部分章节阅读也不失为一个很好的办法。想了解市场整体运作的读者可以看第 1～4 章；想了解动能指标的读者可以看第 13～15 章，另外，第 16 章 K 线图、第 35 章识别主要峰位和谷底的要点等也是非常重要的章节。

不过话又说回来，人类行为极其复杂，从来不会完全重复，同样，反映人类行为的市场也从不会复制过去，所以技术分析也常常出现误判的情形。基于这个原因，部分市场人士认为技术分析理论在实际运用中的价值很有限。

坦率地说，根据译者的经验，技术分析在应用中确实存在大量的问题，因为技术分析的好处与应用方法等在本书中已经有详细的介绍，所以在此我更想谈谈技术分析在实践应用中的一些问题，希望能够帮助大家规避不必要的损失。

首先，技术分析的有效性与分析对象密切相关。经验告诉我们，技术分析对市场整体趋势分析的可靠性要比单个大盘股高，而针对大盘蓝筹股的可靠性又比小盘股高。其实这个道理很好理解，因为说白了，K 线图是人做出来的。而小盘股市值有限，更容易被人为操纵，甚至有时庄家会故意画出"漂亮"的 K 线图来诱骗技术分析者。而大盘或蓝筹股被操纵的可能性相对较小，所以针对其使用技术分析，则有效性更高。

其次，技术分析的可靠性与其时间跨度的长短密切相关。20世纪90年代通信产业的技术创新让人们以相对较小的成本获得当天的交易数据成为可能。技术手段的革新使得投资者更加浮躁，几乎所有市场参与者的投资时间框架都大幅缩减，人们越来越多地运用技术分析执行短期投机策略。但值得注意的是，相对长期走势而言，短期走势会受到更多随机噪声的影响，这意味着技术分析的可靠性大打折扣。

还有，读者需要提防技术分析骗子。一方面，技术分析主张的波段操作在理论上能赚取远远超出其他策略的巨额利润；另一方面，技术分析运用大量的数据和图表，看似一门精确的科学，而且技术分析对股价未来走势做出的预测能够满足大众的心理需求。我们都知道大众恐惧不确定性，所以他们需要专业解析，喜欢听所谓专家的预测结果，即使一再证明那是错误的。这些因素导致很多骗子都喜欢打着技术分析大师的招牌行骗，他们宣称自己掌握了投资致富的万灵公式，开发了必赚的炒股软件，或者在电视、电台无所不能地预测各种趋势，等等。这些技术分析骗子深知股市风险巨大，自己往往不碰股票，却靠着贩卖"三流"的观点欺骗散户发财致富，因此，只有认识并远离这些骗子，大众才能避免不必要的损失。

最后，译者想提醒读者，技术分析是根据股票过去价格推测未来价格的艺术，说白了就是猜测股价趋势，是投机行为。每一个技术分析者都应该记住格雷厄姆在《聪明的投资者》中的教导："聪明的投机行为就如同聪明的投资行为，存在于市场之中。"然而，有许多方式显然是不智的投机行为，其中最为甚者：①从事投机却认为是投资；②以严肃而非消遣的态度从事投机，却又不具备相关的知识与技巧；③投机所涉金额超过自身能够承担亏损的范围。

总的来说，对于投机客，本书堪称最优秀的技术分析专著之一，是每位严谨的交易者和技术分析师的手头必备指南，相信大家能从中学习到更系统和严谨的技术分析方法。但对投资者而言,技术分析的方法则完全可以不学。当然开卷有益,阅读本书至少可以进一步了解其他市场参与者行为背后的逻辑。无论如何,只要大家严肃对待知识,避免滥用技术分析,就都能从本书中获益。

笃恒　王茜

前 言
Preface

任何人都可能在金融市场中赚大钱,但有很多因素导致大部分人无法实现这一目标。和生活中的大多数事情一样,制胜金融市场的关键在于"知识"加"行动"。本书致力于对金融市场的内部运作进行清晰的阐释,在"知识"部分为投资者提供帮助,而"行动"部分则取决于投资者自身的耐心、自律和理性。

20世纪80年代的中后期,无论现货市场还是期货市场,均出现了全球范围内投资与交易机会的大规模扩张。90年代的通信产业技术创新,让人们以相对较小的成本获得当天交易数据成为可能。如今,网络上涌现出大量的市场走势图网站,这实际上让每个人都具备了进行技术分析的条件。事实上,自本书第1版于1979年问世以来,技术分析的教授技术已经不断进化。20世纪80年代中期,我们率先通过视频的模式教授这一门课程,但我大胆预测技术进步和新媒体模式的普及将意味着第5版的电子书销量会超过传统的纸质书销量。如今,文字已经受到来自视听课程的竞争,例如,不久前我就在pring.com网站引进了在线互动技术分析视频。其他人也必定会追随这一潮流!

技术手段的革新使投资者的投资时间框架大大缩短。我不敢确定这是一件好事,因为相对于长期走势而言,短期走势会更多地受随机噪声影响,这意味着在其中应用技术性指标可能不像在长期趋势中运用那样有效。《技术分析》(Technical Analysis

Explained）第 5 版对书籍内容进行了扩充和完整的修订，增加了自第 4 版问世以来，对于技术分析领域创新与演进的一些最新见解。本版几乎对每个章节都进行了大规模的修订和扩充。出于时效性的考虑，我删除并替换了一些章节。

第 5 版仍然重点关注美国证券市场，但同时也涵盖了许多关于国际股票指数、货币市场、商品市场和贵金属市场的案例。本版还增加了专门的章节，介绍信用市场和全球股市的技术分析。同时，本版还纳入了对股票、债券和大宗商品极长期趋势的分析。本版对大部分案例进行了更新，但之前版本的一些旧案例也被特意保留下来，以为本书提供一种历史的视角。这些历史案例强调了一点：在过去 100 年间，市场并没有真正发生改变。经历史与实践证明的那些基本原理同样适用于现在，而且我相信未来也是如此。

因此，技术分析不仅适用于 1850 年的纽约，也适用于 1950 年的东京，并将适用于 2150 年的莫斯科，因为金融市场的价格走势是人类本性的一种反映，而人类本性大体保持不变。技术分析原理同样也可应用于任何时间框架下的自由交易主体。5 分钟棒线图与月线图中显示的趋势逆转信号都是基于相同的指标，唯一的区别在于这些信号的显著性可能存在差异。较短时间跨度内揭示的是短期走势，因此显著性较弱。

新版本中开头部分章节的编排顺序和之前的版本有些差异。在《马丁·普林格的价格形态理论》（*Martin Pring on Price Patterns*）一书中，我首先介绍了价格形态的基础理论、峰位–谷底分析、支撑位和阻力位、趋势线及成交量特征。《技术分析》第 5 版也是如此。这样一来，当读者接下去阅读价格形态的阐述部分时，他们将能更好地理解这些形态如何构建，该如何诠释。

第 5 版增加了两个新的章节。前面已经提到，其中一个章节是关于极长期趋势。极长期趋势是所有趋势的"老祖宗"，存在于 3 种主要的资产类别中，包括债券、股票和大宗商品。随着研究的深入，我越来越深刻地发现，极长期趋势的方向影响着随后市场趋势的特征。在极长期上行趋势中，主要牛市的幅度更大、持续时间更长；反之亦然。第23章就着重讲解极长期趋势的特征，以及如何识别极长期趋势的逆转。

另一个新章节探讨衡量美国股市信心的指标和关系。该章节指出，市场逆转信号往往能提前通过衡量投资者信心的变化得出。其他穿插在旧有章节中的重要内容包括SPK指标。这一动能指标通过短期、中期和长期KST指标的综合周期性计算得出，其峰位和谷底几乎与所监测价格曲线同步出现。第5版的另一个特征是在各图形示例中纳入了许多ETF的例子。作为创新产品，ETF使投资者和交易者购买反映大盘指数、板块或国家市场的一揽子股票或债券成为可能——而且这一切才刚刚起步。实际上，主动型ETF，如Pring Turner商业周期ETF（代码DBIZ）能让投资者参与多种策略，如本书第2章提到的策略。

此外，近年来市场上推出了一些交易所交易票据，使投资者得以购买特定大宗商品。不过，投资者必须保持谨慎，密切关注税费事宜，并确保期货市场持有成本真实地反映所对应大宗商品的价格波动。

自20世纪70年代以来，几乎所有市场参与者的投资时间框架都大幅缩减。因此，人们越来越多地运用技术分析执行短期投资策略。然而，这种使用方法可能令投资者大失所望：根据我的经验，技术指标的可靠性与时间跨度的长短密切相关。因此，本书的讨论主要以中长期趋势为主。当然，即便是短线交易者（投资时间框架为1～3周）也需要辨别大盘走势的方向与持续时间，这是因为大多数投资者常常因违背主要市场趋势而蒙受损失。虚假信号的发出往往源自一个逆趋势信号。这和逆水行舟一个道理。逆水行舟也可以前进，但难度极高。顺水行舟则要好得多。

技术分析应当被视为一门借助多种科学研究指标、对特定证券技术面进行分析的艺术。尽管本书讨论的许多技术指标都能有效地预示市场变动，但它们都具备一个相同的特征，即可能而且经常无法带来令人满意的结果。这一点对于理性投资者而言并无大碍，因为只要很好地掌握金融市场主要价格趋势的基本原则，发展对整体技术面状况的平衡观点，就能做到游刃有余。

毕竟，没有任何事物可以取代独立的思考。虽然技术指标的变动可以显示市场的基本特征，但只有靠投资者自身的努力，才能将所有方法有机结合，形成一套有效的投资工具。

这一任务绝不简单，因为初步的成功往往会导致过度自信和骄傲自满。技术分析之父查尔斯 H. 道曾经这样写道："过度自信令华尔街蒙受的损失大于其他所有错误观点的总和。"这种说法非常正确，因为市场实质上是对投资者行为的体现。正常情况下，这种行为会按照合理可测的路径发展，但由于人们的想法不断变化，市场价格趋势也可能脱离预期路径。若要避免蒙受严重损失，投资者，尤其是短线交易者必须在技术状况发生变化时调整自己的心态。

除了金钱上的报酬，对市场的研究也可以让我们通过观察其他人的行为及自身发展的方方面面更好地了解人性。投资者无疑必须不断接受市场的挑战和考验，而这也有助于我们更进一步地了解自己。华盛顿·欧文曾经写道："肤浅的心灵因不幸的打击而消沉，伟大的心灵却因此而得到升华。"

马丁 J. 普林格

目录

译者序
前言

第一部分 趋势判定的技巧

第1章 趋势的定义和相互作用 / 2
时间框架 / 2
3种重要趋势 / 3
市场周期模型 / 5
两种补充趋势 / 5

第2章 金融市场和商业周期 / 13
引言 / 13
金融市场的预测机制 / 13
市场波动和商业周期 / 15
商业周期六大阶段 / 16
较长的周期 / 17
技术分析的作用 / 18
市场经历（1966～2001年）/ 19

第3章 道氏理论 / 23
引言 / 23
理论阐述 / 24

　　　　理论实例（1998～2013年）／29
　　　　额外的考虑　／30

第4章　中期趋势的典型参数　／33
　　　　一些基本的观察　／33
　　　　中期趋势的定义　／33
　　　　次级折返走势的成因　／35
　　　　主要中期走势和后续折返走势的关系　／37
　　　　运用中期趋势辨别主要逆转　／37
　　　　美国股市的中期趋势（1897～1982年）／39

第5章　如何辨别支撑区与阻力区　／44
　　　　阻力与支撑　／44
　　　　确定潜在支撑/阻力位的原则　／46
　　　　判定潜在支撑区与阻力区重要性的原则　／55

第6章　趋势线　／57
　　　　如何绘制趋势线　／58
　　　　棒图与线图或收盘价走势图　／60
　　　　价格突破趋势线可能是趋势逆转或盘整的信号　／60
　　　　延长的趋势线　／64
　　　　对数（比率）与算术坐标单位　／65
　　　　趋势线的意义　／70
　　　　趋势线的衡量意义　／71
　　　　调整扇形原则　／72
　　　　趋势通道　／73
　　　　趋势线的竭尽突破　／74

第7章　成交量I：基本特征　／78
　　　　成交量研究的好处　／78
　　　　成交量的解读原则　／79

第8章　经典价格形态　／94
　　　　矩形形态简介　／97

持续时间和幅度 / 100

衡量指标 / 102

有效突破确认 / 105

头肩形态 / 112

双重顶和双重底形态 / 121

扩散形态 / 124

三角形形态 / 128

第 9 章　小型的价格形态和缺口 / 135

旗形形态 / 135

三角旗形态 / 137

楔形形态 / 138

碟形底与圆形顶形态 / 140

缺口 / 142

岛形反转 / 150

第 10 章　单棒与双棒价格形态 / 152

外侧棒形态 / 153

内侧棒形态 / 158

双棒逆转形态 / 161

关键逆转棒形态 / 165

竭尽棒形态 / 167

匹诺曹棒形态 / 170

第 11 章　移动均线 / 172

简单移动均线 / 172

加权移动均线 / 185

指数移动均线 / 186

移动均线类型的比较 / 188

有效的移动均线时间跨度 / 189

第 12 章　包络线和布林带 / 193

包络线 / 193

布林带 / 197

第 13 章　动能原理 I　/ 204
　　引言　/ 204
　　动能的诠释　/ 206
　　时间跨度的选择　/ 208
　　动能指标的原理和运用　/ 209
　　平滑的动能指标　/ 229

第 14 章　动能原理 II　/ 232
　　相对强弱指标　/ 232
　　RSI 的两种变形　/ 241
　　RSI 总结　/ 244
　　趋势背离指标（价格摆荡指标）　/ 244
　　随机指标　/ 251

第 15 章　动能原理 III　/ 261
　　确然指标　/ 261
　　SPK 指标　/ 274
　　定向运动系统　/ 282

第 16 章　K 线图　/ 287
　　K 线图的构建　/ 287
　　基本的 K 线形态要素　/ 289
　　执带线　/ 290
　　逆转现象　/ 291
　　持续形态　/ 305
　　K 线图与西方技术　/ 308

第 17 章　点数图　/ 313
　　点数图与棒线图　/ 313
　　点数图的绘制　/ 313
　　点数图详解　/ 318
　　点数图趋势线　/ 320

第 18 章　判定趋势的其他技巧 / 323

　　比例 / 323

　　速度阻力线 / 325

　　斐波纳契扇 / 329

　　甘氏扇 / 330

　　一目均衡表 / 332

第 19 章　相对强度 / 340

　　概念 / 340

　　构建 RS 曲线 / 341

　　RS 解释 / 342

　　个股与 RS 分析 / 351

　　RS 与动能指标 / 353

　　价差 / 358

第 20 章　综合讨论：以道琼斯交通运输指数为例（1990～2001 年）/ 360

第二部分
市场结构

第 21 章　价格：主要的价格指数 / 368

　　美国股市 / 368

　　综合市场指数 / 369

　　大盘指数与移动均线 / 373

　　主要指数与 ROC 指标 / 374

　　道琼斯交通运输指数 / 380

　　道琼斯公用事业指数 / 381

　　非加权指数 / 383

　　纳斯达克指数 / 384

　　罗素指数 / 385

　　全球股票指数 / 387

　　全球债券指数 / 388

商品指数 / 388

第 22 章 价格：板块轮动 / 390

板块轮动的概念 / 391

什么是板块和行业 / 396

板块轮动和全球股市 / 397

将经济周期划分为通货膨胀和通货紧缩两个阶段 / 398

领先板块与滞后板块的相对走势通常不同 / 401

领先、同步及滞后板块的划分 / 403

第 23 章 时间：分析股票、债券和大宗商品的极长期趋势 / 405

股市中的极长期趋势 / 408

大宗商品价格的极长期趋势 / 414

债券收益率和价格的极长期趋势 / 415

有助于决定极长期趋势方向的技术 / 417

识别长期大宗商品价格趋势逆转 / 421

识别长期债券收益率逆转 / 424

极长期趋势决定主要趋势的特征 / 426

第 24 章 时间：周期与季节形态 / 429

基本原则 / 429

18 年周期 / 435

17.5 年周期 / 436

9.2 年周期 / 437

10 年模式 / 439

4 年（41 个月）周期 / 444

总统周期 / 446

季节模式 / 448

第 25 章 识别周期的实用方法 / 454

周期的定义 / 454

原则 / 455

识别方法 / 455

　　　　周期高点与低点的结合 / 458

第 26 章　成交量 Ⅱ：成交量摆荡指标 / 460
　　　　成交量的变动率指标 / 460
　　　　主要趋势成交量 ROC 指标 / 465
　　　　成交量摆荡指标 / 466
　　　　需求指数 / 471
　　　　佳庆资金流量 / 472
　　　　股市成交量 / 475
　　　　能量潮指标 / 482
　　　　等量图 / 483

第 27 章　市场广度 / 487
　　　　基本概念 / 487
　　　　腾落线概念 / 488
　　　　广度摆荡指标（内部强度） / 497
　　　　季节性广度指标 / 508
　　　　股票市场的季节性（扩散）动能 / 509

第三部分
市场行为的其他方面

第 28 章　衡量信心的指标和关系 / 516
　　　　必需消费品 / 食品模型 / 517
　　　　高收益债 VS. 国债 / 521
　　　　将券商股视作领先指标 / 525
　　　　将通胀保值债券 / 常规债券作为大宗商品晴雨表 / 528

第 29 章　人气的重要性 / 531
　　　　替代人气指标的动能指标 / 532
　　　　内部人交易 / 533
　　　　咨询服务人气 / 535
　　　　《市场风向标》和债券市场人气 / 538

保证金债务 / 545
使用期权数据的人气指标 / 547
基本面指标：最好的人气指标之一 / 552
市场对新闻的反应 / 553

第 30 章 将逆向思维和技术分析结合 / 554
逆向思维的定义 / 554
为何大众是非理性的 / 556
逆向投资为何如此之难 / 558
形成逆向观点的三个步骤 / 559
技术分析的应用 / 566
区分短期与长期转折点 / 568

第 31 章 利率为何会影响股票市场 / 570
利率变化对企业利润的间接影响 / 570
利率变化对企业利润的直接影响 / 571
利率与竞争性金融资产 / 571
利率与保证金债务 / 572
债券收益率 VS. 债券价格 / 572
信贷市场的结构 / 573
债券与股票价格 / 573
货币市场利率变化与股市转折点之间的关系 / 576
技术分析在短期利率中的应用 / 578
将技术分析应用于长期利率 / 585

第 32 章 技术分析在选股方面的应用 / 588
极长期的选股策略 / 589
主要的价格形态（长期底部）/ 592
主要多头行情中的基本选股原则 / 595
接近空头行情底部的选股策略 / 596
利用周期变化选股 / 600
短期分析 / 604

第 33 章　全球股市技术分析 / 607
　　判定全球主要趋势 / 607
　　新高和扩散指数 / 611
　　全球腾落线 / 616
　　相对强度和动能 / 616
　　单个国家的广度分析 / 619

第 34 章　自动交易系统 / 624
　　自动交易系统的优点 / 625
　　自动交易系统的缺点 / 625
　　成功系统的设计 / 626
　　区间波动和趋势市场 / 629
　　评估绩效的准则 / 631
　　最佳信号必"顺势" / 633
　　将摆荡指标与移动均线结合的一种简单技术 / 634
　　市场实例 / 634
　　三重指标系统 / 637
　　市场间系统的引入 / 642
　　保证金融资 / 644

第 35 章　识别主要峰位和谷底的要点 / 647
　　峰位形成的原理 / 647
　　何谓峰位 / 648
　　主要市场峰位的特征 / 650
　　主要市场底部 / 654

结语 / 659

附录　艾略特波浪理论 / 661

词汇表 / 666

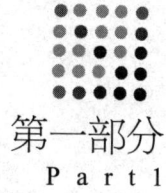

第一部分
Part 1

趋势判定的技巧

第 1 章
Chapter 1

趋势的定义和相互作用

在导论中，**技术分析**（technical analysis）被定义为在相对早期识别趋势逆转，并顺应趋势，直到有足够证据表明或证明趋势已经逆转的艺术。要识别趋势逆转，我们首先必须知道什么是趋势。本章介绍了各种主要趋势，将其分类，并在最后讨论一种基本的趋势判断技术——**峰位－谷底演进技术**（peak-and-trough progression）。有人说峰位－谷底演进技术是最简单的趋势判定技术，这一点暂且不论，但在本书中，它肯定是最有效的一种。

时间框架

我们已经明确了心理和价格之间的关系。同时，人性（心理）在某种程度上还是有延续性的。也就是说，技术分析的原则可以应用于任何时间框架，从 1 分钟 K 线图到周线图和月线图。道理是一样的。唯一的区别在于相较于日内交易，月线图走势体现着买卖双方更为激烈的对抗。在这种情况下，趋势反转信号也更为明显。越往后面看，你越会发现本书列举了跨越不同时间框架的多类例子。从**诠释的角度看，时间框架并非至关重要；真正重要的是形态**。例如，如果你是一位长线投资者，看到一个基于 10 分钟棒线图的特殊例子，诠释的原则和周线图是一样的。长线投资者绝不会基于 10 分钟图进行投资，却可以也应该在周线图或月线图上出现同一种技术信号时采取行动。反之亦然。

3 种重要趋势

趋势是指价格沿着不完全规则但却持续的方向运行的一段期间，或者说是对不同时间跨度内价格水平变化方向的时间度量。技术分析对趋势进行了多种分类。考量其中较为常见的趋势是有用的，这有助于我们理解特定技术信号的重要性。运用最广泛的 3 种是主要趋势、中期趋势和短期趋势。每当我们提到持续一定时期的某种具体趋势时，请铭记所提供的描述是涵盖特定趋势类型下大多数，而非全部可能时间段的大致说法。某些特定趋势持续时间较长，还有一些趋势的持续时间则较短。

主要趋势

一般而言，主要趋势会持续 9 个月到 2 年的时间，反映了投资者对商业周期基本情况的态度。从统计的角度看，商业周期一般是指从谷底到谷底的时间，约为 3.6 年，由此断定，上升和下降的主要趋势（多头行情和空头行情）大约各持续 1～2 年的时间。由于股价上涨所需的时间比下跌的时间要长，总的来说，多头行情持续的时间比空头行情要长。长期趋势的方向也会影响主要趋势的幅度和持续时间。顺应长期趋势的走势的幅度，比和长期趋势方向相反的走势的幅度更大，持续时间也更长。本章接下来将对长期趋势的特征进行讨论，第 23 章还将有更全面的解释。

主要趋势周期可有效应用于债券、股票和大宗商品市场，此外还能应用于外汇市场，但是由于汇率反映了投资者对两个不同经济体之间相互关系的态度，对货币关系的分析并不完全符合第 2 章讨论的商业周期方法。

图 1-1 中的粗线代表的就是主要趋势。在理想的条件下，主要上升趋势（多头行情）和主要下降趋势（空头行情）的幅度相同，但在现实中，它们的规模却是不同的。由于在主要趋势中识别趋势逆转对短期交易和长期投资都非常重要，本书将主要讨论如何对其进行识别。

中期趋势

任何看过价格走势图的人都会注意到，价格并不会直线移动。主要的价格上涨期中间会夹杂着几个回调走势。这些在多头行情期间出现的反周期趋势被称为**中期价格变动**（intermediate price movements），也就是中期趋势。它们一般会持续6周~9个月甚至更长的时间，但是很少少于6周。反周期的中期趋势往往很有欺骗性，通常建立在看似可靠却虚无缥缈的假设上。例如，股票熊市期间的一次中期反弹可能由超出预期的几项乐观经济数据触发，从而制造假象，让人们妄想经济能避开令人恐慌的衰退。事实上，只有在后续数据同样振奋人心的情况下，熊市才会重整旗鼓。本书第4章对股市中期趋势进行了更详细的阐述，图1-1中的细实线就代表了中期趋势。

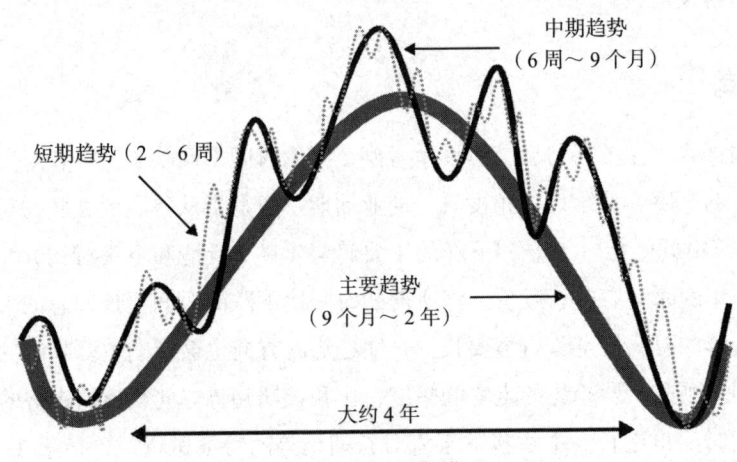

图1-1　市场周期模型

注：由Yelton Fiscal公司Ian S. Notley激发的一个灵感演变而来。

了解主要趋势的方向及其时间跨度非常重要，但是对中期趋势的分析同样对提高交易回报率及确定主要趋势是否已经结束非常有益。

短期趋势

短期趋势通常持续3~6周，具体时间随情况而不同。和主要趋势中包含中期趋势一样，短期趋势也分散在中期趋势过程之中。图1-1中的虚线代表了短期趋势。它们通常受偶然性新闻事件影响，比主要趋势和中期趋势更难识别。

> **技术要点**　一般而言，趋势的时间跨度越长，就越容易识别；时间跨度越短，就越具随机性。

📈 市场周期模型

现在我们知道任何市场的价格水平都同时受到几个不同趋势的影响，因此识别趋势类型非常重要。例如，如果出现短期趋势逆转，那么可以预期其价格变动的幅度就会比主要趋势逆转的情况小得多。

长期投资者首先关注主要趋势的方向，所以对他们来说，了解主导性多头行情和空头行情时间跨度非常重要。尽管如此，**长期投资者也必须了解中期趋势，有时还必须关注短期趋势**，因为了解并调查短期和中期趋势之间的关系是技术分析过程中非常重要的步骤。同时，如果得出主要趋势已经刚刚转为上升的结论，那么可能投入资金之前必须等待一段时间，因为短期趋势可能延续更长的时间。可见，对短期趋势缺乏了解可能让投资者付出巨大的代价。

短期交易者一般都关注更短期的价格波动，但他们**也必须知道中期及主要趋势**，原因如下：

> 技术要点　意外往往出现在市场沿主要趋势所在方向运行时，如牛市顶部和熊市底部。

也就是说，在多头行情中，短期上涨行情的规模很可能比短期下跌行情更大，反之亦然。交易者往往因为违背市场主要趋势操作而蒙受损失。**所有的市场参与者都必须对所有3种趋势有足够的认识**，尽管关注的重点取决于他们是倾向于长期投资还是短期投机。

> 技术要点　主要趋势的方向会影响中期和短期趋势。

📈 两种补充趋势

盘中趋势

20世纪90年代以来，电脑和实时交易的发展使得交易者可以看到每小时甚至每时每刻的价格变化。**技术分析的原则同样适用于这些非常短期的行动，效果也同样显著**。但是，盘中趋势和上述趋势主要有两个不同。第一，日内走势图中的逆转只具有非常短期的意义，对长期的价格逆转意义不大。第二，极短期的价格变化更多地受由新闻事件引发的心理活动和瞬间反应的影响，而不是主要趋势。因此，基于盘中趋势做出的决定可能是情绪化的、下意识的反应。盘中价格波动还更容易受市场操纵的影响。所以，和长期数据相比，非常短期的价格数据更不稳定，一般来说也更不可靠。

长期趋势

主要趋势包括几个中期周期，而长期趋势则是由多个主要趋势组成。这个"超级周期"，或称长波周期，时间框架更长，持续时间往往远超10年，有时候甚至长达25年（大多数在15～20年）。对此，第23章进行了更详细的解释。图1-2表明了长期趋势和主要趋势之间的相互关系。

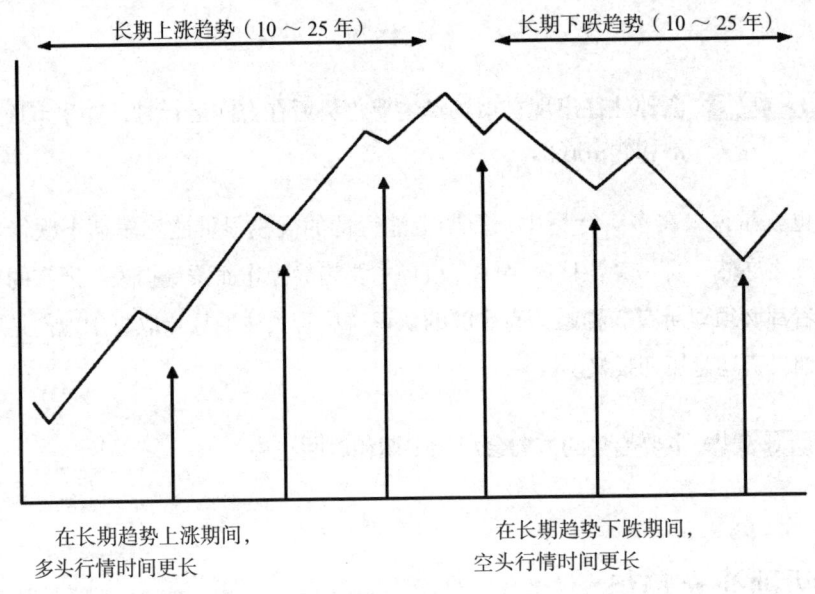

图1-2　长期趋势和主要趋势的关系

了解长期趋势的方向无疑非常有益。正如主要趋势影响着中期涨势和反周期回调走势一样，长期趋势也影响着主要涨势和回调走势。例如，在长期趋势上升的情况下，主要趋势的上涨幅度比下跌幅度要大；在长期趋势下降的情况下，空头行情的力量会更大，而且反弹至多头行情所需的时间也更长。

债券和大宗商品市场也有长期趋势，这些趋势之间相互作用，并与股市趋势相互影响。对此，我将在后文详细阐述。

峰位－谷底演进

如前所述，技术分析是指根据各种证据识别"价格"趋势逆转的艺术。和法庭审判的原理一样，如果不能证明有罪，那么就被认定是无罪的。"证据"就是指技术分析中的客观因素，它包括一系列经过科学方法得出的指标或技术，它们在趋势认定过程中的大多数情况下都非常有效。这门"艺术"包括将这些指标汇集成一个总体框架，并能正确识别市场峰位或谷底。

电脑的广泛使用已经推动了一些高度复杂的趋势识别信息技术的发展。其中一些指标比较有效，但大多数都是无效的。毫无疑问，对"圣杯"（Holy Grail）或者说完美指标的持续研究会延续下去，但是发现这种技术的可能性却微乎其微。即便发现了，这个技术也很快就会传开，自我毁灭。同时还要记住，价格由大众心理的波动决定。人们可能也一定会改变主意，市场亦是如此！

|技术要点| 绝不要完美主义；一定要前后一致。

在研究复杂的数学技术时，一些最简单最基本的技术分析工具往往被忽视，峰位－谷底演进技术就是其中之一（见图1-3）。

这一原则体现了查尔斯·道对于"上升市场要经历一系列波动，每次上涨和回调后的价格都高于之前"的最初发现。当这种不断抬高的市场峰位和谷底现象中断时，就意味着趋势已经发生逆转。为了对此加以解释，道以海岸上波浪的涟漪效应进行了类比。他指出，正如海滩上有人能通过浪潮的回波识别出潮水的趋势一样，有人也能通过观察市场价格波动来判断趋势的逆转。

在图1-4中，股票价格出现了层层推进的波动，每个峰位和谷底的价格都比上一次高。但之后，股价第一次没能创出新高，而接下来新的谷底价格也低于之前。这个转折发生的X点标志着趋势已经逆转。

图1-4也显示了一个类似的情形，但是其趋势逆转是从下降趋势转为上升趋势。

一系列峰位和谷底之间夹杂着折返走势的观点是道氏理论（参见第3章）和价格形态分析（参见第8章）的基石。

> **技术要点** 峰位-谷底逆转的重要性由上涨和折返的时间跨度与规模决定。

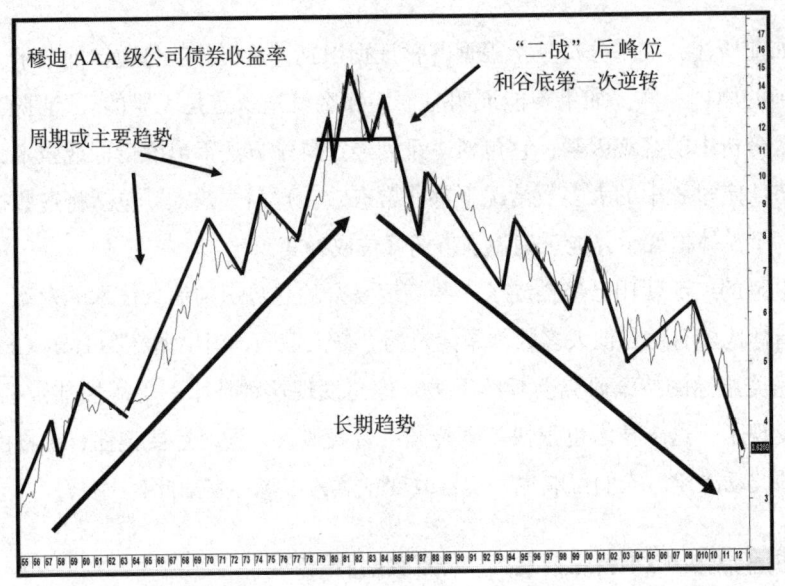

图 1-3 穆迪 AAA 评级公司债券收益率和峰位-谷底分析

注：收益率曲线之上的实线对应着主要趋势为多头行情和空头行情的情况。不断抬升的周期性峰位和谷底从第二次世界大战（简称"二战"）结束延续至 1981 年 9 月。即便按长期趋势的标准来看，这段时间也相当之长。1985 年则对 1981 年之后的下跌行情予以确认，不断抬升的峰位和谷底已经被逆转。不过，这一信号仅仅标示了趋势的转变，却无法判断其规模。

资料来源：From *Martin Pring's Intermarket Review.*

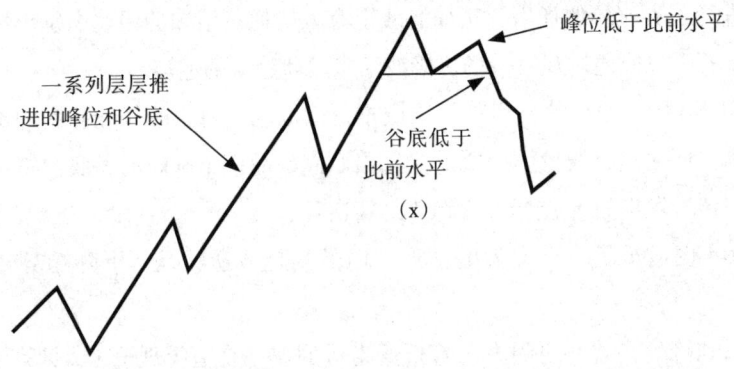

图 1-4 层层推进的峰位和谷底逆转

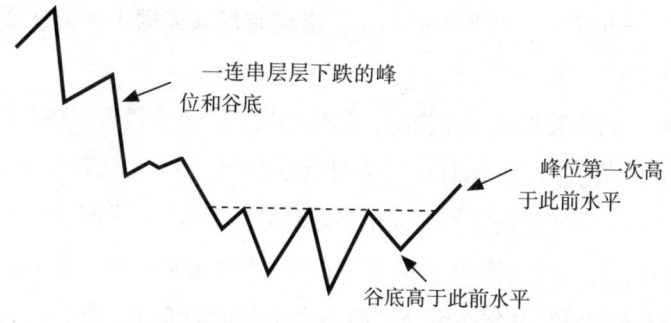

图 1-5 层层下跌的峰位和谷底逆转

例如，如果每次上涨和回调的周期为 2～3 周，那么逆转趋势将是中期趋势，因为中期价格波动是由系列短期波动（2～6 周）构成。同样，一些层层下跌的中期峰位和谷底被上升趋势打破往往是空头行情走向多头行情的信号。

峰位－谷底困境

有时候，峰位－谷底演进会比图 1-4 和图 1-5 中的例子更加复杂。如图 1-6a 所示，市场在一系列层层推进的峰位和谷底中前进，但峰位之后，价格跌入 X 点，低于此前的谷底。此时，层层推进的谷底被逆转，但峰位**没有**逆转。也就是说，**X 点只发出了一半的信号**。峰位和谷底的层层推进趋势到 Y 点才被完全逆转，Y 点价格跌至 X 点触及的水平以下。

X 点存在一个两难困境，因为价格趋势依旧处于上升类别，但层层上升的谷底被打破的事实又暗示着潜在的技术面问题。一方面，我们面对着半个走跌信号；但另一方面，等到 Y 点又意味着放弃了在多头行情期间可以赚得的大量利润。

解决这一困境的最佳方法可能是参考本章开篇时提到技术分

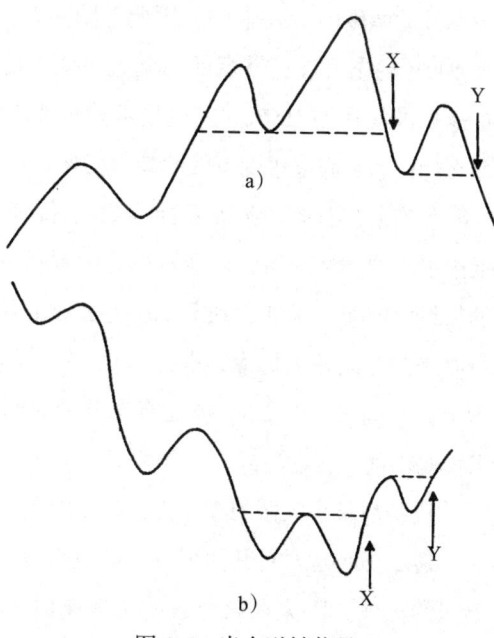

图 1-6 半个逆转信号

析定义时的另半句话——"并顺应趋势，**直到有足够证据**表明或证明趋势已经逆转"。

在本例中，如果其他技术面指标，如移动均线、成交量和市场广度（将于下一章进行讨论），提供的"足够证据"证明趋势逆转，那么预期趋势改变可能是安全的，尽管峰位－谷底演进并不能完全**确定**趋势。不过，我们还是应该抱着怀疑精神看待这些信号，直到层层推进的峰位和谷底**都**明显被打断，证实趋势逆转。

图 1-6b 体现的就是从空头行情逆转为多头行情的情况。点 X 的诠释原则和图 1-6a 一样。在一些情况下，对价格上行和回调的判断是一个主观的过程。解决这一问题的一个方法是，选择一个客观的衡量标准，如设定高于 5% 的幅度。这个过程可能冗长乏味，但一些软件程序（如 MetaStock）能帮助用户快速在图表上设定此类标准。

何为合理的峰位和谷底

大多数时候，各种上升和回调趋势都是不证自明的，所以很容易判定哪些转折点是峰位和谷底。从技术分析的角度来看，多头或空头行情的回档幅度应该为前期波动幅度的 1/3 到 2/3。因此，图 1-7 中，从谷底到第一个峰位的上升波是一个 100% 的上升波，其后的回调走势似乎恰恰折返了 50% 以上的幅度。有时候，折返幅度能达到 100%。当然技术分析并不完全精准，但如果回调幅度小于 1/3，那么峰位和谷底演进的有效性就值得怀疑。

但有时候投资者还要看曲线或交易区间的情况。如果回调幅度低于 1/3 的最低限度，此类情况下，对逆转趋势的判断更多基于时间而非幅度，原则在于回调的持续时间至少必须达到上一次上涨或下跌的 1/3 ~ 2/3。图 1-8 中，以高点和低点之间的时间差为标准，视为 100% 的时间。向下突破前的整理时间至少必须达到上升时间长度的 2/3，才能有充分的时间巩固收益，触及新的高点。整理时间可能高出前一波动时间。

这些都只是大概的指导方法，最终的分析基于经验、**常识**与一点点直觉，而且，最重要的是要对其他因素，如成交量、支撑位、阻力位等进行考察。**常识**二字采用黑体，因为在解释这些走势图时，总是应该有破才有立。例如，上文指出，折返幅度必须达到 1/3 才能构成合理的转折点，但事实上是 32%。如果其他因素表明某一波动构成有效折返,一定要运用常识判断,而非死板的法则。这正是技术分析不仅应被视作一门科学,也应被视作一门艺术的原因所在。

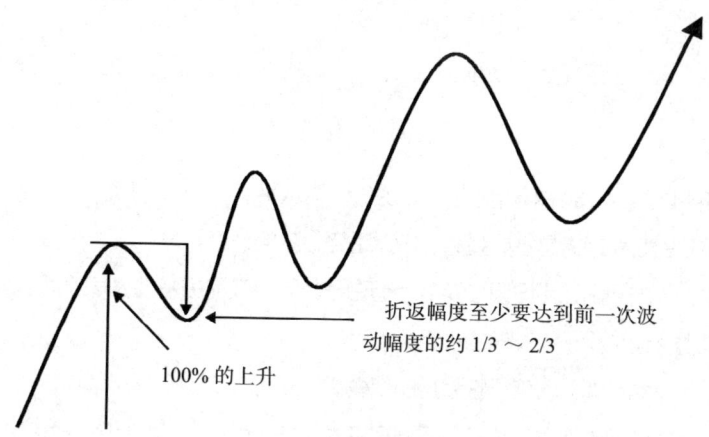

图 1-7 辨认峰位和谷底(幅度大小)

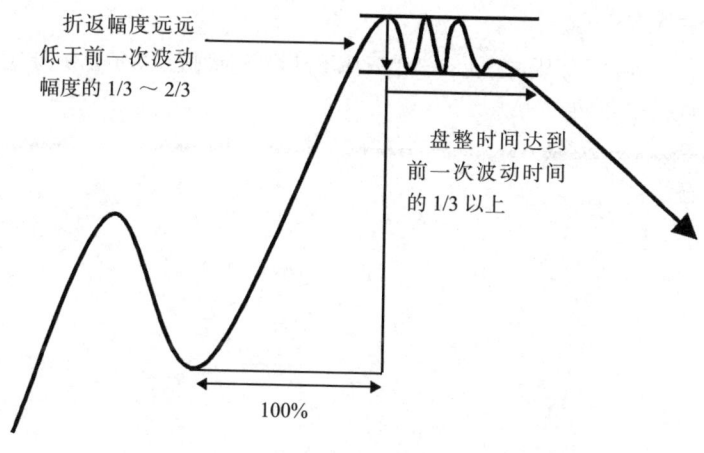

图 1-8 辨认峰位和谷底(时间)

之前我们基本都是在上升趋势中研究这些概念,但其实这些原则同样适用于下跌趋势的技术分析,也就是说,反弹幅度必须达到前一次下跌幅度的 1/3 ~ 2/3。

此外很重要的一点是,必须区分出所监测趋势的种类。显然,如果某个逆转趋势源自一系列反弹或折返行情,每轮行情持续 2 ~ 3 周,就是中期逆转。因为这些波动本质上是短期的。另一方面,呈现在盘中走势图中的峰位 - 谷底演进,其指导意义仅限于更短时间内。具体的时间长短取决于波动是反映在 1 小时棒线图，还是，如 5 分钟棒线图上。

Summary
小　结

- 多种不同趋势同时影响着市场上证券的价格水平。
- 最重要的 3 种趋势是主要趋势、中期趋势和短期趋势。
- 技术分析的原则适用于盘中走势，但由于其随机波动的特性，一般而言其分析的可靠程度通常低于较长期的趋势。
- 长期趋势能影响上涨或下跌趋势的规模。
- 峰位-谷底演进是最基本的趋势判定技术，同时也是技术分析的基石。
- 一般而言，判定有效峰位和谷底的一个原则是：价格折返幅度应该达到前一次波动幅度的 1/3 ~ 2/3。
- 整理行情的时间如果达到上一次上升或下跌趋势时间的 1/3 ~ 2/3，也可以成为峰位或谷底。

第 2 章
Chapter 2

金融市场和商业周期

📈 引言

本书的主要目的是介绍技术分析的益处,但股票、债券和大宗商品的主要趋势也取决于投资者对商业周期发展状况的**态度**。从长期、连续的角度来看,每个市场的峰位和谷底都会按照一定的先后顺序出现在商业周期的某一时刻。了解债券、股票和大宗商品市场的相互关系,能为判定每种市场上的主要逆转趋势提供有益的框架。

📈 金融市场的预测机制

所有金融市场的主要趋势基本都是由投资者对经济走势的预期、经济变动可能对资产价格构成的影响以及投资者对于基本面因素的心理态度所决定。市场参与者通常都会预测未来的经济和金融发展前景,并据此采取行动买入或出售适当的资产,结果导致市场往往先于实际的经济发展发生趋势逆转。

经济活动扩张的预期往往对股票价格有利,经济萧条的预期往往对债券价格有利,而产能受限的前景则对工业商品价格有利。这 3 个市场往往同时向不同的方向前进,因为它们体现的是不同方面的预期。

经济很少处于稳定状态;一般而言,经济要么处于扩张阶段,要么处于衰退阶段。所以,金融市场也处于持续波动的状态。如图 2-1 所示,经济学中有一种假设，经济在围绕着**平衡点**（equilibrium）波动。简单来说，平衡点是指一种零增长的状态，经济既不处于扩张阶段，也没有陷入衰退。但是在现实中，平衡状态极少出现，因为作为一个整体，不论处于扩张阶段还是衰退阶段，经济

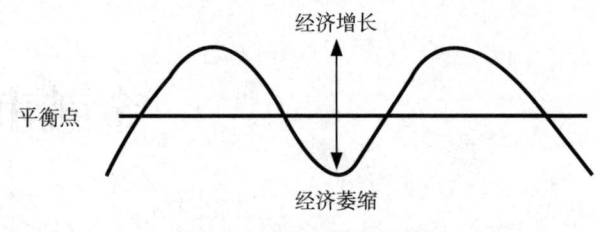

图 2-1　理想的商业周期

都拥有强大的动力，所以，逆转趋势很少出现在平衡的水平上。在任何情况下，"经济"都是由多个部门组成，在同一时间，许多部门的发展方向并不相同。因此，在经济周期初始阶段，领先的经济指标，如新屋开工数，可能上升，但滞后的经济指标，如资本开支，则可能下滑。

技术要点　商业周期无异于一系列随着时间推移不断重复的事件。

　　金融市场投资者关心的并不是不断持续的稳定或平衡状态，因为这些状态无法制造价格波动、也无法出现迅速获利的机会。经济周期不断更替的特点为投资者和交易商带来了无尽的机会，因为这意味着在同一时间，不同的行业正经历着不同的经济状况。由于房地产行业领先于经济发展，房地产股在经济复苏初期往往表现出色，而资金密集型股票，如钢铁股却依旧承压。随着经济周期的发展，房地产股票首先达到峰位，有时是从绝对表现衡量，有时则是从相对标普指数等市场指标的表现来衡量。代表特定经济领域的不同股票板块先后引领板块轮动，我们将在第 22 章对此做详细阐述。

　　由于金融市场领先于经济，最大的获利机会往往出现在最严重的经济失衡状况出现之前。一旦投资者意识到经济方向正在转变，重新回到平衡状态，他们就会预先反映这种经济状况，买入或出售合适的资产。显然，经济的失衡或波动程度越深，回到平衡状态的回报率空间就越大，经济朝另一个极端摆动的幅度也越大。这种情况下，在金融市场获利的可能性也更大，因为金融市场的价格波动幅度通常也会更大。第二次世界大战（简称"二战"）后经济波动最大的两个时期（1973～1974年及2007～2008年）让交易者与投资者见证了过山车行情，如果能够辨别出两个熊市底部，便可能获取巨额利润。

📈 市场波动和商业周期

利率、股票和大宗商品价格的主要波动和商业活动的变动水平相关。请注意"大宗商品价格"一词指的是对商业条件非常敏感的工业品价格,而不是由气候状况决定的大宗商品价格,如粮食价格。图 2-2 是一个典型的商业周期,通常两个谷底之间时间差为 3~5 年。图中的水平直线代表零增长的平衡水平,上方属于经济扩张期,下方属于经济衰退期。到达峰位之后,经济继续增长,但增速不断放缓,直到经济曲线到达平衡线的下方,进入经济衰退期。图 2-2 中的箭头代表着和商业周期对应的金融市场理想峰位和谷底。

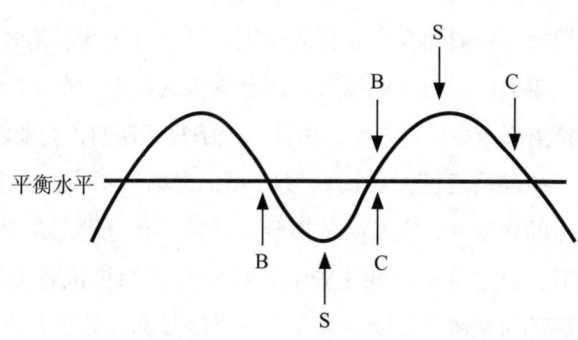

图 2-2　理想商业周期和金融市场转折点
（B—债券；S—股票；C—商品）

一般而言,经济扩张期往往比衰退期的时间要长,因为向来下坡容易上坡难。正因如此,股票多头行情的时间往往比空头行情要长。对于利率和大宗商品来说亦是如此,但其主要趋势的规模和时间长度取决于极长期的趋势,这一点第 1 章已经说明,第 23 章将继续探讨。

图 2-3 显示了债券价格、大宗商品和股票 3 个金融市场在一个典型商业周期下的假定走势。

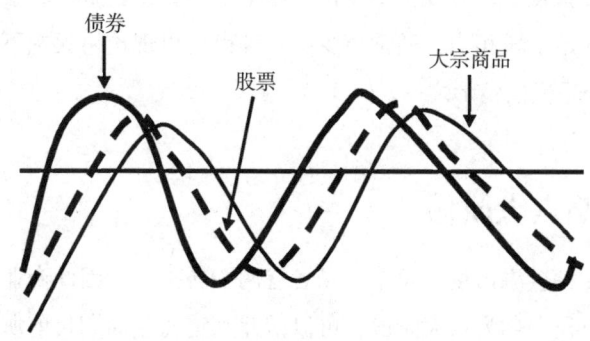

图 2-3　3 个金融市场理想的波动曲线

回到图 2-2,我们会发现债券市场首先进入上涨阶段,而这往往出现在经济增速自峰位水平大幅度放缓的时候，有时还会延至衰退期的起点。总的来说，经济衰退的程度越深，债券价格上涨的空间也就越大（如，利率下跌）。同样，经济扩张越强劲，经济和金融市场疲软的程度就越小，债券价格下跌的空间也就越大（利率上行）。

债券价格探底之后，经济活动开始更严重的衰退。此时股票投资者可以提前"看透"，当前由于经济衰退而大幅下挫的企业利润即将进一步恶化，并开始买入股票。一般而言，债券低点领先股票市场低点的时间越长，股票价格上涨的空间就越大，因为这意味着经济衰退极其严重，企业的财务可能大幅紧缩，将盈亏平衡点降至极低的水平。因此，经济复苏期间，企业收入可以迅速增至盈亏平衡点。

经济复苏开始后一段时间，市场供不应求，资源型企业开始感觉到定价能力的恢复，大宗商品价格触底反弹。有时候，在大宗商品经历超大规模上涨行情后，经济衰退期间工业品价格往往因为投机者大规模清仓而触底。然而，这一底部通常需要接受后续考验，经济复苏开始数月之后，市场才会迎来可持续的反弹。此时，所有3种金融市场都开始进入上升趋势。

由经济衰退引发的经济和金融疲软逐渐被吸收，推高信贷成本（利率）。由于利率上升意味着债券价格下跌，债券市场触及峰位，开始进入下跌行情。由于某些过剩的厂房和劳动力依旧存在，商业活动增加导致生产力的提高和市场前景的持续看好。股票市场提前预料到了企业利润的发展趋势，所以依旧保持涨势，直到投资者发现经济出现过热，企业利润的增长空间非常有限。此时，投资者陆续开始减持股票，股票市场进入下跌行情。之后，利率停止上行，转而下跌。

一旦进入转折点，所有3个市场都开始下滑，直到信贷市场触底。这一阶段和经济衰退的开始阶段相当，通常至少有一种市场出现价格大幅下跌的情况。这是最易引发市场恐慌的情形之一。

商业周期六大阶段

由于存在3种金融市场，每个市场各有两个转折点，因此商业周期内一般存在6个转折点。我们称为六大阶段，可以借此判定商业周期目前所处的位置。图2-4体现了商业周期的六大阶段。

在断定所处阶段时，必须了解3种市场的长期技术面状况，以便使它们相互验证。在特定时期某些特定行业表现强于大盘（反之亦然），这种情况下六大阶段理论也很有效。例如，防御型、流动性驱动的前周期品种往往在阶段1和阶段2表现突出。另一方面，收益驱动型的后周期品种往往在大宗商品价格上涨的阶段4和阶段5表现突出。相关内容将在第22章做更详细的阐述。

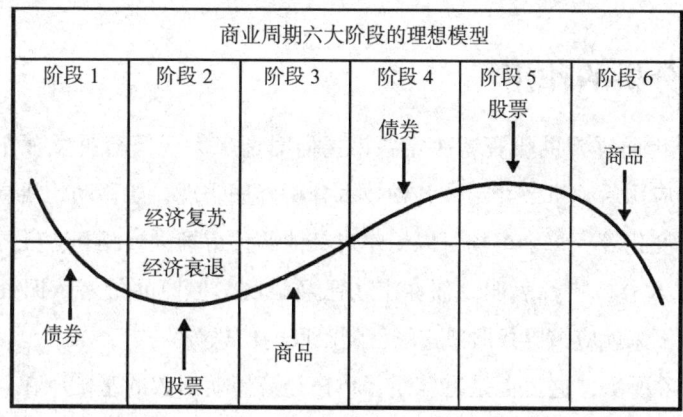

图 2-4　商业周期的六大阶段

较长的周期

在某些情况下，经济扩张持续的时间更长，其中至少包含一个增速放缓的时期，随后再呈现出第二轮经济扩张。在这种情况下，我们需要将整个扩张期间划分为2～3个部分，每个部分都对应着一个完整的金融市场周期。我们称为双周期。图2-5就是双周期的例子。

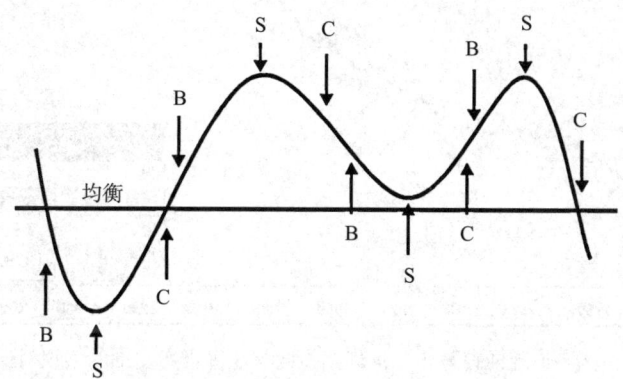

图 2-5　双周期中的金融市场峰位和谷底

20世纪80年代和90年代各出现了一次双周期的情形。以80年代中期为例，受大宗商品热潮自1980年起逐步退却拖累，美国的大宗商品和工业品市场受到严重负面影响，但东西海岸的经济却持续扩张。经济扩张区的发展足以抵消衰退区的负面影响，所以作为一个整体，国家还是避免了经济衰退。

技术分析的作用

技术分析通过帮助投资者决定各市场何时迎来大规模转折发挥作用。这一点可以通过应用后续章节介绍的各种技术分析方法实现，如移动均线穿越、长期动能方向的变化等。每个市场可以用作对其他两种市场进行相互验证的工具。例如，如果技术分析指标表明，债券市场已经触底，但商品价格依旧处在下跌行情，那么接下来就应该寻找股票市场已经触底的信息等。

如图2-6所示，这也正是道琼斯普林格经济周期指数的基础所在。该指数通过模型辨认6个阶段，然后基于每个阶段20世纪50年代中期以来的历史表现配

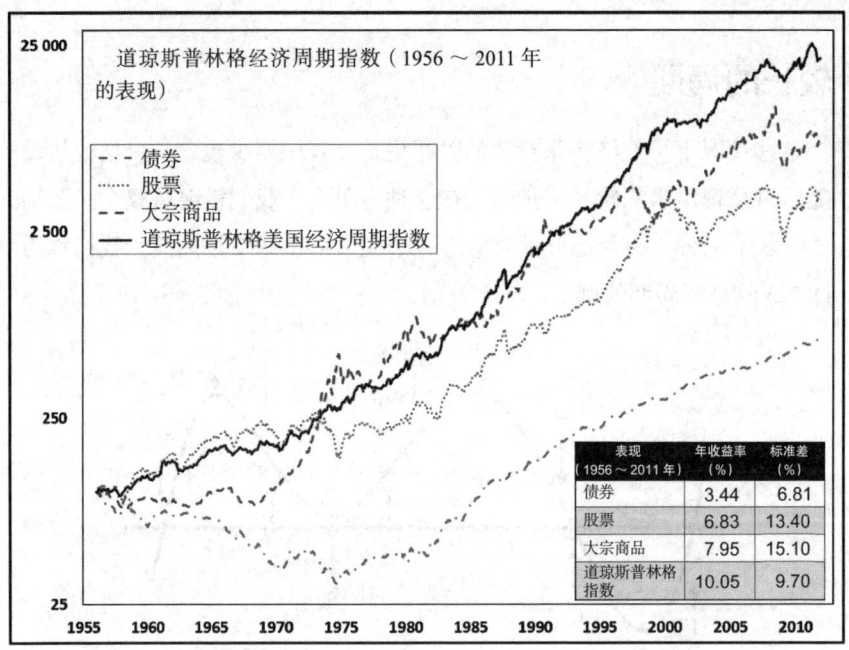

图2-6 道琼斯普林格经济周期指数与3种资产类别的表现对比

资料来源：S&P Dow Jones Indexes.

置资产与股票板块。该指数远非完美，但确实能持续体现长期结果。普林格特纳经济周期ETF（代码DBIZ）同样应用了这一方法。该ETF产品并非寻求复制这一指数，而是在风险调整的基础上打破该指数。

市场经历（1966～2001年）

图2-7显示了1966～1977年各个市场的峰位和谷底分布。

请注意我们用经过倒置处理的短期利率曲线代表债券价格，因为由于企业更多地从货币市场而非债券市场融资，所以股票价格和短期利率的联系比长期利率更紧密。和其他利率相比，短期利率的波动也更大。图2-7中显示的峰位和谷底与理论上的预期十分符合。尽管其时间顺序比较温和，但由于每个周期的特征各有不同，周期内各个市场的领先和滞后程度也大不相同。以1966年为例，债券和股票市场几乎同时触底，而商品市场在1年之后才触底。

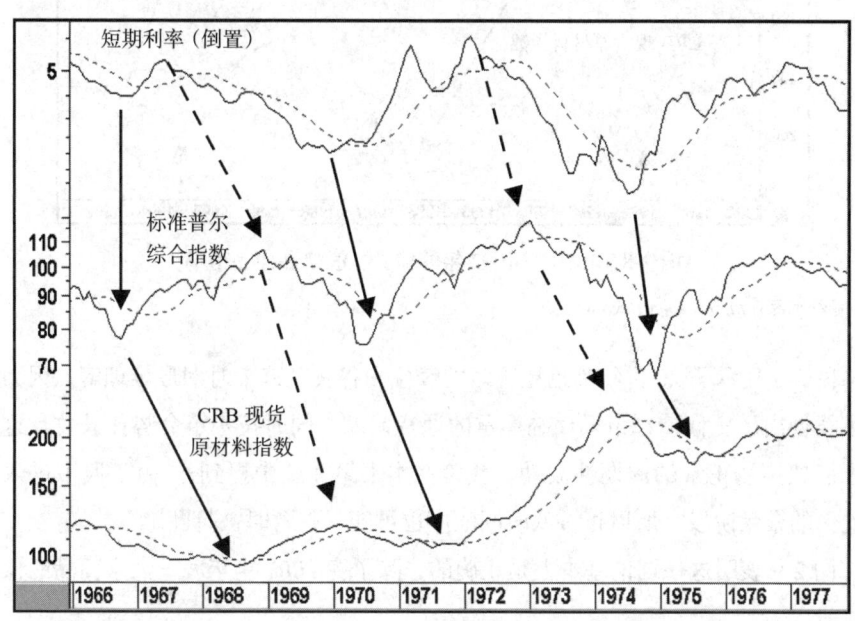

图2-7　1966～1977年的债券、股票和大宗商品市场

资料来源：*Intermarket Review*.

图2-8同样聚焦这3个市场，但体现的是20世纪80年代的情形。1982年和1990年出现的两条向上小箭头代表经济衰退。此时代表买入债券的好时机，但不

适合持有大宗商品。1984年和1986年期间出现的3个底部代表80年代中期经济增长放缓。

大致而言，到20世纪80年代末之前，3个市场走势的时间顺序还是比较准确的，但在1989年，利率的底部和股市的峰位同时出现。不幸的是，这种超常事件的确会发生。不过，我对200年间的超常事件进行了研究，发现此类情况是特例而非常规。

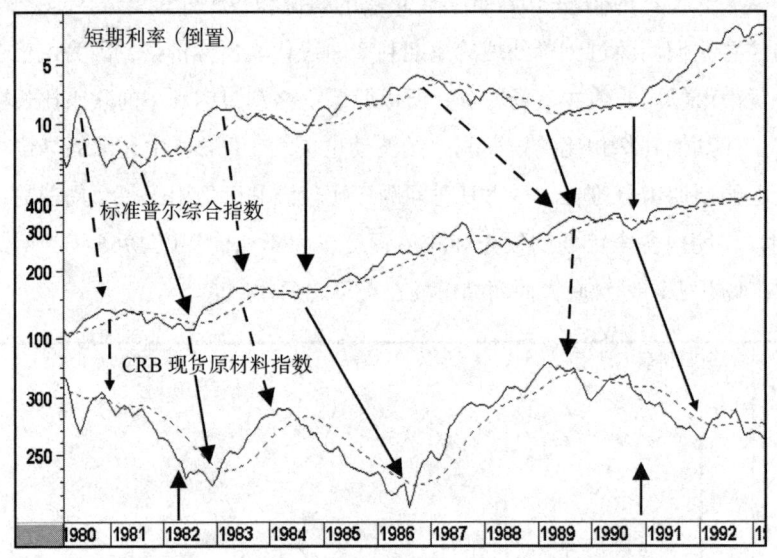

图2-8　1980～1992年的债券、股票和商品市场

资料来源：*Intermarket Review.*

图2-8显示了20世纪临近尾声时的峰位和谷底。这个时期最难理解，因为股票市场创出历史佳绩，市场面临严重的通货紧缩，同时技术革命势如破竹。这减少了股票市场正常的周期性波动。我曾在本书第4版中提到，"由于股市进入史无前例的繁荣阶段，所以正常的时间顺序也可能只是暂时被打断"。

图2-9表明这一结论基本上是正确的，除了在2001年年底，大宗商品的低点领先股市。

可能还是会有人争论，股市行情滞后是因为股票仍处在挤除科技泡沫的过程中。但是，请记住2001年经济衰退**结束后**，股市仍然继续下挫。请留意图2-10中2010～2012年期间的双周期。

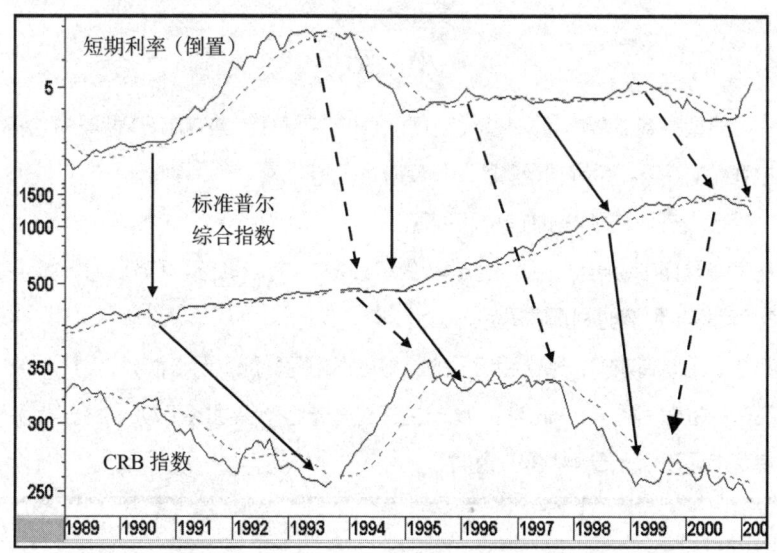

图 2-9　1989～2001 年的债券、股票和商品市场

资料来源：*Intermarket Review*.

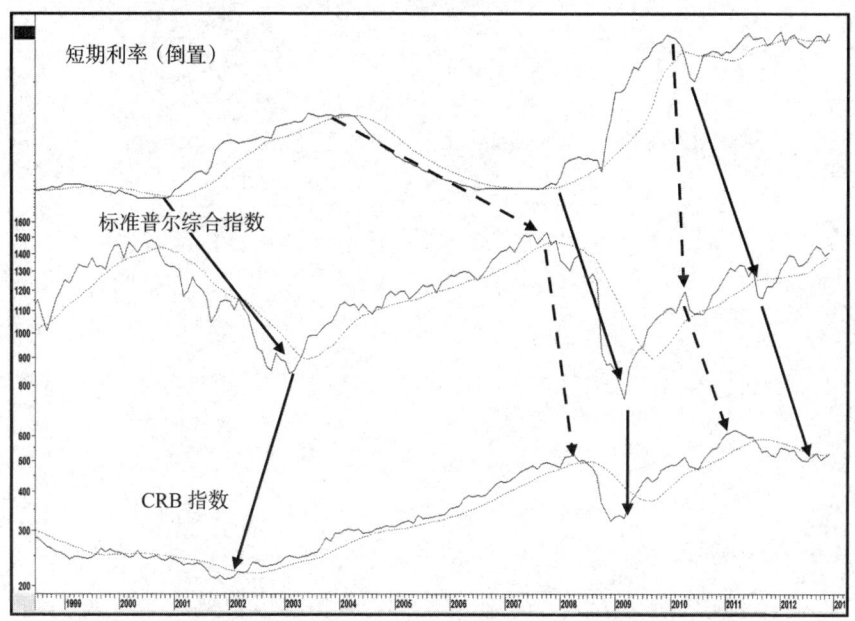

图 2-10　1999～2013 年的债券、股票和商品市场

资料来源：*Intermarket Review*.

---- Summary ----
小　结

- 一个典型的商业周期包含利率、股票和大宗商品3个独立市场周期。3个周期都被同样的经济和金融力量影响，但反应各不相同。
- 3个市场按时间顺序出现峰位和谷底。
- 在某些周期中，虽然呈现出增速放缓的迹象，并没有出现经济衰退。即便如此，3个市场仍然按时间顺序运行。
- 在3个市场周期中，领先和滞后的时间各不相同，几乎无法预测。
- 在各个金融市场中，峰位和谷底发生的时间先后顺序可以作为一个框架，以判定特定市场在商业周期中的位置。

第 3 章
Chapter 3

道氏理论

📈 引言

道氏理论是判定股票市场主要趋势的最古老、使用最广泛的方法。许多经典书籍对道氏理论进行了精辟的介绍,此处无须再详尽讨论。不过,我们会对道氏理论进行简单的阐述,因为其中的一些基本原则可以运用在技术分析的其他领域。

道氏理论的目标是判定市场的主要或大规模变动。一旦趋势已经形成,就将一直延续,直到被逆转。道氏理论主要关注趋势的**方向**,而非预测趋势的时间跨度和规模。

我们应该认识到,道氏理论并非总能和市场保持一致;有时候,它让投资者困惑不已。道氏理论绝非万无一失,就像其他任何一种技术方法一样,该理论偶尔会招致损失。这里需要强调的是,机械的分析方法的确能有效地预测股票市场,但必须在获得其他资料的基础上进行进一步的分析,才能做出全面、综合的判断。要记住,道氏理论发出的信号只是投资决策的判断依据之一。

道氏理论源自查尔斯 H. 道(Charles H. Dow)的研究。1900 ~ 1902 年,他在《华尔街日报》上发表了许多关于市场行为的评论。最初道氏根据股票市场的行为来衡量经济状况,而不是以此为基础来预测股票价格。道氏的继承者威廉·彼得·汉密尔顿(William Peter Hamilton)发展了他的理论,形成了今天为众人所熟知的理论框架。汉密尔顿在 1922 年出版的《股市晴雨表》(*The Stock Market*

Barometer）⊖一书中对理论进行了概括，但尚未形成体系。直到罗伯特·雷亚（Robert Rhea）在 1932 年出版《道氏理论》（*Dow Theory*）一书，才最终形成较完整和正式的体系。

道氏理论假设大多数股票在大多数时候都遵循市场的基本趋势。为了衡量"市场"，道氏构建了两个指数，一个是**道琼斯工业指数**（Dow Jones Industrial Average），一个是**道琼斯铁路指数**（Dow Jones Rail Average）。道琼斯工业指数最初包含 12 只（现在是 30 只）蓝筹股，而铁路指数包含 12 只铁路股。由于道琼斯铁路指数的最初目的是代表运输类股票，随着其他运输工具的出现，原来的铁路指数有必要进行调整，以纳入铁路以外的行业。慢慢地，这一指数改名为**道琼斯运输指数**（Transportation Average）。

📈 理论阐述

要准确地阐述理论，必须对两个指数的每日收盘价⊜和纽约证券交易所（NYSE）的每日成交量进行记录。道氏理论共有以下 6 大原则。

1. 均线能预先反映市场

每日收盘价的波动反映着股市投资者总体的判断和情绪，包括当前的和潜在的市场参与者。因此，我们假设这一过程预先反映了可能影响股票供求关系的一切已知的和可测的情形。尽管"上帝的行为"不可预测，但其行为的出现会被瞬时反映出来；任何线索也都能被提前预知。

2. 市场的 3 种趋势

股票市场同时存在 3 种趋势。

（1）**主要趋势**。**主要趋势**（primary trend 或 major trend）是最重要的趋势，一般被称为多头行情（上涨行情）或空头行情（下跌行情）。主要趋势的时间跨度有时不到 1 年，有时持续数年。

主要空头市场（primary bear market）是一种长期下跌趋势，期间包括多个重要的反弹走势。主要空头市场始于人们购买股票的动机开始下降的阶段。在第 2 个阶段，商业活动和企业利润都开始持续下降。当投资者不顾股票的内在价值疯

⊖ 此书中文版已由机械工业出版社出版。

⊜ 采用收盘价非常重要，因为盘中价格更容易受人为操纵。

狂清仓的时候（因为市场散布着各种令人沮丧的消息，或者是出于保证金催付通知的清仓压力），主要空头市场达到顶点，进入第 3 个阶段。

主要多头市场（primary bull market）是一种普遍上升趋势，一般至少持续 18 个月，其间包括多个次级回调走势。主要多头市场始于指数已经预先反映出最坏的利空消息、对未来的信心开始恢复的阶段。在第 2 个阶段，人们对企业状况的好转发生反应；而在第 3 个阶段，人们信心高涨、热衷投机，股价的上涨通常脱离股票的价值基础。

（2）**次级折返走势**。次级折返（secondary reaction）或**中期折返**（intermediate reaction）走势的定义是，"多头市场出现的一种重要下跌走势或者空头市场出现的重要上涨走势，一般持续 3 周到数月的时间，期间的折返幅度一般为前一次折返走势后价格主要变动幅度的 33% ～ 66%。"⊖ 图 3-1 显示了次级折返走势。

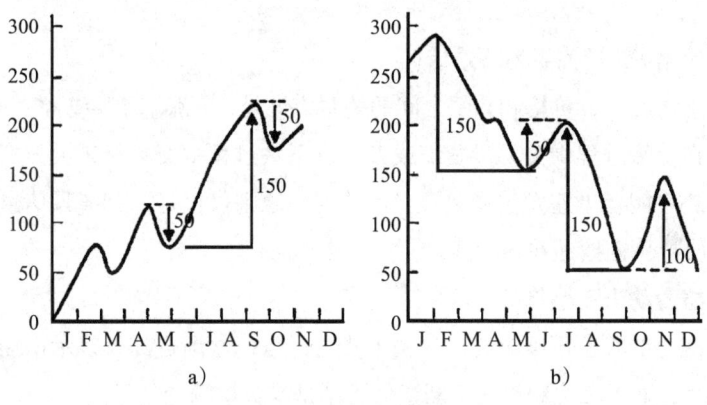

图 3-1　次级折返走势

在某些情况下，次级折返走势的幅度会达到前期主要走势幅度的 100%，但一般而言折返幅度为主要趋势的 1/2 ～ 2/3，通常是 50% 左右。怎样区分最新主要趋势的开端和现有主要趋势的次级折返走势是道氏理论面临的最大难题之一，后文将对此做详细讨论。

（3）**短期走势**。短期走势（minor movement）持续的时间为 1 ～ 2 周，最长可达 6 周。短期走势的重要之处在于，它是主要趋势或者次级走势的组成部分；对于长期投资者来说，其预测价值并不大。我们必须知道，短期走势在某种程度上可能受到人为因素的操纵，而次级走势及主要趋势则不易被人为操纵。

⊖　Robert Rhea, *Dow Theory*, Barron's: New York, 1932.

3. 窄幅盘整走势

雷亚将窄幅盘整（line）定义为"一种 2～3 周甚至更长时间的价格走势，在此期间，两种指数的价格波动幅度都为 5% 左右。我认为波动幅度完全有可能突破 5%。毕竟，这一走势实际上代表消化涨幅、跌幅或者趋势暂停。窄幅盘整走势表示进货（accumulation，股价走强且买入，代表多头）或者出货（distribution，股价走弱且卖出，代表空头）"。⊖

如果股价向上突破窄幅盘整区间，表明进货势头占据优势，暗示股价将进一步走高，反之亦然。如果窄幅盘整发生在主要上涨行情的中段，则应判断其正在形成横向的次级走势。

我个人认为，形成合理窄幅盘整曲线所需的时间可能超过 2～3 周。毕竟，价格曲线代表了中期价格走势，而 2～3 周的时间跨度一般是针对短期价格走势而言。

4. 以价格／数量关系为背景信息

在正常情况下，价格和数量之间的关系应该是"价涨量增"或者"价跌量减"。如果股价在上涨过程中交易量萎缩或者股价下跌过程中交易量扩大，那么必须注意主要趋势可能会迅速发生变化。当然，这一原则仅仅是一种背景信息，因为趋势逆转的决定性证据还在各均线。

5. 价格变动决定趋势

如果涨势的峰位不断走高，回调走势的低点也逐渐走高，表示市场出现多头走势。反之，如果峰位和谷底不断走低，则是空头市场的信号。

图 3-2 显示了理论上的多头行情，其中包含次级折返走势。在图 3-2a 中，指数的走势创下 3 个峰位和谷底，相对前期波动不断走高，但第 4 波涨势未能超过第 3 个峰位。在之后的跌势中，指数跌破前期的低点，在 X 点进入空头走势。在图 3-2b 中，紧随着多头走势第 3 个峰位，指数跌破前一个次级走势的谷底，发出空头市场的信号。在这种情况下，前一个次级走势是多头市场的一部分，而不是空头市场的开端。很多道氏理论家认为图 3-2b 中的 X 点并不足以证明空头市场的到来。他们倾向于采取更加保守的立场，等待下一波反弹后的下跌走势，在 Y 点再度跌破前期的低点。

⊖ Robert Rhea, *Dow Theory*, Barron's: New York, 1932.

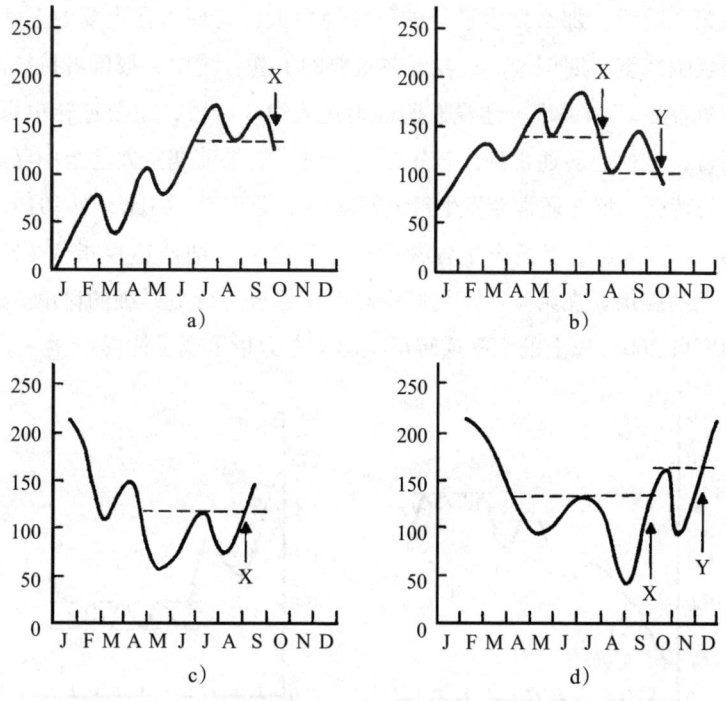

图 3-2　主要趋势的逆转

在这种情况下，应该采取格外谨慎的态度。如果成交量形态发出空头信号，而且行情刚经历过多头市场明显的投机阶段，我们或许可以假定空头信号是有效的。反之，如果行情缺乏这些特征，我们在做出判断时应该有所保留，采取更加保守的态度。请记住，技术分析是基于**足够证据**判定趋势逆转的艺术。道氏理论只是证据中的一部分，所以，如果还有其他四五项指标也都预示趋势即将逆转，那么通常可以认定 X 点的"半个"逆转信号表明趋势已经逆转。图 3-2c 和图 3-2d 代表了空头市场底部的类似情形。

图 3-3 显示了指数在峰位或谷底窄幅盘整时主要的逆转会如何出现。正确区分有效的次级折返走势和新的主要趋势在此时显得至关重要。这或许是道氏理论最难阐述的部分，但毫无疑问也是最关键的部分。

做出判断的基本原则在于，次级折返走势的折返幅度至少达到前期主要趋势的 1/3，其幅度从前期次级趋势的末端算起。此外，次级趋势的持续时间至少要达到 3～4 周。

同时，成交量特征和主要趋势的成熟度评估也是判断的重要依据。如果市场已经进入第3阶段，那么发生逆转的可能性更大，表现为在主要的上涨行情中，市场投机氛围浓重、期望过高；或者在主要的下跌行情中，投资者持续清仓，利空消息四处蔓延。如果市场还没有明确地进入第3阶段，主要逆转也可能发生，但相对而言，这种逆转通常都比较短暂。同时，如果前期主要趋势中已经显示出第3阶段的特征，那么通常会发生最大幅度的主要逆转。因此，在1919年、1929年、1968年和2000年市场充斥各种投机行为之后，纳斯达克指数（NASDAQ）出现了剧烈的震荡。在第4章，我们将对中期趋势进行更详细的讨论。通常，18个月变动率自200%以上的水平逆转反映出买方力量出现了耗竭。

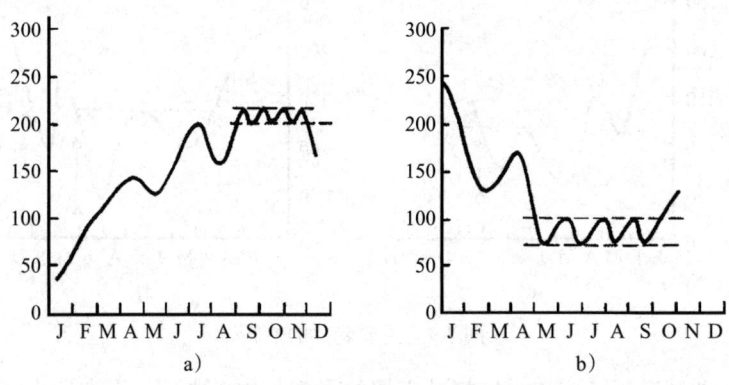

图3-3　峰位或谷底窄幅盘整的情况

6. 指数必须相互证实

道氏理论最重要的一个原则是，**必须同时考虑道琼斯工业指数和运输指数**，也就是说，两个指数必须相互证实。

两种指数相互证实的原则符合基本的逻辑，因为如果市场真的是未来经济条件的衡量标准，那么在经济扩张期，投资者应该同时买进制造业企业的股票和运输业的股票。在健康的经济条件下，商品制造出来之后卖不出去（例如向市场发货）的可能性并不存在。图3-4显示了指数相互证实的情形。

在图3-4a中，道琼斯工业指数首先在A点发出空头趋势的信号，但直到运输指数在B点确认后，才真正进入空头市场。大幅下跌之后，工业指数创下新低，之后开始一波反弹行情，之后的折返走势并未跌破前期的低点。当价格突破前期反弹的高点时，工业指数在A点发出多头趋势的信号。同时，运输指数连续创下新低。问题出现了：哪个指数更为准确地代表着主导型的趋势？技术分析假定，在有足够证据证明趋势逆转之前，趋势一直持续下去，因此，在这种情况下，运输指数代表着真正的趋势。

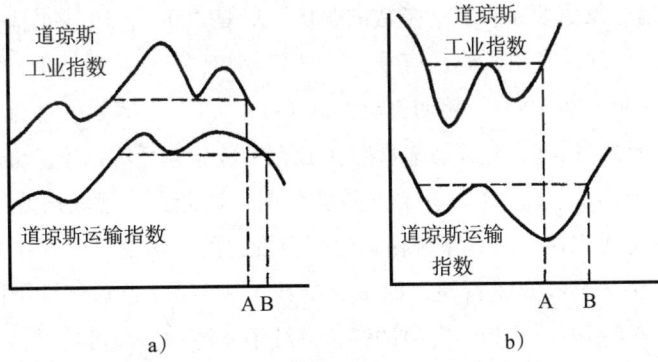

图 3-4 道氏理论要求两个指数相互证实

只有当运输指数在 B 点突破前期次级走势的高点时，两个指数才同时确认多头市场已经形成，道氏理论将发出买入的信号。

如果某种指数不支持另一种指数，所发出的信号往往是错误的，图 3-5 就恰恰通过 1930 年的例子说明了这一点。

1929～1932 年的空头行情始于 1929 年 9 月，1929 年 10 月两个指数都确认了空头行情。到 1930 年 6 月，两个指数创下新低，之后出现反弹行情，但又在 8 月份回落。随后，工业指数在 9 月份冲破前期高点。当时，很多观察家认为这表明大空头行情已经走向终结，铁路指数的确认只是时间问题。但结果证明，工业指数发出的信号完全错误，空头行情又持续了两年的时间。

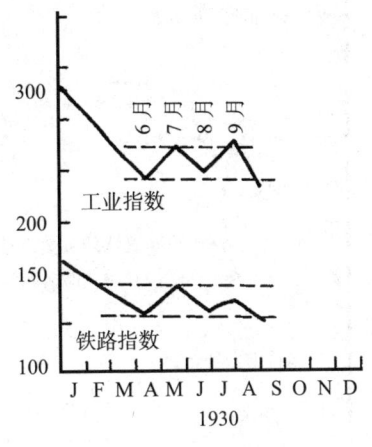

图 3-5 1930 年的例子

理论实例（1998～2013 年）

图 3-6 将 1997～2013 年的道琼斯工业指数和运输指数进行了比较。图的开端正处于 1982～2000 年长期牛市行情的尾端。

1998 年的一次拉锯式下行行情之后，运输指数发出了未得到确认的卖出信号。工业指数也跌至新低，但是由于此前的 7 月份高位高于 4 月份高位，严格来说，这只是一个未得到确认的熊市信号。2004年之前运输指数一直处于空头行情模式，卖出信号只需要来自工业指数的确认。最终2000年10月工业指数自一次盘整行情转而下跌，发出了确认信号。2003年年初，工业指数转牛，但是运输指数未能保持一致，在2003年年初创出新低（C点），工业指数在D点发出未得到确认的买入信号。最终，直到运输指数在E点突破盘整行情，才发出进入新一轮牛市的信号。此后，工业指数在F点跌破前期中期低点，运输指数最终于2008年11月在G点予以确认。接下来由运输指数发出的牛市信号出现在H点，该指数于2009年年初突破盘整行情，而工业指数6月份在I点对信号予以确认。这一买入信号值得商榷，因为中期回调仅仅持续了4周——尚可接受，但只是勉强接受。同时，该回调行情仅仅回撤了此前涨势的30%，而人们接受的正常限度是$33\frac{1}{3}$到$66\frac{2}{3}$。

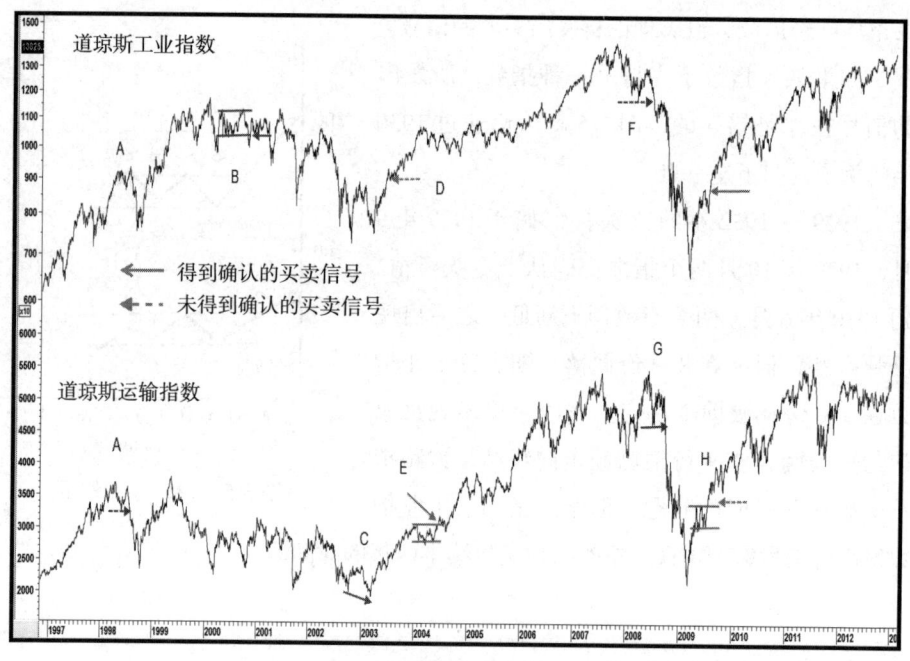

图3-6 道氏理论信号（1997～2012年）

资料来源：Martin Pring's Intermarket Review.

额外的考虑

道氏理论并没有为两种指数相互证实的有效性设定一个时间跨度。一般而言，相互证实的时间跨度越小，下一波的走势就可能越强劲。例如，1929～1932年大熊市出现时，铁路指数仅在一天之后就证实了工业指数发出的信号。1962年股市大崩盘出现时，两个指数在同一天发出信号。

道氏理论一个主要缺陷在于，指数发出的信号很多时候都太过滞后，通常出现在指数到达峰位或谷底之后20%～25%的位置。为了尽早预测出趋势逆转，理论家们对工业指数的收益率进行观察。当工业指数的收益率跌至3%及以下时，通常表明市场已经处于顶部。这一规律在20世纪90年代中期之前一直有效，但此后就存在问题。同样，收益率升至6%及以上时，通常表明市场已经触底。如果工业指数和运输指数不能相互证实，道氏理论专家不一定会据此进行实际的买入或卖出操作，却可能考虑调整仓位。这一方法有助于改善道氏理论的投资收益率，却不一定总能带来出色的收益。以1976年为例，当时市场处于顶部，工业指数收益率并未跌至3%，但股价却在两种指数相互证实的信号发出之前大跌20%。此外，在20世纪90年代末，根据3%的市场顶部特征进行操作就会错失5年的多头行情。

多年以来，对道氏理论的批评始终围绕着一个焦点：铁路业受到了过度严格的管制（战争期间），或者说新的运输指数不再能反映投资者对未来货物运输的预期。尽管如此，如表3-1所示，道氏理论依旧经受住了时间的考验。

表 3-1 道氏理论分析

买入信号①			卖出信号①		
信号日期	道琼斯指数	信号发生后的做空收益	信号日期	道琼斯指数	信号发生后的做多获利
1897/07	44		1899/12	63	43
1900/10	59	6	1903/06	59	0
1904/07	51	14	1906/04	92	80
1908/04	70	24	1910/05	85	21
1910/10	82	4	1913/01	85	3
1915/04	65	24	1917/08	86	32
1918/05	82	5	1920/02	99	22
1922/02	84	16	1923/06	91	8
1923/12	94	（损失）3	1929/10	306	226
1933/05	84	73	1937/09	164	95
1938/06	127	23	1939/03	136	7
1939/07	143	5	1940/05	138	（损失）7
1943/02	126	8	1946/08	191	52
1948/04	184	4	1948/11	173	（损失）6

(续)

买入信号①			卖出信号①		
信号日期	道琼斯指数	信号发生后的做空收益	信号日期	道琼斯指数	信号发生后的做多获利
1950/10	229	（损失）32	1953/04	280	22
1954/01	288	（损失）3	1956/10	468	63
1958/04	450	4	1960/03	612	36
1960/11	602	2	1962/04	683	13
1962/11	625	8	1966/05	900	43
1967/01	823	9	1969/06	900	9
1970/12	823	9	1973/04	921	12
1975/01	680	26	1977/10	801	18
1978/04	780	3	1981/07	960	23
1982/08	840	13	1984/02	1 186	41
1985/01	1 261	（损失）6	1989/10	2 510	104
1990/12	2 610	（损失）1	2000/10	10 034	60
2003/07	9 223	8	2007/11	12 829	39
2009/07	8 848	58			
总平均值 39%			总平均值 11%		

① 在考量这些结果时，请注意这些信号仅仅基于我个人的诠释，有时还是事后分析得出的结果。某些道氏理论家可能不认同我的诠释，但没有人会否认，这一结论大体上是行得通的。

实际上，批评的存在是非常有益的，因为如果道氏理论被广泛接受，人们完全依据其发出的信号机械操作而不做出基于经验的判断，市场将立即反映其买入和卖出的信号，那么道氏理论带来的投资收益也就会相应减少。

无论如何，要明白这一理论远非完美。任何情况下，道氏理论都应该被视作与其他指标结合使用的技术"装备"之一。

Summary

小结

- 道氏理论关注判定市场主要趋势的方向，而不是其时间跨度或者规模。一旦两种指数相互证实，可以假定新的趋势已经形成，并持续到两种指数不能相互确认为止。
- 主要的多头和空头市场拥有 3 个不同的阶段。对这些阶段的识别和正常量价关系的背离现象有助于判定主要趋势是否即将逆转。如果两种指数未能相互确认，这种补充证据尤为有效。

第 4 章
Chapter 4

中期趋势的典型参数

一些基本的观察

前面两章讨论了价格波动的主要趋势，如对应 3～4 年经济周期中经济活动变化的主导性趋势。尽管了解主要趋势的方向和发展程度非常重要，但是了解中期趋势的基本特征和时间跨度也有利于提高交易的成功率，并有助于评估主要趋势是否已经进入尾声。本章关注美国股市的中期趋势，但得出的原则适用于任何自由交易实体。

对股票或任何市场的中期趋势进行成功研究能带来以下好处。

- 中期趋势的变化有助于识别主要趋势中的转折点。
- 根据中期趋势的交易信号进行交易的次数比短期趋势更少，因此交易费用更低。
- 中期趋势转折点往往一年出现多次，如果准确把握，可以迅速获得相对更高和更快的回报。

中期趋势的定义

主要趋势一般包含 5 个中期趋势，其中 3 个与主要趋势方向相同，另外两个则与主要趋势方向相反。在多头市场，中期折返趋势表现为价格下跌；在空头市场，它们表现为价格反弹，将其他 3 个中期下跌趋势隔开，如图 4-1 所示。

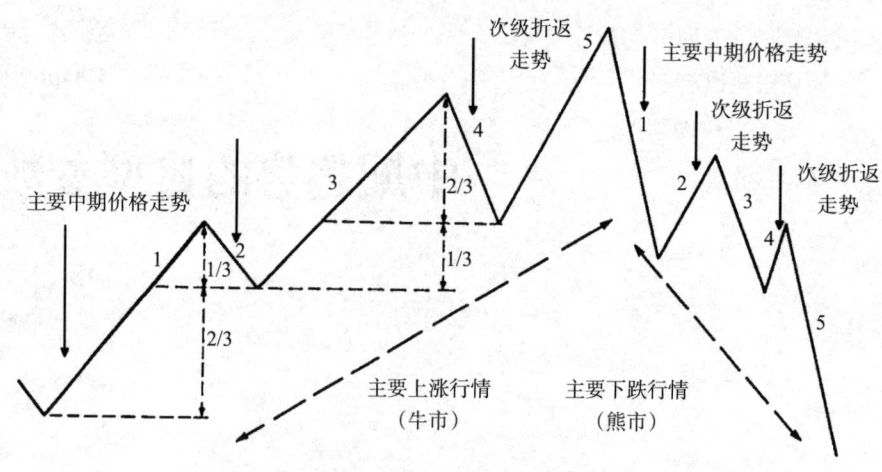

图 4-1 主要趋势中的中期走势

由此可知，存在两种类型的中期价格走势。第一种和主要趋势方向相同，可以称为**主要中期价格走势**（primary intermediate price movement）；第二种中期走势非常重要，通常持续 3 周到 3 个月甚至更长的时间，正常的折返幅度为前一次主要中期价格走势的 1/3～2/3。这种中期走势和主要趋势方向相反，被称为**次级折返走势**（secondary reaction）。由于主要中期价格走势和主要市场趋势方向相同，它的持续时间通常比次级折返走势要长，规模也更大。

次级折返走势的特征、规模和持续时间都很难预测。这种走势几乎总是发出令人困惑的误导性信号，因此从交易的角度来看，投资者一般应该避免介入这种走势。从本质上来说，次级折返走势经常发出具有欺骗性的信号，大多数投资者容易被其误导。可以根据中期价格走势设计机械化交易体系，但是逆主要趋势的次级折返走势往往发出错误或者误导性的信号，而和主要趋势方向相同的中期趋势通常能为投资者带来更多的收益。缺乏耐心、不愿进行长期投资的交易者会发现对中期趋势进行成功研究能带来更好的结果，尤其是在短期价格波动很大程度上具有随机的本质特征、更难把握获利时机的情况下。这种趋势近年来显得尤为重要，出乎意料的经济数据公布后总会引发不自觉的情绪波动，从而导致价格剧烈震荡。

次级折返走势不只局限于多头行情中的价格下跌或者空头行情中的价格上涨，它还可以表现为横向盘整，和道氏理论中的窄幅盘整是一个意思（详见第 3 章）。

中期趋势的方向可能和主要趋势一致，也可能与之相反，这表明中期趋势和主要趋势一样可以有不同的方向。一个中期趋势由一个主要中期价格走势和一个次级折返走势组成。如图 4-2 所示，中期趋势从一个中期趋势的低点延伸至另一个中期趋势的低点。

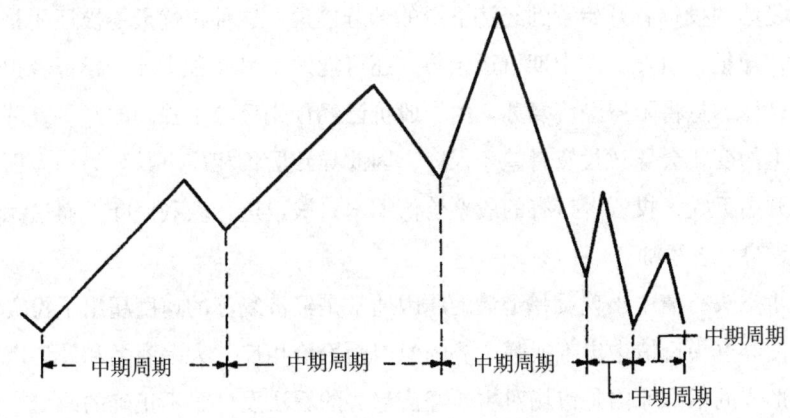

图 4-2 中期趋势

在多头市场，中期趋势的上升阶段时间更长、规模更大。次级折返走势的低点应该高于前期低点；而空头市场的情况恰恰相反（下跌阶段时间更长、规模更大，反弹阶段时间更短、规模更小）。因此，当第 3 个中期趋势即将结束时，技术分析师首先要警惕主要趋势发生反转的可能性。如果股价接近前一中期趋势的低点，也要关注总体技术面是否转弱（或在空头行情下转强）。最后，必须注意股价是否向下或向上突破这一关口。

当然，这并不意味着主要趋势一定只包含 3 个主要中期价格走势，情况往往并非如此。主要趋势中包含 3 个主要中间价格走势是最常见的情况，但多于或少于 3 个也并不奇怪。

次级折返走势的成因

由于股价的主要趋势是由投资者对企业未来盈利状况的**态度**决定，而企业未来盈利在很大程度上由商业周期的发展决定，所以一开始可能会觉得，次级折返走势中断较长期趋势的假设，似乎是不合逻辑的（例如，空头市场出现大幅反弹行情）。

历史走势表明，次级折返走势出现的一个原因在于技术面的失真，这种情形可能由市场过度乐观（或过度悲观）引发；还有一种原因是最新情况表明经济状况的发展可能不及预期，甚至可能在往完全相反的方向发展。例如，在股市多头行情的第一波中期涨势过后，可能出现一波回调走势，因为部分事先预计到会出现强势复苏的投资者开始看到经济下滑的部分迹象。这种担忧最终被证明是毫无根据的，却足以引发一次中期折返走势。还可能发生另一种情况，投资者担心出现加息，而加息将阻碍经济复苏。由于股价已经预先反映了强劲的经济复苏，这种心理上的变化会导致投资者趋于保守，因此导致股价相应下跌。另一方面，由于股价开始下跌，投资者持有的股票价值缩水，被迫进行获利回吐，而这无异于为股价跌势火上添油。

股市空头行情中出现反弹走势的原因通常是经济复苏的速度超出了投资者的预期。债券空头行情中出现反弹走势的原因则恰恰相反。大宗商品和外汇市场调整走势形成的根本原因是市场对主要经济趋势的看法发生了不正确的改变，而交易员和投资者纷纷回补空头头寸的行为则进一步催化了这一走势。不过，调整走势的表面推动力未必和经济前景或者利率有直接的联系。

| 技术要点 | 任何时候，股价都受四大因素的影响。这四大因素本质上是指心理因素、技术因素、经济因素与货币因素。

上述的任何一个因素都可能令反周期的中期价格走势"乘虚而入"。例如，反周期的中期价格走势可能与政治或军事问题即将解决或者恶化的预期相关。从根本上来说，对环境预期的变化，加上前期主要中期走势技术面失真的修复及伴随而来的剧烈价格波动足以让大多数投资者困惑不已。只有当市场正确预计到经济环境将从复苏走向衰退（反之亦然）的时候，股市的主要趋势才**可能**逆转。注意这里的"可能"二字。虽然股票价格围绕对未来经济条件的预期波动，但例外时有发生。例如，2001年年底经济已经从衰退中走出来，但股票却一直跌到2002年10月。当时，科技泡沫的解除似乎比经济改善的影响力更大。不过，这种"脱钩"现象是例外而非常规。

H. M. 加特利在《股市利润》（*Profits in the Stock Market*）一书中指出，截至1935年，40年间美国股市2/3的多头行情调整走势都表现为两波段的跌势，中间夹杂着一次短期反弹，反弹的幅度为第一波跌幅的1/3～2/3。1935年后的调整行情也证明大多数中期调整走势包含两波而非一波或三波下跌走势。不幸的是，空头行情的中期调整走势很难区分，因为有时候调整走势表现为单一的反弹或者其中包含多次短期反弹，甚至会呈现出横盘震荡走势。尽管加特利关注的是股票市场，但这种调整走势形态适用于其他所有的金融市场。

主要中期走势和后续折返走势的关系

在《股市利润》一书中，加特利采用罗伯特·雷亚提出的中期趋势分类方法列出了一系列图表，最终得出了一个结论：主要中期走势的幅度越小，折返走势的幅度越大，反之亦然。他发现这个结论同时适用于多头和空头市场。自1933年以来几乎所有市场的实际走势都支持这一假设。例如，1962年股市触底反弹的幅度仅为18%，而1933～1982年的平均反弹幅度高达30%。这波反弹是双重底形态的一部分，因此也属于第一波主要中期走势的一部分。紧随这波幅度相对小幅的反弹走势之后，出现了幅度高达71%的折返走势；1962～1963年年中的第二波反弹行情幅度为32%，但随后出现的短期折返走势幅度仅为25%。因此，我们似乎可以得出一个令人满意的结论：涨上去的未必会跌下来，反之亦然。

1976～1980年的黄金多头市场势头强劲，但中期调整走势却非常短暂；1982～1990年的多头市场涨势较弱，但随后的调整走势幅度却相对较大。

运用中期趋势辨别主要逆转

中期趋势的数量

主要趋势通常包含2.5个中期趋势（见图4-3），但并非所有主要趋势都能符合这一标准，也可能出现包含1个、2个、3个甚至4个中期趋势的情况。此外，这些中期趋势的时间跨度或者幅度各不相同，往往在事后才能进行识别和归类。即便如此，大多数情况下中期趋势分析仍然可以作为判定主要趋势发展程度的基础。

如果两个中期循环完成之后，第三波的主要中期趋势发展势头强劲，那么技术分析师应该注意主要趋势可能发生逆转。如果只完成了一个中期循环，那么价格攀升至更高水平（空头市场中跌至更低水平）的概率还是很高。

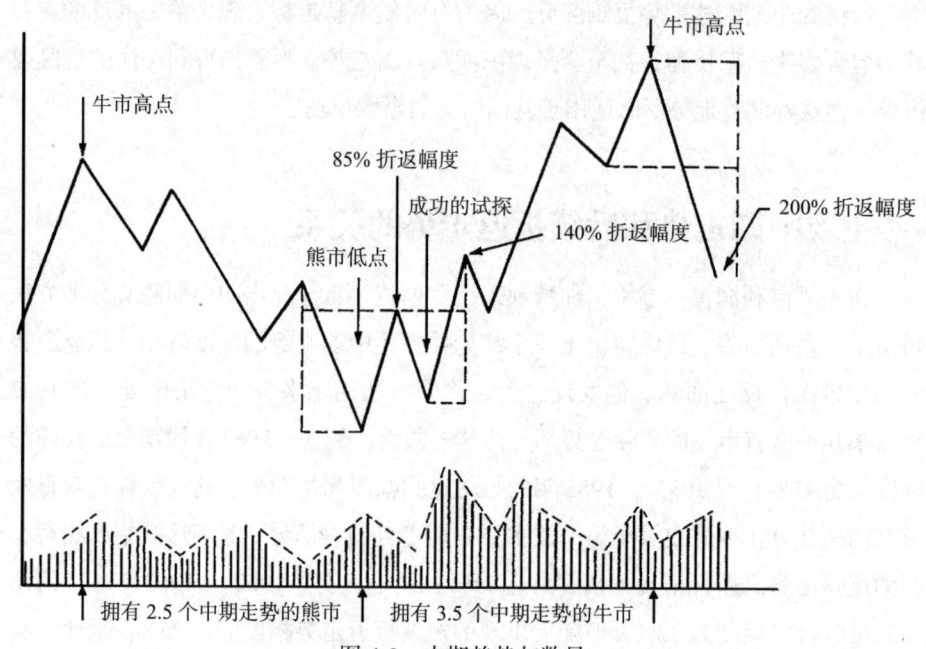

图4-3 中期趋势与数量

主要趋势中最后一个中期趋势的特征

除了计算中期趋势的数量，还可以对某个中期趋势和典型逆转趋势的特征加以比较。这些特征表现在以下几个方面。

1. 由多头市场转为空头市场

由于成交量引领价格，成交量没能增至前一中期趋势的水平代表空头信号。另外，如果进入中期反弹走势3～4周之后，成交量接近前期峰位，却没能推动股价大幅上涨，应被视为市场震荡、行情走软的信号。如果市场在出现上述任一特征的同时，股价跌破40周移动均线（见第11章）或者中期动能指标（见第13章）出现背离，则投资者必须保持警惕。

如果中期趋势中的下行走势具备以下两个特征，则表示空头市场已经启动：第一，股价下跌的同时成交量大幅增加；第二，折返走势的幅度达到同一中期趋势上升阶段的80%或以上。折返幅度越大，主要趋势被逆转的可能性越大。如果折返幅度超过100%，就意味着股价已经跌破了一系列不断走高的谷底，也就大大增加了逆转主要趋势的可能性。其他的信号包括发现极度超卖或者极端波动（第 13 章将对这些词进行全面的解释）。

2. 由空头市场转为多头市场

在多头市场的第一个中期上涨阶段，成交量往往较前期的中期上涨阶段大幅增加。也就是说，多头市场的第一波上涨走势往往能吸引比前期中期反弹走势更多的成交量。此外，空头市场转为多头市场的另一个信号是，价格反弹幅度超过前期下跌幅度的 80% 或以上。同样，反弹的幅度越大，主要趋势被逆转的概率就越大。如果反弹幅度超过前期下跌幅度的 100%，则表明空头行情被逆转的可能性非常之大，因为不断走低的峰位将被突破。

在空头市场的中期下跌阶段，当股价触及低点时，成交量通常会大幅增加。因此，如果中期下跌走势中出现交易量萎缩的情况，表明空头市场可能已经结束。如果股价没有在中期下跌走势中创下新低，空头市场被逆转的可能性尤其之大，因为中期趋势中不断下滑的一系列低点可能被突破。在图 8-42 所示的例子中，成交量在 1962 年 6 月，而非 8～10 月的大清仓中达到最大值。

最终的逆转信号可能还包括股价进入过度超买区域或者极端波动区。

美国股市的中期趋势（1897～1982 年）

主要中期上升趋势的幅度和持续时间

《道氏理论》的作者罗伯特·雷亚在 1897～1933 年的主要多头市场中划分出 53 个中期趋势，波动幅度为 7%～117%，如表 4-1 所示。

本书根据 1933～1982 年的数据资料，划分出 35 个中期趋势，由低点到高点的中位数为 22%，如表 4-2 所示。

自 1987 年以来，主要中期上涨走势的平均涨幅中位数为 20%～

表 4-1　主要中期上升趋势（1897～1933 年）

中期走势的次数百分比	价格波动幅度
25	7～14
50	15～28
25	28～117
100	
中位数 20	

表 4-2　主要中期上升趋势（1933～1982 年）

	低点到高点的波动幅度	持续时间（周）
平均数	30	22
中位数	22	24
区间	10～105	3～137

22%。1933～1982年主要中期上涨走势的涨幅中位数与罗伯特·雷亚对1897～1933年的划分差别不大。不过，中期趋势持续时间的中位数似乎从1897～1933年的13周增至24周。

主要中期下跌趋势的幅度和持续时间

根据雷亚的划分，1900～1932年共有39个主要中期下跌走势，如表4-3所示。

本书根据1932～1982年的数据资料，划分出35个中期下跌走势，由高点到低点的中位数为16%，如表4-4所示。

1932～1982年的结果和1897～1933年的结果没有太大差别。根据雷亚的统计，1897～1933年波动幅度中位数为18%，而1932～1982年的中位数为16%；不过1897～1933年持续时间中位数是13周，而后一期间为24周。

表4-3 主要中期下跌走势（1900～1932年）

中期走势的次数百分比	价格波动幅度
25	3～12
50	13～27
25	28～54
100	
中位数18	

表4-4 主要中期下跌趋势（1932～1982年）

	高点到低点的波动幅度	持续时间（周）
平均数	18	17
中位数	16	14
区间	7～40	3～43

多头市场次级折返走势的幅度和持续时间

1. 多头市场次级回调走势

1898～1933年，雷亚划分出43个多头市场次级回调走势。其较前期主要中期上涨趋势的幅度从12.4%～180%不等，中位数为56%；而1933～1982年的幅度从25%～148%不等，中位数为51%。1898～1933年，次级回调走势的持续时间为5周；而1933～1982年期间为8周。根据前一个主要中期趋势的峰位测算，1933～1982年次级回调走势的跌幅中位数为12%（平均数为13%）。

2. 空头市场反弹走势的幅度和持续时间

据雷亚估算，1898～1933年空头市场反弹走势较前期主要中期跌势的幅度从30%～116%不等，中位数为52%；本书估算1932～1982年期间空头市场反弹走势的幅度从 26%～99% 不等，中位数为 61%。前一时期的持续时间中位数为 6 周，后一时期为 7 周。根据前期主要中期跌势的低位测算，1933～1982 年期间的反弹幅度平均值为 12%，中位数为 10%。

3. 美国股市的中期趋势（1982 年以来）

图 4-4 和图 4-5 显示了标准普尔综合指数在 1982 年年底到 21 世纪开端的走势。较粗的竖线代表中期涨势的峰位，较细的竖线代表中期走势的谷底。图下方为中期摆荡指标和反应转折点的中期 KST（有关概念阐述见第 15 章）。这段时期包括始于 1982 年、结束于世纪之交的长期牛市行情，以及随后的长期熊市行情。相对于之前的趋势划分，这段时间的中期趋势划分尤其困难。本书尽量保证中期趋势与摆荡指标吻合，因为这些指标是多头行情的先行指标，中期涨势的实际峰位往往滞后于 KST 的峰位。两张图显示的中期趋势划分远非完美，证实了 1897～1982 年的研究结论——中期走势的幅度和持续时间千差万别。以图 4-4 为例，多头市场的第一次中期涨势从 1982 年 8 月持续到 1983 年 10 月。即便以 1983 年 7 月的高点为衡量点，这一波中期涨势的持续时间也达到了近 1 年。同时，1995 年整年的走势都包含在一个完整的中期上升趋势之中。图 4-6 展示了直到 2012 年的趋势，特别注意 2008 年和 2009 年，都是先下后上的趋势。

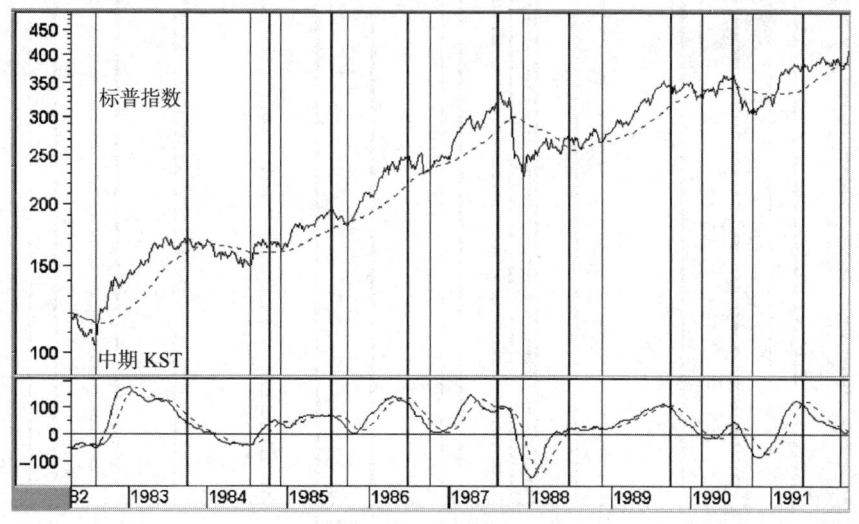

图 4-4　标准普尔综合指数和中期 KST 指标（1982～1991 年）

资料来源：www.pring.com。

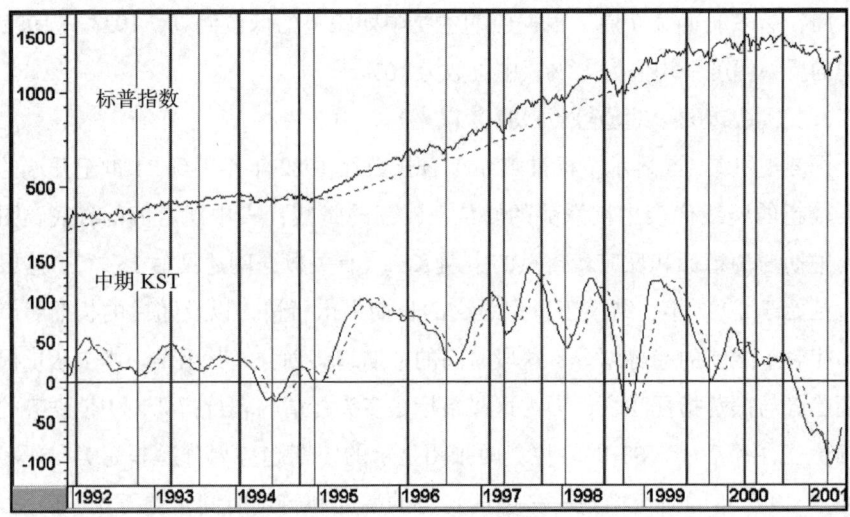

图 4-5 标准普尔综合指数和中期 KST 指标（1991～2001 年）

资料来源：www.pring.com.

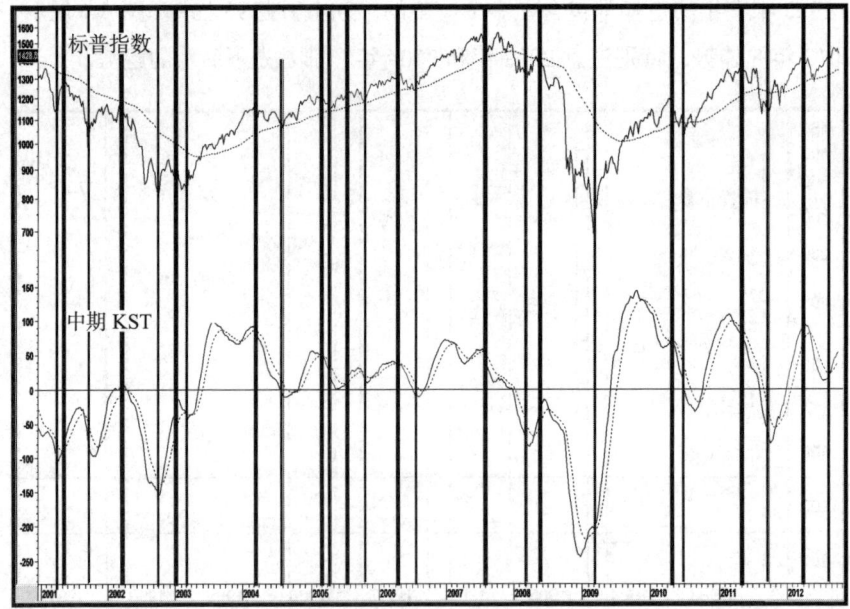

图 4-6 标准普尔综合指数和中期 KST 指标（2001～2012 年）

资料来源：www.pring.com.

---Summary---

小　结

- 一个主要趋势通常包含 2.5 个中期趋势，每个中期趋势包含一个上升阶段和一个下跌阶段。在多头市场，每个主要的中期涨势应该创下周期新高；在空头市场，每个主要的中期跌势应该创下周期新低。向下跌破不断走高的低点、向上突破不断走低的高点是主要趋势逆转的重要信号，但**并不**足以充分证明主要趋势逆转。为了得到更充分的证据，技术分析师应该综合各种技术指标。
- 次级折返走势是中期趋势的一部分，和主要趋势的方向相反，往往是指多头市场的回调或者空头市场的反弹行情。次级折返走势通常持续 3 周～3 个月的时间，较前期主要中期走势的折返幅度为 1/3～2/3，也可能表现为窄幅盘整或者横盘整理。
- 研究中期趋势的特征有助于判定主要趋势的逆转。
- 大体而言，牛市中主要中期走势越强劲，次级折返走势的幅度越小。

第 5 章
Chapter 5

如何辨别支撑区与阻力区

支撑位与阻力位是技术分析领域的两大基石。它们在价格形态分析中扮演关键角色，这一点后文将加以详述。大多数人使用**支撑位**一词时，实际上指的是阻力位；使用**阻力位**一词时，指的又是支撑位。这两个概念的确容易混淆。大体而言，在走势图上，阻力位与支撑位意味着主导型趋势至少可能会出现短暂停顿。

阻力与支撑

爱德华兹和迈吉在《股市趋势技术分析》（*Technical Analysis of Stock Trends*）⊖这一投资经典中将**支撑位**定义为"大量（实际或潜在）买盘足以在一定时间内抑制价格跌势"，将**阻力位**定义为"（实际或潜在）卖盘的成交量足以满足所有买盘，从而在一定时间内阻止价格进一步上涨"。

支撑区代表**需求集中**的区域，而阻力位代表**供给集中**的区域。这里要强调**集中**一词，因为供给与需求永远是平衡的。但是买家相对卖家可能更有热情，反之亦然。这一点很重要，因为它决定趋势。如果买家比卖家更热情，他们会不断提高买入价格，直到购买需求得到满足。另一反面，如果卖家更焦虑，他们会愿意在更低的价格清盘，因而总体价格会下行。如果还不能理解，可以将支撑位视作价格的短期"地面"，将阻力位视作"天花板"。

图 5-1 最开端股价下行，随后在 A 点寻获支撑，转而向上。第 2 次又跌至 A 点时，股价再次反弹。因此 A 点可以被称作支撑位。

⊖ 此书中文版已由机械工业出版社出版。

这一点构成了本书支撑/阻力分析的第 1 个原则。

技术要点 前期高点或低点是潜在的支撑/阻力水平。

第 3 次跌至 A 点时，股价继续下滑，或者按照我们的说法，股价突破支撑位。判定潜在支撑位的首要原则之一是寻找前期低点。潜在阻力位则可能在前期高点附近。

图 5-2 的时间跨度更长。这一次，价格在 B 点寻获短暂支撑。

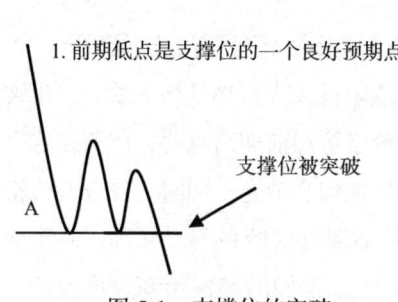

图 5-1 支撑位的突破

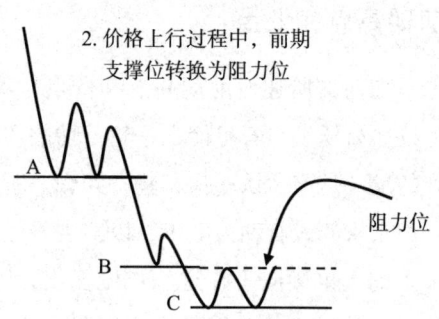

图 5-2 支撑位和阻力位转换角色

C 点也被证明是一个支撑位，但请注意，反弹行情在此前的支撑位 B 处被逆转。因此，第 2 个原则是：

技术要点 在上涨趋势中，前期支撑位可能转变为阻力位。

可以这样来比喻：一栋楼里的地面相当于支撑位，但是如果你跌破它，地面就会变成阻力位，也就是天花板。支撑位与阻力位互换角色的原因也可以通过基础心理学来解释。没有人喜欢亏损，面对亏损，有的人会通过尽早止损来摆脱痛苦，而其他人则一直坚守，直到价格反弹到最初购买该证券的位置。在那个位置，他们可以做到不亏损，然后卖出，从而创造出足以在短期内令涨势止步的大量供应。

最后，在图 5-3 中，我们可以看到价格反弹，冲破 B 点及 A 点的阻力位（此前的支撑位）。随后的跌势

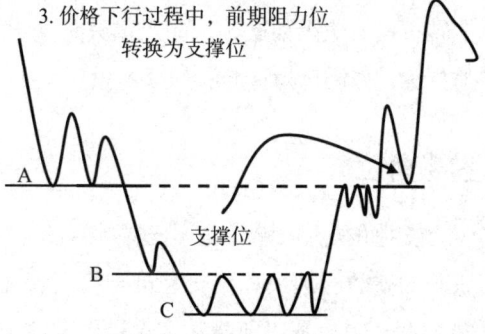

图 5-3 支撑位和阻力位转换角色

又在 A 点寻获支撑。因此，我们的第 3 个原则是：

> **技术要点** 在下跌趋势中，前期阻力位可能转变为支撑位。

确定潜在支撑/阻力位的原则

前期高点和低点

如前文所述，前期高点和低点是潜在的支撑和阻力位。高点至关重要，因为许多市场参与者可能在一轮行情的实际高点或附近买入。当价格下跌时，正常人的反应是不承认亏损，坚持到底。所以，当价格重回前期高点时，此前在这一点位买入的人有动力卖出，以实现不亏损。结果他们会清仓。同时，在较低价格买入的人也倾向于在这一点位卖出，因为这是前期行情的顶部。同理，高于前期高点的任何价格在潜在买家眼中都过高。因此，他们的热情不高，可能转向他处。

当价格反弹，随后又跌至前期低点时，这一较低价格在潜在买家中较具吸引力。毕竟，此前价格跌至这一水平时，他们曾错失良机，机会再次到来时，他们会更加珍惜。同样，价格接近前期低点时，卖家不愿意卖出证券，因为他们曾亲眼见证股价自这一水平反弹，自然会期待历史重演。

图 5-4 显示了 2002～2003 年的糖价走势。

请注意前期高点和低点是未来交易的良好支撑/阻力位。不幸的是，我们无法预知一个特殊点位是否会成为支撑位或阻力位，甚至无法预知该点位是否是一个转折点。正因如此，这些点位只是预示短期逆转的较好点位。因而也必须对其他指标，如震荡指标等，加以考量。

整数价位

支撑位与阻力位习惯出现在整数价位。这或许表明在像 10、50、100 等比较直观的整数心理关口，交易员与投资者往往会做出投资决定。例如，在 20 世纪 70 年代，道琼斯工业指数多次试图突破 1000 点大关而未果。对黄金而言，20 世纪 80 年代以及 90 年代中期，400 美元也是一个关口，诸如此类。因此，寻找潜在转折点的一种途径是寻找整数位。

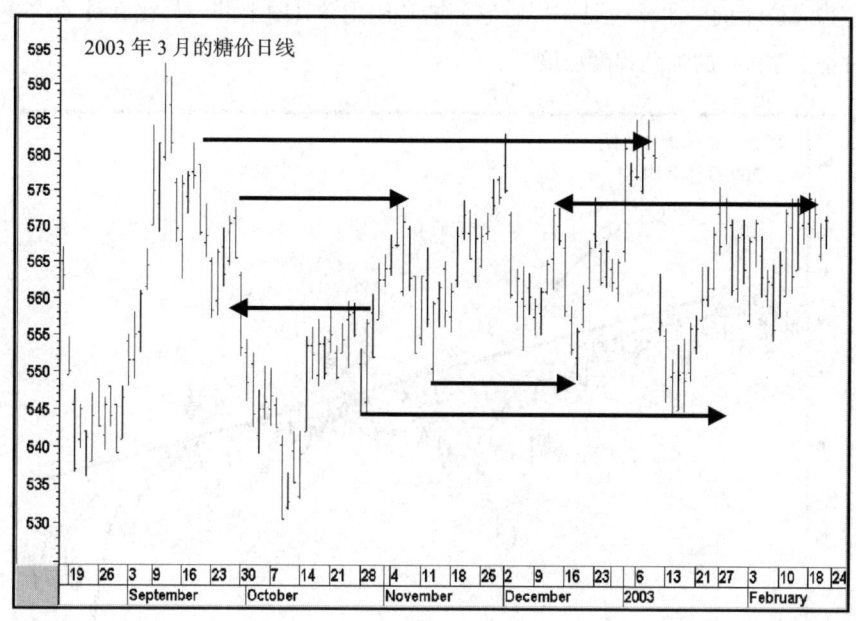

图 5-4　2003 年 3 月的糖价日线

资料来源：Martin Pring's Weekly InfoMovie Report.

趋势线和移动均线代表动态支撑位和阻力位

　　本书将在第 6 章指出，好的趋势线应该反映基本趋势。评估一条线是否重要的原则之一关乎其被触及或贴近的次数。次数越多越好。如果价格好几次跌至某个特定低点，该价位便成为一个强有力的支撑区。趋势线与移动均线同样如此。每次价格跌回向上的趋势线或者向上的移动均线，随后出现反弹，其动态支撑的重要性便得到强化。向下的趋势线或移动均线同样如此。因此，价格跌至向上的趋势线（或移动均线）时买入，或在价格涨至向下的趋势线（或移动均线）时卖出是有道理的。届时还可以在趋势线或移动均线附近设置一个低风险的止损线，以防支撑位或阻力位被突破。

　　图 5-5 以惠普公司股价为例，很好地阐释了向下的趋势线如何扮演阻力位的角色。

请注意，可靠的移动均线，如图中的 200 日移动均线，与趋势线交叉是对该阻力位的验证。这与我们建房子时把屋顶的厚度加到两倍是一个道理。移动均线和趋势线位于同一水平也是一样；它们能让阻力位（向上的趋势线和移动均线交汇时是支撑位）的强劲程度加倍。

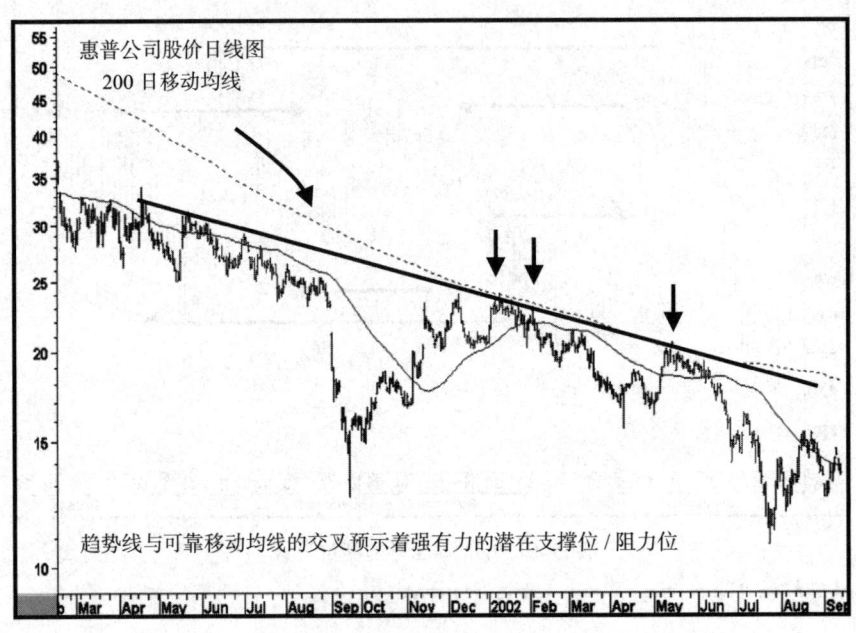

图 5-5　惠普公司股价日线图

资料来源：Martin Pring's Weekly InfoMovie Report.

走势图中的情绪点位代表潜在支撑位 / 阻力位

后续章节将在提到缺口、匹诺曹棒形态、双棒逆转、关键逆转等时对本概念进行介绍。当前，我们暂且说大多数情绪点位是指价格趋势持续一段时间之后，在某一点位经历强势延伸。在棒线的形成过程中，趋势突然逆转。逆转的突然性是这里的关键，因为它告诉我们，根据价格方向，买家或者卖家的力量已经耗竭。当这一点再次被触及时，它往往对趋势的进一步延伸构成阻碍——也就是说，成为支撑位或阻力位。

缺口是情绪点位的另一个例子。当买方或卖方对新闻反应特别激烈时，一个空白区域，或者说缺口会出现在走势图上。在图 5-6 中，或许是受始料不及的负面新闻影响，糖价经历了 3 次向下的缺口。

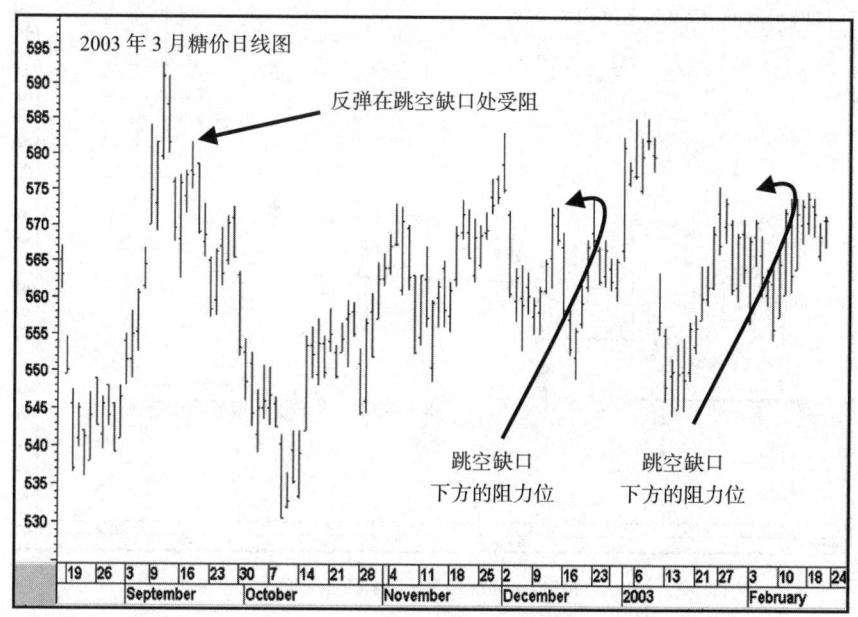

图 5-6　2003 年 3 月糖价日线阻力位

资料来源：Martin Pring's Weekly InfoMovie Report.

此后，随着投资者情绪的稳定，价格重整旗鼓，试图填补某一个缺口。以最左边的缺口为例，阻力位在开盘时既已出现，而在另外两个案例中，阻力位在缺口靠下的位置形成。从预测潜在支撑区／阻力区的角度来看，缺口是最值得信赖的技术概念之一。2011 年 MarketVectors Coal ETF 的走势（见图 5-7）就提供了很好的例子，图中的小长方形标示出缺口，水平线则代表缺口的高点及低点。显而易见，它们都具有明显的支撑意味。

图 5-8 显示了波音公司股价的另一个情绪点位。该点位出现在 2001 年年初一条跨度很大的棒线的底部。请注意这一底部确立在 50 美元这一整数价位。

正常来说，下次股价再跌到 50 美元时，50 美元应该成为支撑位。但是价格在 2002 年秋季直接跌破了这一水平。即便如此，事实证明下一次价格反弹时，50 美元的确成为一个转折点。这说明即便某个支撑位／阻力位被突破过一次，在随后的价格波动中，它仍然可能成为转折点。

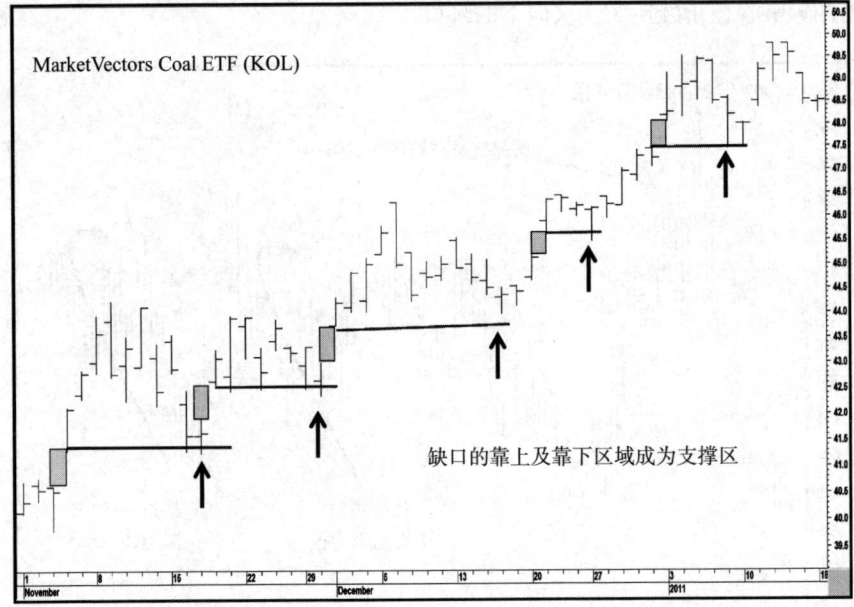

图 5-7 MarketVectors Coal ETF

资料来源：Martin Pring's Weekly InfoMovie Report.

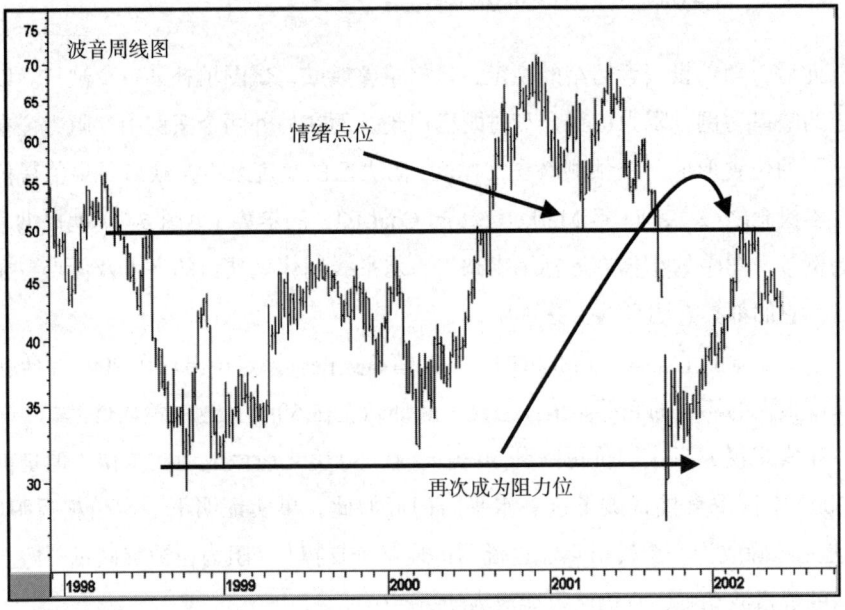

图 5-8 波音周线图

资料来源：Martin Pring's Weekly InfoMovie Report.

成比例波动、折返等

根据运动规律，任何作用都有反作用。金融市场确立的价格是对大众心理"运动"的贴切反映，同样适用于这一定律。市场情绪的波动往往体现为成比例的价格波动。

最著名的比例原则也许当属"50%规则"（50 percent rule）。例如，在根据道琼斯工业平均指数衡量的很多空头行情中，价格都下跌了一半。1901～1903年、1907年、1919～1921年以及1937～1938年的空头行情，指数分别下降了46%、49%、47%和50%。在1929～1932年的空头行情中，第一波走势以1929年10月的195点结束，略微超过9月最高点的一半。有时候，上升行情中的中点代表了均衡点，通常可以就所考察走势的最终范围提供线索，或者可以指出折返走势中的重要转折点。1970～1973年，市场由628上升到1067。该段上涨行情的中点位为848，或者说近似于1973～1974年第一波空头行情结束时的点位。

同样地，上涨行情中的阻力位通常为最低价的两倍。1932～1937年的多头行情中，第一波涨势由40达到81，翻了一番。

事实上，我们曾在第2章讨论过从1/3到2/3的折返走势，50%就是1/3和2/3的中点。1/3和2/3的比例在股市中也经常可以看到，它们也可以作为支撑区或阻力区。

比率图有助于确定这些点，因为它可以很容易地上下衡量出相同比例的价格变动。然而，如果这些波动具备足够的一致性，就可以判断峰位和谷底潜在反转点。如果整体市场状况和其他一些价格技术分析的结论与此相符，那么基于比例方法所做的预测的准确性，就有得到证实的好机会。

切记，技术分析讨论的是可能性，这意味着只采用一种方法进行预测是不可取的。如果你正根据比例原则进行预测，存在一个好方法，即观察预测结果与先前的支撑位和阻力位是否一致。如果一致，该区域代表反转点或者至少是暂时障碍区的概率就更高。当市场达到历史新高价时，将上升趋势线加以延伸也是一种可行的方法。延伸的趋势线与运用比例原则所得出估测线的交叉点，则可能代表了重要反转的时间和位置。试验显示，每一种市场、股票或商品都具备自身的特点，有些适用该方法，有些则不然。

图5-9是运用1/3、2/3及50%折返对PowerShares Dynamic Insurance ETF进

行分析的例子。

在该图中，自100%水平线至0水平线（A点）代表100%的波动。如果我们希望为后续反弹确认可能的阻力位，那么1/3、2/3及50%折返位是较为明智的监测点。如图所示，于B、C、D点结束的反弹走势分别代表33%、50%、66%（2/3）的折返。即便被突破，这些点位仍然有效。这在E点便可见一斑，因价格在33%的关口受阻。虽然无法预知这些折返走势何时才会止步于1/3、50%或2/3关口，我们可以通过检验价格接近这些重要点位时其他某些技术指标的表现来判断走势是否即将转折。

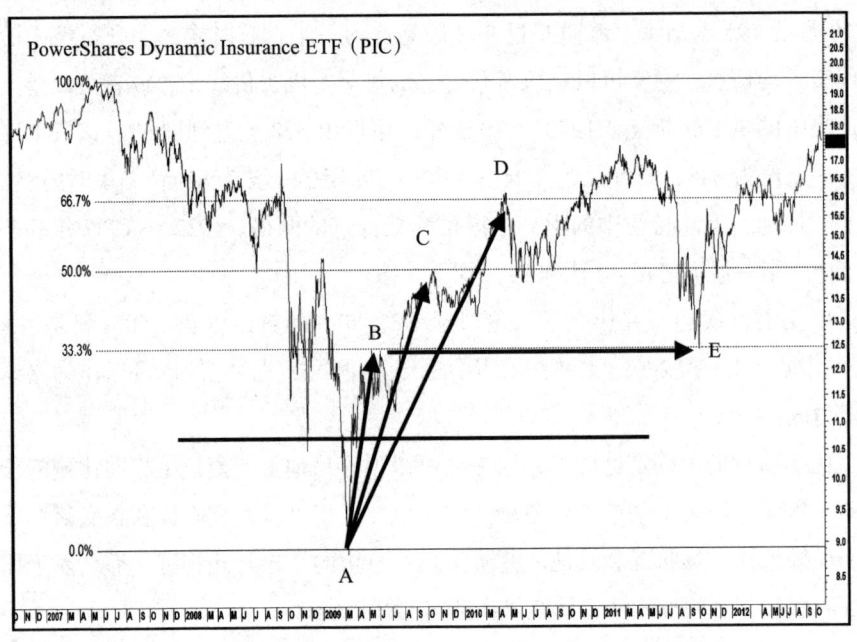

图5-9　PowerShares Dynamic Insurance ETF（PIC）

资料来源：Martin Pring's Weekly InfoMovie Report.

许多技术分析师使用由意大利13世纪的数学家莱昂纳多·斐波纳契（Leonardo Fibonacci）发现的一个数列。该数列有许多特征，但最关键的是每个新得到的数字都是前两个数字的和。例如，5+8=13，8+13=21，等等。对我们而言，该数列的意义在于它为成比例波动提供了一些启示。例如，该数列中的任何一个数字都等于后一个数字的61.8%，再后一个数字的38.2%，依此类推。

图5-10和图5-11就以白银ETF为例，展示了这方面的一些可能性。对折返

走势的衡量方法与上图完全一样，唯一区别是这两张图采用的是斐波纳契数列里的数字。

在图5-10中，最初的反弹走势在23.6%的水平止步，接下来一波是在50%，第三波涨势的幅度则比2008年3～9月的跌幅略小。我们还看到，一波涨势在E点的50%关口止步，随后又两度在F点的61.8%关口受阻。在图5-11中，我们可以看到38.25%的关口几度发挥效用，同时跳空缺口的价值也得以显现，两次反弹先后在B点和D点被逆转。请注意这一关口的重要性再次被强化，不仅因为出现跳空缺口，同时作为38.2%关口，在D点扮演了回撤位的角色。最后，前期低点在C点处成了支撑位。

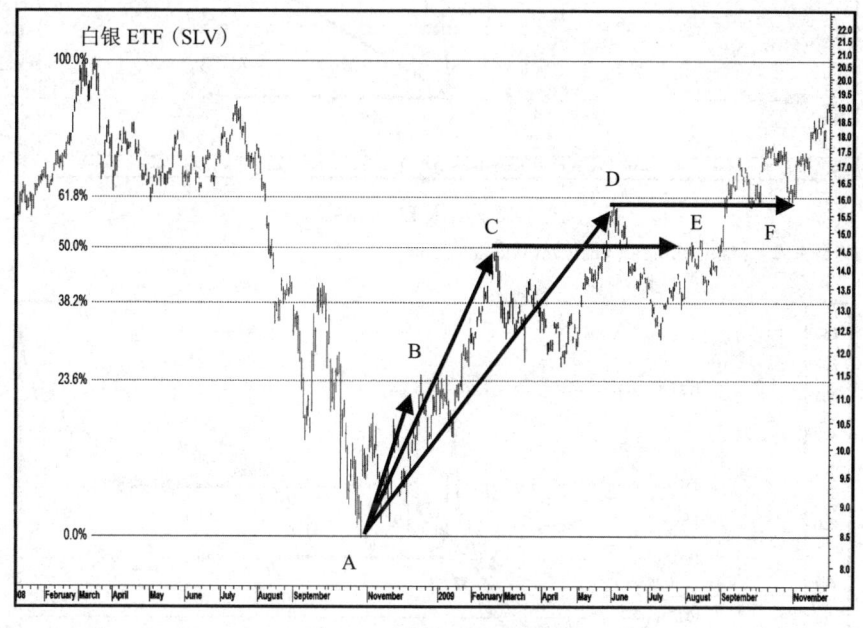

图5-10　白银ETF（SLV）

资料来源：Martin Pring's Weekly InfoMovie Report.

图5-12表明，同样的原则也适用于上涨行情中的预测。

同样，AB代表100%的跌幅，随后的线根据向上的斐波纳契比例描绘。在本例中，后几位数字除以当前数字的商分别等于1.61，然后是2.61，依此类推。可以清晰地看到161.8%和261.8%关口在未来的价格波动中扮演了重要作用。再次强调，这些位置并非必然成为重要关口，但可能性较大。

第一部分 趋势判定的技巧

图 5-11 白银 ETF（SLV）

资料来源：Martin Pring's Weekly InfoMovie Report.

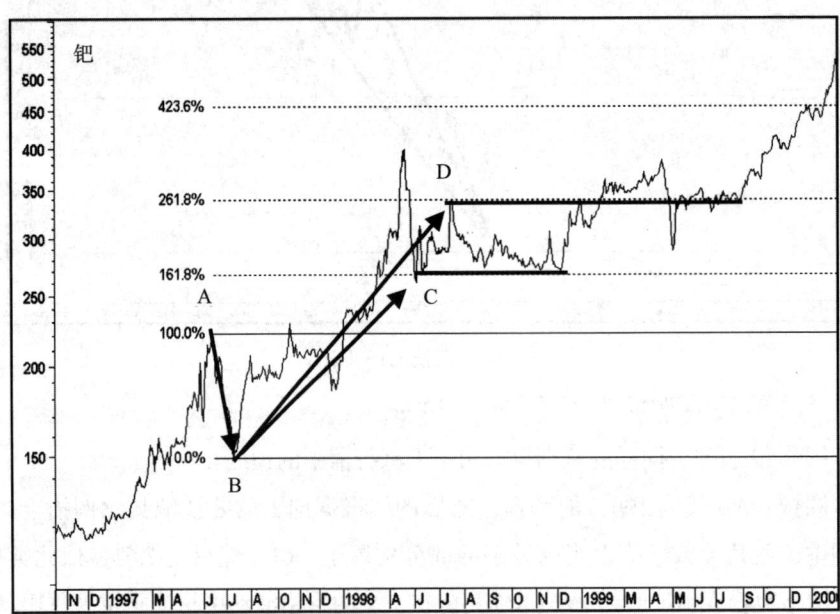

图 5-12 钯 ETF

资料来源：Martin Pring's Weekly InfoMovie Report.

判定潜在支撑区与阻力区重要性的原则

到这里,你可能会问,"那我怎么知道每个支撑位与阻力位到底有多重要?"不幸的是,没有绝对的答案,不过确有一些基本原则可以作为参考。

特定区域某证券的换手数量——成交量越大,支撑位和阻力位的重要性也越大

这一点不言自明,因为如果有很多人在特定价格买入或卖出,他们很可能记得自己的经历。像前文提到的,买方总是希望不亏本。另一方面,卖方可能是在更低价位买入,并记得价格曾在阻力位停步。他们进行获利回吐的动机会变得更明显。

前期波动的幅度与速度更快,支撑位和阻力位的重要性也越大

冲破阻力位的意图与一个人试图冲破一扇门类似。如果他从 10 英尺到 12 英尺远⊖的地方起步,他有很大的力气把门冲破。而如果他在 100 英尺远的地方起步,到门口时可能速度没那么快,反而打不开门。两种情况下,门的阻力是一样的,但阻力相对速度的大小非常重要。同样的原则适用于证券市场,长时间大幅度的价格涨势就像是 100 英尺的助跑,而阻力位就像这扇门。结果,前期股价波动幅度越大,对其加以抑制所需的阻力或支撑力越小。同样,股价上涨的幅度越快,交易员越倾向于快速锁定获利。另一方面,股价暴跌的股票看上去比缓慢下行的股票更值得买入。

图 5-13 描绘了金价的走势。请注意金价在 1986 年 1 月触及高点,转而下跌。随后的反弹势头非常迅猛,很快走到尽头、重回跌势。

最后,在 7 月底,金价再次上扬,但涨势更加有序。这一次,同样的阻力位很快被突破,因为买方的力量不像 3 月份一样很快被耗竭。

测算消耗的时间

判定一个支撑位或阻力位效力大小的第 3 个原则是测算上一次被触及与最新

⊖ 1 英尺 =0.3048 米。

市场发展之间相隔的时间。6个月的供给比十几二十年前确立的供给更有效力。即便如此，反复多次之后，哪怕相隔多年，支撑位和阻力位可能仍然有效。

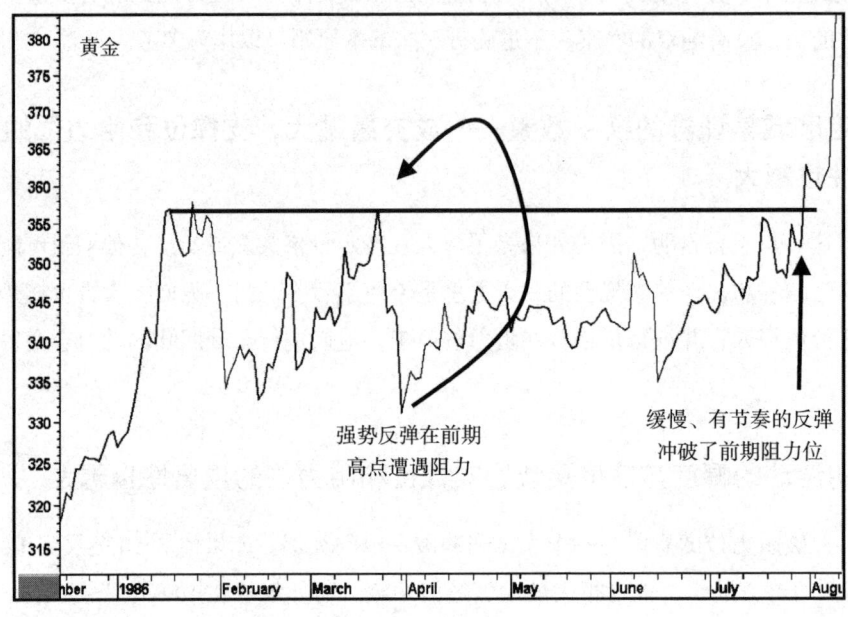

图 5-13　黄金价格

资料来源：Martin Pring's Weekly InfoMovie Report.

Summary

小　结

- 支撑位与阻力位代表需求和供给高度集中，至少足以在短期内抑制价格波动的价格水平。
- 支撑位和阻力位并非买入和卖出信号，却是预测趋势逆转时很重要的参考价位，而且应该与其他指标相结合使用。
- 潜在的支撑区与阻力区出现在前期低点和高点、整数位、趋势线、移动均线、走势图上的情绪点位以及斐波纳契比例等回撤位。
- 支撑区与阻力区的重要性取决于资产此前在该区域的换手量，前期价格波动的速度与幅度以及该区域上一次被触及的时间。

第 6 章
Chapter 6

趋 势 线

趋势线或许是我们在技术分析领域使用的最简单的工具,而且很多人认为它也是最有效的工具。鉴于几乎所有形态的确立都需要使用趋势线,这一概念是形态判定与诠释的基石——而这正是第 8 章的主题。在本章中,我们将探讨趋势线的特征,并解释如何判断每条趋势线的重要性。

在上涨行情中,往往可以将不断走高的底部连成一条直线;下跌行情中,则可以将不断走低的顶部连成一条直线。这些直线被称为趋势线。上行趋势中的趋势线叫**上行趋势线**(up trendline),下行趋势中的趋势线叫**下行趋势线**(down trendline)。通过连接一系列类似的低点或高点,可以得到一条横向的趋势线。一般而言,可以通过连接最后的峰位与第一次反弹的高点得到一条下行趋势线,如图 6-1 所示。

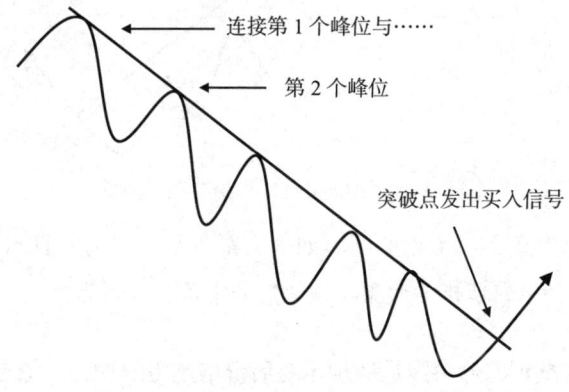

图 6-1　连接峰位的下行趋势线

当价格突破趋势线时，便发出趋势改变信号。图 6-2 显示的是上行趋势线的类似情形。

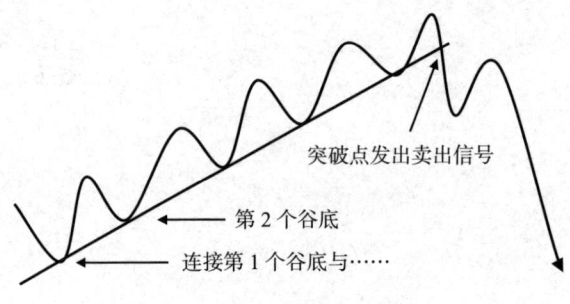

图 6-2　连接谷底的上行趋势线

如何绘制趋势线

趋势线通常必须连接两个或两个以上的峰位或谷底；否则就会失去指导意义。经常有人只通过一个点绘制一条趋势线，如图 6-3 所示，趋势线没有连接第 2 个谷底。或者像图 6-4 一样，连一个点都没有触及。

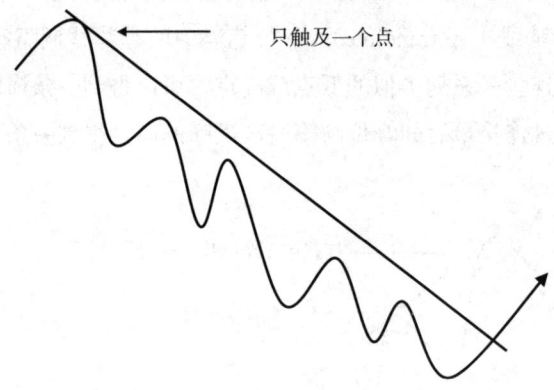

图 6-3　不正确的下行趋势线绘制方法

这样的线毫无意义，实际上还不如什么都不画。因为一旦出现在走势图上，这些线总给人一种意有所指的假象。这一点非常重要，因为：

技术要点　真正的趋势线是能预示随后价格走势的一种绘图形式。

因此，如果只触及一个点，便不是真正的趋势线。

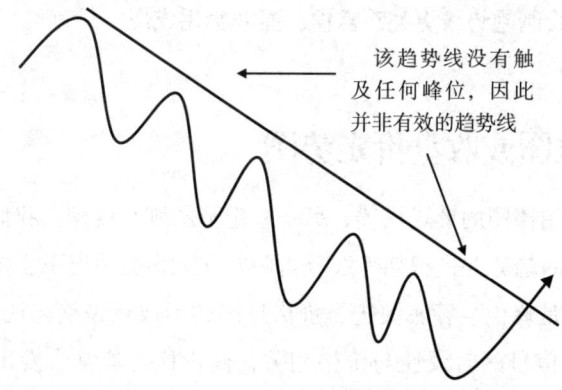

图 6-4 不正确的下行趋势线绘制方法

理想状态下,上行趋势线的绘制方法是连接最后一个谷底与反弹行情的第 1 个低点,如图 6-5 中的 AD 线。

AD 线被称为**主要趋势线**(primary trendline)。在主要上升趋势中,趋势线必须连接空头行情的低点与第 1 个中期趋势的底部,反之亦然。图 6-5 中的 AD 线较为平缓,但不巧的是,图中价格大幅反弹,意味着最后一个峰位之后价格强势突破趋势线。在这种情况下,随着价格的不断走高,最好对趋势线做相应调整。例如,如图 6-5 中的 BC 线显然能更好地反映价格走势。这被称为**次级趋势线**(secondary trendline)。下行趋势线的描绘方法遵循同样的原则,只是方向相反。

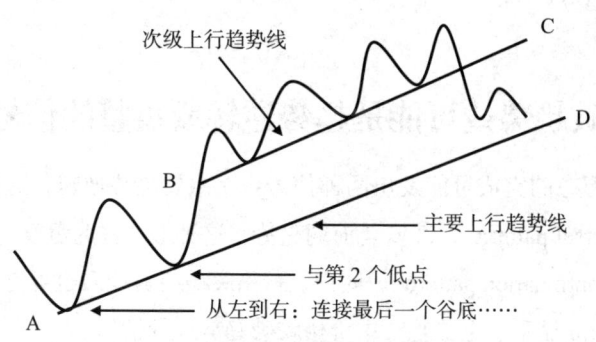

图 6-5 主要趋势线和次级趋势线

有时候趋势可能表现为横盘整理,此时趋势线往往呈水平状。头肩形态的颈线、矩形形态的上界线和下界线(详见后续章节)都是有效的趋势线。价格突破趋势线往往预示着趋势的改变,包括上行或下行趋势线。

在这里,必须强调要谨记以下原则。

> **技术要点** 绘制趋势线更关乎常识,而非套用成规。

📈 棒图与线图或收盘价走势图

一些走势图用棒图的形式描述,另一些走势图则是线图。我们应该用哪种走势图来判定价格的趋势并进行趋势线分析呢?在大多数情况下,棒图能更及时地发出信号,不论是峰位-谷底演进、价格形态的形成还是趋势线的背离等信号。在技术分析中,信号的时效性与价格相关,而价格走势常常发出假信号。要记住,在传统的日线图或周线图中,收盘价至关重要,因为它能将愿意隔夜或隔周持有头寸的人与不愿如此的投资者区分开来。这对于周日到周五全天24小时交易的市场而言,重要性已经有所下降。但是,由于所有市场周末都休市,周五收盘价仍然瞩目。**大多数情况下,收盘价一般比盘中高点或低点更为重要**。同时,当市场公布出人意料的消息时,投资者日间的交投热情会急剧升温或降温,在走势图中经常表现为随机的最高价与最低价,因此,在绘制趋势线时,我们通常会选择收盘价。当然,本书并不主张一概采用收盘价走势图,因为某些情况下,棒线图的趋势线比仅根据收盘价绘制的趋势线更具指导意义。因此,最好在严格遵守技术分析准则的同时结合常识进行判断。你应该不断追问:"到底哪条线能更好地反映潜在趋势?"

📈 价格突破趋势线可能是趋势逆转或盘整的信号

一个价格形态的完成可能发出两种信号:①主要趋势逆转,这种形态被称为**逆转形态**(reversal pattern);②恢复前期趋势,这种形态称为**盘整**(consolidation)或**连续形态**(continuation pattern)。同样,价格突破趋势线后也可能出现趋势的逆转或延续。图6-6显示了上涨趋势中价格跌破趋势线的情形。

在图6-6中,趋势线将一系列的谷底连接起来,最终向下突破。第4个峰位代表牛市的最高点,所以趋势线的向下突破预示着熊市的到来。

图6-7中的价格上行趋势和趋势线突破与图6-6相同,但是警告信号发出后的走势完全不同,因为该图中的趋势线突破后,上行趋势得以延续,只不过速度减缓。第3种情况是价格在一定区间盘整,然后继续上行(如图6-8所示)。

最后，走势也可能盘整，随后逆转向下（如图 6-9 所示）。

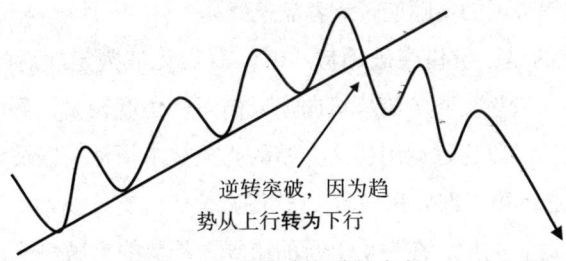

图 6-6　趋势线突破的含义

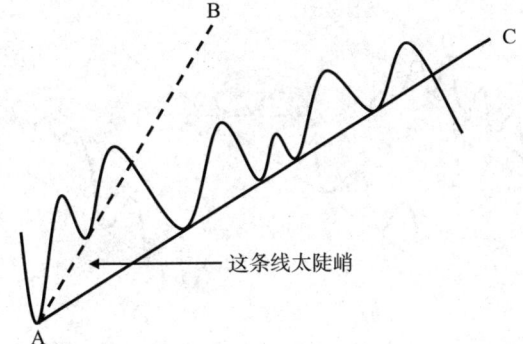

图 6-7　趋势线突破的含义——动能减弱

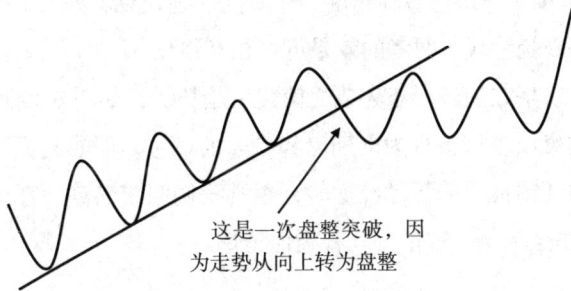

图 6-8　趋势线突破的含义——盘整后延续行情

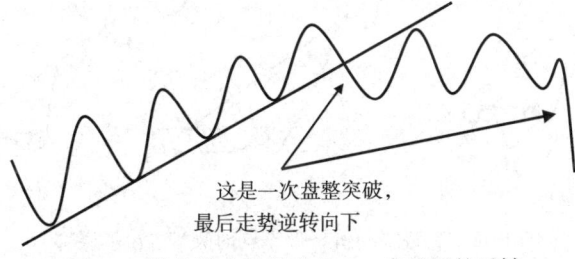

图 6-9　趋势线突破的含义——盘整后的反转

因此，无论趋势线是如何被突破，都很可能预示着趋势的**改变**。这种改变可以是上行或下跌趋势后的实际逆转或者盘整。

然而，不幸的是，价格突破趋势线时，我们无法判定随后的价格走势。不过，总体而言，如果被突破的趋势线向上或向下的角度较大，更可能预示着盘整行情。此外，我们可以通过运用后文介绍的其他技术指标，以及评估整个市场的总体技术结构（通过第二部分来检验），获得有价值的交投线索。使用第 8 章探讨的技巧同样有帮助。例如，在一个上行的市场，趋势线突破可能恰恰出现在逆转形态顺利完成的时刻或者前夕。图 6-10 就是一个例子。

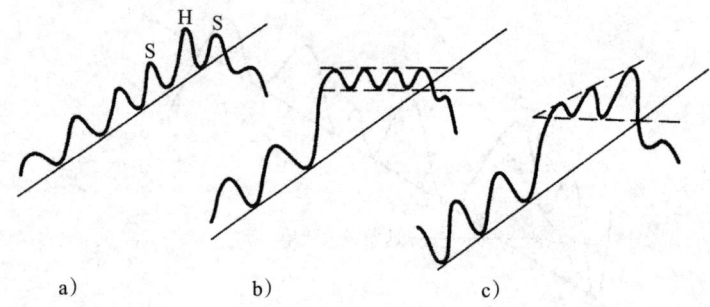

图 6-10　趋势线与价格形态同时突破（市场顶部）

图 6-11 显示了从熊市逆转的角度阐述了同一种现象。如果价格在逆转形态完成时或完成后突破趋势线，两者的效果可以相互强化。

同时，如果价格在逆转形态完成**之前**突破趋势线，如图 6-12 所示，在这种情况下，趋势线的突破应该被视为前期趋势中断的信号，而非趋势逆转的信号，因为除非有足够的证据证明趋势已经逆转，否则我们假定趋势一直在持续。图 6-13 以 Invesco 能源基金为例，列举了几种类似情形。

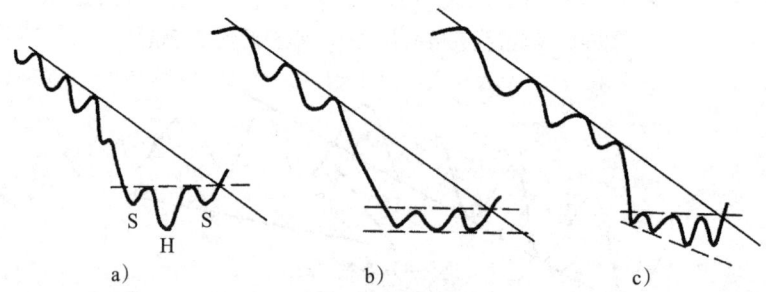

图 6-11　趋势线与价格形态同时突破（市场底部）

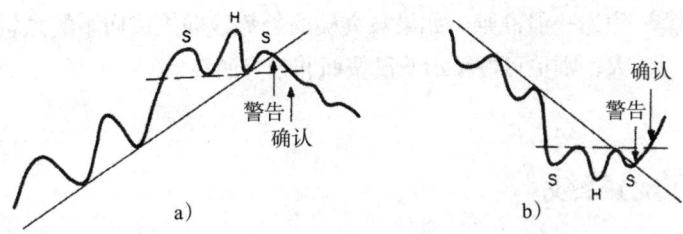

图6-12 价格形态突破滞后于趋势线突破（市场顶部和市场底部）

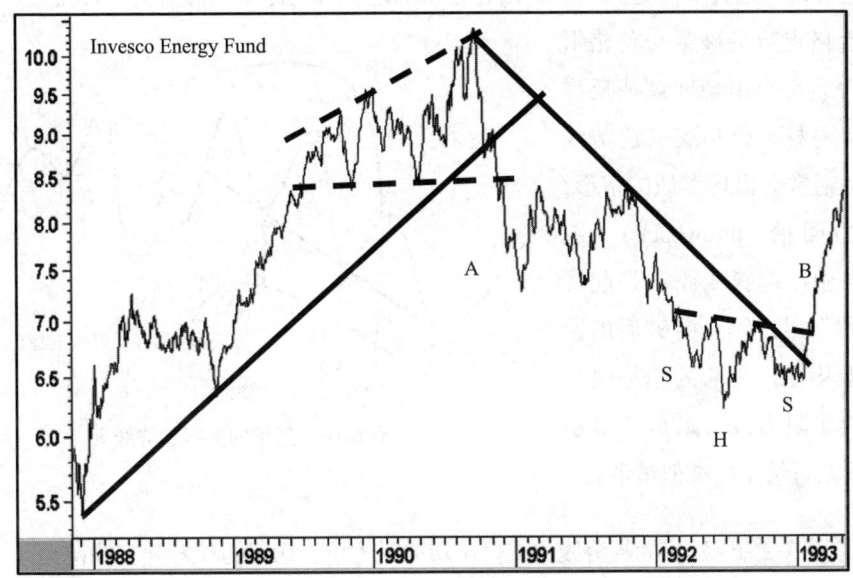

图6-13 Invesco能源基金走势（1987～1993年）

资料来源：www.pring.com。

该走势图显示了趋势线与价格形态几乎同时突破的两种情形。在1990年年底，Invesco能源基金价格曲线向下跌破上行趋势线，紧接着完成直角三角形扩散顶形态。当基金曲线向上突破另一条下行趋势线时，下跌行情终结，同时完成了头肩底形态。对这些价格形态的详细介绍，请参见第8章。

此外，我们还可以根据成交量的特征进一步判定某个具体趋势线突破信号的指导意义。例如，如果一系列不断走高的峰位和谷底伴随着成交量的逐步萎缩，则预示着上涨趋势的衰竭（因为价涨量跌）。在这种情况下，价格突破趋势线的指导意义可能比成交量扩大的情况下更大。价格跌破下行趋势线不一定伴随着成交量的放大，但价跌量升更能强化看跌行情，因为股票供求关系明显有利于卖方。

:::技术要点::: 作为一般准则，如果被突破的趋势线向上或向下的倾斜度很大，则更可能预示着盘整而非趋势逆转。

延长的趋势线

大多数人观察到价格突破趋势线后会假定趋势已经发生改变，转而渐渐忽略趋势线。这种做法是错误的，因为延长的趋势线与原来的趋势线一样重要。正如价格走势突破某个价格形态后通常会出现回调或反弹走势一样，价格突破趋势线后也通常会出现类似的情形，称为回抽（throwback）。图6-14中，趋势线原本是起支撑的作用，但在突破后的回抽走势中，之前的趋势线却变成了阻力位。图6-15显示了下跌行情中的类似情形。

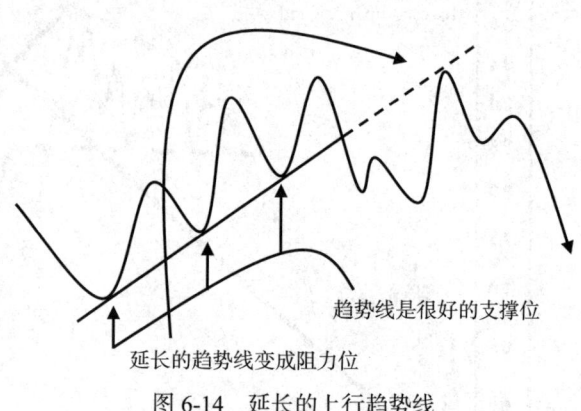

图6-14 延长的上行趋势线

:::技术要点::: 延长的趋势线由支撑位转为阻力位，由阻力位转为支撑位。

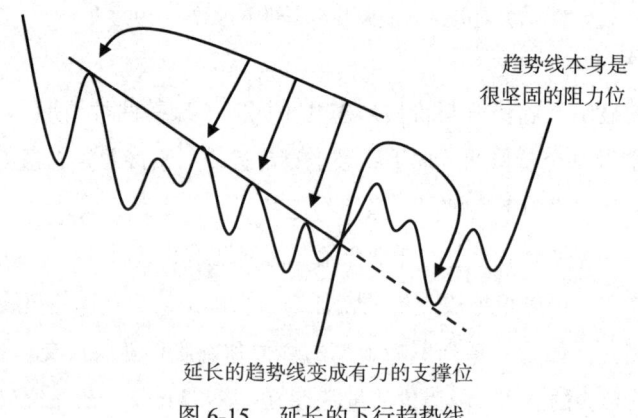

图6-15 延长的下行趋势线

以图6-16为例，该图显示了中国ETF指数（FXI）突破上行趋势线的情形。趋势线突破后导致延长的趋势线变成阻力位。此后，该趋势线再次被突破，并在随后的跌势中变身为支撑位。最后，3月初两条趋势线汇集，由于两者都是被向下突破，双方相互确认，成为阻力区。价格很快转而下行。

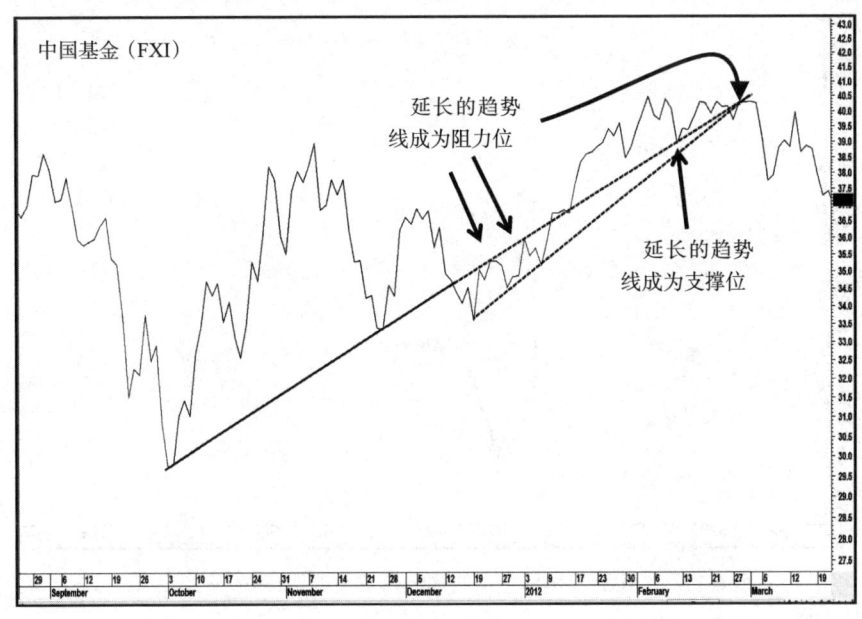

图 6-16　中国基金（2011～2012年）

资料来源：www.pring.com。

对数（比率）与算术坐标单位

定标是技术分析师们经常忽略的一个问题，但是鉴于定标对趋势线的解读影响重大，是时候对这个概念加以介绍了。任何市场走势图都有两条轴。x轴处于走势图的底部，代表日期（点数图例外），y轴代表价格。绘制y轴的方法有两种：对数坐标单位或者算术坐标单位。选择的坐标单位不同，结果也会全然不同。

在采用算术坐标单位的走势图中，指定的垂直距离代表特定的**点数**或者**金额**。因此，在图6-17中，不论在高价位还是低价位，每条箭头的垂直距离相同，都代表大约250个点。在任何价格水平，这一点都不变。

在采用比率坐标单位的走势图中，相同的距离代表相同的变动比率。在图6-18中，不论在高价位还是低价位，每条代表大概100%的波动。如果时间跨度较小，价格波动相对平缓，那么使用两种不同的坐标单位并无显著区别。但是，如果价格波动较大,二者会有天壤之别。

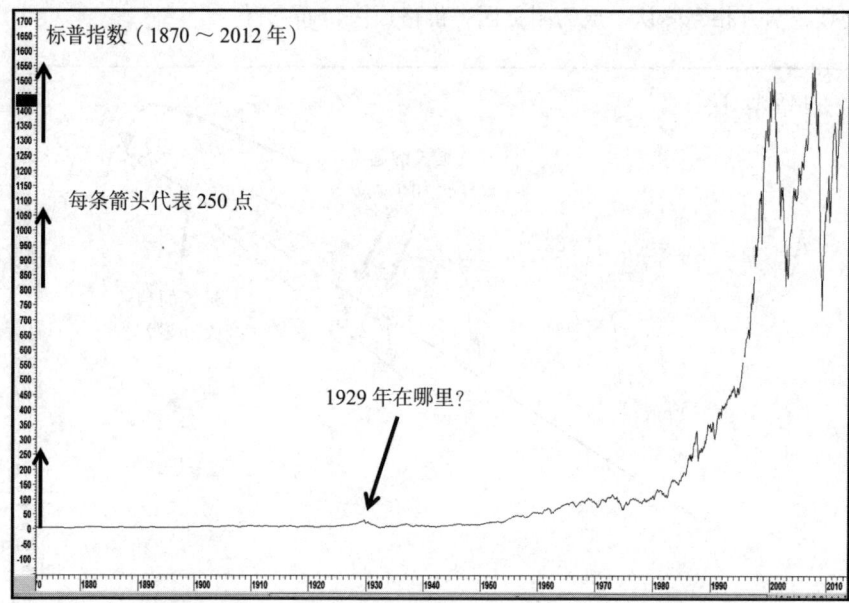

图 6-17　采用算术坐标单位的标普指数走势(1870～2012 年)
资料来源:www.pring.com.

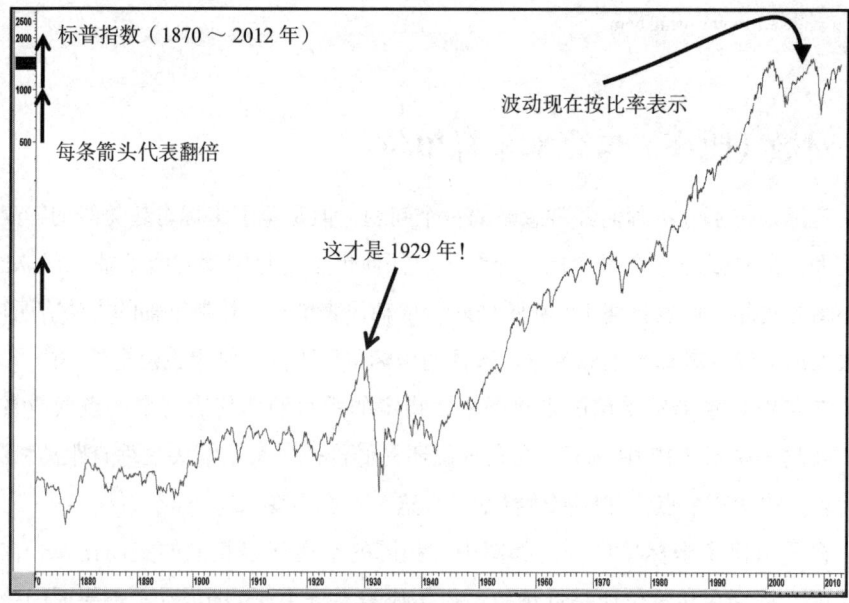

图 6-18　采用对数坐标单位的标普指数走势(1870～2012 年)
资料来源:www.pring.com.

算术坐标单位在低位时压缩价格波动,在高位时夸大价格波动。因此,1929～1932 年幅度高达 85% 的市场暴跌在图 6-17 中几乎看不出来,而 20 世纪末到 21 世纪初 40% 的回撤却被严重夸大。图 6-18 的对数坐标让 1929 年的暴跌得到准确体现,同时并未夸大世纪之交的那次熊市。媒体喜欢捏造新闻,制造卖点。你会发现现在充斥整个金融市场的走势图或者经济数据都是采用算术坐标,因为这种方法能夸大最新的市场波动。媒体的另一种炒作技巧是将数据套用在极短时间内,让读者感受到巨幅波动。但如果把这些数据放在较长的时间段里,使用更宽泛的数据范围,情况却并非如此。

正如你们发现的一样,我非常支持使用对数坐标单位,因为价格趋势按比例得以展现。心理同样倾向于按比例波动,所以使用对数坐标是完全理性的。之前已经提到,如果价格波动相对较小——比如说,3 个月期间的波动,两种定标方法区别很小。作为一名纯粹主义者,我还是倾向于一直使用对数坐标。

对数坐标还有一项更重要的优点,后文介绍形态目标价位时将会提到,但是现在让我们想一想对数坐标对趋势线解读的意义。

坐标单位的选择对趋势线分析的时效性与准确性至关重要,因为在一次大规模波动行将结束时,价格趋势会朝主导趋势的方向加速行进。例如,牛市末端价格会加速上行,熊市结束前价格会加速下挫。在上涨行情中,价格最初转而走高之后会缓慢上扬,随后上扬速度越来越快,直到趋近最终的高点,就像一座山横切面的左侧一样。图 6-19 选取对数坐标单位,呈现了英特尔公司股价趋势线向上突破的情形。

请注意趋势线向下突破出现在 12 月中旬。图 6-20 显示的相同时间段的走势,但这次采用的算术坐标单位。

图 6-20 中趋势线突破的情形全然不同,因为最开始 12 月中旬出现的是一次虚假突破,1 月中旬才是有效突破。偏左边向下的箭头标出了对数突破。因此,采用对数坐标时上行趋势线被突破的速度显然比采用算术坐标时更快。

相反,下行趋势线在采用算术坐标时更快被突破,对比图 6-21 和图 6-22 便可见一斑。

总体而言,与采用算术坐标的趋势线相比,采用对数坐标的趋势线突破能更准确地反应趋势逆转。然而,如果前者更有"意义",根据下文列出的标准,还是应该选择前者。

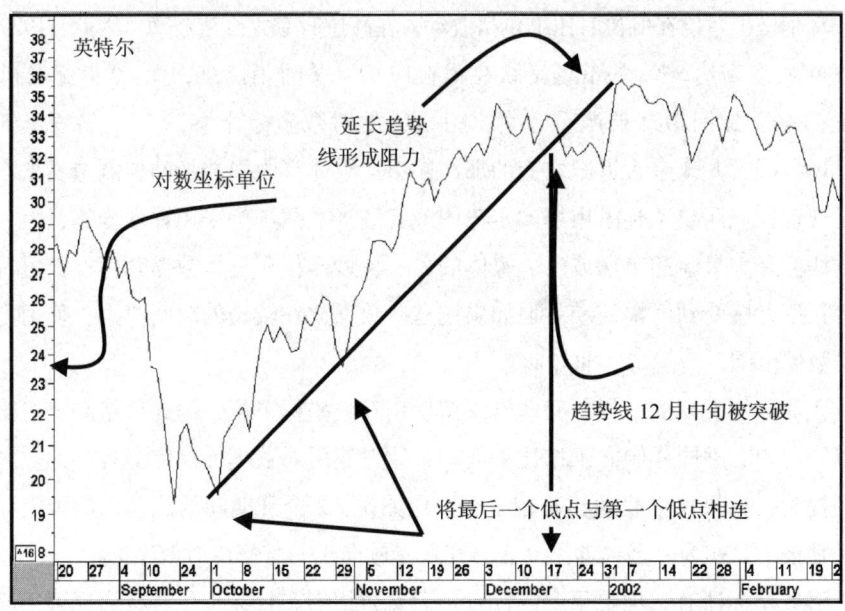

图 6-19　采用对数坐标的英特尔公司股价走势（2001～2002 年）

资料来源：www.pring.com.

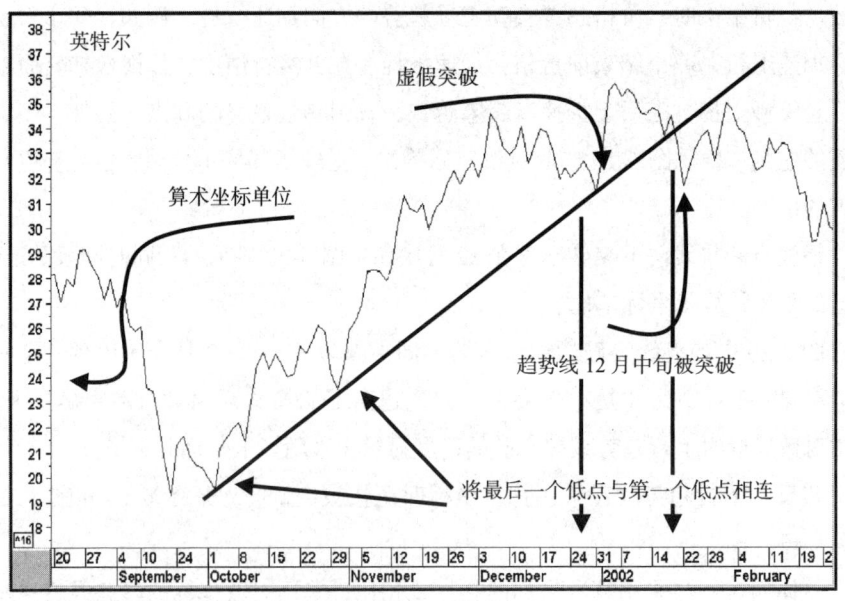

图 6-20　采用算术坐标的英特尔公司股价走势（2001～2002 年）

资料来源：www.pring.com.

第 6 章 趋 势 线 69

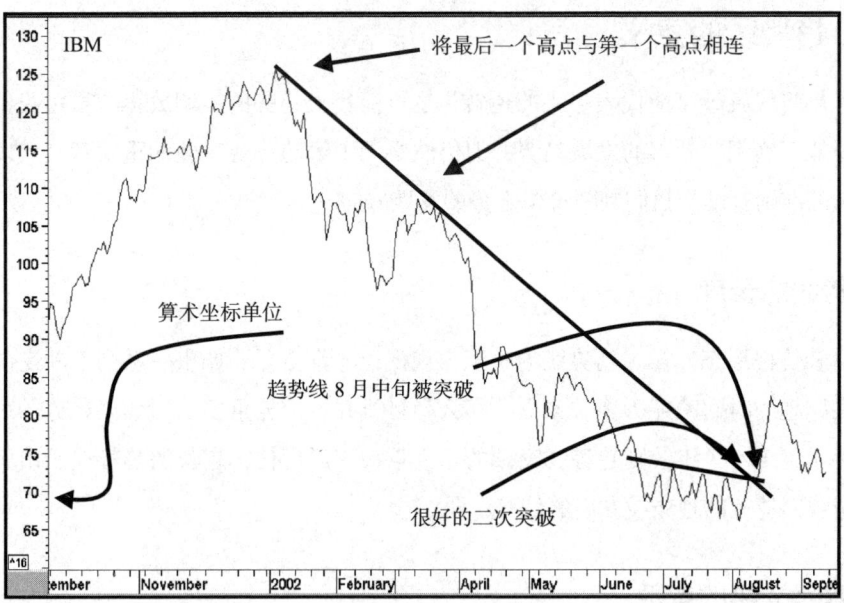

图 6-21 采用算术坐标的 IBM 股价走势（2001～2002 年）

资料来源：www.pring.com.

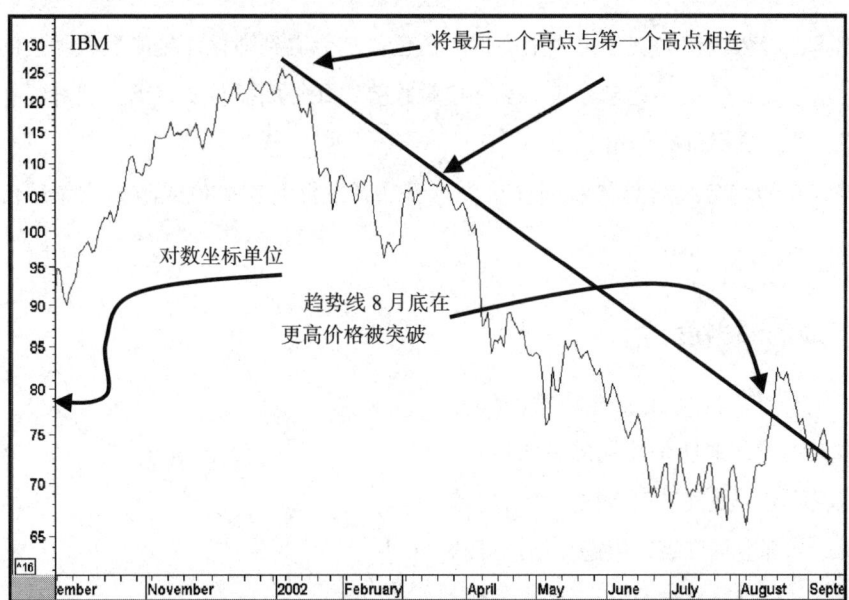

图 6-22 采用对数坐标的 IBM 股价走势（2001～2002 年）

资料来源：www.pring.com.

趋势线的意义

趋势线突破可能代表趋势的逆转,也可能代表趋势的步调放缓。虽然我们未必总能正确判断后市的发展趋势,但仍然必须了解趋势线突破的重要意义。以下讨论的准则有助于我们判断价格走势的发展方向。

趋势线的长度

和价格形态一样,趋势线的长度与规模也非常重要。如果一系列不断走高的谷底跨越的时间跨度为3～4周,那么趋势线并不十分重要;但如果趋势的时间跨度达到1～3年,则趋势线突破的意义重大。请记住,越长的趋势线发出的信号越强;越短的趋势线发出的信号越弱。

趋势线连接的点数

趋势线的可靠性还取决于其连接的点数;也就是说,连接的点数越多,发出的信号就越强劲。原因在于,趋势线代表着动态的支撑位或阻力位。连接的点数越多,趋势线作为支撑位或阻力位的角色就越能得到强化,越能反映随后的趋势。请记住,价格接近趋势线与实际接触趋势线几乎同样重要,因为趋势线在发挥阻力位或支撑位的作用。

延长的趋势线与趋势线同样重要,但二者发挥的支撑位或阻力位作用恰恰相反。

趋势线的倾斜度

如图6-23所示,非常陡峭的趋势线很难维持,即使是短期的横盘整理,也能轻而易举地突破趋势线。所有的趋势线最终都会被突破,但趋势线的倾斜度越大,就越容易被突破。特别陡峭的趋势线被突破时,其指导意义不如平坦的趋势线突破大。陡峭的趋势线突破后

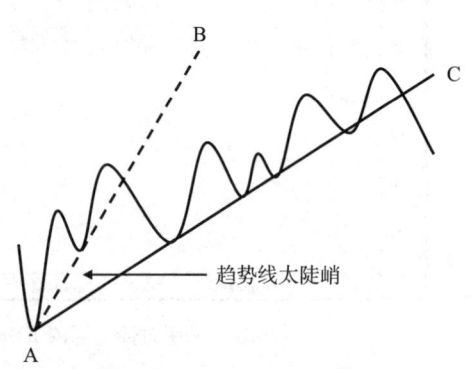

图6-23　倾斜度大的上升趋势线

往往会出现短期的回调走势，前期的价格趋势在随后得到恢复，但步调会减缓。通常而言，陡峭的趋势线突破代表价格趋势的延续而非逆转。

> **技术要点** 趋势线的指导意义由其长度、所连接的点数及向上或向下的倾斜程度所决定。

趋势线的衡量意义

与价格形态一样，趋势线的突破具有衡量意义。在上涨行情中，先测算价格峰位到趋势线的垂直距离（见图 6-24），然后再从趋势线的突破点向下衡量。图 6-25 显示了相反的情形。

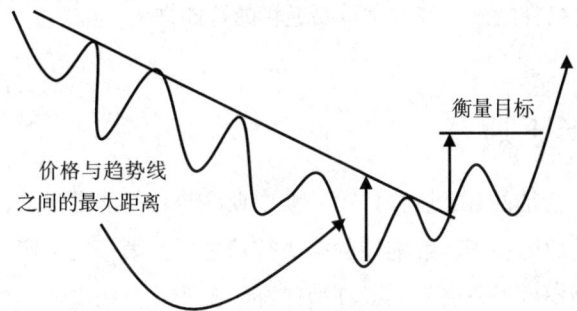

图 6-24　下行趋势线的衡量意义

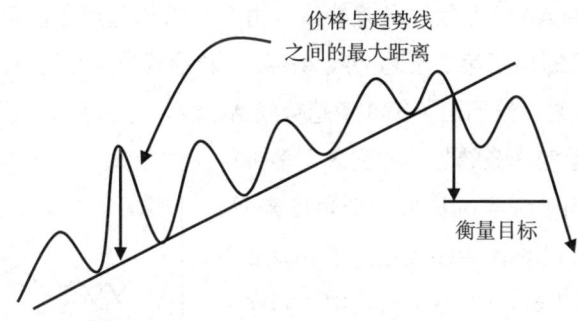

图 6-25　上行趋势线的衡量意义

目标价位（price objective）一词或许会引起误解。在趋势线突破代表趋势逆转的情况下，通常都会达到目标价位，但实际的价格往往超出目标价位（与价格形态一样），因此，目标价位更大程度上代表最低的预期。如果价格大幅超出目标价位，则目标价位往往成为下一波涨势的阻力位或下一波跌势的支撑位。图 6-26 和图 6-27 分别显示向上和向下突破趋势线的情形。

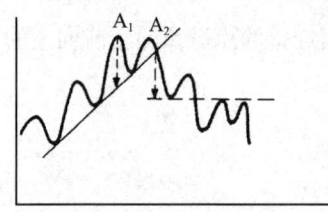

图 6-26　向下突破的目标价位

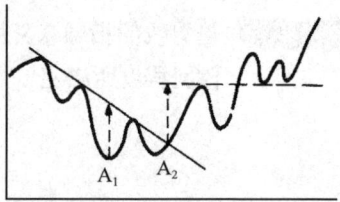

图 6-27　向上突破的目标价位

一般而言，目标价位都是重要的阻力位或支撑位。不幸的是，我们无从判断趋势线突破后会出现上涨还是下跌走势。这再次强调了本书前面谈到的一个观点：**没有一种完全可靠的方法可帮助我们准确无误地判断价格走势的持续时间。** 我们只能推测价格在特定区域发生重要逆转的**可能性**。

📈 调整扇形原则

在主要多头行情的开始阶段，第一波中期涨势往往非常强劲，上涨速度过快而无法持续。其原因在于，继前期的空头行情之后，第一波中期涨势具有技术性调整的含义，做空的投资者开始疯狂地回补空头头寸。相应地，趋势线倾斜度极大，因而很快就会被突破。

图 6-28 中的 AA 线是第 1 条趋势线。由多头市场起点连接第一波中期折返走势的低点，绘制出了第 2 条趋势线 AB 线。新的线比 AA 线更为平缓。最终，这一过程不断重复，绘制出了第 3 条趋势线 AC 线。这 3 条趋势线被称为**扇形线**（fan lines）。一旦第 3 条趋势线被突破，多头行情的终结就得到了证实。从另一个角度来看，这 3 条趋势线可以被视为多头或空头市场的 3 个阶段（参见第 3 章）。在空头行情中，同样可以运用扇形原则来判定中期价格趋势的变动及周期波动。

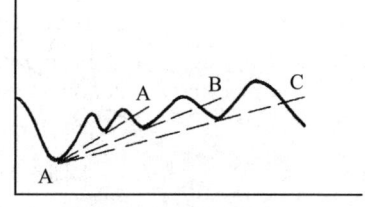

图 6-28　扇形原则

趋势通道

截至目前，通过连接上涨趋势的底部或下跌趋势的顶部来绘制趋势线的方法已经得到了无数次的验证。如图 6-29 所示，我们也可以通过连接上涨趋势的顶部或下跌趋势的底部绘制与基本趋势线平行的直线。在牛市中，这些平行直线被称为**折返趋势线**（return trendline）。下跌期间，折返趋势线将一些底部连接起来（见图 6-30）。两条趋势线间的区域被称作趋势通道（trend channel）。

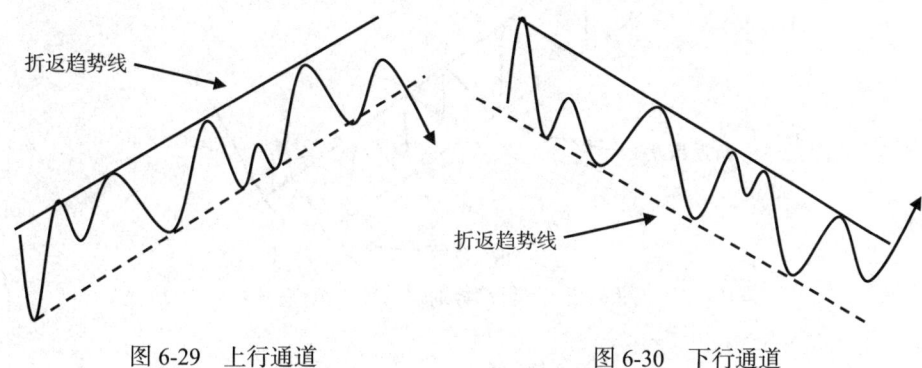

图 6-29　上行通道　　　　　　　图 6-30　下行通道

折返趋势线的重要性在于两个方面：第一，它代表了价格走势的支撑位或阻力位；第二，更重要的是，价格突破折返趋势线往往是价格走势加速或者逆转（至少短期逆转）的信号。

在图 6-31 中，折返趋势线的突破标志着价格涨势的加速。实际上，图 6-31 中的价格通道是一个上升的矩形形态，趋势线的突破代表了矩形形态的突破。

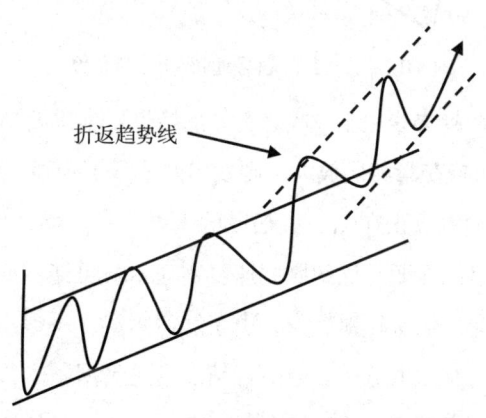

图 6-31　上升趋势通道的突破

趋势线的竭尽突破

另一方面,如果趋势通道的倾斜度很高,如图 6-32 和图 6-33 所示,折返趋势线的突破代表了前期走势的衰竭。

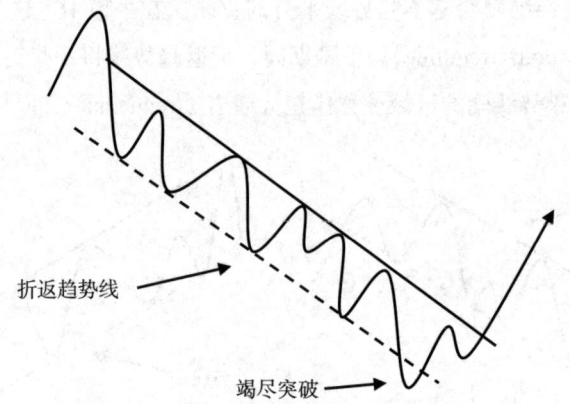

图 6-32 下行趋势通道的竭尽突破

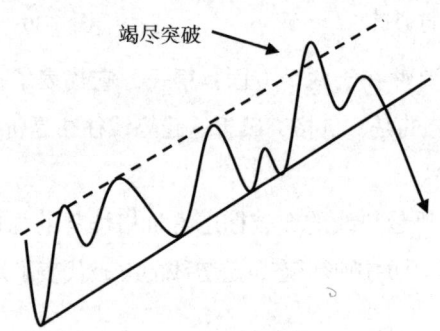

图 6-33 上行趋势通道的竭尽突破

价格无法维持在趋势线之上(或之下)是趋势发生重要逆转的信号。如果折返趋势线突破的同时成交量相应放大,则发出的信号更为强劲。

想象一下,一个男人正在锯一段很厚的木材。一开始,他会小心翼翼地锯,因此速度比较慢;但他逐渐意识到照此速度锯完木材可能需要花较长时间,因此逐渐加快速度;最终,他疯狂地努力,由于筋疲力尽,不得不停下来,至少进行短暂的休息。同样的原则也适用于空头行情。这种情况下,价格伴随着成交量的放大而触底,表明投资者正在疯狂抛盘。一般而言,趋势通道越陡峭,价格走势在突破折返趋势线后发展为竭尽走势的可能性越大。

价格暂时冲破一条正常的下行趋势线（或者跌破上升趋势线），随后又调回来（或者涨回去），这种情况也是竭尽突破。如果是下行趋势线，情况类似于一个人往上跳，然后短时间内冲破天花板。他可以在极短时间内把头伸到上一层，但很快又掉回到下面一层。此时，由于之前使尽浑身解数冲到上一层，他用尽了所有力气，完全耗尽了能力。再发起新一轮尝试之前，他需要一定时间重新获得能力。价格也是一样，努力突破趋势线，却无法持续突破。

趋势线的暂时性突破通常表明主要趋势仍将延续，与价格形态的假突破相类似。这又可能引发一个问题，即如何绘制趋势线。以图6-34为例，价格向上突破趋势线AB为假突破。

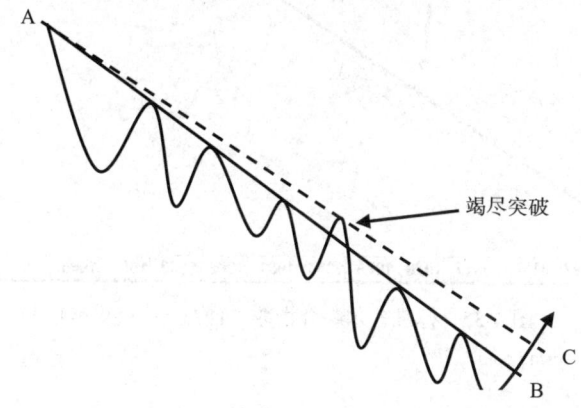

图6-34 下跌趋势中的趋势线竭尽突破

那么此时应该放弃AB线，还是连接竭尽突破的峰位与前期高点，绘制一条新的趋势线？这又再次强调了本书前面所提到的一点，即常识与经验非常重要。另一方面，技术层面上来讲，应该连接假突破峰位来绘制趋势线，但经验告诉我们，最初的趋势线能更好地反映价格的走势。毕竟，到假突破发生时，价格已经先后3次接触到这一条线。如果根据假突破峰位绘制趋势线，那么价格只两次接触到趋势线，即趋势的起点与假突破峰位。从某种角度来看，假突破可以提高最初趋势线的可靠性，因为价格无法维持在趋势线之上。如果在假突破后重新绘制一条线，很显然趋势线AB的可靠性远远超出AC，因为前者连接的点数多于后者。

图 6-35 显示，标准普尔综合指数短暂突破连接 1974 年低点与 1978 年高点的趋势线。由于指数未能有效地维持在趋势线之上，该突破为竭尽突破。突破失败之后，随之而来的是 1987 年的股灾。虽然并非所有的竭尽突破都会导致如此强劲的跌势，但竭尽突破明确预示了潜在的危机，绝不该被忽视。

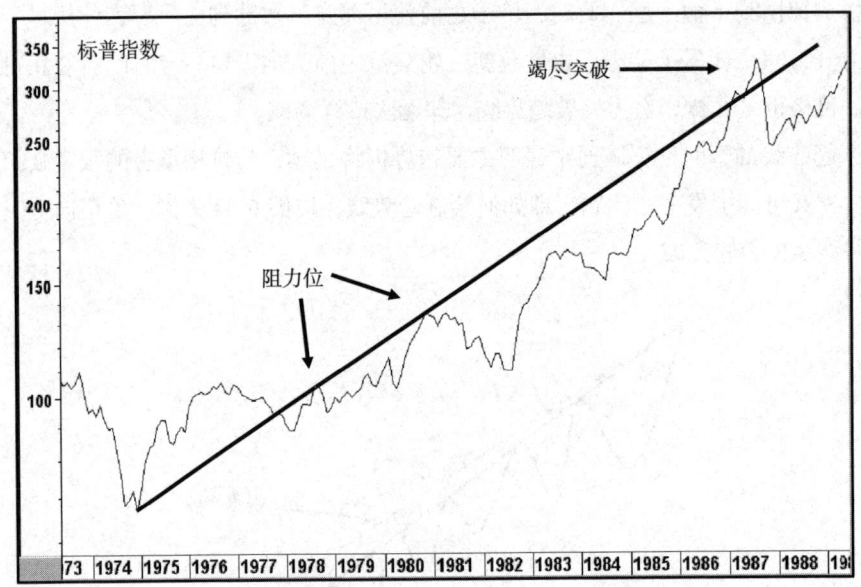

图 6-35　标准普尔综合指数（1973～1989 年）

资料来源：www.pring.com。

上行趋势线情况恰恰相反，同样适用于这一原则。简言之，假突破实际上加强了趋势线的可信度，因为价格可以突破趋势线，但趋势线作为阻力位/支撑位的力量如此强大，以至于突破无法得以维持。如果不是因为趋势线力量强大，突破将能得以维持，也就不存在假信号。反过来，当价格能够进行有效突破时，这一信号也更有效。

图 6-36 是微软股票 1998 年向下假突破的例子。

技术要点　价格暂时冲破一条正常的下行趋势线（或者跌破上升趋势线），随后又调回来（或者涨回去），这种情况也是竭尽突破。

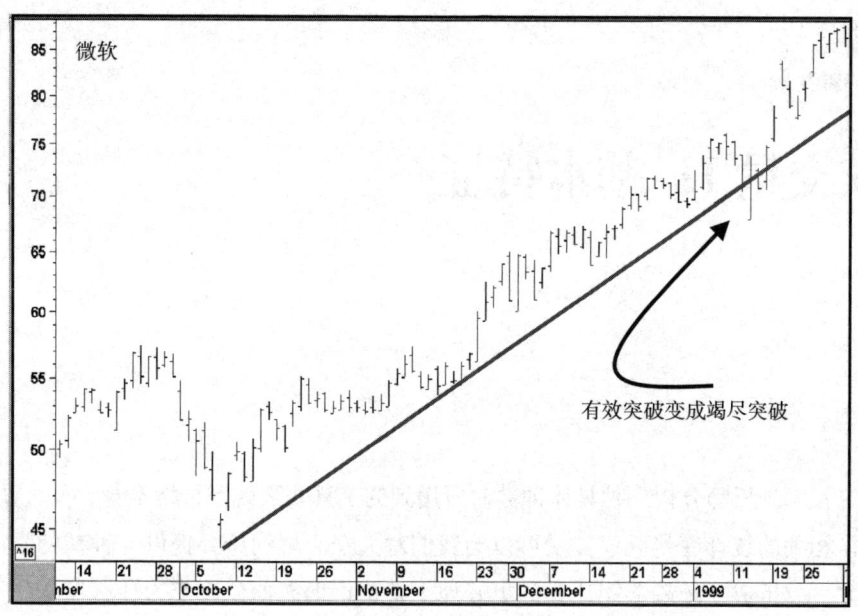

图 6-36　微软

资料来源：www.pring.com。

Summary

小　结

- 趋势线可能是最好理解的技术分析工具，但需要经过大量的练习与实践，才能成功加以掌握。
- 趋势线的假突破可能表明当前趋势的暂时中断，或者当前趋势的逆转。判断时必须参考其他的技术分析依据。
- 趋势线的指导意义取决于其长度、所连接的点数及倾斜的程度。
- 一条理想的趋势线可以反映价格未来的趋势，代表重要的支撑位或阻力位。
- 延长的趋势线非常重要，不能忽视。
- 趋势线的竭尽突破通常能成为预测价格走势的有力依据。

第 7 章
Chapter 7

成交量 I：基本特征

技术分析师分析一种具体证券时所用到的工具要么就是价格本身，要么就是价格相关的统计变量。成交量可以为我们对大众心理的诠释提供一种新的维度。因此，分析成交量趋势能让我们更好地了解价格形态如何以及为什么发挥作用。实际上，对成交量特征的研究是对前文所述的"证据的效力"进一步加以深化。成交量不仅能衡量买卖双方的热情度，也是完全独立于价格的一种变量。在本章中，我们将讨论成交量的一些大体原则，并在第 26 章介绍一些成交量指标。我们在此处开始引入成交量，因为它和支撑位、阻力位、峰位－谷底分析、趋势线一样，是价格形态的基础。到本章末尾，所有基础概念都已有所介绍，意味着我们已经准备好解决接下来的价格形态问题。

成交量研究的好处

成交量研究主要有 3 大好处。

（1）对价格与成交量形态进行比较时，观察二者是否一致十分重要。如果一致，则趋势延伸的可能性较大。

（2）如果价格与成交量不一致，则意味着潜在趋势可能不像表面看起来那么强劲。

（3）有时候，价格走势发出微弱信号，表明趋势逆转可能立即出现，但是成交量特征可能十分有力地传达这一信息。在这种情况下，局限于价格波动的研究将无法发掘一次绝佳的机会，或者无法发出显而易见的警报。

成交量的解读原则

（1）第一个也是最重要的原则是，**成交量往往顺势而为**。正常情况下，交投活动在牛市扩张，在熊市萎缩（见图7-1）。也就是说，在解读成交量时通常要联系最近的市况。

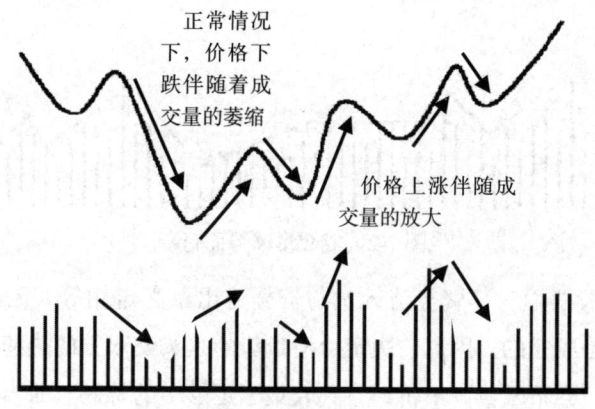

图7-1　成交量顺势而行

将21世纪纽交所逾10亿股的成交量与20世纪初500万到600万的成交量进行比较毫无帮助。这种比较体现的是结构，而非心理层面的变化。当前成交量大幅上升是因为上市公司数量增多，引入了衍生品交易，佣金下降，等等。另一方面，将本周30亿股的成交量与上个月15亿股的成交量加以比较是有意义的，因为它反映了结构性变化并不存在的一段期间，交投活动发生的显著变化。

我们都知道价格顺势而为，而且价格的趋势不会是一条直线。价格总是上下波动，呈锯齿状。成交量趋势同样如此。例如，在图7-2的左侧，实线代表成交量的扩张，而虚线代表成交量的萎缩。

很显然，交投活动并非在任何时间都是扩张的。成交时而清淡，时而活跃，但是总体推力是向上的。同时，成交量是不规则的。当我们谈及成交量上升或者下滑时，通常指的是成交量的趋势。这些趋势出现偏离、从而被干扰的现象再正常不过。当我们在谈论成交量的上升和下降时，通常指的是其变化趋势。与价格一样，成交量趋势也可以分为盘中趋势、短期趋势、中期趋势或者长期趋势，具体要取决于走势图的性质。

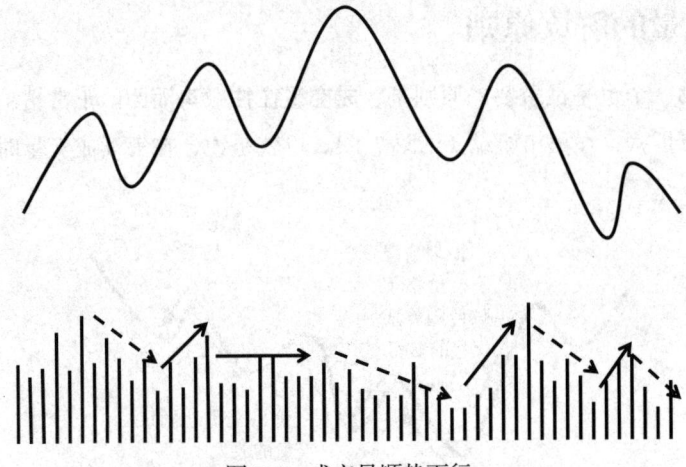

图 7-2 成交量顺势而行

对某一只股票而言，资金流入量与资金流出量必定相等。无论成交量是多少，这一点都是成立的。因此，决定价格走势的是买卖双方的热情度。如果买盘热情高涨，他们会不断推高出价，直到收集了足够多的筹码。而当卖盘获悉利空消息时，他们可能惊慌失措，从而拖累价格急剧下跌。无论何时，卖出的股票数量总是与买入的股票数量相等。

（2）量价齐升代表一种正常的情况。量与价的配合表明市场在"正常"运转，因此并没有特别的预测价值。如果这一原理有效，那么当成交量还未达到峰值时，我们就可以合理预计，价格至少还将出现一次反弹，进而创下新高。

（3）在多头行情中，成交量的变化通常领先于价格。如果价格的新高没有得到成交量的响应，就应该被视为危险信号，它警示我们当前趋势很有可能发生反转。如图 7-3 所示，价格在点 C 到达峰位，而成交量在点 A 就已经创下天量。

这种情形十分正常，因为成交量峰位的持续回落，代表了技术面处于疲弱状态。不幸的是，正如动能指标的背离一样，没有严格的规则能够说明，在价格到达峰值之前，成交量与价格水平之间会出现多少次的背离现象。尽管如此，一般而言，出现负背离的次数越多，基本的技术走势就越疲弱。此外，成交量的峰位之间下降得越快，表明交易热情越低落，而且一旦买盘力量枯竭，或者卖盘势力增强，技术面就会变得越发脆弱。一个没有成交量配合的价格新高，就如同完全丧失了向上动能的价格新高一样，都代表了后市看跌。

图 7-4 以 Aligent Technology 为例进行了说明。图中，随着股价的反弹，成交

量逐渐萎缩。最终，在 2011 年 7 月初，价格突破 2010 ~ 2011 年的上行趋势线，对这一负面的技术特征加以确认。

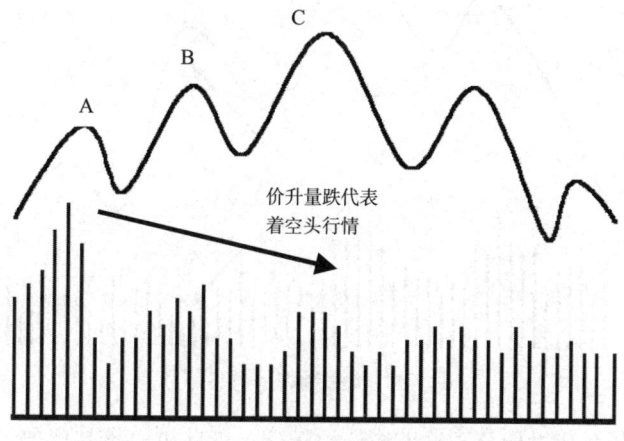

图 7-3 成交量领先于价格

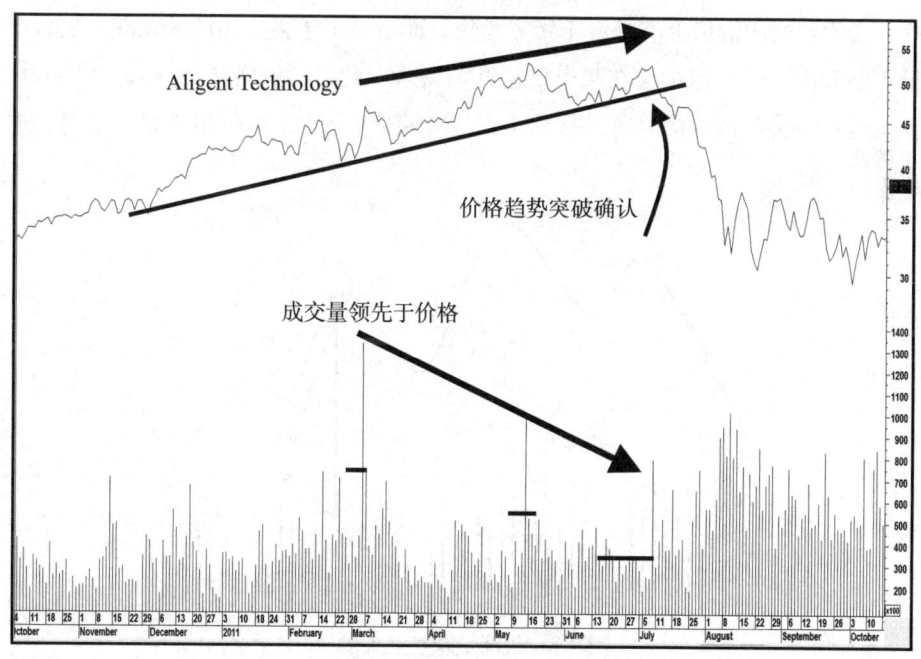

图 7-4 Aligent Technology（2010 ~ 2011 年）

资料来源：www.pring.com。

（4）价涨量缩（见图 7-5）这种反常情况表明，当前的反弹力度较弱，是熊市的特征。

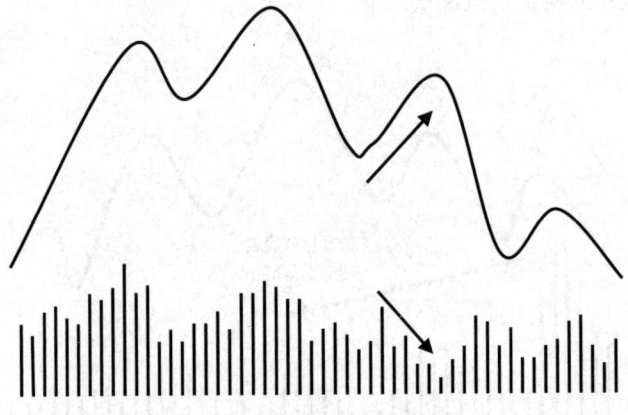

图 7-5 价涨量跌是空头信号

这种情况通常出现在主要的空头行情中，因此可以将其视为一个看空指标。务必记住，成交量衡量了买卖双方的交易热情。当市场价格反弹但成交量不断萎缩，表明此时的价格上涨是源于卖方惜售，而不是由于买方热情的高涨。随着市场不断升温，卖方迟早会在某个价位开始抛售。此后，价格便会进入下降通道。预示这种空头行情的信号可以从图 7-6 中观察到，其中，当价格开始下滑时，成交量明显放大。

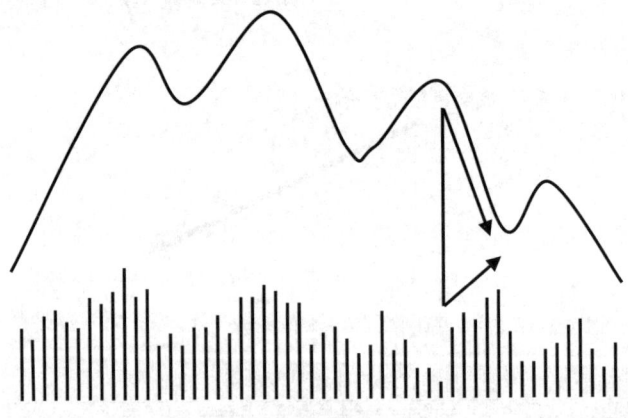

图 7-6 价涨量跌是空头信号

在这种情况下，成交量未必一定会像图 7-6 所示的那样在股价下挫的过程中始终放大。也可能成交量在峰位后反弹 2～3 个交易日。实际上，这种情况更为常见。

图 7-7 显示了成交量穿插于牛市与熊市之间的趋势变化。

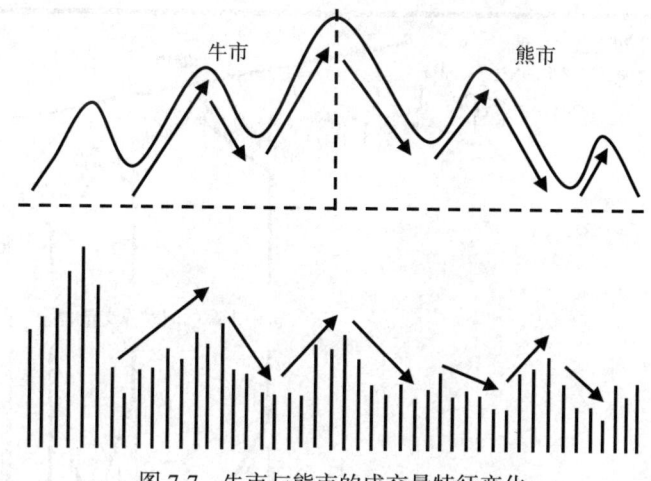

图 7-7　牛市与熊市的成交量特征变化

图 7-8 呈现了 Coors 的股价和成交量走势。股价的最后一次反弹伴随着成交量的萎缩。当下方的趋势线被突破时，成交量也强势反弹。在本例中，成交量预示大事不妙之后，立即又发出新的负面信号。

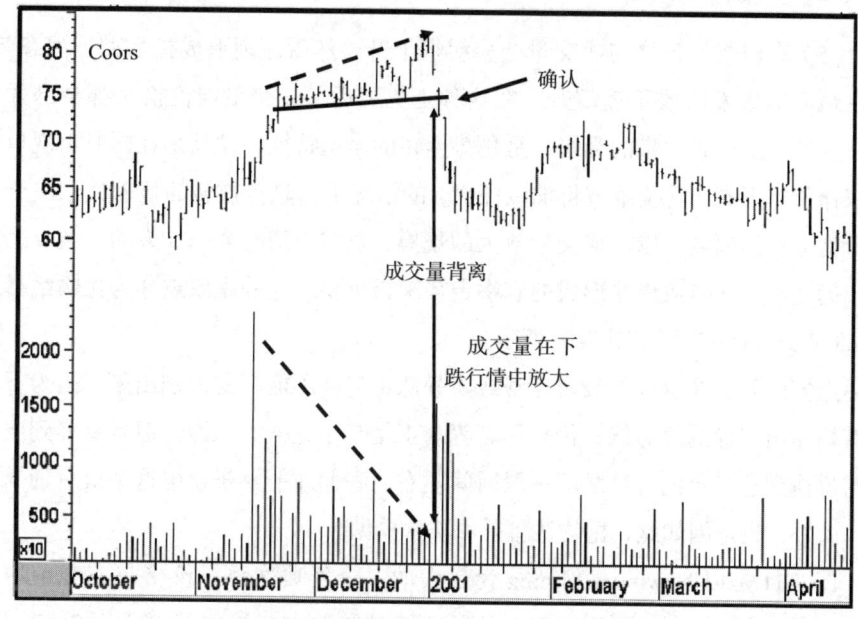

图 7-8　Coors（2000～2001 年）

资料来源：www.pring.com。

图 7-9 中，空头行情中几度出现反弹，而价格上行趋势伴随着成交量的下行。

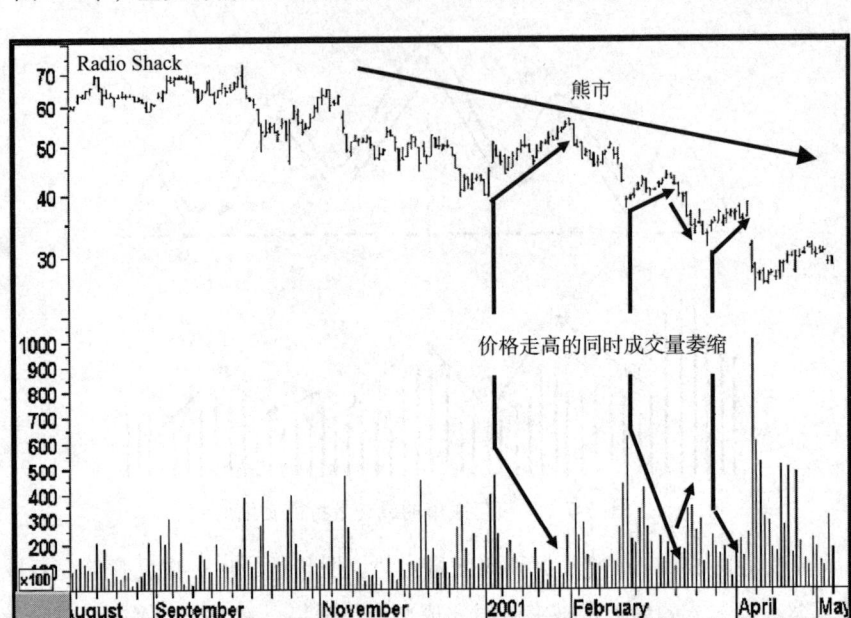

图 7-9　Radio Shack（2000～2001 年）

资料来源：www.pring.con.

（5）有时候，价格与成交量会先缓慢上升，然后逐渐形成指数型上涨态势，并在最后的爆发阶段迅速飙升。在这种走势之后，成交量与价格又都会迅猛下跌。这种现象代表力量的衰竭，是趋势逆转的典型特征，尤其是在同时出现单棒或双棒价格形态（后续章节将加以探讨）的情况下。趋势逆转的显著性取决于之前价格上涨的幅度，以及成交量放大的规模。显然，历时 4～5 天的一波衰竭走势，远远不及耗时数周才形成的衰竭走势来得重要。这种现象被称为**抛物线暴涨**（parabolic blow-off），如图 7-10 所示。

遗憾的是，像这样的衰竭走势或者暴涨走势并不能轻易识别出来，因为不能为其构建出明确的趋势线、价格形态等。正是基于这样的原因，通常要等到成交量与价格到达各自的峰位之后一段时间左右，我们才能够辨识出这个最后的暴涨期。此外，也正因如此，抛物线型暴涨非常少见。

图 7-11 是以 Newmont Mining 为代表的一个经典案例。价格与成交量均呈指数增长，但最终却在 1987 年 9 月以骤然逆转的方式惨痛终结。图 7-12 则是 Amrep Ordinary 的例子。

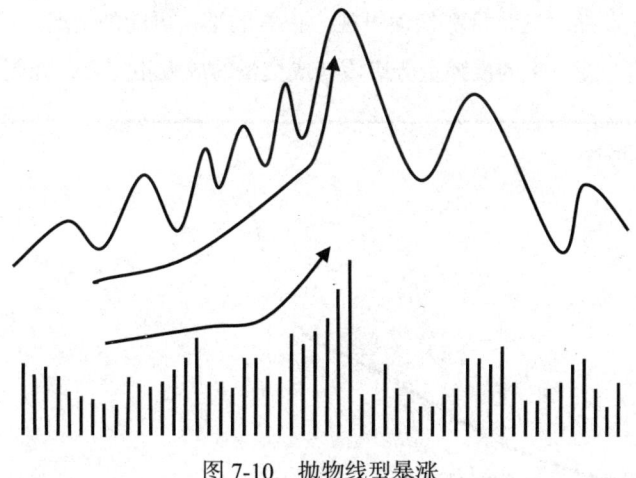

图 7-10 抛物线型暴涨

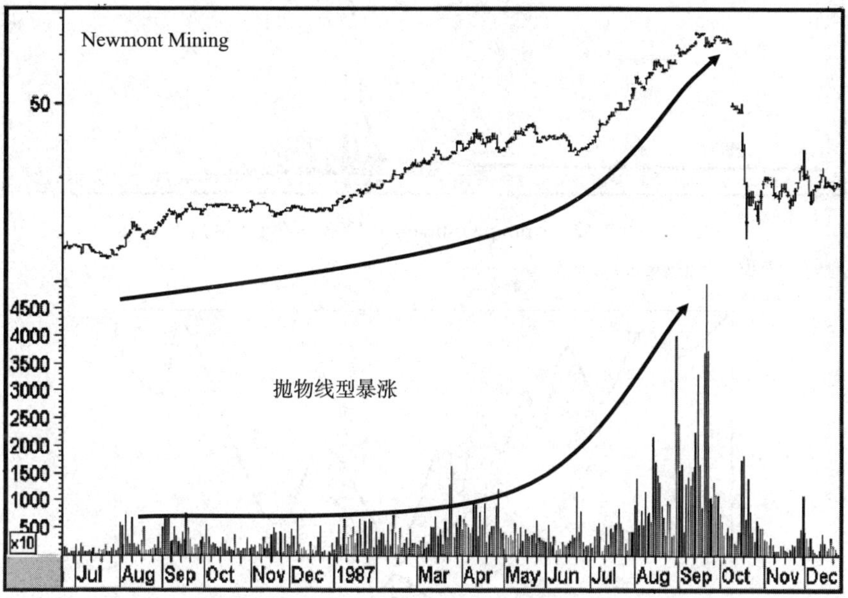

图 7-11 Newmont Mining（1986～1987 年）

资料来源：www.pring.com。

（6）与抛物线型暴涨相对应的情形是**抛售高潮**（selling climax）。当价格经历了长时间的加速下滑，并且伴随着成交量的放大，就会出现一轮抛售高潮。紧接着，价格预计将出现上涨，并且在相当长的一段时间内，都可能维持在之前抛售高潮时期创下的价格新低之上。顾名思义，抛售高潮后最初的价格反弹，通常伴随着成交量的萎缩。这是价涨量缩可视为正常的唯一可能的情况。即便如此，我们还是要确信，接下来的反弹走势应该与成交量的放大相配合，如图 7-13 所示。

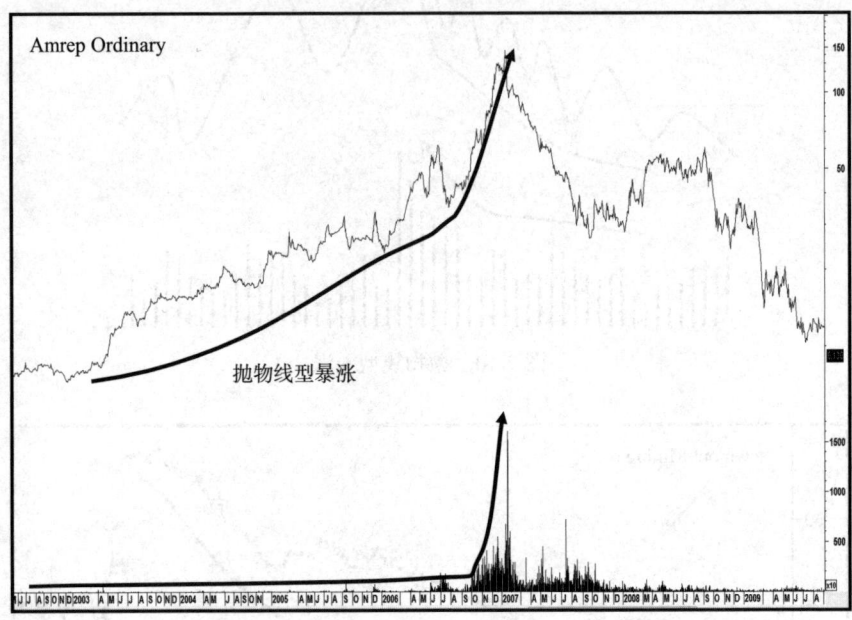

图 7-12　Amrep Ordinary（2003～2009 年）

资料来源：www.pring.com。

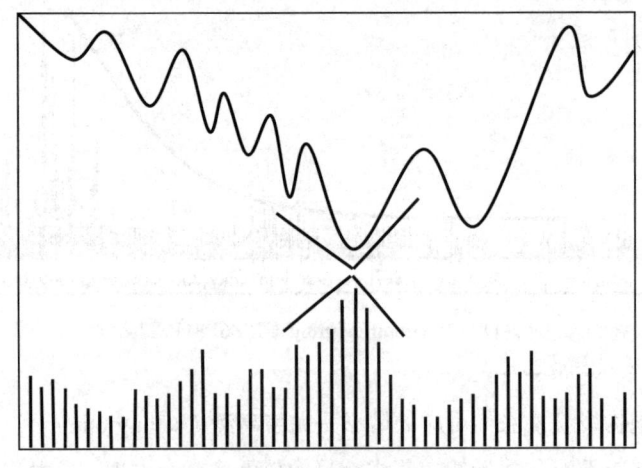

图 7-13　抛售高潮

熊市的终结通常伴随着抛售高潮，但这并非绝对。与罕有遇到的抛物线型暴涨不同，抛售高潮在走势图上出现的频率高得多，因而是一种很常见的技术现象。

在图 7-14 中，Andarco Petroleum 的股价在 2010 年遭遇抛售高潮。随后，股价迎来反弹，但随后因成交量萎缩而面临考验。请注意反弹行情中成交量有所下滑，这正是抛售高峰过后十分正常的现象。

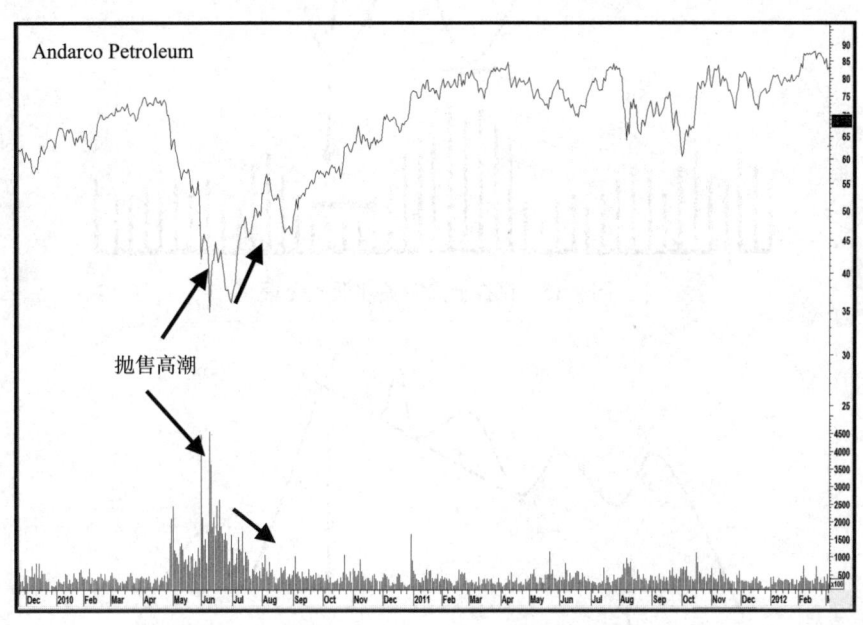

图 7-14　Andarco Petroleum（2009 ~ 2012 年）

资料来源：www.pring.com。

（7）在经历了长期的下跌之后，当价格出现反弹，随后又再度折返形成第 2 个谷底，第 2 个谷底可能略高于或略低于前一个谷底，但如果第 2 个谷底处的成交量明显小于前一个谷底处的成交量，就代表了看涨信号。华尔街有一句老话："绝不在市场低迷时做空。"这句话用到现在这样的情形下就再合适不过，低成交量就是对前一个谷底的检验，表明做空力量已经衰竭（见图 7-15）。

（8）成交量放大的同时，价格向下突破价格形态、趋势线或者移动均线，这是一种反常现象，代表了空头征兆，而且进一步确认了趋势的逆转（见图 7-16）。

价格下跌通常是由于缺少买盘，因此成交量趋于萎缩。这是一种正常的交易状况，不能为我们提供太多特别的信息。但是，如果出现价跌量涨，便揭示了卖盘力量的增强，在其他条件相同的情况下，空头行情很可能更加严峻。

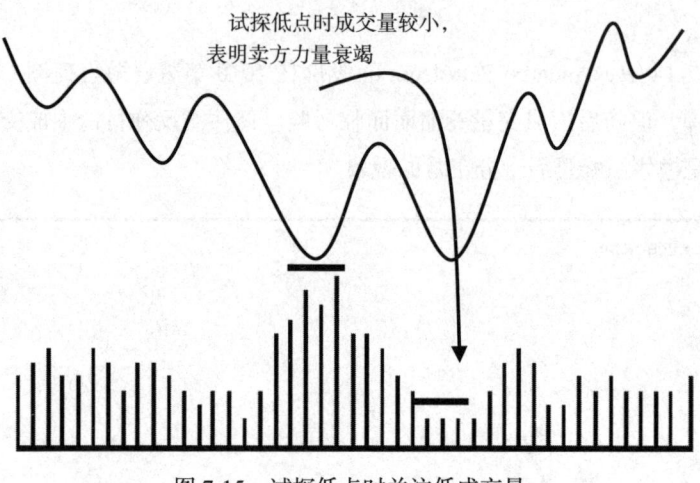

图 7-15　试探低点时关注低成交量

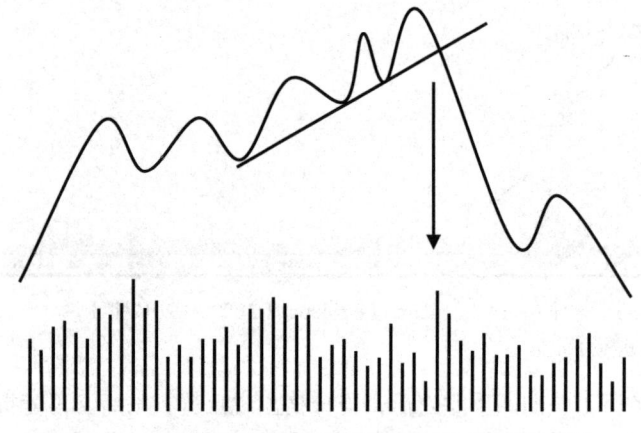

图 7-16　向下突破的同时成交量放大是一种看空信号

（9）当市场行情已经持续上扬数月，后市上涨乏力（见图 7-17），但成交量却高居不下，这代表了震荡出货的空头信号。图 7-18 是 Dresser Industries 的一个例子。

（10）同理，在连续数月的下跌行情之后，市场交投活跃，但价格鲜有变化，这通常是代表买盘正在进货的多头信号（见图 7-19）。

（11）在主要的市场低点处，如果成交量创下新高，这通常是代表重要的市场底部已经形成的可靠信号，因为它表明投资者心理已经发生了根本性的变化。这种心理情绪的逆转，通常也代表了主要趋势的逆转。在美国的股票市场中，这样的例子曾出现在 1978 年 3 月、1982 年 8 月、1984 年 8 月以及 1998 年 10 月。

同样，在1987年债券市场和欧洲美元市场的低点也出现了类似的情形。但是，这个指标并不是绝对可靠的，例如在2001年1月，NYSE和NASDAQ股票市场都创下了历史最高成交量记录，但后来的事实证明，当时的价格低点并不是最终的低点。真正的低点在一年多后的2002年10月才到来。

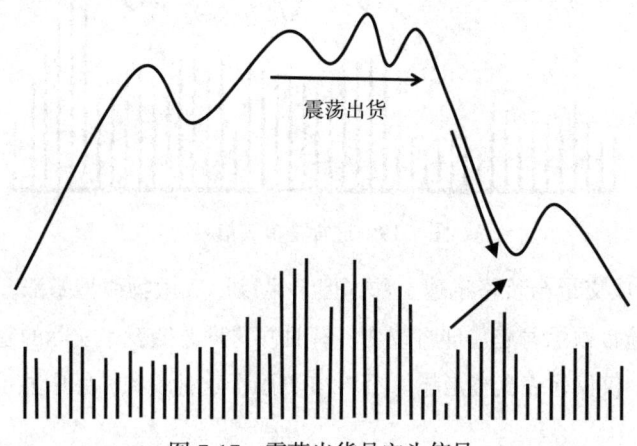

图7-17　震荡出货是空头信号

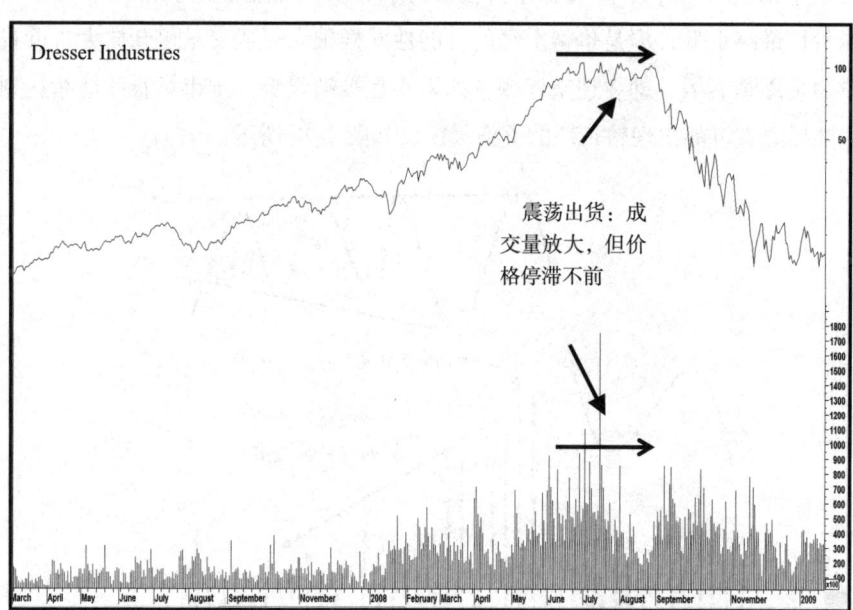

图7-18　Dresser Industries（2007～2009年）

资料来源：www.pring.com。

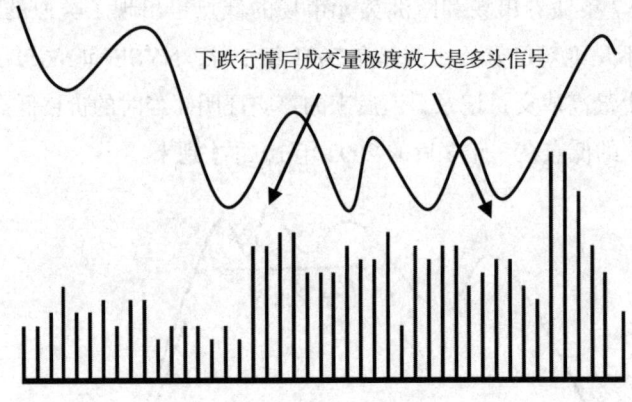

图 7-19 进货是多头信号

（12）当成交量与价格迅速上涨，但不足以形成抛物线型暴涨，然后出现轻微下降，这通常预示着趋势即将改变。有时候这种改变就是实际的趋势逆转，而另一些时候，仅仅代表盘整走势。图 7-20 刻画了这种现象，图中显示了买盘力量的暂时衰竭。

图中出现了几个单棒及双棒价格形态，相关内容将在后文加以详述。图中显示价格最终走低，但是价格上涨的可能性同样很大。成交量逐渐放大告诉我们买方力量逐渐衰竭，即将迎来停顿。如果买盘极端强势，则市场看涨情绪达到极端，随后更有可能出现较长期的价格侵蚀，如图 7-20 所示。

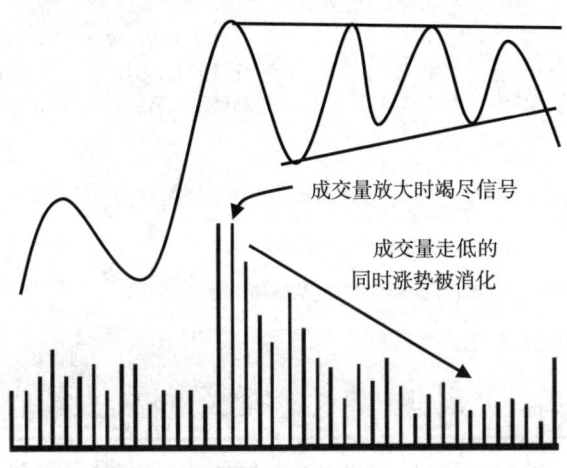

图 7-20 暴涨后成交量极度放大是竭尽信号

（13）当价格出现小圆形顶形态，而成交量出现圆形底形态，表示出现了双重反常现象。其一，随着价格不断向峰位攀升，价涨量缩；其二，在下跌行情中，出现价跌量涨，这也是不正常的量价关系，属于看跌信号。图 7-21 给出了一个例子。图 7-22 则是微软公司股价的一个例子。请注意，股价走势呈现出字母 n 的特征，而成交量结构则更接近字母 u 的形状。

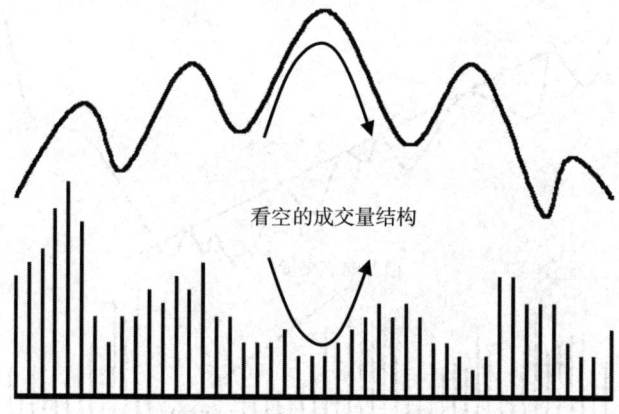

图 7-21　反弹及回落行情的成交量走势

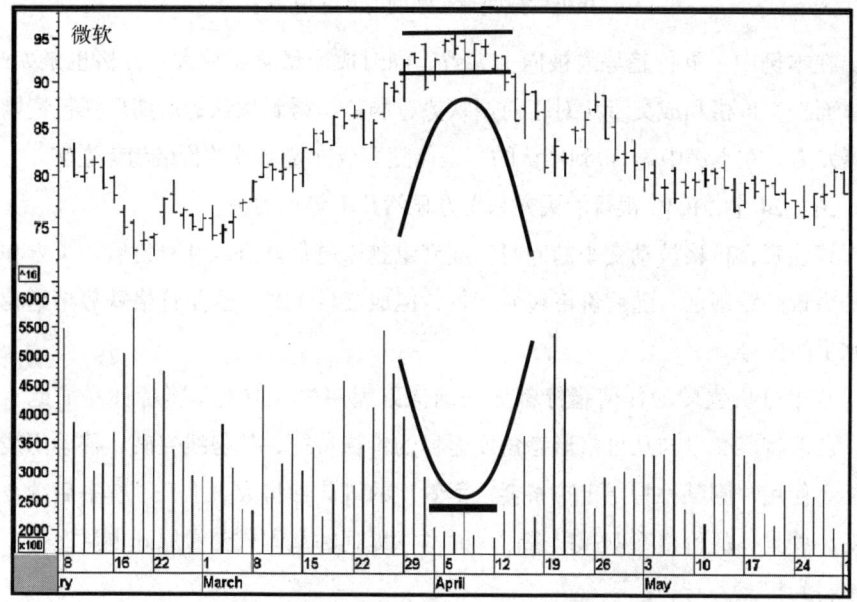

图 7-22　微软股价（2007～2009 年）

资料来源：www.pring.com.

（14）当价格与成交量波动几乎接近于零，表明投资者已经失去兴趣。当这种情况最终得以解决时，紧跟其后的通常是超越平均水平的价格波动。以图 7-23 为例，价格与成交量均跌至极低的水平，以致任意方向的风吹草动都足以掀起轩然大波。

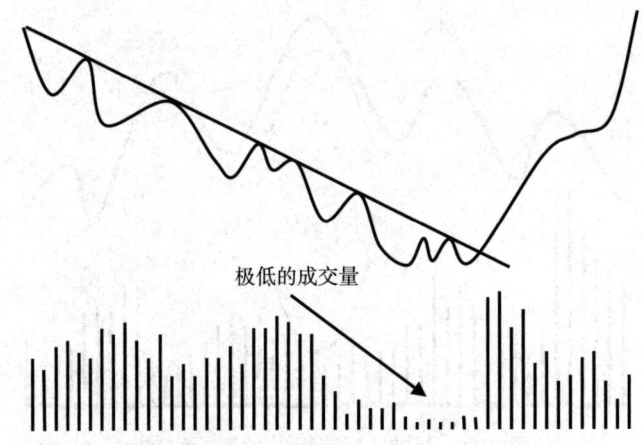

图 7-23 若能得到价格走势的确认，且随后成交量急剧放大，极低的成交量是强劲的看涨信号

在本例中，下行趋势线被向上突破，同时成交量急剧放大。价格也是如此。总体而言，价格和成交量相对于前期跌势越弱势，**得到确认的**后期反弹行情则越有爆发力。在本例中，"得到确认的"是伴随着成交量暴涨的价格趋势逆转。

图 7-24 中，ICIC 银行的买方和卖方显然几乎势均力敌。

请注意，价格波动变小的同时，成交量越来越低。进入 9 月份后，买方和卖方的力量差距甚远。随后价格转而下行，但成交量走高。这是价格跌势将超越平均水平的信号。

技术分析领域的任何指标都无法确保万无一失。成交量指标亦是如此。然而，若能将成交量与从价格形态角度诠释的价格特征、趋势线突破、移动均线交叉结合使用，则某种特定走势将会"生效"的可能性将大大上升。本书后续章节将对一些具体的价格案例加以探讨，而本章提到的基本成交量原则也将在这一过程中得到扩充。

到现在，你可能发现大多数情况下成交量并不会发出十分强劲的信号。但只要发出信号，且得到其他指标的确认，便应引起高度重视。

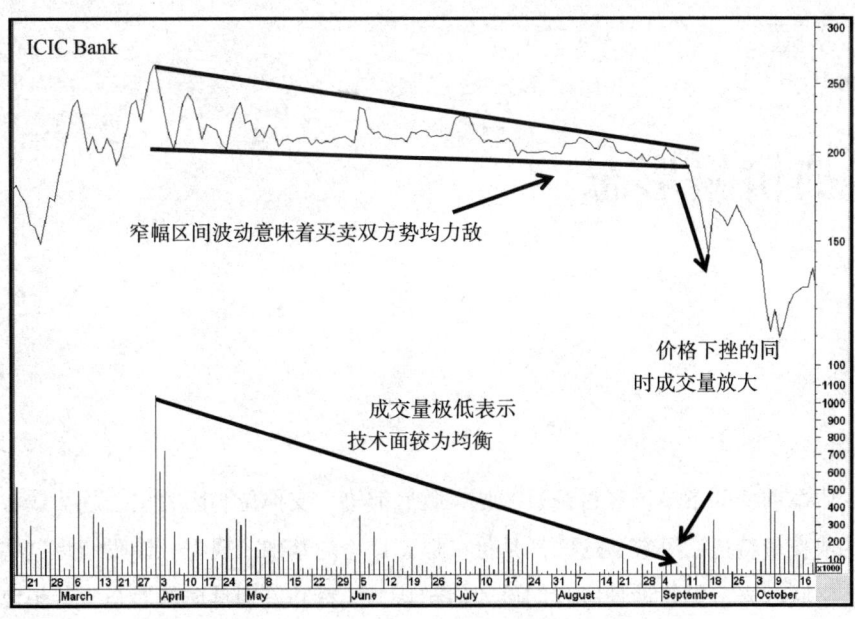

图 7-24 ICIC 银行（2008 年）

资料来源：www.pring.com。

—— Summary ——
小　结

- 成交量是完全独立于价格的变量。
- 正常情况下，成交量顺势而行。当这些特征显现时，它们几乎没有预测价值。
- 如果成交量趋势与价格趋势相反，这是一种异常现象，要么预示着即将到来的趋势逆转，要么是对任一突破的重要性加以强调。
- 成交量趋势会出现衰竭的现象，在高位被称作抛物线型暴涨，在低位则被称为抛售高潮。

第 8 章
Chapter 8

经典价格形态

本书前面的章节已经讨论过峰位－谷底演进、支撑位与阻力位、趋势线、基本的成交量特征，等等。这些都是价格形态理论的基础。现在，让我们将这些知识点串联起来，更好地理解我们该如何辨认、诠释并鉴别具体的形态。若想更全面、深入地了解价格形态、其心理意义及重要性，请参考 *Martin Pring on Price Patterns*。

图 8-1 和图 8-2 展现了价格形态的概念。图 8-1 代表一个典型的价格周期，包括上升、下跌和横盘整理 3 种趋势。横盘整理基本上是一种水平走势或过渡走势，将上升走势和下跌走势两个主要趋势分隔开。

在某些情况下，由于高度情绪化，市场可能骤然转向，如图 8-2 所示，不过这种情况极其少见。试想一架高速列车往往需要减速一段时间才可以转向，金融市场也是如此。

对于市场分析师而言，过渡阶段至关重要，因为它标志着上涨和下跌行情之间的转折过程。如果价格持续上涨，买方的乐观情绪超越了卖方的悲观情绪，就会推动股价进一步上涨；在过渡期间，买卖双方

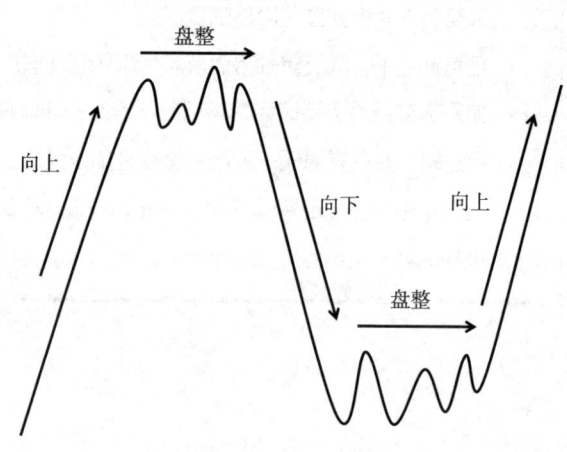

图 8-1　顶部和底部逆转

资料来源：From *Martin Pring on Price Patterns*.

的力量基本保持平衡,直到最后基于某一原因卖方的力量拖低股价,价格趋势开始逆转。空头市场的情况恰恰相反。

这些过渡阶段几乎总是表现为某种明确的价格形态。完整的价格形态提醒技术分析师注意趋势逆转的可能性。

图 8-3 体现了这种情况,显示了长期上涨趋势结束时的价格走势。一旦价格突破 BB 线段,价格走势就进入了过渡区域,虽然这一现象还需要经过一段时间的确认。

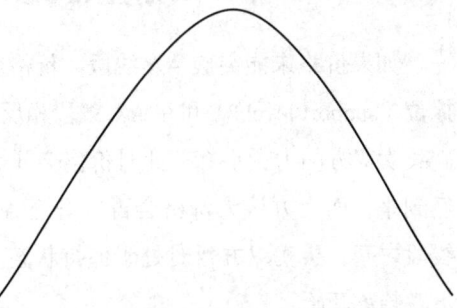

图 8-2　骤然的逆转

资料来源:From *Martin Pring on Price Patterns*.

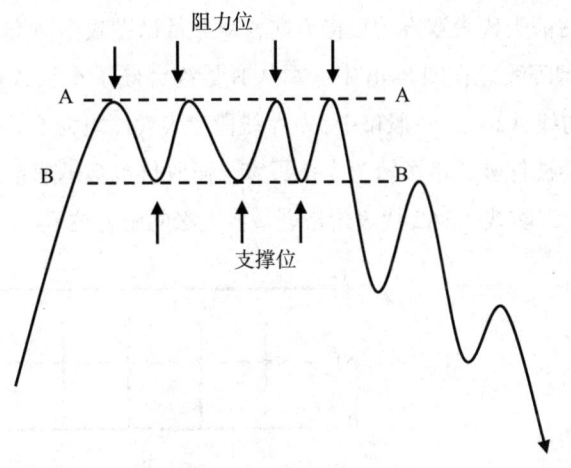

图 8-3　区间波动逆转

资料来源:From *Martin Pring on Price Patterns*.

价格一旦进入过渡区域,就可以上升到 AA 线段,该线段在技术分析中称为**阻力区**(resistance area)。使用"阻力"一词是因为价格上涨到这一水平后,继续上涨将遭遇阻力。当供求关系在 AA 线段达到平衡,因阻力位的作用,市场迅速转为有利于卖方。这种逆转可能是买方不愿追高或者价格走高导致更多卖盘的结果,也可能是两种因素共同作用的结果。但最重要的一点在于,买卖双方的关系会在阻力位出现暂时性的逆转。

|技术原则| 上升与下跌趋势之间的过渡阶段通常以可识别的区间波动为信号，表现为价格形态。

如果价格未能突破 AA 线段，价格会持续下跌至 BB 线段，该线段被称为**支撑位**（support level）。和在 AA 线段相反，市场在 BB 线段转为支持买方，再次打破买卖双方的力量平衡。此时价格会开始上涨，因为买方认为逢低买进的时间已经到来，而卖方认为价格会再次升至 AA 线段水平而不愿意杀跌。在 AA 和 BB 线段之间，买卖双方暂时处于僵持状态。最终，价格跌破 BB 线段，于是新一轮下跌趋势开始。

为帮助理解这一概念，我们将买卖双方的关系比喻为两支军队之间展开的一场阵地战。如图 8-4a 所示，军队 A 和军队 B 正面交锋。AA 线段代表军队 A 的防御阵地，BB 线段代表军队 B 的防御阵地。

两线之间的箭头代表双方的攻击方向，双方都试图攻击对方的阵地，却不能突破对方的防御阵线。在图 8-4b 中，军队 B 最终突破了军队 A 的阵地，军队 A 被迫退守第二防线 A2A2。在股市中，AA 线段代表卖压阻力位，一旦突破，买卖双方的平衡就会被打破，市场转为支持买家，而股价也会迅速走高，直至触及新的阻力位；而第二防线 A2A2 代表价格进一步上涨的阻力位。

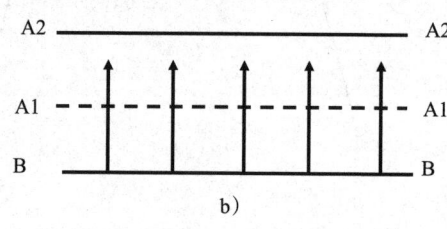

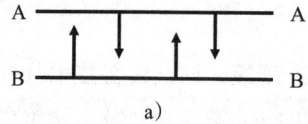

图 8-4 阵地战

资料来源：From *Martin Pring on Price Patterns*.

另一方面，军队 B 可能迅速突破 A2A2，但如果对所取得的进展未加巩固就继续前进，那么战线拉得越长，遭受重创的可能性就越大。因此，获胜的军队必须花些时间稍事修整。

如果金融市场的价格过快上涨，而没有经过一段时间加以消化，那么遭遇意外的迅速逆转的可能性就更大。

矩形形态简介

如前所述，水平阶段或过渡阶段将价格的上涨和下跌走势区隔开，这种形态被称为**矩形形态**（rectangle）。这一形态相当于道氏理论中的窄幅盘整。图 8-5 中的矩形形态标志着多头和空头行情的转折，是一种**逆转**形态。

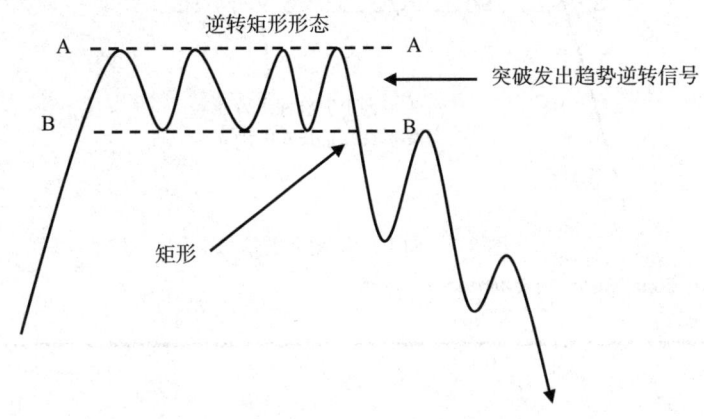

图 8-5　向下突破信号

资料来源：From *Martin Pring on Price Patterns*.

市场顶部的逆转形态被称为**出货**（distribution）形态（股票从信息强势群体转向信息弱势群体）；市场底部的逆转形态被称为**进货**（accumulation）形态（股票从信息弱势群体转向信息强势群体）。在图 8-6 中，随着价格向上突破 AA，矩形形态以买方获胜结束。

请注意随着价格突破 AA，此前一系列下行的峰位－谷底演变为向上的峰位－谷底。另

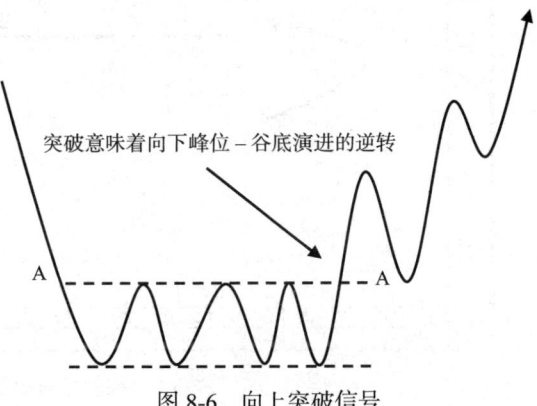

图 8-6　向上突破信号

资料来源：From *Martin Pring on Price Patterns*.

一方面，在图 8-7 中，价格突破向上，对矩形形态确立前的一系列上行峰位和谷底加以强化，从而再度确认潜在趋势。

在这种情况下，在调整阶段形成的矩形形态会暂时中断多头行情，进入**盘整**（consolidation）形态。这一过程也被称为**连续**（continuation）形态。图 8-8 中的铜价走势和图 8-9 中的道琼斯铁路指数都是空头连续矩形形态的例子。

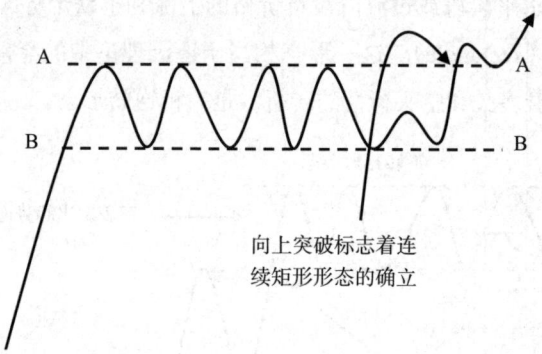

图 8-7　向上的持续突破信号

资料来源：From *Martin Pring on Price Patterns*.

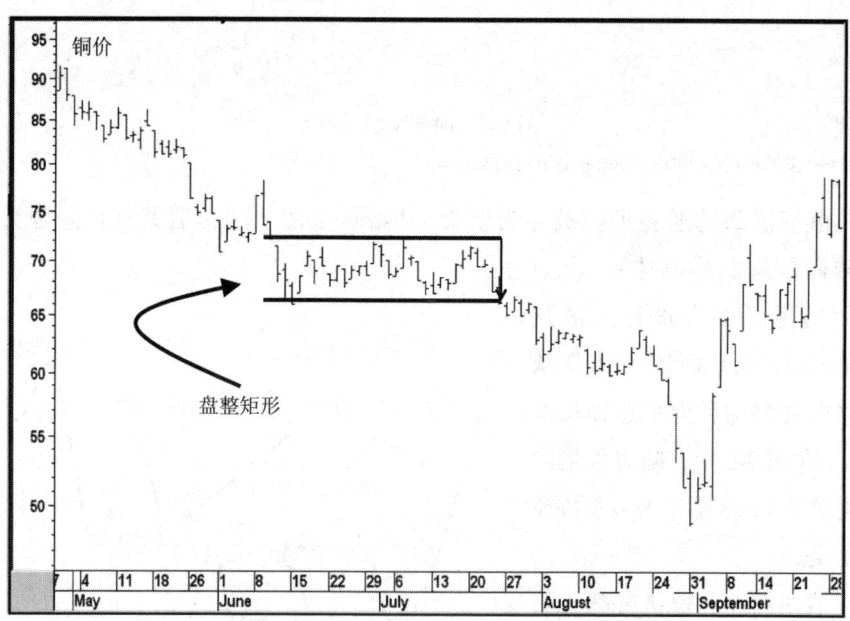

图 8-8　铜价盘整矩形形态

第8章 经典价格形态 99

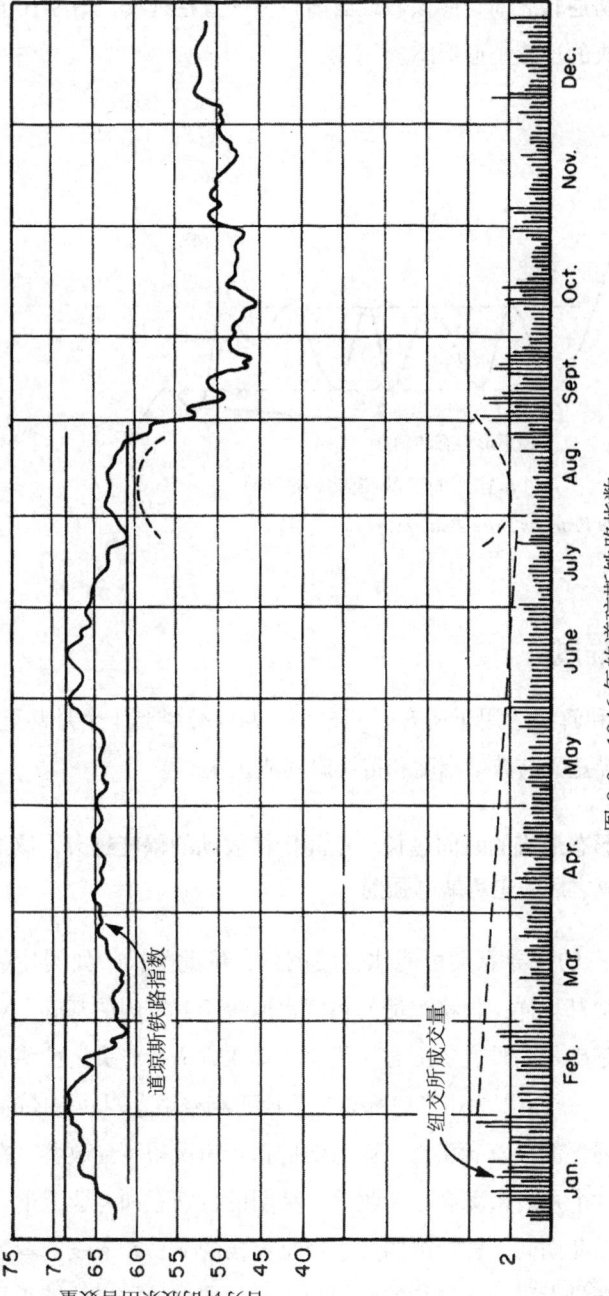

图8-9 1946年的道琼斯铁路指数

注：本图显示了道琼斯铁路指数在1942～1946年牛市顶部呈现的一个经典矩形形态。清注意矩形确立区间，由虚线标示的成交量下行趋势。7月底到8月初反弹行情期间成交量呈萎托状，同样值得注意。8月底向下突破的同时成交量放大，标志着形态的顺利完成。

资料来源：From *Martin Pring's Intermaket Review*.

在矩形形态的形成过程中，没有方法提前预知价格最后的突破方向；因此，在**有充分证据证明趋势逆转**之前，应该假设当前趋势一直在延续。图 8-10 显示了在一次下行趋势中形成的连续矩形形态。

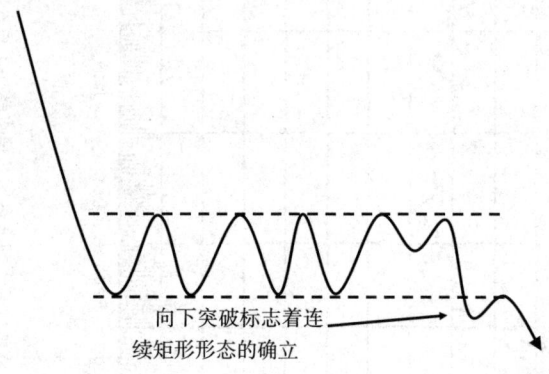

图 8-10　向下的持续突破信号

资料来源：From *Martin Pring on Price Patterns*.

持续时间和幅度

价格形态的形成和解析适用于所有时间框架，从 1 分钟到 1 个月甚至 1 年。不过，价格形态的指导意义与波动幅度和持续时间成正比。

|技术原则| **价格形态形成的时间越长、期间价格波动的幅度越大，该形态完成之后的走势就越强劲。**

因此，月线图形态的指导意义可能比日线图强，依此类推。如同建造摩天大楼需要坚固深入的地基一样，价格上涨的幅度也取决于其坚固的基础。对于金融市场价格来说，其基础是一种进货形态，代表买卖双方进行非决定性博弈的区域。此处采用"进货"一词，因为市场底部总是形成于利空消息四处散播的时候。这种环境会刺激信息弱势的投资者卖出，因为他们预计市况得不到改善。在进货阶段，由于预计 6～9 个月后市况会有所改善，精明的投资者和专业人士开始建仓、买进各种资产。在此期间，资产由弱势、信息不畅的交易者或投资者手中转入强势、信息灵通的交易者手中。进货的时间越长，从弱势投资者处转移到强势投资者处的证券数量越多，价格上涨的基础也就越牢固。

在市场头部，情况恰恰相反，因为在市场处于或接近底部时进货的精明投资者开始将证券转给弱势投资者，而弱势投资者逐渐被上涨的价格吸引。对股票而言，由于经济状况改善，经济预期向上修正，这一情况可能有一个发展过程。进货的时间越长，由弱势投资者手中转到强势投资者手中的证券数量就越大，价格进一步上涨的基数就越大。最终，巨量的出货将不可避免地引发逆转，进入漫长的下挫行情，也就是为多头行情构建基础的阶段。

> **技术要点** 任何形态构建的时间越长，无法突破其外部边界的可能性越大，最终突破的意义也就越大。

完成价格形态的时间至关重要，这不仅是因为价格走势关乎资产换手的数量，还因为一旦价格突破形态的界限，就意味着买卖双方的平衡关系已经转变。如果价格在较长时间内僵持不动，且投资者已经习惯于在固定的价位买卖，那么一旦价格突破这一区间，就意味着走势出现根本变化，能对市场心理产生很大的影响。图8-11以CRB指数为例，显示了一个漫长的矩形形态。

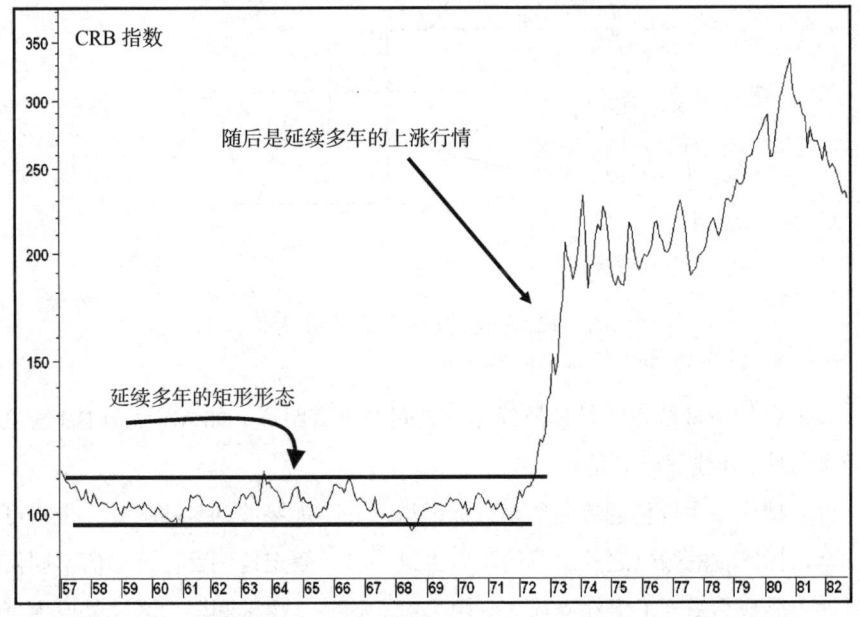

图8-11　CRB指数（1957～1982年）

注：图中一个延续多年的矩形形态在1972年被突破。人们无法预测反弹行情的特征，但矩形形态的时间跨度暗示着，一波大行情或将接踵而至。

资料来源：pring.com。

突破这一形态之后的价格走势可能幅度很大，但没人料到价格会在如此短的时间内走出如此波澜壮阔的行情。

此外，价格形态的幅度也决定其重要性。再拿阵地战来比喻，如果交战双方非常接近（比如说，相距仅 100 码⊖），就算一方胜出，战果和交战双方相距遥远的情况相比也显得无足轻重，在那种情况下，战争会更激烈，战果也更显赫。金融市场同样如此，宽广的交易区间产生的心理影响要大得多。

衡量指标

大多数情况下，技术分析并不能衡量一个趋势最终的持续时间，但价格形态是个例外，因为其结构能为预测提供一定支持。几乎所有价格形态的预测价值都与其深度相关。矩形形态也不例外。图 8-12 显示了一个矩形形态如何构建并完成一个顶部（出货）。

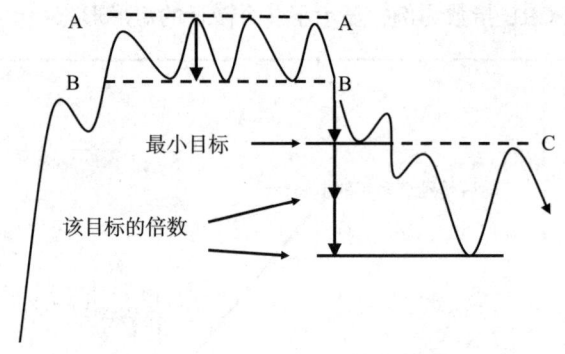

图 8-12　顶部的矩形形态衡量目标

资料来源：From *Martin Pring on Price Patterns*.

该形态的衡量范围正是其外部界限之间的垂直距离，如 AA 线与 BB 线之间的距离就是 BB 线下行空间的预测值。

许多情况下，价格趋势延伸至目标区域之外。如果波动足够强劲，价格可能延伸至目标区域的数倍之外。我们可以更进一步，假定这些目标价位的不同倍数本身就可能成为重要的潜在支撑区和阻力区。这些支撑区和阻力区反复成为重要的支撑位和阻力位。但不幸的是，我们无法判定决定反弹或折返趋势的实际节点

⊖　1 码 =0.9144 米。

身在何处。这再一次说明，在技术分析领域，没有一种已知的方法可以持续地判定一次价格波动的幅度。我们仅仅是有可能对某个特定区域将成为支撑区或阻力区进行预测。因此，这种衡量方法能给出一种大致的引导，但往往只是一种**最低**程度的预期。

在了解价格形态完成时能提供价格预测的情况下，有必要重温前文关于算术坐标与对数坐标单位的章节。

如果您还有印象的话，在采用算术坐标单位的走势图中，垂直轴的所有单位都代表相同的距离，因此 2 与 4 之间的距离和 20 与 22 之间的距离相等。而采用对数坐标时，相同的垂直距离代表相同比例的波动。例如，无论在何种价格水平，1 英寸的距离可能都代表 20% 的价格波动。

图 8-13 和图 8-14 说明，我们应该尽可能地使用对数坐标。在图 8-13 中，价格下挫，跌破了矩形区间。如果采用算术单位，价格在 100 和 200 之间形成矩形形态，向下突破后的目标价位就是 0，而这显然不太可能。

图 8-14 显示的是同一种情况，不过采用的是对数单位，推导出的目标价位为 50，更为合理。

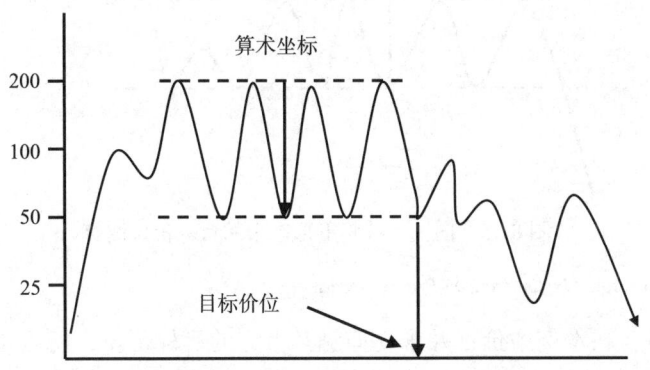

图 8-13 采用算术坐标的目标价位测算

资料来源：From *Martin Pring on Price Patterns*.

我们必须记住，市场价格是由投资者对基本事件的心理态度决定的。由于投资者的态度具有成比例波动的特点，采用比率坐标单位能更好地反映价格波动的这一特点。显然，这对非常短期（2～6周）或者日间交易的走势图几乎没有影响，但是以防万一，将比率坐标设定为默认坐标绝对是一个好主意。

如果一个矩形形态表现为底部逆转，也可以采用之前给出的衡量方法。唯一的区别在于我们预测的目标价位及其倍数是在上方,而非下方。相同的原则还适用于连续矩形形态。图 8-15 中,价格向上突破在一次牛市行情中出现矩形形态。

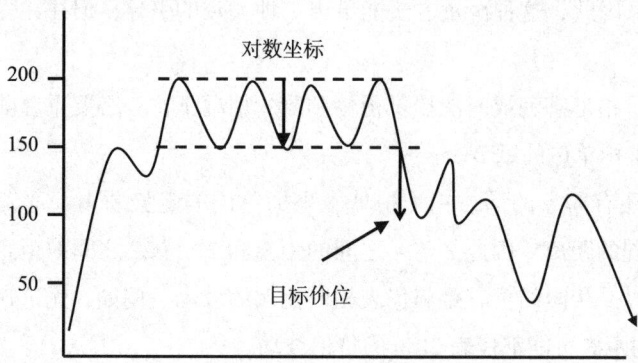

图 8-14 采用对数坐标的目标价位测算

资料来源:From *Martin Pring on Price Patterns*.

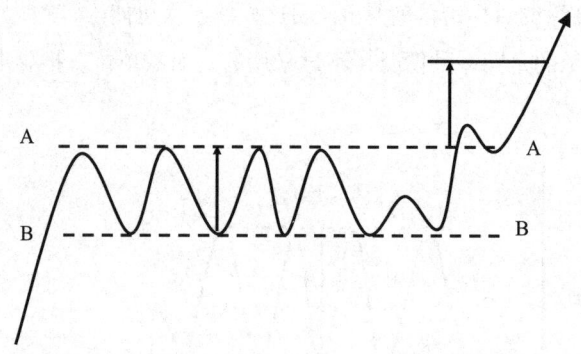

图 8-15 向上连续矩形形态中的目标价位测算

资料来源:From *Martin Pring on Price Patterns*.

请注意,在本例中价格并未立即触及上方的目标价位,而是在小幅反弹和折返后才触及。正因如此,这一目标价位被称为"最终"目标。大多数人在突破时买入,假定价格会直接奔向目标价位,带来迅速获利的机会,但实际情况未必如此。

▍技术要点▐ 一个目标价位代表最小的最终目标。

很多时候,价格都会突破目标价位。如果价格走势强劲,可能达到较目标价位的波动幅度数倍的价位,这些价位都会成为重要的支撑位或阻力位。

有效突破确认

价格

目前为止，我们一直假定，不论幅度多小，突破价格形态都是趋势逆转（或者延续，如果价格形态是一种整理形态）的有效信号。不过，我们常常会遇到一些误导性的价格走势，这些走势被称作**假突破**（whipsaws）信号，因此，我们有必要建立一定的准则，最大限度地避免判断错误。传统的经验是，必须等到价格突破形态区间界限的3%以后才能判定突破是有效的。这种方法能过滤掉大量的假突破信号，不过信号出现的时间会稍显滞后。

这种方法形成于20世纪早期，当时投资者的持股时间更长。如今，盘中走势图已经非常普及，3%的幅度可以代表一个完整的走势。本书并不反对在波动幅度更大的长期价格走势中用3%的方法进行判断，但是，最好的方法还是具体情况具体分析。确定一个代表有效突破的具体百分比易如反掌，但不幸的是，很多时候这个百分比必须取决于考量的时间框架和特定股票的波动性。

例如，电力类股相对于矿业类股价格要稳定得多，用相同的百分比作为这两类股票的价格有效突破标准显然是行不通的。如此看来，确定有效突破及减少假突破概率的时机很大程度上是基于经验、经历的个人判断。这种判断还必须对其他一些因素加以考虑，如所观察的趋势类型、证券的波动性、成交量和股价走势特征等。

帮助你先人一步判定有效突破的另一种因素是时间。有效突破通常都会持续一段时间。例如，你可能在日线图上发现一个矩形形态，可能代表有效的向上突破信号，但是如果价格突破的时间没能超过一天，这个信号就很值得怀疑。出现这种突破之后，技术面通常都会走弱，因为突破没有体现出空方力量衰竭，而空方力量衰竭之后通常都会出现和假突破信号方向相反的强劲价格走势。

根据价格形态突破进行交易或投资时，必须事先想一想哪些价格走势通常会让你得出假突破信号的结论。在支撑位以下的向上突破和阻力位以下的向下突破都是如此。这方面你可以参考第5章关于支撑位和阻力位的介绍。虚假向上突破的潜在例子包括穿越前期次低点，价格自突破点跌破事先确定的水平或者次级向上趋势线的断裂。图8-16给出了一些例子。

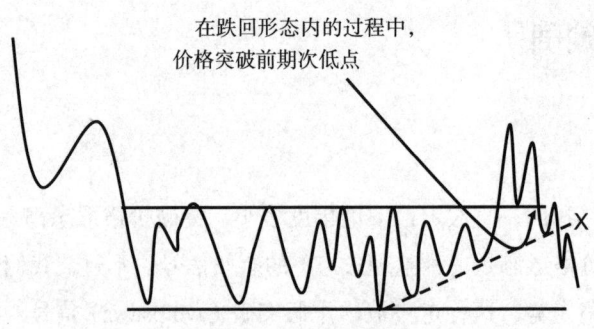

图 8-16　识别假突破

资料来源：From *Martin Pring on Price Patterns*.

应该在支撑位以下设立一个**止损**位。这样的话，你就会提前花时间考虑自己愿意承担的损失，并确定到某个点位，例如到突破点，最初设定的交易前提便不再有效。不能提前做出这种决定意味着卖出决定更有可能是基于情绪或者对新闻事件的第一反应，而不是逻辑清晰的操作计划。

1. 折返波动

很多时候，当价格突破某个形态时，紧接着价格会出现走势修正，重新回到形态上限或者下限的水平，具体由形态本身的方向决定。这被称作**折返**（retracement）波动。折返波动往往能提供新的入场时机，而且面临的情绪波动会小得多。折返走势有两大功能。第一，帮助人们修正由趋势突破引发的情绪波动，让人们回复到正常的心理状态。第二，起到测试突破的作用。向下的折返走势将在突破点寻获支撑，向上的折返走势将在形态下方的界限面临阻力。二者相互转换角色。

因此，折返走势代表正常的价格行为，虽然它们可能令人沮丧，但不应该引发担忧。实际上，突破本身往往是大幅震荡的点位，买方或卖方可能纷纷选择入场或者离场，具体视突破方向而定。结果，投资者疯狂下单，许多订单都最终成交。相比之下，折返走势中的价格波动较为平缓。这意味着买卖行为都是在更为可控的环境下做出。图 8-17 表明，在上涨行情中，静待价格折返、在收到折返走势结束的信号时入场是一种上佳的选择。

2. 作废

如果最小目标价位被证明是新趋势的最终界限，那么在价格沿前期方向行进之前，往往需要大量的进货或出货。因此，为期两年的矩形形态可能已经完成，而下方的目标价位也已经触及。即便价格并未进一步受到侵蚀，从**技术上而言**，在有效的上行趋势确立之前，仍然有必要出现与前期出货行情类似规模的进货过程。图8-18 就是个例子，向上突破最终因向下突破而"作废"。

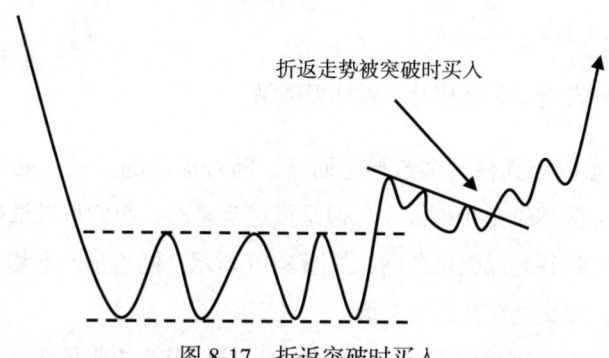

图8-17　折返突破时买入

资料来源：From *Martin Pring on Price Paterns*.

我们对"从技术上而言"这种说法加以强调，因为事实并非一定如此。很多时候，大规模的出货形态因为小型形态而作废，反之亦然。这意味着如果发现了形态突破"作废"的现象，你应该仔细观察相关信号，并确认其他指标是否与之一致。如果是，按"作废"信号行事，因为它很可能是有效的。

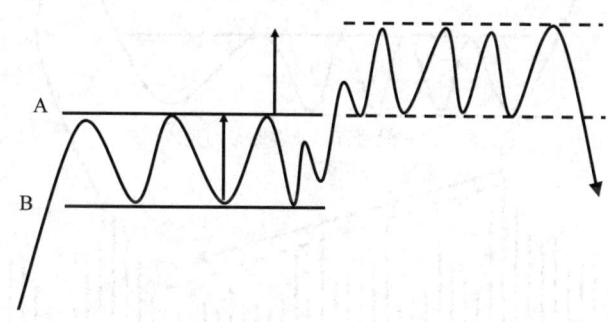

图8-18　作废

资料来源：From *Martin Pring on Price Patterns*.

成交量考量

截至目前，我们进行相关分析时还仅仅考虑了价格因素，但成交量也是一种重要的独立变量，可以帮助我们更好地捕捉大众心理。如前文所述，成交量通常与价格趋势保持一致：价升量增，或价跌量减。一旦量价关系偏离这两种正常情况，就应该是主要价格趋势或将发生逆转的警报信号。成交量总是相对于近期来衡量。因此，所谓巨额成交一般是相对于20～30天之前，而非10年前的成交量而言。相比10年前，结构性的变化可能已经导致总体交投水平发生了永久性的增长。

技术原则 成交量总是相对于近期来衡量。

就矩形形态以及其他大多数形态而言，随着形态的发展，成交量很可能萎缩。交投活动可能继续随价格波动，但是回过头来看，我们可以根据形态的发展预测不同的峰位和谷底成交量萎缩，如图8-19所示。随着形态渐趋完成，投资者逐渐失去热情，成交量往往也会走低。

如果价格向上突破伴随着成交量的放大，进货形态的质量必将得到提升。如图8-19所示，有时候甚至能描绘出一条连接不断走低的成交量峰位的趋势线。

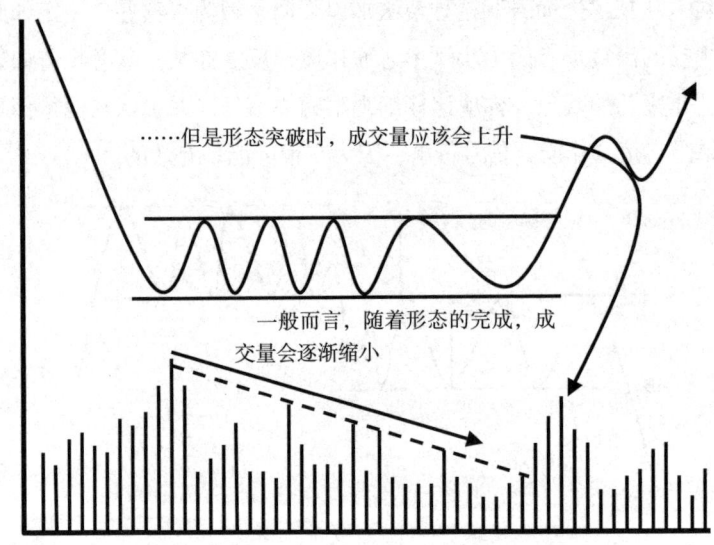

图8-19　随着矩形形态的完成，成交量逐渐萎缩

资料来源：From *Martin Pring on Price Patterns*.

成交量的上探可以证明突破的有效性，因为它标志着买方热情高涨。而突破的同时如果成交量低迷或者走低，则值得怀疑，将会导致趋势无法行进。图8-20列举了一个例子。

在本例中，价格突破的同时成交量明显下滑。这种现象通常预示着价格的上涨更多是因为缺乏卖方，而非买方热情高涨。价格开始下挫后，成交量大幅反弹，表明背后的动力是强大的卖压。这一明确的迹象进一步证实突破可能是假突破。

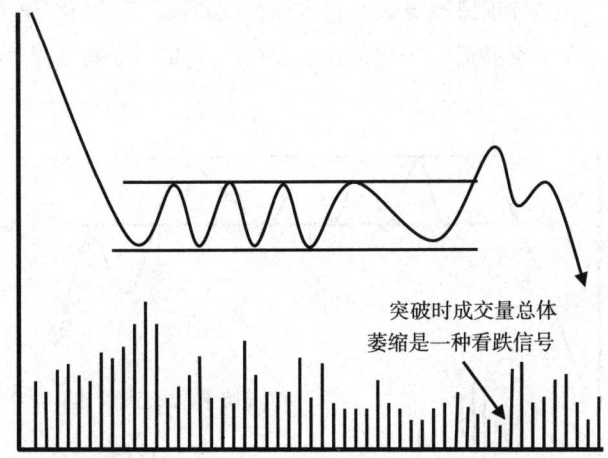

图 8-20　向上突破便随成交量萎缩是一种空头信号

资料来源：From *Martin Pring on Price Patterns*.

很多时候你会发现走势图上出现成功的向上突破时，成交量并无显著变化。不幸的是，这就是现实。因此，**成交量强劲放大自然是最理想的，但这并非有效突破的必要条件**。它的确能增加有效突破的概率，但其他指标，如震荡指标，也同样重要。如果像图 8-20 中显示的一样，价格突破伴随着成交量的下滑，与其说这表明失去了一个锦上添花的有利因素，不如说这本身就代表了一个不利因素。图 8-21 是对矩形形态的向下突破。

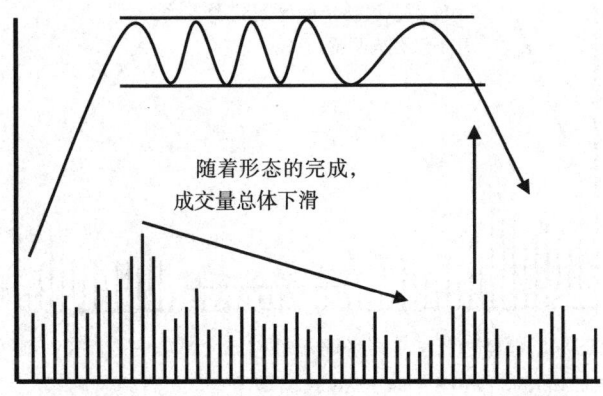

图 8-21　向下突破伴随成交量放大是一种空头信号

资料来源：From *Martin Pring on Price Patterns*.

向下突破伴随成交量萎缩的重要性不是很高，因为价跌量缩很正常。所以向下突破的同时成交量下滑也再正常不过。但是，如果价格下行的同时成交量放大就有些反常了。这种现象本身表明卖方热情度更高，因而为当前的形态增添了几分负面色彩。向下突破后，价格往往会逆转，上演小型的反弹或折返行情（见图8-22）。

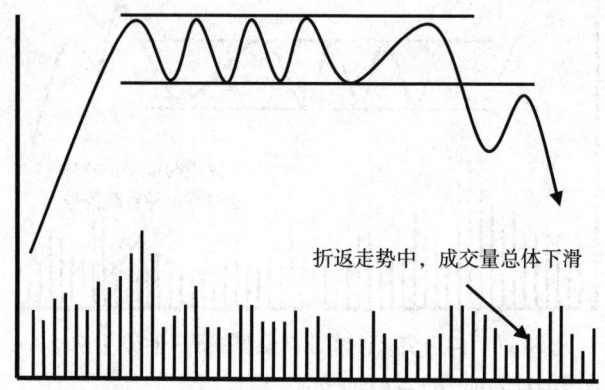

图8-22　折返走势应当伴随成交量的萎缩

资料来源：From *Martin Pring on Price Patterns*.

在图中，上行走势伴随着成交量的萎缩，这本身就强化了空头信号。随后，走势在矩形形态的低端处受阻，该价位此后又演变为阻力位。向上突破之后的折返走势通常也与下行的成交量相伴。图8-23中，价格波动与成交量双双萎缩。

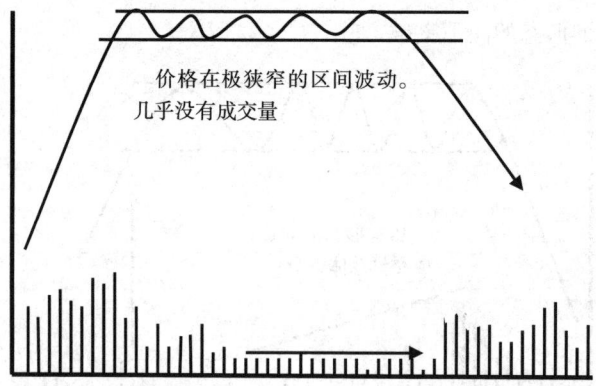

图8-23　狭窄的矩形形态和几乎可以忽略不计的成交量之后往往是一次大规模的波动

资料来源：From *Martin Pring on Price Patterns*.

这种现象暗示着买卖双方力量在相当长一段时间内较为均衡。正常情况下，目标价位由形态的深度决定。不过在本例中，这种买卖双方力量均衡的状况之后往往尾随着比正常情况下显著、剧烈的价格波动。图 8-23 中就出现了一次剧烈的向下突破。不过成交量迅速下滑之后突然迅速放大的原则同样适用于向上突破。此时，由于我们从买卖双方均失去热情的情况走向买方在任意价格均买不到足够证券的情况，成交量陡然猛增。这些都预示着一波大规模反弹行情的启动。图 8-24 以美国上市公司 St. Jude Medical 为例，图中一个范围狭窄的矩形形态和成交量的大幅下挫相遇。交投活跃起来之后，出现了一次短暂却急剧的反弹。

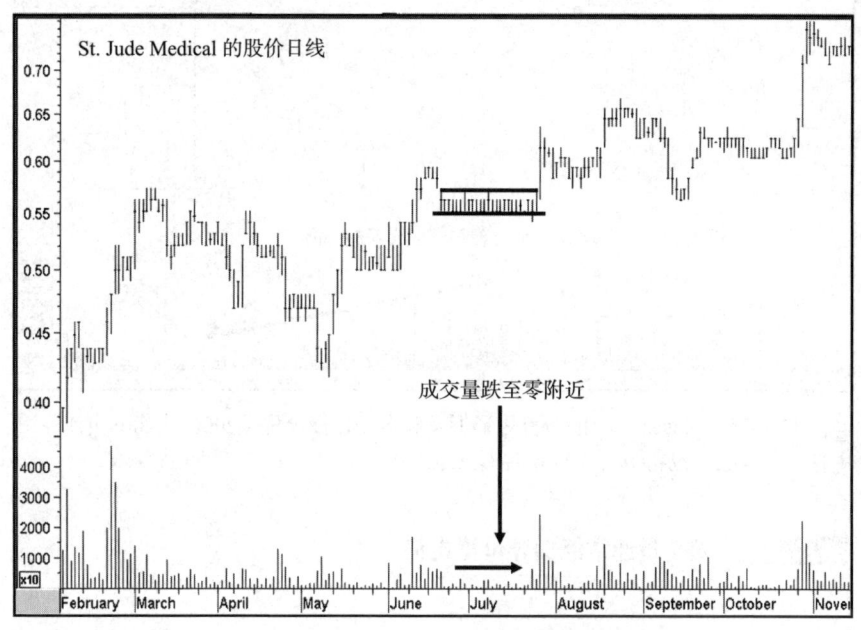

图 8-24　St. Jude Medical 股价的盘整矩形形态

资料来源：Pring com.

最后，图 8-25 显示的是印度上市公司 Moser Baer 的股价走势。矩形形态对应的成交量经历了扩张，但总体趋势是下滑的。突破后价格跌势如此迅猛证明了下跌行情中成交量未必放大的事实。价格同样可能因为缺乏买单而受挫。同时，请注意当价格跌至目标价位 3 倍的位置时，实际的目标价格水平（A）成了随后反弹行情的阻力位。因此，一开始就测算这些目标价位是一种明智的选择，因为你永远不能确定价格何时会找到适时的逆转点。

许多时候，与逆转形态相比，我们会发现整理形态突破后的价格大幅波动的可能性更大。这是因为逆转形态需要积累一些动能，而在整理形态形成之前，这种动能就已经存在。

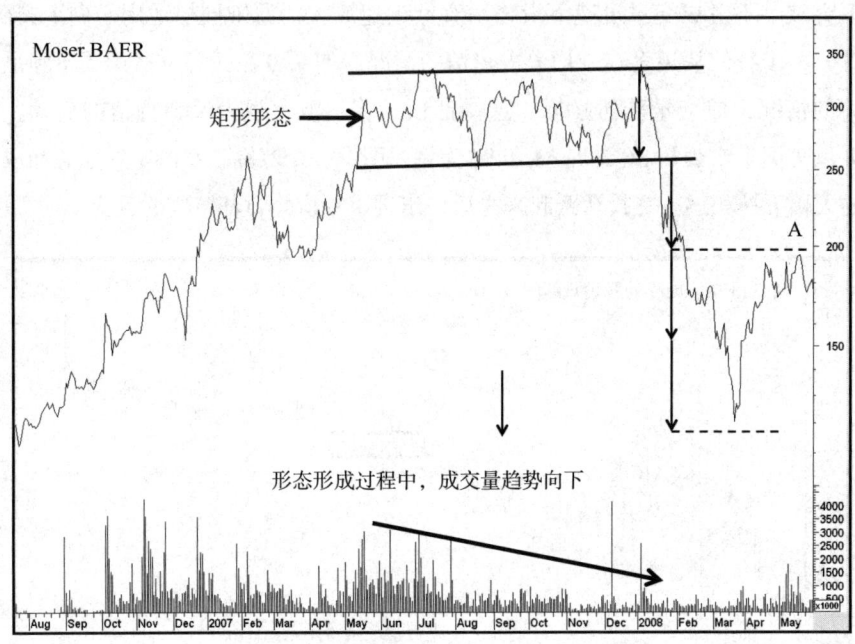

图 8-25　Moser Baer 的股价矩形形态和多个目标价位（2006～2008 年）
资料来源：From *Martin Pring's Intermarket Review*.

|技术原则| 成交量通常能引导价格走势。

头肩形态

逆转的头肩形态

1. 头肩顶形态

头肩形态可能是所有价格形态中最可靠的一种形态。市场顶部和底部都会出现这种形态。图 8-26 显示的是典型的头肩顶出货形态（也可参见图 8-27）。

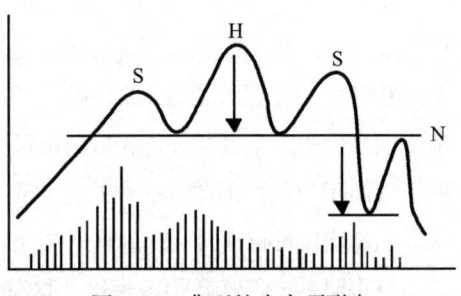

图 8-26　典型的头肩顶形态

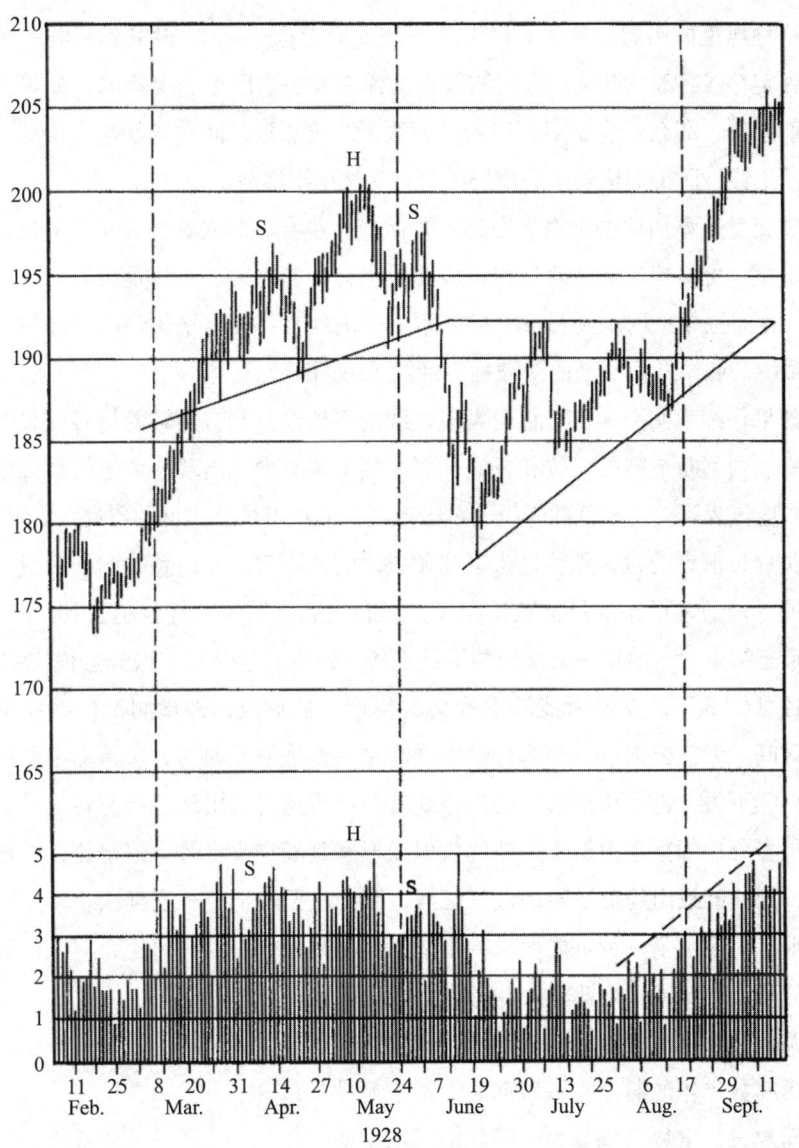

图 8-27 《纽约时报》指数（1928 年）

注：《纽约时报》指数由 50 个铁路类股和工业类股构成，在 1928 年 3 月、4 月和 5 月形成了一个向上倾斜的头肩顶形态。指数跌破颈线后迅速到达最小下行目标 182 点，但随后用了 3 个月的时间构建和头肩顶形态相当的三角形形态，再重回主要趋势。注意左肩和头部的交易量较大，右肩交投相对清淡。此外，在三角形形态形成期间，成交量大幅减少，但在 9 月份突破颈线后又开始增长。如此剧烈震荡之下的走牛行情正是走势外强中干的有力信号。7 月和 8 月似乎形成了一个小型的直角扩散形态，但这最终只不过是为期两个半月的头肩形态的左肩，该形态完成最终终结了这个漫长的牛市。后文将讨论三角形形态和扩展形态。

资料来源：www.pring.com.

这种典型的头肩出货形态由最后一波反弹走势（头部）及其前后各一波较小的反弹走势（肩部）组成，这两波较小反弹走势的幅度不一定相同。如果两肩代表中期趋势，那么左肩是多头市场的倒数第二波涨势，而右肩是空头市场的第一波反弹走势；而头部代表多头市场的最后一波中期涨势。

成交量是评估这些价格形态的重要标准。左肩的形成阶段通常是交投最为活跃的阶段；价格接近头部峰位时，成交量也会相当之大。右肩是头肩形态形成的关键，而且通常此时交易量会大幅缩水。一般而言，当价格达到右肩峰位时，成交量最少。联结两肩底部的线被称为**颈线**（neckline）。

如果仔细观察图 8-26，你会发现颈线的突破也是趋势逆转的信号，如果前期出现一系列不断走高的峰位和谷底，那么接下来至少会出现一个走低的峰位和谷底。右肩代表第一个走低的峰位，跌破颈线后的低点代表走低的谷底。

头肩顶形态的目标跌幅是头部和颈线之间的距离，并由颈线向下测量，如图 8-26 所示。通常形态的目标跌幅越大，形态完成之后的跌势就越强劲。有时候，头肩形态结束后会出现一波漫长的下跌走势；但也有些时候，跌势会很快结束。

通常情况下，交易者能够发现头肩顶形态的形成，并预测价格将向下跌破形态区间。但仅根据这一个信号做出判断是不正确的，因为无法预知主要趋势是否会持续下去，也无法预知价格强势跌破颈线后是否会出现趋势逆转信号。多年来，很多分析师都是根据不完整的头肩顶形态判断空头走势。请记住，**在技术分析中，除非能找出趋势逆转的足够证据，否则主要趋势将一直延续**。不完整的头肩顶形态只提供了一种可能性，并不是证据。此外，由于右肩反弹应该伴随着成交量的萎缩，如果成交量较大，则证明"顶部"可能失败。

头肩顶形态可能在 10～15 分钟完成，也可能延续数十年的时间。一般而言，形态延续的时间越长，出货量就越大，因此随后的空头行情延续的时间也就越长。较大规模的头肩顶形态往往非常复杂，包含多个较小的形态（如图 8-28 所示）。

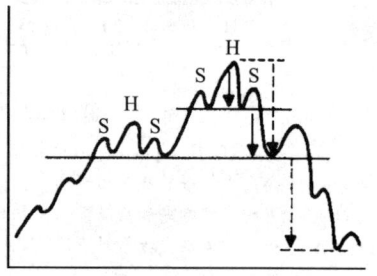

图 8-28　复杂的头肩形态

在图 8-26 和图 8-28 中，头肩顶形态的颈线都呈现水平状，但许多情况下未必如此（见图 8-29）。不过，当头肩顶形态完成之后，都具有相同的空头含义。

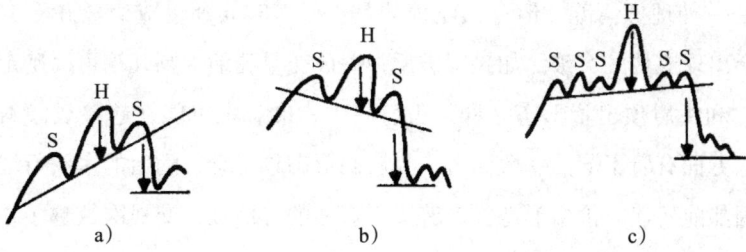

图 8-29 头肩顶形态的各种类型

2. 头肩底形态

图 8-30 显示了位于市场底部的头肩形态;这种形态通常被称为**反向头肩形态**或者**头肩底形态**(H&S bottom)。

通常情况下,左肩底部和头部形成过程中的成交量较高。值得一提的是,右肩成交量在价格跌至谷底时缩水,但开始突破颈线后又大幅增加(见图 8-31)。

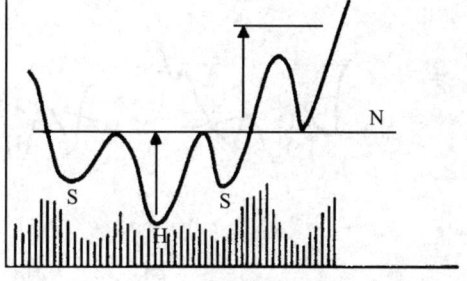

图 8-30 典型的头肩底形态

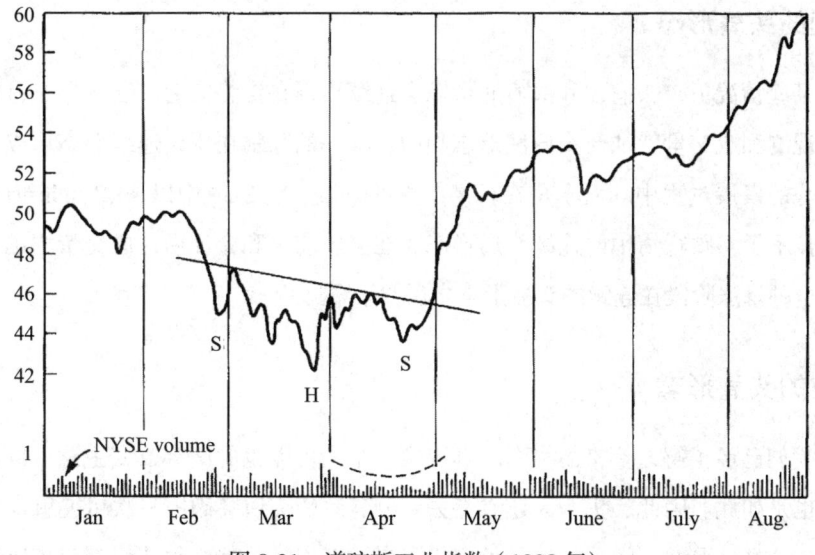

图 8-31 道琼斯工业指数(1898 年)

注:本图显示了 1898 年春形成的一个向下倾斜的头肩底形态。注意,4 月反弹期间的交投非常清淡;随后成功地试探了 3 月的一个低点,然后向上突破颈线,成交量放大。

这是一种理想情况，但令人吃惊的是，很多时候即使成交量并没有明显放大，也会出现成功的突破。如果突破反弹时成交量萎缩，则几乎可以确定突破即将失败。和头肩顶出货形态一样，头肩底进货形态也可能在趋势线倾斜度、肩的个数等方面有所不同。一般而言，头肩底形态越复杂，随后的多头行情就越强劲，原因如前所述，价格形态代表着买卖双方的阵地战，交战次数越多，战争态势越复杂，那么战争结束后的新趋势就越强劲。图 8-32 显示了几种不同类型的头肩底形态。

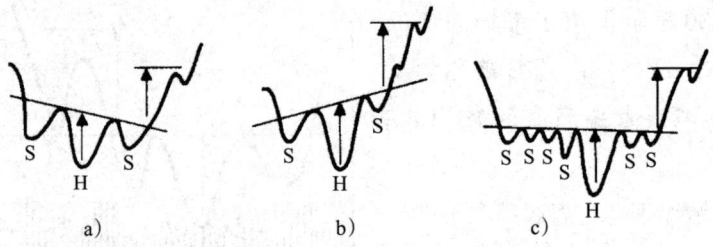

图 8-32 头肩底形态的各种类型

头肩底形态是非常可靠的形态，其完成通常是趋势逆转的强烈信号。

连续的头肩形态

某些情况下，头肩顶和头肩底形态会连续出现在走势图上。连续形态目标价位的观测和成交量特征与头肩底形态相同，唯一的区别在于，连续形态形成于主要趋势的发展过程中，而不是在行情结束的时候。图 8-33 中以 AEP Industries 为例，显示了下跌行情中的连续头肩形态。在突破前夕和突破后，成交量均迅速放大。这种暴涨阶段在连续的头肩形态之后并不罕见。

失败的头肩形态

我们已经了解，价格由大众心理决定。个人可能也的确会改变主意；群体和市场也是如此。因此，头一天还看上去十分有效的头肩突破下一次可能就变成假突破。这种情况并不常见，但是任何投资者或者交易员都必须认识到市场逆转原本高度有效的信号的能力。

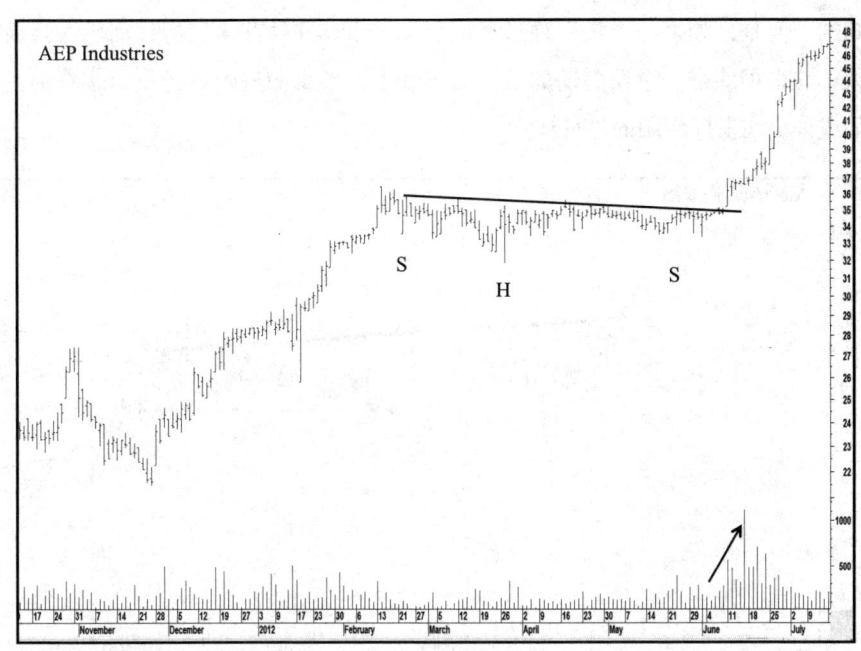

图 8-33　AEP Industries 连续的头肩底形态（2011～2012 年）
资料来源：www.pring.com。

第一步是确认你追踪的这个形态的确是有效的形态。例如，价格走势可以体现头肩出货形态的所有特征，但是价格却没有突破颈线。我们已经在前文提到，除非形态以价格明确跌破颈线的方式完成，否则就不是一个真正的形态。这是因为颈线代表一个支撑位，而支撑位却迟迟未被突破。在水平形态中，未能突破颈线也意味着一系列上升的峰位和谷底实际上仍然生效。

图 8-34 中，Albertson 股价走势呈现的头肩底形态并未成功。股价在 2002 年年中最后一次反弹至颈线（实线），却未能突破。

图中的虚线意在指出，头部的最后一个部分以及头肩底形态潜在的右肩实际上构成了一个头肩顶形态。通常情况下，要在杯中装了一半水的情况下辨认出技术形态是不可能的。是半满或者半空取决于是乐观还是悲观。本例是半空（也就是悲观）的例子，价格走向了下坡道。

在过去，失败的头肩顶形态非常少见，但目前已经较为常见，这意味着我们投资时有必要等待颈线的强势突破。它们往往出现在价格形态暗示将出现与当时主导趋势反向的有力突破时。显然，如果这的确是价格顶部或底部，形态自然是有效的。但是，如果一个头肩顶形态出现在牛市，并且并未经历任何较大规模的下跌，这很可能是一个反周期的信号。实际上，形态的失败本身可以解释为主导趋势或许仍在发挥作用的一种体现。

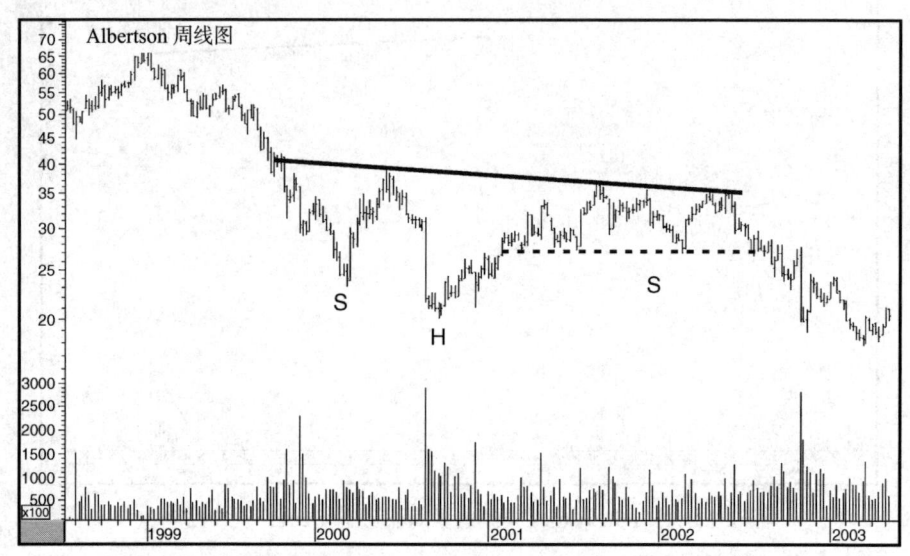

图 8-34　Albertson 股价走势：失败的头肩底形态（1998 ～ 2003 年）
资料来源：From *Martin Pring on Price Patterns*.

走势图中往往会出现好几个点，预示着有效突破的概率跌至 50% 以下，形态失败的可能性开始上升。图 8-35 和图 8-36 试图对这些点加以诠释。在图 8-35 中，A 点代表价格跌破颈线后的底部。

随后，价格反弹，且反弹行情止步于 B 点。这再自然不过，因为折返走势是一种正常的，而且事实上很合理的现象。此后价格又跌至 C 点，呈现了意想不到的走势：如果根据头肩顶形态理论，价格应该会持续下跌。但实际上价格不仅没有下跌，而且再次向上突破颈线。这是价格走势可能出人意料的初步信号。当价格再次突破颈线时（D 点），价格形态走向失败的概率上升。当价格向上突破将形态头部与右肩相连形成的下行颈线时，走势进一步看涨。这或许是进行空头回补的时机，因为最初支持看空的理由已经不复存在。趋势线的性质与概率的变化之间存在千丝万缕的联系。例如，如果趋势线很陡峭，而且仅被触及两次，其重要性与趋势线较平缓，且被多次触及的情况不可同日而语。关于趋势线，此处对第 6 章进行重温应该是一个不错的选择。

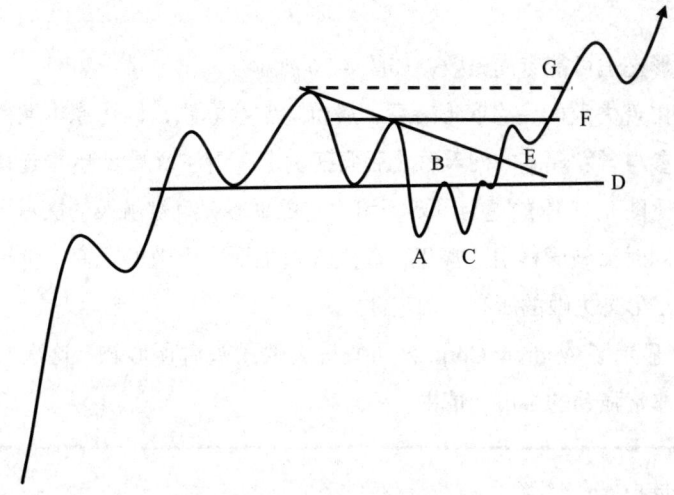

图 8-35 识别失败的头肩形态

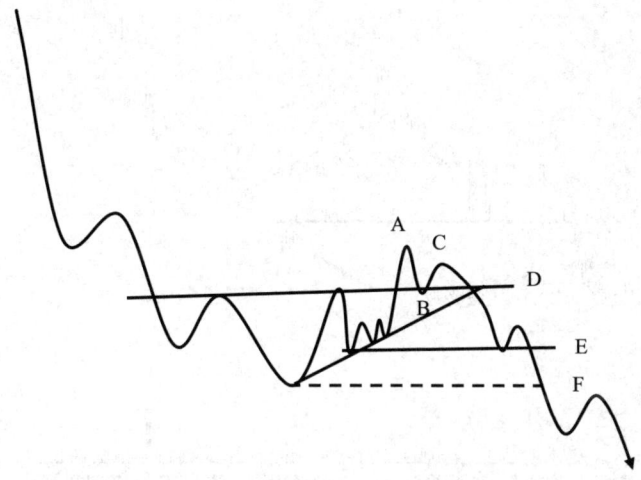

图 8-36 识别失败的头肩底形态

接下来的一道防线是右肩。如果价格可以向上突破 F 点，那么在某些情况下，价格将引来一系列不断上升的峰位与谷底。最终，当价格突破头部，形态的取消已毋庸置疑。

如果考虑采取看多操作，应该在价格放量向上突破连接头部和右肩的趋势线（E 点）或突破右肩（F 点）时行动。一般而言，这是价格短线大幅上涨的信号，值得进行操作。再次强调，此时应该运用常识，因为如果连接头部和右肩的趋势线异常陡峭且仅被触及两次，则指示意义远远比不上平缓且被多次触及的趋势线。

头肩底形态也可能走向失败，如图 8-36 所示。

同理，出现失败的头肩底形态后，股价通常会暴跌，因为原本期待价格向上突破的市场参与者发现基本面看跌之后疯狂卖出。请注意图 8-36 中连接头部和右肩的趋势线比图 8-35 中的更为重要，因为它更平缓，且被触及的次数更多。颈线与趋势线的同时突破同样引人深思，能大大增加形态失败的概率。价格跌破 F 点则打消了关于形态失败的所有不确定性。

图 8-37 显示了 Andrew Corp. 公司股价失败的头肩顶形态，这次失败的形态出现在一次非常强劲的牛市行情中。

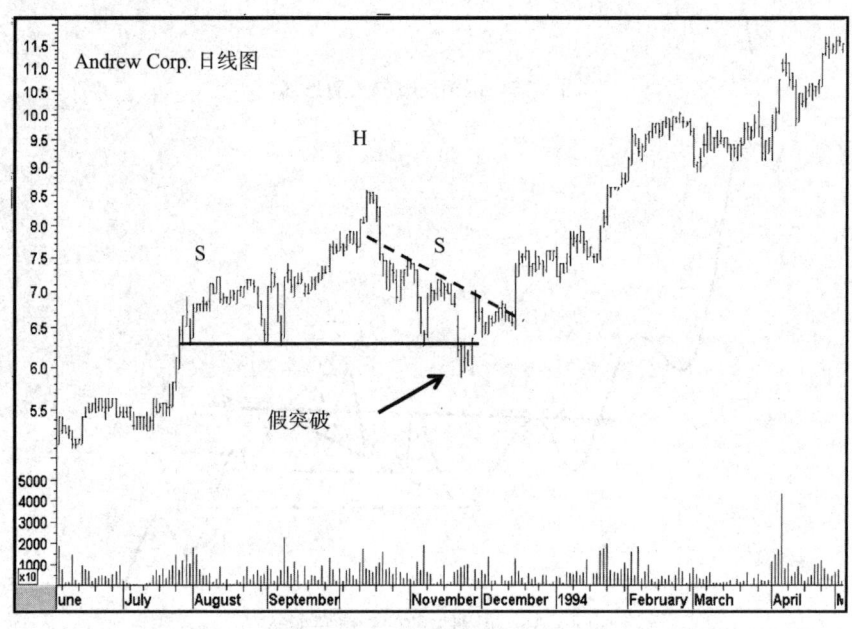

图 8-37　Andrew Corp.：失败的头肩顶形态（1993 ～ 1994 年）

资料来源：www.pring.com.

形态失败的第一个信号应该是价格形成一个小型基础形态后，再度重回颈线上方。连接几个反弹峰位的虚线被冲破后，最终结论浮出水面。形态失败后，价格一般会往相反的方向强势行进。背后的逻辑是，此前买入或卖空的市场参与者被证明判断错误，因而会被强制清仓。所以，错误的波动不应引发恐慌，而应被视作获利的良机。机会的大小程度取决于信号的强度，以及与实际止损位的距离远近。在图 8-37 中，趋势线非常强劲，止损位则可能出现在突破当天下放的低点。假设在突破点附近买入，则风险极低、潜在收益极高。

> **技术要点** 如果技术面信号走向失败，通常是因为主要趋势正发生逆转。

双重顶和双重底形态

双重顶形态包括两个峰位和其间的一波折返走势或价格谷底。该价格形态的主要特征是第 2 个头部的成交量较第 1 次大幅缩水（见图 8-38 和图 8-39）。

正常情况下，两个峰位的价格水平相当，但第 2 个峰位也可能略高或略低于第 1 个峰位。请记住，这一理论并不是严密的科学，而是对买卖双方激烈交锋的经验总结。

双重底形态中最小目标跌幅的观测方法和头肩形态一样，如图 8-38 所示。

双重底形态如图 8-40 所示。一般而言，双重底形态第 1 个底部伴随着较大的成交量，第 2 个底部的成交量很小，向上突破过程中的成交量也非常之大。

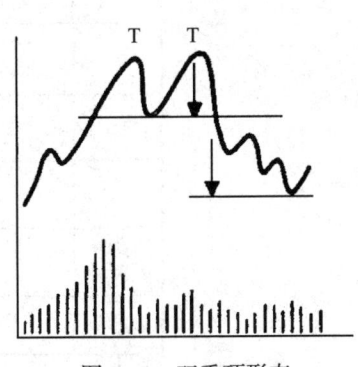

图 8-38　双重顶形态

第 2 个底部一般都高于第 1 个底部，但无论第 2 次折返走势是否达到前期走势的水平（甚至**略高**于前期折返走势），双重底形态都同样有效。图 8-41 显示了几种不同的双重顶（底）形态。

有时候，很难区分头肩形态、矩形形态、三重顶和三重底形态。这并不重要，重要的是这些形态代表了买卖双方的博弈。当某一方通过在峰位 - 谷底演进中的逆转或者趋势线突破胜出，这才是至关重要的。请记住，我们给这些形态取特定的名称是为了方便识别。如果某个形态出现向下突破，具体哪个形态并不重要，空头信号发出，价格可能走低，这才是真正的重点。

> **技术要点** 归根结底，形态的名称并不重要，形态具备的是多头还是空头特征才是重点。

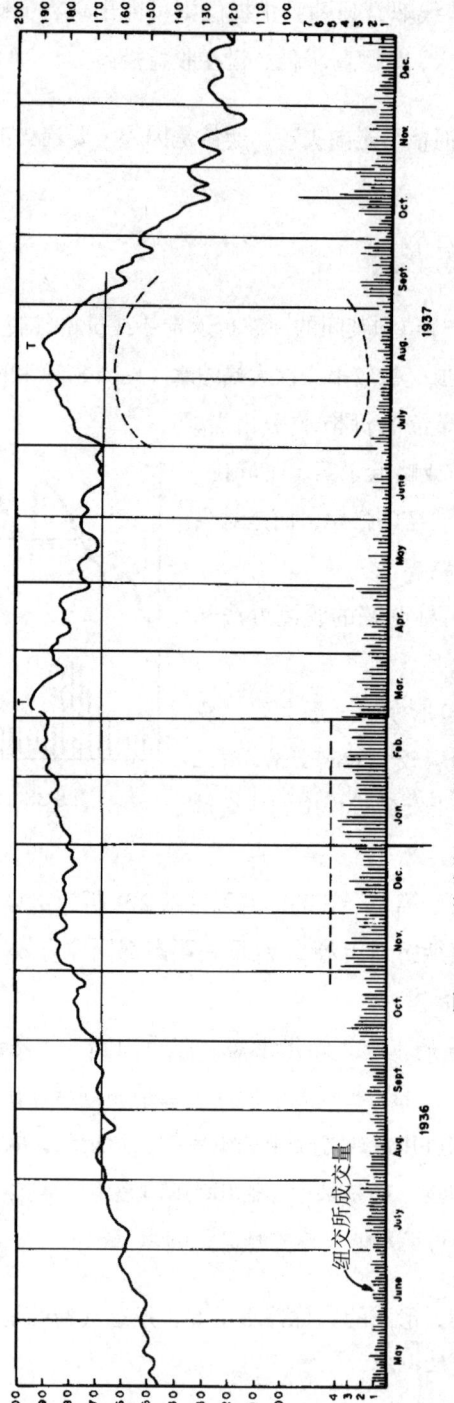

图 8-39 道琼斯工业指数的双重顶形态（1936～1937 年）

注：1932 年股价飙升之后，大萧条以来的第 1 波多头行情结束于 1937 年。本图显示了一个典型的双重顶形态。注意 7～8 月股价反弹期间的成交量大大低于 1～3 月的市场头部的成交量。

资料来源：From Martin Pring's Intermarket Review.

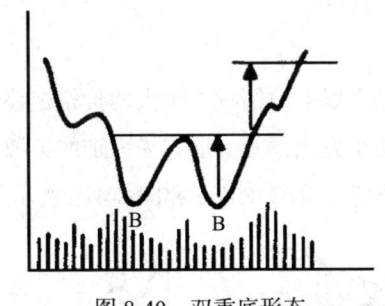

图 8-40 双重底形态

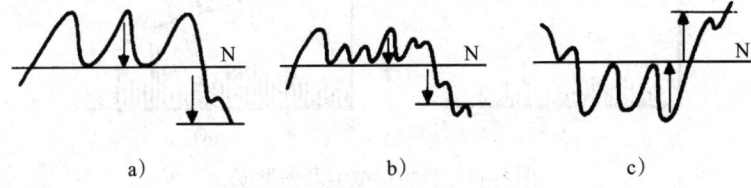

图 8-41 三重顶形态和三重底形态

所有这些形态的目标价位都是按照头部（底部）到达颈线的距离由颈线向下（向上）衡量。图 8-42 显示了 1962 年的典型双重底形态。

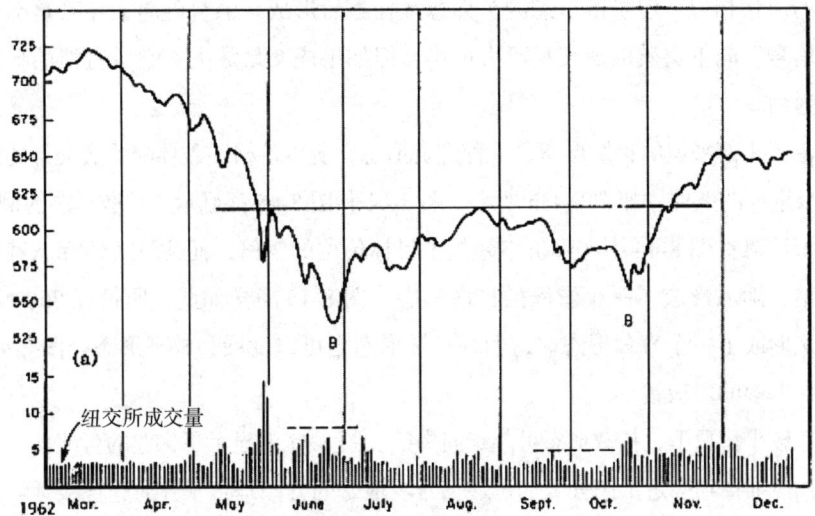

图 8-42 道琼斯工业指数的双重底形态（1962 年）

注：本图描绘了道琼斯工业指数 1962 年期间形成的典型双重底形态。注意第 2 个底部的成交量低于第 1 个底部。尽管 1962 年价格向上突破期间交易量有所放大，但幅度十分有限。

资料来源：www.pring.com。

扩散形态

扩散形态由 3 个或 3 个以上波幅越来越大的价格走势构成，所以连接峰位和谷底的两条趋势线会向两个方向岔开。最容易识别的扩散形态是头部或底部出现的"平坦状"（flattened）形态，如图 8-43a 和图 8-43b 所示。

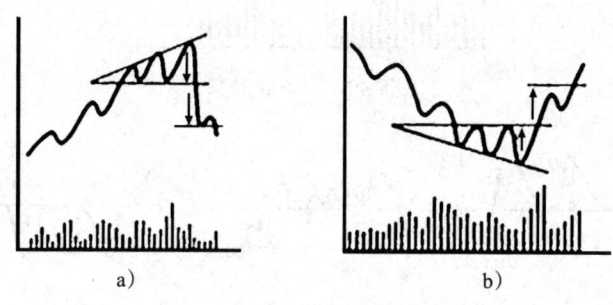

图 8-43　直角扩散形态的形成

图 8-43 显示的形态有时被称作**直角扩散形态**（right-angled broadening formation）。由于波幅不断增大体现出了交投的高度情绪化，所以成交量很难呈现一定的特征，尽管在市场头部的涨势通常伴随着成交量的放大。扩散形态与头肩形态的形状相似，但扩散形态的头部总是在最后形成。强势的向下突破是空头行情的信号。向下突破的成交量可大可小，但如果成交量放大，空头行情的势头会更加强劲。

由于头部平坦的扩散形态是一种进货形态，所以价格突破伴随着成交量的放大是一个重要的条件，如图 8-43b 所示。图 8-44 和图 8-45 都显示了扩散形态的例子。

请注意在图 8-44 中实际价格超越了目标价位的 3 倍，而往下 3 倍标志着跌势的终结，随后形成了一个看涨的扩散形态。图 8-45 同样如此，股价在 2009 年触底后又形成了一个直角形态。这两种扩散形态也可以发展为整理形态。图 8-46 显示了牛市中的对应情形。

在较少情况下，扩散形态可能走向失败。图 8-47 就显示了失败的可能性。不幸的是，很难找到确定形态失败的可靠信号。最好的方法是将张开的趋势线延伸，也就是将图中的虚线拉长，等待价格有效突破该线，将其视为扩散形态失败的信号。

直角扩散形态完成之后，不论逆转还是延续形态，随后的价格走势都尤为强劲，仿佛已经没有时间来完成右肩的走势，从而导致头肩形态的终结。图 8-48 以 Patni Computers 为例，显示了一个看涨的直角扩散形态，目标价格被多次触及。

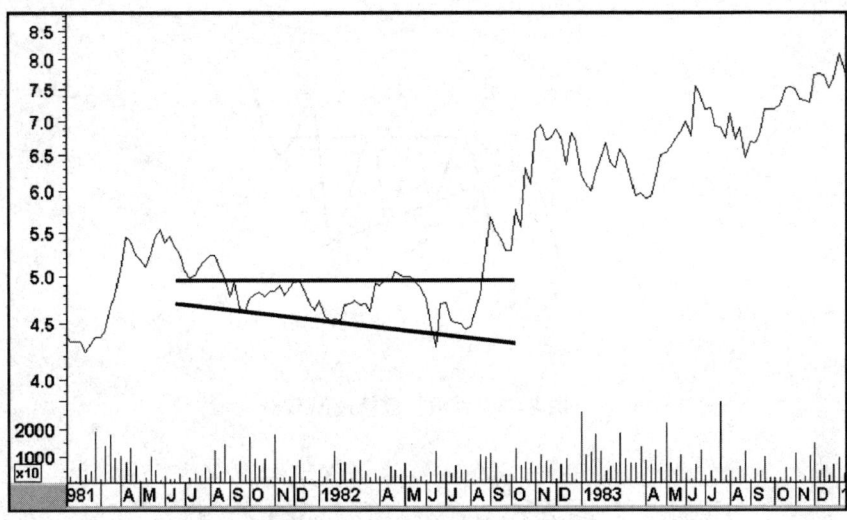

图 8-44 WW Grainger-直角扩散形态

注：该图表明，并非总能绘制出准确连接所有峰位和谷底的形态边界。最重要的是确保底部分化，但顶部大致位于同一水平。这是下跌趋势逐渐不稳定，可能意外逆转为上升趋势的信号。

资料来源：From *Martin Pring's Intermarket Review*.

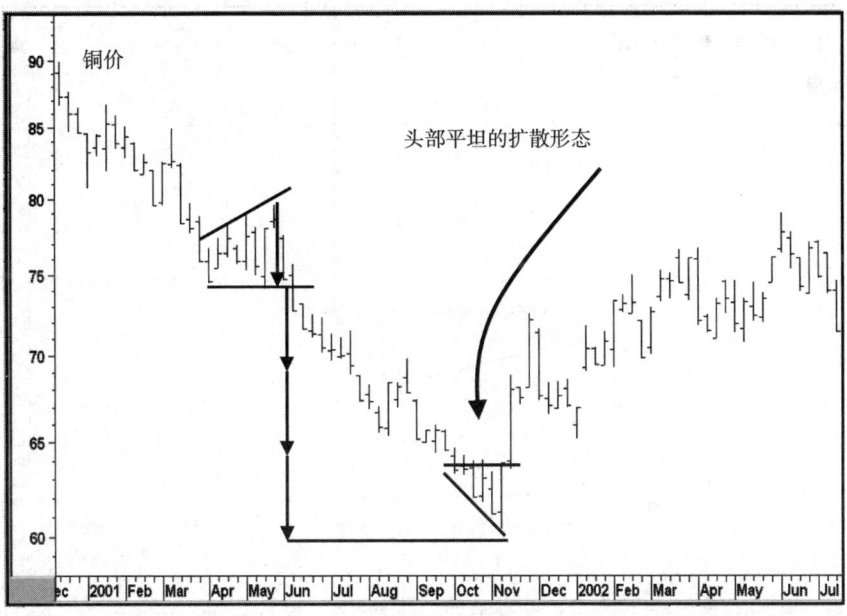

图 8-45 铜价走势，包括两个扩散形态（2000～2002 年）

资料来源：www.pring.com.

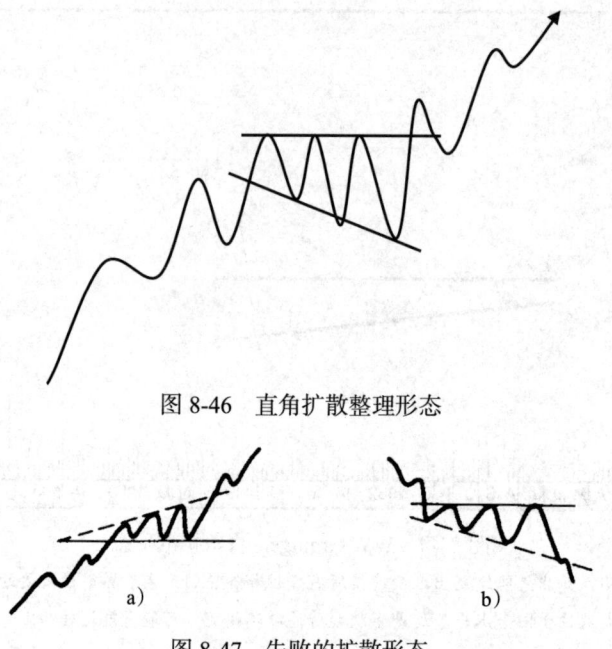

图 8-46 直角扩散整理形态

图 8-47 失败的扩散形态

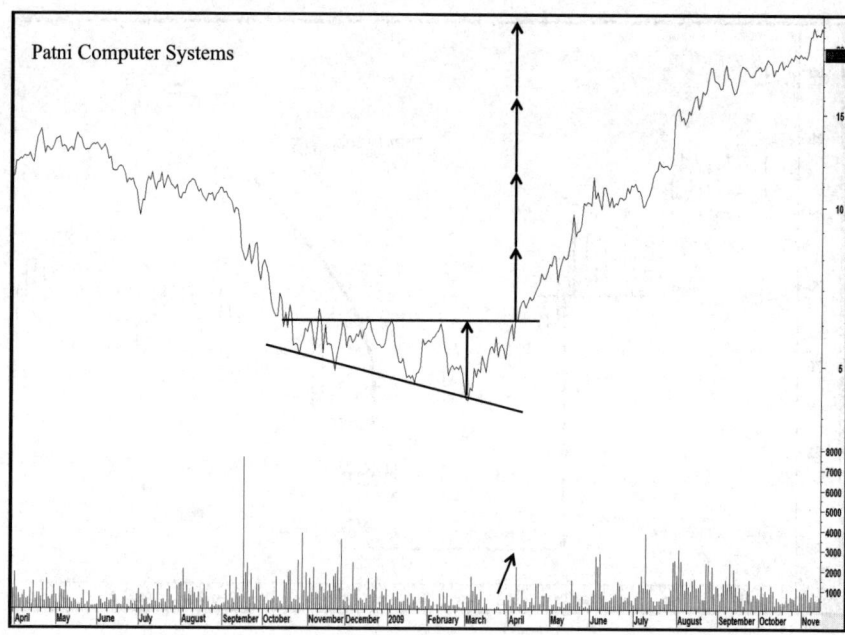

图 8-48 Patni Computers 股价走势:多个目标价位的扩散形态(2007～2008 年)
资料来源:www.pring.com。

直角扩散形态的一个变种是楔形扩散形态。这些形态比较类似，都包括两条岔开的趋势线，只不过如图 8-49 和图 8-50 所示，楔形扩散形态中趋势线的倾斜角度较小，未形成直角。

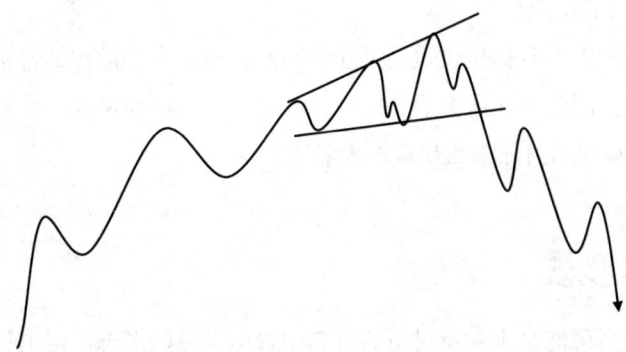

图 8-49　看跌的楔形扩散形态

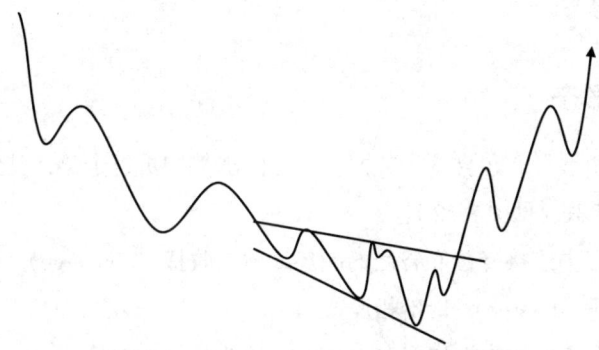

图 8-50　看涨的楔形扩散形态

楔形扩散形态目标价位的衡量以及其他特征与直角扩散形态一致。

扩散形态的最后一种类型被称为**正统扩散顶形态**（orthodox broadening top），如图 8-51 所示。

这一形态由 3 个不断走高的上涨走势构成，每个顶部都被两个底部隔开，而且第 2 个底部低于第 1 个底部。正统扩散顶形态通常与市场顶部而非底部关系密切。

由于没有明确的支撑位，正统扩散形态很难被识别，除非最后的头部已经形成。价格和成交

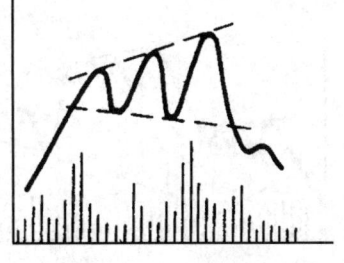

图 8-51　正统扩散形态

量的情绪化波动使得投资者更加困惑，加大了界定这些形态的复杂程度。显然，这种情况下很难判断价格的有效突破，但是如果呈现出合理的对称性，价格有效地突破连接两个底部的向下趋势线，或者跌破第 2 个底部，通常都表明价格将启动更大幅度的下跌走势。

观测扩散形态的目标价位也同样非常困难，但通常扩散顶的价格波动具有大量出货的特征。因此，在这类形态成功完成之后，价格通常都会大幅下跌。不过此类形态非常少见，并不经常出现在走势图上。

三角形形态

三角形形态可能是本章所讨论的形态中最为常见的形态，但也是最不可靠的形态。三角形形态可以是逆转或者整理形态，一般划分为两种类型：对称三角形和直角三角形形态。

对称三角形形态

对称的三角形形态包含两个或两个以上的涨势和折返走势，其中峰位不断走低，谷底不断走高（见图 8-52）。

三角形形态中连接峰位和谷底的趋势线向内**收拢**（converge），而扩散形态的趋势线向外**岔开**（diverge），恰恰相反。

这类价格形态也称为**螺旋形态**（coils），因为价格的波幅和成交量都会随着形态的完成而减少。价格突破三角形形态时，价格和成交量会出现剧烈的反应，就像越拧越紧的螺旋弹簧突然释放一样。一般而言，在涨幅最宽处到三角形顶点的 1/2～3/4 的范围内（见图 8-53），三角形的突破信号最为有效。

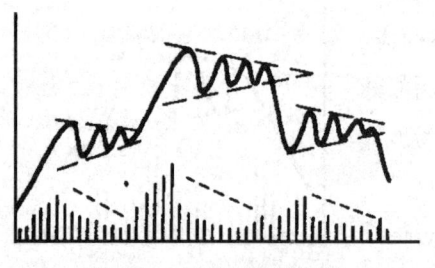

图 8-52　对称三角形形态

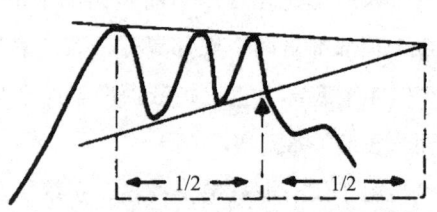

图 8-53　典型的对称三角形形态突破

其他形态的成交量法则也同样适用于三角形形态。影响可信度的另一个因素源自决定趋势线重要性的原则之一。理论上来说，三角形可以通过连接4个转折点描绘，每两个点连成一条线，而被触及或接近的次数越多，线的重要性就越高。因此，最终被突破的时候，它们作为动态支撑位或阻力位的重要性就越大，那么信号的可靠程度就越高。

技术要点 构成三角形的线被触及的次数越多，最终突破为有效突破的可能性越大。

直角三角形形态

直角三角形形态实际上是对称三角形形态的一种特殊类型，其中的两条边构成90度直角，与竖轴平行（见图8-54）。

对称三角形形态并没有暗示价格最终可能突破的方向，但直角三角形形态会发出信号，因其有较为明确的阻力位、支撑位，且突破时会伴随价格波幅的减小。在解释价格形态时通常会遇到的一个问题是，很多矩形态最初都呈现为直角三角形形态。因此，在评估这种难以捉摸

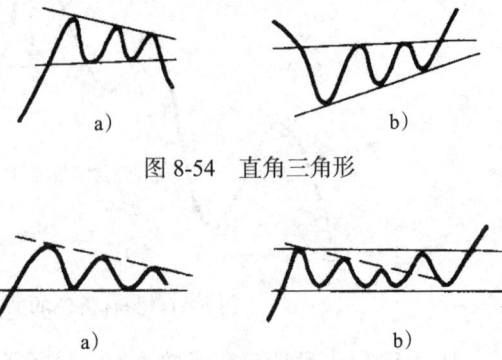

图8-54 直角三角形

图8-55 失败的三角形形态

的价格形态时，必须加倍谨慎。如图8-55所示，图8-55a中向下倾斜的直角三角形最终发展为如图8-55b所示的矩形形态。

测定三角形形态目标价位的传统方法是，在第1波涨势后的谷底（或第1波跌势后的峰位）画一条平行于实线的虚线（如图8-56中的BB线），该线与走势曲线的交点代表价格预期到达或突破的水平。

图8-56c和图8-56d分别显示了市场顶部的相反情形。当三角形形态为整理形态时，通常采用相同的方法测定目标价位。但是，根据我个人的经验，我还没有找到特别有效的方法。我倾向于把三角形形态视为其他形态，先计算形态中最大的价格波幅，然后据此衡量三角形形态突破后的目标价位（如图8-57所示）。

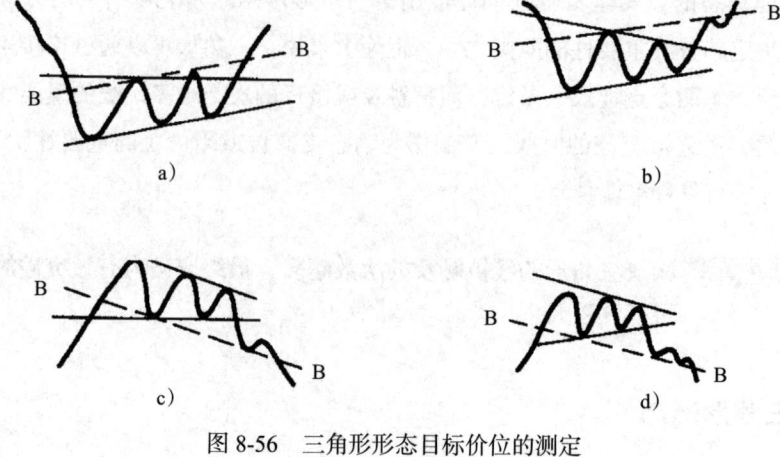

图 8-56　三角形形态目标价位的测定

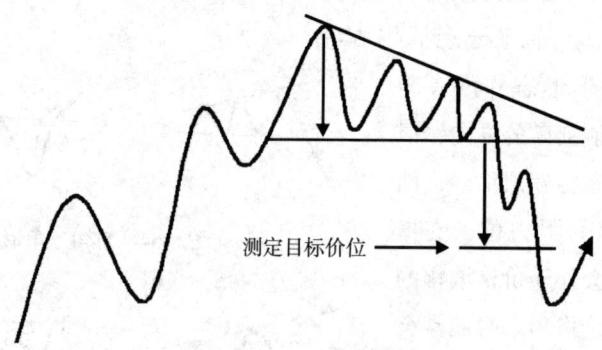

图 8-57　目标价位的另一种测定方法

图 8-58 以道琼斯工业指数为例，显示了直角三角形后紧跟看涨扩散形态的情形。

杯柄形态

杯柄形态因威廉·欧奈尔的《笑傲股市》(*How to Make Money in Stocks*) ⊖ 一书广为人知。该形态是一种看涨形态，而且通常是连续的形式。如图 8-59 所示，该形态的形状起初像很大的字母 U（杯子），随后股价反弹，形成一个小型的波动平台（柄部）。杯形的前期往往是非常强势的反弹，因此左半边反映了大规模的获利了结。

⊖　此书中文版已由机械工业出版社出版。

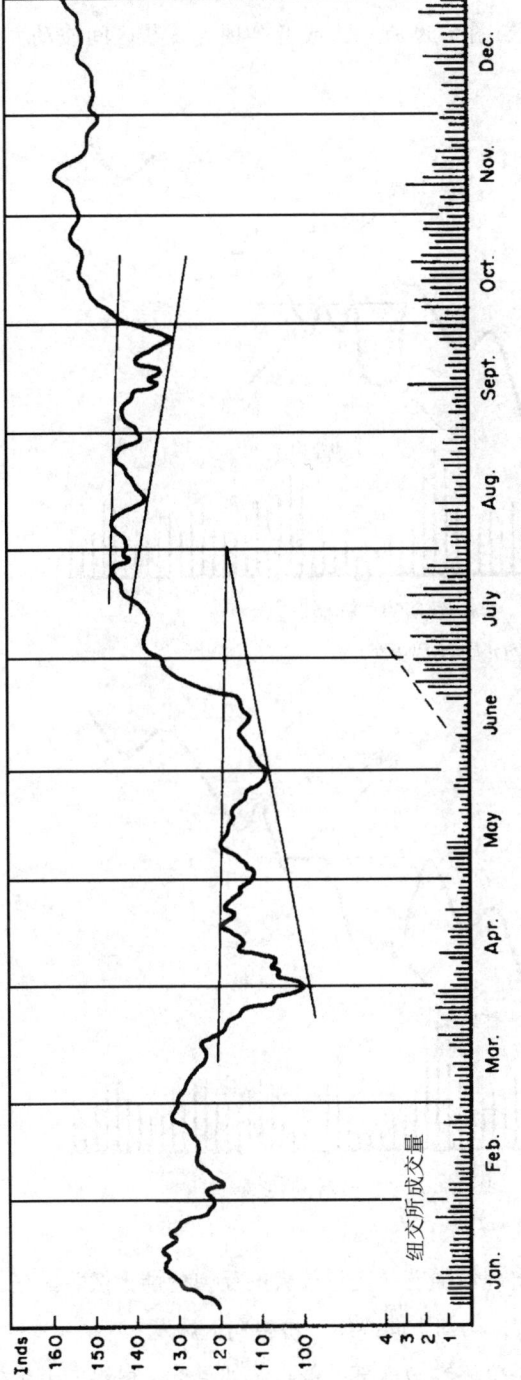

图 8-58 1938 年的道琼斯工业指数走势

注:本图是 1937~1938 年熊市期间关于直角三角形形态的一个典型例子。请注意,指数的向上突破伴随着较大的成交量。突破过后,指数走出了一个顶部平坦的直角扩散形态。通常情况下,突破此类整理形态之后会出现大幅的涨势。然而,在本例中,11 月份触及的 158 点最终成为了 1938~1939 年牛市行情的高点。

资料来源:www.pring.com。

杯形的左半部分通常标志着一轮强势反弹的完结，成交量也往往巨大。杯形的底部可能较为平整，如图 8-59 所示，或者体现为某些区间波动，如图 8-60 所示。

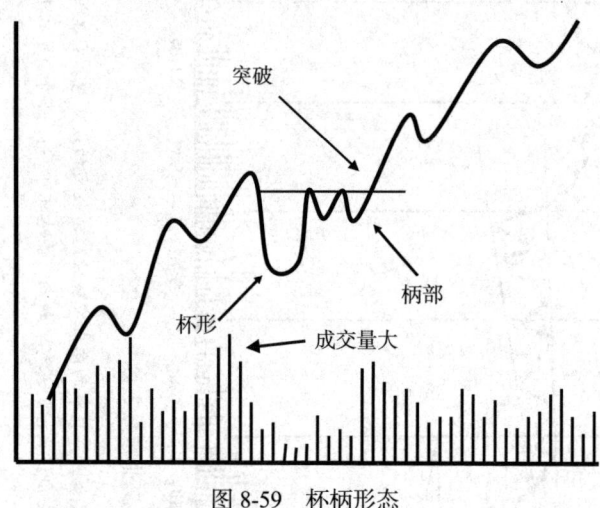

图 8-59　杯柄形态

资料来源：From *Martin Pring on Price Patterns*.

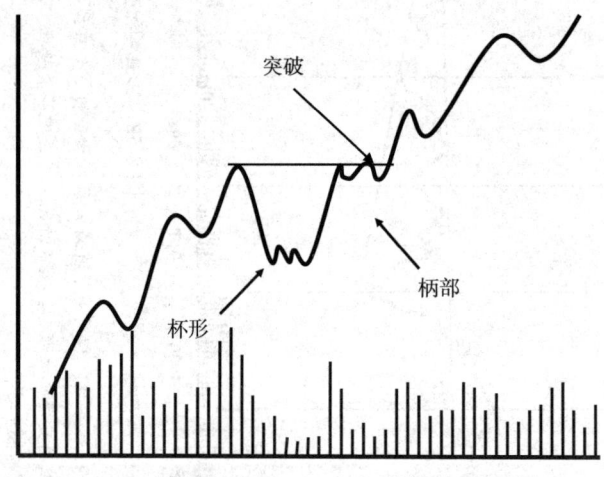

图 8-60　另一种杯柄形态

资料来源：From *Martin Pring on Price Patterns*.

接下来，形态中往往出现伴随着成交量放大的反弹行情，然后紧接着是量价齐跌的获利了结阶段。最后，柄部走向终结，价格向上爆发。

杯柄形态失败的信号是价格跌破柄部的低点。如果价格最终向上突破柄部的高点，则形势又转而向好。不过，任何时候价格突破的同时若成交量萎缩，都应该引起怀疑。

图 8-61 以 ADC Telcom 为例，诠释了杯柄形态。柄部上方的突破并未伴随着成交量的急剧放大，但价格上行趋势牢固不变。

本质上来说，杯柄形态就是一种整理形态。由于突破时发生在一轮下挫行情（杯形的左半部分）之后，形态过后的反弹行情往往势如破竹。

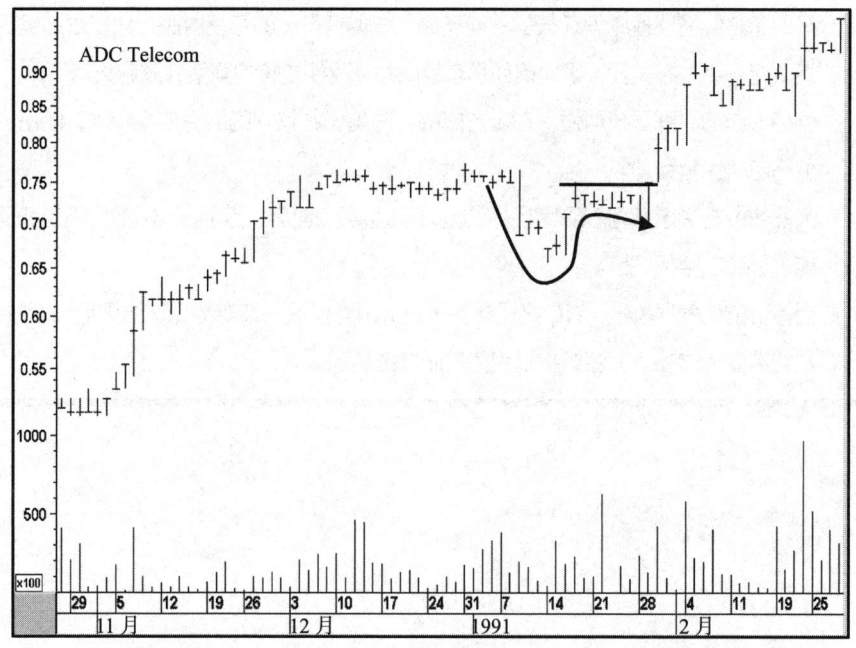

图 8-61　ADC Telecom 股价的杯柄形态（1990～1991 年）

资料来源：www.pring.com。

---- Summary ----

小　结

- 金融市场中的价格呈现趋势波动。价格逆转的特征是在一段时间内，买卖双方的力量在短期内大致处于平衡状态。这种过渡期通常可以通过清晰的、可界定的价格形态来识别，该价格形态的完成为趋势逆转提供了可靠的信号。
- 在价格形态形成和完成之前，通常假设当前的趋势依然有效，也就是说，这种价格形态是价格整理或者延续的一种表现。在现有形态的存在时间相对较短的情况下，这一点尤为重要，因为这种形态越成熟，驱使逆转的可能性就越大。
- 价格形态的时间可长可短。形态形成的时间越长，其间的价格波幅越大，随后的价格走势也越强劲。
- 大多数价格形态都可以测定目标价位，但通常只是最小目标。实际的价格走势可能远远超出目标价位。
- 目标价位代表"最小"的最终目标，正常情况下仅仅一波走势无法达到目标价位，往往需要经过多个上涨或折返走势之后才能达到。

第 9 章
Chapter 9

小型的价格形态和缺口

第 8 章所讨论的价格形态中,大多数是逆转或连续形态;而本章要讨论的大多数形态都发生在价格趋势的形成过程中,因此都属于不同类型的连续形态。由于很多形态反映了多头行情中的获利回吐以及空头行情中的超跌反弹。这些形态的形成时间通常比第 8 章讨论的形态更短,大多数时候都出现在盘中走势图中。

旗形形态

顾名思义,**旗形**(flag)形态在 K 线图中看起来像一面旗。旗形形态代表在几乎直线式的涨势或跌势中出现的价格暂时歇息、并且交投清淡的情形。旗形形态完成之后,价格朝之前的方向继续前进。图 9-1 显示了涨势和跌势中的旗形形态。

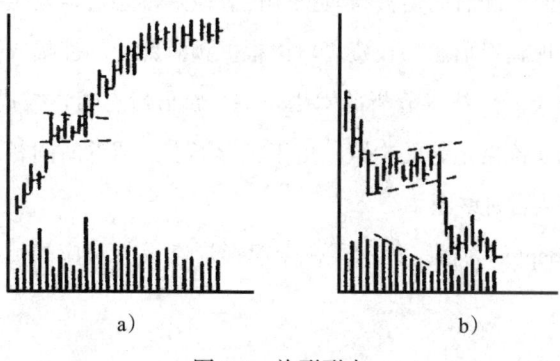

图 9-1　旗形形态

从本质上来讲，旗形的形状是一个平行四边形，上涨走势的峰位和下跌走势的谷底分别可以用两条平行线连接起来。平行线的方向可能是反周期的。在多头市场，旗形形态中的平行线通常稍稍下倾，有时也可能是水平的。

在多头市场中，旗形形态通常出现在两段近乎垂直的涨势之间。在旗形形态开始形成之前，成交量往往非常之大；但形态开始形成之后，成交量慢慢减少，直至接近于零；到形态完成后，成交量又呈现出爆炸式增长。旗形形态的形成时间可以短至 5 天，也可以长至 3～5 周。基本而言，多头行情中的旗形形态代表了多方的获利回吐。

在空头市场中，旗形形态的发展通常也伴随着成交量的减少。这种类型的旗形形态代表着价格的走高倾向，价升量跌本质上就是一种空头信号。当价格突破旗形形态之后，将延续大幅下跌的走势；而一旦价格突破旗形形态的下界，成交量就开始放大，但不会呈现爆炸式增长，只有多头行情中的向上突破走势才要求成交量明显放大。

判断旗形形态时，确保价格与成交量特征都符合条件非常重要。例如，价格大幅上涨之后可能横盘整理，而且似乎进入了旗形形态，但是成交量却没有大幅缩水。这种情况下，必须提高注意力，因为价格可能走低。如果旗形形态的持续时间超过 4 周，也必须引起注意；因为从定义上来看，这种旗形形态只是多头行情的暂时中断。4 周以上的时间对于获利回吐来说太过漫长，因此价格走势进入旗形形态的可能性更小。

从预测价格走势的角度来看，旗形形态通常比较可靠，因为它不仅显示了最后突破的方向，而且随后的走势很具操作性。旗形形态通常发生在一段行情的中段，因此一旦出现旗形形态，投资者可以根据预测此前的涨幅或跌幅来判断形态结束后的目标价位。用技术分析的术语来讲，旗形形态通常被描述为半旗形态，也就是说，出现在价格走势的中段。由于旗形形态形成的时间相对较短，所以不会出现在周线图或者月线图中。

图 9-2 以 Adaptec 为例，显示了一个旗形形态及其对应的目标价位（通过两条虚线表示）。

第 9 章 小型的价格形态和缺口

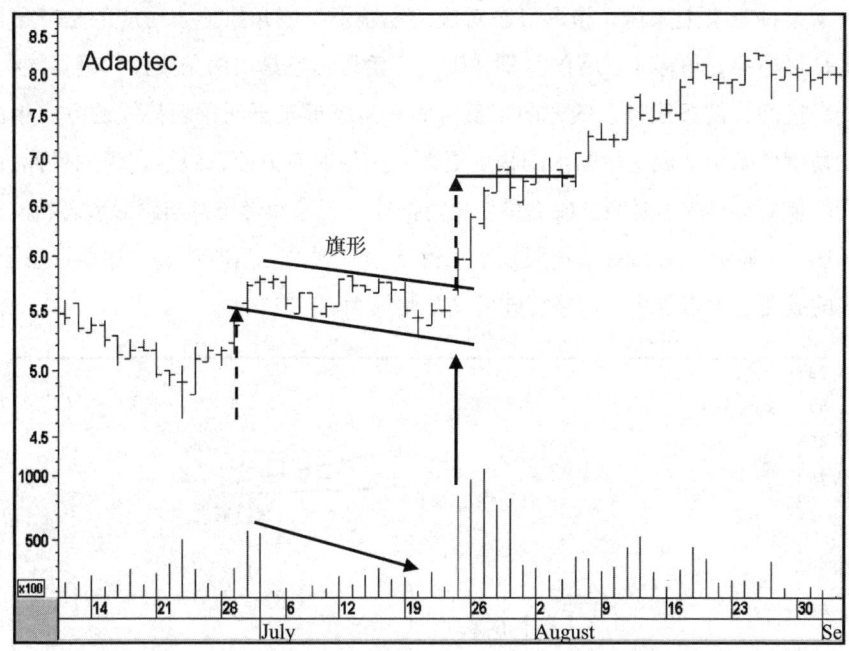

图 9-2 Adaptec 的旗形形态

资料来源：www.pring.com。

三角旗形态

三角旗形态形成的环境与旗形形态完全一致，而且具有相似的特征。二者的区别在于，三角旗形态的两条趋势线向内收拢，如图 9-3 所示。

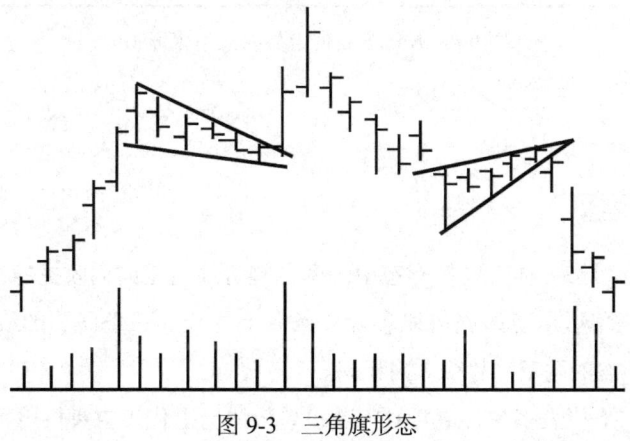

图 9-3 三角旗形态

从某种意义上来讲，旗形形态对应的是矩形，三角旗形态对应的是三角形，而且是很小的三角形。二者的区别在于，三角形形态是由两条聚拢的趋势线构成的交易区间，两条线指示的方向**相反**。而三角旗形态下两条趋势线的方向**相同**。在三角旗形态中，成交量缩水的幅度更大。其他所有方面，包括在观测目标价位方面的意义、形成的时间、成交量变化特征等，三角旗形态都与旗形形态相同。

图9-4显示了Adobe公司股票上涨行情中呈现的三角旗形态。注意形态形成期间的成交量大幅萎缩，价格突破后又开始放大。

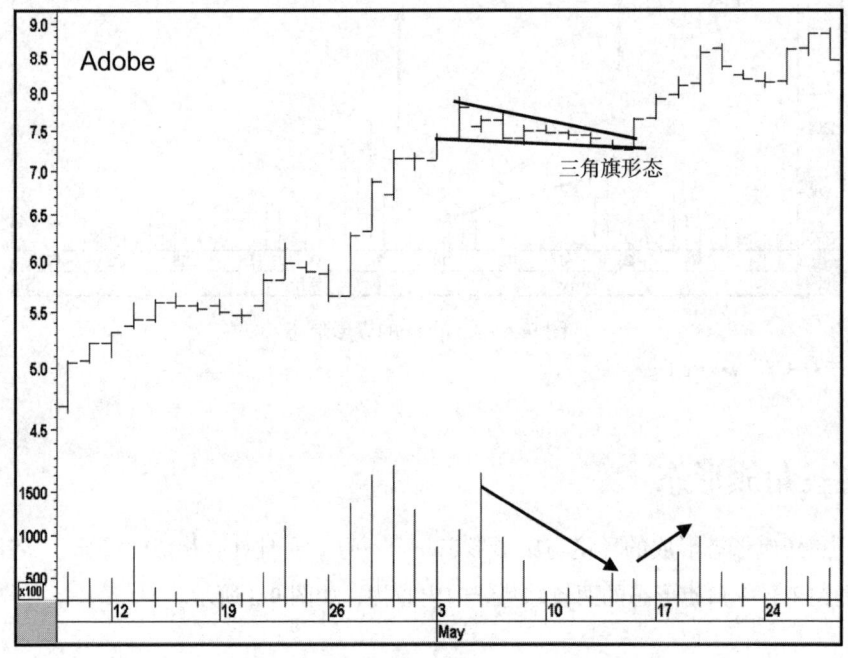

图9-4　Adobe股价走势的三角旗形态

资料来源：www.pring.com.

楔形形态

与三角形形态一样，楔形形态中的两条趋势线也是向内收拢的，如图9-5所示。不过，三角形形态的趋势线包含一条向上的线、一条向下的线或者平行的线，而楔形形态的两条趋势线方向相同。

趋势线向下代表多头行情暂时中断；趋势线向上代表空头行情暂时中断。在两种楔形形态中，成交量都会缩水。由于楔形形态的形成时间为 2 ～ 8 周，它们有时会出现在周线图里，但很少出现在月线图里。

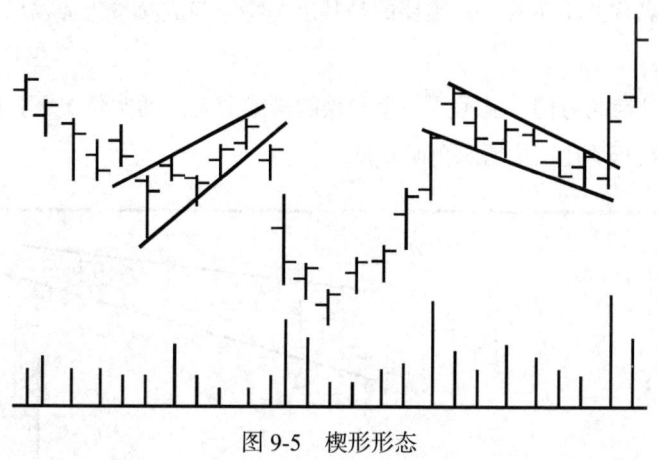

图 9-5　楔形形态

楔形形态经常出现在空头市场的反弹行情中。形态完成之后，价格通常会暴跌，尤其是在向下突破时成交量明显放大的情况下。

楔形形态和三角旗形态十分类似，二者均由方向与主趋势相反的两条相互聚拢的趋势线构成。区别在于三角旗形态的突破点非常接近顶部，甚至与顶部吻合。而楔形形态两条直线的延长线很久后才会交叉，很多时候交叉点甚至在走势图之外。图 9-6 就是一个典型的例子，突破点过后很久，两条趋势线的延长线才汇集到一起。

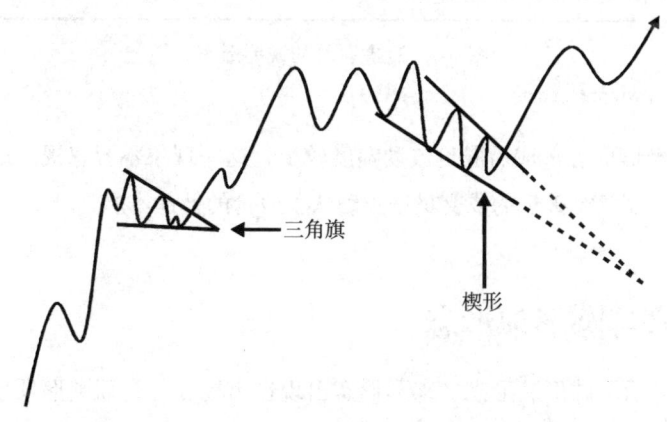

图 9-6　三角旗形态 VS. 楔形形态

三角旗形态与楔形形态更加类似。有时候很难区分楔形形态与三角旗形态。如果非要说有什么区别的话，楔形形态完成的时间似乎更长。如本书前文所述，这些形态的名称并不重要——重要的是其形态特征与成交量走势发出的信号是看跌还是看涨。

图9-7以雅虎为例，显示了一个看跌的楔形形态。通常情况下，此类楔形形态前期的下跌行情比图中所示更旷日持久。

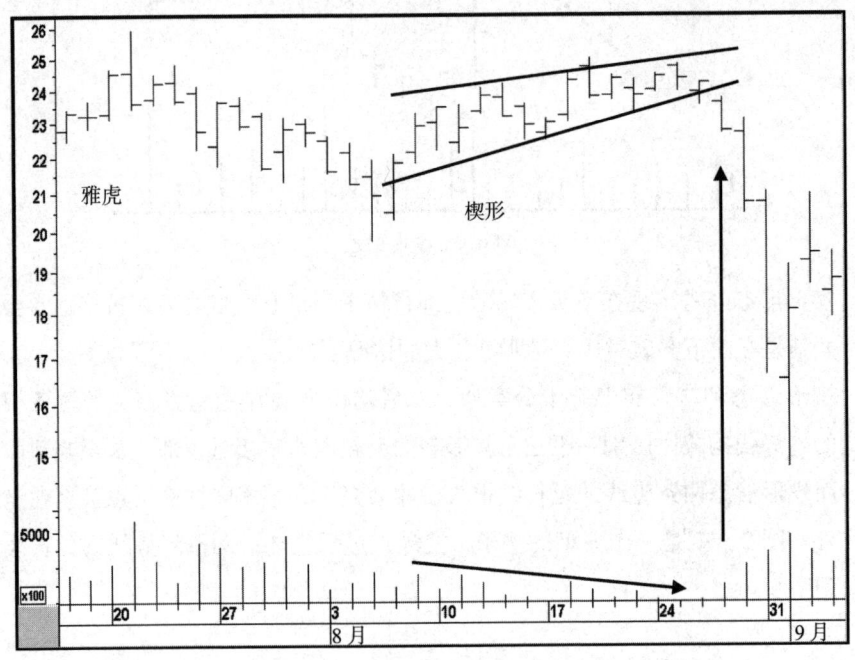

图9-7 雅虎股价的楔形形态

资料来源：www.pring.com.

不过，楔形形态形成后股价波动幅度较窄，这一现象不容忽视。形态形成期间的成交量萎缩及突破后的成交量增长确认了股价的低迷本质。

碟形底与圆形顶形态

图9-8显示了碟形底形态。碟形形态出现在市场底部，而圆形顶形态出现在市场顶部。

将碟形形态的底部连接起来后会形成一个开口向上的弧形或者与字母U类似

的形状。随着价格不断滑向碟形形态的低点，投资者交投热情降温，下跌的势头也逐渐减缓。投资者交投热情降温还体现在成交量的变化上，价格跌至底部时，成交量极度萎缩。随后，价格与成交量逐步走高，最终可能呈现出爆炸式增长。

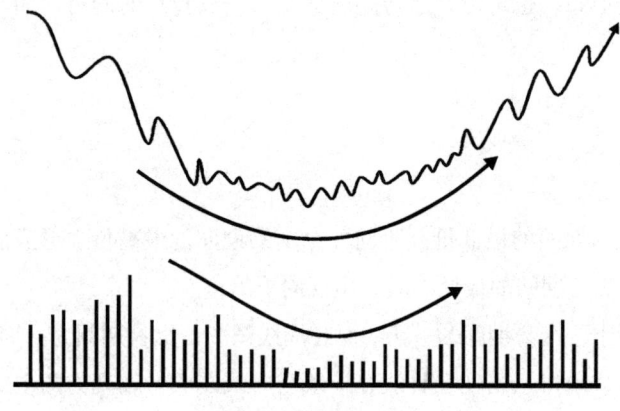

图 9-8　碟形底形态

圆形顶形态的价格走势与碟形底形态完全相反，不过成交量呈现出相同的特征。因此，如果在图形下方绘制成交量曲线，几乎可以连成一个完整的圆弧，如图 9-9 所示。

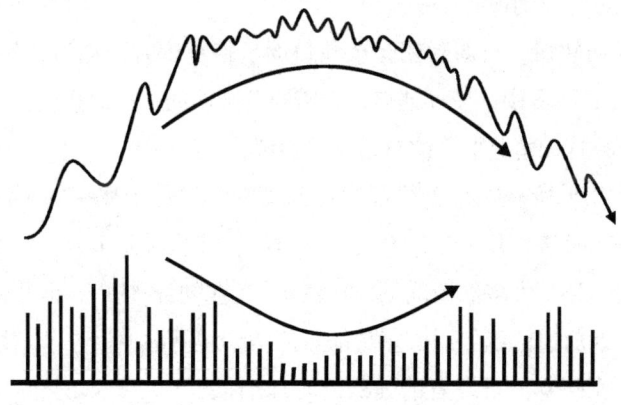

图 9-9　圆形顶形态

在圆形顶形成过程中，随着价格逐渐涨至最高水平，成交量也会逐渐萎缩；相反价格下跌时，成交量会慢慢放大。这种量价背离的现象是一种空头信号，本书第 7 章有更详细的介绍。

圆形顶和碟形底形态都是供求关系逐渐变化，慢慢积累动能以逆转趋势的绝佳例子。显然，确定这些形态的突破点非常之难，因为形态发展缓慢，而且不会出现明确的阻力位和支撑位供投资者参考。即便如此，投资者还是必须学会识别这些形态，因为形态结束后通常会出现幅度很大的价格走势。圆形顶和碟形底形态可以是整理形态，也可以是趋势逆转的信号；其持续时间可以短至3周，也可以长至数年。

缺口

当特定交易期间的最低价高于前一个交易期间的最高价，形成向上缺口；最高价低于前一交易期间的最低价时，出现向下缺口。

在日线图中，交易期间为一天；而在周线图中，交易期间为一周，依此类推。从定义上来讲，缺口只出现在日线、周线与月线图中，表现为两个交易时段中间的垂直空当。当市场散布利好或利空消息后，隔日的交易中会出现缺口。日线图中的缺口比周线图更为常见，因为如果周线图上出现缺口，因为周线图包含了周一价格和周五价格之间的波动范围，也就是说，出现缺口的概率只有日线图的1/5。依此类推，月线图的缺口更少。缺口最常出现在盘中走势图的开盘阶段。本书后文将对此进行详细说明。

当价格返回缺口，重新封闭整个缺口的价格范围时，称为关闭或者"填补"（fill）缺口。在日线图中，填补缺口通常需要几天时间，有时也会需要几周甚至几个月。在极少数特殊情况下，缺口始终没能填补。

实际上，几乎所有缺口最终都能得到填补，但这个概率并不能达到100%。由于填补缺口有时需要几个月甚至几年的时间，交易时并不能一成不变地假定缺口很快就会被填补。大多数情况下，虽然市场尝试填补缺口，但往往填补部分缺口就足以恢复到前期的趋势。大多数缺口能得到填补的原因在于，缺口是由市场情绪所造成，反映部分投资者的强烈的心理动机。不计成本的交投是不理智的，也就是说，很可能投资者情绪稳定下来之后会再次进行思考，而这恰恰是推动投资者填补缺口或者至少尝试填补缺口的一种驱动力。

技术要点 俗话说，市场痛恨真空，大多数缺口都会被填补。

我们应该重视缺口，但不能过度。在价格形态形成过程中出现的缺口，通常被称为**一般缺口**（common gap）或者**区域缺口**（area gap），通常很快就被填补，没有对技术面构成什么影响。另一种缺口只是由企业发放股息而触发，也不具备技术指导意义。

此外还有 3 种值得注意的缺口：突破缺口、持续缺口和竭尽缺口。

突破缺口

突破缺口通常出现在价格突破某种形态的时候，如图 9-10 和图 9-11 所示。一般而言，突破缺口凸显了价格的多头或者空头趋势，具体视其方向而定。即便如此，向上突破通常还必须伴随着成交量的放大。不能妄下定论，认为某个突破缺口一定是有效的，因为技术分析中不存在任何"必然的"事情。不过，突破缺口相对还是比较可靠。向下的突破缺口不需要伴随成交量的放大。

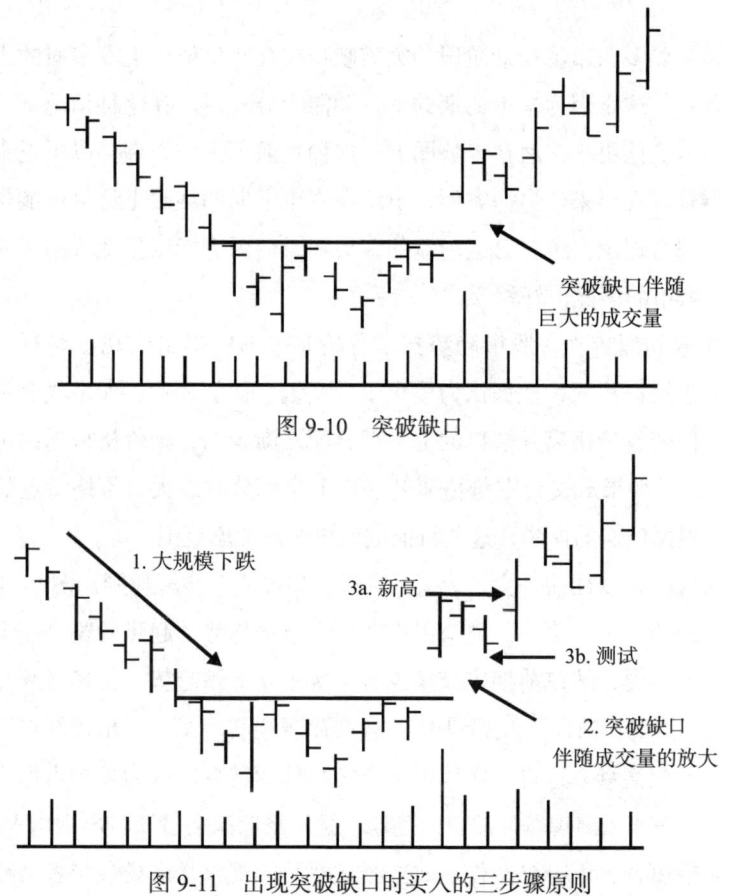

图 9-10　突破缺口

图 9-11　出现突破缺口时买入的三步骤原则

如果某个缺口确实无效，一般很快就会有所警示。由于大多数缺口就会被填补，你几乎没有理由非得买入。有人可能辩称等待价格至少足以填补缺口之后再入场是更好的选择。毕竟，就算价格不经历折返，从而导致你错过机会，那失去的也只是机会成本。当然，你内心会有些沮丧，可毕竟没有损失一分一毫。市场总是充满机会。长期来看，只要有耐心、够自律，等待属于自己的机会，你就能鹤立鸡群。但当下，投资者的视线越来越短，大多数人缺乏耐心和自律，尽管这两点恰恰是成功交易和投资的关键。

在出现突破缺口时买入的风险在于，你会被大众的情绪困扰。如果抱着这种"不惜一切代价买入"的心态，当市场情绪逐渐稳定、价格不可避免地向下回撤时，你会内心受挫。我并非建议大家决不要在突破缺口时买入，而是认为大家必须仔细考虑，做好价格很可能回调的心理准备，从而暂时对仓位加以控制。

出现在主要多头市场初期阶段的突破缺口往往比价格已上涨多时才出现的突破缺口更有效。这是因为牛市初期的上行动能十分充足。在这种情况下，投资者不够坚定的可能性更小，而在走势图上，这种犹豫不决的心理会以折返走势和区间波动的形式体现出来。另一方面，出现在牛市末期的突破走势更可能预示着情绪的耗竭，因为理论上讲，已经清盘的多头随时会因为能以更低价格买入的可能性而放弃。熊市的情况正好相反。

爱德华兹和迈吉在《股市趋势技术分析》一书中提出的观点略有不同。对于是否在突破缺口买入，他们认为取决于成交量。他们表示，如果成交量在缺口前夕较大，但随着价格离开缺口的上半部分而逐渐萎缩，则价格折返的可能性为50%。反过来，如果成交量在价格离开缺口上半部分时放大，价格折返的概率则大大降低。根据他们的说法，这些特征应该被纳入考虑范围。

我认为我们可以往前一步，为买入突破缺口确立三步骤原则。图9-11显示了一个理论层面的例子。第一，缺口出现在某个市场趋势的起步阶段是一个很重要的条件，也就是说，缺口前期应该至少有一次中期下跌趋势。市场必须存在强烈的看空心态（体现在前期下跌趋势中），才会出现逆转。第二，出现缺口当天应该伴随着极大的成交量。这再一次体现了市场心理的转变，因为多头占据主导。第三，应该在2～4天出现填补缺口的迹象，且价格应该突破缺口出现当天的高位。如果缺口未能填补，就符合条件。此次测试背后的逻辑是市场参与者已经有机会改变多头的态度,但没有。关于高位的这一部分是判定成功的测试过后市场是否对缺口加以确认的真正准则。

图 9-12 提供了 1993 年 10 月和 1994 年 2 月的两个例子。

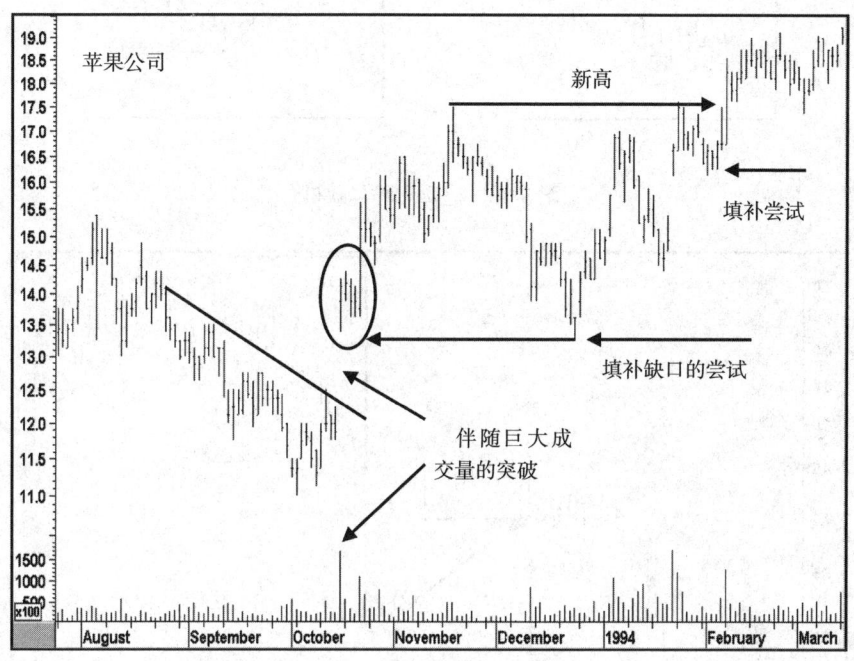

图 9-12　苹果公司股价的突破缺口

资料来源:www.pring.com.

持续和逃逸缺口

逃逸缺口通常出现在直线上涨或者下跌的行情中,这种情况下价格波动幅度较大,市场情绪高涨。持续缺口可能迅速关闭,例如在 1 天左右关闭,也可能持续较长时间,甚至一直持续到主要走势或中期走势发生逆转才关闭。这种缺口通常出现在前一波价格突破与价格走势持续的最后一段时间之间。正因如此,持续缺口有时被称作**衡量缺口**(measuring gaps),如图 9-13 所示。

图 9-14 以实例对这一概念进行解释,图中的衡量缺口大致出现在 8 月底至 9 月的上涨行情的中部。

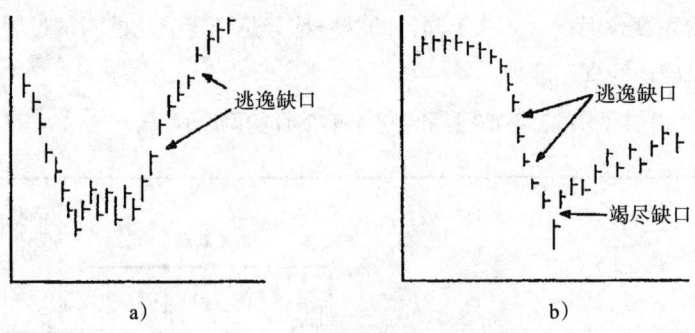

图 9-13 逃逸和竭尽缺口

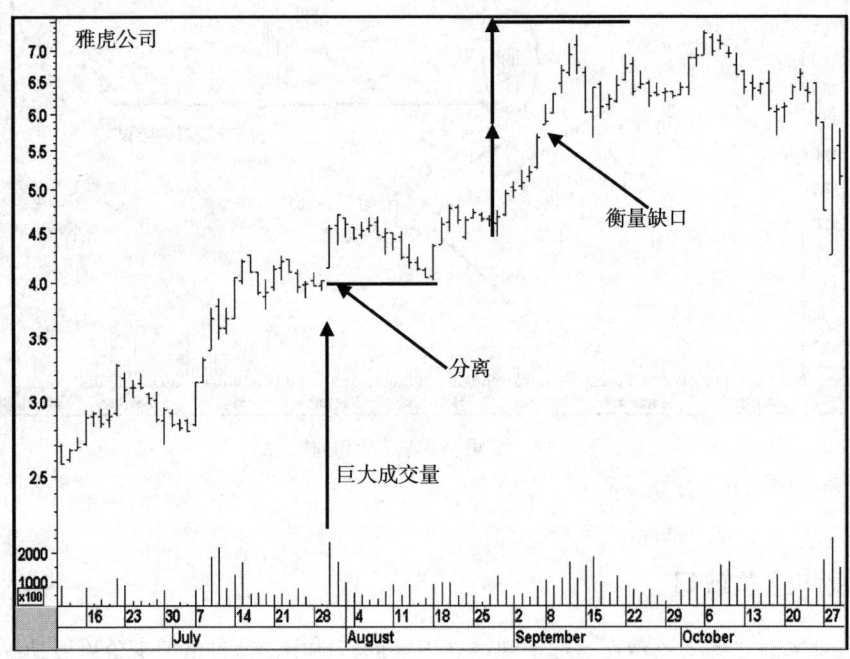

图 9-14 雅虎公司股价的衡量缺口

资料来源：www.pring.com。

竭尽缺口

　　一个价格走势有时会包含多个持续缺口，表明走势极其强劲，但是持续缺口第 2 次或第 3 次出现时，技术分析师应该注意，价格走势的动能可能枯竭。因此可能第 2 个或第 3 个持续缺口就是价格走势中的最后一个缺口。所以，竭尽缺口通常会出现在某个迅速上涨或下跌行情的最后阶段，是一系列持续缺口中的最后一个，如图 9-13b 和图 9-15 所示。

如果缺口出现时成交量相对于当天的价格波动非常之大，那么缺口很可能就是竭尽缺口。在这种情况下，交易量通常会逐渐放大，超出前期的水平。有时候收盘价格会接近缺口，远离与趋势方向相同的极端价位。如果第 2 天的交易价格形成了一个"孤岛"，两天的交易价格完全被缺口隔开，这通常表

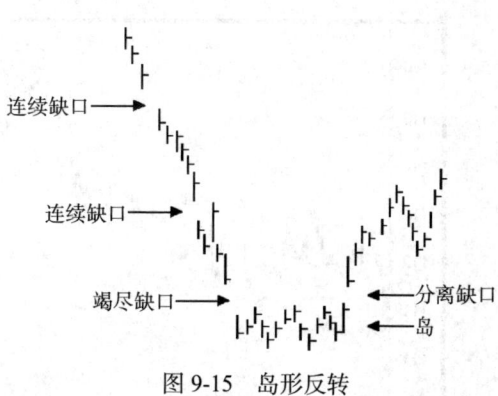

图 9-15 岛形反转

明缺口就是趋势的转折点。这个信号仅表示价格动能的暂时枯竭，但进行高杠杆操作的投资者必须注意，此时应该进行套现或者空头回补。

一波行情的第 1 个缺口更可能是持续缺口而非突破缺口，尤其是在价格形态的目标价位尚未到达的情况下。竭尽缺口不应被视为主要趋势逆转的信号，但至少预示着价格可能出现某种形式的整理。

情绪化缺口的重要性

缺口开始出现或终止的价位是 K 线图上潜在的关键价位，因为它们代表市场高度情绪化。如果你和朋友发生争吵，有一方突然大声呼喊，那么你们两个人都会记住那个特殊时刻，因为它代表着情绪的极端化。同样的原则也可以运用到技术分析之中，因为 K 线图实际上是市场情绪态度的反映。

技术要点 缺口很可能成为重要的支撑位或者阻力位，可以逆转短期价格走势。

就像激烈讨论之后人们很可能重回那种情绪状态下一样，情绪化缺口过后，价格也会出现同样的倾向。

盘中走势图中的缺口

实际上，盘中走势中会出现两种开盘缺口。第 1 种缺口出现在开盘价脱离前一交易日价格区间的时候，如图 9-16 所示。本书将其称为**典型缺口**（classic gaps），因为这种缺口也会出现在日线图中。

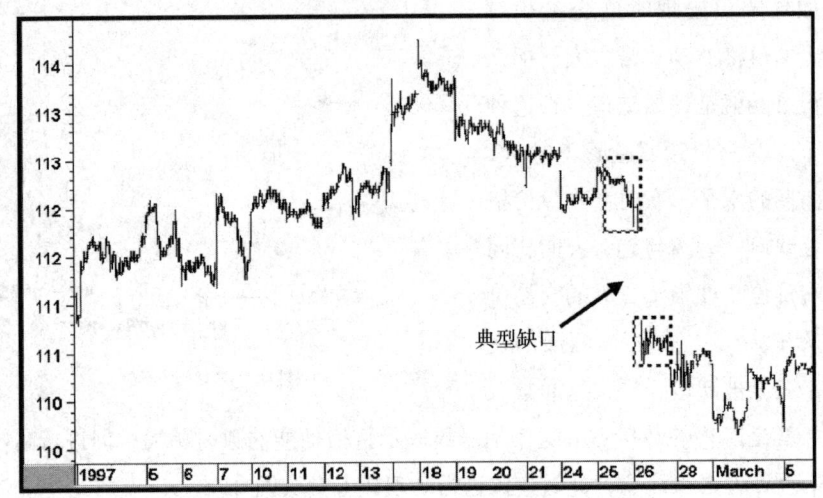

图 9-16　1997 年 3 月的债券 15 分钟棒线图

资料来源：www.pring.com。

第 2 种开盘缺口更为常见，出现在开盘价脱离前一交易日开盘价的时候，且只出现在日内走势图中。鉴于这一类型的缺口只出现在盘中走势图中的两根棒线之中，本书将之称为**盘中缺口**（intrabar gaps）。以图 9-17 为例，价格高开，形成了一个缺口。不过，如果仔细观察，你会发现前一交易日的价格范围并没有超出第 2 天的开盘价，所以日线图上不会出现缺口。

如果你投资的时间框架为 2～3 周，并且参照盘中走势图做投资决策，那么你分析缺口的方法应该与时间框架为 1～2 天的投资者有所不同。

在典型缺口开始出现时，投资者应该尽量避免交易，因为几乎所有缺口最终都会得到填补。有时候几个小时后就能填补，有时候则要花 2～3 周的时间。因此，如果你在开盘缺口以上的价位买入，就将承担缺口不久后关闭的风险。问题在于你不知道缺口是在 2 天还是 4 周后关闭。

盘中开盘缺口

日内交易者同样应该避免在高开或低开的时候介入。以股票为例，这种情况通常由报价不平衡引发。为满足市场需求，做市商被迫卖出股票。他们原本希望卖出价略高于开盘价，以便在价格回落后可以回补全部或部分的空头头寸。市场低开的情况恰恰相反。交易者必须关注开盘后的价格走势。正常来说，如果开盘后的价格高于上升缺口及开盘价，那么至少在接下来几个小时，甚至更长时间内，市场行情都会看涨。

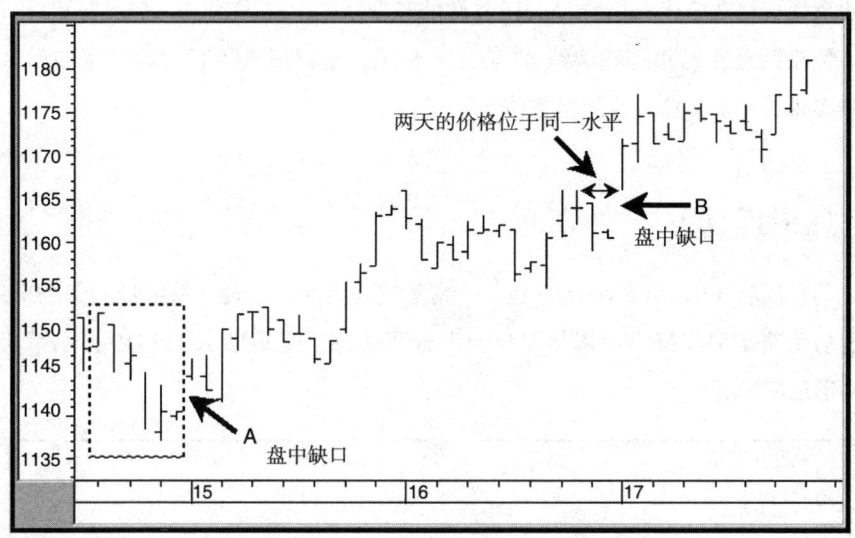

图 9-17　1997 年 3 月的债券 15 分钟棒线图

资料来源：www.pring.com.

另一方面，如果短时间内价格开始填补缺口，那么行情就会转为看跌。在图 9-18 中，美林公司（Merrill Lynch）的股价周三开盘出现缺口。

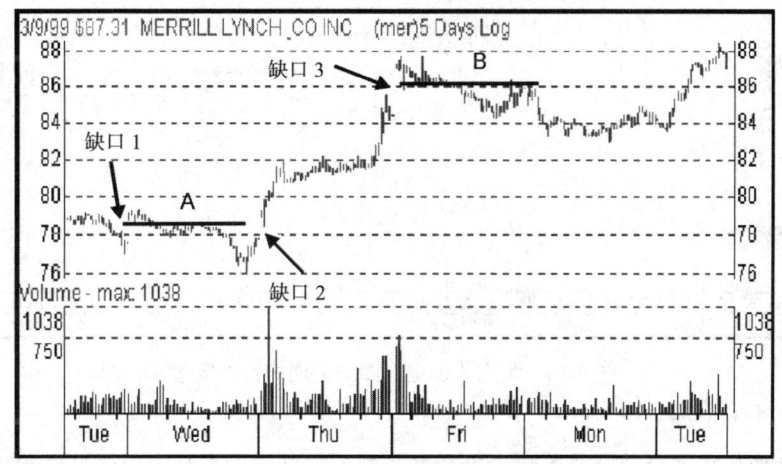

图 9-18　美林公司 5～7 分钟棒线图

资料来源：From *Telescon*.

继小幅回档、填补缺口之后，股价全日逐步走低。注意，股价跌破趋势线后，缺口将失去指导意义，且在剩余交易时段，趋势线将成为股价的阻力位。周四再次出现开盘缺口，但是由于价格持续攀升，开盘缺口基本没有关闭。开盘之后的反弹行情奠定了剩余交易时段看涨的基调。周五又出现了一个上升缺口，但由于价格跌破旗形整理趋势线 83 美元的价位，最终股价下行，填补了缺口。该趋势线成了剩余交易时段的阻力位。

岛形反转

岛形反转（island reversal）是一个密集交易区间，出现在持续性趋势的末端，与前后价格走势间隔一个竭尽缺口或者分离缺口。图 9-15 及图 9-19 显示了典型的岛形反转形态。

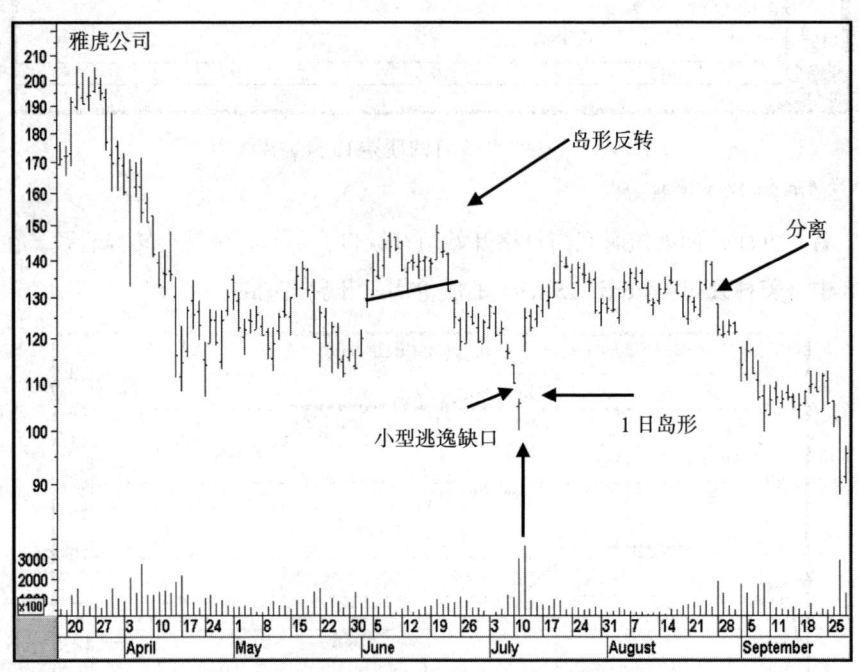

图 9-19　雅虎股价走势图中出现的各种概念

资料来源：www.pring.com。

岛形反转本身通常并不预示着主要趋势的逆转，但是岛形反转通常出现在中期甚至主要趋势的末端，构成某种整体价格形态的一部分，如头肩顶或头肩底形态。岛形反转有时候一天就能完成。

Summary
小　结

- 旗形、三角旗与楔形形态都是短期价格形态，通常出现在一波强劲价格走势的中途。日线图上这些形态通常在 3 周之内就能完成，其间价格平稳，成交量萎缩。大多数情况下，这些形态都是连续形态。
- 碟形底与圆形顶形态通常都是逆转形态，而且随后会出现强劲的价格走势。在其形成过程中，两端的成交量放大，中心的成交量萎缩。
- 缺口本质上就是棒线图中出现的一个价格空档。除息日与区域缺口不具指导意义。突破缺口出现于走势初期，持续缺口出现于走势中期，竭尽缺口出现于走势末端。
- 缺口的上半区域与下半区域代表潜在的重要支撑位和阻力位。
- 岛形反转是一种较小的价格形态或者密集交易区，前后的两个缺口将其与主要趋势隔开。它们通常是中期趋势结束的信号。

第 10 章
Chapter 10

单棒与双棒价格形态

迄今为止，本书讨论的价格形态都需要一定的时间才能形成，通常至少需要经过20条棒线。每条棒线都反映了买卖双方的关系变动，体现了市场心理的逆转。

> 技术要点 ▶ 单棒或双棒形态能反映对短线价格走势构成影响的市场心理变化。

本章描述的模型过去被称为单天、两天形态或单周、两周形态。盘中走势图出现之后，"内包日线"（inside days）、"外包日线"（outside days）等都不再是常用的术语。因此，本书用"棒线图"（bar）一词来形容这些形态，因为棒线图可以运用于所有价格走势图，从1分钟棒线图到月棒线图（*Martin Pring on Price Patterns* 对这些有意思的形态做了更深入的探讨）。

我们已经知道，影响价格形态的关键因素是价格形态的规模。由于单棒或双棒形态的形成时间不长，因此，从定义上来讲，这两种形态只具有短线意义。例如，正常情况下，单天形态只能影响 5～15 天的价格走势；10分钟棒线构成的双棒形态只能影响接下来50分钟到1个小时的价格走势。即便如此，对这些形态的研究越深入，运用形态来预测短期趋势逆转的能力就越强。

> 技术要点 ▶ 对于单棒与双棒形态，应该研究棒线的实体阴影部分，⊖ 而非黑白线体本身，因为某些棒线形态能发出更强劲的竭尽信号。

⊖ 如图 7-1b 所示。——译者注

各种单棒与双棒形态具有不同的含义。我们要做的是寻找预示着多空双方力量对比强弱的信号。例如，我可以只说"救救我"，但如果我站在屋顶大声呼叫，人们可以更清晰地看到我的求救信号。市场也是同样的道理。例如，如果外侧棒（outside bar）包含了 3～4 根棒线的交易区间，在其他条件不变的情况下，相对于单根棒棒线图，其指导意义更强，依此类推。

在阐述单棒与双棒形态时，应该记住以下几个判定的准则。

（1）单棒与双棒形态通常都体现多空双方力量对比的转折。在上升趋势中，如果买方暂时把价格推得过高，以致需要盘整回调，就形成了这两种形态。在下跌趋势中，由于卖方已经清仓，股票的卖盘很少。单棒与双棒形态几乎总是伴随着主要趋势的逆转出现。

（2）只有出现逆转的信号，这些形态才能有效。也就是说，头部趋势逆转之前必须出现一波明显的涨势，底部逆转之前必须出现一波剧烈的跌势。

（3）阐述这些形态时，关注点不在形态中黑色或白色的实体部分，而在实体阴影部分，因为不同的价格形态有不同的指导意义。某些形态可以非常强烈地反映本书随后描述的所有特征，而其他形态只能较弱地反映少数几个特征。相对而言，反映出所有特征的"五星"形态预示趋势逆转的可靠性比反映少数特征的"两星"形态更大。因此，在阐述这些形态时，必须结合常识与经验，而非草率做出所有形态都能显示价格走势逆转的定论。

（4）单棒和双棒形态有时可能像典型价格形态一样经历折返走势。由于大多数形态的极端点位代表走势图上的情绪点位（支撑位/阻力位），折返能提供较低风险的入场机会。

外侧棒形态

外侧棒是指交易区间完全包含前一根棒的价格形态。上涨与下跌走势中都能形成外侧棒，外侧棒形态是代表多空双方力量对比的强烈信号。图 10-1 显示了顶部逆转形态，图 10-2 显示了底部逆转形态。请注意，图 10-1b 和图 10-2b 显示了如果棒线以先小后大的矩形表示会是怎样的情形。后续的某些图也同样如此。

在棒线图中，棒的顶端代表最高价，底部代表最低价；左边的横线代表开盘价，右边的横线代表收盘价。

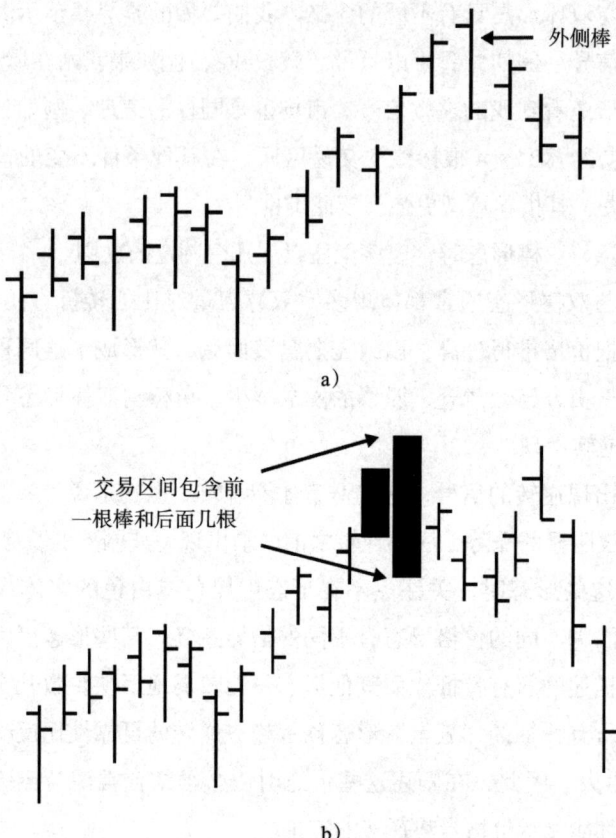

图 10-1 头部的外侧棒形态

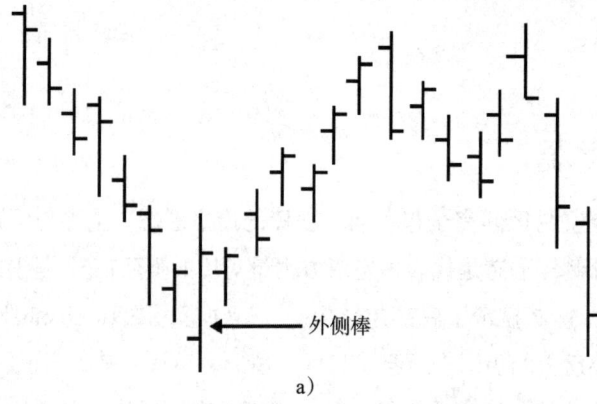

图 10-2 底部的外侧棒形态

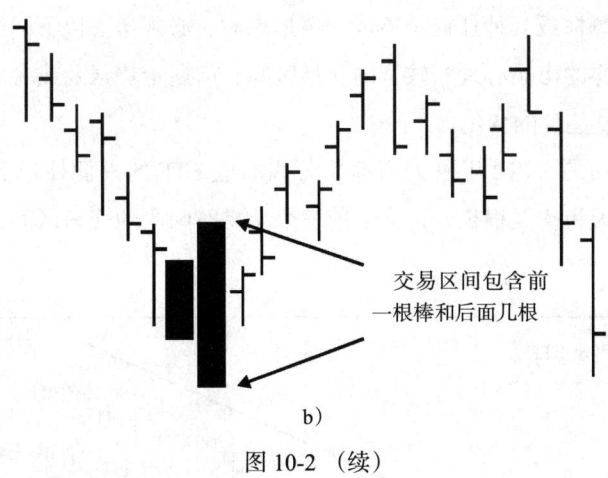

图 10-2 （续）

外侧棒指导意义的判定准则如下：

- 相对于前一根棒，外侧棒的交易区间越大，发生的趋势逆转信号就越强劲；
- 外侧棒之前的涨势（跌势）越强劲，其指导意义就越强；
- 外侧棒包含棒的根数越多，信号越强烈；
- 相对前期棒线，外侧棒伴随的成交量越大，信号越强烈；
- 收盘价越接近与前期趋势相反的棒的端点，信号越强烈。例如，如果前期趋势为下跌趋势，相对于收盘价接近于外侧棒的最低价来说，收盘价越接近最高价，行情的发展越有利。

图 10-3 对外侧棒信号强弱的特征进行了比较。

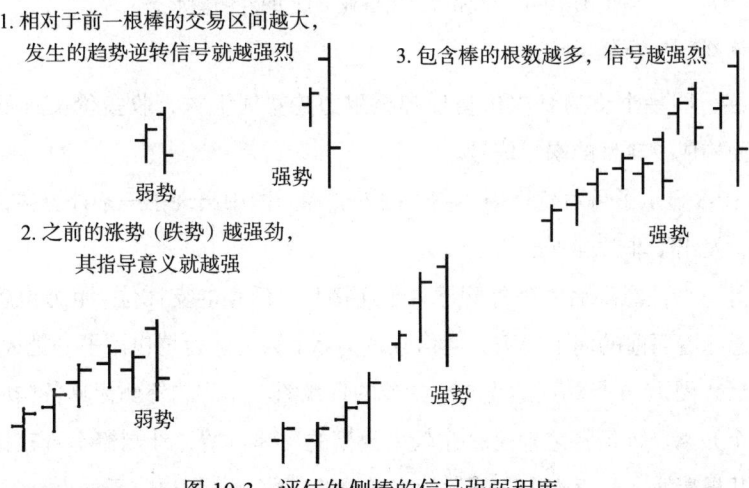

图 10-3 评估外侧棒的信号强弱程度

在判定外侧棒或其他任何单棒或双棒形态时，必须考虑以下问题：这些形态背后蕴藏着怎样的市场心理？较宽的交易区间、前期走势强劲或者成交量放大都预示着市场人气趋势的变化。

图 10-4 显示了 2012 年夏天道琼斯公用事业 ETF 的外侧棒形态。图中的信号十分强烈，因为棒线很长，包含了前三个交易时间段的交易区间，并收于低点附近。

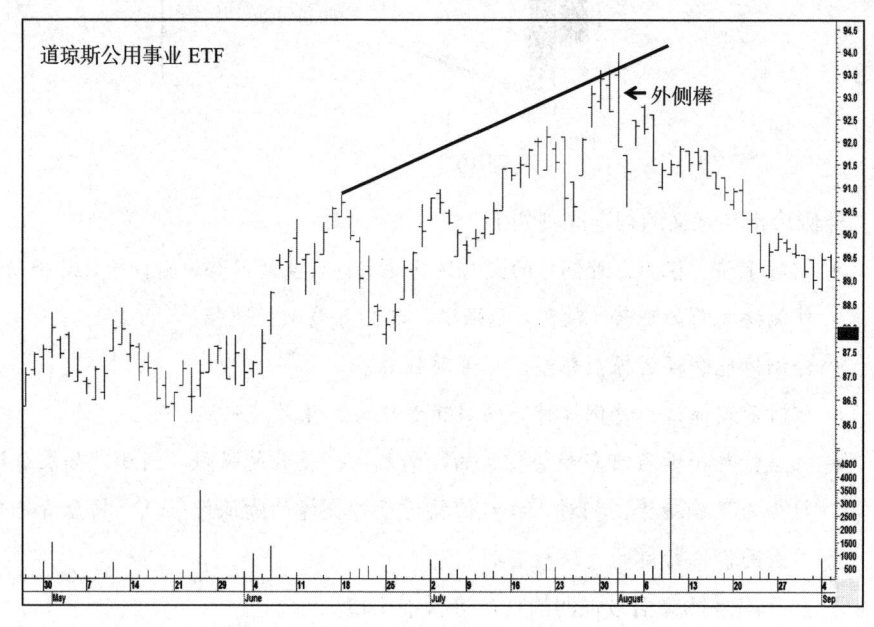

图 10-4　道琼斯公用事业 ETF 的外侧棒形态

资料来源：www.pring.com.

最终，同一个交易日内价格反弹至阻力趋势线上方，收盘价又远低于趋势线，因而构成了典型的竭尽信号。

图 10-5 显示了可可价格周线图上的外侧棒。图中出现了三条外侧棒，它们相互强化，发出了非常强烈的信号。

此外，请注意最后一条外侧棒收于连接几个低点的支撑位/阻力位趋势线之上。这意味着当前的向下突破为假信号，实际上为上涨行情再添了一把火。

最后，图 10-6 是纳斯达克 100 指数的日线图。左侧的外侧棒具备构成有效形态的多个元素。外侧棒之前是一次较大规模的反弹行情，外侧棒本身较长，包含了其他几根棒线。开盘方向和随后的主导趋势一致，收盘也收于低点。

第 10 章 单棒与双棒价格形态 157

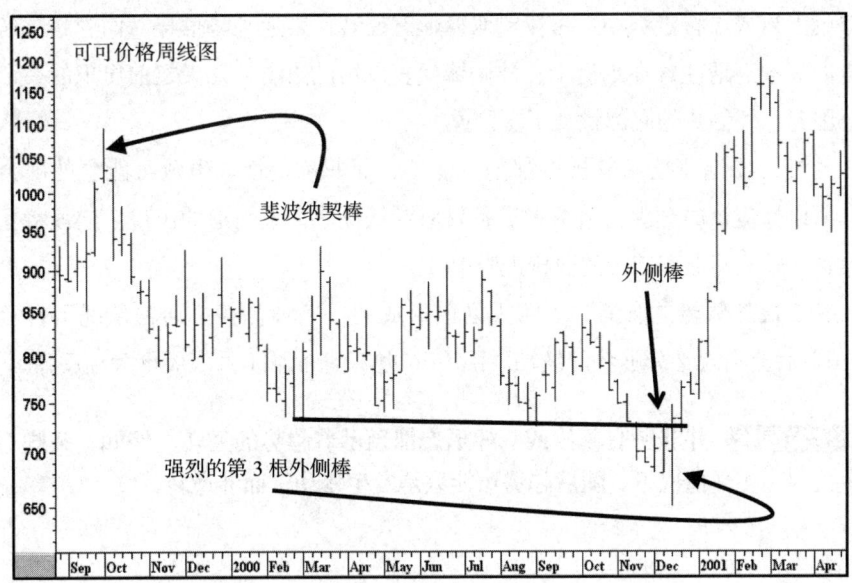

图 10-5 可可价格走势外侧棒（1999～2000 年）

资料来源：www.pring.com.

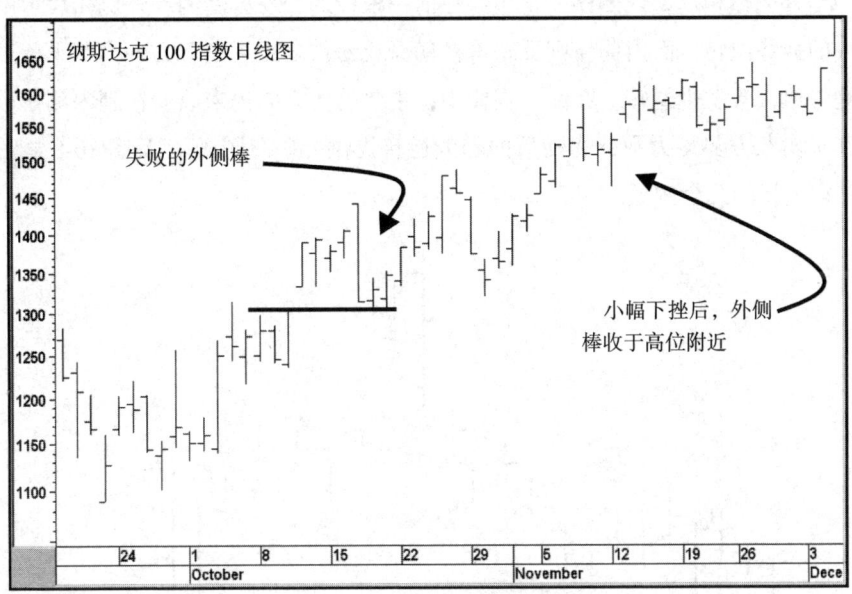

图 10-6 纳斯达克 100 指数的外侧棒

资料来源：www.pring.com.

所以，你们自然会思考为什么这根外侧棒走向了失败。一种解释是，在极其强势的上行或下行走势中,单棒或双棒形态反转代表逆趋势信号,而逆趋势信号会走向失败。请注意在本例中,外侧棒代表市场试图填补几天之前出现的一个缺口。因此,外侧棒的底部触及了支撑位。

此外,要记住技术分析讲都是可能性,而非确定性。失败可能也的确会发生。所以你应该时刻保持清醒,准备好应对低概率失败情形的出现。应该将止损位设置在外侧棒形态当天的股价上限上方。

第2根外侧棒"取消"了两天之前形成的一条外侧棒。通常情况下,形态"取消"后会出现十分强势的波动。图10-6也不例外,11月底股价大幅反弹。

> 【技术要点】并非所有单棒或双棒形态都预示着趋势的逆转。例如,某些情况下,随后趋势可能只是发生变动,而非逆转。

📈 内侧棒形态

与外侧棒相反,内侧棒完全包含在前一根棒的交易区间内。外侧棒表示市场人气的强势逆转,而内侧棒则反映价格暴涨或暴跌之后买卖双方的力量平衡,随后趋势通常会发生逆转。在前一根棒中,主要趋势方向仍未改变;到内侧棒形成时,买卖双方势均力敌,为随后的趋势逆转提供基础。图10-7及图10-8显示了关于内侧棒的几个例子。

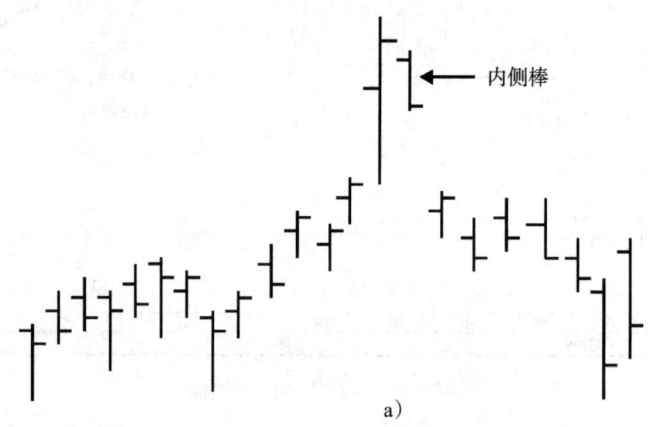

图10-7 看跌的内侧棒形态

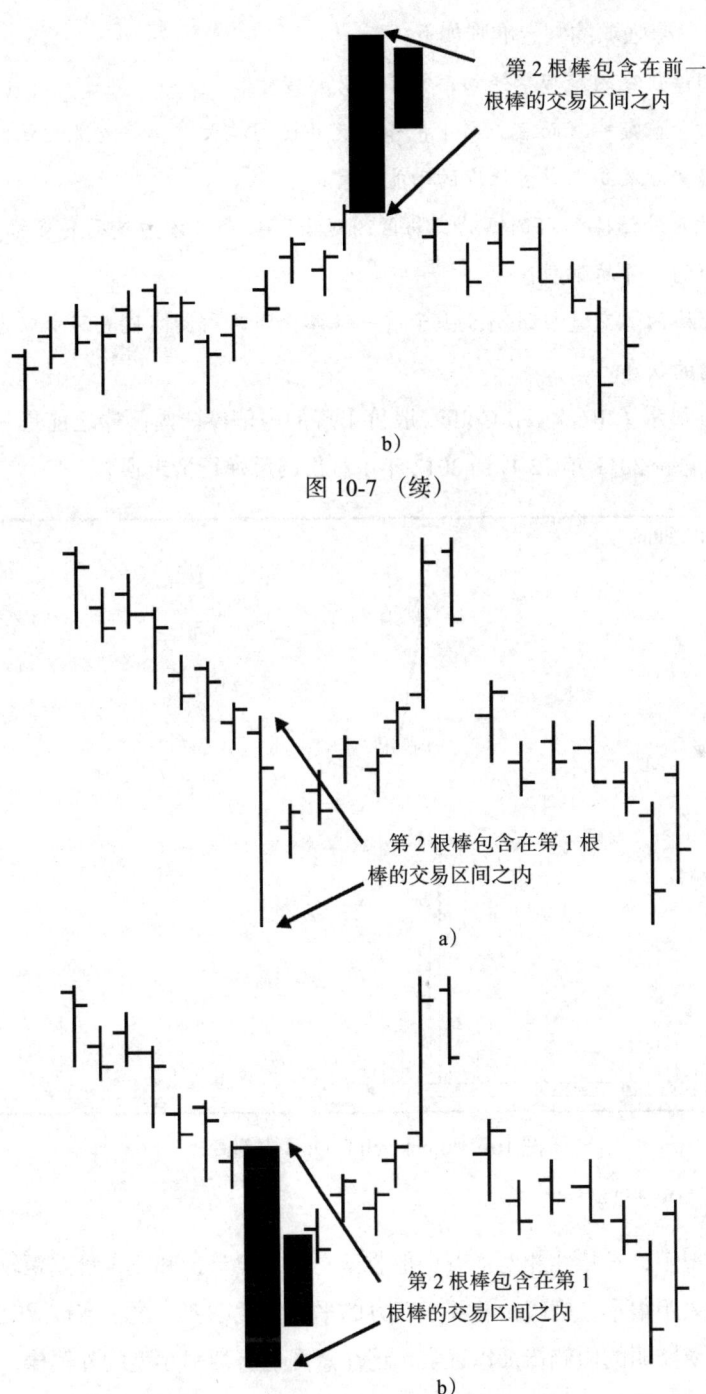

b)

图 10-7 （续）

a)

b)

图 10-8 看涨的内侧棒形态

内侧棒信号强弱的判定准则如下：
- 内侧棒前期的趋势越强劲，指导意义越强；
- 相对于前期棒线而言，第 1 根棒的交易区间越大，指导意义越强，推动主要趋势触及高点或者低点的动能越大；
- 相对于外侧棒，内侧棒的交易区间越小，买卖双方力量的转变幅度越大，发出的信号越强烈；
- 内侧棒的成交量应该明显小于前一根棒，因为内侧棒代表买卖双方力量更均衡的状态。

图 10-9 显示了 Rockwell Collins 股价出现的内侧棒。内侧棒之前是一条很长的棒线，标志着 2011 年 12 月到 2012 年 1 月份的反弹行情筑顶。

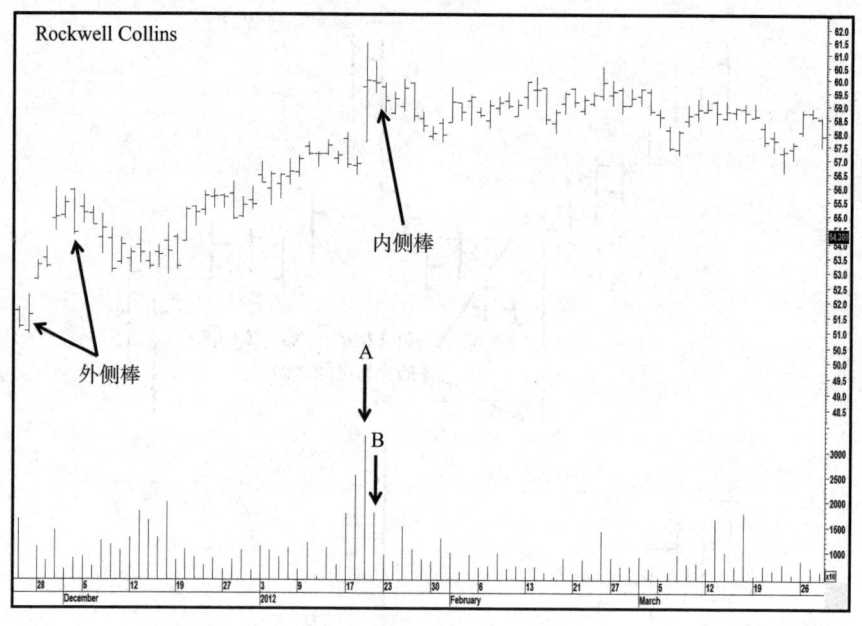

图 10-9　Rockwell Collins 内侧棒

资料来源：www.pring.com。

正常情况下，长棒线相对低开，但收于高位，开盘价和收盘价差距较大，而随后若二者差距很小，则暗示着买卖双方的平衡发生改变。这一点被成交量和波动幅度均有所减弱的内侧棒加以证实。请注意图上有两根小型的外侧棒，分别标志着 12 月反弹行情的启动和终结。

有时候这些形态出现在极长期趋势强势向上的时候，图 10-10 就是一个典型的例子，从内侧棒本身无法判断随后会出现如此强劲的涨势。请注意内侧棒前期的区间波动受 A 和 B 两条外侧棒影响。请注意，此类形态一般会影响 5～10 天的走势，而图中只带来了为期 3 天的反弹，比正常情况略为短暂。最后，出现在 2012 年 3 月初的看跌外侧棒具备非常强势的特征。第一，它突破了连接两个前期高点的趋势线，发出虚假信号。第二，其波动范围覆盖了前期的多条棒线。第三，它收于低点附近。

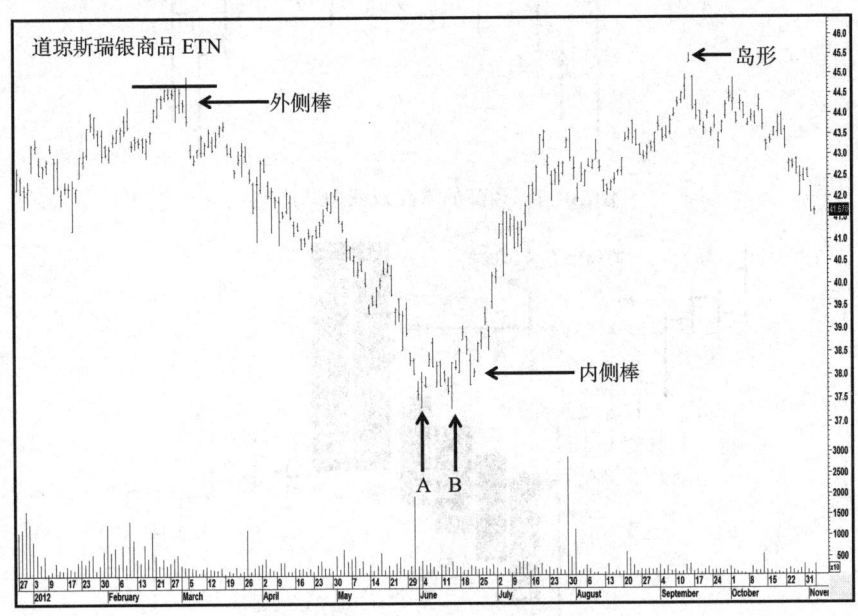

图 10-10　道琼斯瑞银商品 ETN

资料来源：www.pring.com。

双棒逆转形态

双棒逆转是标志多头或空头力量衰竭的典型形态：这些形态出现在延长的涨势或跌势中，如图 10-11 到图 10-13 所示。

前一根棒的形态与当时的主要趋势完全一致。对于上升趋势中的"五星"形态，棒的收盘价必须位于或者非常接近最高价。这意味着开盘价非常接近前一根棒的最高价。但当后一根棒的收盘价略高于或者略低于前一根棒的最低价时，市场心理会发生变化，从而出现双棒逆转。

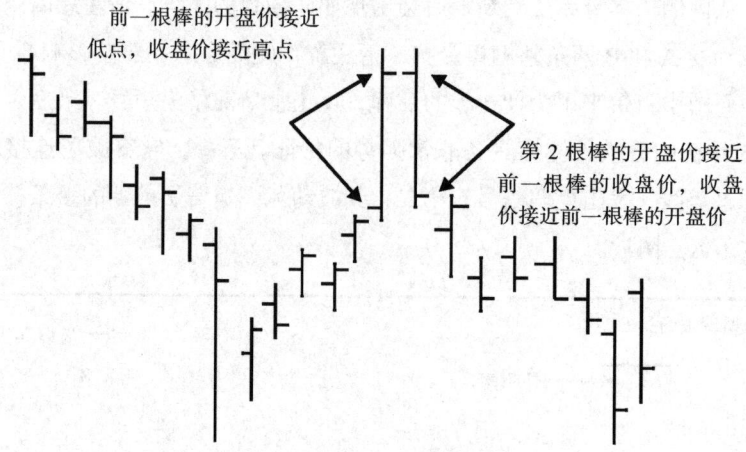

图 10-11　顶部的看跌双棒逆转形态

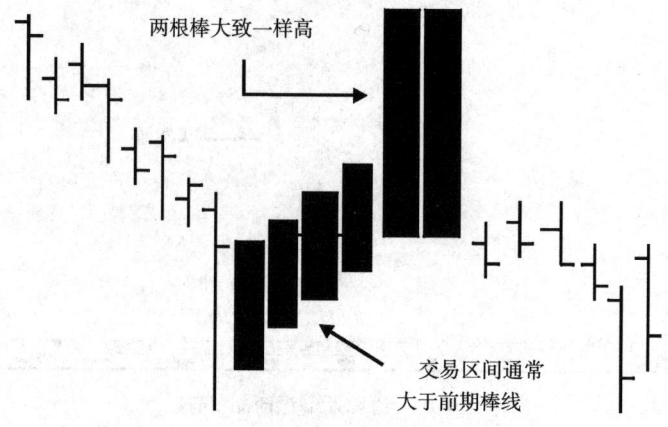

图 10-12　看跌双棒逆转形态的交易区间

因此，截至收盘，投资者开盘时的乐观预期已经完全转化为悲观情绪，预示着市场人气的逆转。价格创出新高或者新低，双棒逆转形态才能有效。这意味着，双棒逆转形态应该尽可能包含以下特征：

- 前期走势应该较为持续；
- 相对于前期的棒线，前后两根棒的交易区间应明显放大；
- 两根棒的开盘与收盘价都应该接近棒的端点；
- 两根棒伴随的成交量扩大，推动市场人气的逆转；
- 第 2 根棒的成交量较第 1 根更大，表明追随新趋势的交易者人数占优；

- 由于双棒逆转形态理论上预示着较为突然的人气转变，理想状况下，随后的走势和折返走势不太一样。

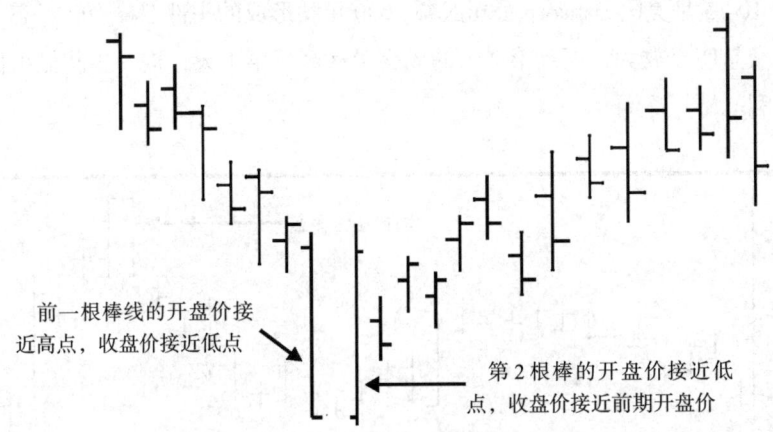

图 10-13　看涨的双棒形态

图 10-14 显示了标普指数的 5 分钟棒线图。我们可以在图中看到一个典型的双棒逆转形态，一轮可观的反弹行情过后，高点和低点正好落在正确的位置。

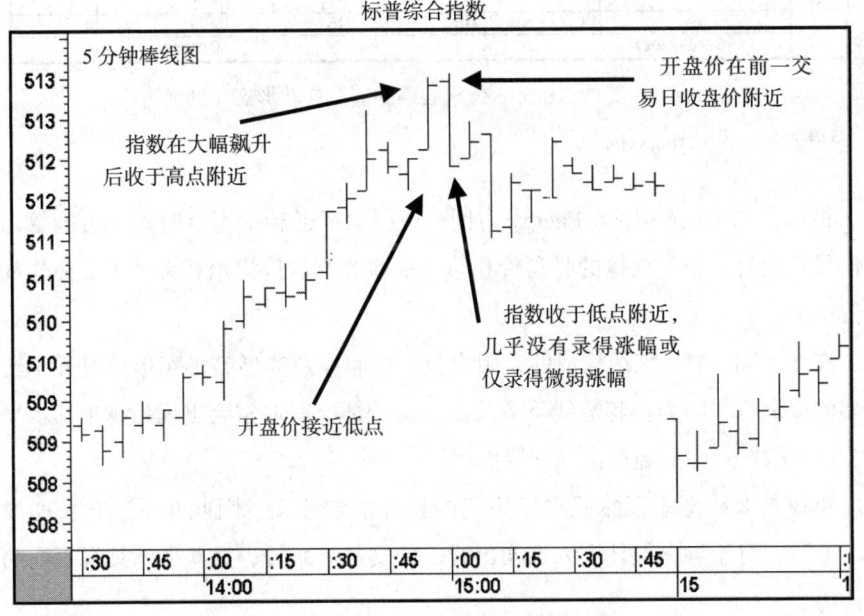

图 10-14　标普综合指数的双棒逆转形态

资料来源：www.pring.com。

请注意第 2 根棒的交易区间略大于第 1 根棒。这一外侧棒特征增强了形态的看跌意味。

图 10-15 是美国 Bancorp 公司股票 2000 年秋形成的头部双棒逆转形态。请注意，成交量明显放大，而且第 2 天的成交量略高于第 1 天，进一步凸显出价格对卖方有利。

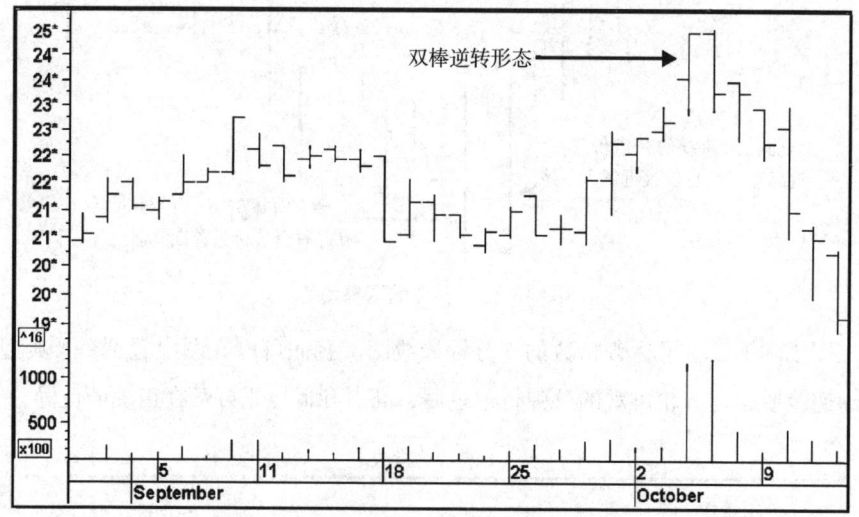

图 10-15　美国 Bancorp 公司股票的双棒逆转形态（2000 年）

资料来源：www.pring.com。

最后，图 10-16 以 FX Energy 为例，说明双棒逆转形态有时候也可能发出虚假信号。此时，第 1 根棒的收盘价和第 2 根棒的开盘价均短暂突破了支撑位或阻力位水平。

在图 10-16 中，该线构成的是阻力位，所有在双棒逆转形态形成过程中转而看多的投资者在阻力位趋势线下方受困。这种情况后通常会出现超越平均水平的跌势。下跌情形中的虚假信号则恰恰相反。

单棒与双棒形态通常只在极短期内具有指导意义，因此并不适合长期投资者。不过，对于寻求最佳买入和卖出时机的交易者来说，这些形态具有很高的参考价值。

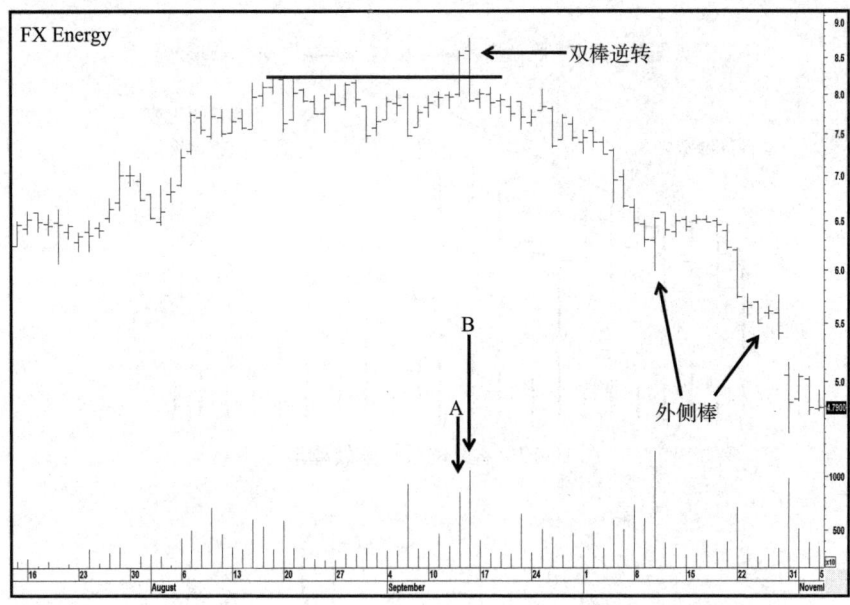

图 10-16　FX Eenergy 的双棒逆转形态

资料来源：www.pring.com。

关键逆转棒形态

关键逆转棒形态（key reversal bar）通常出现在持续时间较长的涨势或跌势之后。一般而言，价格经历关键逆转棒形态之后，趋势会加速推进。典型的关键逆转形态具备以下几个特征：

- 开盘价跳空，与当前趋势方向一致；
- 交易区间较前期棒线明显扩大；
- 收盘价接近或低于前收盘价（在下跌趋势逆转中，收盘价接近或高于前期收盘价）；
- 成交量放大。

图 10-17、图 10-18 和图 10-19 显示了关键逆转棒形态。在很多情况下，关键逆转棒形态之后会出现一波回调或反弹走势，尤其是此前趋势过度强劲的情况下。逆转棒的最低或最高点位一般不会被超越。

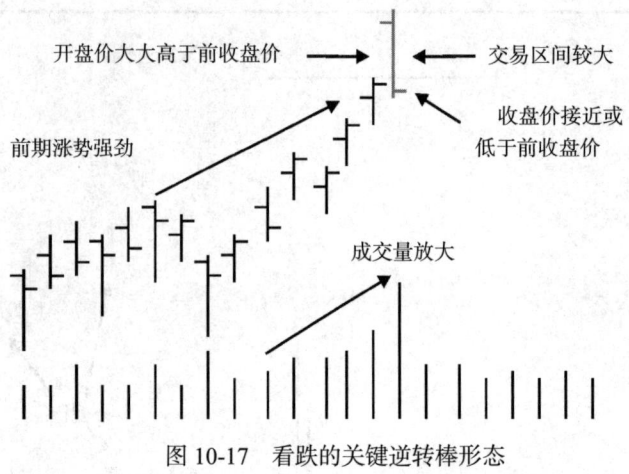

图 10-17　看跌的关键逆转棒形态

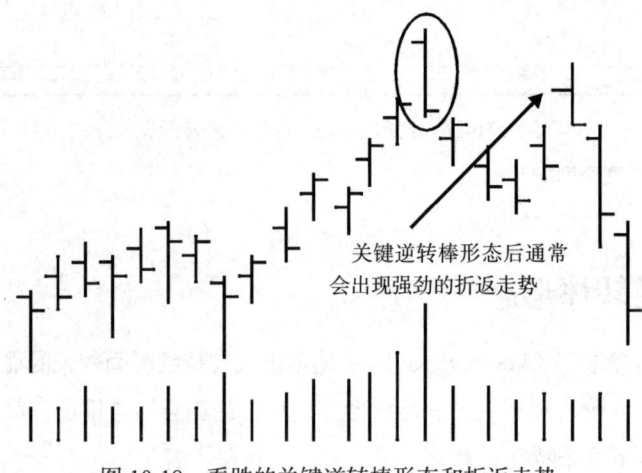

图 10-18　看跌的关键逆转棒形态和折返走势

图 10-20 显示了自 1999 年 9 月份起出现的典型关键逆转棒形态，短期反弹行情伴着成交量及交易区间明显放大在关键逆转棒处触顶。

关键逆转棒之后趋势通常会出现剧烈的变化，紧随着一波折返走势。这与图 10-20 显示的情形完全一致，在关键逆转棒之后的第 4 及第 5 个交易日中，价格走势出现反弹。请注意，外侧棒形态标志着这波短暂的涨势即将结束。

右边的第 2 根关键逆转棒也较为典型，因成交量与交易区间同时放大。不过，由于前期的涨势不算十分强劲，随后回调走势的强劲程度也大打折扣。

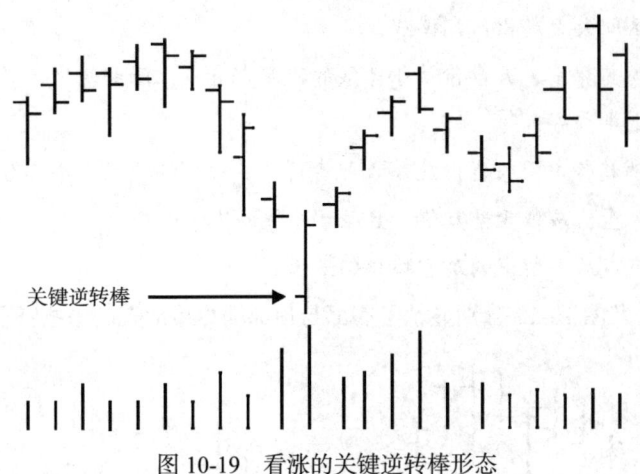

图 10-19　看涨的关键逆转棒形态

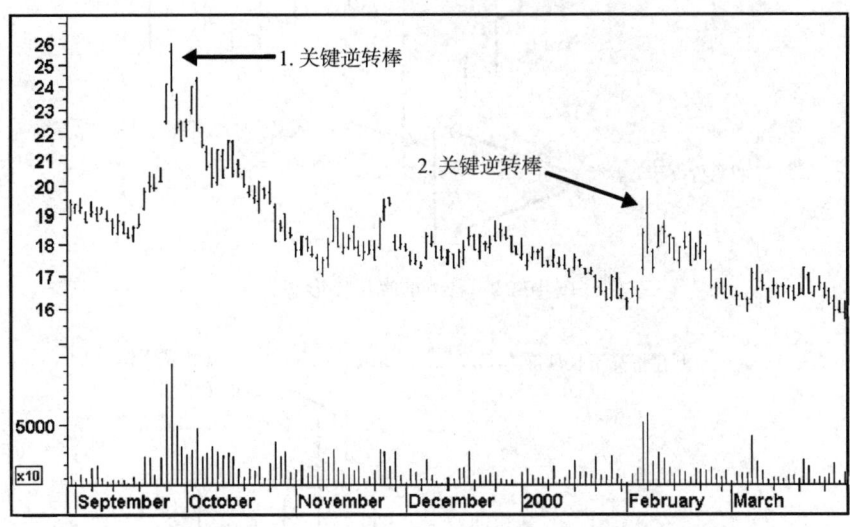

图 10-20　Barrick Gold 的关键逆转棒（1999～2000 年）

资料来源：From *pring.com*.

竭尽棒形态

竭尽棒（exhaustion bars）形成于一波强劲的涨势或跌势之后。竭尽棒是关键逆转棒形态的一种，但与此前描述的逆转棒形态有一些不同。

竭尽棒包含以下特点：

- 开盘跳空，与随后的价格趋势方向一致；

- 交易区间大大超出前期棒线；
- 在下跌趋势中，开盘价位于棒线的下半部分；上涨趋势中，开盘价位于棒线的上半部分；
- 在下跌趋势中，收盘价应高于开盘价，且位于棒线的上半部分；上涨趋势中，收盘价应低于开盘价，且位于棒线的下半部分；
- 形态完成后，留下的跳空缺口仍未填补。

图 10-21 及图 10-22 分别显示了底部与顶部竭尽棒形态的一些特征。

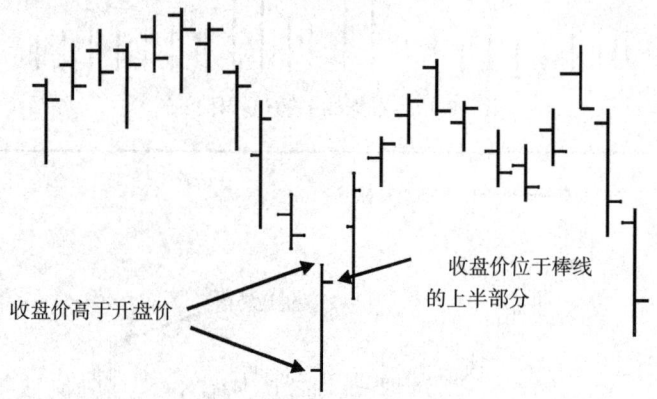

图 10-21　看涨的竭尽棒形态

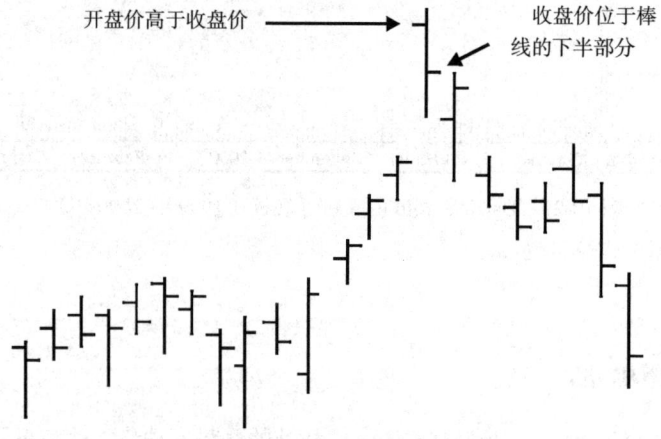

图 10-22　看跌的竭尽棒形态

竭尽棒与单棒岛形反转形态的区别在于，岛形的左侧有一个缺口，但竭尽棒与随后的棒线之间没有缺口。图 10-23 显示了单棒的岛形反转形态。

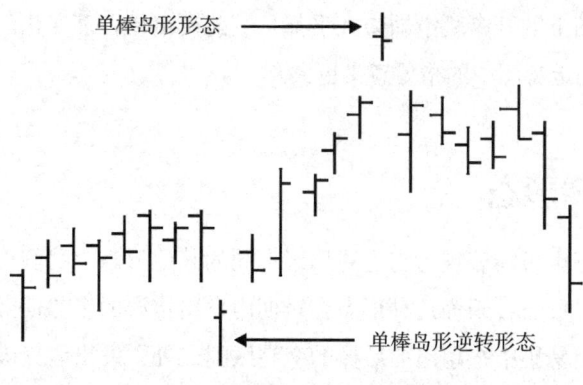

图 10-23 单棒岛形逆转形态

竭尽棒形态的价格波动幅度非常大，而且先前已经出现一波强劲的走势。价格急速下跌后出现开盘跳空，但收盘价高于开盘价，而且理想状况下位于交易区间的上半部分。这反映了市场心理的逆转。巨大的跳空缺口与较大的交易区间反映了趋势逆转时市场交投活跃。看跌的竭尽棒形态情况应该是恰恰相反。

图 10-24 显示了 Ruby Tuesday 公司 2012 年的股价波动。股价直线下跌后，出现了一个典型的竭尽棒形态，价格跳水。随后，价格收于竭尽棒的上半部分，表明卖方已经失去主导地位。巨大的成交量也侧面反映市场心理已经发生了重大变化。

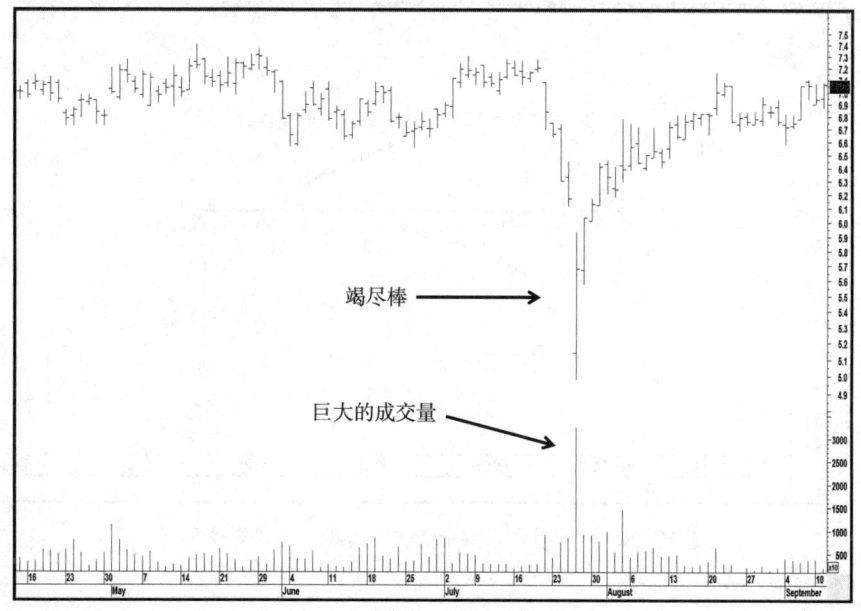

图 10-24 Ruby Tuesday 竭尽棒

盘中走势图上的开盘跳空缺口几乎都是受前夜市场心理变化的影响,这意味着竭尽棒在短期走势图中的指导意义更大。

匹诺曹棒形态

竭尽棒形态也可能表现为与上述形态不同的其他形态,我们称之为匹诺曹棒（Pinocchio Bar）形态,因为这种形态在短期内发出错误的走势信号。在这种棒线图中,大量的交易集中在超出前后棒的交易区间之外,发出假突破信号。匹诺曹无法掩饰自己的谎言,因为它的鼻子变得很长。匹诺曹棒形态也是如此,在开盘价与收盘价之上（下跌行情中为开盘价与收盘价之下）的部分就是匹诺曹的长鼻子,它可能在棒的末端发出错误的信号。

图 10-25 及图 10-26 举出了股票市场中匹诺曹棒形态的两个例子。第 1 个例子中,匹诺曹棒的交易区间突破前期棒线,但截至收盘却显示突破无效。

第 2 个例子显示了匹诺曹棒向下假突破的情形。正如一般的假突破一样,随后的价格走势与预期的方向相反。图 10-26 左半部分的外侧棒也是另一种形式的匹诺曹棒形态。

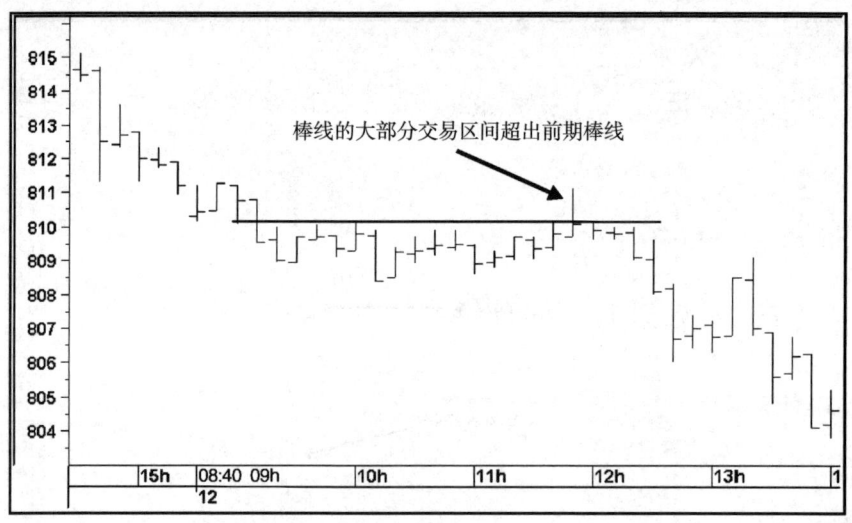

图 10-25　标普综合指数走势——看跌的匹诺曹棒形态

资料来源：www.pring.com。

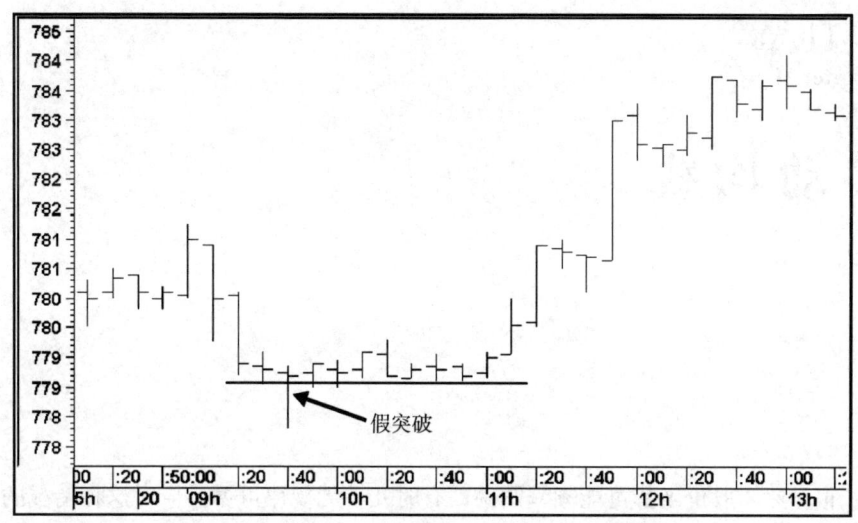

图 10-26　标普综合指数走势——看涨的匹诺曹棒形态

资料来源：www.pring.com。

值得注意的是，匹诺曹棒形态的极端点位往往是价格走势的重要支撑位或阻力位。从这一点来看，最佳的交易策略是在略超出极端点处设置止损位，当然，前提是这一策略能带来较为可观的风险回报。

―――― Summary ――――
小　结

- 单棒与双棒逆转形态反映了价格走势的衰竭，发出趋势改变——通常是趋势逆转的信号。
- 前期价格强劲是确保价格逆转有效的必要条件。
- 单棒与双棒逆转形态仅在短期内具有指导意义，具体的时间由棒线的交易区间及价格走势的发展状况决定。
- 日线图或周线图逆转形态比盘中走势图中的逆转形态指导意义更强。
- 逆转棒形态所包含的形态特征越多，发出的信号就越强劲。

第 11 章
Chapter 11

移动均线

很显然，股价走势可能频繁震荡，有时几乎无规律可循。应对这种情况的一种方法是运用移动均线（moving average，MA）。移动均线可以缓和价格的波动幅度，使价格走势变得更平滑。技术分析中会用到多种移动均线类型，但最常见的3种是：简单移动均线、加权移动均线与指数移动均线。三种移动均线的结构与使用方法各不相同，本章将依次加以介绍。本书中提及"均线"时，一般都是指简单移动均线。指数移动均线（EMA）和加权移动均线（WMA）会具体地表述出来。不同的均线构造和用途不同，因此，我们将轮番加以介绍。同时，必须记住移动均线和趋势线一样，应该被视为动态的支撑位和阻力位。它们是动态的，因为和其他从定义上来说比较恒定的特定水平不同，移动均线的值不断变化。如果某条特定的移动均线在过去对某种证券的指导意义不大，并不代表未来仍将如此。反之亦然。

> **技术要点** 移动均线应该被视为动态的支撑位和阻力位。

简单移动均线

截至目前，简单移动均线的应用最为广泛。简单移动均线是通过将一组数据相加，然后除以观测的数据个数得到的，得出的数据被称为**平均数**或**平均值**。为了体现"移动"的特征，将一个新的数据加入其中，再将原来一组数据中的第1个数据去掉，然后除以数据个数，得到新的均值；依此类推。

以表 11-1 为例，表中 10 周移动均线的计算就遵循了这一方法。

表 11-1　简单移动均线的计算方法

日期		数值	十周之和	移动均线
1月	8	101		
	15	100		
	22	103		
	29	99		
2月	5	96		
	12	99		
	19	95		
	26	91		
3月	5	93		
	12	89	966	96.6
	19	90	955	95.5
	26	95	950	95.0
4月	2	103	950	95.0

截至 3 月 12 日收盘时，10 周的股价总和为 966，966 除以 10 得到的均值为 96.6。截至 3 月 19 日收盘时，计入当天的收盘价 90，去除 1 月 8 日的收盘价 101，得到新的股价总和 955，再用 955 除以 10。依此类推，13 周移动均线是将 13 周的数据相加，再以总和除以 13。为了得到移动平均数，就需要不断地重复这一种计算。一般而言，上升的移动均线表明市场走强，而下降的移动均线则表明市场走软。

再看图 11-1，将图中的价格走势和 13 周移动均线加以比较之后会发现，移动均线在价格触及峰位或谷底之后才改变方向，在指示走势时显得"滞后"。这是因为移动均线的时间跨度是 13 周，而 13 周的平均价格却出现在 13 周期间的中间部分，即第 7 周。

|技术要点|　价格趋势的逆转信号不是移动均线的方向逆转，而是价格穿越移动均线。

要正确地反映价格走势，第 7 周必须居中，如图 11-1 所示。

图中下半部分的移动均线采用了居中描点技术（centering technique），好处是移动均线的转折点和价格的转折点十分接近，坏处是必须等待 6 周才能知道移动均线是否已经改变方向。这就是为什么在图 11-1 中最后一个平均值和最后一个数据之间存在一块空白区域。

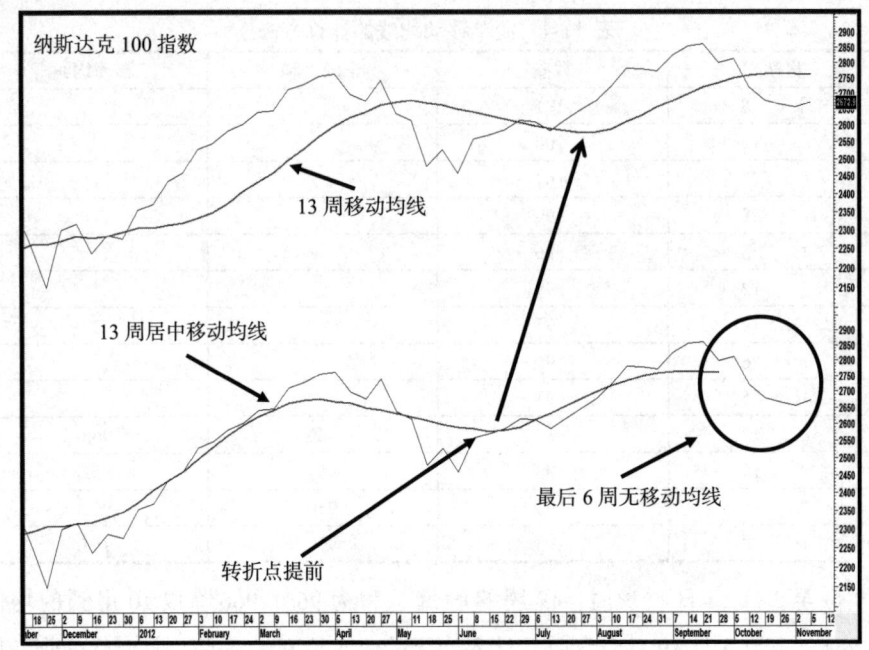

图 11-1　纳斯达克 100 指数的居中移动均线（2011～2012 年）

资料来源：www.pring.com。

尽管时间滞后会带来一定的障碍，但在分析其他的时间序列数据，如经济数据时这并无大碍。不过，如果金融市场的价格走势相对强劲并伴随着潜在的获利损失，那么这种滞后效应是完全不能接受的。技术分析师们已经发现，识别价格趋势逆转的最佳方法是将移动均线绘制在最后一个时间跨度内。

价格跌破移动均线是多头行情转为空头行情的信号；价格向上突破移动均线则是多头行情启动的信号。由于移动均线可以发出明确的买入与卖出信号，它们有助于消除在趋势线绘制与阐述上的主观因素带来的问题。

一般而言，基于移动均线穿越采取行动是奏效的，但前提必须是前期价格走势和移动均线的关系高度一致。正如下文所述，信号的准确性很大程度上取决于所选的移动均线。首先我们必须对移动均线的一些特征进行更详细的介绍。

简单移动均线的特征

- 移动均线是一种经过平滑处理的趋势线，均线本身就是价格走势的支撑位或阻力位。在上涨行情中，价格回落后往往在移动均线处寻获支撑，从而开始向上反弹；同样，下跌行情中的价格反弹走势往往在移动均线处受阻，从而向下回落。价格触及移动均线的次数越多，移动均线被突破的指导意义就越强。

- **理想的移动均线应该能反映价格的走势，因此，均线的突破表明趋势已经发生转变**。如果移动均线较为平坦或者已经改变方向，那么价格突破均线发出的趋势逆转信号更为可靠。
- **如果价格突破移动均线时，均线仍然按当前趋势强势运行，则这种情况应视为趋势逆转的初期预告**。等到移动均线上升或下降的角度变得平缓、移动均线自身方向改变或者出现其他技术面信息，逆转趋势才能得到证实。
- **一般而言，移动均线跨越的时间越长，突破信息就越可靠**。例如，18月移动均线的穿越比30天移动均线的穿越信号更可靠。
- **移动均线方向的逆转通常比移动均线穿越的信号更可靠**。如果移动均线的方向在行情转折点附近发生转变，这通常是一个非常强烈、可靠的信号。不过，大多数情况下，移动均线的逆转发生在新趋势启动之后，因而仅能起到趋势确认的作用。

总而言之，可以将移动均线视为一种移动的趋势线，移动均线发出信号的强弱程度取决于其长度（时间跨度）、被触及或接近的点数及倾斜程度。

移动均线的有效穿越

价格对移动均线的突破被称为**穿越**（crossover）。不过，价格走势图中移动均线假穿越或发出错误信号的情况也经常出现。怎么区分有效的穿越信号呢？没有万全之策。实际上，很多假穿越无法避免，应当对此习以为常。不过，我们可以运用一些过滤技术来尽可能地避免误导性穿越信号。具体选择何种过滤技术还应视考量的时间跨度决定，具体情况具体分析。例如，我们可以根据穿越移动均线3%的标准做出投资决策。对于40周移动均线而言，移动均线穿越可能引发15%～20%的平均价格波动，在这种情况下，3%的穿越比例是合理的过滤标准。另一方面，由于3%的穿越可能包含了10小时移动均线穿越所预示的整个价格走势，因此，这种过滤对10小时移动均线将无任何意义。

由于持续一个"时间段"的假穿越信号十分常见，某些分析师认为，有效的穿越信号至少必须持续一个"时间段"。以日数据为例，根据这一方法，要等到第2天、第3天才能做出移动均线穿越的结论。更为明智的方法是，综合利用持续时间及穿越的百分比来判定穿越是否有效。

一种有效的建议是等待移动均线穿越的时间与趋势线突破或价格形态形成的时间重合，这些信号能相互强化，因而需要的过滤工具相对较少。图11-2提供了两个例子。

技术要点 如果移动均线穿越的时间与趋势线突破或价格形态形成的时间重合，这些信号能相互强化，因而需要的过滤工具相对较少。

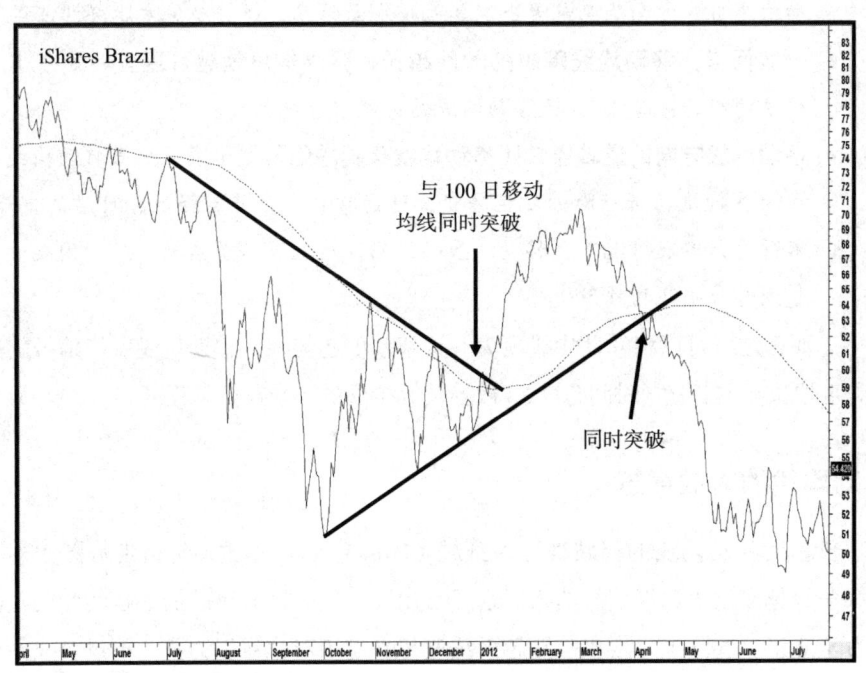

图 11-2　iShares Brazil 联合趋势线/移动均线突破（2011～2012年）
资料来源：www.pring.com。

有时候移动均线的突破可能伴随着极大的成交量。在这种情况下，你可以降低对有效突破的判断标准，因为成交量放大凸显了买方的热情或卖方的恐惧，具体视突破方向而定。图11-3显示了iShares MSCI新兴市场ETF 2012年8月初的一次向下移动均线突破。

此次突破还伴随着巨大的成交量和趋势线突破。余下的两次突破也伴随着成交量的放大，其中有一次为向上突破，同时还出现了趋势线突破。

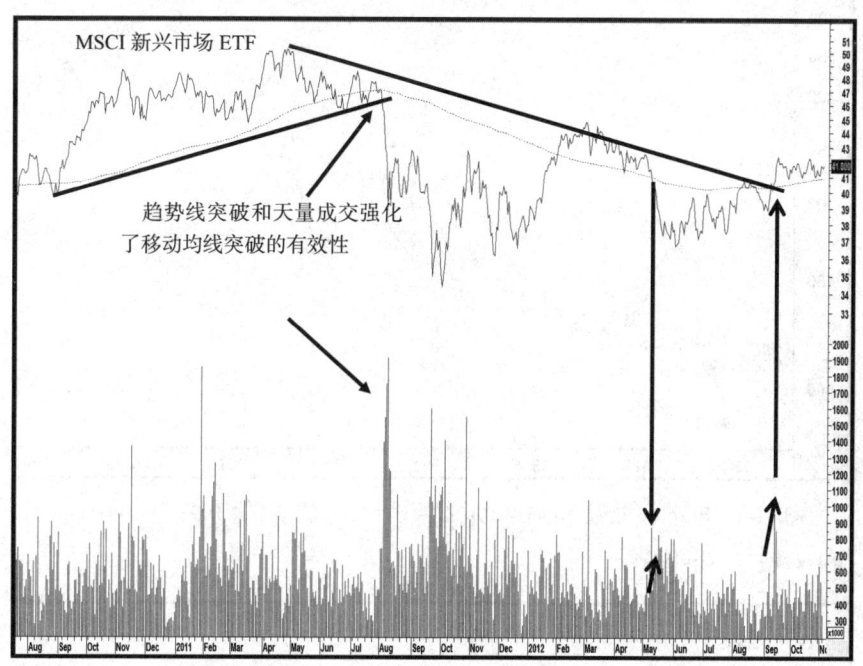

图 11-3　MSCI 新兴市场 ETF 移动均线穿越和成交量特征（2010～2012 年）

资料来源：www.pring.com。

图 11-4 显示了 Eurotop 指数的走势，图中描绘了一条 40 周均线，以及由指数上下 3% 波幅构成的通道。

当价格突破上方曲线时，发出买入信号；跌破下方曲线时，发出卖出信号。这有助于过滤掉某些虚假信号，但在时间点的把握上又不会太离谱。

移动均线通常都是根据收盘数据绘制。由于收盘价体现了投资者愿意隔夜持有（如果是周线图则是持有到下周）的头寸，因而比当日高点、低点或者开盘价更可靠。盘中价格可能被某些投资者操纵或被市场消息事件引发的某种情绪所扭曲，因此，最好等到收盘价格突破移动均线再做出均线已被穿越的结论。

当棒线图多次触及移动均线时，会出现一种例外的情况。在这种情况下，移动均线都是极其重要的价格支撑位或阻力位，其突破应该引起足够的重视。

在区间波动走势中，移动均线穿越往往无法发出有效信号。图 11-5 就举出了印度股票 Asian Paints 的两个例子。在这种情况下，最好追踪交易区间上下限突破发出的信号,而非移动均线。

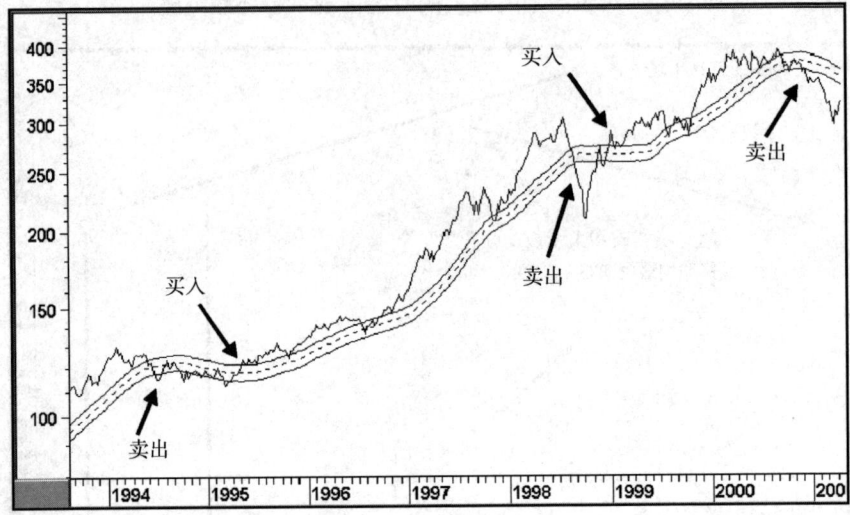

图 11-4 Eurotop 指数 40 周移动均线穿越和 3% 波动带(1993～2001 年)

资料来源:www.pring.com。

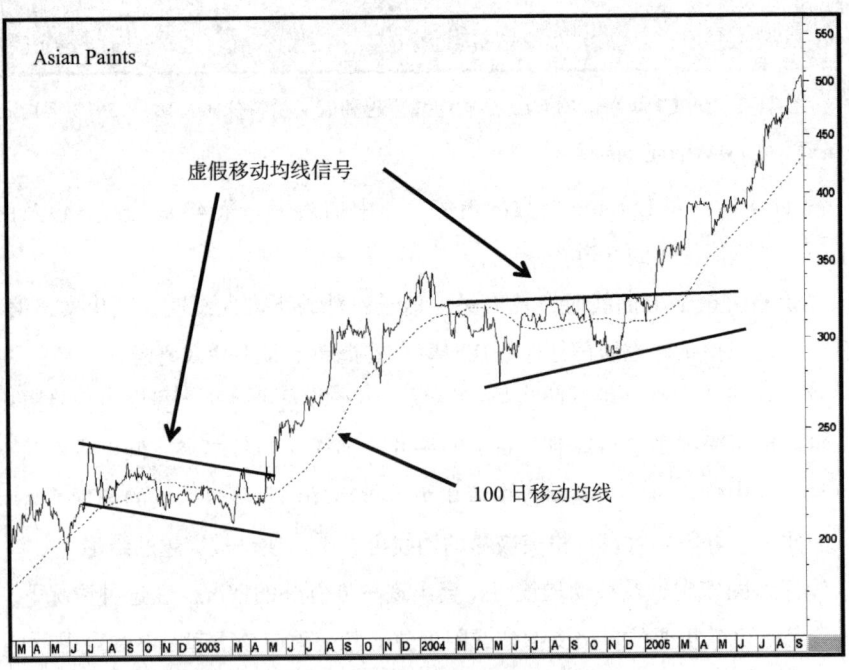

图 11-5 Asian Paints 移动均线穿越和区间波动(2002～2005 年)

资料来源:www.pring.com。

显然，有时价格进入区间波动而投资者却不自知。但是继出现多个虚假信号后，实际情况已不言自明。此时应该用合理的趋势线来代替移动均线突破。

时间跨度的选择

可以根据任何时间跨度，无论是几天、几周、几月还是几年，绘制移动均线。选择正确的时间跨度非常重要。例如，假设一个完整的多头或空头行情持续4年，那么时间跨度超过48个月的移动均线丝毫不能反映周期内的价格走势，因为期间所有的价格波动都将经过平滑处理，呈现为一条穿越数据中间值的近似水平的直线。另一方面，能捕捉价格周期内每次小幅变动的5日移动均线也无法体现整个周期内的实际顶部与底部。即便将48月移动均线缩减至24月移动均线，也无法捕捉周期内价格的实际波动。例如，利用24月移动均线发出的穿越信号进行判定会使对趋势逆转的确认过于滞后。4周移动均线则可能过度敏感，持续发出误导或者虚假的逆转信号。只有能完全体现周期内价格走势的移动均线，才能在滞后与过度敏感间找到最佳平衡状态，如图11-6中的10月移动均线。

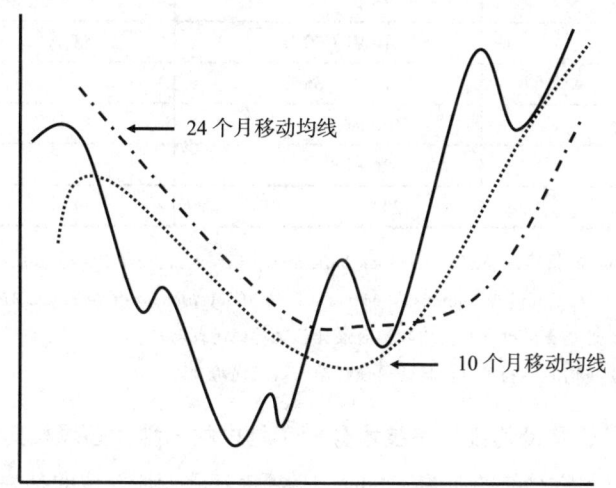

图11-6 短期移动均线和长期移动均线

选择移动均线，首先要判定市场趋势的类型：短期、中期还是主要趋势。由于不同的市场具有不同的特征，同一类市场也会经历不同的周期，移动均线的选择不可能面面俱到。近年来，相关人员利用计算机技术进行了大量研究，寻找最优的移动均线时间跨度。但来自各个方面的结论显示，实际上并不存在一个百分百完美的时间跨度。

适用于特定市场历史时期的时间跨度，不一定适用于未来。我们所讲的选择时间跨度，是试图找出适用于特定时间范围——短期、中期或长期的一条移动均线，该线大多数情况下都能够反映价格走势。

技术要点 不要追求完美，寻求一种持续性。

在由心理驱动的市场，并不存在所谓完美。一般而言，与短期的时间跨度相比，长期的时间跨度受意外新闻事件引发的情绪化反应或市场操纵的影响较小。正因如此，长期的时间框架往往是最好的选择；日均线和周均线往往在跨度达到或超过40个周期的情况下最为有效。研究结果还发现，简单移动均线一般优于加权或指数移动均线。⊖在认识到这些限制之后，可以参考表11-2在时间跨度选择方面给出的建议。

表 11-2 建议的时间跨度

短期	中期	长期
10 日	30 日	200 日 /40 周 /9 月[①]
15 日	10 周（50 日）	45 周[②]
20 日	13 周（65 日）	
25 日	20 周	12 月[③]
30 日	26 周	18 月
	200 日	24 月

[①] William Gordon 推荐，*The Stock Market Indicators*，Investors Press, Palisades Park, N.J., 1968。
[②] 根据 Robert W. Colby 与 Thomas A. Meyers 在 *The Encyclopedia of Technical Market Indicators* 中的说法，这是美国股市利用周数据的最佳移动均线时间跨度。
[③] 同上，这是美国股市利用月数据的最佳移动均线时间跨度。

请务必记住，移动均线只是技术分析工具中的**一种**，必须与其他的分析工具一起使用，以判定趋势的逆转。同时，必须谨记我们所寻找的是一种对大多数证券而言较为有效的时间跨度，例如，寻找较有持续性而非完美的时间跨度。毕竟，通过历史研究并将所有数据加以匹配，我们总能发现所谓完美的选择。但是，我们探究历史的前提是它们能为未来指明方向。刻意地修正历史结果无助于

⊖ Arthur Skarlew, *Techniques of a Professional Commodity Chart Analyst*, Commodity Research Bureau: New York, 1980.

我们实现这一目标——而且结果往往适得其反。

延后的简单移动均线

延后的简单移动均线是一种很有潜力但尚未被广泛使用的技术分析工具。以 25 日移动均线为例，第 25 天的位置实际上并不是绘制在第 25 天，而是绘制在第 28 天或第 30 天，等等。这种方法的优点在于，能将移动均线的穿越延后，过滤掉偶尔出现的虚假或错误信号。在《股市利润》一书中，H. M. 加特利（H. M. Gartley）统计发现，1919 ~ 1933 年，市场几乎经历了各种行情，而运用 25 日简单移动均线能净获利 446 点道琼斯点数（30 日移动均线能净获利 433 点道琼斯点数；而 40 日与 15 日移动均线分别净获利 316 与 216 点道琼斯点数）。不过，若将 25 日移动均线延后至第 28 日，发出的穿越信号能使投资者净获利的道琼斯点数增加 231 点，至 677 点。同样，若延后 3 天，30 日移动均线的净获利也能增加 204 点，至 637 点。

尽管延后 3 天后的 25 日移动均线可能未必是最佳组合，但将延后绘制移动均线的方法应用到技术分析中必定会效果显著。具体将平均移动均线延后多久通常很难计算，唯有依靠经验。有一种可能的方法是，将延后的时间定为时间跨度的平方根。例如，36 天移动均线延后 6 天来绘制（36 的平方根是 6）。

图 11-7 以 iShares MSCI 香港 ETF 为例，分别显示了 25 日移动均线以及延后 5 日的 25 日移动均线。

请注意普通的移动均线（虚线）发出了一些虚假信号，图中用实线箭头标注，而延后的移动均线（实线）却没有。虚线箭头处，两种均线的突破均发出虚假信号。这一效应往往在一波强劲趋势后显现，如图中的 2008 年 11 月，后续的两波小型反弹行情使得普通均线被突破。此时，延后移动均线所带来的滞后效应恰恰能避免虚假信号。当然，事事有利有弊，延后移动均线可能导致发出滞后的信号，但大多数情况下，误导性信号的减少往往能抵消这种时间上的损失。

简单移动均线的收敛性

价格走势剧烈波动之前，通常会在一段逐渐变窄的交易区间内盘整。实际上，价格波动的减缓反映了买卖双方力量的平衡。一旦这种平衡被某一方打破,就会出现一波较强劲的走势。这种情况通常可以通过绘制几条移动均线,并观察它们何时逼近于同一点而得以确认。图 11-8 显示了现汇欧元兑日元在 1999~2000 年的走势,以及 3 条时间跨度不同的移动均线。请注意,这三条移动均线恰恰在一轮价格暴跌之前几乎完全收敛于一点。

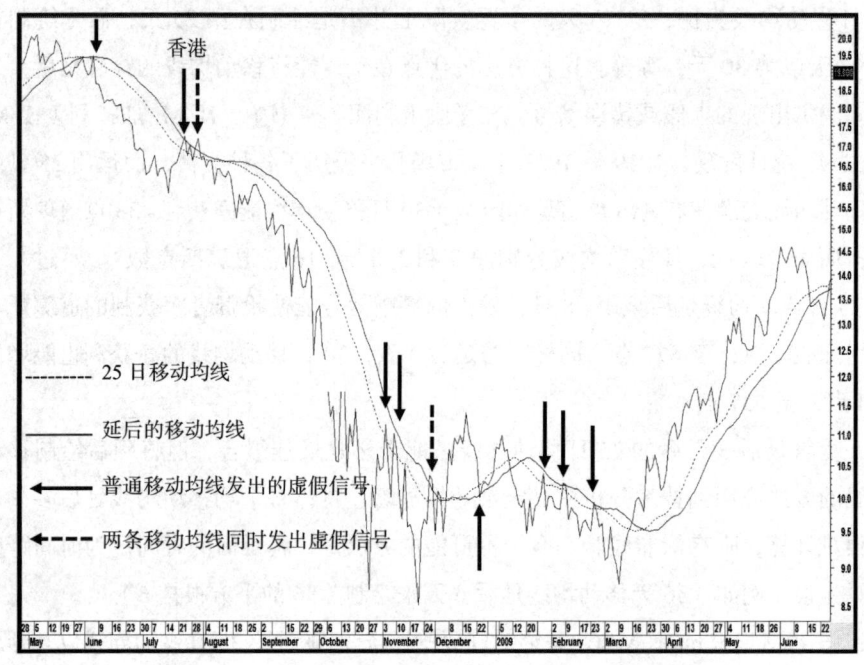

图 11-7　iShares MSCI 香港 ETF（2008~2009 年）

资料来源：www.pring.com。

移动均线的收敛告诉我们,买卖双方的力量已达到完全的平衡,随后可能出现一波强劲的走势。这一走势的实际信号来自于上行趋势线的突破。

多条简单移动均线

有些趋势判断方法同时用到多条移动均线,信号就是一条短期移动均线向上或向下穿越一条长期移动均线。这种方法的优点是使价格数据两次经过平滑处理,减少了误导性信号发生的可能性,同时能对已经发生的趋势逆转迅速做出反应。图 11-9 显示了 iShares MSCI 意大利 ETF 的一个例子。按照惯例,往往使用 10 周与 30 周移动均线来判定市场长期走势。

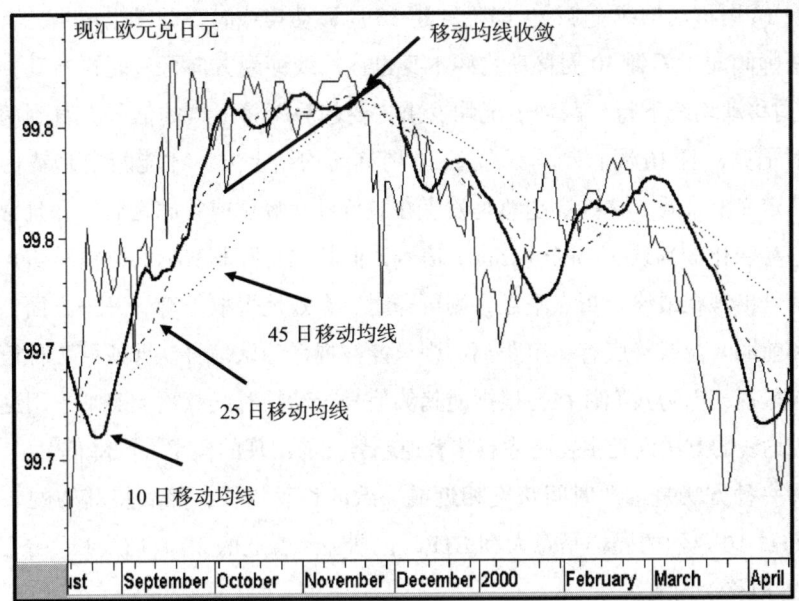

图 11-8　现汇欧元兑日元和 3 条移动均线

资料来源：www.pring.com。

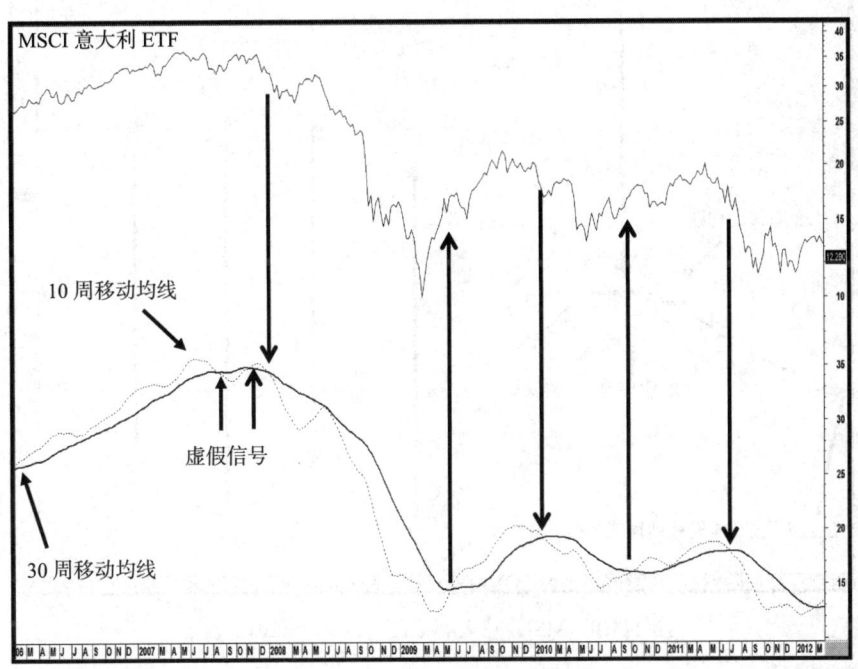

图 11-9　iShares MSCI 意大利 ETF

资料来源：www.pring.com。

当10周移动均线（虚线）向下穿越30周移动均线时，即发出信号。有些技术分析师倾向于等到30周移动均线本身也往均线穿越方向行进时再行动，即等到20周移动均线下行。两种情况均发出主要趋势即将下跌的信号。直到两条均线同时上升，且10周移动均线位于30周移动均线上方，才能断定趋势得以逆转。从定义上来看，这些穿越总是发生在股价到达峰位或谷底之后，并且常用作价格趋势变化的确认（confirmation）信号，但其本身并非实际的价格转折点。如果该信号出现在最终转折点附近，则可即时、有效地采取行动。另一方面，如果信号和前期峰位或谷底有一定距离，则只能被视作确认信号。即便第2种情况也要引起重视，因为人们往往在根据逆趋势信号行动的时候惹祸上身。采用这种双重移动均线的方法判定主要趋势意味着逆趋势交易出现的概率大大降低。

另一种方法是选取时间跨度相近或一致的移动均线，然后将其中的一条延后。图11-10显示的同样是意大利ETF，包括一条普通的25周均线和一条延后5周的25周移动均线。

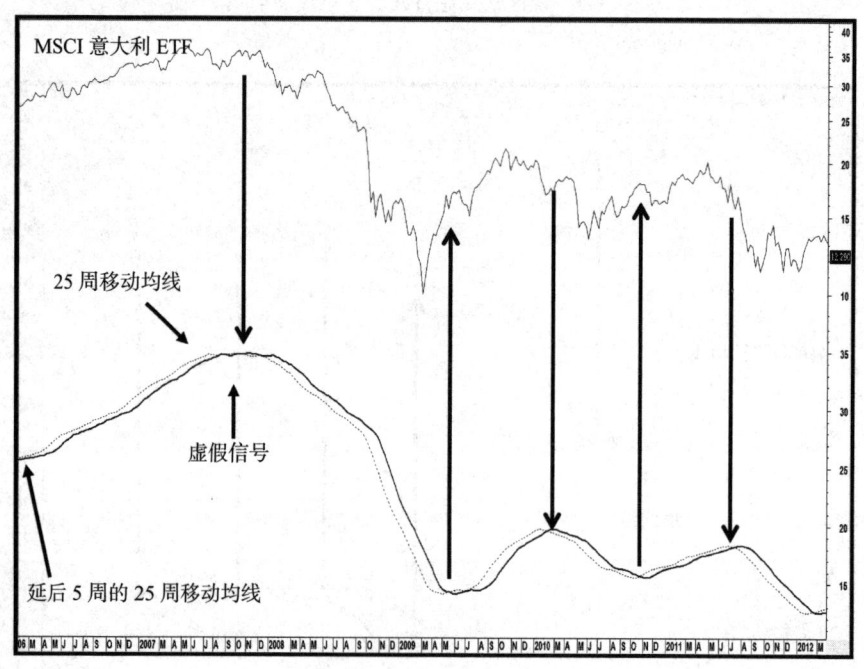

图11-10　MSCI意大利ETF（2006～2012年）

资料来源：www.pring.com。

这种方法的好处是出现虚假信号的概率更低；缺点是信号的时效性更差。这两种移动均线并非准确的参考标准，更多的只是一个起点，因为我相信睿智的读者肯定能找出更好的组合。只要记住在这种实验中，持续性比完美更加重要。根本不存在完美的选择。

移动均线指标应该与其他指标一起运用，因为有时候价格会出现长期的、时间跨度较大的横盘走势，因而发出一系列误导性的信号。好在这种令人沮丧的横盘过后会出现一波极其强劲的走势，如果是上涨行情，得到的补偿将超出在横盘期间因误导性信号带来的损失。因为这些虚假信号预示着买卖双方的混战。当其中一方最终胜出后，获胜方可以推动价格走出更强劲的势头。

图 11-11 中的移动均线在区间波动期间发出了多个虚假信号。

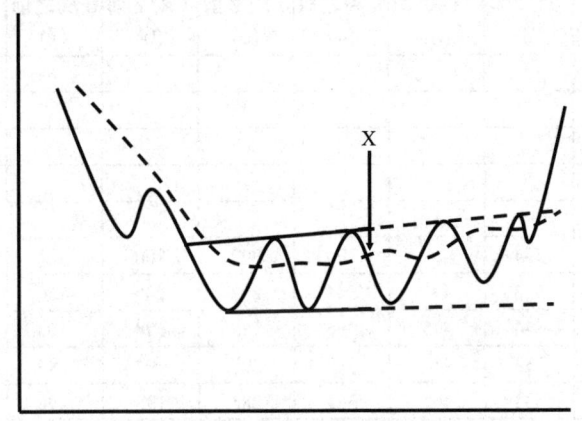

图 11-11　区间交易中的移动均线

一开始还无从断定价格走势呈区间波动。但是，在点 X 处，价格再次跌破移动均线，此时可以描绘两条反应价格走势的趋势线。在这种情况下，根据趋势线突破而非移动均线突破采取行动更为明智，因为我们无法断定下一次均线突破会不会又是虚假信号。

加权移动均线

从统计学的角度来看，只有将移动均线绘制在价格时间跨度的中点，才能正确地反映价格的走势，但这会使信号在时间上滞后，原因正如本书前文所述。解决这个问题的一个方法是，增加新近数据的权重。

与简单移动均线相比，按这种方法绘制的移动均线能更及时地发出趋势逆转或转变信号。

数据加权的方法很多，但最常用的方法是将第 1 期的数据乘以 1，第 2 期的数据乘以 2，第 3 期的数据乘以 3，依此类推，直到最后一期。然后将各期结果相加，再除以权重之和，即 1+2+3+4+5+6=21；如果是 10 周移动均线，其权重之和则是 1+2+3+4+5+6+7+8+9+10=55。相比之下，简单移动均线通常是除以区间的个数。表 11-3 说明了进行加权计算的方法。

表 11-3 加权移动均线的计算方法

日期	指数 (1)	6×(1) (2)	5×(1) 1 周之前 (3)	4×(1) 2 周之前 (4)	3×(1) 3 周之前 (5)	2×(1) 4 周之前 (6)	1×(1) 5 周之前 (7)	(2)～(7) 总计 (8)	(8)÷21 (9)
1月 8	101								
15	100								
22	103								
29	99								
2月 5	96								
12	99	594	480	396	309	200	101	2 080	99.1
19	95	570	495	384	297	206	100	2 052	97.7
26	91	546	475	396	288	198	103	2 006	95.5
3月 5	93	558	455	380	297	192	99	1 981	94.3
12	89	534	465	364	285	198	96	1 924	92.5

还有一种加权方法是，采用简单移动均线的方法，但最近的数据运用两次，权重也相应增加一倍。

对加权移动均线的阐释不同于简单移动均线，因为加权移动均线更加敏感。加权移动均线方向的变化即为趋势逆转的信号。

📈 指数移动均线

加权移动均线有助于判定趋势逆转，但是在计算机广泛使用之前，构建及延续这种移动均线耗时较长，严重影响其实用性。指数移动均线（EMA）是绘制加权移动均线的一种捷径。要计算 20 周的 EMA，首先必须计算一个 20 周简单移动均线，即 20 周观察数据的和除以 20。表 11-4 中，截至 1 月 1 日的 20 周简单移动均线的均值（99）填在第 6 列。

表 11-4　指数移动均线计算方法

日期		价格 (1)	上周 EMA(2)	差值 ((1)-(2))(3)	指数 (4)	((3)×(4))(5)	移动均值 ((2)+(5))(6)
1月	1	…	…	…	…	…	99.00
	8	100.00	99.00	1.00	0.1	+0.10	99.10
	15	103.00	99.10	3.90	0.1	+0.39	99.49
	22	102.00	99.49	2.51	0.1	+0.25	99.74
	29	99.00	99.64	（0.64）	0.1	−0.06	99.68

20 周的简单移动均值成为绘制指数移动均线的起点，下周将其转至第 2 列。其次，将第 21 周（1 月 8 日）的价格与该 EMA 比较，其差值（100-99=1.0）填在第 3 列。然后将该差值再乘以指数，对 20 周的 EMA，其所乘指数为 0.1。再将通过指数处理的差 1.00×0.1，加到前一周的 EMA 上，即得到本周的 EMA，之后依此类推。在本例中，1 月 8 日经过指数处理的差值是 0.1，加到前一周的均值 99.00 之上，得到 1 月 8 日的 EMA 是 99.10，再将这一数值填入第 6 列。最后再根据第 6 列的数值绘制走势图。

如果当周新观察的价格数据与前一周 EMA 数据的差值为负数，如 1 月 29 日的价格 99.00 与指数移动均值 99.64 的差值，经过指数处理的差值就要从前一周的 EMA 中减掉。

指数的运用随移动均线的时间跨度而有所不同。表 11-5 显示了不同时间跨度所用的正确指数，其中时间单位的跨度为周。

不过，实际上指数 0.1 可以用于以 20 为时间跨度的任何时间单位——时、天、周、月、年，乃至更长的时间。

对于表 11-5 所示跨度之外的时间跨度，可以通过用时间跨度除以 2 得出指数。比如，5 周移动均线的敏感性应该是 10 周移动均线的 2 倍，因此，2 除以 5 得到 5 周移动均线的指数为 0.4。另一方面，20 周移动均线的敏感性应该是 10 周移动均线的一半，所以 20 周移动均线的指数也应该是 10 周移动均线指数（0.2）的一半，为 0.1。

表 11-5　不同时间跨度所选指数

周数	指数
5	0.4
10	0.2
15	0.13
20	0.1
40	0.05
80	0.25

> **技术要点** 请记住，所有形式的移动均线都是时效性与敏感性的一种综合表现。

根据定义，指数移动均线的穿越与逆转会同时发生。因此，其买卖信号的触发机制与简单移动均线一样。

移动均线类型的比较

图 11-12 显示了印度 Nifty 指数，图中同时绘制了 3 种类型的移动均线。

可以看到，加权移动均线和各转折点更为接近，几乎所有时候都是最敏感的。简单移动均线和指数移动均线则要视情况而定。我的个人经验是，大多数时候移动均线都是最好的，但是我必须承认，如果时间跨度十分之长，例如 200 日或 9 个月移动均线，我很少密切关注移动均线穿越，除非其他证据，如趋势线穿越，表明趋势已经逆转。

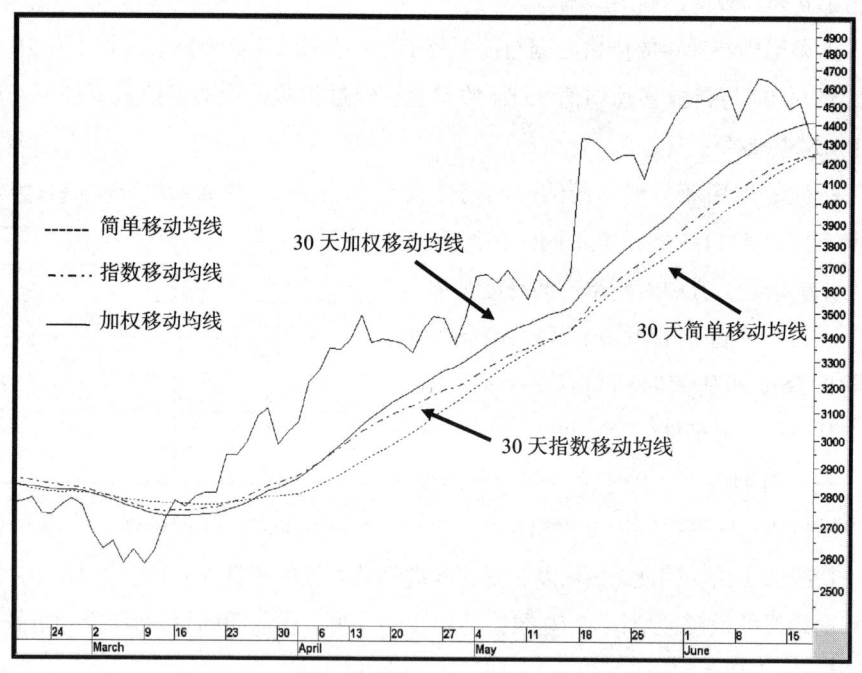

图 11-12　印度 Nifty 指数和 3 种不同类型的移动均线

资料来源：www.pring.com。

有效的移动均线时间跨度

表 11-2 已经针对简单移动均线列出了一些推荐的时间框架。本部分将通过将一些理念应用于市场进行更深入的探讨。

前文已经讨论过主要趋势的重要性及判定主要趋势的必要性。这将我们引向了 12 个月简单移动均线的主题。12 个月这一时间跨度对判定主要趋势逆转十分有效，9 个月、200 日及 30 周也一样。其实这几个时间跨度区别不大，不过 12 个月可能更好，因为一年中的所有月份都囊括其中，因而已进行了季节调整。图 11-13 显示了 MSCI 世界股票指数。

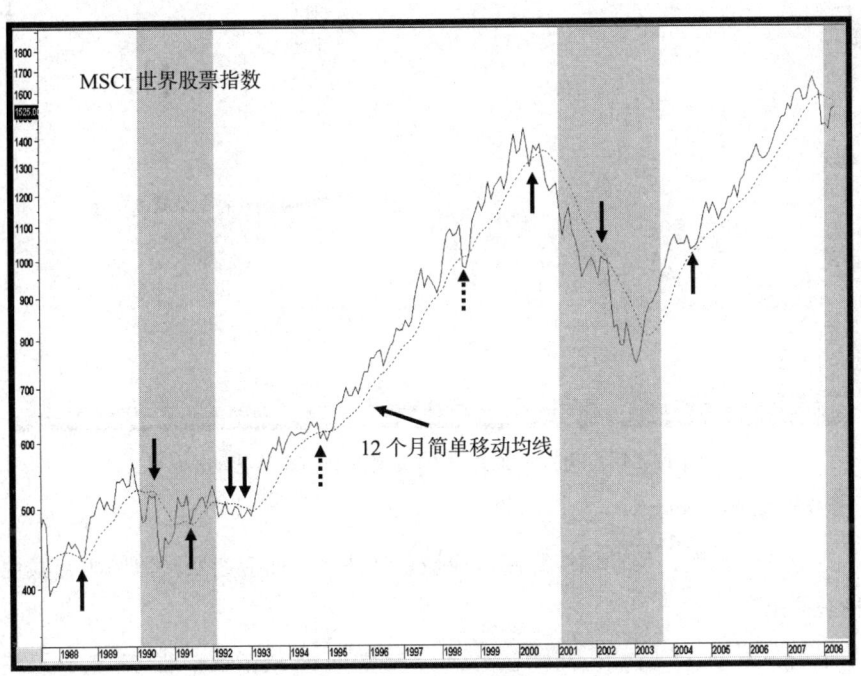

图 11-13　MSCI 世界股票指数的 12 个月移动均线（1987～2008 年）

资料来源：www.pring.com。

如果你想监测主要趋势，MSCI 世界股票的 12 个月移动均线是个不错的选择。图中的实线箭头处，12 个月移动均线扮演了很好的支撑位/阻力位。虚线代表一些虚假信号，体现了我们追求持续性而非完美的原则。图中的大多数时间为牛市，但根据指数与其移动均线的关系，图中的阴影部分标示了主要的熊市。

图 11-14 显示了黄金价格（以美元结算）的 200 日简单移动均线。同样，该均线也并非万无一失，但总体而言，仍属较为可靠。

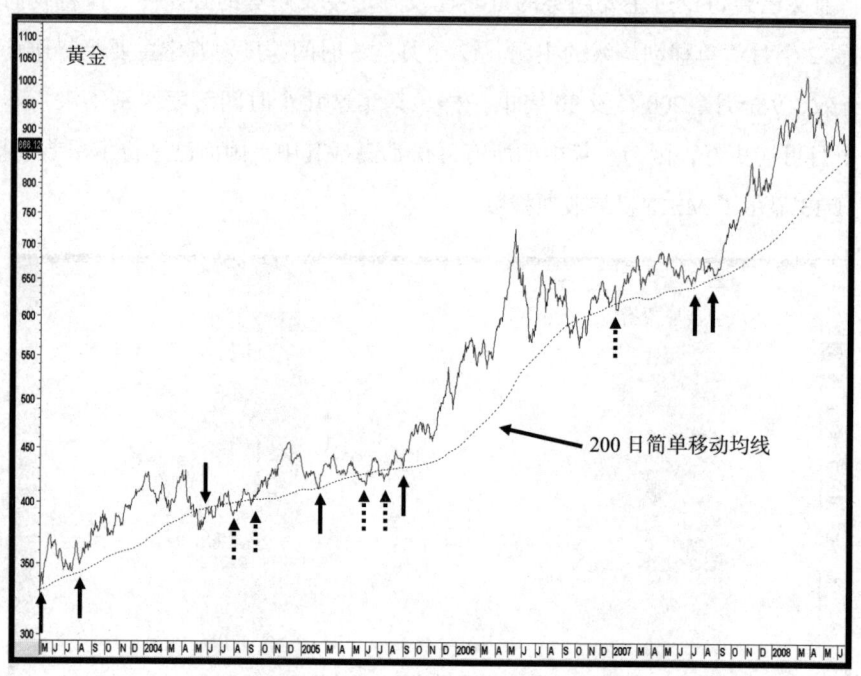

图 11-14　2003～2008 年的黄金价格 200 日移动均线

资料来源：www.pring.com。

这进一步证明，移动均线穿越不应被单独使用，而应参照多数原则与其他指标结合使用。

最后，图 11-15 显示了加元兑美元汇率走势的 65 周指数移动均线。在跨越较长时间的走势图上，65 周的时间跨度似乎非常可靠。图中的实线箭头处，移动均线扮演了有效的支撑位/阻力位；虚线标出了虚假信号。

当然，我们不能指望所有市场的情况都如此乐观，但如果历史数据显示移动均线和价格走势的关系较为稳定，我们就有理由期待这种关系在未来持续存在。如果并非如此，那就降低均线在分析体系中的权重。

你可能在想，为什么我们没有对很多短期移动均线加以分析。原因是时间跨度越小,市场噪声的影响越大,移动均线穿越的可靠性越低。

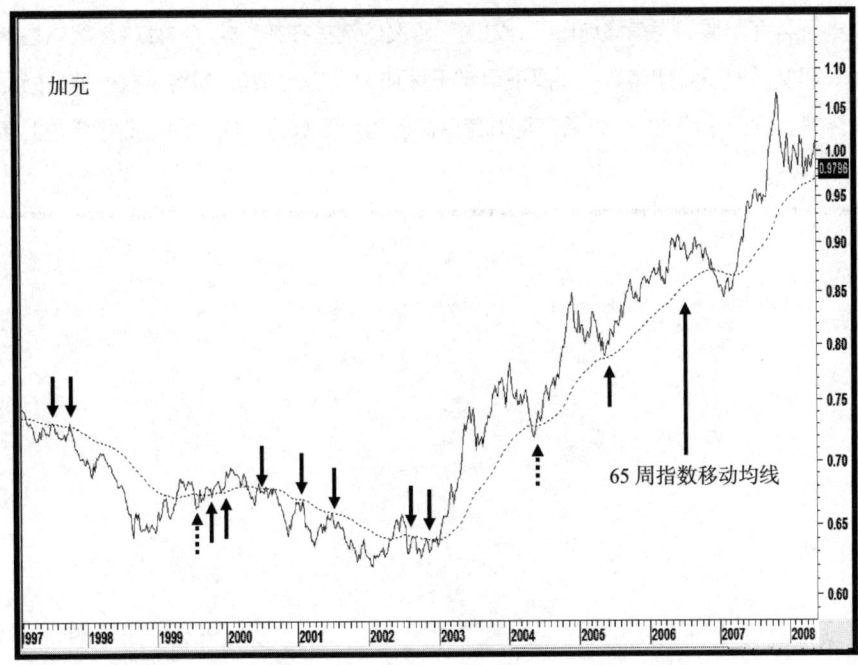

图 11-15　加元/美元 65 周指数移动均线(1997~2008 年)

资料来源:www.pring.com。

Summary
小　结

- 技术分析的一个基本假设是,股票价格走势具有趋势性。由于价格主要趋势包含大量小型波动,绘制均线有助于对数据进行平滑处理,使基本趋势显得更加清晰。

- 理想情况下,一般将简单移动均线绘制在研究时间跨度的中点(此过程称为"居中"),但这可能会导致均线反应滞后(在滞后的时间内,价格可能迅速变化,导致投资者错失获利机会),因而还是考虑将移动均线绘制在研究期限的末端。

- 通过运用移动均线的穿越信号,以及加权或指数移动均线,上述缺陷可以在很大程度上得以避免。移动均线的穿越可以提供趋势逆转的预警信号,加权或指数移动均线对近期的数据赋予了较大权重，因而对当前趋势的变化极其敏感。
- 不存在所谓的完美移动均线。对时间跨度的选择往往反映了时效性与敏感性的平衡。对于短期趋势，建议采用 30 日和 50 日移动均线；但对于极长期趋势而言，建议采用 40～45 周的时间跨度。针对月度数据，12 个月移动均线是上佳之选。

第 12 章
Chapter 12

包络线和布林带

包络线

正如本书前文所述，移动均线可以作为重要支撑区域与阻力区域的接合点。从这个角度来看，时间跨度越长，移动均线的指导意义就越强。这种支撑位与阻力位原则可以通过构建与移动均线平行的多条对称曲线得到进一步延伸，从而得到**包络线**（envelopes）（见图 12-1）。

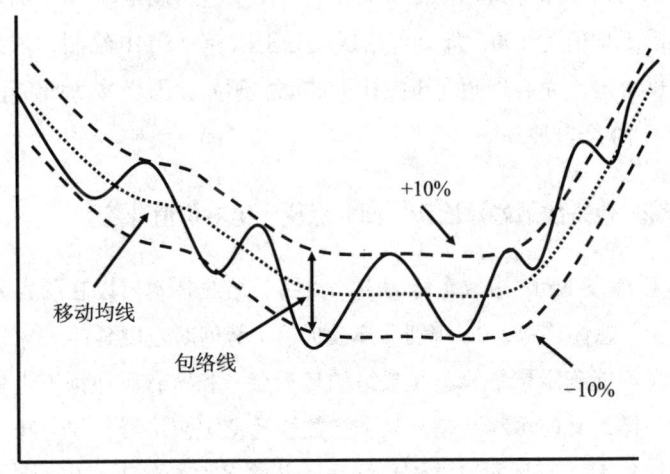

图 12-1　移动均线 ±10% 的包络线

该技术源于以下原则：股价围绕某一特定趋势以合理的、大致相同的比例进行周期性波动。换言之，正如移动均线可以作为重要的接合点一样，包络线同样可以。从这个角度来看，移动均线实际上也是价格走势的中心，而包络线是由背离价格中心的最大与最小值构成。

　　包络线具体位置的绘制并没有严格限制或者省时的捷径，因为只有通过对所有所研究价格的波动性及移动均线的时间跨度进行反复试验，才能发现包络线的具体位置。如图 12-2 所示，包络线的绘制可能得到进一步延伸，包括 4 条甚至更多条曲线。

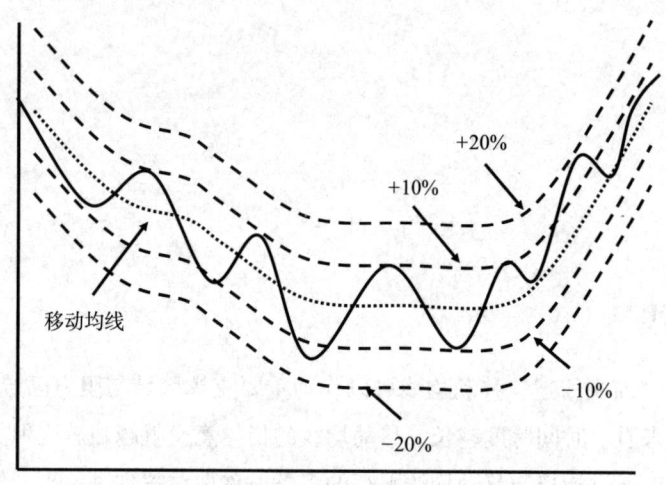

图 12-2　移动均线和四重包络线

　　每一条都与前一条保持相同比例的距离。图中包络线是以 10% 的间隔比例绘制。如果移动平均值为 100，那么包络线就分别以 90 与 110 绘制，依此类推。因为价格由心理决定，而心理倾向于按比例波动。例如，围绕移动均线上下 10% 波动，而非上下 10 个点波动。

> **技术要点**　包络线最好按比例，而非点位或绝对价值计算。

　　图 12-3 以印度 Nifty 指数走势为例，表明包络线技术可以在两大方面做出贡献：① "感受"总体趋势；② 辨别反弹或折返走势何时过度延伸。

　　但缺点是不能确定包络线就是最终的转折点。和所有旨在预测走势延续时间的技术指标一样，其使用基础是，某个指数触及特定包络线，仅意味着走势可能逆转的可能性较大，而且前提是该包络线此前曾多次扮演支撑位/阻力位。真正的交易或投资决定应该在评估多个指标特征之后做出，包络线仅是指标之一。在图 12-3 中，我们可以看到包络线的上半部分在 2004～2008 年持续地充当阻力位。但是，到 2009 年，市场走势如此强劲，以至于触及包络线上限已经没有任何技术面的指导意义。再看包络线的下半部分，价格曾数次在 -10% 的水平逆转。但是，价格要么达不到包络线下限，就像在 2004～2006 年一样，要么就远超下限，像 2008 年一样。显然，如果要确定包络线技术的确定性，事先对价格与特定包络线的关系进行仔细研究至关重要。图 12-4 就是个例子，图中显示的是 iShares 生物科技 ETF 的 ±10% 包络线。图中下半部分通过另一种形式对数据进行展示，假定移动均线对应 0，虚线表示的水平线代表正负 10% 的区间。请注意，包络线多次扮演支撑位和阻力位，价格偶尔从一条包络线波动至另一条包络线，就像震荡指标像钟摆从超买区摆动至超卖区一样。

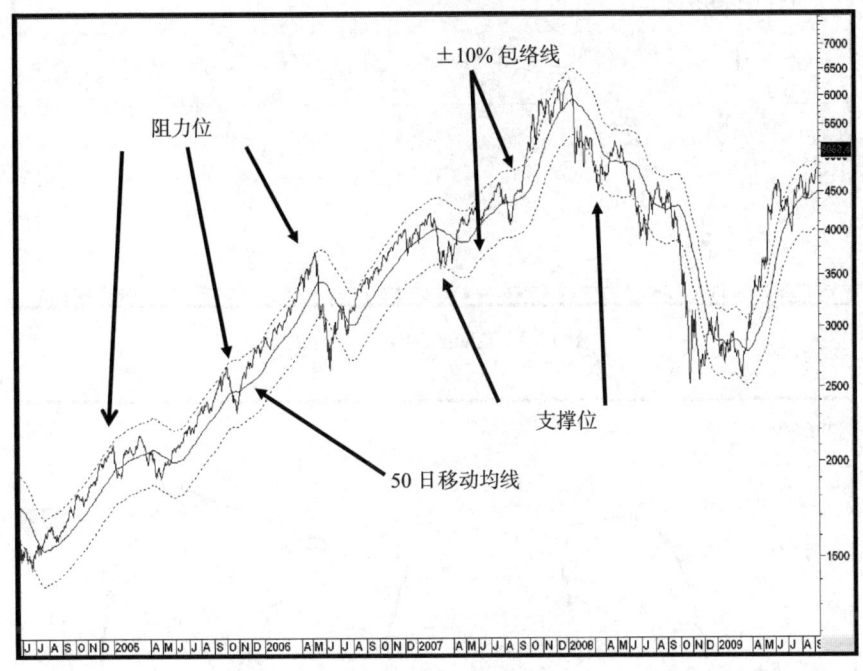

图 12-3　印度 Nifty 指数 ±10% 的包络线（2004～2009 年）

图 12-5 是巴西 Bovespa 指数的一个类似例子，不过为了体现走势特征，这次包络线的范围扩大到 35%。同样，上下限被触及对主要趋势的方向有指示意义，触及上限对应牛市特征，下限对应熊市。这并不意味着触及包络线的上下限是牛市形成的必要前提，正如冬天也可能不下雪一样，某个主要趋势的延伸过程中上下限可能并不被触及或穿越。虚线箭头表明指数在上下限之间的穿越往往预示着价格的下挫。2004 年年初的信号是一个明显的例外。我的建议是结合使用不同的移动均线和包络线，因为每种证券都有各自不同的特征。某些指标可能很适合你，但千万别指望存在完美的指标——世间本无完美。

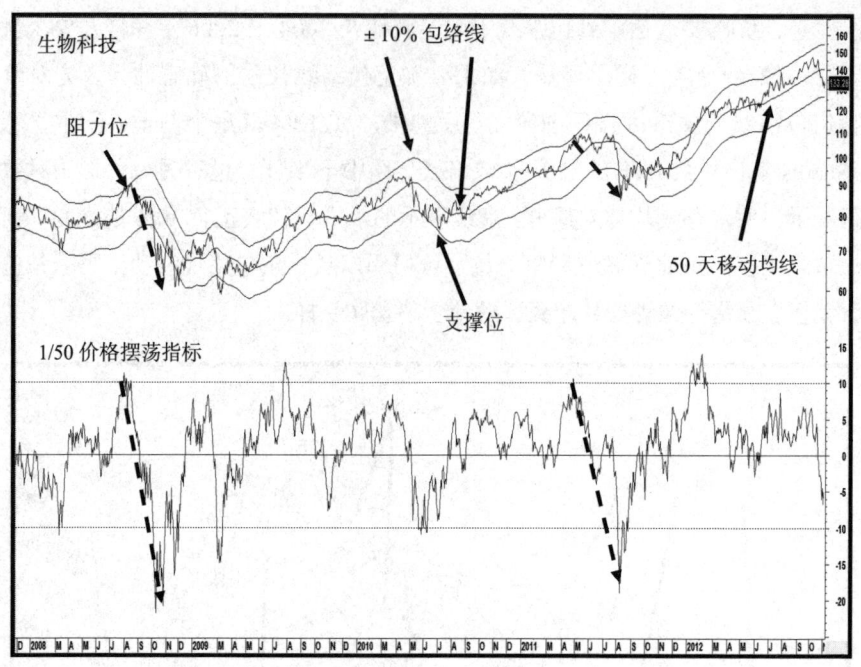

图 12-4　iShares 生物科技 ETF

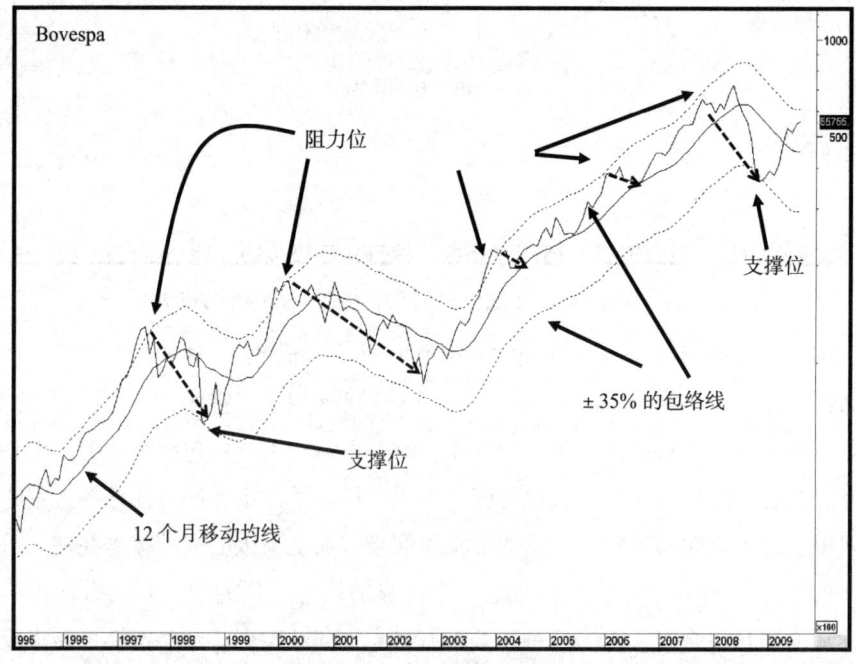

图 12-5　巴西 Bovespa 指数和两条 35% 的包络线（1995～2009 年）

布林带

概念

布林带（bollinger bands）（见图 12-6）和包络线类似，区别在于布林带不是按照高于或低于某条移动均线的固定百分比绘制，而是根据收盘价高于和低于其平均值的标准差来绘制。⊖ 其设计方法遵从了以下理念：价格波动强烈时，布林带会变宽；否则布林带变窄。

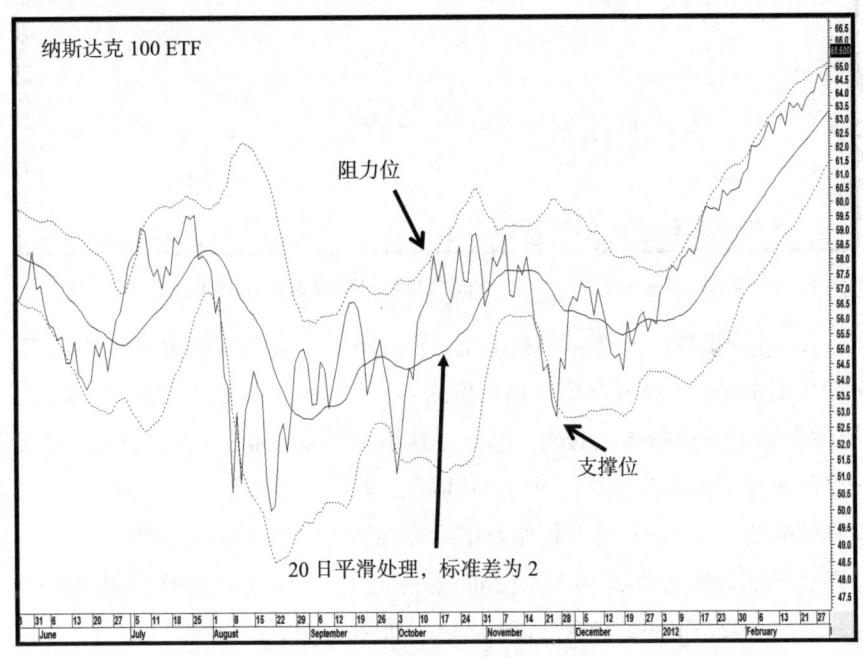

图 12-6　纳斯达克 100 指数和布林带（2011～2012 年）

和移动均线一样，绘制布林带的第 1 个参数是时间跨度。时间跨度越长，布林带越平滑，敏感性越低。图 12-6 以纳斯达克 100 ETF 为例，布林带选取的标准或默认时间跨度是 20 日，标准差是 2。

图 12-7 体现了不同平滑处理方式的区别。上半部分的时间跨度是 10 日，下半部分是 40 日。显而易见，40 日布林带更为平滑，和价格曲线的距离更远。

⊖　John Bollinger, Bollinger Capital Management, P.O. Box 3358, Manhattan Beach, CA (www.bollingerbands.com)

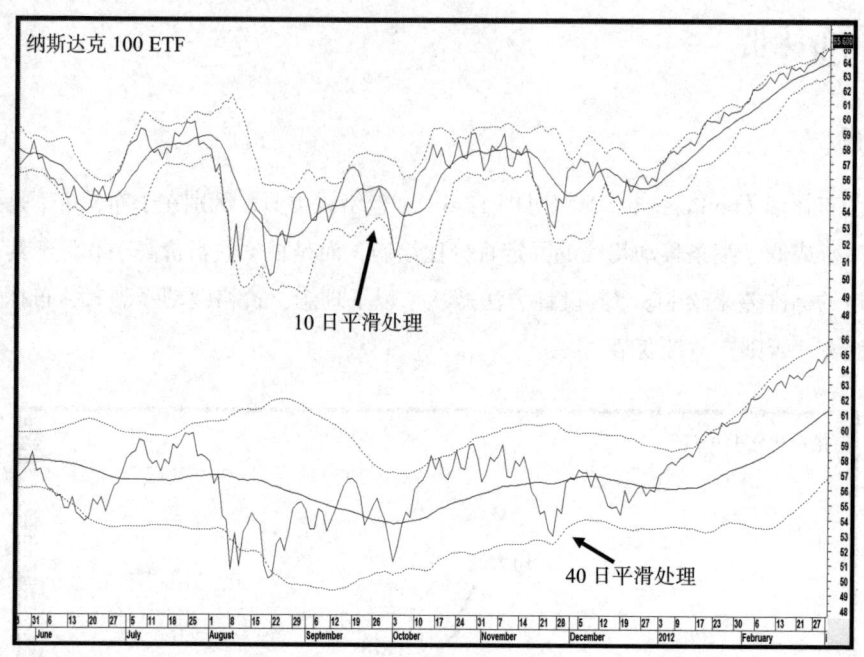

图 12-7　纳斯达克 100 ETF 走势，不同布林带平滑参数的比较（2011～2012 年）

绘制布林带的第 2 个参数是标准差设置。图 12-8 仍然以纳斯达克 100 ETF 为例，图中的上半部分，布林带选取的值为 4。下半部分则较为极端，选取的标准差为 1%。我们可以清晰地看到，标准差越小，布林带越窄，反之亦然。下半部分较窄的布林带多次被触及，因而效用降低。相反，上方较为宽阔的布林带则几乎没有被触及。可以将标准差视作与超买区/超卖区对应的一种参数。

布林带的创始人约翰·布林（John Bollinger）建议选取 20 作为时间跨度，2 为标准差。本章余下的走势图都采纳了这一建议。

解释原则

原则 1：当布林带变窄时，价格走势随后可能会大幅波动。

当然，另外一种说法认为，当交易价格处于一个较窄区间而且失去波动性时，说明供需处于较好的平衡状态。在这种背景下，布林带变窄总是相对于刚过去的一段时间，正是在这段时间，布林带有助于帮助你看清变窄的过程。同时，它们还能提供走势突破的信号，因为价格一旦实现突破，布林线就会分离。图 12-9 中两次出现了这种情况，同时也可以绘制趋势线，标出转折点。

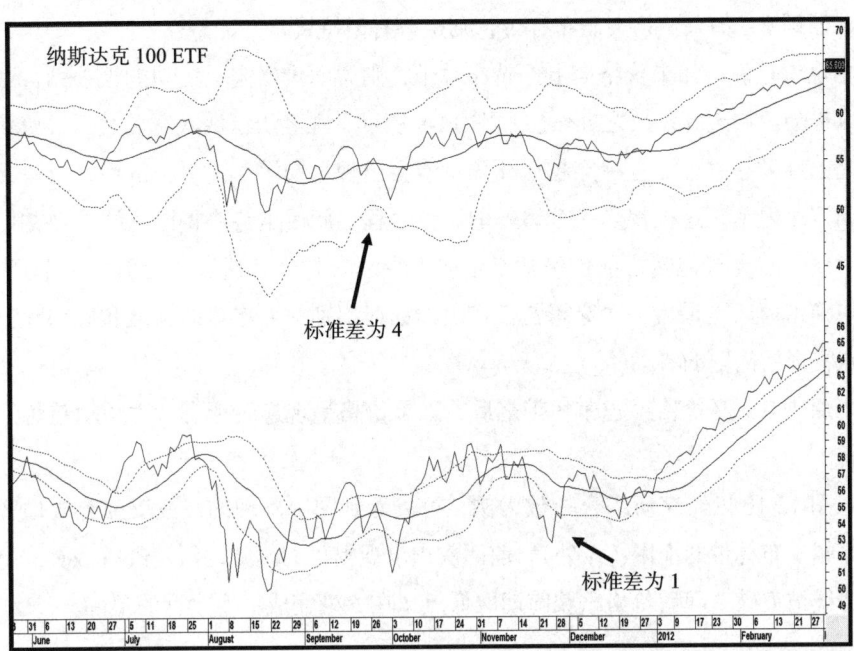

图 12-8 纳斯达克 100 ETF，不同标准差参数的比较（2011～2012 年）

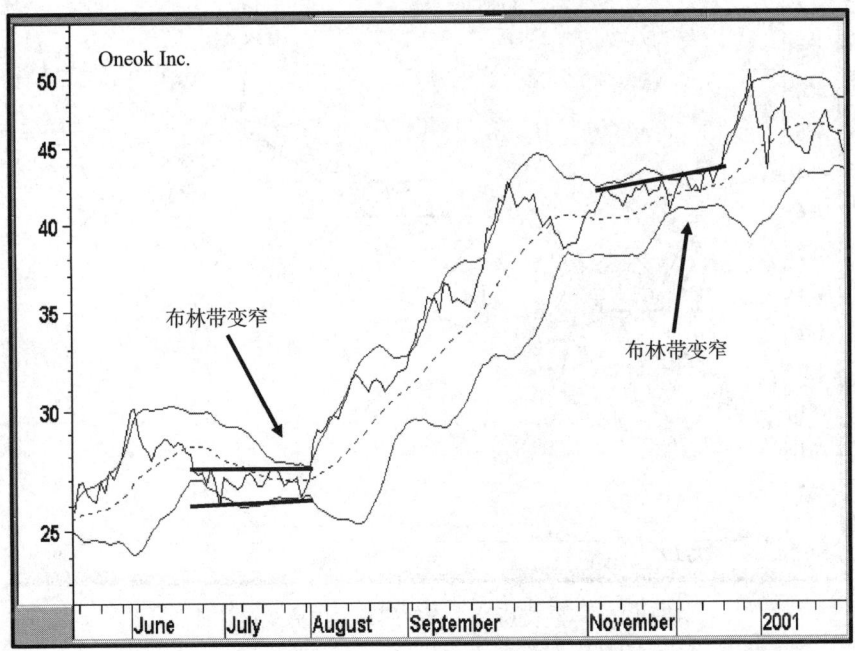

图 12-9 Oneok 公司股价及布林带（2000～2001 年）

原则 2：如果价格突破布林带，则走势有望持续。

也就是说，如果价格向上穿越布林带，则说明价格向上的动能很强劲，最终足以推动价格走高；反之亦然。如图 12-9 所示，在经历了两次突破之后，价格立即向上穿越布林带。这种穿越往往预示着会出现短期竭尽走势，价格将再一次迅速回调。但是，这仅仅是一个短暂的调整过程，此后走势将得以延续。现在你会注意到，在走势逆转之前价格常常会多次穿越布林带。这显然会引发一个疑问：如何知道何时是最后一次穿越？换言之，如何识别一波走势的头部和底部呢？下一点将揭示问题的答案。

原则 3：当价格穿越布林带之后，如果价格呈现逆转形态，则预示趋势出现逆转。

图 12-10 以纽交所综合指数为例，可以看到图中出现的三波反弹势头均触及或穿越了布林带的上限（A 处）。前两次未出现竭尽的迹象，但是最后一次，上行趋势线被突破。随后价格跌破前期次低点，在 F 处完成一个小型的顶部。

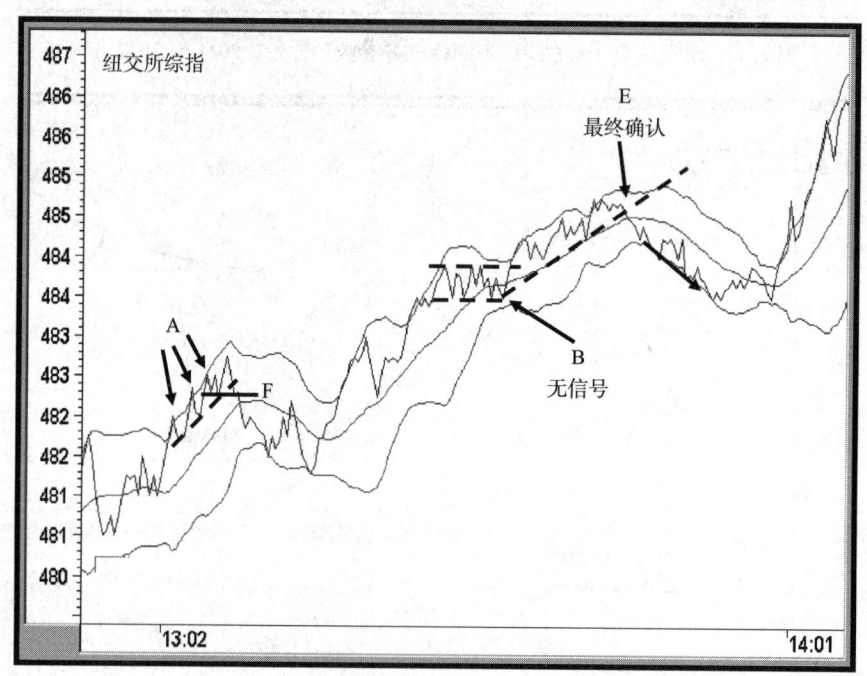

图 12-10 纽交所综合指数的日内走势及布林带

此后，价格在 B 处的区间波动前夕再次触及上限，但是并未发出信号，因为价格得以维持在交易区间的较低部分之上。最终，上行趋势线被突破，短暂地突破布林带上限后，价格在 E 点触发卖出信号。图中出现了一系列延伸过度的技术面现象，这正是价格触及布林带上下限的本质。最终，它证实了超买的事实。如果没有发出信号，这意味在短期调整过后，价格将创出新低或新高，具体视当时的走势方向而定。当然，这也并非定律，因为在分析技术指标时，不存在所谓定律。例如，图 12-11 同样显示了纽交所综合指数的走势，虽然跌破布林带上限（点 A），价格并未继续创新高，而是出现了较为强劲的跌幅。在这种情况下，清空多头仓位的最佳时机出现在价格跌破移动均线时。

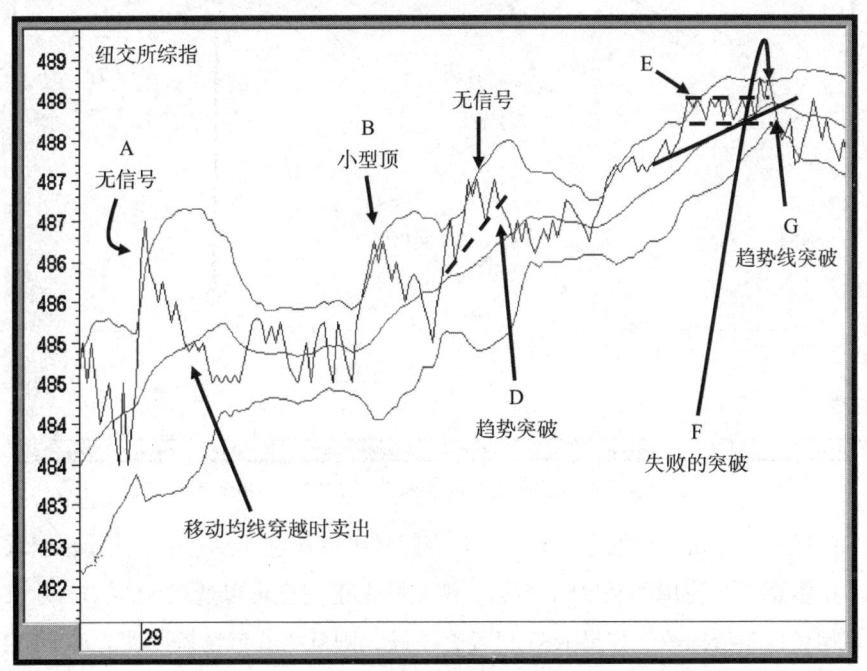

图 12-11　纽交所综合指数的日内走势及布林带

随后，在点 B 处，价格两度尝试突破布林带上限，呈现了一个小型的双重顶形态。在点 C 处，仍未发出信号，但此后趋势线在点 D 处被突破。紧接着我们看到了一系列的低点（E 处），但是支撑位并未被突破，因而没有理由卖出。最终，价格试图摆脱区间波动，却在布林带上限（点 F）受阻。后续的趋势线突破（点 G）发出了清盘信号。回过头来看，这是一次失败的突破，随着价格向下穿越一系列低点，下跌势头雪上加霜。

有时候可以将布林带分析与 KST 指标结合使用。第 15 章对该指标进行了详细的介绍。当前可以把 KST 指标视作一个平滑动能指标，当它向上或向下穿越移动均线时，会触发买入和卖出动能指标。图 12-12 以印度股票维贾雅银行为例，在 10 月底，价格经历了一次横盘整理，布林带也随之收窄。

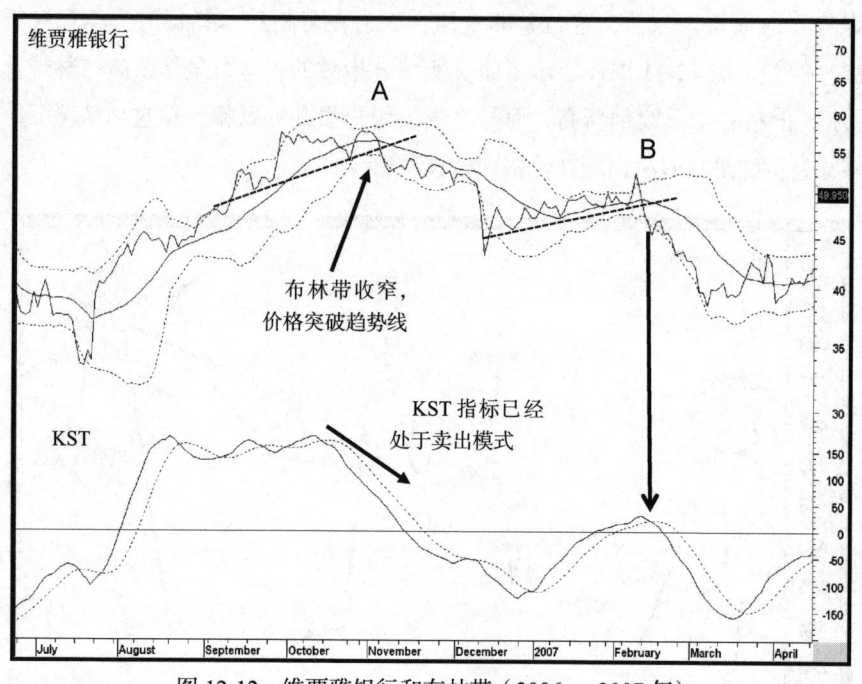

图 12-12　维贾雅银行和布林带（2006～2007 年）

问题是：价格突破的方向是什么？有时候可以通过观察某个摆荡指标获取线索。在本章，我使用的是 KST 指标，但实际上也完全可以选取 MACD、随机指标、相对强弱指标等。如果 KST 已经在下跌，则意味着市场短期动能趋于向下。由于价格很快对虚线趋势线的突破进行了确认，例如，在供求高度平衡的情况下，狭窄的布林带最终转而向下也并不奇怪。随后的点 B 处，类似的情形再度出现。这一次，KST 指标几乎在趋势线被突破的同一时间跌至移动均线下方。

―― Summary ――
小　结

- 包络线是指围绕特定移动均线上下等距离绘制的移动均线。
- 包络线是有效的支撑位/阻力位，往往能暂停反弹或回调走势。
- 有时候可以围绕某条移动均线绘制多条包络线。
- 布林带是参照标准差绘制的一种包络线。布林带的范围可大可小，具体视价格波动而定。
- 当布林带收窄时，后续的范围扩张往往预示着一波强劲的价格走势。
- 当价格突破布林带上限或下限时，往往表明走势动能强劲，趋势可能得以延续。
- 如果价格从上限撤回至下限，则趋势可能暂停；除非这一现象伴随着趋势线突破，则可能代表动能的竭尽。

第 13 章
Chapter 13

动能原理 I

截至目前，本书提到的趋势判定方法包括利用趋势线、价格形态与移动均线来分析价格本身的走势。这些方法非常有效，但在判定走势变化时具有**滞后性**。动能指标的使用往往可以在最终转折点之前预警所监测指数或价格的潜在强势或弱势。

接下来我们将研究动能分析的一般原理，这些原理实际上适用于所有动能指标。本章专门针对变动率（ROC）进行了研究，随后两章还将介绍其他的动能指标。

📈 引言

以下例子可以解释向上动能（upside momentum）：将球抛入空中后，起初球会沿一定轨道快速运行，也就是说，它具有很强的动能。但慢慢地，球的上升势头渐渐减缓，直到出现短暂的停顿，然后在重力的作用下降落。这种逐渐减速的过程被称为**向上动能损耗**（loss of upward momentum），该现象也会出现在金融市场中。球的运行轨迹相当于市场价格，价格到达最高点之前，上升速度就已经明显放缓。

> **技术要点** 可以通过运用动能指标，在最终转折点出现之前预先了解所监测价格可能走强还是走弱。

另一方面，如果在房间里向上抛球，若球在保持上升势头时撞击天花板，那么球与动能会同时逆转。不幸的是，金融市场的动能指标与此并无差异。动能与价格同时到达峰位的情况时有发生，要么是因为遭遇卖盘阻力位，要么是因为买盘力量已暂时耗尽。在这种情况下，动能的**水平**往往与其方向一样有助于判定**价格走势**。

为了更好地理解向下动能，我们可以将其比作刚刚翻越山顶的轿车。轿车开始顺着山坡向下滑，并且滑行速度不断加快，直到抵达山谷时速度达到最大。尽管开始减速，轿车依旧前行，直到最后停下来。市场价格的走势有时也与此类似：价格下跌的速度（丧失动能）往往在触及最后的低点之前开始放缓。当然，情况并非总是如此，有时候价格触及强劲支撑位，会出现动能与价格走势同时逆转的情况。但不论如何，动能领先于价格的原理往往足以作为判定所监测指标或市场平均指数可能出现逆转的依据。

动能（momentum）是一类术语的通称。正如水果包括苹果、橘子、葡萄等一样，动能也包含多个不同指标，如前面提到的 ROC、相对强弱指标（RSI）、指数平滑异同移动均线（MACD）、加权总和变动率（KST）及各种宽度摆荡指标（breadth oscillator）和扩散指标（diffusion index）。

考察动能的形式主要有两种。第 1 种是运用某一类投资工具的价格数据，如外汇、大宗商品、股票或者市场平均指数，然后通过统计处理构建摆荡指标，我们称之为**价格动能**（price momentum，成交量也可以通过同样的方法处理）。第 2 种方法也需要构建摆荡指标，但是基于对大量市场成分数据的统计处理，如纽约证券交易所（NYSE）股价高出 30 日移动均线的股票数量占比。这种方法被称为**广度动能**（breadth momentum），本书第 27 章对此进行了详细阐述。任何市场工具的价格都可以构建价格动能，但广度动能只适用于能划分为多种成分的工具。

| 技术要点 | 所有指标的动能原理或特征都是相同的，但某些指标本身具有独特性，需要通过专门的方法构建。

本章以 ROC 为例，简要说明了一些基本的动能原理。请记住，ROC 只是价格动能指标中的**一种**。第 14、15、26 及 27 章将就价格和广度动能的其他摆荡指标进行讨论。

值得注意的是，通过动能指标的信号判断的趋势逆转类型受评估的时间跨度影响。人们习惯上倾向于利用日数据判定短期趋势，利用周数据判定中期趋势，利用月数据判定主要趋势。

更重要的是，动能指标的应用是以下假设为前提：证券的价格经历正常的周期性循环，这种循环表现为价格的反弹及回调走势。不过，某些情况下，反周期的折返走势几乎是不存在的。因此，价格走势表现为线性上升或下降趋势。这是一种不寻常的现象，当其发展为动能之后，摆荡指标将失去作用。正因如此，以下技术原则至关重要。

> **技术要点** 将动能分析的运用与价格走势发出的某种趋势逆转信号相结合，这一点极为重要。

动能的诠释

ROC 指标

衡量动能的最简单方法是计算证券价格在既定时间内的变动率，即变动率指标。例如，要想构建时间跨度为 10 周的 ROC，必须将当前价格除以 10 周前的价格。如果当前价格为 100，10 周前价格为 105，那么 ROC 或动能指标就是 95.2（%），即 100/105。下一个 ROC 则是用下一周的价格除以 9 周前的价格（见表 13-1）。最后得到围绕某一中心参照点震荡的一系列数值，其水平均衡线表示从 10 周前到现在的价格水平不变（见图 13-1）。如果 ROC 是通过一个始终不变的价格计算得到的，该指标就会表现为一条水平直线。

表 13-1　10 周 ROC 计算方法

日期	道琼斯工业平均指数 (1)	10 周前的道琼斯工业平均指数 (2)	10 周变动率 ((1)÷(2))(3)
1月1日	985		
8日	980		
15日	972		
22日	975		
29日	965		
2月5日	967		
12日	972		
19日	965		

(续)

日期	道琼斯工业平均指数 (1)	10周前的道琼斯工业平均指数 (2)	10周变动率 ((1)÷(2))(3)
26日	974		
3月5日	980		
12日	965	985	98.0
19日	960	980	98.0
26日	950	972	97.7
4月2日	960	975	98.5
9日	965	965	100.0
16日	970	967	100.3
23日	974	972	100.2
30日	980	965	101.6
5月7日	985	974	101.1

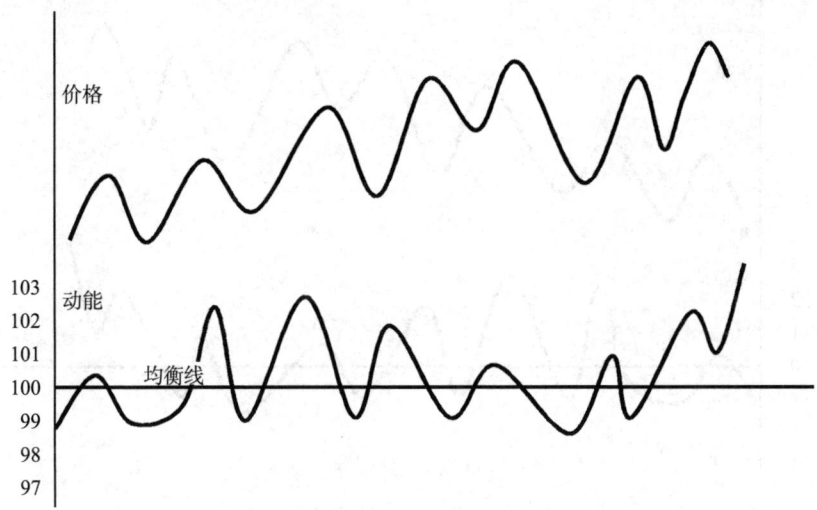

图 13-1　利用对数坐标绘制的 ROC

如果 ROC 在参照线上方，则表明所度量的市场价格高于 10 周前的价格水平。如果 ROC 还在上升，则表明当前价格与 10 周前价格水平之间的差距正在扩大。如果 ROC 在参照线上方，但同时正在下降，则表明当前价格依旧高于 10 周前的价格，但二者的差距正在缩小。如果 ROC 在中心参照线的下方，且正在下降，说明价格低于 10 周前的水平，同时二者差距正在扩大。如果 ROC 在参照线下方，同时正在上升，则说明价格仍然低于 10 周之前的水平，但下跌的速度正在放缓。

简而言之，上升的 ROC 表明速度在加快，下降的 ROC 则表明动能的损耗。动能上升可被视为多头信号，动能下降则为空头信号。

ROC 图形的绘制方法有两种。鉴于选择何种方法并不会影响指标的趋势或水平，这种选择便显得不那么重要。但本书还是会对两种方法进行简单的解释，以避免混淆。第 1 种方法之前提到过，如图 13-1 所示，100 称为图形的中心参照点。图中 100（当前观察值）除以 99（10 周前的观察值）近似地在图中标记为 101，100 除以 98 标记为 102，100 除以 102 标记为 98，依此类推。

第 2 种方法是，取 ROC 指标与参照水平 100 之差，并将得到的差以正、负数的形式绘制在以 0 位水平参照线的上下方。在该例中，101 在图上标记为 +1，102 标记为 +2，98 标记为 -2，依此类推（见图 13-2）。

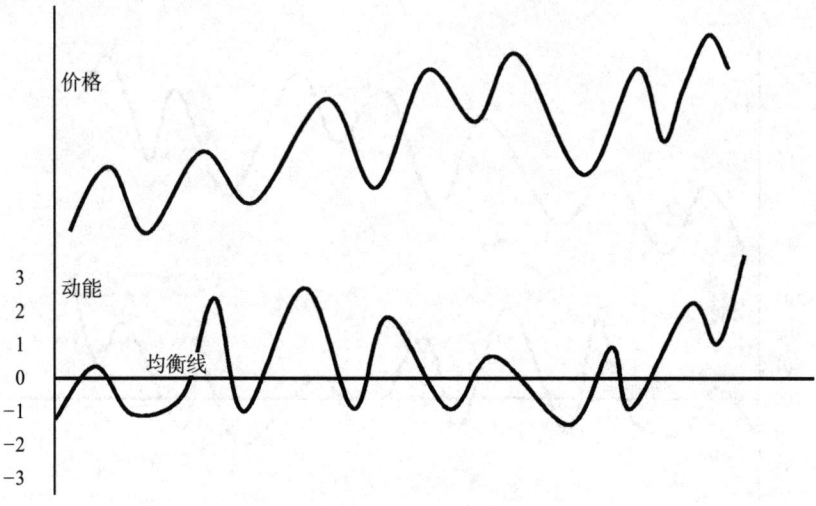

图 13-2　通过减法计算的 ROC

时间跨度的选择

选择正确的时间跨度至关重要。就长期趋势而言，12 个月或 52 周的时间跨度基本是最可靠的，但 24 个月或 18 个月的跨度也能奏效；就中期趋势而言，9 个月，26 周（6 个月）或 13 周（3 个月）的时间跨度效果较好；就更短期的价格走势而言，一般选择 10 天、20 天、25 天或 30 天的时间跨度。比较可靠的短期 / 中期走势通常采用 45 天（9 周）的时间跨度。

> **技术要点** 对于所有价格趋势的技术分析而言，采用多个基于不同时间跨度的动能指标能提高分析的准确性。

若采用不同的时间跨度，在一种时间跨度下并不明显的趋势线、价格形态或价格背离，在另一种时间跨度下会明显得多。采用多个基于不同时间跨度的指标，能提高趋势逆转信号的可靠性。图 13-3 就是这样一个例子，显示了 2007～2009 年熊市前夕 iShares MSCI 世界股价 ETF（代码 ACWI）的走势。请注意几乎在趋势线突破的同时，12 个月移动均线也被突破，如此一来，发出的信号比单独的趋势线突破本身更强。

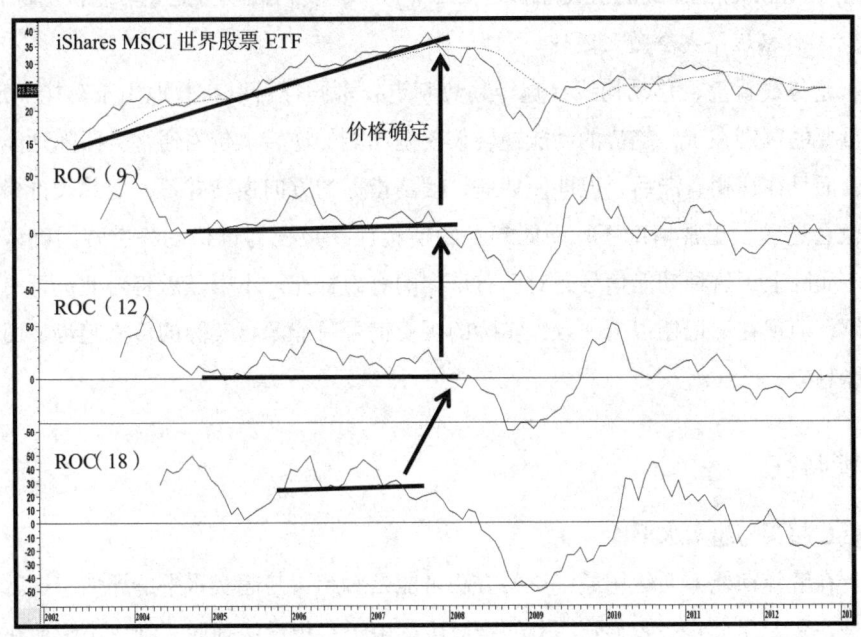

图 13-3　iShares MSCI 世界股价 ETF 及多种动能趋势突破（2002～2012 年）

资料来源：www.pring.com。

动能指标的原理和运用

以下关于动能指标的原理和运用的解释适用于所有类型的摆荡指标，不论是根据单一价格序列构建的，还是第 27 章介绍的通过衡量市场内部动能的标准构建的摆荡指标。

这些原理大致可以分成两大类。

- **用于判断超买、超卖、背离等情况的原理**。本书将此类原则称为**动能特征**（momentum characteristics）。如果对动能或摆荡指标进行研究，你会发现它们具备某些与标的价格的潜在强弱趋势相关的特征。就像在引擎盖下近距离观察一样，大多数情况下你都能在汽车故障浮出水面之前提前发现它们。动能指标和人气指标密切相关，第29章将人气指标及其与动能指标的关系进行探讨。
- **根据动能指标本身识别趋势逆转的原理**。我称之为**动能趋势逆转技术**（momentum trend reversal）。在此情形下，我们假设若趋势动能出现逆转，价格迟早也会随之逆转。

趋势线背离、移动均线穿越等趋势判定技术同样可以有效地用于动能判定。但重要的区别在于，趋势的动能逆转仅仅是动能的逆转。价格通常会跟随动能逆转，而且往往稍有滞后，但即便如此，摆荡指标的方向逆转并不一定代表价格趋势也会逆转。正常情况下，动能趋势的逆转往往被视为价格趋势逆转的确认信号。实际上，这种动能信号是对已有证据的有力补充。本书随后将对此进行更多介绍，但现在请记住以下一点：实际的买卖信号只能源自实际的价格趋势，而非动能趋势。

动能特征

1. 超买与超卖水平

在解释动能方面运用最广泛的方法可能是对超买与超卖水平的评估。这就好比是一个人在牵着一条桀骜不驯的狗散步。由于狗想设法挣脱，狗链不断地在人与狗之间拉锯。尽管如此，狗的活动区域仅限于狗链所及的范围。

该原理同样适用于市场中的动能原理，区别仅在于市场的"狗链"是弹性的，因而极强或极弱的价格趋势可以跨越正常的限度，即所谓**超买**（overbought）或**超卖**（oversold）水平。走势图中的超买区与超卖区通常与均衡线相隔一段距离，如图13-4所示。不过，具体的界限取决于所监测价格的波动性及动能指标构建的时间框架。例如，与较短时间的跨度相比，ROC指标在较长时间跨度内移动幅度扩大的倾向更大。该指标在10天内移动幅度达10%的可能性不大；但在长达12个月的一波多头行情期间，价格波动25%的情况也并不罕见。部分指标，如RSI与随机指标则专门绘制在确定的区域内。

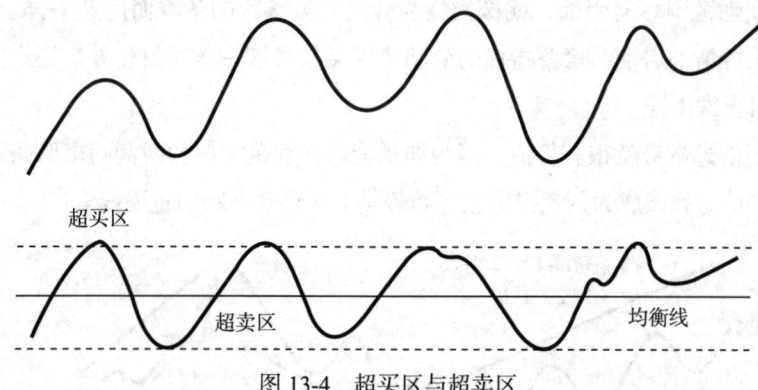

图 13-4　超买区与超卖区

当价格触及超买或超卖区域的极限，趋势很可能但并不一定绝对会发生逆转。价格进入超买区预示着考虑卖出的时机，而进入超卖区则表明，当前的技术位置是买入的时机。很多时候，价格触及超买区极限、市场充斥着利好消息，投资者心态也非常乐观，人类的本性驱使我们买入。但不幸的是，情况往往是相反的。另一方面，超卖信号往往伴随着大量利空的消息背景。这种情况下，我们最不愿意举起颤抖的双手，拿起电话，告诉经纪人进行买入；但事实证明，若总体技术面情况有利，恰恰是合理的买入时机。

谈到指标的波动性，如 ROC 指标，究竟该将超买或超卖线绘制在何处没有硬性规定，也没有捷径。只有通过历史记录与监测证券特征相关的研究才能找到方法。这些线应该起到关键点的作用，一旦被触及或小幅突破，摆荡指标就会随之出现逆转。如果价格走势的动能极为强劲，这些边界将完全失效。不幸的是，这就是无法改变的事实，但总体而言，构建能反映价格走势的超买与超卖标准并不困难。再次强调一点，市场的锁链是弹性的，可以长期维持在超买或超卖区内。因此，在大举买入或卖出之前，应该从价格走势本身的逆转中获取充足的证据。

2. 摆荡指标在主要多头与空头市场的特征

本书前面曾经提到过，摆荡指标的特征随整体的价格环境而变化。在多头市场，摆荡指标倾向于迅速进入超买区，并长时间维持在超买区内；在空头市场，摆荡指标更可能，多数情况也的确会在相当长一段时间内维持在超卖区内。实际上，摆荡指标与北半球的候鸟有些类似。图 13-5 中将价格走势划分为多头与空头行情，先是空头行情，而后转为多头，再转回空头。进入多头市场后，摆荡指标的主要变动范围移向南部，就像候鸟为躲避北方寒冷的冬季而南迁一样。随后，随着多头行情的启动，摆荡指标的变动范围又像候鸟一样回归北方，等到空头行情到来时再次南迁。

这一信息本身就很有价值，因为如果能够在摆荡指标的两侧画出两条平行的线，这些信息就能成为判定当前主要趋势是上涨还是下跌的重要线索。

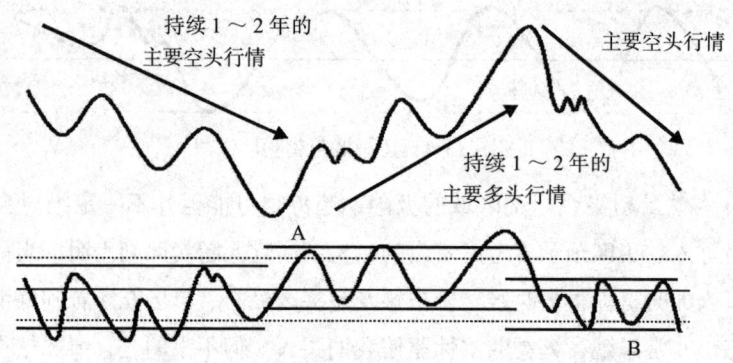

图13-5 动能特征在多头与空头行情中的变化

[技术要点] 摆荡指标具有不同的表现形式，这些形式取决于市场主要趋势的方向。

第2个要点在于，一旦掌握了主要趋势的方向，你就可以通过具体的超买或超卖信号对市场走势进行预测。在多头行情中，价格对超卖状态极其敏感。这意味着，一旦进入超卖状态，你就必须仔细寻找其他证明价格即将反弹的确认信号，比如下行趋势线的背离等。这种敏感性背后的原因在于，超卖形态很可能反映了短期内的市场人气。市场参与者正关注最近的利空消息，并以此为由进行抛售。由于市场正处于多头行情，投资者最好牢记不久后就会出现积极的长期基本面因素，并将这种短期的疲软势头视为买入的机会。

空头市场的情况恰恰相反。交易员们正关注近期的利空消息，但随后市场会出现意外的利好消息，推动价格反弹。不过，当利好消息被市场消化之后，大多数人发现市场环境没有发生根本变化，价格也开始再度下跌。因此，超买形态往往与空头行情的反弹峰位相呼应。

换一个角度来看，多头行情中，价格对超买心态的敏感度大打折扣。随后往往会出现小幅下跌甚至是横盘整理形态，如图 13-5 中的 A 点。这种情况下要记住，多头行情中的一个短期超买形态不会触发大型跌势，这种可能性非常之小。

最后，人们往往转向超卖形态，将超卖视作拉动反弹的前提条件。你最信赖的财经专栏作家可能会说，"分析师指出，市场已经深度超卖，预计将出现快速反弹"。同样，这很大程度上取决于市场环境。在牛市，这是对的，但专栏作家很可能会说，"虽然市场短期超卖，分析师预计价格还会进一步走低……"，然后列出一大堆看跌因素，支持自己的观点。记住，媒体往往反映大众心理，在关键转折点往往犯错，无法做出正确的预测，尤其是在引用"专家"看法的时候。在熊市，市场或股票对超卖形态的敏感性要低得多，往往无法预示反弹或者随后的区间波动，如图 13-5 中的 B 点所示。

无论长期还是中期趋势，趋势的成熟程度往往会对摆荡指标触及的界限产生影响。例如，多头行情启动之后，摆荡指标迅速进入超买区，并长时间维持高位。这种情况下，超买形态发出的下跌信号可能为时过早。在多头循环的早期阶段，上升势头动能强劲，超卖形态更可能预示着价格逆转，因而能发出更为可靠的信号。**只有在多头行情趋于结束，或者已经进入空头行情的情况下，超买形态才是可靠的短暂上涨信号**。摆荡指标无法长期维持甚至触及超买区的情况本身是涨势丧失动能的信号，空头行情则恰恰相反。

3. 超买与超卖穿越

在大多数情况下，当动能指标超越超买或超卖区的边界，然后再折返穿越边界、回到均衡水平时，即发出可靠的买卖信号，如图 13-6 所示。这一方法过滤了很多过早发出的信号，这些信号是指标触及超买或超卖区边界时发出的，但投资者采取行动之前应该等待价格趋势本身的逆转信号。

4. 过度超买与超卖

正如第 29 章即将讨论的一样，市场人气指标与摆荡指标的特征密切相关。由于多头与空头行情的市场人气存在广泛差别，这种情绪偶尔能反映在动能指标特征的变化中。通过短期摆荡指标观察这些变化的特征是能让我们及早判定主要趋势逆转的少数方法之一。

正如本书前几章所述，本书将其中一些现象称为过度超买（mega-overboughts）与过度超卖（mega-oversolds）。过度超买是空头行情最后一波跌势之后进入多头行情的初始推动力。就动能指标而言，其水平远远超出人们在先前的多头或空头市场中所见的正常超买量,而且可能创出了多年来的高点。这往往标志着强劲多头行情的启动。摆荡指标能反弹至如此之高的水平,若能再辅以其他的趋势逆转证据,就足以发出新一轮多头行情已经启动的信号。这表明买卖双方的力量对比状况毫无疑问转为有利于买方。设想一个人用尽全力破门而入的情形。由于使尽了巨大的力量,一旦门最终被撞开,就无法再阻止他(她)进入。同样,过度超买推动价格突破空头行情的限制,从而启动新一轮多头行情,如图 13-7 所示。

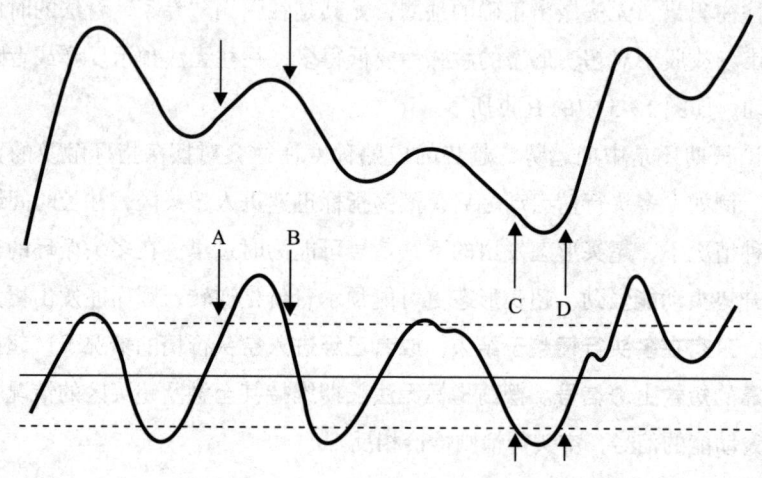

图 13-6　超买与超卖穿越

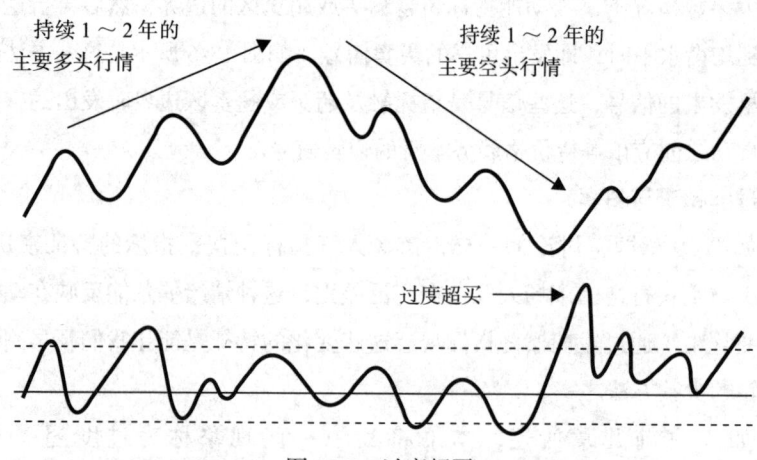

图 13-7　过度超买

过度超买可能是在超买状态下看涨的唯一合理情形。虽然如此,有些人认为只有长线投资者才能从过度超买状态中获利。这是因为，摆荡指标无论何时表现出过度超买，在经过短期的回档或整理之后，价格几乎总会走高。从事高杠杆交易的交易员可能抵抗不住财务方面的压力或无法进行逆市操作，但长线投资者可以做到。大多数情况下，你会发现过度超买形态过后往往会立即出现盘整回调，而非骤然下跌，但偶尔出现的例外情况足以将高杠杆交易员绊倒。由于过度超买形态与多头行情中的第一波反弹走势密切相关，最好看看成交量是否也在扩大。如果所监测证券的成交量创出新高，信号的可靠性就大大提高——大幅跌势过后成交量创出记录新高往往是新一轮多头行情启动的可靠信号。成交量的扩大或多或少是一种必要条件，因为这与买方力量已经占据优势、市场心理已经完全逆转的观点一致。

如前所述，有时候过度超买形态之后趋势并没有逆转，只是发生了变化。也就是说，之前的空头行情转变为为期多年的横盘整理趋势，而非完全的多头行情。关键在于，过度超买之前的空头行情未来多年并不会被彻底突破。

过度超卖的情况与之恰恰相反。因此，价格在多头行情峰位之后出现的下跌行情将动能指标压至多年以来的新低，且远低于前期多头或空头行情出现的低点，这表明卖方力量已经占据上风。动能指标可能大幅下跌的现象本身就表明市场已经发生变化。一旦发现这种情况，你至少应该对当前的多头行情提出质疑，并去寻找表明空头行情已经启动的可靠证据。在随后反弹行情中的成交量结构如何？与之前上涨行情中成交量呈现的放大趋势相比，当前涨势之下的成交量是否有所不及？

由于过度超卖通常代表空头行情中的第一波跌势，因而也代表了趋势的逆转。但过度超卖有时也可能预示着趋势由主要多头行情转变为历经多年的盘整走势。图 13-8 显示了过度超卖的一个例子。对两种过度交易形态而言，选用从 10 天到 30 天不等的短期摆荡指标，观察效果往往会更好。在绘图时，其指标不像 RSI 与随机指标那样被限制在 0 ~ 100。

图 13-9 显示了 Spider Technology ETF (代码 XLK) 在 2009 年主要熊市低点的走势。请注意 10 日 ROC 曲线冲击前所未见的高位，发出典型的过度超买信号。只要记住主要趋势逆转的第 1 个信号出现在熊市底部的 10 日之内，就很容易注意到。当然，该信号还不足以确认逆转，却足以提醒细心的分析师去寻找确认信号，例如水平趋势线的穿越标志着双重底形态的完成。

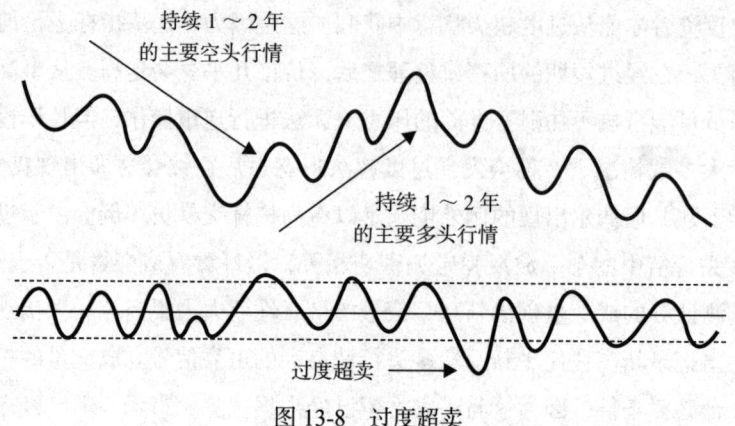

图 13-8 过度超卖

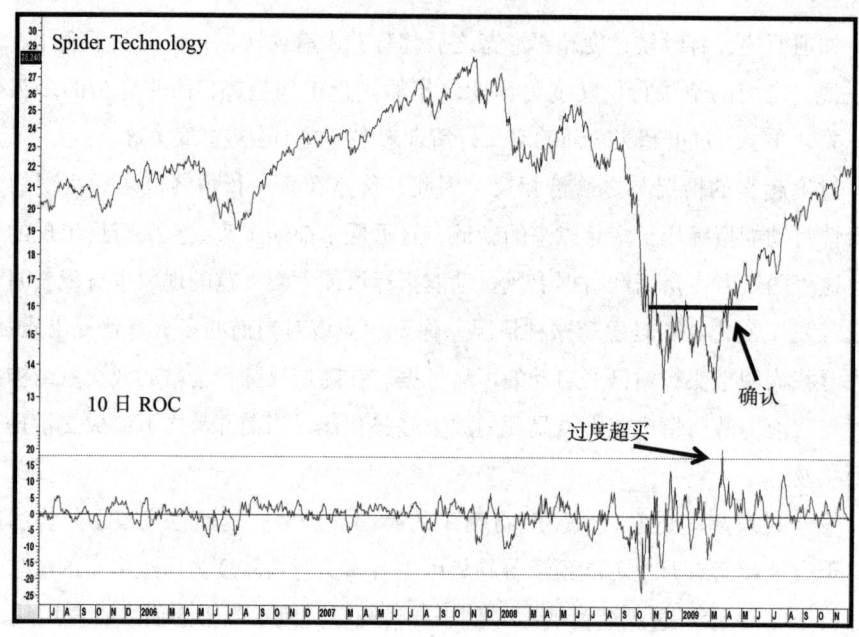

图 13-9 Spider Technology ETF 的过度超买信号（2005～2009 年）

资料来源：www.pring.com。

5. 极端摆动

极端摆动（extreme swing）是预示市场心理变化的另一种现象，即随着多头行情触顶，市场出现第一波下挫走势，价格的摆动预示着主要趋势盛极而衰，市场散布着彻底地失望与沮丧情绪。反过来，从长期空头行情转入长期多头行情也是一样的。极端摆动出现的前提是，市场必须经历长期的上涨或下跌趋势。随后，动能指标发生极端摆动，朝即将占据主导的主要趋势方向强势推进，如图 13-10 所示，随后在相反方向出现了极端确认信号。在图 13-10 中，动能指标达到非常高的超买水平的同时，竭尽底背离（blow-off）形态逐步发展为多头行情。其后伴随的是价格的下跌，将动能推向另一个极端位置。这种走势预示着市场人气的极大转变，证券价格向与最初期望相反的方向发展，投资者的情绪由乐观转为失望。

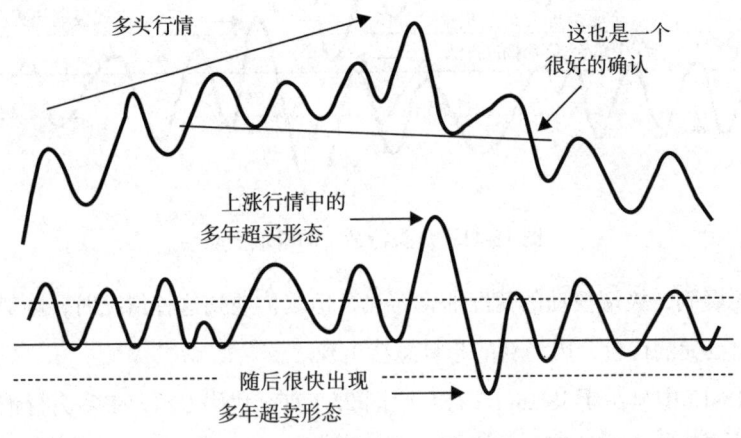

图 13-10　空头行情下的极端摆动

确认极端摆动的条件是，第 1 次摆动必须是几年来最强的走势，当然也是自前期空头市场触底以来最强劲的反弹走势，并且是多头行情的峰位；第 2 次向下摆动是一种过度超卖形态，不过在一些情况下，一次极端超卖就已足够。

这种现象确会出现，因为第 1 次摆动激励了那些对当前主要趋势判断正确的投资者，并使判断错误的投资者受挫。在多头行情中，最后一波涨势也会迫使投资者轧空剩余的所有空头头寸，因此，当趋势发生逆转时，进行空头回补的投机者基本不会进行买入。前期的强劲涨势也使那些深信价格只涨不跌的投资者大受鼓舞。因此，投资者草率做出买入的决定，没有考虑到价格下跌的可能。一旦相信价格即将下跌，这些投资者将颗粒无收。由于做空的投资者几乎无法重整旗鼓，市场价格猛跌。

极端摆动也出现在长期空头与多头趋势中，如图 13-11 所示。不过在这种情况下，情绪的波动来自完全的失望与消沉，因为急剧、持续的下跌趋势迫使投资者清空最后的多头头寸，甚至最强大的乐观者也被迫屈服，疯狂抛盘。在反弹期间，投资者回补空头头寸，市场出现新的买盘，基本面出现改善。由于卖空力量已经耗尽，价格急剧攀升，也就出现过度或极端超买。

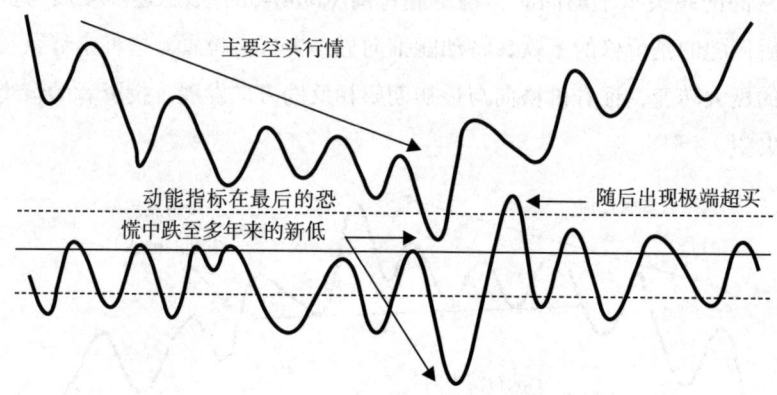

图 13-11　多头行情中的极端摆动

毫无疑问，极端摆动的情况非常罕见，但当你遇到这种情况时，顺势而为往往要付出巨大的代价，因为新的趋势总会出现。

图 13-12 中显示了 iShares FTSE 中国 25 ETF（代码 FXI）在多头行情中极端摆动的例子。请注意本例中的看涨形态也具备过度超买的特征。不过，它算不上过度超买，因为虽然是熊市后历经多年的超买情形，跌势的延续时间仅稍久于我们 9 个月的最低要求。

技术要点 过度超买超卖和极端摆动代表主要趋势逆转的初步信号。来自价格的确认往往能让逆转尘埃落定。

6. 背离

本章一开始提到的抛球例子表明，球在刚刚离开手之后不久速度达到最大化。同样，金融市场中的价格也是如此，动能一般在价格达到峰位前不久触及最高点，如图 13-13 中的 A 点。

如果价格创出新高，且通过动能指标得到确认，则不会出现技术面走软的现象。另一方面，如果动能指标没有确认（B 点），则价格与动能之间出现**负背离**现象，预示着技术面发出走软信号。这种背离现象通常表明，价格将经历一个回调的过程，可能表现为横盘整理或下跌。不过，这种情况下，价格往往还会继续走高至第 3 个峰位，同时，动能指标进一步衰竭（C 点）。有时候，第 3 个峰位甚至可能高出第 2 个峰位，但低于第 1 个峰位。两种情况都需要引起注意，因为这类特征是一种明显的警告，预示价格走势可能逆转，或经历长期的盘整。

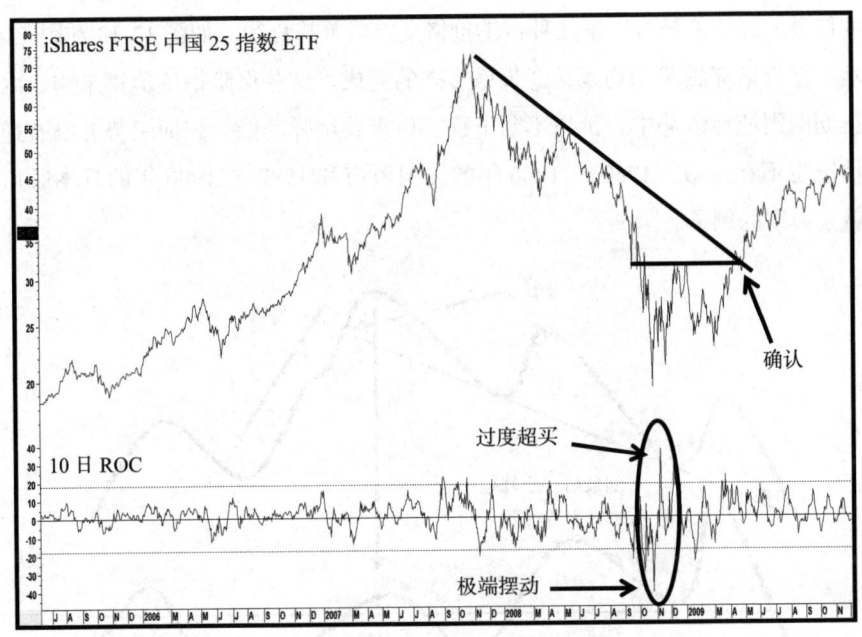

图 13-12　iShares FTSE 中国 25 指数 ETF 与多头行情中的极端摆动（2005～2009 年）

资料来源：www.pring.com。

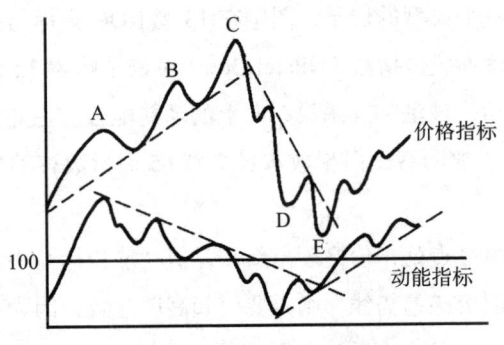

图 13-13　动能指标与背离现象

|技术要点| 背离现象本身仅仅是预示价格走软或走强的一种技术面信号,并不代表实际的买入或卖出信号。

图 13-13 也显示了**正背离**(positive divergence)的情况。价格在 E 点触底,但摆荡指标却在 D 点对应的位置先于价格触底。

无论何时,只要动能与价格指标发生背离,就应该等待价格本身发出趋势逆转的信号。确认信号有以下几种:①价格突破简单趋势线,如图 13-13 和图 13-14 所示;②价格穿越移动均线;③价格形态的完成。这些保险措施值得采用,因为在长期的周期性涨势中,价格不断下跌、再重获反弹动能,因而走势并没有逆转的情况也不在少数。1962~1966 年的美国股市和 1982~1990 年的日本股市走势就是典型的例子。

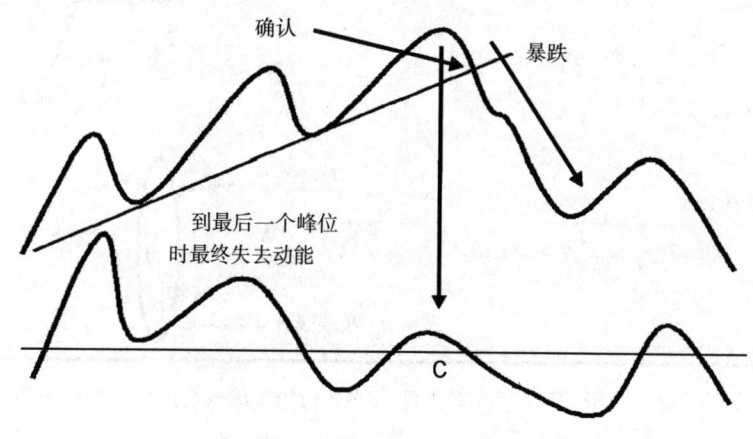

图 13-14　极端看跌背离

图 13-15 也是一个典型的例子,图中在 13 周 ROC 指标与指数走势发生数次背离之后,日经道琼斯股价指数(Nikkei Dow)突破了跨越 3.5 年的重要次级趋势线。受此影响,最后一波涨势几乎没有向上的动能配合。在此前任何一次背离中抛盘的做法也许都不够明智,但指数本身跌破 65 周指数移动均线是非常及时的卖出确认信号。

在图 13-14 中的 C 点处,价格创出新高,但动能指标几乎无法维持在均衡线之上。**如果价格同时突破趋势线**,则需要引起高度注意,因为这通常是一个极端的技术面走软信号,而且大多数情况下都预示着暴跌行情。图 13-16 显示了空头市场中的相反情况,应被视为非常有利的信号,尤其是在价格向上突破的同时市场交投旺盛的情况下。成交量越大，信号的可靠程度就越高。

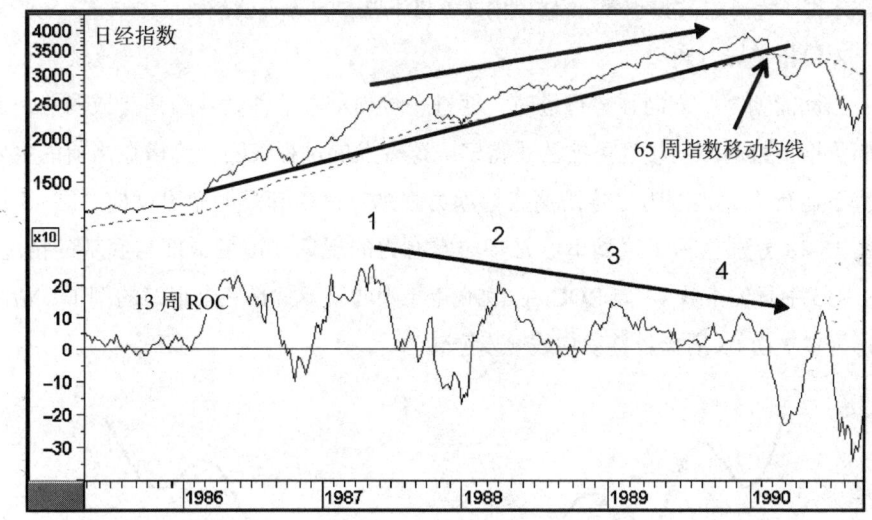

图13-15 日经指数与负背离（1985～1990年）

资料来源：www.pring.com.

技术要点 在均衡线附近出现的背离现象往往预示着价格的大幅波动。

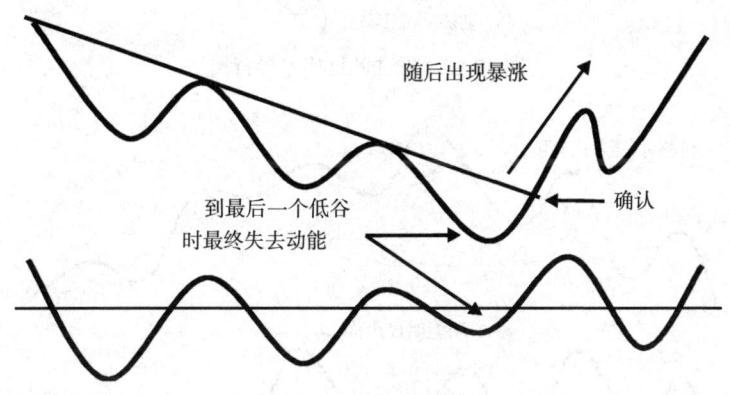

图13-16 极端看涨背离

在某种意义上而言，动能背离与价格趋势逆转的关系就如同乌云与暴雨。如果抬头仰望天空，发现乌云密布，那么根据常识，你会认为可能要下大雨了；但是在你伸出双手、实实在在地感觉到雨水滑落之前，还不能百分之百地肯定。换言之，乌云（背离现象）预示着坏天气（技术面因素），但第一滴雨水（价格趋势逆转）才是天气转变的真实信号。可将此比喻做进一步延伸，得到以下结论：乌云越浓密（背离的次数越多），暴风雨（价格下跌）的势头就越猛。

7. 价格差异背离

当动能朝某个方向强势行进时，就进一步预示着某种微妙的强势或弱势，但同期价格指数的波动幅度可能要小得多。这种发展过程表明，价格在当前的主要趋势下运行乏力，因为尽管摆荡指标动力强劲，价格却没能做出反应。图 13-17 与图 13-18 分别显示了这种不寻常却非常有力的现象在市场顶部与底部的情况。图 13-15 中日经指数 13 周 ROC 在 1990 年年中的反弹就是一个很好的例子。请注意价格多次由 65 周指数移动均线触发逆转。

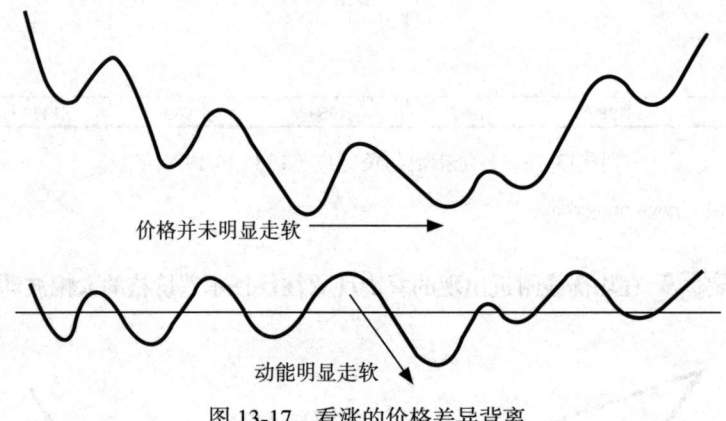

图 13-17　看涨的价格差异背离

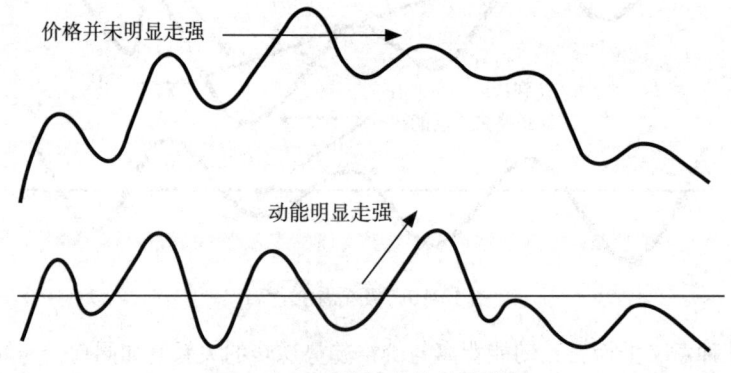

图 13-18　看跌的价格差异背离

8. 复合背离

众所周知，价格走势同时受到多种周期性现象的影响。由于一个动能指标只能反映其中一个周期,所以将基于不同时间跨度的不同指标放在一起进行比较分析是一个很好的选择。

一种方法是将不同时间跨度的两种动能指标绘制在同一个走势图上,如图 13-19 所示。由于这种方法旨在对两种不同的时间周期进行比较,选择的两个时间跨度最好差异较大。例如,12 周与 13 周 ROC 指标的比较分析意义不大,因为二者非常类似。但若对 13 周与 26 周 ROC 指标的比较分析却能清楚地反映两个不同的周期。

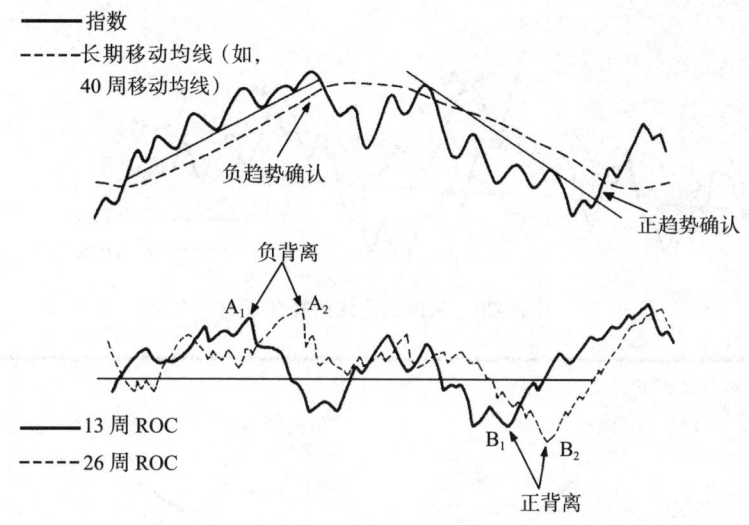

图 13-19 复合背离

大多数情况下,两种指标的走势是一致的,所以这种研究通常无法提供太多信息。另一方面,有时长期指标创出新高,短期指标却可能还停留在均衡线附近,二者明显相互背离(见图 13-19 中的点 A_2)。通常而言,这预示着价格趋势即将逆转,而且会出现大幅逆转。不过,即便如此,也必须等到价格趋势本身确认了这一逆转走势。在图 13-19 中,价格趋势的确出现逆转;但图 13-20 的情况却恰恰相反,价格没有逆转,继续一路上涨。

复合背离也会出现在正背离组合中,如图 13-19 中的点 B_1。不过,仍然必须等到价格走势本身发出逆转信号才能采取行动。

图 13-21 以美国石油 ETF 为例。请注意,图中不仅包括一个正复合背离和一个负复合背离,还出现了确认。总体而言,背离的时间跨度越长,就越可能捕捉到这些有意思的特征。

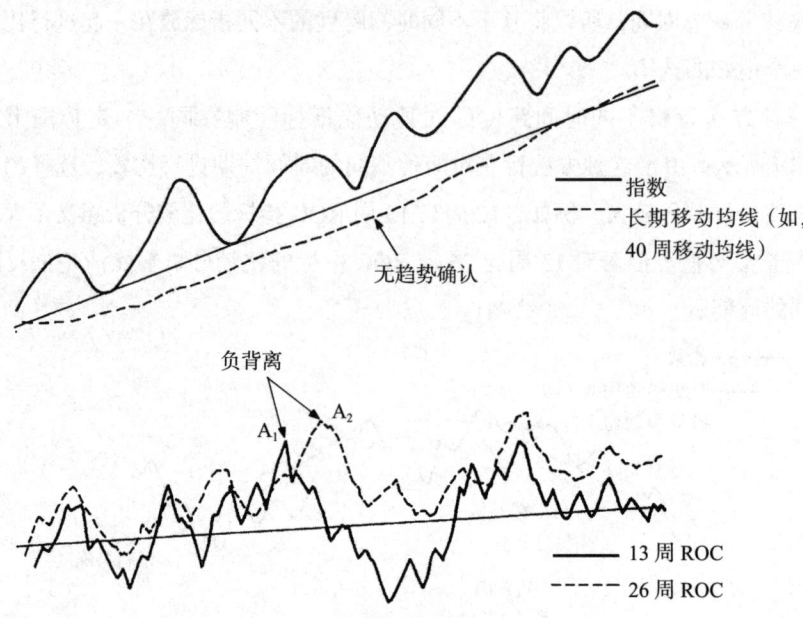

图 13-20 未得到确认的复合背离

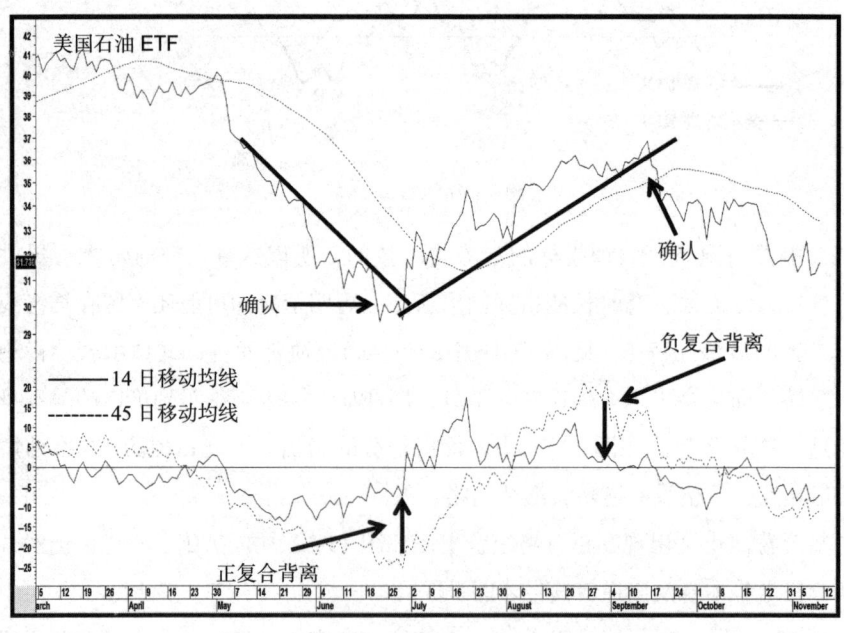

图 13-21 美国石油 ETF 的复合背离

资料来源：www.pring.com。

动能趋势逆转技术

1. 趋势线突破

有时候，可以将一系列的峰位与谷底连接起来，在动能指标走势图中构建一条趋势线。图 13-22 显示了动能指标上涨趋势逆转的情形。一旦趋势线被突破，就发出了摆荡指标趋势逆转的信号。

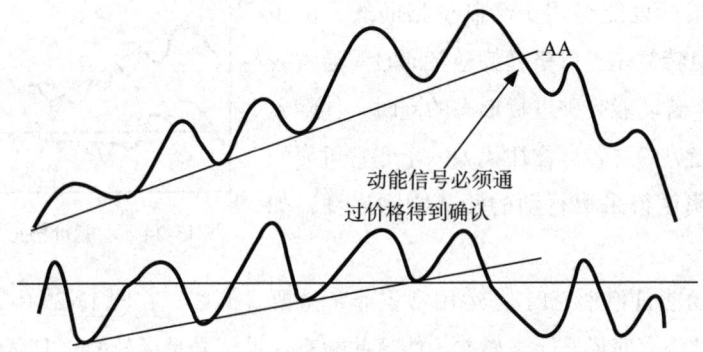

图 13-22　下跌行情中的动能趋势突破

动能指标趋势线的构建与意义和第 6 章所述价格趋势线原理一致。这种动能走软的现象应该引起注意，在价格趋势本身出现逆转确认（图 13-22 中的点 AA）的前提下采取行动。实际上，动能趋势的突破与价格趋势突破相互强化，同时提供了价格逆转的有力证据。

图 13-23 显示了动能趋势线突破发出的新上涨信号。有时候，动能趋势的突破可能先于价格趋势的突破，但这并不能削弱这种现象本身的重要性。

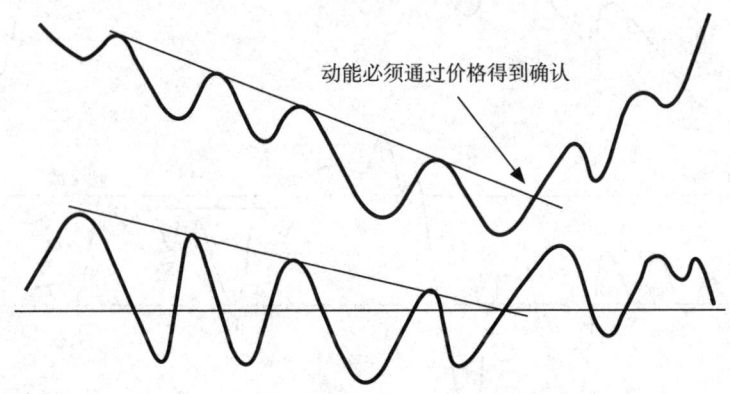

图 13-23　上涨行情中的动能趋势突破

技术要点 一般而言，如果两条线几乎同时被突破，若价格趋势首先被突破，则信号的强度更大。

此外还应注意，动能趋势线突破可以通过任何合理的技术面价格趋势逆转信号得到确认，如移动均线的穿越、价格形态或峰位－谷底演进逆转等。

2.动能价格形态

动能指标也能够用于绘制价格曲线。由于下降动能逆转领先于价格趋势逆转的时间通常较短，所以，若动能突破进货形态的同时，伴随着价格下行趋势的逆转，往往代表一个非常可靠的信号，说明值得采取行动的涨势刚刚启动，如图 13-24 所示。

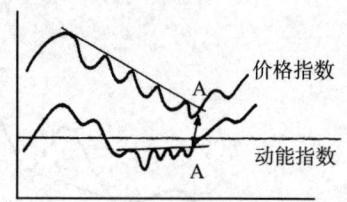

图 13-24 动能价格形态的完成

解释动能价格形态时，运用常识非常重要。例如，在图 13-25 中，动能在超买区突破头肩底形态。虽然并不能就此断言这种信号是无效的，但显而易见的是，从极端位置进行的突破通常无法触发持续的价格走势。请记住，技术分析处理的是或然事件，该例中出现理想结果的可能性非常之小。具体来说，这种失败信号往往以逆趋势的形式出现，例如在主要熊市的虚假向上突破，或主要牛市的虚假向下突破。

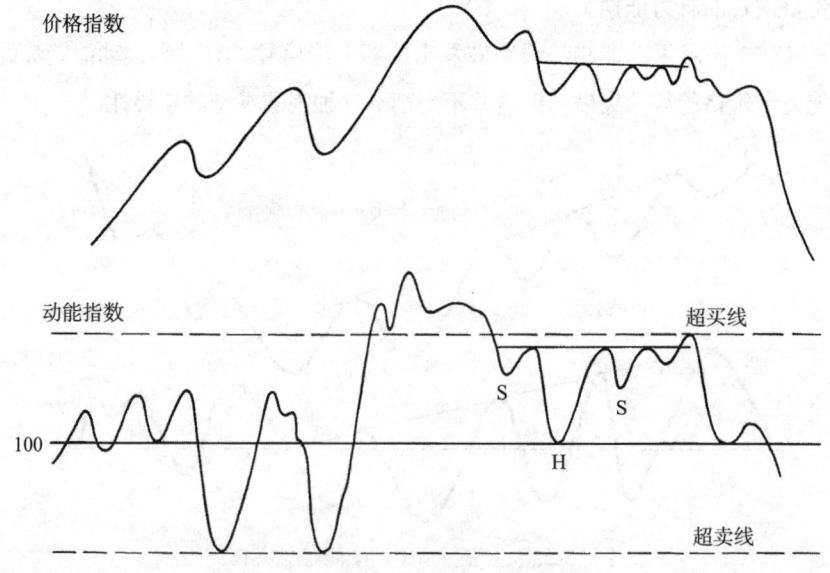

图 13-25 超买动能形态的完成

图 13-26 包括多个动能趋势线突破和价格形态完成的例子。2012 年 9 月虚线表示的上行趋势线被突破充分说明了为什么应该等待价格的确认信号，由于没有来自价格的确认，价格随后经历了强劲的反弹。

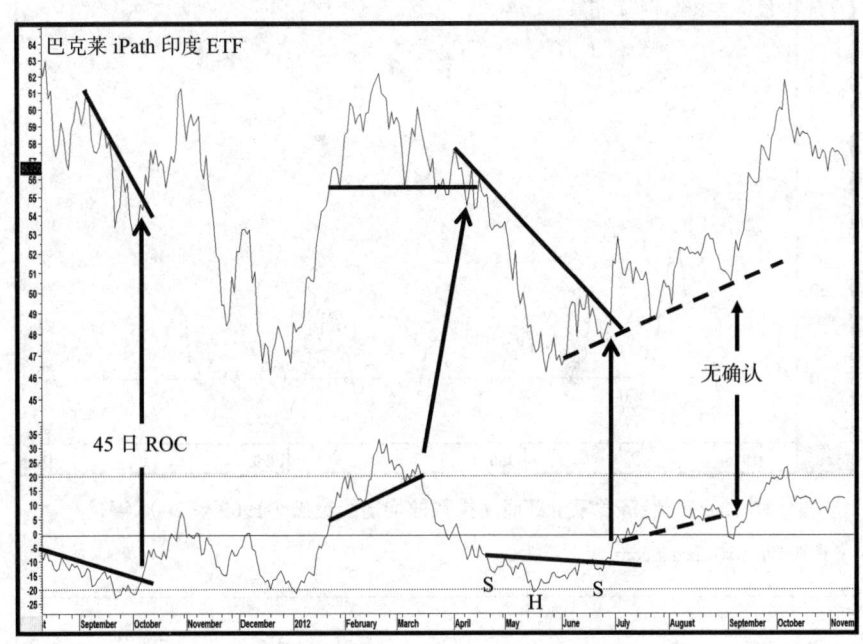

图 13-26　巴克莱 iPath 印度 ETF 动能和价格形态

资料来源：www.pring.com。

3. 均衡线穿越

有些技术分析师设计了一些动能指标，并认为这些动能指标向上或向下穿越均衡线时能够发出买入和卖出的信号。许多市场都不适用于这一方法，因此掌握运用技巧主要依赖于反复试验。但是，无论如何，一个好的方法总是要配合价格本身发出的逆转信号。图 13-27 显示了经济学家全部商品指数（Economist All Items Commodity Index）走势的 12 个月 ROC 穿越均衡线与价格指数穿越 12 个月移动均线如何相互配合，并持续发出可靠的买入信号。图中的两个椭圆形圈出了少数几个虚假信号。

4. 动能与移动均线

截至目前可知，适用于判定价格趋势的技术显然也都适用于动能的判定。如前所述，摆荡指标的阐述很大程度上取决于主观判断。减少这种主观性的一种方法是，通过使用移动均线对 ROC 指标进行平滑处理，并将动能指标对移动均线的穿越视为趋势逆转的一种信号，如图 13-28 所示。

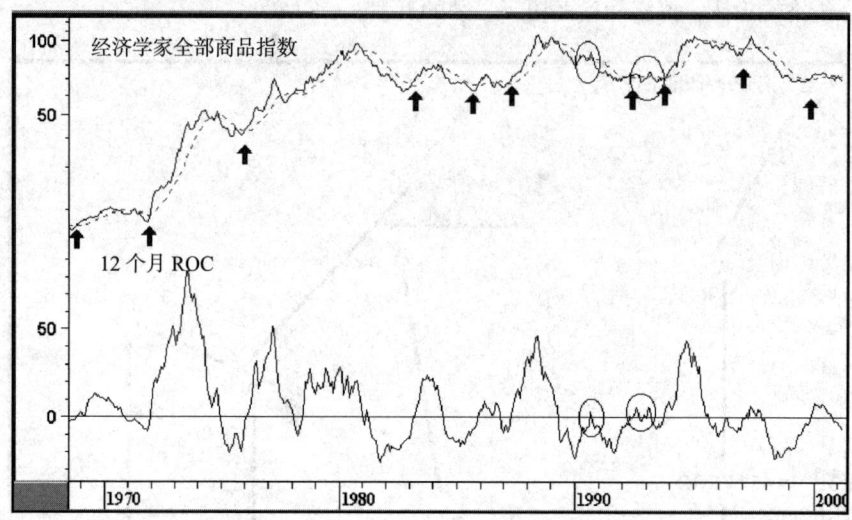

图 13-27　经济学家全部商品指数的均衡线突破（1969～2000 年）

资料来源：www.pring.com.

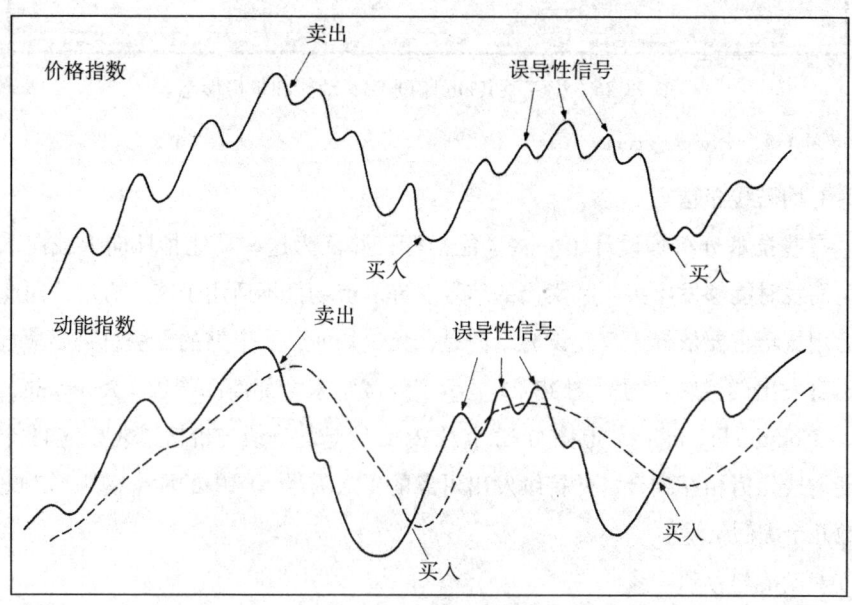

图 13-28　移动均线穿越

该方法存在的一个问题是，动能指标的波动幅度通常比其试图衡量的价格指数要大，因此可能发出大量的误导性信号。如图13-29所示，我们可以通过同时使用两条移动均线，将某些误导性信号过滤。若时间跨度较小的移动均线向上或向下穿越时间跨度较长的移动均线，则发出买入或卖出信号。

由于平滑的动能指标是构成趋势偏离与MACD指标的基础，下一章将对动能的这一概念进行详细阐述。

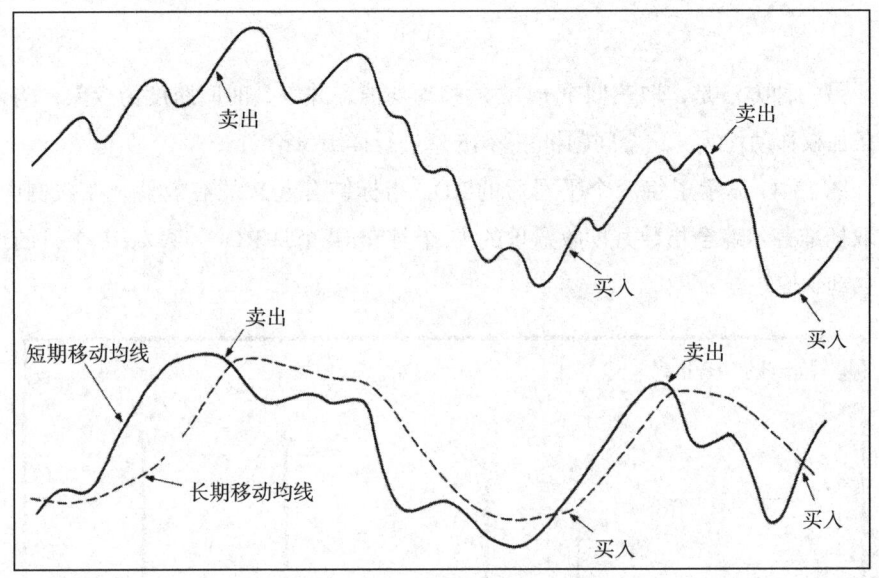

图13-29　平滑的移动均线穿越

📈 平滑的动能指标

结合移动均线进行动能分析的另一种方法是运用长期移动均线对动能指标进行平滑处理。何谓长期移动均线，要视所监测趋势的类型而定。例如，对短期价格走势而言，20日或30日移动均线较为合适；但对主要价格趋势而言，6个月、9个月甚至12个月更为合适。平滑处理后的动能指标本身的逆转（见图13-30a）及平滑处理后的动能指标穿越某特定的超买或超卖水平（见图13-30b），都预示着价格可能出现逆转。用虚线表示的超买和超卖界限的设定，要参照对价格和动能曲线历史关系的研究、在反复试验的基础上进行。

如果经过平滑处理后的动能曲线波动幅度仍然很大，通常可以通过时间跨度更长的移动均线对动能曲线或移动均线本身进行平滑处理。

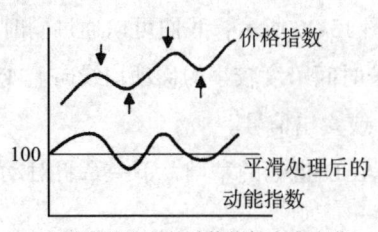
a）平滑处理后的动能指标方向变化

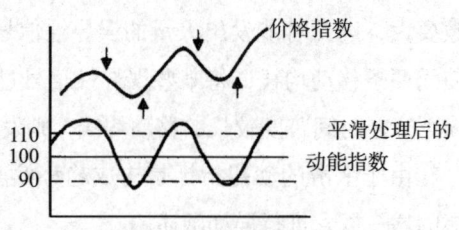
b）平滑处理后动能指标的超买或超卖穿越

图 13-30

另一种方法是，取三四个 ROC 的移动均值，并以其时间跨度为权数，构建一条加权移动均线。这个问题将在第 15 章进行详细讨论。

图 13-31 显示了将两个平滑后的 ROC 指标结合起来的有效性。在该例中，先取标准普尔综合指数月度收盘价的 11 个月和 14 个月 ROC，再取 10 个月的加权移动均值。

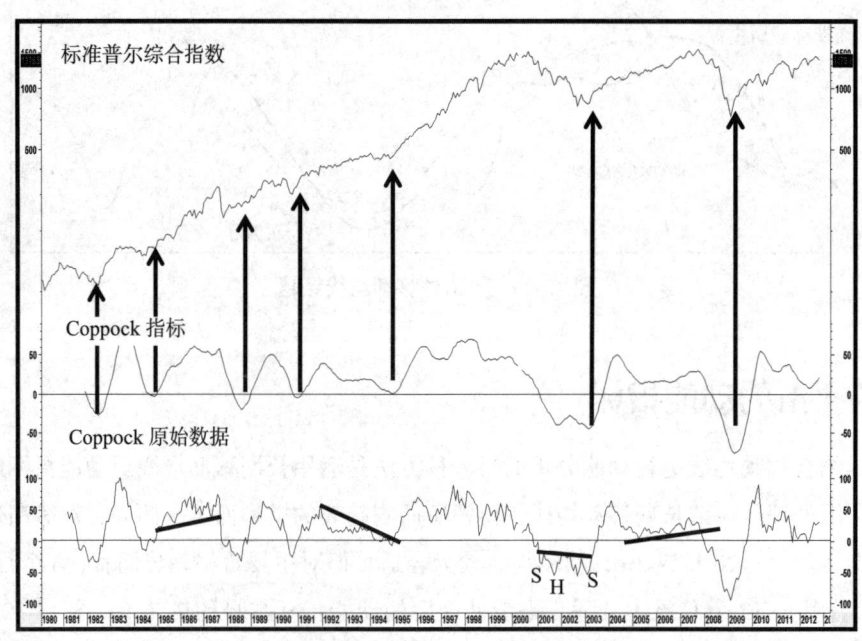

图 13-31　标准普尔综合指数与 Coppock 指标（1980～2012 年）

资料来源：www.pring.com。

这是由 E. S. C. Coppock 发现的一种方法，经验表明，该指标仅在市场底部而非顶部有效，所以该动能指标只有在跌破均衡线并向上逆转时才有意义。从图中的箭头可以看出 1982～2012 年的上涨行情信号非常及时。将该指标追溯到 1900 年，我发现 29 个信号中只有 1913 年、1941 年和 2002 年的 3 个信号过早发出。若结合 12 个月移动均线穿越进行确认，这些虚假信号都可以过滤掉。

图 13-31 的下半部分旨在说明也可以在原始数据的基础上结合趋势线突破、价格形态等进行判断。

构建平滑动能指标的另一种方法是构建价格指数移动均线的 ROC。这一方法的程序与前述的方法恰恰相反，不是先构建 ROC，再将所得到的动能指标进行平滑处理，而是先通过移动均线对价格指数进行平滑处理，再构建 ROC。

Summary
小　结

- 动能是一种泛称，它包括多种不同的摆荡指标。
- 动能能衡量价格上涨或下跌的速度，并发出价格趋势可能走强或走弱的信号，因为价格在触及峰位之前往往以最快的速度攀升，在触及谷底之前往往以最快的速度下跌。
- 一般而言，由于市场行情在上涨过程中比在下跌过程中花费时间的更多，所以，正常情况下动能指标在反弹上涨期间的指导作用比回落走势期间要大。
- 摆荡指标反映市场人气，且在长期多头与空头行情中具有不同的表现特征。
- 解释动能的基本方法有两种：动能特征与动能趋势逆转。
- 动能信号**必须**配合价格趋势逆转信号一起使用。

第 14 章
Chapter 14

动能原理 II

建议你对本章和下一章将介绍的所有动能指标进行研究，然后选择两到三个感觉合意的指标。采用太多指标往往会造成混淆。如果想对动能指标做更深入的了解，可以参阅我的另一本书《动能指标权威指南》(*Definitive Guide to Momentum Indicators*) 或登录 www.pring.com，找到我的在线视频或音频课程，里面也有关于动能指标的章节。

相对强弱指标

公式

相对强弱指标（relative strength indicator，RSI）由韦尔斯·怀尔德（Wells Wilder）提出。作为一种动能指标或摆荡指标，它衡量了与其"自身"相比证券内在的相对强度，而非将不同的资产相比较，或将个股与大盘比较。RSI 的计算公式如下

$$RSI = 100 - \frac{[100]}{1+RS}$$

其中 RS 等于 x 日内收盘价平均上涨点数与 x 日内收盘价平均下跌点数的比值。采用这样的公式形式是为了克服在动能指标构建过程中存在的两个问题：①不规则波动，②为了进行比较而必须设立固定的交易区间。不规则波动是由于股价的剧烈变动引起的，但可以通过计算来减少这一因素影响。例如，对于 20 日 ROC

指标而言，即使当前的价格几乎没有发生变化，过去 20 天价格的剧烈下跌或上涨也可能导致当前动能曲线的突然改变。RSI 则试图通过平滑处理消除这种扭曲现象。

RSI 公式不仅具备这种平滑特性，而且能使指标值在 0 ～ 100 的固定范围内变动。怀尔德推荐的默认时间跨度为 14 日，他认为采用月周期 28 天的一半是合理的。虽然说月周期包括周末，因此实际交易日超过 14 天，这种默认的时间跨度在实践中却十分可靠，这就够了。

RSI 使证券之间的比较成为可能

RSI 的计算特征使我们能够在同一走势图中对不同证券进行精确比较。在图 14-1 中包含两种指数，即道琼斯公用事业指数和费城金银成分指数。图上半部分描绘的是 45 日 ROC 指标，下半部分则是 45 日 RSI 指标。我们很难通过 ROC 指标来对两种指数加以比较，因为公用事业指数的波动相对而言要小得多。另一方面，可以看到图中下半部分 RSI 指标的波动性背离要少得多。

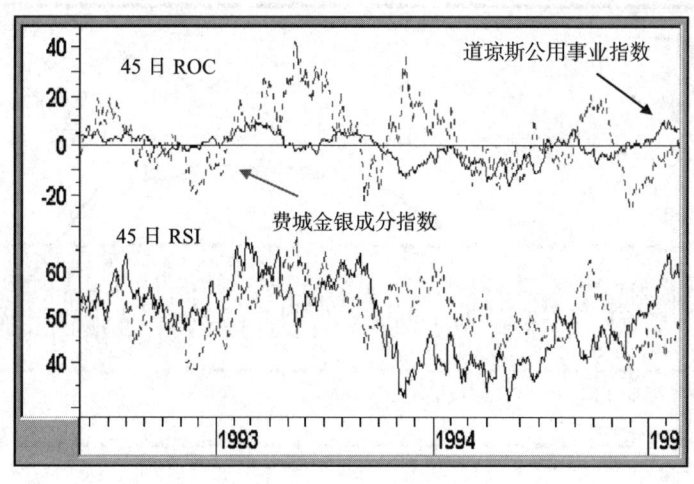

图 14-1 RSI 与 ROC

资料来源：www.pring.com。

设定超买/超卖线

正因为如此，使用 RSI 指标更易于构建统一的标准来界定超买和超卖基准。

运用 14 天的默认时间跨度时，超卖基准点习惯上设定为 30，超买基准点则设定为 70。在"RSI 的行为"一文中，彼得（Peter W. Aan）指出 RSI 头部与底部的平均值分别接近于 72 和 32。这一研究表明，将怀尔德建议的 70 和 30 的区间进一步拓宽，可以更好地反映平均的超买和超卖值。

值得注意的是，RSI 的摆荡幅度与时间跨度之间的关系与其他大多数动能指标是相反的。例如，对于 ROC 指标而言，时间跨度越长，摆荡幅度越大，RSI 指标则恰好相反。RSI 的均衡点位于中点处，在本例中即为 50。因此，传统的方法是将超买和超卖线设定在中点上下等距离的位置。我们应记住，在 RSI 的计算中，时间跨度越长，摆荡区间越窄；反之亦然。因此，当时间跨度与标准的 14 天明显不同时，70/30 的组合便是不恰当的。如图 14-2 所示，对于香港恒生指数 9 日 RSI，将 80/20 的组合设定为超买和超卖的极端情形就比 70/30 的默认值感觉要好。这是因为较短的时间内 RSI 的振荡幅度较大。该图的下半部分刻画了 65 日 RSI 的情形，在较窄的摆荡区间内，62.5/37.5 的组合更合适。在这种情况下，RSI 从来没有触及 70/30 的水平。

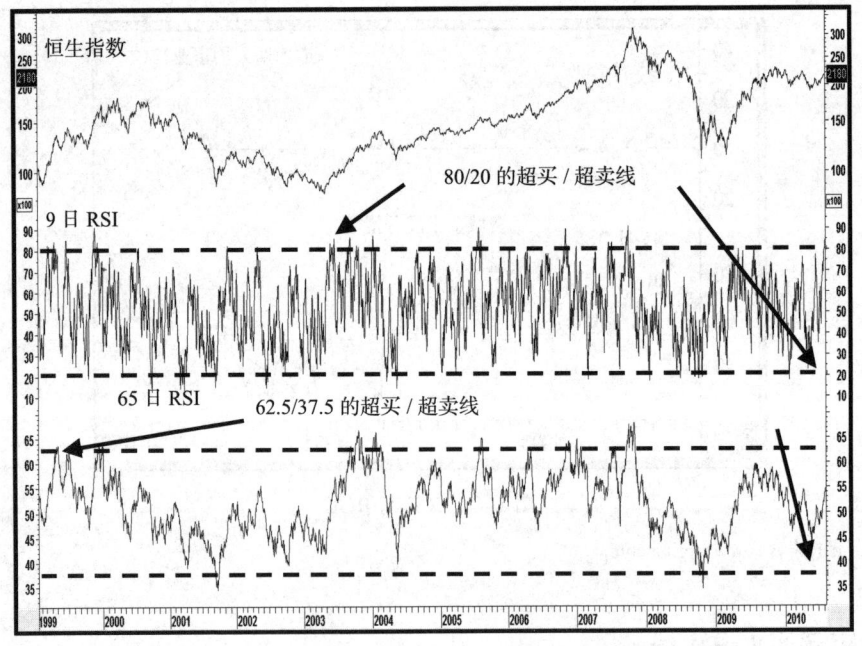

图 14-2　恒生指数走势及 RSI 超买/超卖线（1999～2010 年）

资料来源：www.pring.com。

这里所说的时间跨度的"长"和"短"需要参照所考虑的数据类型。例如，就日数据来说，60日RSI代表着较长的时间跨度，但对于月度数据而言，60天（2个月）的时间却很短。因此，当我们在选择具体的RSI时间跨度时，需要将这一因素考虑在内。图14-3中描绘了同一时间段内两条RSI曲线的情况（60天或3个月），但超买和超卖线却绘制在不同的水平，这是因为其中一条曲线依据的是日数据，而另一条依据的则是月数据。

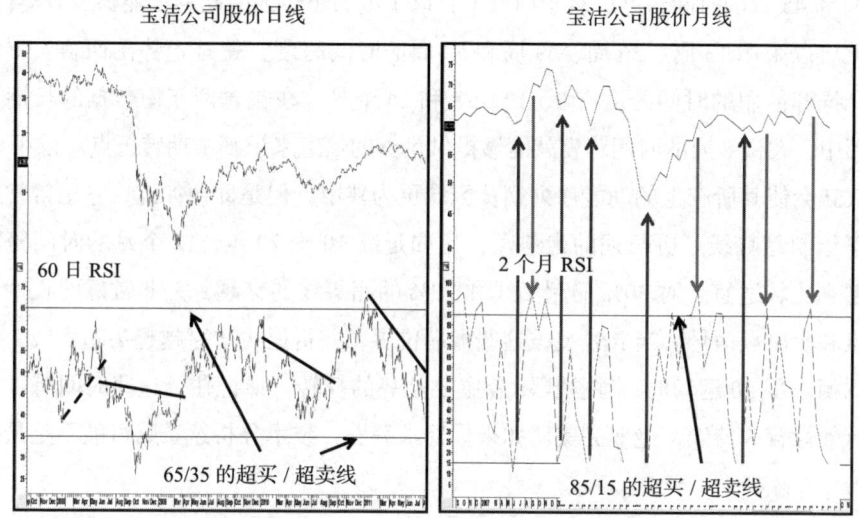

图14-3　宝洁公司股价的60日和2个月RSI

资料来源：www.pring.com。

基于较短时间跨度的RSI曲线波动性更大，因此在指出超买和超卖状态方面更加合适。另一方面，时间跨度较长的RSI曲线运行轨迹更为平稳，更适用于绘制趋势线和价格形态。

时间跨度

我们可以绘制任何时间跨度的RSI曲线。在佩里·考夫曼（Perry Kaufman）的《新商品交易系统和方法》（*New Commodity Trading Systems and Methods*）一书中，他对将14天（大多数走势图的默认值）作为时间跨度的唯一选择提出了质疑。他指出，当移动均线的时间跨度恰好为主导周期长度的一半时，会发生最大幅度的背离。换言之，如果假定股票市场的主要趋势大约会在4年的商业周期内完成一个循环，那么24个月的移动均线中的周期最高点和最低点之间的背离幅度最大。在以28天为周期时，14天无疑是正确的选择，但很重要的一点是，除了月周期之外还存在许多其他的周期。举例来说，这样的假设也就意味着，在主导周期不是28小时的情况下，14小时RSI并不合适。对于周数据和月数据也是如此。

在实践中，14日的时间跨度仅在短期内较为理想。我也会用9日、25日、30日和45日的时间跨度。对于周数据，以季度为单位的时间跨度能够有效运行，因此可以采用13周、26周、39周和52周的时间跨度。就月走势图而言，ROC中所推荐使用的时间跨度有9、12、18和24个月。在包含两年周数据的长期走势图中，大概8周的时间跨度就能够提供足够的信息来识别中期转折点。采用26周RSI会使其所产生的动能序列摆荡区域更为狭窄，但是即便如此，它也常常适用于绘制趋势线。更长期的走势图，比如延续10～20年，12个月的时间跨度看起来比较适宜。对30%的超卖线和70%的超买线的穿越，是非常好的长期买入点和卖出点信号。当RSI突破这些极端位置，并折返再次穿越超买超卖线，向着均衡水平50运动时，往往预示着主要趋势的反转。请记住，这些时间跨度只是有效性较为**持续**，绝非**完美**。如果你追求完美，技术分析这条路可能不是最佳选择！

要区分买入良机，必须记住最好的机会出现在长期动能（如12个月RSI）超卖的时候。图14-4以标准普尔指数为例，可以看出过去100年间12个月RSI指标的超卖逆转发出了一些非常持续的信号。和其他所有指标一样，该指标并不完美，就像20世纪初出现的一个过早的买入信号一样。辨认顶部时更应有些耐心，因为对股票趋势而言，同样是上坡容易下坡难。所以，超买逆转往往发出过早的信号，尤其是在证券走势看涨的情况下。

如果你还能够判断出中期和短期的RSI也处于超卖状态，那么这3种趋势——主要趋势、中期趋势和短期趋势的结合，便可以提供高度可靠的买入信号。

RSI指标的诠释

以下是用于诠释RSI指标的部分主要方法。

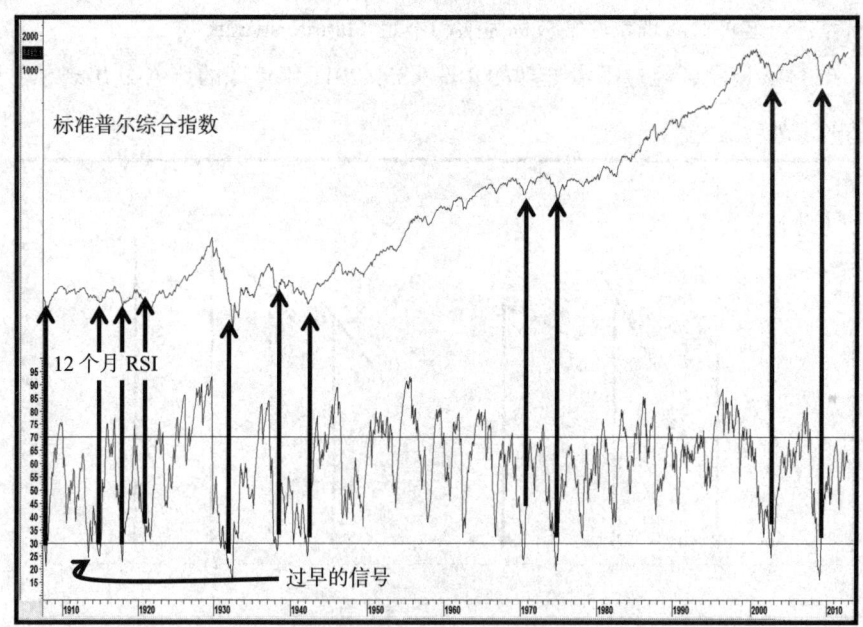

图 14-4　标准普尔综合指数，12 个月 RSI（1898～2012 年）

资料来源：www.pring.com。

1. 极端读数和摆动不足

在任何时候，RSI 移动至超买区域以上或超卖区域以下，都预示着所分析证券的逆转时机已经成熟。这种信号的重要性要取决于所考虑的时间跨度。例如，图 14-8 中的 45 小时 RSI 就远不及图 14-4 中的 12 个月 RSI 重要。超买或超卖读数仅仅表明存在折返过度或过迟的可能性。它代表了一种考虑卖出或购入的"时机"，但并不是"实际"的买入或卖出信号。

RSI 通常能够描绘出价格的背离走势，如图 14-5 所示。A 点和 B 点分别是对超买和超卖极端位置的第 2 次穿越，这"通常"提供了很好的买入和

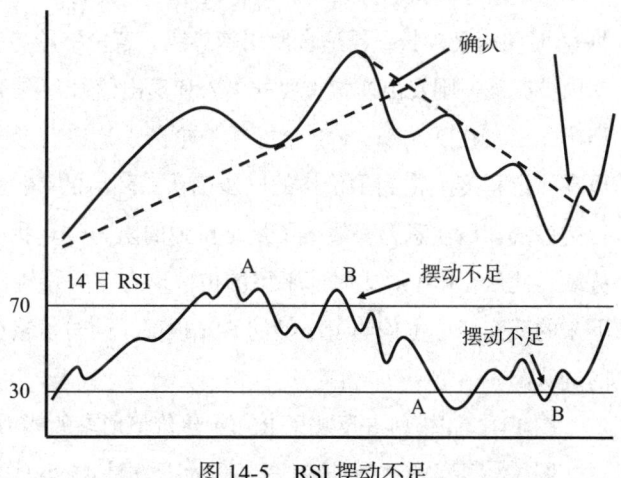

图 14-5　RSI 摆动不足

卖出警告。这种背离现象通常被称为**摆动不足**（failure swings）。

图 14-6 显示了经过平滑处理的 9 日 RSI，2011 年年底的点 A 处出现了看跌的摆动不足。

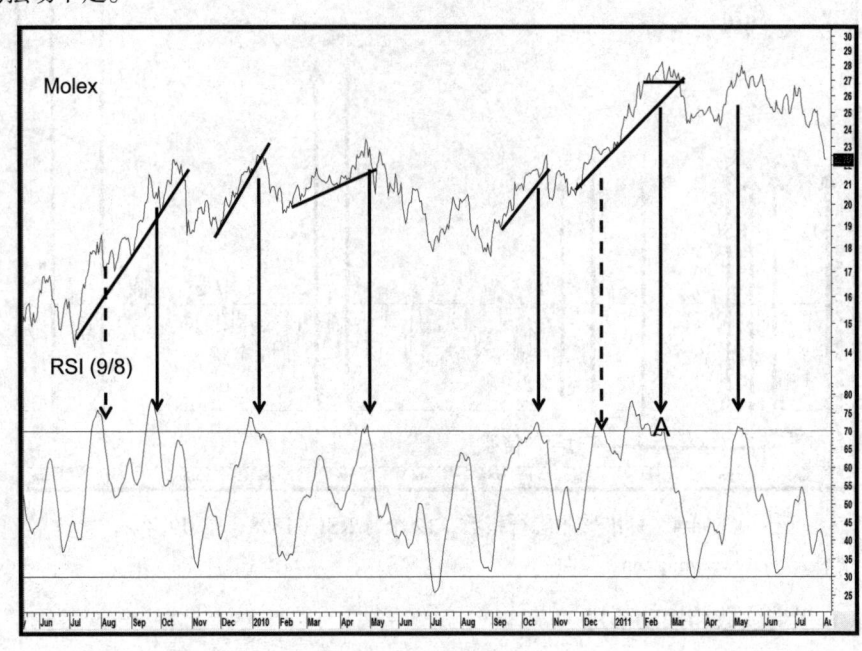

图 14-6　Molex 股价走势的平滑 RSI（2009～2011 年）

资料来源：www.pring.com。

2. 趋势线突破和价格形态的完成

RSI 也可以和趋势线突破结合运用。一般而言，在任何特定期间内（日、周、月），时间跨度越长，越适合使用趋势线。若价格趋势线和 RSI 趋势线均在较短时间内被突破，则发出非常重要的买入和卖出信号。图 14-7 显示了卡特彼勒股价的 14 日 RSI。在图左端，RSI 指标在一轮暴跌趋势后形成了头肩底形态，而该形态也在一定程度上得到了价格的同步确认。随后的一波强劲反弹之后，RSI 跌破上行趋势线。请注意趋势线成了最终反弹的阻力位。我们也能在价格曲线上描绘趋势线。此后，RSI 形成底部平坦的扩散形态，紧接着出现了迅猛的向下突破。接下来的反弹峰位也构建了小型的 RSI 顶部，同时价格突破趋势线，得到来自价格的确认。

图 14-7 和图 14-8 反映了 RSI 构建价格形态的能力。

图 14-8 是英特尔的分时图。图的下方是 45 小时 RSI 曲线，基本对应一周的

交易。我在 62 和 38 的水平上绘制了超买/超卖线。请注意 2011 年 4 月两条曲线的趋势线突破几乎完美契合。6 月底又出现了一个转折点，RSI 曲线的趋势线突破也得到了价格的确认。我们甚至能看到一个直角三角形形态。如果仔细研究位于 50 的均衡线，会发现 6 月底的强势突破显然出现在均衡线上方，略高于这一关键水平。

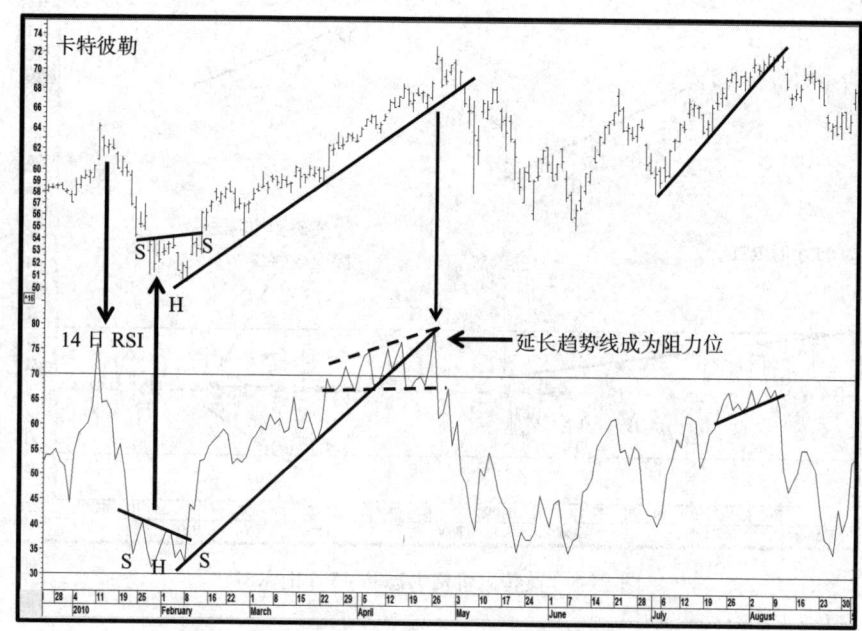

图 14-7　卡特彼勒的 RSI 和价格形态（2009～2010 年）

资料来源：www.pring.com。

3. 平滑 RSI

对 RSI 进行平滑处理是一项非常合理的技术。我最喜欢的一种方法是，运用 8 日移动均线对 9 日 RSI 进行平滑处理。平滑后的 RSI 波动性不像原始数据那样剧烈，因此超买和超卖线可绘制在 70 和 30 的位置，而不像我通常那样在 9 日时间跨度下将超买和超卖线设置为 80/20 的默认值。

图 14-6 显示了 Molex 股价经过 8 日移动均线平滑处理的 9 日 RSI 曲线。向下箭头标注了所有超买逆转。实线箭头代表比较成功的逆转。虚线代表无法绘制有效趋势线的超买逆转。显然，这些信号都是失败的。

4. 应用于峰位–谷底演进

RSI 常常会形成一系列不断走高或走低的峰位和谷底，当这种势头被逆转时，则释放出了重要的买入或卖出信号。如图 14-9 所示，太阳信托银行（Sun Trust Banks）的 14 日 RSI 经历了两次峰位 – 谷底逆转，每一次都通过价格趋势线的突破而确认。在图中我们用箭头对此做了标记。

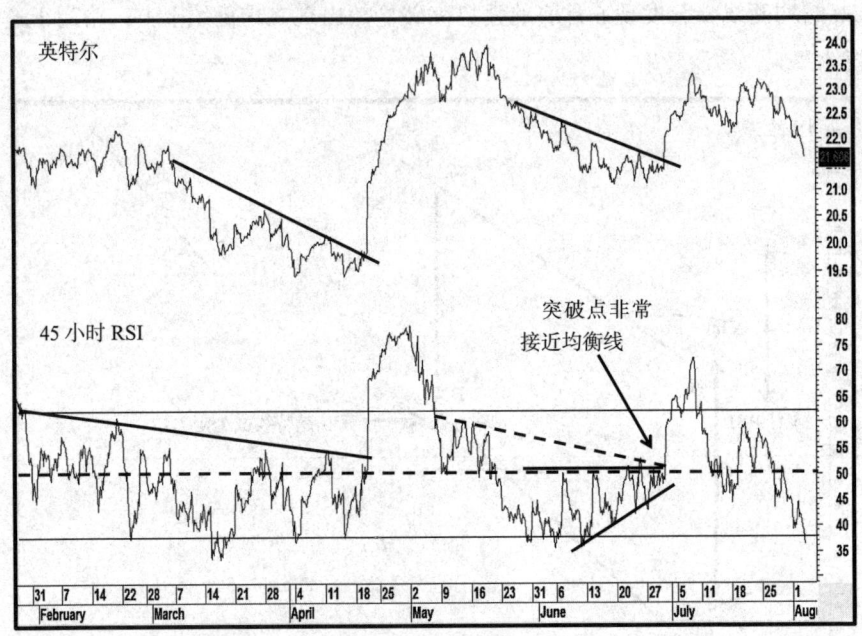

图 14-8　英特尔价格形态和 45 小时 RSI

资料来源：www.pring.com.

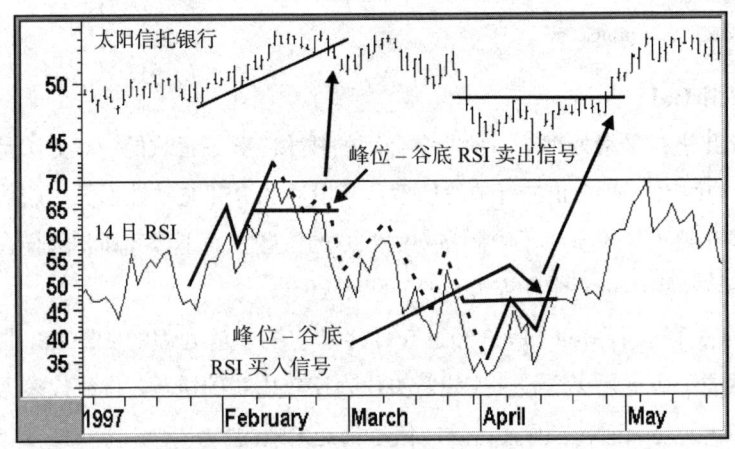

图 14-9　太阳信托银行的 RSI 和峰位 – 谷底分析（1997 年）

资料来源：www.pring.com.

RSI 的两种变形

钱德动能摆荡指标

钱德动能摆荡指标（CMO）根据其创始人图沙·钱德（Tushar Chande）命名，它是由 RSI 变形得到却又有别于 RSI 的一种指标。CMO 具备以下 3 个特征。

- 其计算依据的是未经平滑处理的数据。这意味着极短期的波动没有被掩盖，所以该指标会更经常地达到超买和超卖极端值，却不至于因此而产生过多的信号。
- 其取值限定在 –100 到 +100 的范围内。这意味着 0 值水平变为了均衡点位。对于 RSI 而言，均衡点位是 50，而且通常不易于识别。将 0 作为枢轴点，我们更容易看出在哪些时期动能是正的，哪些时期动能是负的。因此，0 均衡点位让不同证券之间的比较变得更加容易。
- 其计算公式中包含了上涨天数和下跌天数。

解释

图 14-10 对 14 日 RSI 和 14 日 CMO 进行了比较。首先我们会注意到，CMO 达到极端超买和超卖位置的次数比 RSI 要多，如 2000 年 2 月和 6 月以及 2001 年 1 月。有时可以为 CMO 构建更及时、更有效的趋势线，尽管偶尔情况正好相反。例如，2000 年 3 月的突破表明 CMO 趋势线比 RSI 更好，对趋势线 AB 和 CD 的突破也是如此。而 2000 年夏天的那两条趋势线对 RSI 来说则稍好一些。还需要注意的是，这两个序列在 2000 年 10 月的底部均经历了正背离，但 CMO 背离释放出的信号要强劲得多，因为 9 月的底部远远高于 10 月中旬的底部。CMO 并不总是体现出优越性，但我更偏好这一指标，因为它会产生更多的超买和超卖读数，可以测量正负，从而让我们更容易识别出读数是正是负。

我发现的一个很有用的方法是，即绘制 20 日 CMO 的同时，用 10 日移动均线进行平滑处理，如图 14-11 所示。本例中我运用 10 日简单移动平均对该指标进行了平滑处理，在图中用紧靠 CMO 的虚线表示。于是移动均线的穿越就被用于代表买入或卖出信号。然而，由于存在许多穿越，考虑到在极端位置产生的那些穿越趋于更为准确这一事实，非常重要的一点是，应通过只采用这一部分从而将那些可能不起作用的信号过滤掉。当然，此外还需要价格本身的趋势突破来加以确认。图 14-11 给出了一些例子。

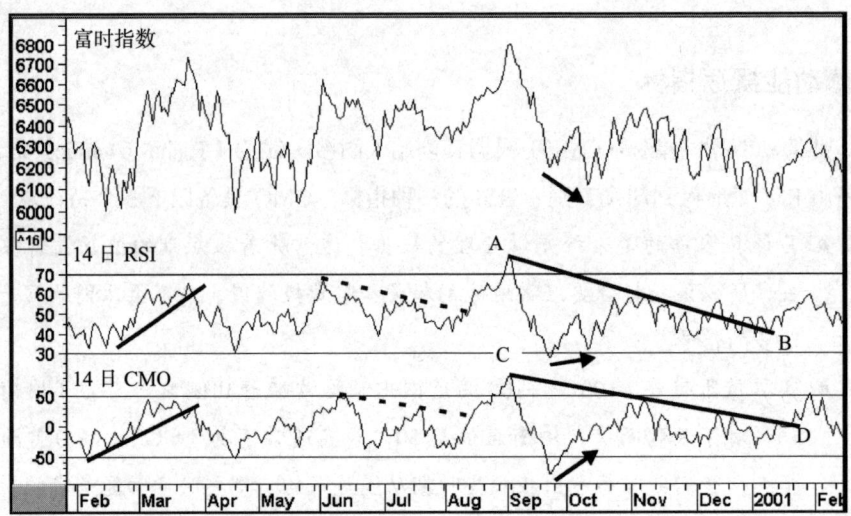

图 14-10 富时指数的 RSI 与 CMO 比较（2000～2001 年）

资料来源：www.pring.com.

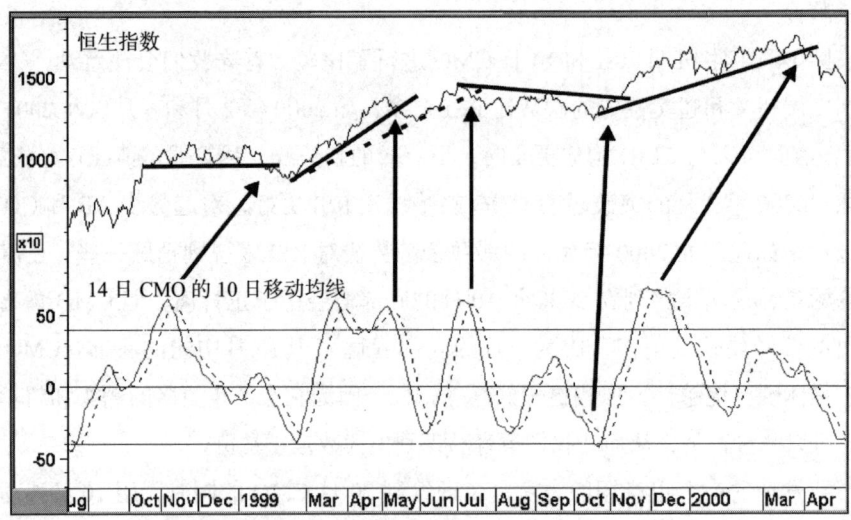

图 14-11 恒生指数及平滑后的 COM（1998～2000 年）

资料来源：www.pring.com.

相对动能指标

相对动能指标（relative momentum index，RMI）是 RSI 的另一种变形。它在

标准的 RSI 公式基础之上进行了调整，将动能因素纳入计算过程。该指标第一次进入我的视野，是在罗杰·阿尔特曼（Roger Altman）发表于 1993 年 2 月《股票与商品》(Stocks and Commodities) 杂志上的一篇文章中。

这一调整具有两方面的作用。第一，平滑指标；第二，强调了波动的程度。其结果是使摆荡指标参差不齐的形态减少，并且产生了更多的超买和超卖读数。RMI 需要两个参数：时间跨度和动能因子。

若 RMI 的动能因子为 1，该指标与 RSI 相同。只有当动能因子大于 1 时，这两个序列才会相互偏离。图 14-12 显示了两种形式的 RMI。中间区域代表的是时间跨度为 14 日、动能因子为 8 日的 RMI，稍低区域代表的是时间跨度为 45 日、动能因子为 10 日的 RMI。因为 RMI 是基于 RSI 的指标，所以较长时间跨度内包含的波动更少。可以看到，45 日序列中的波动明显比 14 日 RMI 要少很多。

一般而言，较长时间跨度下指标波动比较缓慢谨慎，绘制趋势线就相对容易。图 14-12 给出了几个例子。我特别欣赏在 1998 年年末产生的信号，因为它得到了趋势线和 200 日移动均线被同时向上突破的确认。任何时候，如果出现价格同时穿越趋势线和移动均线的情形，都进一步加强了信号的强度，因为趋势线和移动均线作为动态阻力位，会产生对各自力量的强化与巩固。

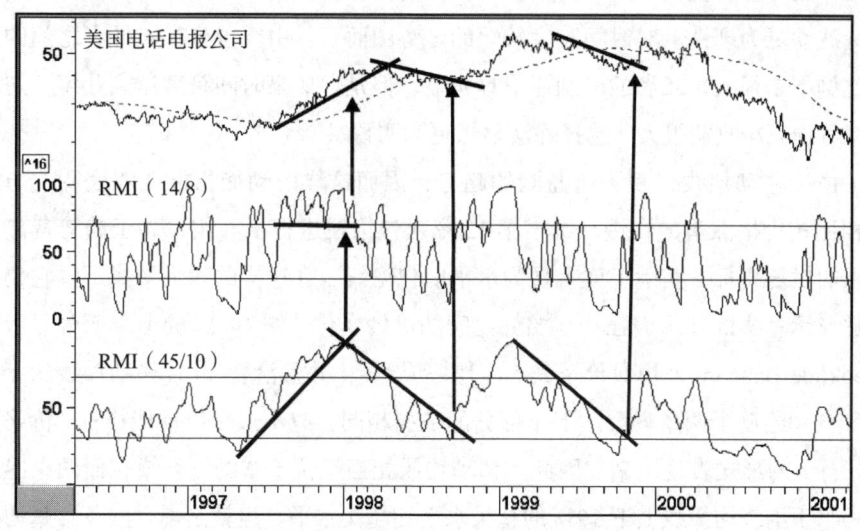

图 14-12　美国电话电报公司的两种 RMI（1996～2001 年）

资料来源：www.pring.com。

📈 RSI 总结

大多数时候，无论是 RSI 还是它的两种变形，都和所有的摆荡指标一样，并不能提供百分百准确无误的信号。RSI 真正发挥作用，是在它引发背离、完成价格形态或者突破趋势线之时。如果同时得到价格本身趋势逆转信号的确认，加以关注则通常是明智之举，因为 RSI 在可靠性方面具有良好的记录。

📈 趋势背离指标（价格摆荡指标）

趋势背离指标（trend-deviation indicator）是由证券价格除以或减去一种趋势度量指标而得到，通常采用移动均线的某种形式。运用线性回归技术也可以得到趋势背离指标。但是，这里我们将集中介绍移动均线方法。计算方法有两种，减法或除法。除法是优先的选择，因为它更能反映出比例的变化。关于此方面的讨论可以参见第 6 章和第 8 章，这两章就对数算法和算术算法进行了比较。

图 14-13 中用两种方法对 1/10 价格摆荡指标进行了处理。价格摆荡指标这个图例中的 "1" 和 "10" 是 1 日移动均线除以 10 日移动均线的意思。请注意，最后几年随着金价波动幅度本身的扩大，摆荡指标的振幅也加大。除法计算得到的指标波动更为理性。对时间跨度较短的走势图而言，由于价格在高低点之间的波动比例不是很大，二者的区别还不算明显。但是，如果时间跨度达到几年，期间的净亏损或净收益很大，选择除法显然更为明智。

由于移动均线代表了所监测的趋势，因而这样的动能指标能够表明，与趋势相比较价格涨落的快慢。本书第 12 章对包络线进行了介绍，基于趋势背离所得出的摆荡指标，实际上就表现为水平的包络线。在这样的表现形式下，它仍然能够显示基本的技术面强势与弱势之间的微妙变化。图 14-14 的上半部分显示了 Brookline Bancorp 公司股价及其 50 日移动均线，并且沿着 50 日移动均线的上下 10% 分别绘制了两条界限。下半部分的数据相同，只不过是以动能指标（价格摆荡指标）的形式表现出来。因此，移动均线相当于位于 0 的均衡线，而两条界限则相当于围绕均衡线上下 10% 的超买水平和超卖水平。也就是说，向下穿越均衡线就是指向下穿越 50 日移动均线，等等。

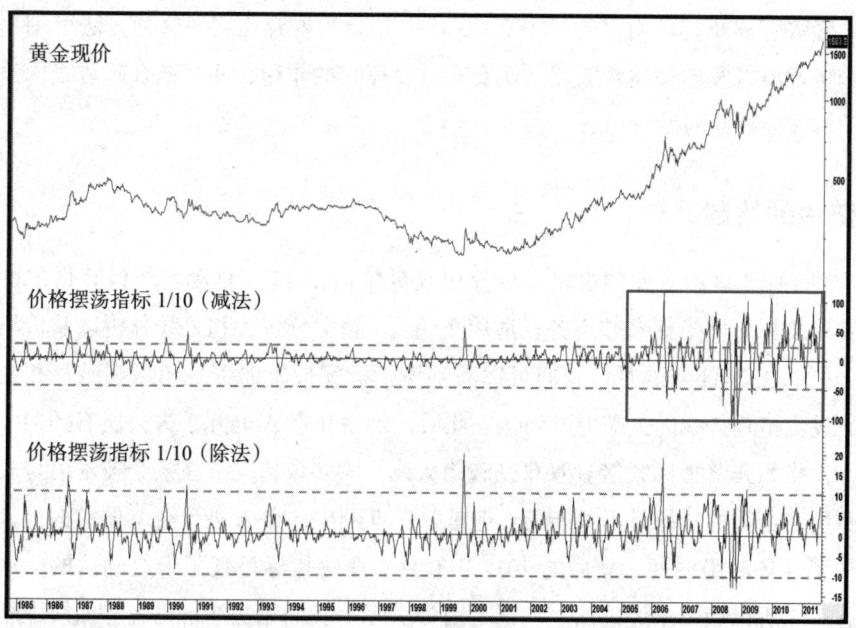

图 14-13 黄金现价（1985～2011 年），比较减法和除法价格摆荡指标

资料来源：www.pring.com.

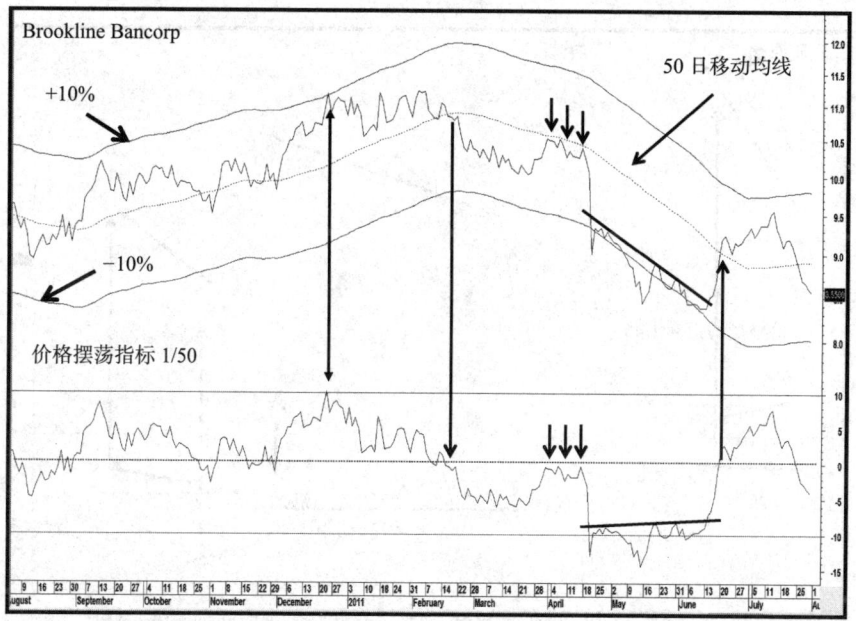

图 14-14 Brookline Bancorp 的价格摆荡诠释（2010～2011 年）

资料来源：www.pring.com.

趋势背离指标的解释原理与第 13 章中介绍的内容相同。这种方法可用于识别趋势背离以及超买超卖区域，但要充分发挥它的作用，还需结合趋势线构建和移动均线穿越共同做出判断。

趋势线的绘制

图 14-15 显示了原油价格，以及用收盘价除以 45 日移动均线计算得出的趋势背离指标。该指标参差不齐，适用于超买/超卖分析、趋势线分析以及价格形态分析。在 2011 年 5 月，我们可以看到该指标完成了向下三角形突破，并在随后通过价格趋势线的突破得以确认。此后，价格在点 A 处几乎失去所有的向上动能，价格和摆荡指标紧接着双双跌破趋势线。大多数情况下在某个技术信号之后预测价格走势的特征是不可能的。但是，在本例中，点 A 处十分微弱的向上动能反映了走势的脆弱性。随后的 2012 年 6 月，摆荡指标呈现了未经确认的头肩底形态。之所以用"未经确认"一词是因为实际上我们无法在价格走势曲线上绘制一条真正有意义的下行趋势线。最终，摆荡指标完成价格形态，以及价格曲线上的趋势线突破对短期下行走势进行了确认。

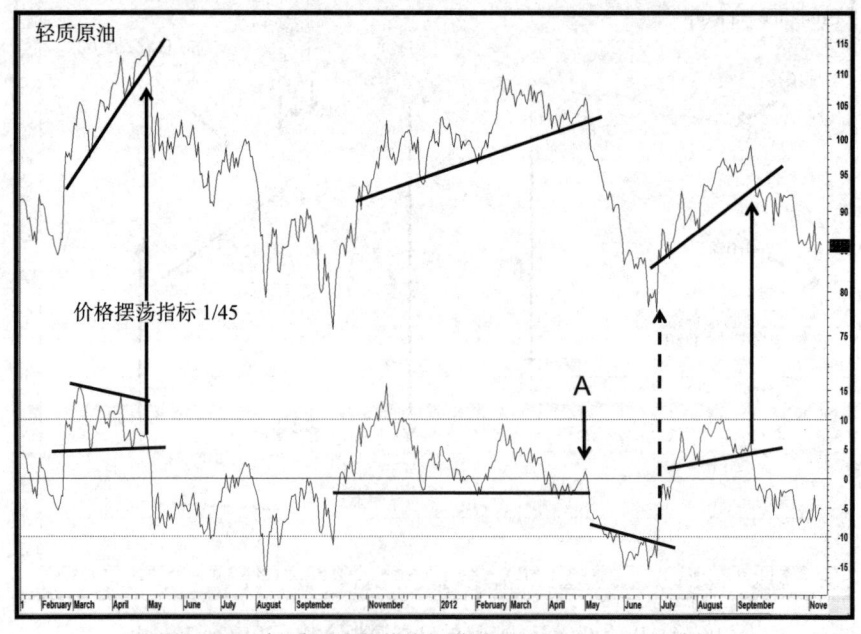

图 14-15　轻质原油的价格摆荡诠释（2011～2012 年）

资料来源：www.pring.com。

趋势背离和移动均线

获得趋势背离指标的另一种方法是通过两条移动均线，来平滑消除多余的波动，如走势图 14-16 所示。实际的趋势背离指标序列是通过收盘价的 26 周移动均线除以 52 周移动均线计算得到。第 2 个序列则取它的 10 周移动均线。当平滑后的趋势背离指标向上或向下穿越 10 周移动均线时，就触发了买入和卖出预警信号，然后便可以寻求价格本身的确认。图 14-16 分别显示了发生在顶部和底部的两个例子。这在很大程度上是一种很不稳定的方法，因为正如虚线箭头所示，买入信号几乎是到了反弹行情的顶部才发出。这一例子说明了在众多信号之间进行选择的重要性，只能选择那些在转折点附近释放出的信号。如果不采用这种过滤方法，就会面临相当大的风险，导致在趋势几近结束时才采取行动。

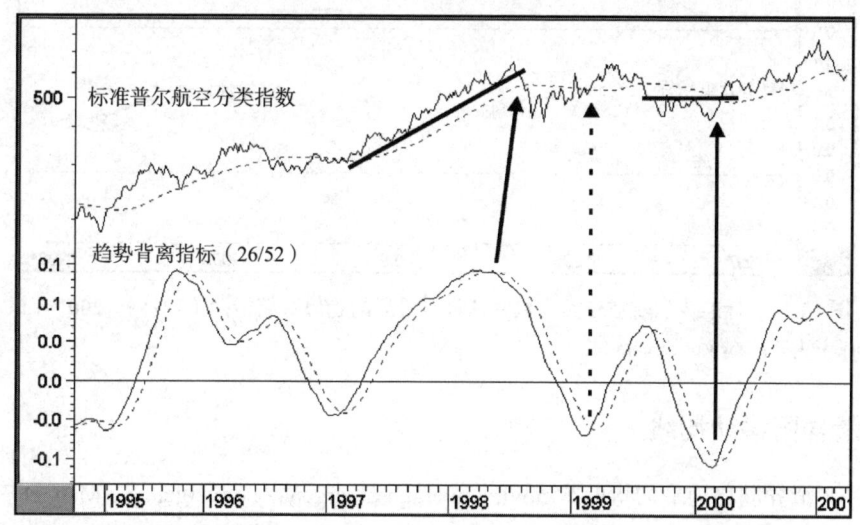

图 14-16　标准普尔航空分类指数和平滑后的趋势背离指标（1995～2001 年）

资料来源：www.pring.com。

存在一种不但能大大减少类似的误导性波动，而且能够提供及时信号的处理方法，即在计算趋势背离指标时，将 52 周移动均线前推 10 周。其含义是，用当期周收盘价除以 52 周移动均线在 10 周前的取值。图 14-17 的中部绘制了运用这种新方法计算得出的曲线。

在本例中，之前趋势背离指标中显示的 2000 年年末的那一次误导性波动被过滤掉，因为我们可以看到，新的趋势背离指标并没有明显地穿越到移动均线下方。我并没有建议说，这是周走势图唯一合理的组合方式，但它确实是比较理想的组合之一。当你试图降低信号的敏感性时，往往也必须在其他方面有所取舍，在本例中我们就发现，与未经提前的 52 周移动均线相比，新方法下偶尔会产生小幅的滞后现象。该图中最明显的一次发生在 1997 年年初，在走势图中部，滞后序列在略高于原序列的价格水平穿越了移动均线。然而在大多数情况下，与未能避免误导性波动而错误操作所付出的昂贵代价相比，这种滞后造成的代价微不足道。

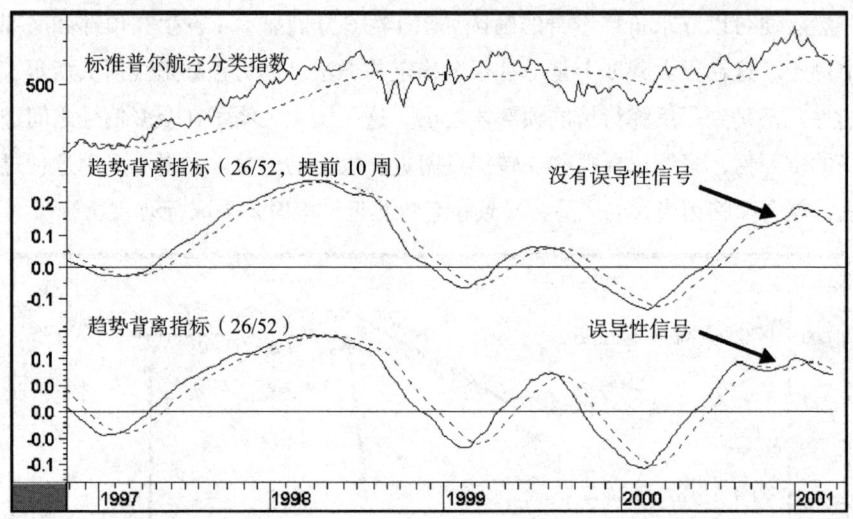

图 14-17　标准普尔航空分类指数和两种平滑后的趋势背离指标（1995 ~ 2001 年）
资料来源：www.pring.com。

平滑异同移动均线

平滑异同移动平均指标（moving average divergence convergence，MACD）交易方法是一种使用了两次移动均线的趋势背离指标形式，长期移动均线要减去短期移动均线。这两个移动均线指标均采用指数形式，相比于简单移动均线，近期数据被赋予了更高的权重。正常情况下，应将 MACD 通过第 3 条指数移动均线（EMA）进行平滑处理，在走势图中将 EMA 单独绘制出来。MACD 的这一平均线称为"信号线"，对它的穿越会释放出买入和卖出信号。该指标的命名来自于这样的事实，即这两条指数移动均线会不断靠近又相互分离。多年来 MACD 已颇为流行，但它事实上只是趋势背离指标的又一种变形，纳入两条移动均线作为衡量背离的方法。因此它绘制出来的图形与图 14-14 非常类似。

MACD 指标可以在很多不同的时间跨度下使用，信号警报公司的杰拉尔德·阿佩尔（Gerald Appel）对这一问题进行了大量的研究，他推荐在日走势图中采用8日、17日和9日指数移动均线组合来构建买入信号，但他认为，以12日、25日和9日EMA组合为基础而触发的卖出信号更加可靠。另一方面，流行的梅塔股票程序（MetaStock program）将12日和26日移动均线以及9日信号线作为默认值。

图14-18以微软为例说明了MACD指标的运用。

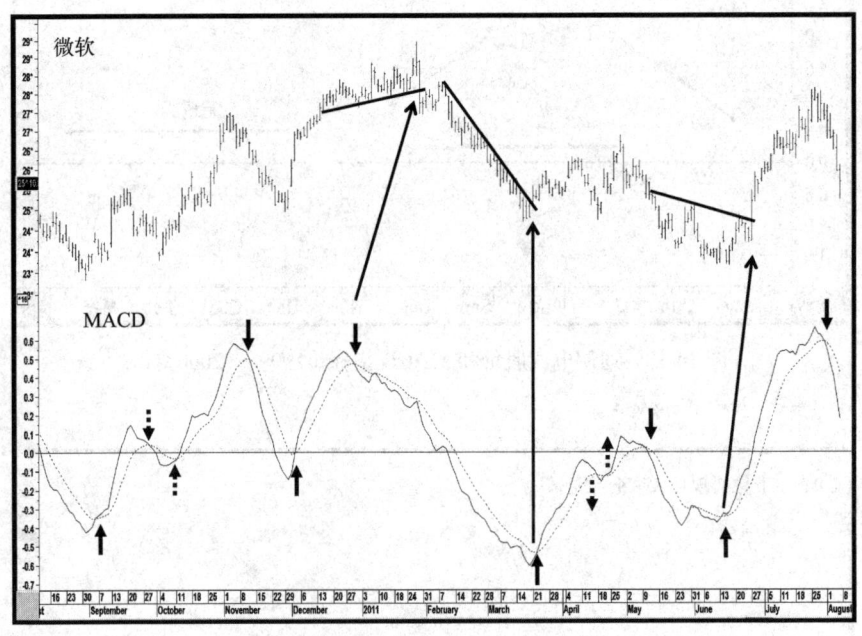

图14-18　微软公司股价的MACD诠释（2010～2011年）

资料来源：www.pring.com.

图14-19显示了通用电气及其MACD曲线。绘制超买和超卖线、趋势线、价格形态然后寻找背离也是一种方法。在该图中，两个序列在2000年年末都形成了头肩形态。MACD也经历了一次负背离。注意，在右肩处标示的背离几乎没有反弹至零线以上，结果导致一轮超常水平的下跌行情。还要注意，在本图所包含的盘整期间，MACD指标不仅未反弹至零线以上，而且多次触及超卖水平。这种行为模式反映了空头行情的特点。

MACD通常比较适用于月度数据。在这方面，我们可以看一看图14-20中的CRB工业原料现货大宗商品指数。实线箭头代表良好的主要趋势动能买入信号。两条虚线箭头代表较小型的反弹，最终都走向了失败。

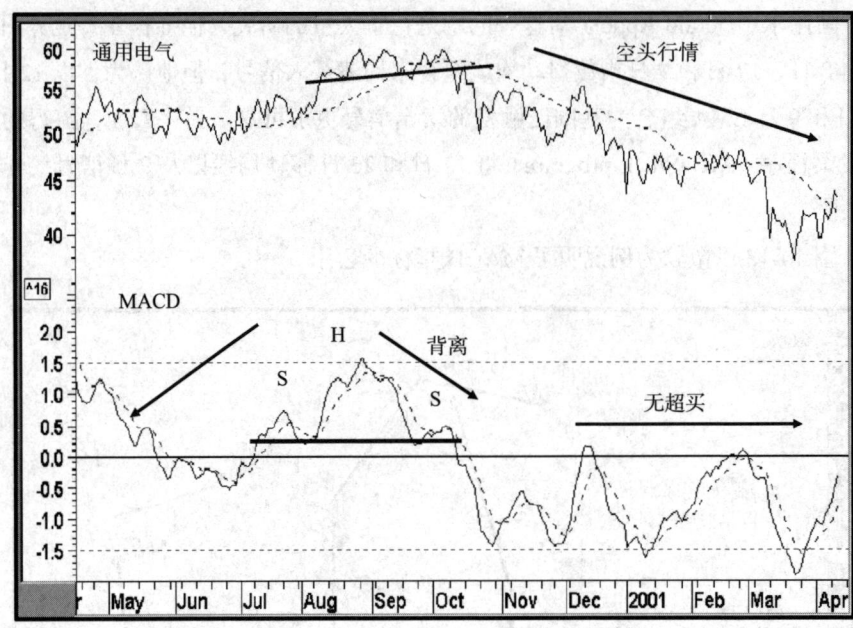

图 14-19　通用电气股价和 MACD 指标（1999 ～ 2000 年）

资料来源：www.pring.com.

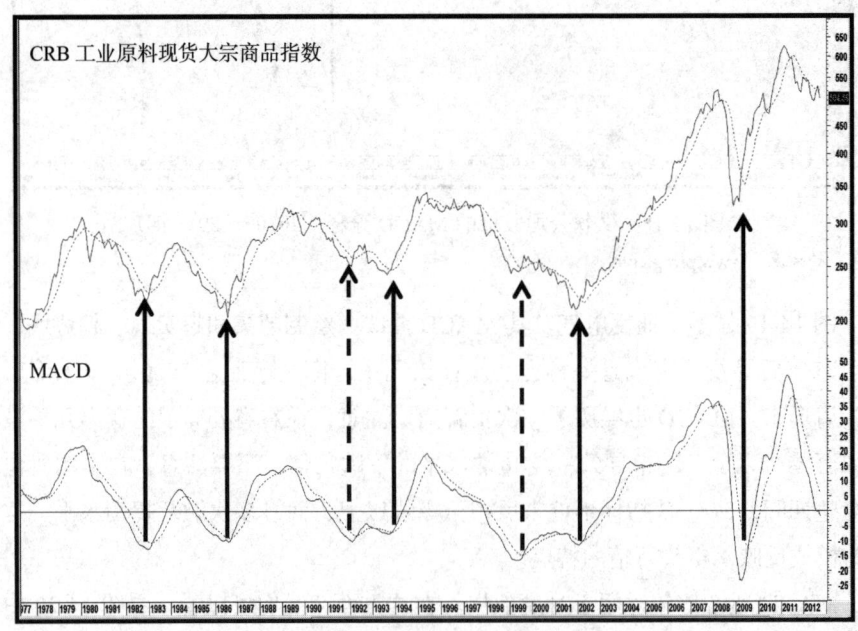

图 14-20　CRB 工业原料现货大宗商品指数的长期 MACD 买入信号（1977 ～ 2012 年）

资料来源：www.pring.com.

MACD 往往绘制成柱状图以及对应的信号曲线，如图 14-21 所示。该图以 Homestake Mining 为例，显示了一个典型的头肩顶形态。请注意随着形态向前发展，柱状图逐渐下行。这只是一个短期的卖出信号，不过价格最终跌破了信号水平。

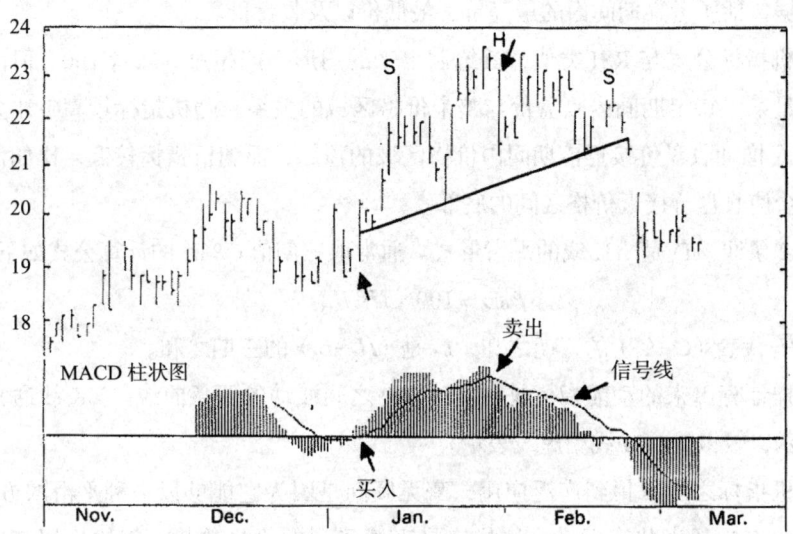

图 14-21　Homestake Mining 及 MACD 柱状图

资料来源：www.pring.com。

随机指标

随机指标（stochastic indicator）最初是在期货交易中倍受青睐，所以其标准公式采用的时间跨度非常短。该指标由乔治·雷恩（George Lane）发明，蕴含的原理是：在上涨趋势中，收盘价趋于不断接近交易区间内的最高点。而当这种趋势成熟后，收盘价就会出现明显的远离交易区间顶点的倾向。在下跌市场中，情况正好相反。

因此，在上涨趋势中，随机指标试图衡量在哪些位置，收盘价具有往所考察期间低点聚集的倾向，反之亦然，因为这些位置预示着趋势的反转。随机指标由两条线组成，一条是 %K 线，另一条为 %D 线。其中 %D 线提供了主要信号，因此更为重要。

%K 的计算公式是：

$$\%K = 100[(C - L_5\text{close})/(H_5 - L_5)]$$

其中 C 是最近的收盘价，L_5 是之前最近 5 个交易期间的最低价，H_5 是同一时期的最高价。切记，随机指标的计算与大多数其他动能指标的不同之处在于，它需要的数据包括所考察期间内的最高价、最低价以及收盘价。

随机指标公式与 RSI 类似，其绘制出来的图形不能超过 0 或者 100。但前者可以衡量某一特定期间内收盘价与整个价格区域的关系。随机指标较高，比如超过 80，会推动收盘价接近该期间内价格区域的顶部；而随机指标较低，比如低于 20，则会使收盘价接近价格区间的底部。

第 2 条线 %D 是 %K 线的平滑形式。通常取三期值。%D 的计算公式如下

$$\%D = 100 \times (H_3/L_3)$$

其中，H_3 代表（$C-L_5$）的三期之和，L_3 是（H_5-L_5）的三期之和。

这样计算出来的动能指标是在 0 到 100 之间波动的两条曲线。%K 线通常用实线表示，较慢的 %D 线用虚线表示。

随机指标之所以得到广泛应用，毫无疑问是因为它能够以一种平滑的方式，从超买状态向超卖状态运动。这样交易者感受到的价格趋势，就比根据 RSI 或 ROC 指标所观察到的情形更加有序。

应用在月走势图和周走势图中的长期随机指标，远比应用在期货日走势图中的短期随机指标要理想。科尔比（Colby）和梅耶斯（Meyers）在《市场指标技术分析百科全书》（*The Encyclopedia of Technical Market Indicators*）中指出，随机指标比移动均线和其他动能指标的穿越相对要少。

超买边界线通常绘制在上方 75%～80% 的区域内，超卖边界线通常绘制在下方 15%～25% 的区域，这取决于所考虑的时间跨度。当 %D 线穿越极端区域时，预示着超买情况发生，但直到 %K 线向下穿过 %D 线时，才释放出了真实的卖出信号。当这两条线交叉时，它们的行为与双重移动均线体系非常相似。如果你能等待穿越，你就可以避免在强劲的多头行情前夕卖出，或在极端的暴跌前夕买入。

该指标的表现很大程度上取决于所选的时间框架。由于 %K 和 %D 可被视作移动均线，时间跨度越长，相应的指标也就越平滑。图 14-22 的上半部分显示了 5/5 组合的随机指标，该指标波动很大；而下半部分则是 30/100 的组合。请注

意 %K 的波动性比上方要小得多。%D 选择的参数 100 也是如此。不过，该曲线过于平缓，以致根本无法反映周期节奏。在现实中，没有人会选择这样的组合。

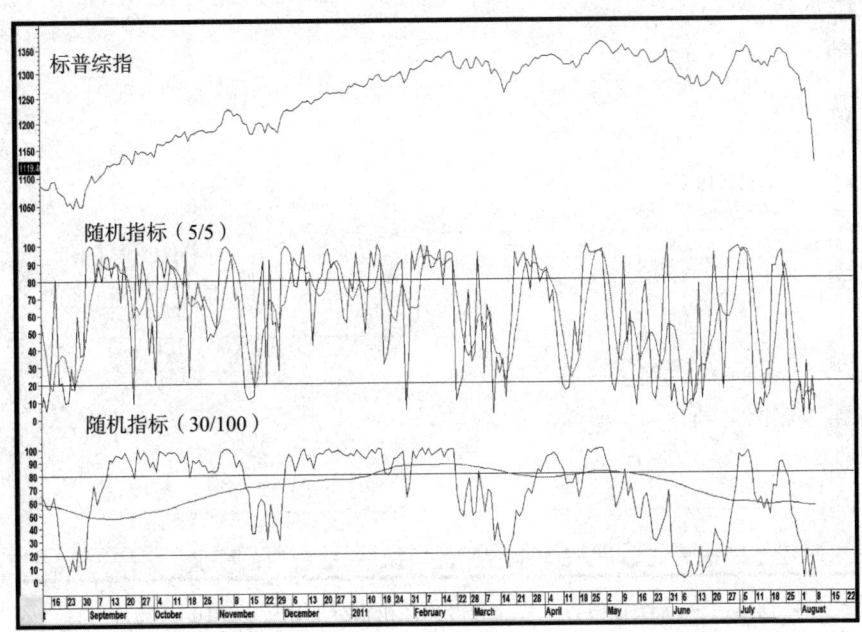

图 14-22　标普综合指数，对两种随机指标的时间跨度加以比较（2010～2011 年）

资料来源：www.pring.com。

慢速随机指标

我们也可以将计算加以延伸，以得到慢速版本的随机指标。在本例中，%K 曲线被 %D 曲线取代，另外一条移动均线用来计算 %D。许多技术分析师认为这种稍做修改的随机指标能发出更准确的信号。这种做法得出的走势必然是受人为控制的。图 14-23 对普通随机指标和慢速随机指标进行了比较。

走势图较上方图例中的 5/5 指 %K 和 %D 分别对应 5 个时间单位。而下方 5/5/5 的中间这个 5 是指放慢因素。图 14-23 对普通和慢速随机指标进行了比较。

通用解释

1. 穿越

正常情况下，变化快的 %K 线的方向改变要领先于 %D 线，这意味着穿越将

出现在 %D 线变向之前，如图 14-24 所示。

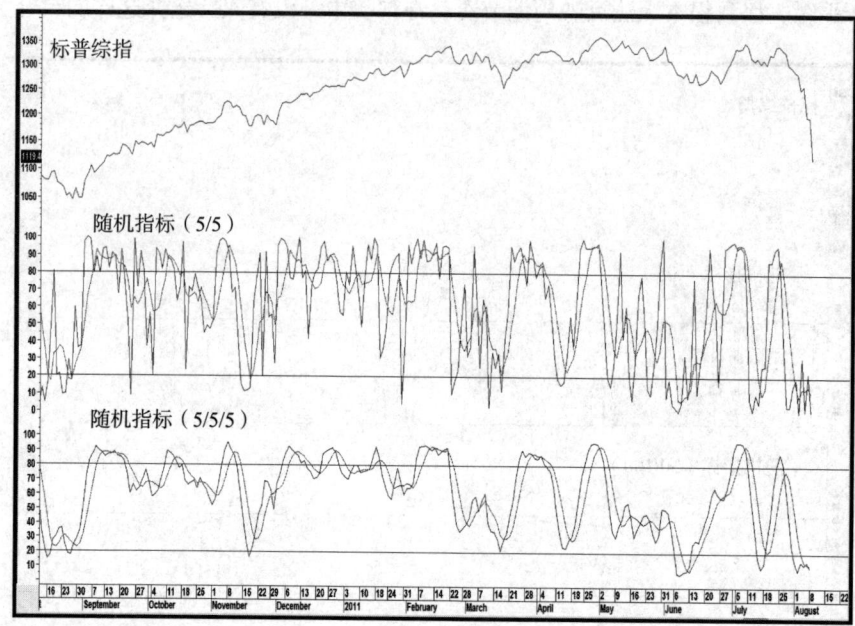

图 14-23　标普综合指数，普通和慢速随机指标的比较（2010～2011 年）

资料来源：www.pring.com。

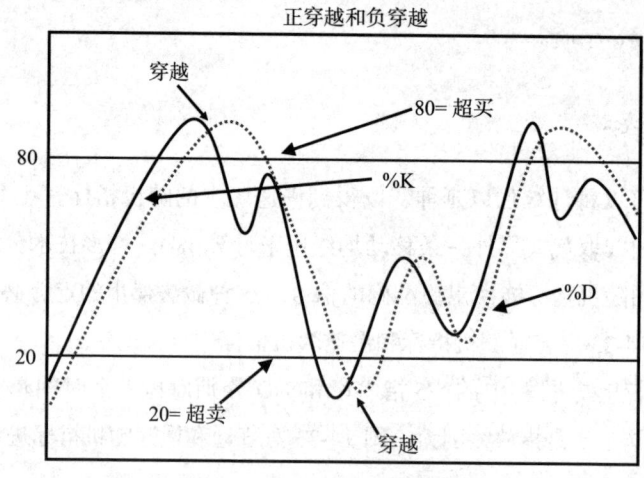

图 14-24　随机指标穿越

2. 背离

图 14-25 显示了 %K 未能确认价格所创的新高或新低，因而与价格走势背离。这种背离一经确认，便是趋势改变的信号。

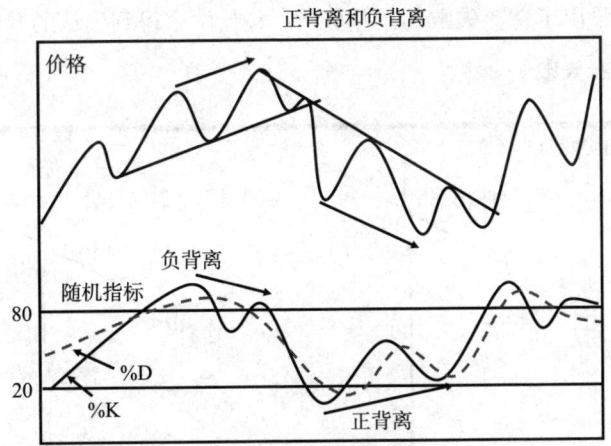

图 14-25　随机指标的正背离和负背离

3. 背离失败

%K 线穿过 %D 线，又折回验证其极端水平，但未能再次穿过 %D 线，这是趋势可能发生变化的一种重要征兆，如图 14-26 所示。

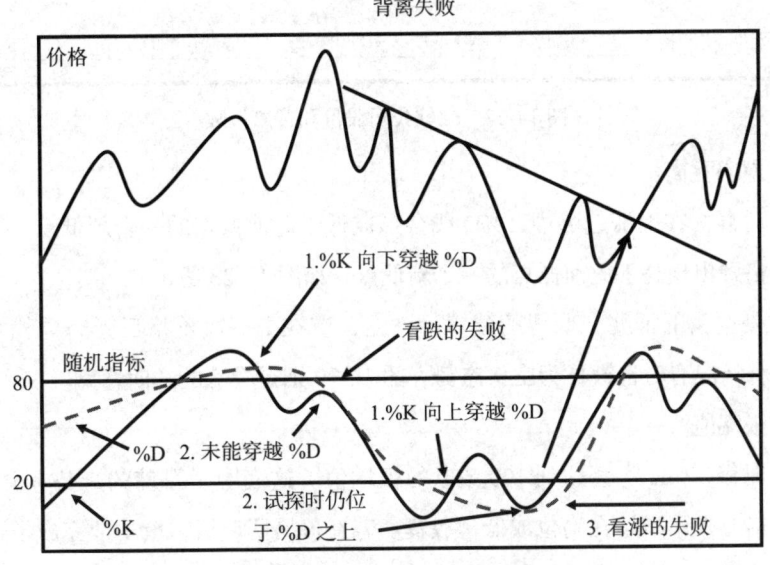

图 14-26　随机指标背离失败

同样，得到来自某种价格的确认十分重要，图中右半部分，价格向上突破下行趋势线，就是一个例子。

图 14-27 给出了背离失败的一些例子：包括两个得到确认的看跌失败和一个未经确认的看涨失败。

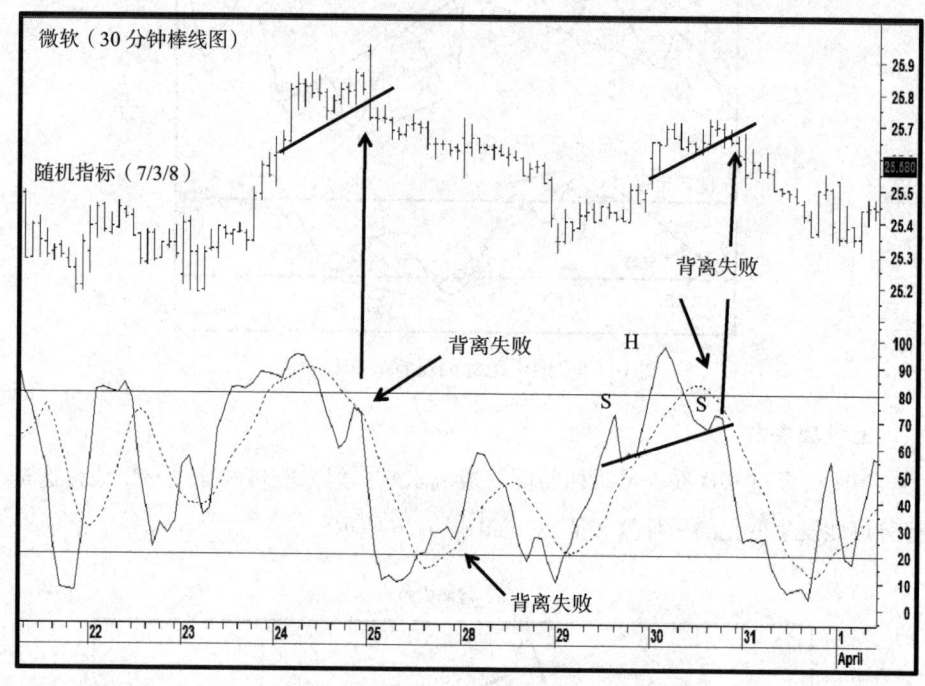

图 14-27 微软公司股价和背离失败

4. 逆向背离

有时候，在上涨趋势中，%D 线会形成低于此前低点的一个新低点，与此同时，价格则出现高于此前低点的一个新低点，如图 14-28 所示。

这是空头的征兆，明智的建议通常是，应在下一次价格反弹时寻找卖出机会。这种情况有时也被称为**空头态势**。图 14-29 则是看涨的逆向背离。

5. 极端值

有时候，%K 线会达到 100 或 0 的极端值。这表明了目前的走势非常强劲，因为价格总是不断地在高位或低位收盘。若在价格回调后，成功地完成了这种对极端值的测试，那么此时通常被视为很好的进场点。

6. 转折点

无论是 %K 线还是 %D 线，当它们变得平坦，表明其变化速度减缓时，通常预示着在下一时期将会发生逆转,除图 14-30 外,走势图 14-31 以辉瑞公司的 10 分钟棒线图为例,进行了说明。

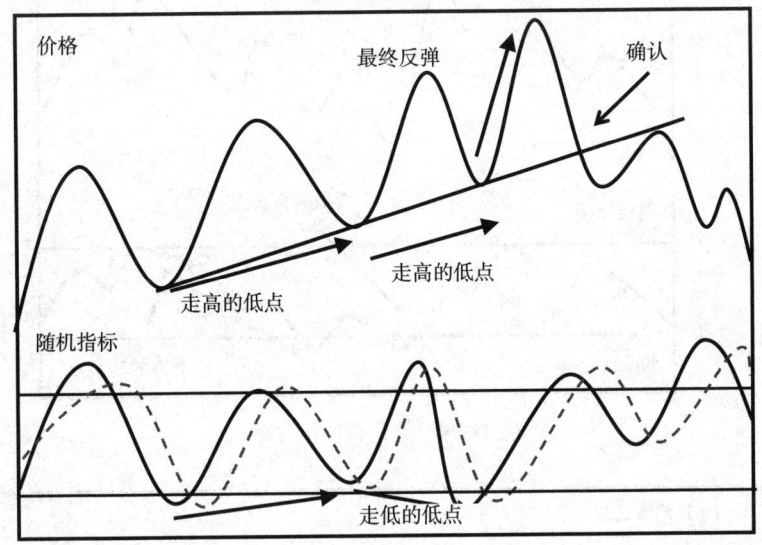

图 14-28　随机指标的看跌逆向背离

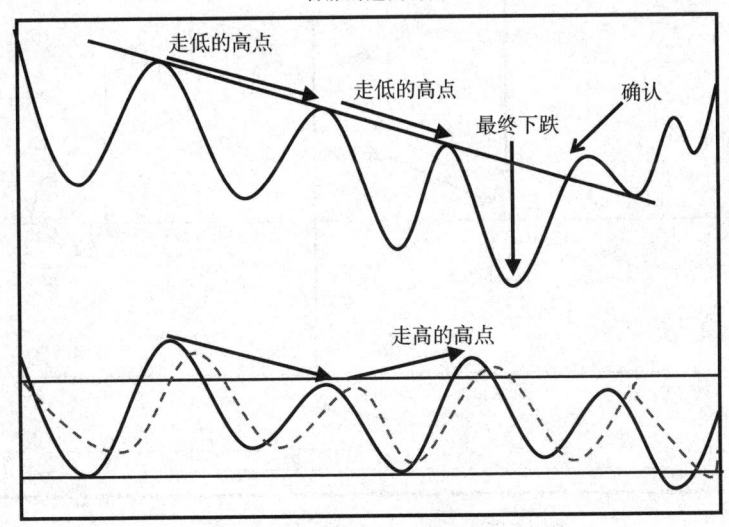

图 14-29　随机指标的看涨逆向背离

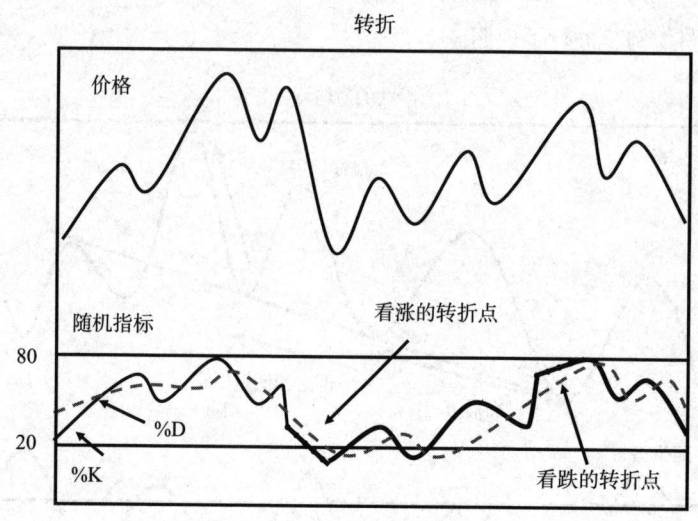

图 14-30 随机指标转折点

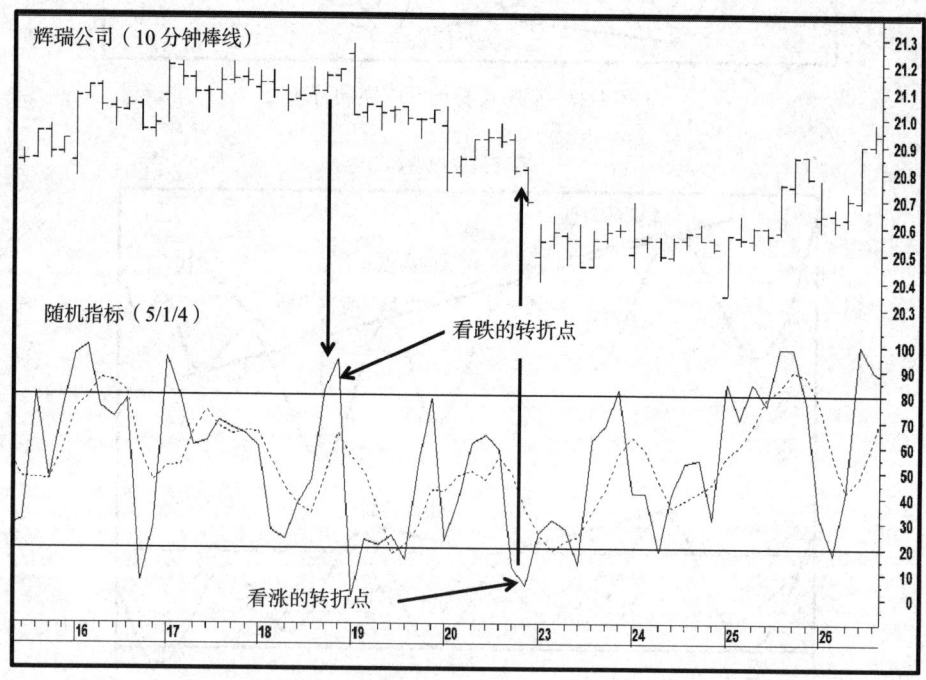

图 14-31 辉瑞公司股价和两个转折点

减速的随机指标

将参数稍加调整,可以得到减速的随机指标,让 %K 和 %D 穿越发出更有效的信号。图 14-32 以标准普尔综合指数为例,分别选择 20/20/20 和 20/10/10 的随机指标。两种情况均出现背离,但是较平滑的一条随机指标曲线只发出了一个虚假信号,而 20/10/10 随机指标却发出了 3 个。不过,波动性较大的指标发出的信号更为及时。

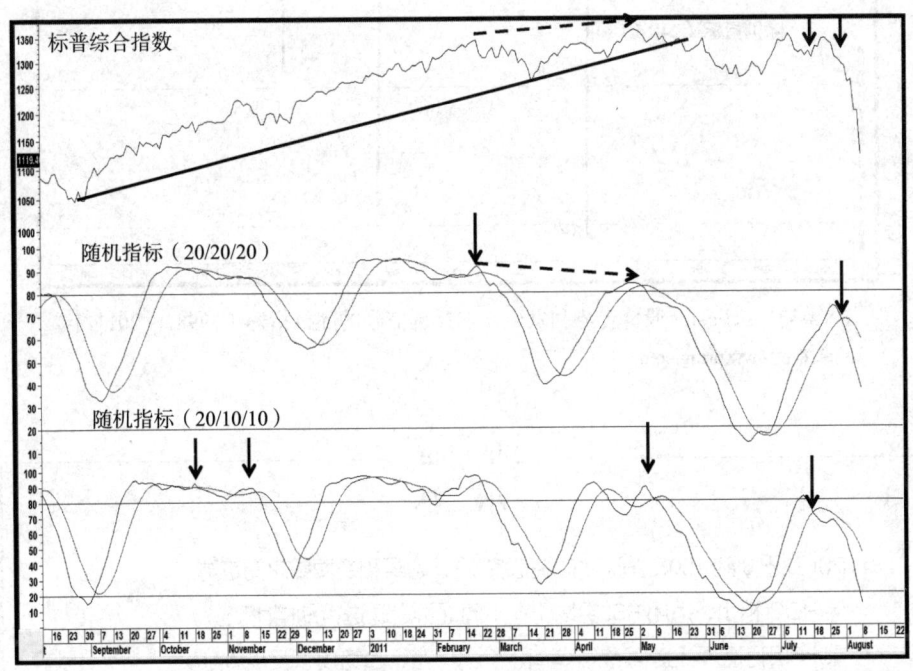

图 14-32　标普综合指数和看跌背离(2010～2011 年)

资料来源:www.pring.com。

最后,让我们看一看图 14-33 中的月线图,选择的随机指标参数为 24/15/10。大多数情况下,这一组合能较为准确地反映主要趋势。例如,2000～2002 年的熊市末期,随机指标的看涨穿越得到了趋势线突破的确认。2006 年的另一个买入信号同样得到了确认。最后,2007 年年底的卖出信号几乎得到了趋势线穿越的同步确认。

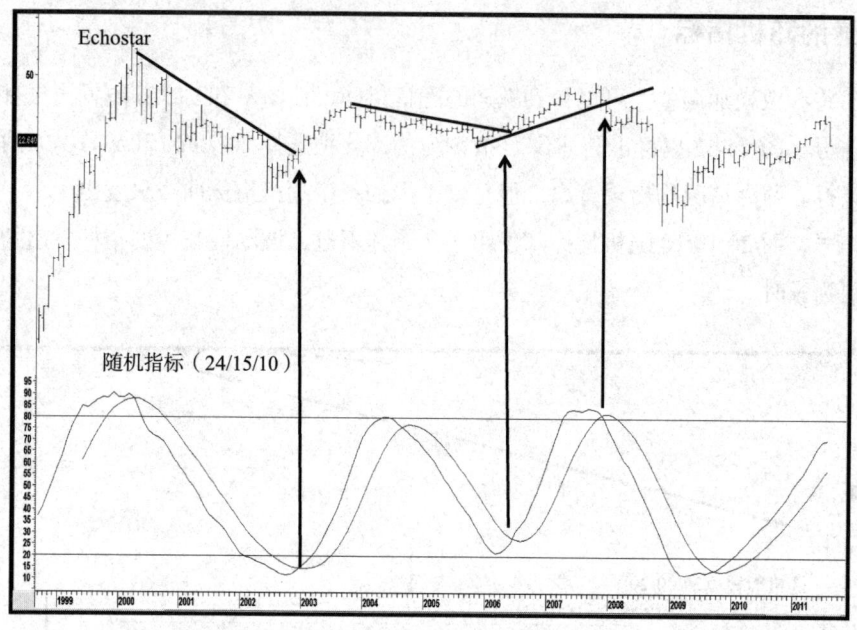

图 14-33　Echostar 股价走势和发出长期穿越信号的随机指标（1998～2011 年）
资料来源：www.pring.com。

Summary

小　结

- RSI 介于 0 到 100 之间。时间跨度越短，超买和超卖线之间越宽。
- 与 ROC 相比，运用 RSI 更易于在不同证券之间进行动能比较。
- RSI 可用于超买和超卖线、背离、价格形态、趋势线以及平滑分析。
- 趋势背离指标通过收盘价或短期移动均线除以长期移动均线得到。
- 趋势背离指标可与趋势线、价格形态和移动均线结合使用。它们还适用于超买/超卖分析、背离分析。
- MACD 是趋势背离指标的一种形式。
- 随机指标的假设是，在上涨趋势的末期，价格收盘于低点附近；在下跌趋势的末期，价格收盘于高点附近。
- 随机指标的取值范围为 0～100，它由 %K 和 %D 两条线组成。
- 随机指标适用于穿越、背离、转折点、极端值和逆向背离分析，而且通常绘制成减速后的形式。

第 15 章
Chapter 15

动能原理 Ⅲ

确然指标

长期 KST

接下来我们将开始介绍 KST 指标。我会先从伴随主要趋势或者在所谓 4 年商业周期中循环的价格波动着手，然后再探讨指标在中期和短期趋势中的应用。

在第 13 章中我们介绍了变动率 ROC 指标的内容，它衡量了特定时间跨度内价格的上涨或下跌速度，由当期价格除以 N 期前的价格计算得到。所考虑的时间跨度越长，所衡量的趋势就越重要。10 日 ROC 走势就远不及 12 个月或 24 个月 ROC 走势有意义。

运用 ROC 指标有助于解释市场的一些周期性变动，并常常对当前趋势的反转给出预警信号。但是**计算 ROC 需使用某一特定的时间跨度，因而它只能反映一个周期的情形**。若该周期并未发挥作用，或是被另外一个或一系列周期所主导，那么 ROC 将毫无价值。

技术要点 ▶ 任一时点的价格由许多不同的周期交互作用而决定。将这些因素考虑进来的指标具备更强的时效性，同时又不失敏感性。

这一点可以通过图 15-1 来说明，图中显示了 3 个不同时间跨度的 ROC 指标：9 个月、12 个月和 24 个月。

9个月ROC用来反映所有的中期走势，24个月序列则呈现了主要趋势中的波动。大多数情况下它们表明，一旦新趋势到来，这3种ROC指标均表现出相同方向的走势。在1984年的底部存在一次重要的例外。此处我们看到价格在上升，但随后24个月ROC立即下跌，而其他两个指标则继续上扬。在箭头A所示的期间，3大周期之间的矛盾导致指数上升速度放慢。尽管如此，随后这3种指标又重新表现出相同的上升走势，而且箭头B所示的上涨走势变得更加陡峭。事实上，当有几个周期方向一致时，往往会出现重要的转折点，如果存在更多周期在朝着相同的方向运行，则会导致价格的迅速上涨或下跌。这一观点是相当局限的，因为在任一时点，都存在着远多于3个的周期在运行。

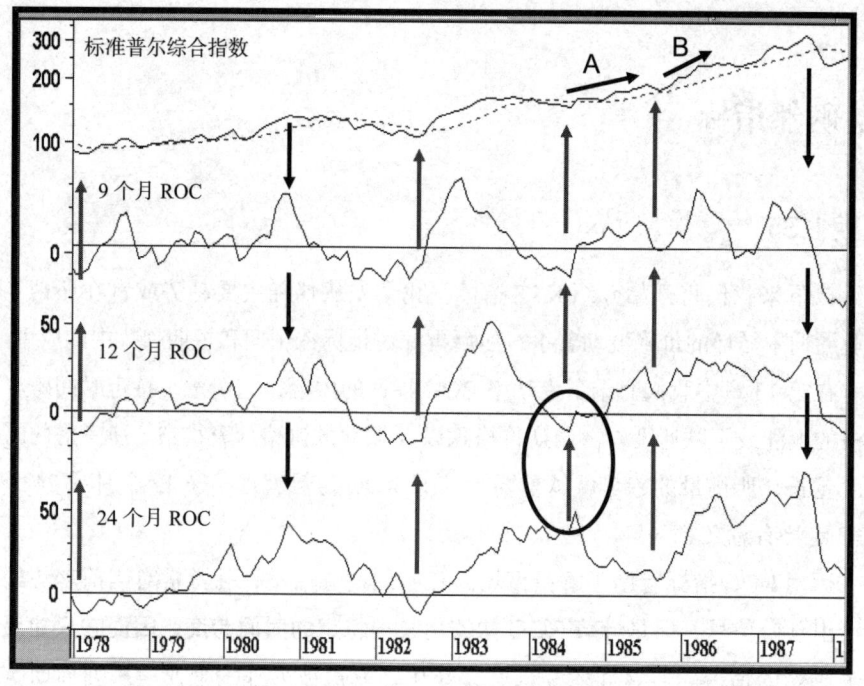

图15-1　标准普尔综合指数以及3条ROC曲线（1978～1988年）
资料来源：www.pring.com。

显然，建立在唯一时间跨度下的ROC指标并不能为我们提供全面的信息。这是我在设计KST指标时考虑的因素之一。另外一个因素是，我想要构建这样一种指标，它能密切反映所考察时间范围内主要的价格波动，比如月走势图中显示的主要趋势，日走势图中揭示的短期趋势，如此等等。

图 15-2 显示了 1980～2012 年的标准普尔综合指数走势。

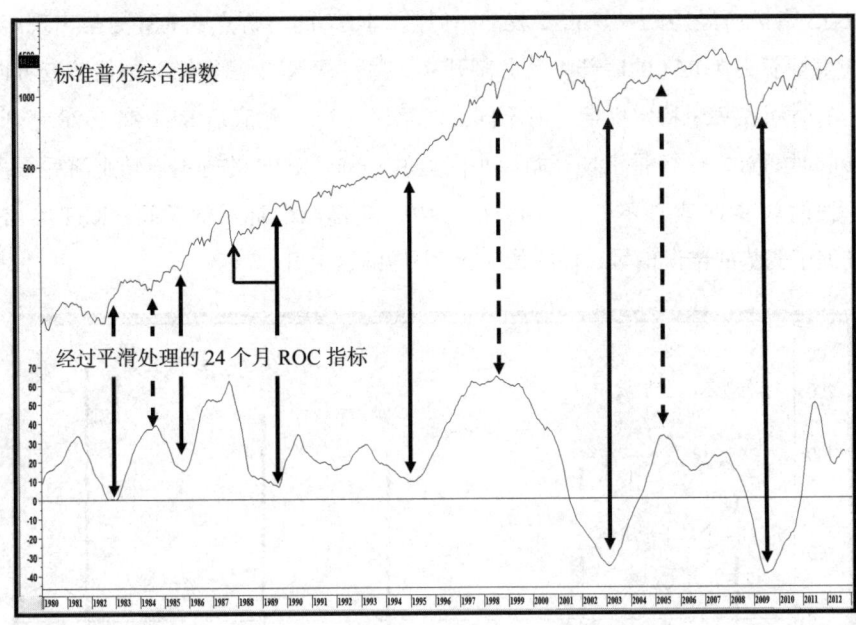

图 15-2　标准普尔综合指数与经过平滑处理的 24 个月 ROC 指标（1980～2012 年）

资料来源：www.pring.com。

摆荡指标采用 24 个月 ROC，并用 9 个月移动均线进行平滑处理。该序列反映了这段时间主要趋势的波动情况。然而，如果我们试图将该指标的方向变化作为信号，通过细致的检验可以发现，它还有很多地方需要改进。例如，1984 年价格处于低位时，对应的摆荡指标给出的却是峰位的信号。类似地，1989 年 ROC 处于底部时，对应的价格指数几乎已达到上涨行情的顶峰。此外，1998 年的低点信号也是由摆荡指标筑顶发出。我们所需要的，是一个能够反映主要趋势，而且能敏锐地捕捉到在价格转折点附近的趋势逆转信号的指标。构建一个包含了许多不同时间跨度的 ROC 指标，是达到目的的一个好方法。其中，较长时间框架下的 ROC 具备反映主要趋势波动的作用，较短时间的 ROC 则有助于加速识别转折点。KST 的计算公式列示在表 15-1 中。

KST 指标最重要的作用在于反映长期的波动情况，因而采用加权的公式形式，从而保证期限越长、更具有决定性作用的时间跨度发挥的影响更大。图 15-3 对

表 15-1　时间框架的公式

时间框架	平滑		权重
9 个月	6- 移动均线	×	1
12 个月	6- 移动均线	×	2
18 个月	6- 移动均线	×	3
24 个月	9- 移动均线	×	4

平滑的 24 个月 RSI 和长期 KST 进行了对比。很显然，KST 反映了平滑的 24 个月 ROC 指标所经历的一切重要波动。但是，KST 的转折点比 RSI 更早出现。图中的垂直箭头在 RSI 的底部将其分割开来。每一次 KST 都在箭头之前改变方向，领先的时间在每个特定周期有所不同。注意，1987 年触底后 KST 在 1988 年开始好转的时间点，恰好是市场开始掉头向上的时刻。ROC 的方向逆转则滞后很多。有一段时间 KST 表现不佳，即 1986～1987 年椭圆形标示的期间，KST 给出了市场处于弱势的错误信号，而非像 ROC 那样继续上升。

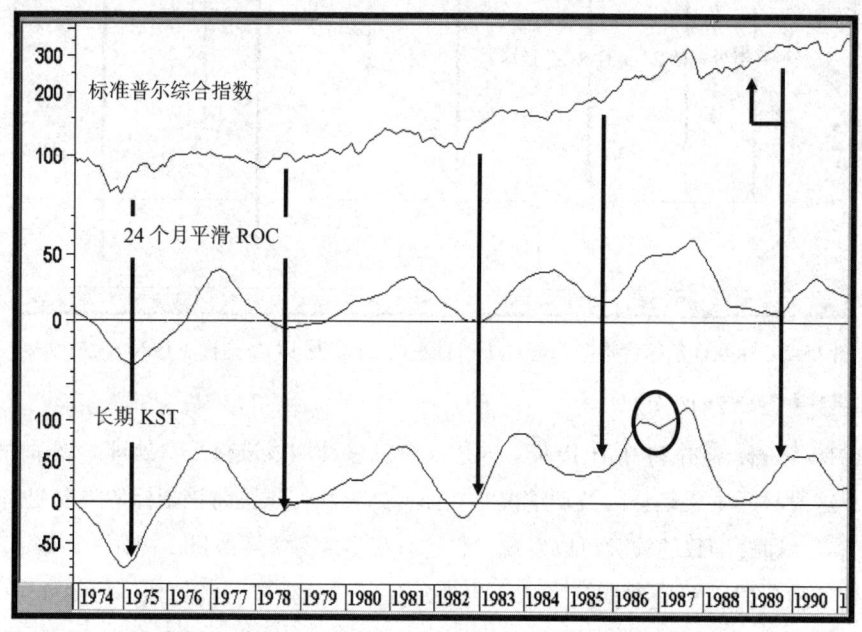

图 15-3　标准普尔综合指数，24 个月平滑 ROC 与 KST 对比（1974～1991 年）

资料来源：www.pring.com。

构建 KST 时最主要采用的时间跨度是 24 个月，它是 4 年商业周期的一半。这意味着，当所监测证券正在经历的主要涨跌趋势是基于上述商业周期时，KST 指标能最大限度地发挥作用。例如，图 15-4 显示了 20 世纪 60 年代和 70 年代的 KST 走势，期间标准普尔综合指数处于明显的商业周期型交易区域。买盘收集和卖盘派发出现在 KST 方向改变和移动均线方向改变的两个时点之间。实际上存在 3 个层次的信号。其一发生在指标本身改变方向时，其二发生在指标穿越它的移动均线时，其三则发生于移动均线也改变方向的时刻。大多数情况下，移动均线穿越提供的是兼具最大时效性和最小敏感性的最佳信号。9个月移动均线方向的改变提供了最可靠的信号，但它们通常在转折点之后很久才发生。因此，最及时、最可靠的信号将在移动均线逆转接近于转折点的情形下产生。

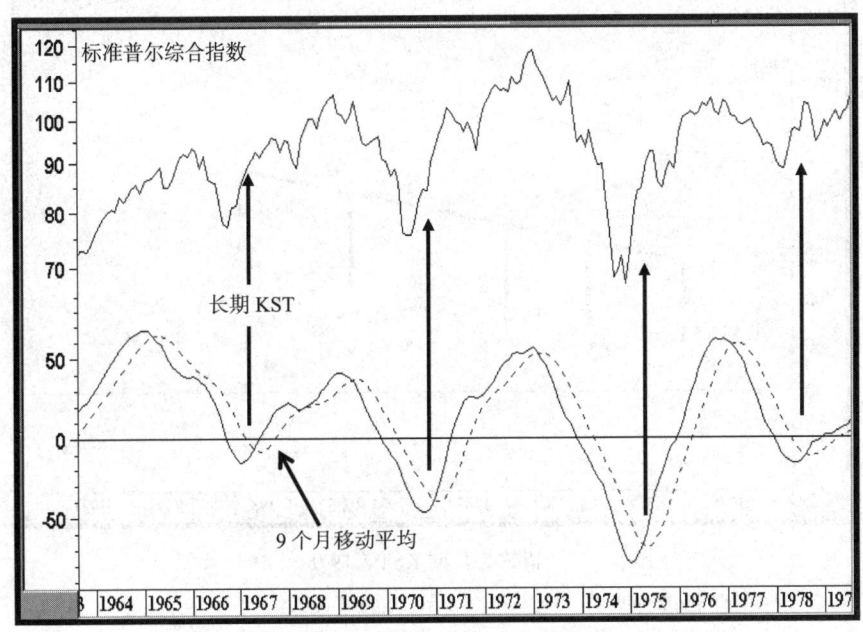

图15-4　标准普尔综合指数与长期KST（1963～1979年）

资料来源：www.pring.com。

大多数情况下，KST指标一直非常可靠，但正如其他任何的技术方法一样，它绝非完美无瑕。例如，图15-5对日经指数采用了相同的方法计算KST。在长期或线性上涨走势期间（如20世纪70年代和80年代发生在日本股票市场的那样），该指标适得其反，因为它释放出了很多错误信号。然而，由于绝大多数市场对商业周期都很敏感，这种加权总和的ROC理念就非常适用。正是基于这样的原因，我称该指标为KST，代表"知道必然的事情"（know sure thing）。大多数时间该指标是可靠的，但你"知道"这并不是一件"必然的事情"。

技术要点　KST指标应该与其他指标结合使用。

长期KST指标的诠释原则和其他摆荡指标相同，不过其默认技术是观察看涨和看跌移动均线穿越。有时候还可以绘制趋势线，甚至发现价格形态，或进行

超买 / 超卖分析。

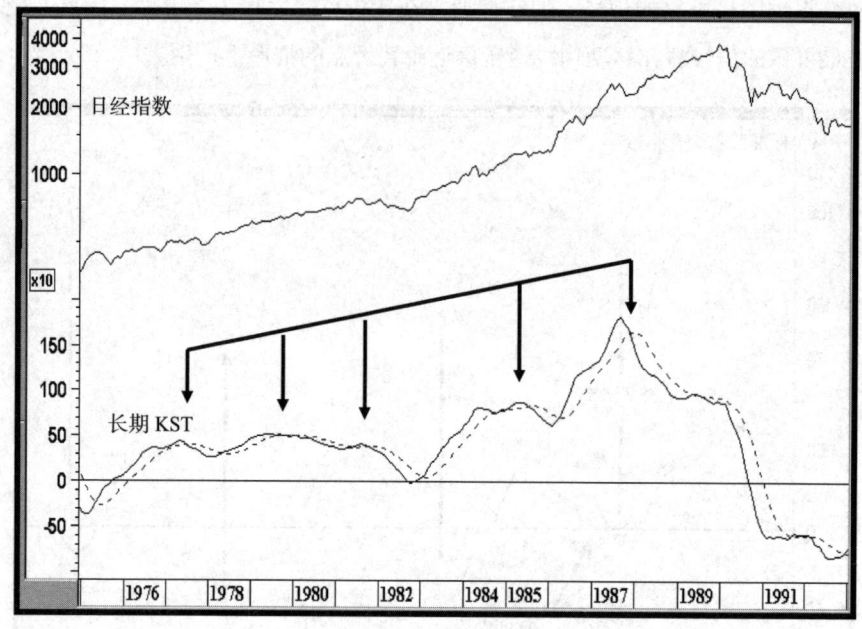

图 15-5　日经指数与长期 KST（1975 ～ 1992 年）

资料来源：www.pring.com。

短期和中期 KST

　　KST 的概念源自长期趋势。但 4 个加权平滑的 ROC 指标的思想却可以很容易地应用于短期、中期甚至是盘中趋势。表 15-2 显示了各种时间跨度下的计算公式。此处表述的公式并不是定论，而仅仅是为开始进一步分析提供了一种建议。读者可以在任意时间框架下对不同方法进行试验，而且可能得到更好的结果。在试验时，可以争取一致，但勿苛求完美，因为技术分析没有完美可言。

表 15-2　建议的 KST 公式[①]

	ROC	移动均线	权重	ROC	移动均线	权重	ROC	移动均线	权重	ROC	移动均线	权重
短期[②]	10	10	1	15	10	2	20	10	3	30	15	4
短期[③]	3	3[⑤]	1	4	4[⑤]	2	6	6[⑤]	3	10	8[⑤]	4
中期[③]	10	10[⑤]	1	13	13	2	15	15	3	20	20	4
中期[③]	10	10[⑤]	1	13	13[⑤]	2	15	15[⑤]	3	20	20[⑤]	4
长期[④]	9	6	1	12	6	2	18	6	3	24	9	4

(续)

	ROC	移动均线	权重	ROC	移动均线	权重	ROC	移动均线	权重	ROC	移动均线	权重
长期④	39	26⑤	1	52	26⑤	2	78	26⑤	3	104	39⑤	4

① 可以将所有的 KST 公式编入 MetaStock 和 Computrac Snap Module。
② 根据日数据。
③ 根据周数据。
④ 根据月数据。
⑤ 指数移动均线。

图 15-6 显示了美元指数的中期 KST 指标。加黑的部分代表 KST 指标高于 10 周指数移动均线的时候，颜色较浅的部分则相反。图中用两对箭头对此进行了标注。弱势的反周期趋势和追随反周期趋势的危险性在本图中得以体现。2007～2008 年的 3 条小箭头代表和主要空头趋势相反的看涨信号。所有三个信号都昙花一现，而且会招致亏损。

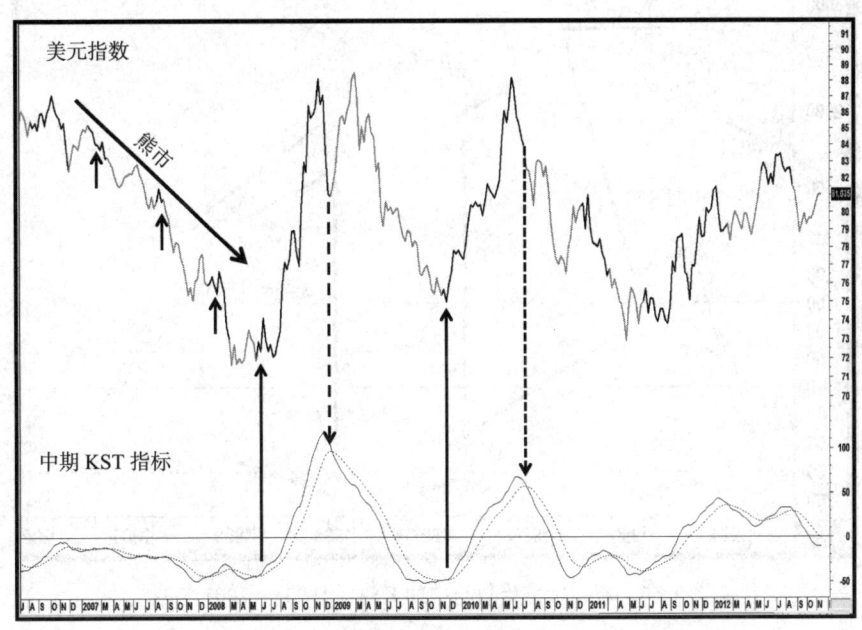

图 15-6　美元指数和中期 KST 指标（2006～2012 年）

资料来源：www.pring.com。

图 15-7 显示了伦敦铜价指数的中期 KST 指标。我喜欢 KST 指标，尤其是短期和中期指标的一个原因在于，它具备解释上的灵活性。在第 13 章中介绍的所

有解释方法，几乎都可以应用于 KST。如图 15-7 所示，我们可以在 1994 年年末观察到一次超买穿越。但它说明不了任何问题，因为价格水平并没有发出任何趋势逆转信号。尽管随后在 1995 年年初出现了一次负背离、在年末又出现一次超买穿越、一次 65 周 EMA 穿越以及一个头肩顶价格形态——诸如此类的典型信号。在下跌行情中出现了若干错误的买入信号，但股价反弹的峰位却有助于绘制出一条有效的趋势线。1996 年年末，对趋势线的穿越、超卖穿越以及价格底部的完成三者相结合，提供了非常可靠的买入信号。KST 在 1998 年再次穿越超卖线，但此处并没有出现价格序列本身发出的趋势逆转信号。1999 年年初情况发生了变化，正背离、KST 穿越 EMA 以及价格突破趋势线都提供了非常及时的进场点。值得注意的是，在价格向上突破下跌趋势线之后，趋势线的延长部分又构成了对价格水平的支撑。

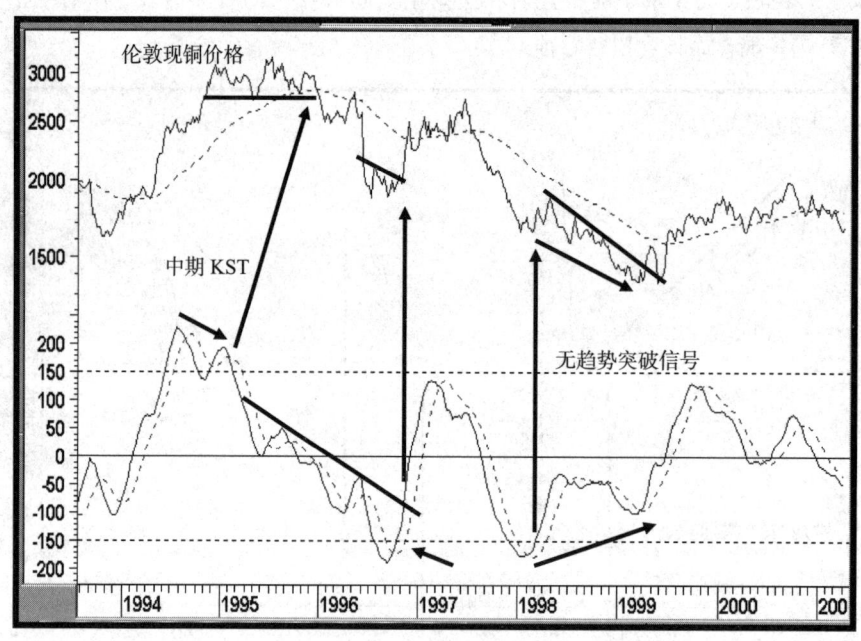

图 15-7　现铜价格指数与中期 KST（1993～2001 年）

资料来源：www.pring.com。

图 15-8 显示了采用单日 KST 指标的全球 X 富时哥伦比亚 ETF 走势，证明单日 KST 指标有时也能形成"价格形态"，就像 2010 年年底一样。另外，请注意 2010 年年底启动了一轮熊市，以及 KST 指标未能强势反弹至均衡线上方的事实。

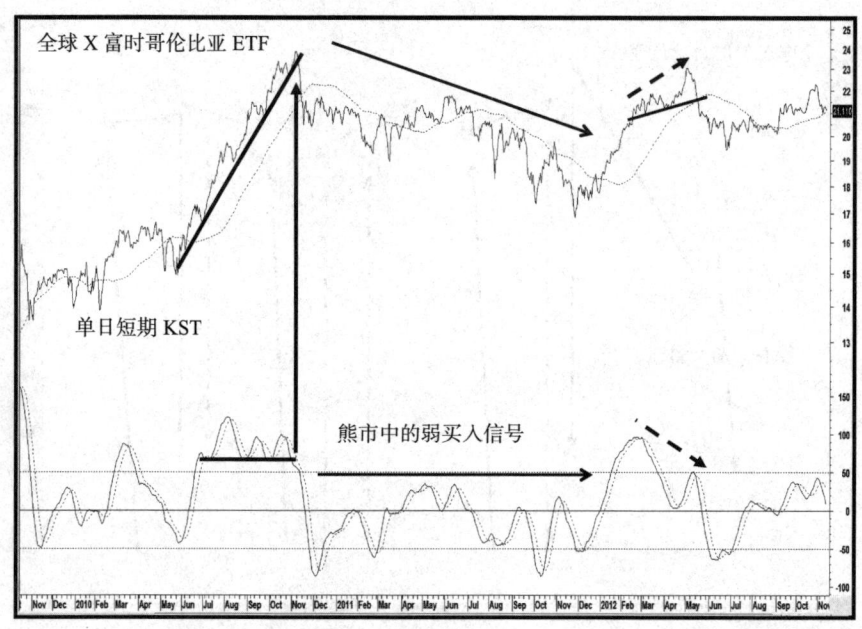

图 15-8　全球 X 富时哥伦比亚 ETF 和短期单日 KST（2009～2012 年）
资料来源：www.pring.com。

| 技术要点 | 有时候，研究某个摆荡指标的特征有助于判断主要趋势的方向。弱势反弹预示着熊市，弱势回撤预示着牛市。

请注意 KST 还能发出背离信号，如 2012 年年初的看跌背离。图 15-9 内容相同，不过用实线箭头标注了得到价格确认的看涨和看跌超买/超卖穿越。虚线箭头则体现了等待价格确认的价值。

| 技术要点 | 使用短期 KST 指标的第一原则是用于确认方向以及主要趋势的结束，然后做到不违背趋势。

要辨认主要趋势的方向，说起来容易做起来难。不过，如果能关注价格相对其 65 周或 12 个月移动均线的水平，以及长期 KST 指标的水平和方向，你至少能获得主要趋势环境下的目标价位。

图 15-10 以 Indian Hotels 为例，同样构建了超买和超卖曲线。我们可以看到当 KST 指标穿越超买和超卖水平后，股价如何表现。在这一过程中，我的关注点并不是寻找确认信号，而是找出顺趋势和逆趋势信号的区别。实线箭头代表正趋势信号，虚线箭头代表逆趋势信号。

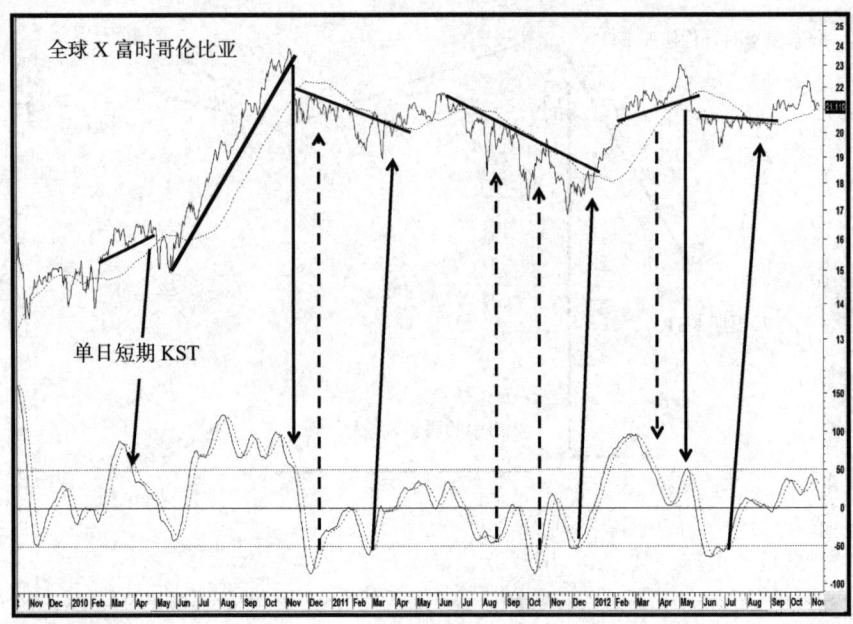

图 15-9 全球 X 富时哥伦比亚 ETF 与短期单日 KST（2009～2012 年）

资料来源：From *pring.com*.

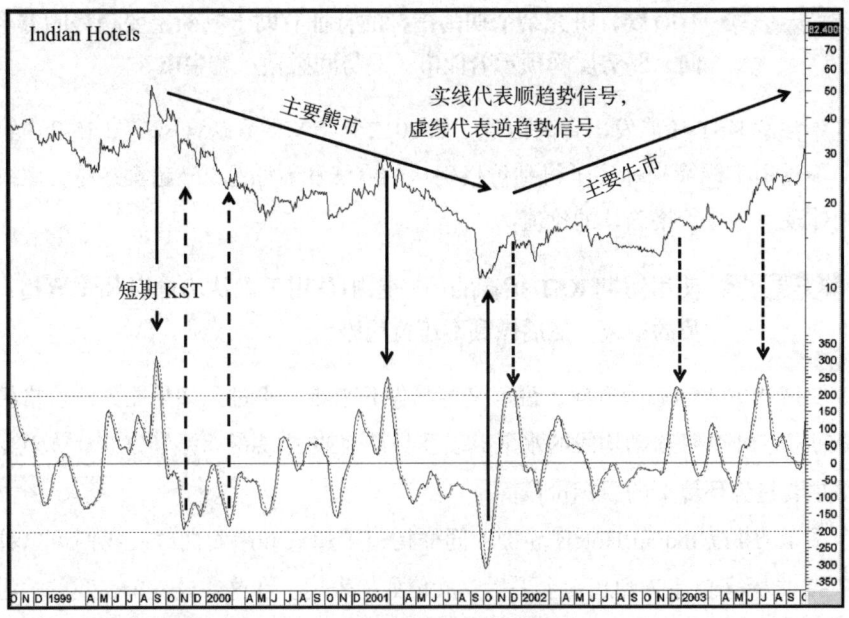

图 15-10 Indian Hotels 公司股价和单周短期 KST 指标（1998～2003 年）

资料来源：www.pring.com.

KST 应用于市场周期模型

1. 三种主要趋势

如前文所述，在任何特定时期，市场中均存在各种各样的趋势。从盘中趋势、小时趋势，一直到期限特别长或者包含 19～30 年时间的极长期趋势。在以投资为目的的领域，被广泛认可的趋势包括短期趋势、中期趋势和长期趋势。短期趋势一般通过日价格监测，中期趋势采用周价格，长期趋势则为月价格。第 1 章中的图 1-1 绘制了一条假想的包含 3 种趋势的钟形曲线。

从投资的角度来看，弄清楚主要趋势或基本趋势的运行方向非常重要。这有助于我们了解当前状态在整个周期中所处的位置。构建长期 KST 指标，为我们识别市场中主要周期的转折点提供了一个有益的起点。短期指标和中期指标的引入，也有助于我们理解市场周期模型。

最佳的投资时机是，基本趋势处于上升阶段，同时中期和短期趋势正由谷底攀升之时。在主要空头行情中，最佳的卖出时机则出现在中期和短期趋势翻越峰位、长期趋势下行之时。

在某种意义上，任何在多头行情早期或中期进行的投资，都可以从正在上升的主要趋势中安全撤出并受益。然而，在空头行情中，投资者若想利用中期趋势中的上涨获利，则不得不更加机警。

2. 结合 3 种趋势

理想状态下，在一个图表中同时绘制月、周和日 KST 走势将非常有用，但绘图中存在的限制并不允许这么做。尽管如此，我们仍可以通过不同时间跨度下的周数据来模拟出这 3 种趋势，如图 15-11 所示。

图 15-11 显示了标普欧洲 350ETF。请注意单日 KST 指标和短期 KST 指标的时间跨度是不同的（见表 15-2），后者的时间跨度更长，而且图中所有 3 种 KST 指标都是使用指数移动均线，而非简单移动均线。这种做法能对方向、主要趋势终结及短期和中期趋势相互关系的判断更加准确。加黑部分代表长期 KST 位于 26 周指数移动均线上方的情况，颜色较浅的部分则相反。有时候，KST 指标发出的主要趋势信号和价格本身穿越 65 周指数移动均线的信号同时出现，如 2007 年 12 月和 2009 年 8 月。该图还显示了在以长期 KST 指数移动均线穿越定义的牛市和熊市中，短期 KST 指标的大致交易区间。请注意该指标牛市中很少进入超卖

区，熊市中很少进入超买区。

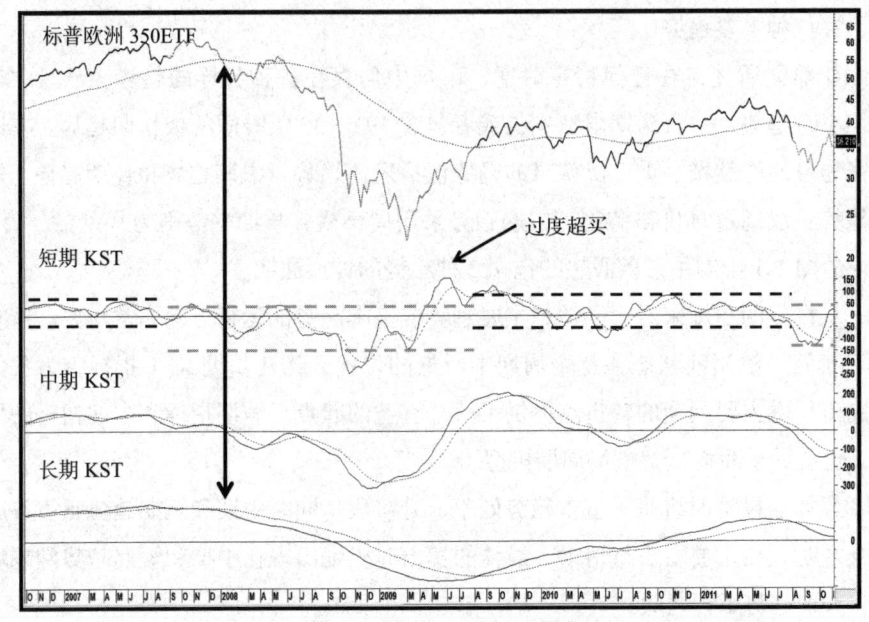

图 15-11　标普欧洲 350ETF 和 3 种 KST 指标（2006～2011 年）

资料来源：www.pring.com。

最佳买入时机似乎出现在长期指数位于下跌行情的最后阶段，或者正处于上涨行情但尚未达到过度上涨的时期。

很多时候，长期指标较为稳定，不会发生方向的改变，这会令观察者非常困惑而难以识别其真正意图。我们通常可以根据短期指标和中期指标的行为，并结合价格本身的变动来收集重要的线索。例如，中期指标在均衡线上方或下方长时间逗留（例如，9 个月到 1 年），代表一种异常现象。所以，如果指标在长期位于均衡线上方之后跌破均衡线，则表明此前较为平缓的长期指标曲线走熊倾向明显，反之亦然。如图 15-11 所示，2008 年年初中期 KST 继在过度超买区停留 4 年多（虽然图中看不到）之后跌破均衡线，发出卖出信号。请注意短期指标曲线在 2009 年出现的过度超买现象。这实际上是自 2000 年该 ETF 成立以来，短期 KST 指标触及的最高水平。大家可以登录 www.pring.com，输入雅虎上的任何股票代码，不论是美国国内的股票还是国际股票，在这一市场周期模式下免费绘制 KST 指标。

KST 指标和相对强度

KST 指标还能应用于相对强度曲线，在细分行业和个股分析时，KST 指标在长期分析（主要趋势分析）方面效用显著。这是因为板块轮动发生于特定商业周期，不同板块在涨势和跌势中流转，因而与绝对的价格数据相比，更难以形成线性的升势或跌势。关于这些问题以及 KST 指标应用的更多讨论，请参考第 19 章和第 22 章。

KST 指标可以被替代吗

KST 并不是处理平滑动能问题的唯一答案。如果你的软件没有 KST 功能或者无法复制使用，我们也可以通过采用默认参数的 MACD 指标或者使用 24/15/10 组合的随机指标来代替 KST。随机指标的这些相同参数似乎也适用于所有 3 种时间框架。图 15-12 采用月度数据对 3 种指标进行比较。请注意大多数情况下，KST 指标的转折点都领先于随机指标或与随机指标同步。此外，较敏感的 MACD 指标往往发出错误的趋势逆转信号，这些信号要么被证明是虚假信号，要么在信

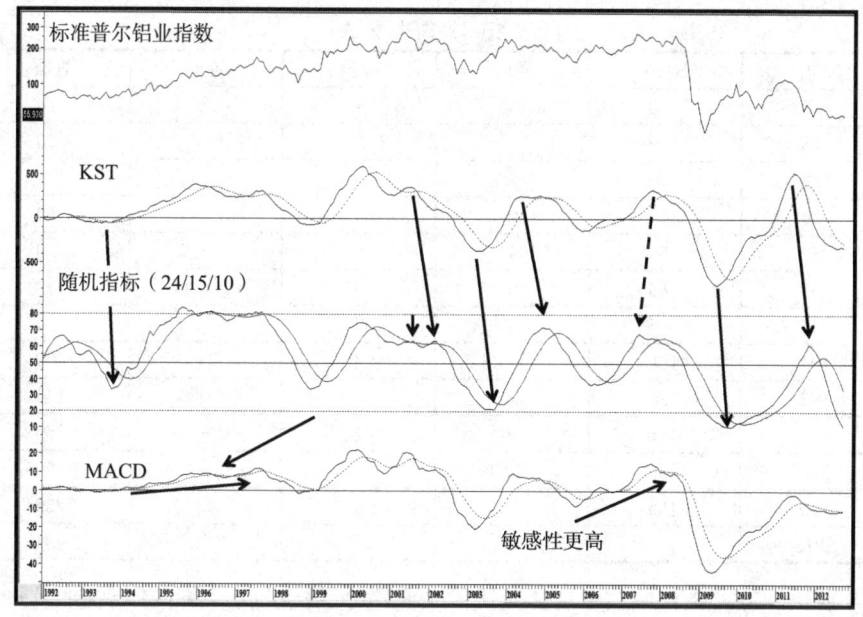

图 15-12　标准普尔铝业指数长期动能指标之间的比较（1992～2012 年）

资料来源：www.pring.com。

号线穿越出现前就被逆转。正因如此，我倾向于使用 KST 指标判定所有趋势，而不仅仅是长期趋势。当然，也可能找到针对这些指标的更好参数，我们非常鼓励读者进行尝试。

SPK 指标

将 3 种时间跨度下的 KST 指标相结合，构成了绘制 KST 指标的另一种选择。我将这一指标称为 SPK 指标。通过将短期、中期和长期趋势合并为一个超级指标，SPK 指标能真实地体现综合周期性。其计算方法是根据日数据将日 KST 公式和中期及长期 KST 公式相加。因此，长期 KST 计算中所用的 12 个月时间框架被代以 265 天，代表一年内的交易日天数。表 15-3 就包括这一公式。图 15-13 则以形象的方式诠释了这一概念。该图对虚线（短期趋势）进行了实际的运用，同时 SPK 曲线更为参差，和缓慢平稳的长期 KST 指标形成鲜明对比。理想状况下，在牛熊市转折点，SPK 指标和价格的同步性在一定程度上更强。这和大多数实际情况相符，所以关键是要能够尽快辨认出转折点。我们同样要提防，线性上升或下行趋势中可能出现过早的动能转折点。

表 15-3　SPK 公式

ROC	SMA	乘以	权重	等于	总数
10	10	×	1	=	10
15	10	×	2	=	20
20	10	×	3	=	30
30	15	×	4	=	60
50	50	×	1	=	50
65	65	×	2	=	130
75	75	×	3	=	225
100	100	×	4	=	400
195	130	×	1	=	130
265	130	×	2	=	260
390	130	×	3	=	390
530	195	×	4	=	780
SPK					2 485

所以，SPK 指标的主要功能是辨认主要趋势的转折点。由于该指标的计算过程也纳入了短期数据，另一个附加的好处是辨认较小的趋势，并将其与主要趋势的方向和时间跨度相结合。

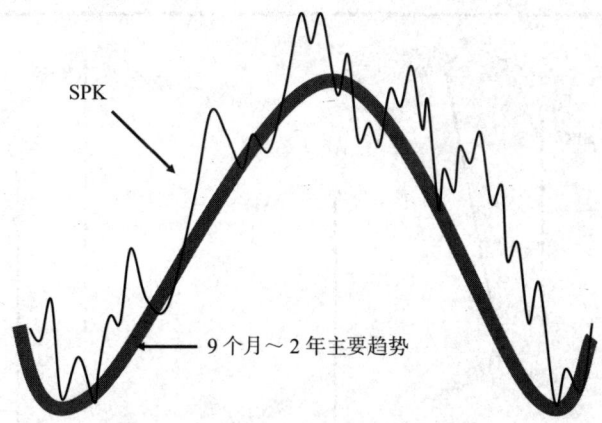

图 15-13　SPK 指标和长期趋势的对比

使用 SPK 辨认长期价格波动

以下是 SPK 指标的一些特征。

（1）SPK 曲线反应的是主要长期 KST，但不及后者平滑，因为它也包括了反应短期和中期价格波动的数据。

（2）主要价格趋势的峰位经常和 SPK 同步出现。当出现线性上升或下降趋势时，SPK 往往领先价格转折点，构成背离。图 15-14 中的箭头标出了标准普尔综合指数的部分此类转折点。请注意受美国股市的长期牛市行情影响，SPK 指标在 1998 年过早触顶。图 15-15 中的例子更多。1983～2012 年期间的 12 个价格峰位和谷底中，只有一个没有和 SPK 同步。

（3）该指标同样适用于趋势线的构建。一般而言，如果时间跨度超过 9 个月的曲线被突破，主要趋势已经逆转的可能性很大。图 15-16 就体现了这一点，图中的几条 SPK 趋势线穿越得到了价格的确认。有时候，趋势过于极端，无法构建有意义的趋势线。此时，价格和 SPK 的移动均线短时间内同时被突破可视作精准的信号。A 点处同时出现移动均线和趋势线突破，但是仅根据移动均线穿越信号，就可以判定自 2009 年底部的反弹走势。图中的价格移动均线拥有 200 天的时间跨度，SPK 移动均线的时间跨度为 100 天，并通过额外的 100 日移动均线进行了平滑处理。图 15-17 也显示了在点 A、点 B 和点 C 处的同步移动均线突破，以及多个趋势线同步突破的例子。请注意 SPK 偶尔会走出小型的区间交易行情，当行情结束，逆转信号往往被触发。2007 年和 2010 年的底部就是两个例子。

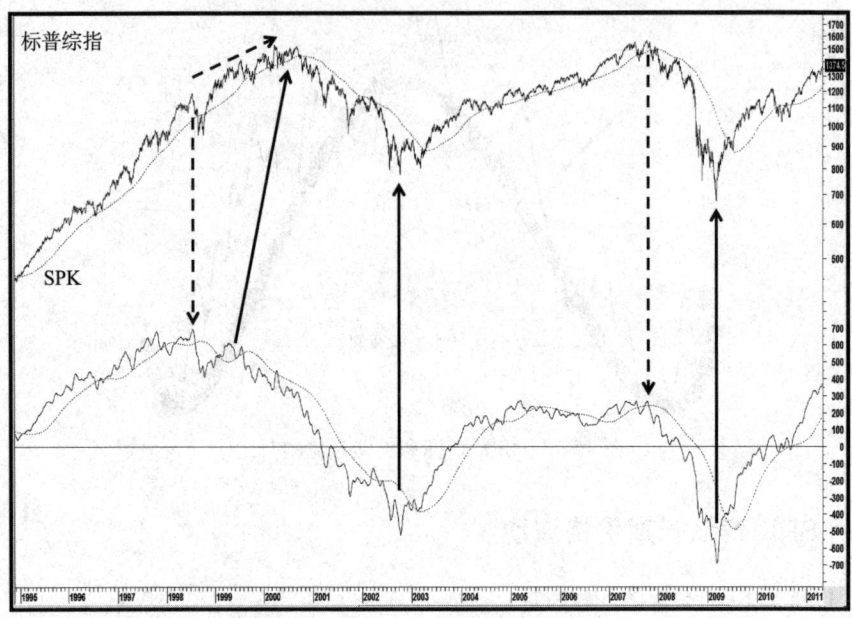

图 15-14 标准普尔综合指数 VS. SPK 指标（1995～2011 年）

资料来源：www.pring.com.

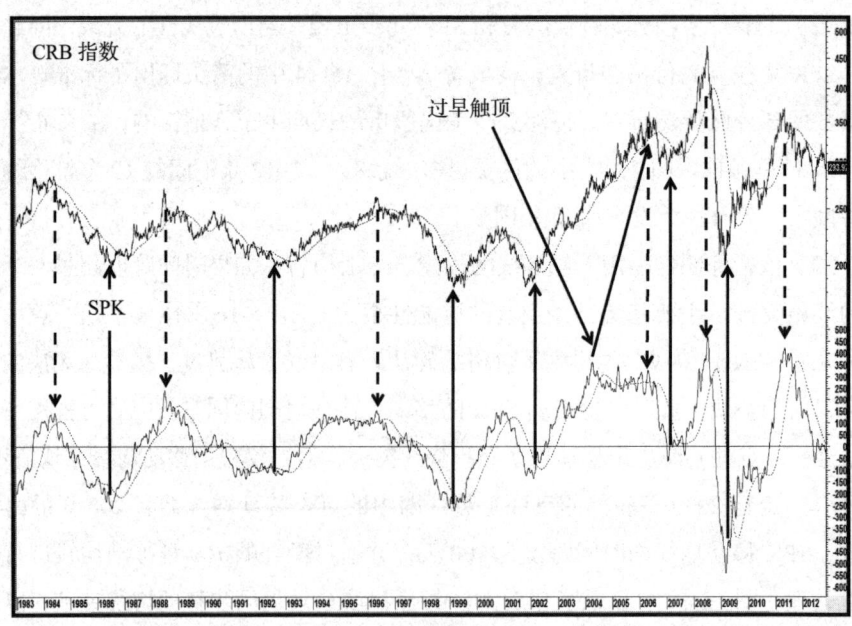

图 15-15 CRB 指数 VS. SPK 指标（1983～2012 年）

资料来源：www.pring.com.

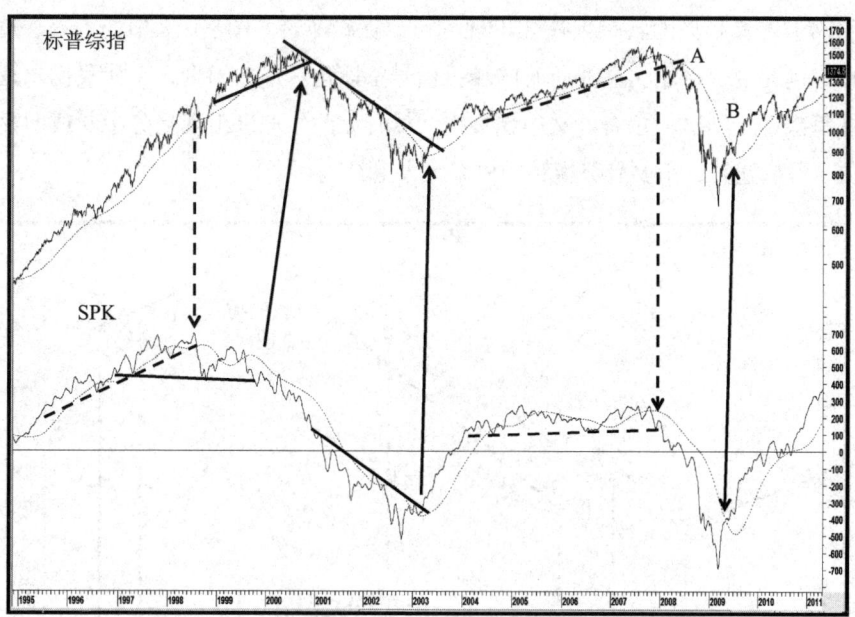

图 15-16　标普综指 VS. SPK 指标（1995～2011 年）(趋势线诠释)

资料来源：www.pring.com.

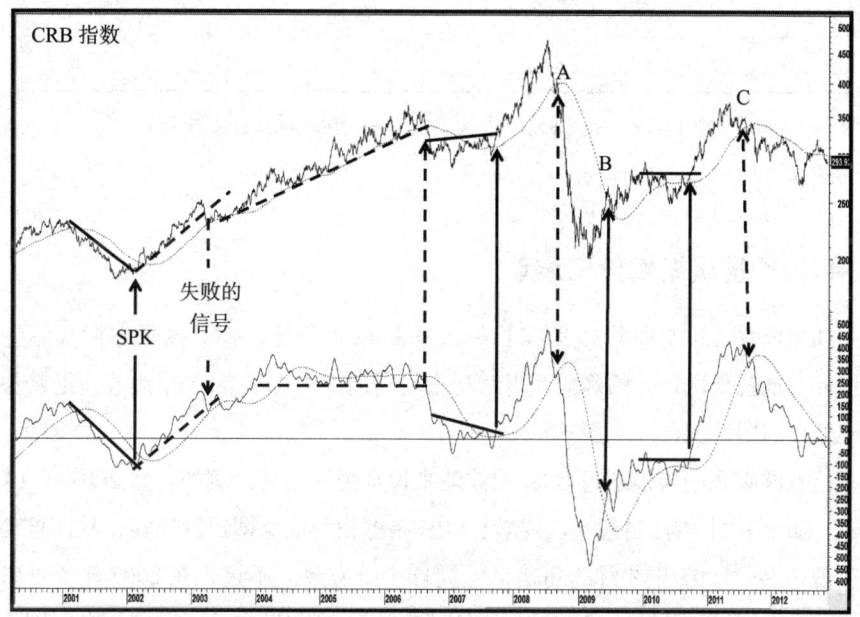

图 15-17　CRB 指数 VS. SPK 指标（1999～2012 年）(趋势线诠释)

资料来源：www.pring.com.

（4）主要趋势的转折点往往出现峰位–谷底逆转。图15-18中的点X、点Y和点Z就是3个例子。并非所有的转折信号都以这一形式出现，正如我们永远不可能每次都绘制出一条有意义的趋势线。尽管如此，如果出现趋势中断或明显的峰位–谷底逆转，主要趋势逆转的概率大大上升。

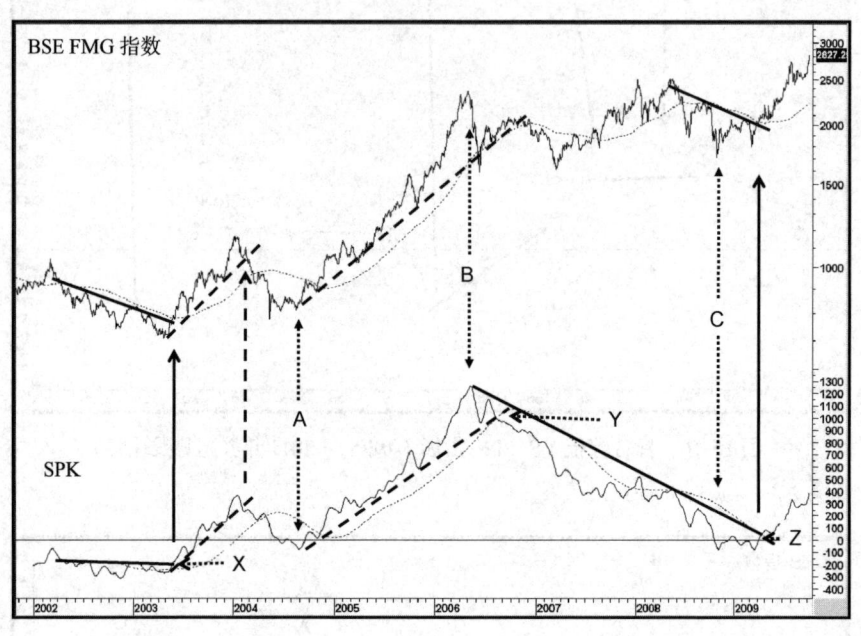

图 15-18　BSE FMG 指数（2001～2009 年）(SPK 诠释)

资料来源：www.pring.com。

使用 SPK 辨认短期价格波动

如果将图 15-19 中的日 KST 指标波动和 SPK 相比，你会发现它们实际上非常接近，也就是说，你的确能获得最初市场周期图（见图 1-1）中虚线短期趋势曲线的综合周期性。

这意味着我们可以通过 SPK 的波动来识别短期逆转。例如，像 2007 年 10 月一样，如果 KST 指标自超买区逆转，SPK 指标很可能立即出现逆转，从而推动价格实现逆转。2007 年 8 月的超卖信号同样十分有效。不过，在 2007 年 5 月出现了另一个 KST 超买逆转，SPK 也出现逆转，但并未立即向下。原因何在？因为该卖出信号是反趋势的，当时的主要趋势看涨。

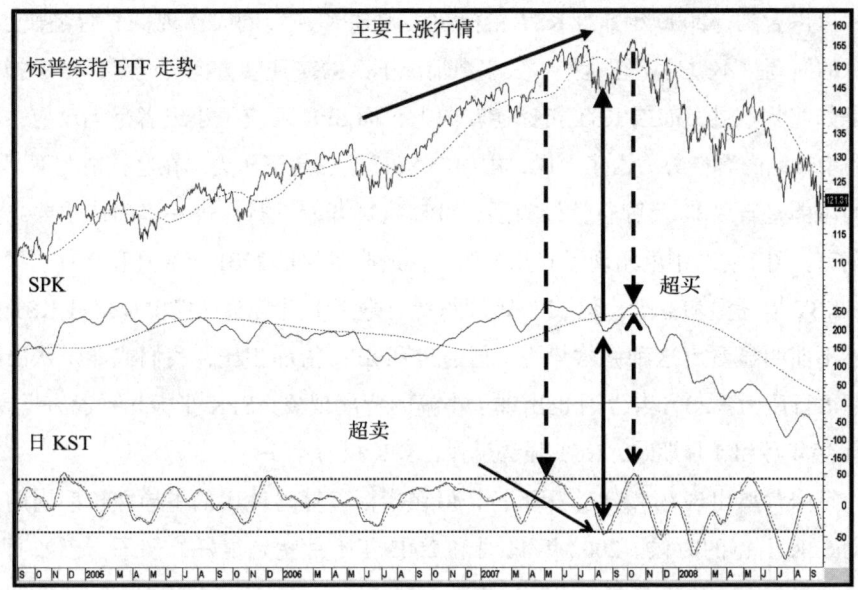

图 15-19　标普综指，SPK VS. 短期日 KST（2004～2008 年）

资料来源：www.pring.com.

图 15-20 以 CRB 指数为例，下方显示的是日 KST 指标。

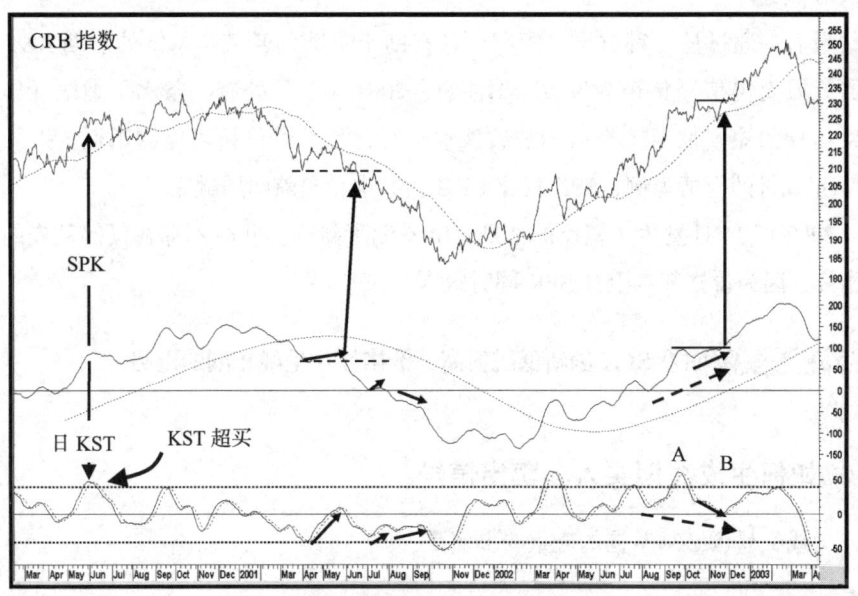

图 15-20　CRB 指数从 KST 和 SPK 的关系诠释（2000～2003 年）

资料来源：www.pring.com.

可以看到，2000 年 5 月 KST 指标超买和 SPK 逆转同时出现，之后是长达 3 个月的回调。不过还不止这些。大多数情况下，KST 逆转方向的同时，SPK 指标也是如此。不过，如果 KST 指标逆转向上，而 SPK 反应很小或者毫无反应，则说明中长期的看空势力占了上风，因而向 SPK 施加向下压力。在这种情况下，最大的可能是日 KST 反弹行情结束后，SPK 指标开始下行，进一步确认主要趋势的疲态。图 15-20 中就出现了好几个例子，最典型的是 2001 年 8 月和 9 月的那一次，KST 指标温和上行，但 SPK 延续跌势，毫无上升势头。仅仅观察日 KST 曲线还不能明显看出这种疲软势头，但通过和 SPK 指标相比，我们或能辨认出中长期下行压力。2001 年 7 月也出现了小幅的背离现象，SPK 指标几乎没有反弹。2001 年 4 月和 5 月期间，KST 强势反弹，SPK 反应平平。

看涨背离出现在 KST 指标下行，但在指标计算时使用的主导性长期周期却推动 SPK 上行的时候。2002 年 11 月和 2003 年 1 月就是很好的例子，正如两根实线箭头所示。对 SPK 指标而言，不断上升的峰位和谷底尤其重要，因为它体现了主要中长期趋势周期的强势。例如，仔细看图中的两条虚线箭头。2002 年 11 月 KST 虚线箭头指向了更低的低点，而 SPK 虚线箭头却指向更高的谷底，如图中的 B 点处。

最后，通过另一种方法，短期波动有助于协助判断某个特定的短期 KST 指标买入或卖出信号是否会生效。请注意，2001 年 5 月处有一条水平虚线标出了 SPK 指标的短期低点。当指标跌破该水平时，预示着价格可能创新低。以图中 2001 年 5 月的行情为例，SPK 仅比 CRB 指数本身提前两周触底。

2002 年 11 月发生了相反的情形，SPK 创了新高。此时不存在任何领先的动能指标，因为价格基本上和 SPK 同时筑顶。

> **技术要点** 如果 SPK 创新低或新高，价格往往呈现相同的走势。

SPK 如何生成短期买入和卖出信号

短线交易者必须掌握的最重要事实是：

> **技术要点** 顺应主要趋势的交易比逆趋势交易成功的概率更大。

SPK 指标为我们提供了客观判断主要趋势方向的起点。显然，回顾历史，我们很容易识别 SPK 何时触底何时筑顶，但在实际中，我们并不具备这种优势。一种方法是使用经过 100 日移动均线平滑处理的 100 日移动均线。正的读数代表主要牛市，反之亦然。

图 15-21 以道琼斯瑞银大宗商品指数为例，采取的就是这一方法。阴影部分代表由 SPK/MA 关系定义的熊市。此类环境下没有出现任何信号。浅色部分代表 SPK 向上穿越其 10 日移动均线、主要趋势看涨。该方法远非完美，包含一些 SPK 看涨但价格却已经逆转的情况，等等。我认为最好先使用领先趋势的信号，再使用其他信号作为过滤机制来加大成功的把握，而不能盲目机械地使用上述方法。

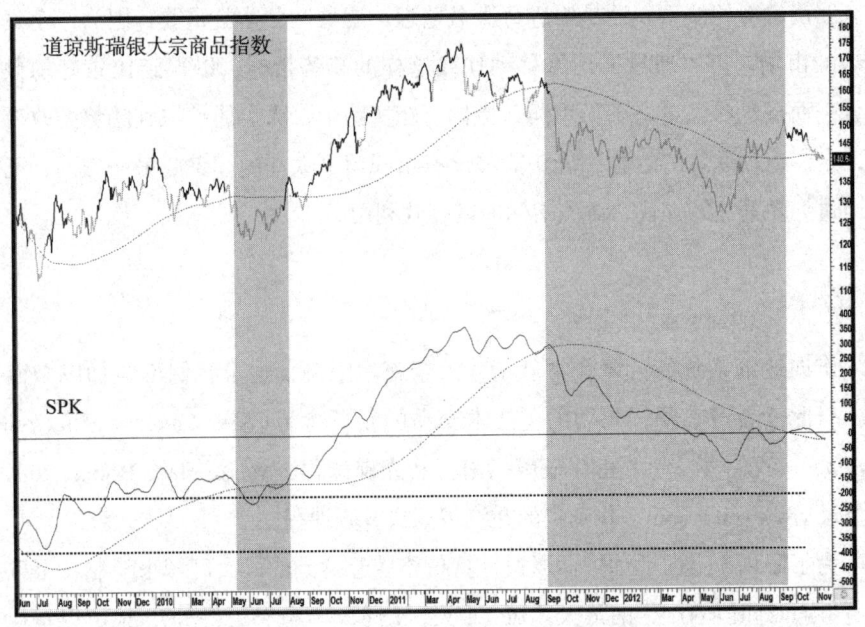

图 15-21　道琼斯瑞银大宗商品指数发出领先趋势的短期买入和卖出信号（2009～2012 年）
资料来源：www.pring.com。

这些自创的 SPK 系统走势图和模板在 MetaStock 的一个补充包里可以找到，大家可以登录 www.pring.com 找到相关资料。

SPK 指标的优缺点

和所有的动能指标一样，SPK 指标也有缺点。最大的缺点就是，该指标的构建是基于目标价格序列随典型商业周期波动的事实。因此，在线性趋势下，SPK指标会过早逆转，在周期异常简短的时候，该指标则显得滞后。不过当然，任何长期动能指标都有这个缺点。

尽管如此，根据过去几年的使用经验，我越来越折服于 SPK 指标的力量。它能在其他指标无法做到的情况下，判定大量主要趋势转折点。

定向运动系统

定向运动系统由韦尔斯·怀尔德所设计，其目的是要确定市场将经历一种具有明确趋势的波动，还是要进行横盘整理。这种区分非常重要，因为一个具有趋势的市场，可以通过采用像移动均线这样的趋势指标，以得到比较好的预警信号，而横盘状态更适于采用摆荡指标。在实践中，除了能够识别趋势的改变之外，定向运动系统的这种区分功能并没有给我留下太深的印象。另一方面，还可以通过许多其他的方式，对该指标加以有效利用。

计算

定向运动系统的计算非常复杂，由于篇幅限制，这里我们不能加以全面讨论。对此读者可参阅怀尔德的《技术交易的新概念》（*New Concept of Technical Trading*）、我的书《动能指标权威指南》和光碟课程（Marketplace Books, 2009），或登录 www.pring.com，找到我的在线视频或音频课程。

为了简化，定向运动指标通过计算价格曾经达到的最大区域来绘制，可以是在所考虑时间段内产生的最大区域（1天，1周，10分钟，等等），也可以是从前期收盘价到本期极端点间的区域。实际上，该系统试图对定向运动加以衡量。价格可以往两个方向运动，因此存在两种定向运动指标，分别称为 +DI 和 −DI。由于计算出来的原始数据存在过度不稳定的特点，对这两种指标都采取特定时间段内的平均值的形式，并将结果绘制到走势图中。正常情况下，这两种 DI 指标绘制在一个图表中的相同区域。标准或默认的时间跨度为 14 期。图 15-22 显示了采用 14 日时间跨度的两种 DI 指标的情形。两种 DI 之间的交叉被视为买入和卖出信号。

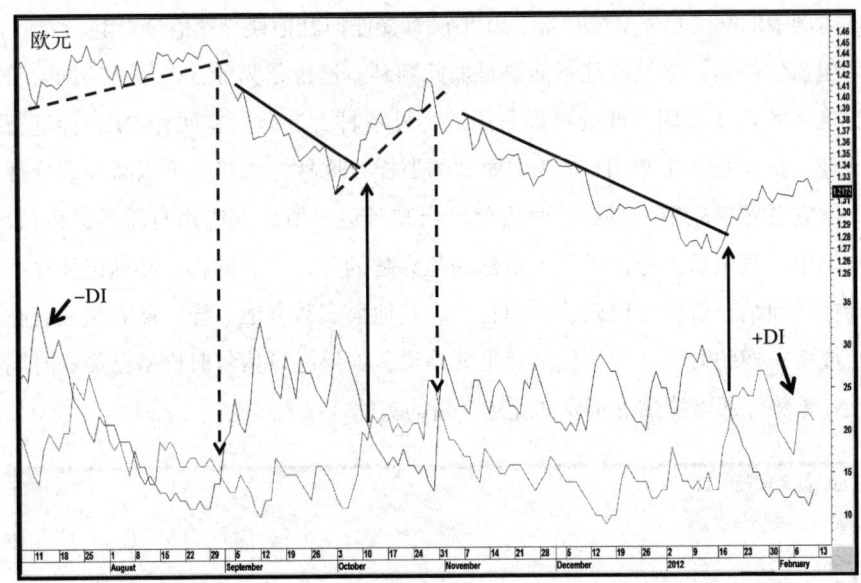

图 15-22　欧元走势与两种 DI 指标（2011～2012 年）

资料来源：www.pring.com.

该系统中还包含了另一种重要的指标，即平均定向指标（average directional index，ADX）。ADX 仅仅是特定时间内 +DI 和 −DI 的平均值。事实上，它是用正定向运动的天数减去负定向运动的天数。但是，当 −DI 大于 +DI 时，ADX 的负号被省略。这意味着 ADX 只能告诉我们，所考察的证券是否正在进行定向运动。同样，默认的时间跨度为 14 日。

通过这种方式计算的 ADX 通常限定在 0 到 100 之间。ADX 值较高表明证券正以某种趋势运动（它具有大量的定向运动），ADX 值较低表明股票缺乏定向运动，而且更大程度地代表了横盘整理市场。

> **技术要点**　ADX 不能为我们提供价格变动方向的任何信息，而只能说明价格的趋势运动或无趋势运动特征。

+DI 和 −DI

图 15-22 显示了欧元走势和 14 日时间跨度的 DI 指标。+DI 向上穿越 −DI 时释放出买入信号，反之亦然。图中交叉信号多次经价格本身突破趋势线而得到确

认。本例中的交叉信号非常可靠,几乎没有受任何其他误导性信号影响。

但遗憾的是,事情往往不能总是如此顺利。这也是为什么信号必须结合价格本身确认的重要原因。此处可以采用的另外一种方法是,将两种 DI 指标进行平滑处理,正如我在走势图 15-23 中所做的那样。这种方法当然可以减少误导性信号,但它敏感性较低,导致信号有时会出现延迟,所以在应用时需要进行权衡。在本例中,我用箭头标出了平滑指标相互穿越的关键点。同样,必须记住这些动能指标必须结合价格加以确认。而且,和其他大多数方法一样,该方法只有在你决定放手一搏的时候才应该使用。也就是说,如果触发信号时价格已经长时间处于某一走势,那可能最好不要据此建立新的头寸。

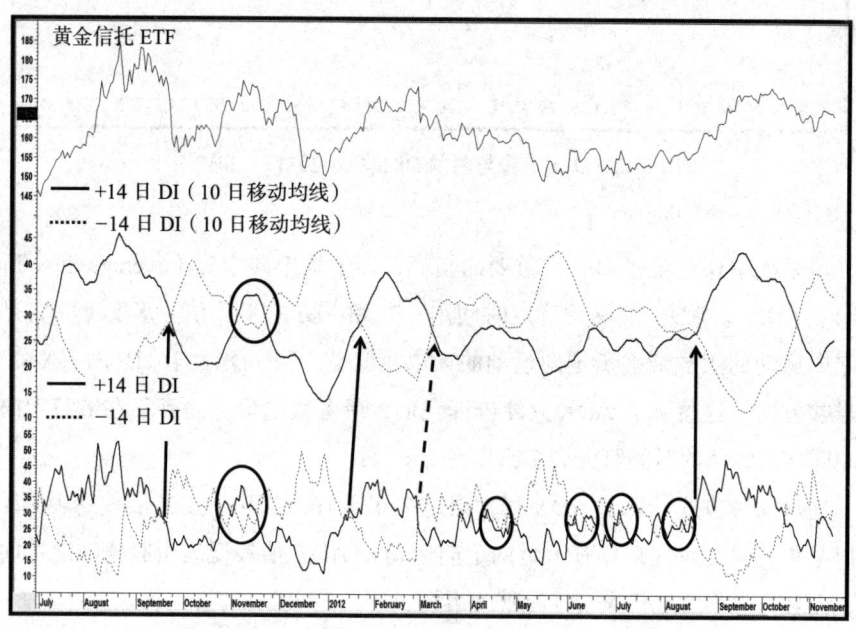

图 15-23　黄金信托 ETF 与两种平滑的 DI 指标(2011～2012 年)

资料来源:www.pring.com。

ADX 指标

ADX 值较高并不意味着市场处于超买状态而且即将出现下跌。相反,它从定向的角度衡量着某个走势的强度。所以,如果 ADX 达到较高读数,而且开始逆转,则代表当前主导趋势或许已经终结。也就是,趋势将发生"改变"。请注意，趋势的"改变"不同于趋势的"反转"，因为趋势改变可以包括由涨势变为跌势，由涨势转为盘整，或者由跌势变为涨势。图15-24绘制了黄金信托ETF的14日ADX指标。请注意无论在顶部还是底部，ADX指标的高读数都代表趋势逆转的信号。ADX筑顶的同时10日移动均线出现看跌穿越，是对走势已经见顶的有效确认。和图15-23正中间的曲线一样，本图最下方的曲线代表14日+DI 10日移动均线和14日−DI 10日移动均线之差。通过比较ADX曲线和下方的差值曲线，逆转究竟源自超买水平还是超卖水平一目了然。如果价格以这种方式逆转，那么不妨去寻找某种形式的价格确认。在本图的3个例子中，只有2011年9月的第1个例子得到了确认。

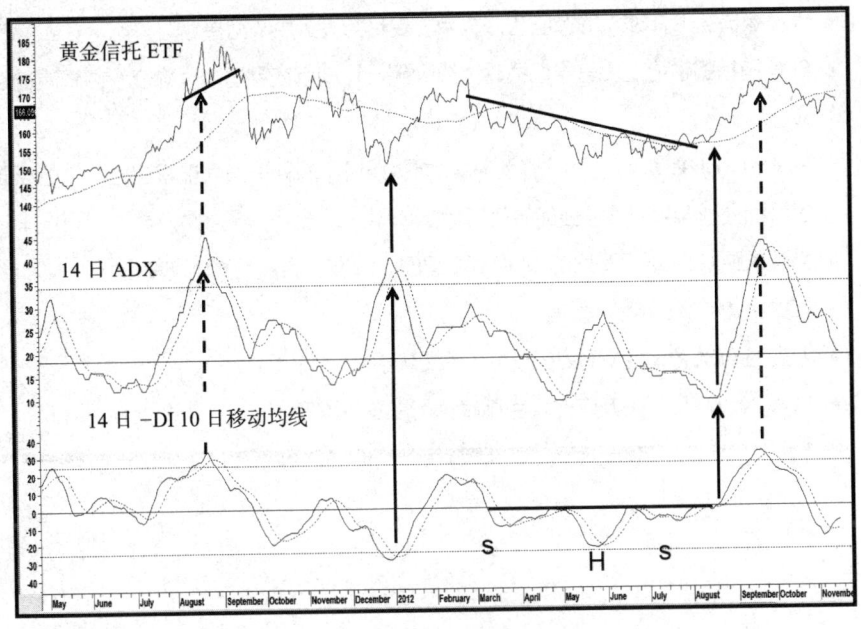

图15-24 黄金信托ETF、ADX指标和DI差值指标（2011～2012年）

资料来源：www.pring.com。

　　ADX处于低位表明缺乏定向运动，而且当定向运动呈现出正在上升的明显趋势时，这些指标也很有用。图15-24中，2012年夏末，ADX曲线自低位向上突破其移动均线的同时，差值曲线走出了头肩底形态。低ADX读数表明目前没有明显的定向运动，但可能马上要出现某种定向运动。此外，差值曲线突破低位的同时价格曲线向上穿越其趋势线，说明答案是上行运动。

Summary
小 结

- 在任何时间跨度下都可以构建 KST 指标，从盘中到长期时间跨度均可。
- KST 指标通过 4 种时间跨度下的平滑的 ROC 指标计算所得，每种 ROC 的权重根据其时间长短确定。
- 长期、短期和中期 KST 可以结合到一个走势图中，以反映市场周期模型。
- KST 适用于众多的动能解释技术。
- KST 可成功应用于相对强度分析。
- SPK 是短期、中期和长期 KST 指标的综合，能有效识别短期和长期趋势逆转。
- 大多数情况下，SPK 的峰位和谷底与主要趋势转折点非常接近。
- SPK 指标的趋势逆转信号包括趋势线突破、移动均线穿越以及峰位 – 谷底演进逆转。
- +DI 和 –DI 衡量了正、负短期方向。可以通过平滑处理消除虚假信号，并可以通过区别处理得到时效性强的振荡指标。
- 当两条原始 DI 或平滑后的 DI 形成交叉时，触发了买入和卖出动能信号。
- ADX 衡量趋势的定向运动。
- 上升的 ADX 表明定向运动的增加，反之亦然。
- 当 ADX 从高位反转方向时，当前趋势可能发生改变。

第 16 章
Chapter 16

K 线 图

K 线图的构建

K 线图（candle charts，又称蜡烛图）在 20 世纪 90 年代[⊖]开始盛行。这种绘图方法源于几个世纪前的日本，提供的信息和我们熟悉的棒线图基本一样。区别在于 K 线图可以在无法一眼从棒线图中清楚识别价格形态时更快地捕捉形态特征。图 16-1 和图 16-2 对 K 线图和棒线图加以比较。K 线图可以在任何时间跨度下构建，从分时图到月线图。但为避免重述，本章采用"日"这一最常用的时间框架。

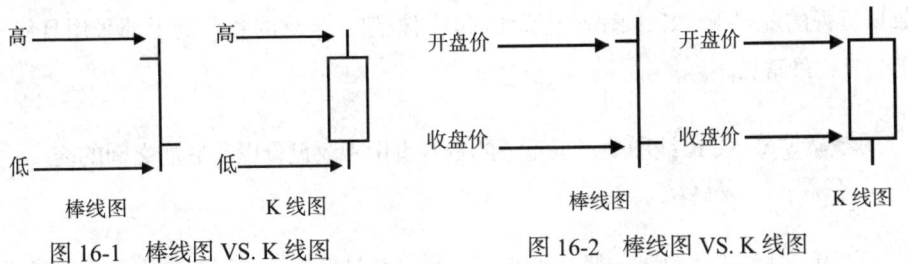

图 16-1　棒线图 VS. K 线图　　　　图 16-2　棒线图 VS. K 线图

只有在市场开盘价、收盘价、最高价以及最低价数据可获得的条件下，才能够绘制出 K 线图。K 线图的一个缺点是占据较大的水平空间，因此可展示的数据有限。不过，好在趋势逆转信号本质上是非常短期的，其影响一般持续几天，不

⊖ Steve Nison, *Japanese Candlestick Charting Techniques*, New York: New York Institute of Finance, 1991.

会超过3周。和棒线图一样，K线图同时提供逆转和连续信号。本章将举例解析K线图中的价格形态，K线图有助于快速分辨短期逆转和连续形态。

K线图并非万能，但对短线交易员而言，它无疑是一种十分有效的技术工具。K线图包括一个竖立的矩形（被称为"实体"），覆盖了开盘价和收盘价之间的所有价位（见图16-3）。

例如，如果开盘价高于收盘价，则开盘价位于实体顶端，收盘价位于最底端。实体上方的垂直线代表当日最高价和开盘价与收盘价二者中较高者的距离，下方的垂直线则代表最低价和开收盘价二者中较低者的距离。如果收盘价高于开盘价，则实体为空心（白色）；若收盘价低于开盘价，则实体为实心（黑色）表示（见图16-4）。虽然在数据可得的前提下，K线图适用于任何时间框架，本章的各个例子都采用日线，因为日线最常见。

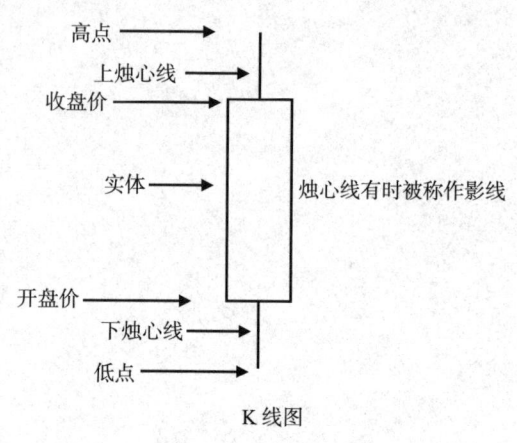

图16-3　K线图的绘制

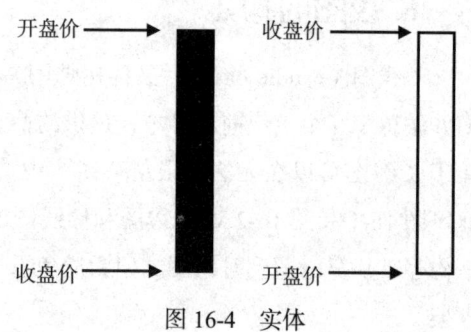

图16-4　实体

> 【技术要点】在K线图中，最重要的是开盘价和收盘价以及它们之间的交易区域。

从矩形两端上下延伸的竖线代表了最高价和最低价，它们被称作上下**影线**或**烛心线**。由于收盘价和开盘价可能相同，或者与最高价、最低价相同，所以还需要描绘出很多可能的组合，图16-5显示了其中一些情况。K线图本质上提供了与棒线图相同的信息。但是它们更明显的直观数据展示，让技术分析师能够识别在棒线图中不那么明显的一些特征。棒线图所刻画的一些现象已经有了各自的命名，如关键反转日（key reversal day），岛形反转日（island reversal day），在K线图中也采用同样的称谓。由于单独一天或者若干天内的价格形态具有大量可能的变形，所以给这些各种各样可能的形式取一个形象的名字就已经成为惯例。

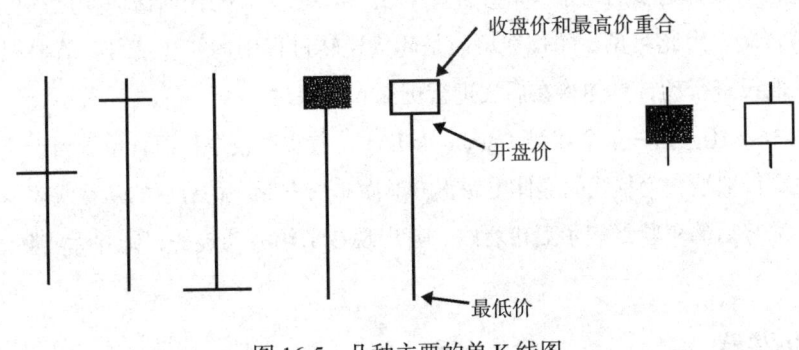

图 16-5 几种主要的单 K 线图

基本的 K 线形态要素

图 16-6 显示了一些最基本的 K 线图形态构建要素。**十字线**（doji）是指开盘价和收盘价重合或者非常接近的情形。十字线的出现表明买盘与卖盘势力均衡，因而并无重大意义。不过，如果十字线出现在某次涨势或跌势之后，供求双方的相对平衡状态则成为一条关键线索，预示着趋势可能即将转变，因为此前买卖双方应该是有一方占支配地位的。

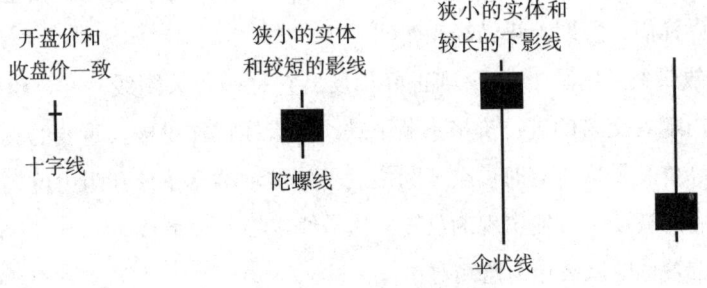

图 16-6 陀螺线

此外，还有一条**陀螺线**（spinning top），其实体较为狭小，但影线可长可短。识别陀螺线的关键不在于影线，而在于实体的大小。区间波动时陀螺线并不重要，但如果发展为价格形态的一部分，其重要性大幅上升，因为它们代表了多方和空方的激烈对抗。陀螺线表明犹豫不决，即投资者无法就价格将反弹或是回调达成一致。如果出现在长期反弹或回调行情之后，陀螺线表明上行或下行动能正在耗竭。也就是说，如果前期是由买方或卖方中的任意一方占优势，那么陀螺线的出现表明双方的实力可能不相上下。因此，供求状况的任何微弱变化都可能推动价格转向。由此可见，陀螺线可能是趋势逆转过程中的初步信号。若要根据陀螺线采取投资行动，具体将在后文进行更深入的探讨。

图 16-6 还包括一条**伞状线**（umbrella line），其实体较窄，而且位于当天交易区域的最高价那端。伞状线的实体更像正方形而非长方形。跌势后的伞状线表示后市看涨，涨势后的伞状线表示后市看跌。若出现在窄幅波动走势，则并无实际意义。

执带线

看涨执带线（见图 16-7a）是由一条大阳线组成的单 K 线形态，开盘价即为当天最低价，随后价格在当天的交易中不断上升。收盘价未必是当天的最高价，但实体部分越长，越代表看涨趋势。若在相当长的时间内走势图中都没有出现执带线，这也是一种不寻常的现象。因而，也就变得更加重要。原因在于，与之前出现的那些标准的小 K 线相比，执带线强调了交易者正在强烈地表达他们对于市场的感觉。试想，在嗡嗡嗡的小声谈论的人群当中，突然传来了一个响亮的声音。很显然有人想要大家去聆听他的想法。是的，在较长时间内持续产生小 K 线之后，执带线的出现也代表了相同的含义。作为单线形态，它大声说道："听着，我现在告诉你们，短期趋势已经改变。"

看跌执带线（见图 16-7b）则正好相反。它是一条大阴线，开盘价即为最高价，当天内随着交易的进行价格不断下跌。执带线往往是极其重要的关键日，因为它的最高价和最低价有时候会成为之后价格波动的支撑位和阻力位。为了分析价格在随后的波动中可能出现的反转，执带线实体的中间位置也应该被作为监测对象。

执带线的最高价和最低价是未来潜在的支撑位和阻力位，图 16-8 中给出了例子。

和棒线图一样，K 线图形态也大致可以分为逆转形态和持续形态两大类。所以我们将分别对这两大类加以讨论，先是更有意思的逆转形态。

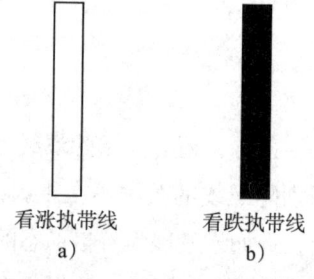

图 16-7 执带线（长阳线/阴线）

K线图适用于任何时间跨度，不过出现在分时图上时，其重要性不及在日线图或周线图上。和棒线图一样，K线图价格形态的影响一般仅仅持续5～10根K线。因此，在小时图上，我们可以预计K线形态的影响持续5～10小时，月线图上则持续5～10个月。

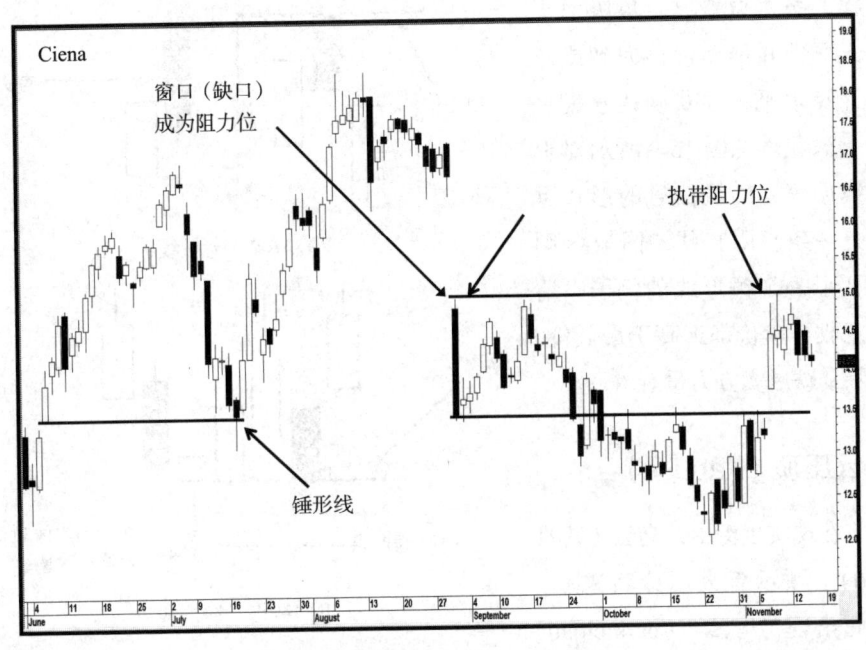

图16-8 Ciena

逆转现象

锤形线和上吊线

与其他所有K线形态相比，锤形线（Takuri）和上吊线（Kubitsuri）（见图16-9和图16-10）可能更为人们所熟知，因为它们被赋予了生动形象的名字。"上吊线"是出现在上涨行情之后的一条伞状线。正如其名字所隐含的意思那样，它看起来像是一个双腿悬挂着的上吊的人，表示空头形态。如果上吊线在持续上涨之后出现，就需要高度关注，尤其是发生在跳空缺口之后。识别上吊线的方法是，影线或烛心线的长度至少为实体高度的两倍，而实体的颜色并不重要。

"锤形线"与上吊线形状相同，只是发生在市场下跌之后，此时它代表了多头信号。其名字来源于这样的思想，即价格正在"捶平"底部。事实上，锤形线代表了这种类型的交易日，即价格会短暂地迅猛下跌，因为出现了一波止损卖盘。然而，这样的技术位置已足以吸引买方入场，并推动价格回到或超过开盘水平。寻获确认永远是锦上添花。如图16-9所示对上吊线而言，确认信号的形式可能是一条长阴K线。图16-8则包括了一个锤形线的例子。请注意收开盘价都远高于最低价，暗示暴跌后卖方力量衰竭。

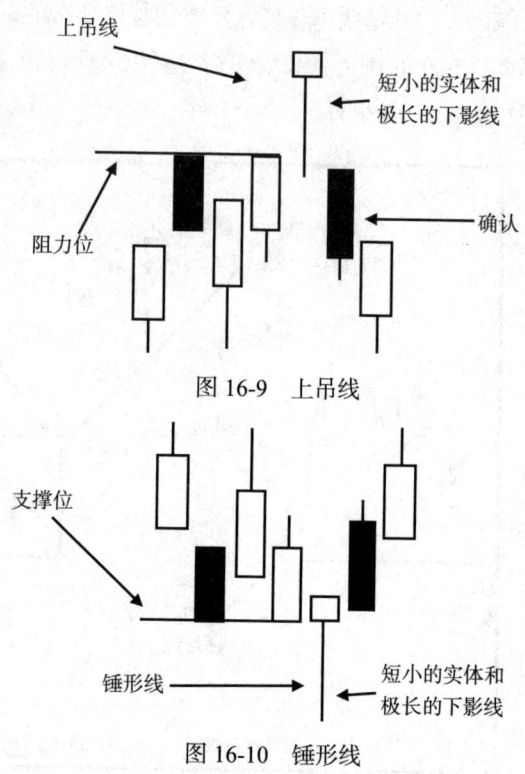

图 16-9　上吊线

图 16-10　锤形线

乌云压顶（Kabuse）

在现实生活中，乌云（见图16-11）预示着大雨或将来临，因此出现"乌云"（dark cloud）状的K线形态是价格下降的信号。在上升趋势或者交易密集区上部出现时，它隐含的空头信号最为明显。它是一种关键逆转形态，因为价格在跳空高开之后收于较低的位置。这种形态由两天的K线组成。第1天K线是一条强势线（白色实体，阳线），第2天为阴线，而且第2天的收盘价位于第1天白色实体的下半部分。图16-12是一个例子。正常情况下，此类出现在强势反弹后大量交易员希望锁定获利的情况下。图中的形态也符合吞没形态的条件（见后文）。

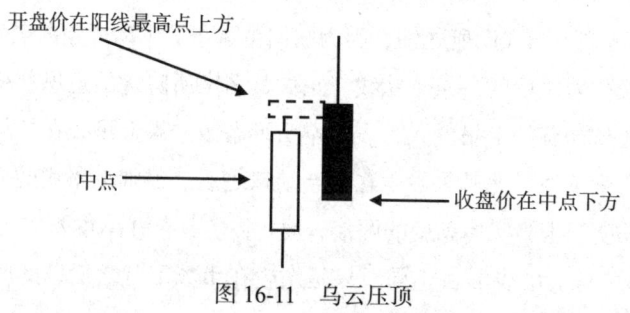

图 16-11　乌云压顶

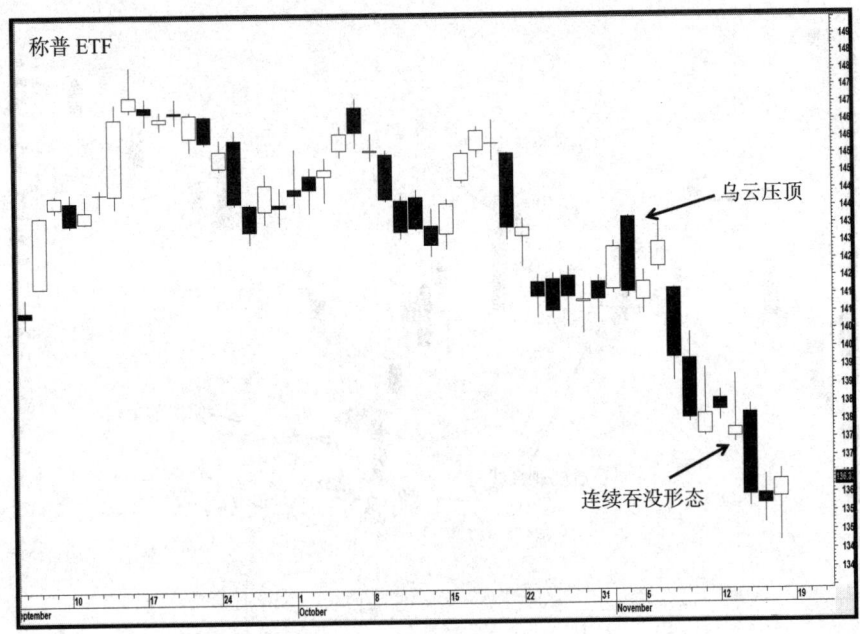

图 16-12　标普 ETF

刺穿线（Kirikorni）

这种形态（见图 16-13）称为"晴空"或许更加合适，因为它与"乌云"恰好相反，因而代表了后市看涨。需要注意的很重要的一点是，第 2 天阳线的收盘价是否位于前一根 K 线实体的中部以上，同时开盘价位于前一根阴线的实体下方。若非如此，根据传统经验，这可能预示着进一步的弱势。图 16-14 是标准普尔 ETF（SPY）位于 2011 年 10 月底部的一个经典范例。前期还出现了一个例子，但仅勉强符合阴线应该收于前一根阳线实体中部以下的条件。图 16-15 也包括多条刺穿线。

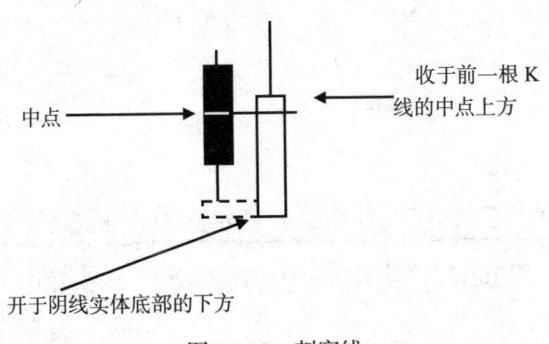

图 16-13　刺穿线

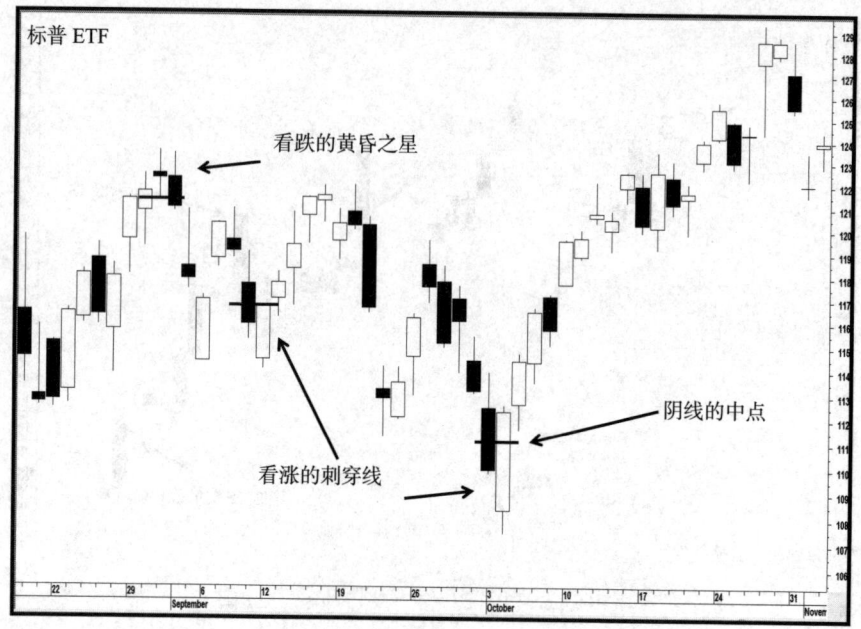

图 16-14　标准普尔 ETF

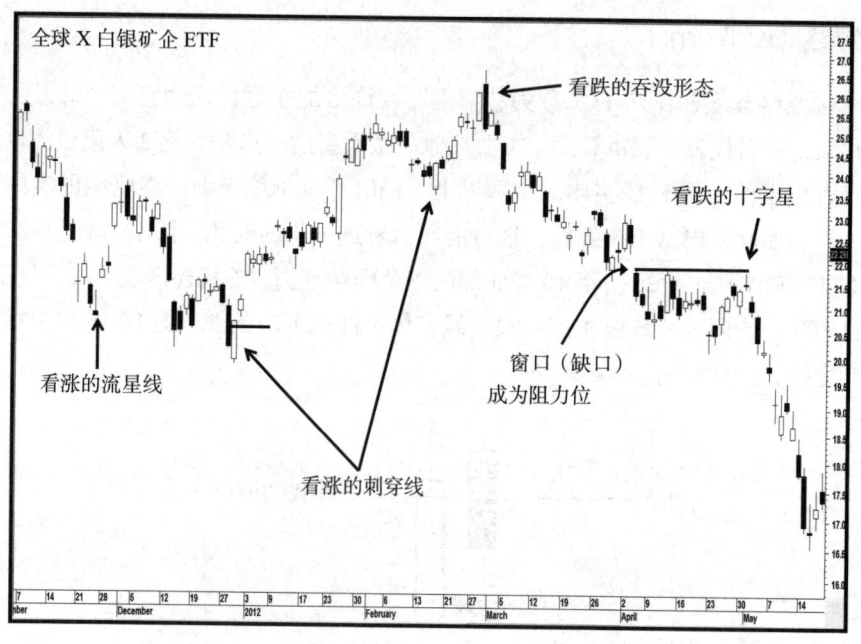

图 16-15　全球 X 白银矿企 ETF（2011 ～ 2012 年）

吞没形态（Tsutsumi）

这一形态（见图 16-16 和图 16-17）出现在价格趋势已持续一段时间之后就很有意义。它的特点是：两个连续的几乎没有影线的实体，其中，第 2 个实体"吞没"了第 1 个实体。在下跌趋势中，若第 2 天为阳线，代表后市看涨；在上升趋势中，若第 2 天为阴线，则代表后市看跌。图 16-15 以全球 X 白银矿企 ETF 为例，诠释了吞没形态。虽然图中呈现的是经典的吞没形态，我们无法预测随后的跌势会如此迅猛。图 16-18 是一个看涨的吞没形态。

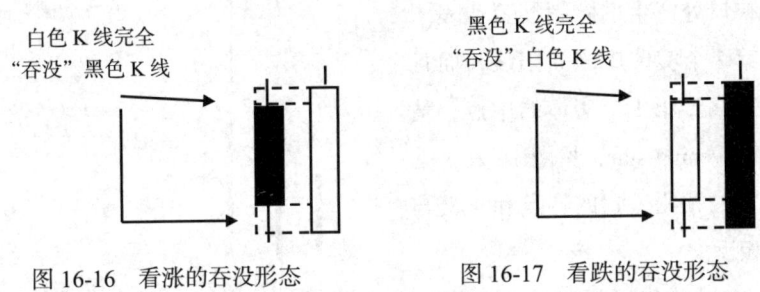

图 16-16　看涨的吞没形态　　　　图 16-17　看跌的吞没形态

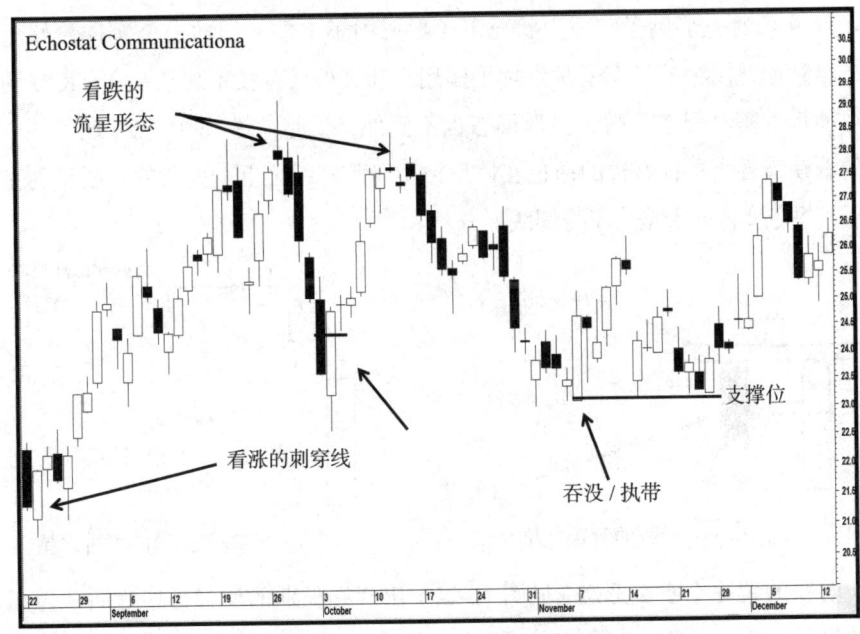

图 16-18　Echostar Communications

星形线

星形线（Hoshi）是 K 线图中普遍出现的一种现象，具有 4 种逆转形式。它是包含较宽的实体以及陀螺线的一系列组合。**启明星**（morning star，见图 16-19）预示着新的一天（上涨趋势），后市行情看涨。

它由两个长实体线和一个陀螺线组成，陀螺线将两个实体线从中间隔开。在缺口处产生的陀螺线就代表了星形。第 3 个实体应当为阳线，而且收盘价应高于第 1 个实体的中点。**黄昏之星**（evening star，见图 16-20）是夜晚来临的预兆。它的特点和含义与启明星相反。

图 16-14 给出了标准普尔 ETF 在 2012 年 9 月的一个例子。理想状况下，形态中第 1 根 K 线的白色实体最好更宽大，尽管如此图中的形态还是发挥了作用。和其他所有技术现象一样，K 线图形态可能也的确会偶尔失败，星形形态也不例外。就此，图 16-21 就呈现了一个失败的看跌黄昏之星，右边的白色实体价格位于陀螺线之上。失败的启明星则完全相反，黑色实体的价格位于陀螺线下方。

图 16-19 看涨的启明星

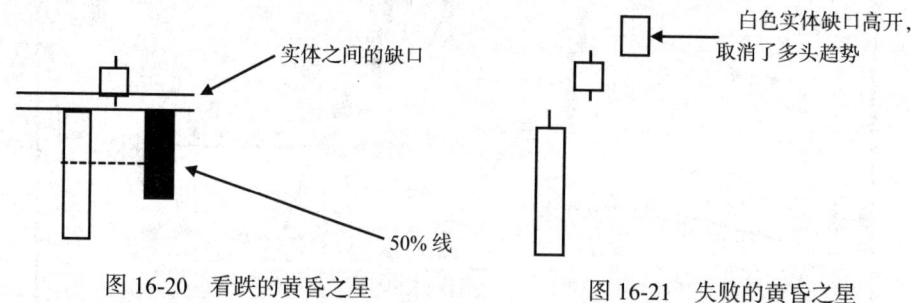

图 16-20 看跌的黄昏之星

图 16-21 失败的黄昏之星

看跌的**黄昏十字星形态**（见图 16-22）出现在长期的反弹行情之后，包括一个缺口和一条十字线，如图 16-15 所示。图 16-23 是看涨的启明十字星形态。

交易区间特别宽，收开盘价几乎重合的形态被称为长腿十字星，如图 16-24 所示。

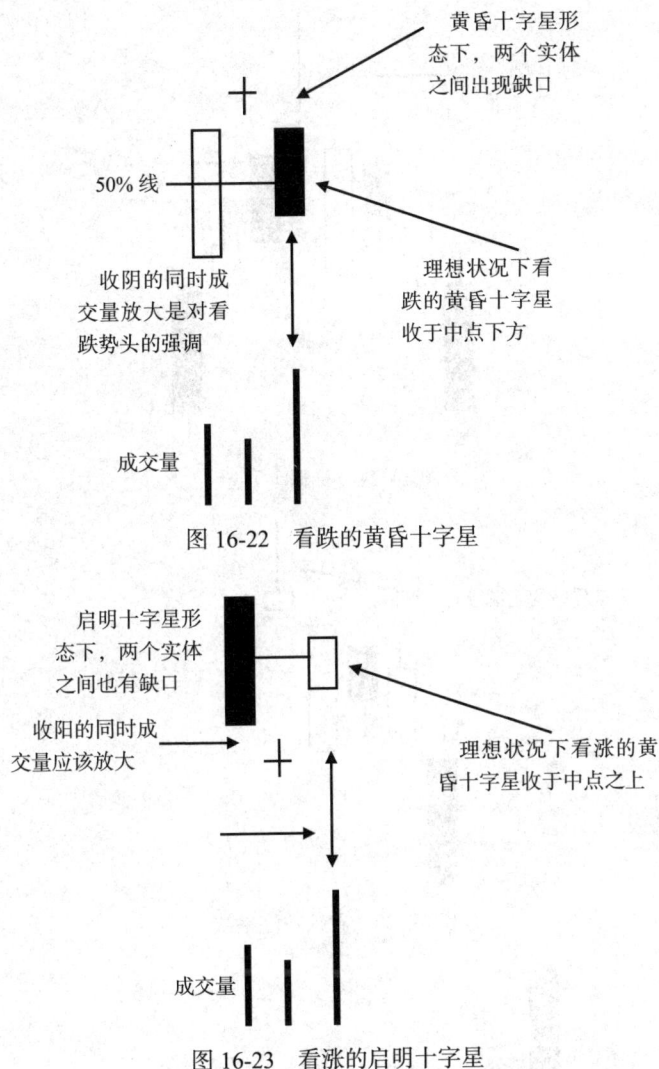

图 16-22　看跌的黄昏十字星

图 16-23　看涨的启明十字星

若长腿十字星出现在一条较长的白色实体之后，可能预示着大事不妙。

流星线（见图 16-25 和图 16-26）就像一个短期顶部。当日的价格波动经历一个小型缺口，实体出现在一条长上影线的尽头。图 16-18 中出现了好几条看跌的流星线。2011 年 9 月底是一条典型的流星线，两个较大的实体将一个较小的实体夹在中间。10 月的十字星形态则是两个较小的实体围绕着一个更小的实体，略带延伸的意味。图 16-15 中的流星线也是同样的情形。图 16-27 则包括一条看涨的流星线。

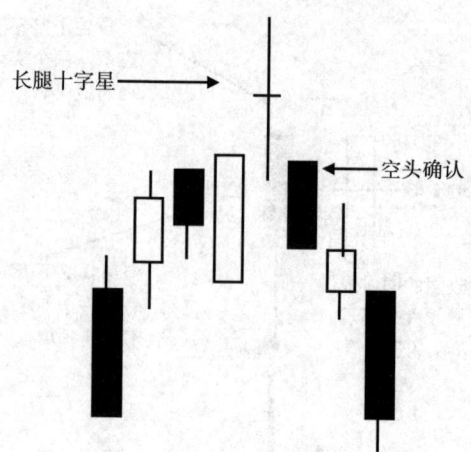

图 16-24　长腿十字星

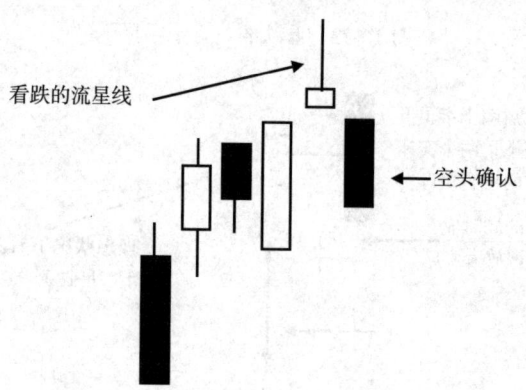

图 16-25　看跌的流星线

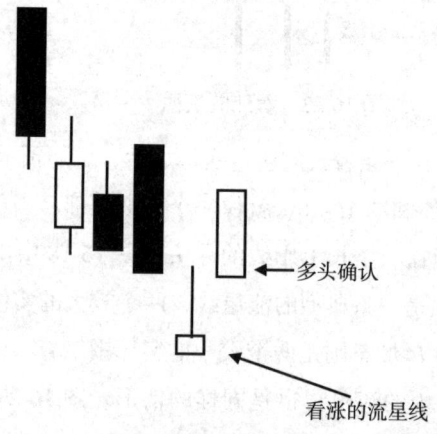

图 16-26　看涨的流星线（反转的锤形线）

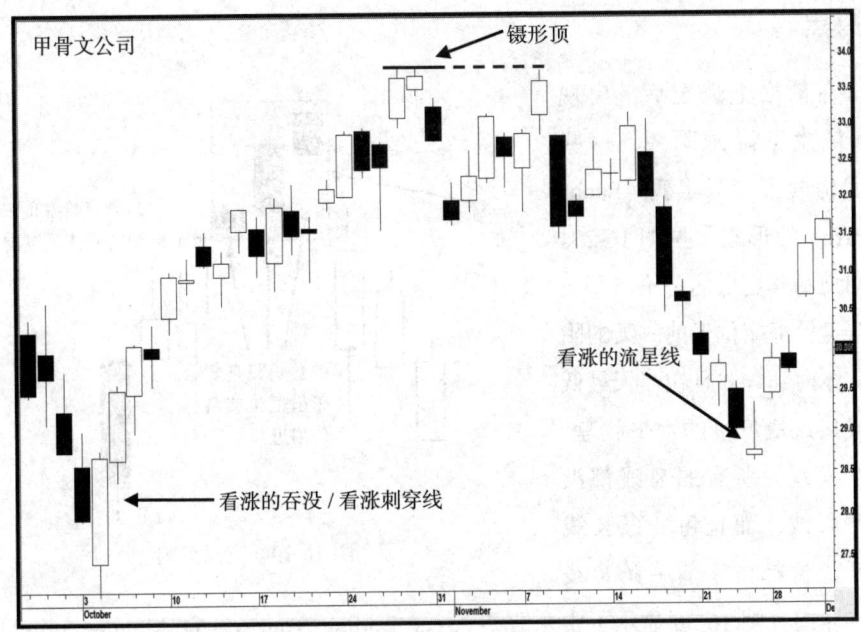

图 16-27　甲骨文公司股价走势

上升缺口与乌鸦双飞（Narabi Kuro）

一条大阳线之后跟随着两条阴线，这样的组合构成了看跌形态（见图 16-28）。第 1 条阴线向上跳空，第 3 条阴线通常填补了缺口，但由于它是阴线，收盘价低于开盘价，所以其含义是后市看跌。

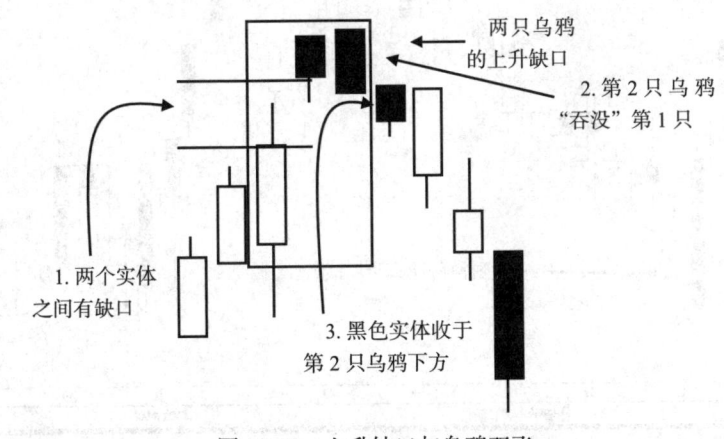

图 16-28　上升缺口与乌鸦双飞

三只黑鸦

在价格上涨之后，出现3条依次下降的阴线，这些阴线构成了三只黑鸦（Sanba Garasu）的形态，见图16-29。它们预示着更低的价格。每天的开盘价都应位于前一天的阴线实体内部，并且在当天最低价或接近最低价的水平收盘。你会发现，所有的K线都没有下影线，而且每一条K线的开盘价都位于前一条K线的实体内。图16-30显示了中东股票Aseer Trading, Tourism and Manufacturing的股价走势，提供了很好的例子。第1只乌鸦有点像流星线，表明买方已经耗尽了所有的资金。

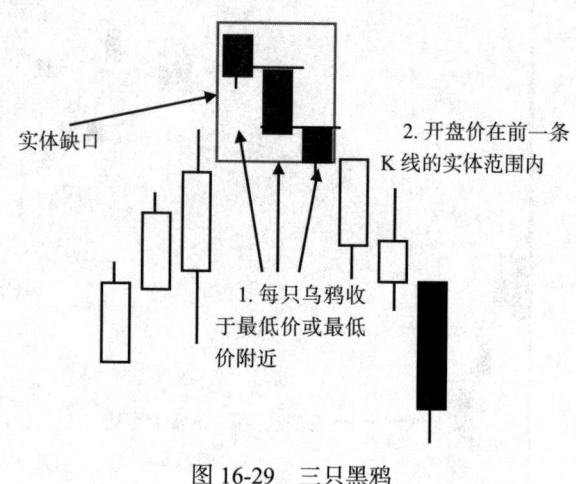

图16-29　三只黑鸦

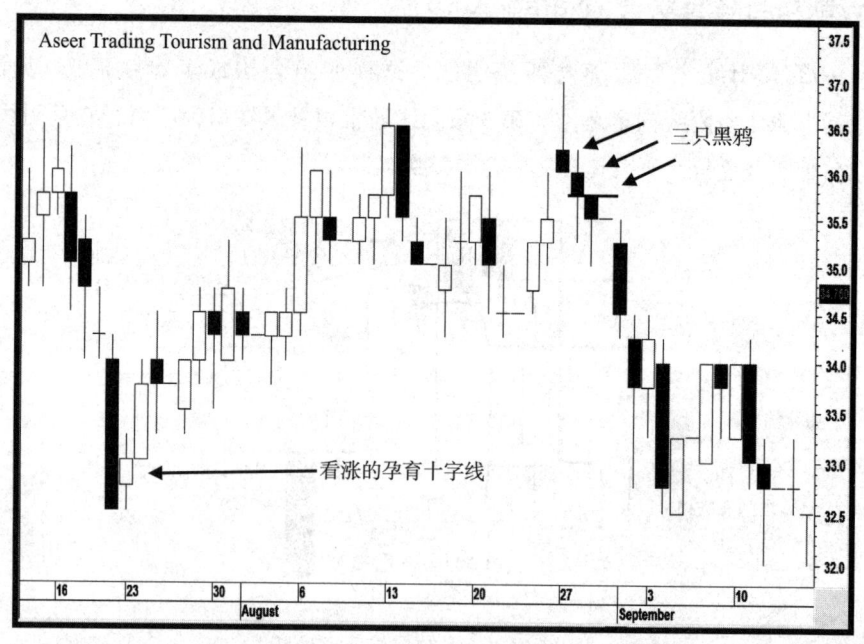

图16-30　Aseer Trading, Tourism and Manufacturing

镊形顶和镊形底（Kenuki）

如果你将镊子倒置，你会发现它的两个尖在相同的水平线上（见图16-31）。"镊形顶"（tweezer top）K线图也是这样，它由当天最高价相同的两条K线组成。事实上，两个以上具有相同顶部的K线也可以组成镊形顶。毫无疑问，我们这里说的是最高价，它可以是影线代表的最高价，也可以是实体部分的收盘价或开盘价。这种价格形态代表了短期看跌信号，因为第1天的最高价成了阻力位，第2天的价格无法击穿该区域顶部的水平线，预示了向上动能的损失。在这个例子中，第2天的K线也是一条吞没线，这一点很重要，因为在镊形K线中，往往也包含着一些价格形态的成分。

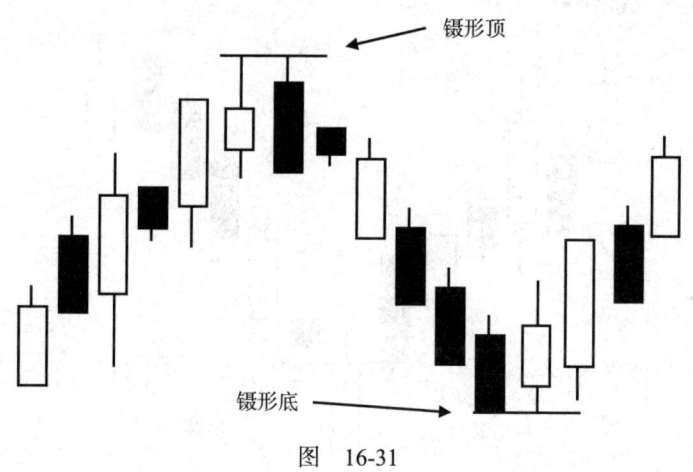

图 16-31

镊形底（tweezer bottom）在价格经历下跌后，两个或更多的K线形成了相同的最低价时出现。这预示着向下动能的损耗，因为价格在该区域的最低价位获得支撑。在图16-31中，我们可以看到镊形底实际上被锤平，因为触及水平线的第2条K线的最低价，是锤形线的一个组成部分。

能够提升镊形K线图重要性的一个因素是价格形态的性质。举例来说，若镊形顶中的第2条K线为上吊线，我们就掌握了两方面的证据来说明趋势可能反转：镊形线和上吊线。如果镊形顶短期突破阻力位，如意义重大的趋势线，则可能是对其重要性的强调，因为这是竭尽的征兆。同样的道理也适用于短期跌破支撑位趋势线的情况。图16-27包括一个镊形顶。请注意镊形顶如何成为随后涨势的阻力位。图中还包括一条刺穿线和一个看涨的吞没形态。形态的具体名称并不重要，因为这是一个看涨形态，而看涨这一点才是关键！

反击线或汇合线（Deai Sen/Gyakushu Sen）

在经历了一波下跌行情后，当一条阴线后紧跟着一条阳线，并且它们收盘或"汇合"于同一个价格时，就形成了看涨"反击线"（counterattack lines）（见图 16-32）。这是这种 2 天的价格形态有时也被称为"汇合线"（meeting lines）的原因。第 1 天通常是一条大阴线，第 2 天在非常低的价位开盘，导致大多数交易者都认为价格将持续下跌。然而，在第 2 天结束时，价格又收复失地（通过买方的反击），并且收盘价与第 1 天相同。因此汇合线预示了向下动能可能已经消耗殆尽，趋势逆转或将到来。

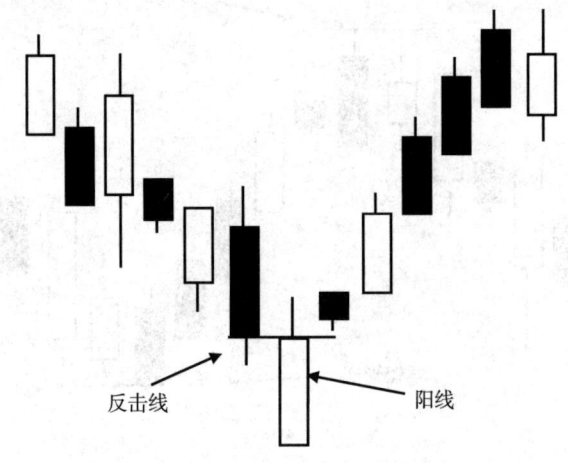

图 16-32　看涨反击线（汇合线）

看跌反击线或汇合线（见图 16-33）在价格经历一波上涨之后形成，阳线后紧跟着一条阴线，并且两者的收盘价相同。其背后隐含的心理学原理显而易见。第 2 天的大幅高开，表明了人们在上涨行情下的欣快情绪，因为前日已经出现了强劲的反弹行情。然而，当价格出人意料地回到前日的收盘价时，欣欣则变为了失望。

以下是识别这些形态的更具体的规则。

- 第 1 天的颜色与当前趋势的方向一致，第 2 天颜色相反（阳/阴代表顶部，阴/阳代表底部）。
- 两个实体都延伸了当前趋势，而且都很长。

- 收盘价相同。

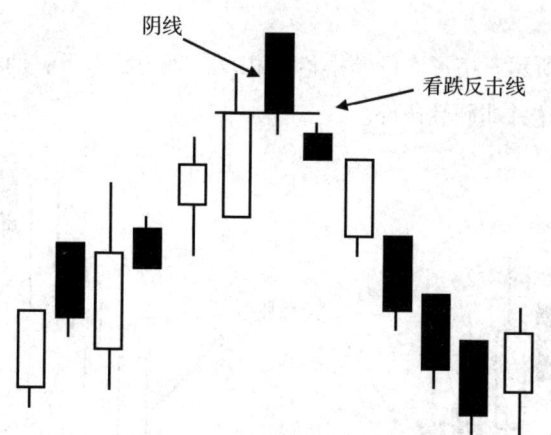

图 16-33　看跌反击线（汇合线）

这些形态不常出现在走势图上，但一旦出现，某个长期趋势后一阴一阳两条较长实体交易区间相互交集，这种强烈的对比不容忽视。

塔形顶和塔形底

塔形顶包括表现为一条长阳线的反弹，随后是区间波动，先缓慢上升，然后以类似碟形顶的形式走低，如图 16-34 所示。

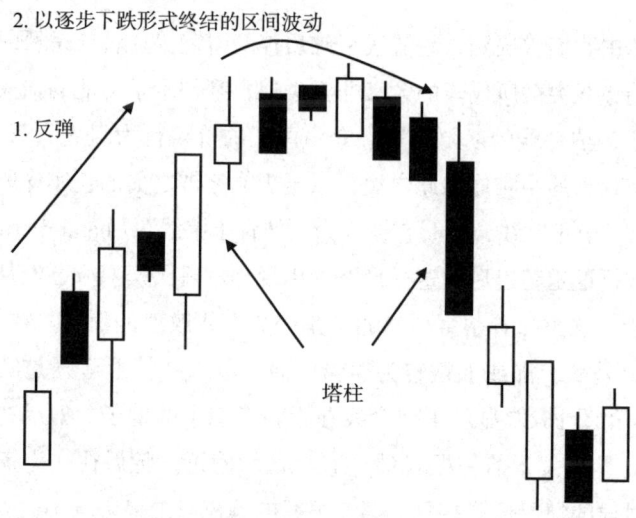

图 16-34　塔形顶

该形态最终以一根长阴线结束，其开盘价与长阳线的收盘价大致重合（"两根塔柱"）。

如图 16-35 所示，塔形底的情形恰恰相反。理想状态下，两根塔柱最好位于同一水平。不过这并非硬性条件。

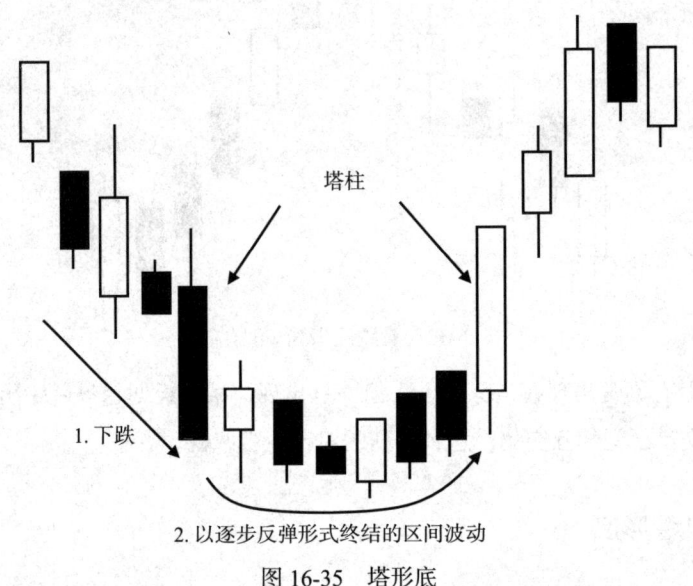

图 16-35 塔形底

孕育线（Yose）

在第 6 章中我们曾提到，趋势线突破后伴随着趋势逆转或是暂时的盘整。孕育线与盘整趋势线突破所代表的含义非常类似，都预示了动能的损失。两者最主要的区别在于，孕育线的期限更短，它由两天的价格行为组成。第 2 个区别是，孕育形态中孕育出的小实体如此之短，以至于能够被之前的长实体所吞没。若该形态同时也是一个十字线，这时它被称为"孕育十字线"（harami cross）。在经历了迅猛上涨和折返走势以后，这一形态的出现预示着买卖双方已经从一方控盘走向了相互平衡。这意味着孕育形态通常是趋势即将改变的信号。在某些情形下，趋势改变可以是从上涨或下跌转为横盘，而在另一些情形下则是实际的趋势逆转。图 16-36 和图 16-37 显示了孕育线在逆转形态中的例子。如果在一次下跌行情后，第 2 根 K 线位于前一根 K 线的较低区域附近，随后往往为盘整而非逆转走势。反弹时候的情况恰恰相反。第 2 根线的颜色对结果影响不大；相反，买卖双方的均衡理念才是最重要的。图 16-30 是看涨孕育线的一个典型例子。图中的黑色长实体代表暴跌走势走向高潮。最终出现的是一个对比鲜明的短小实体。

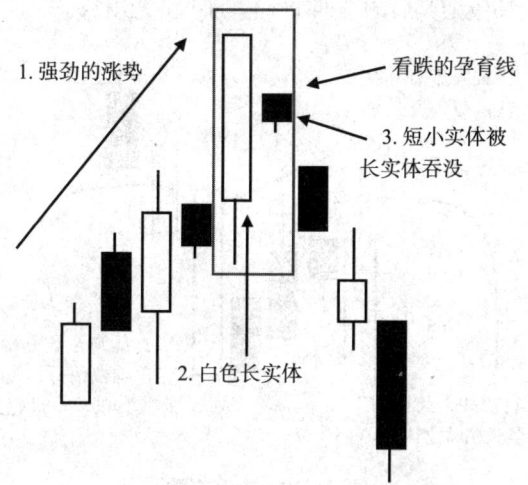

图 16-36 看跌的孕育线

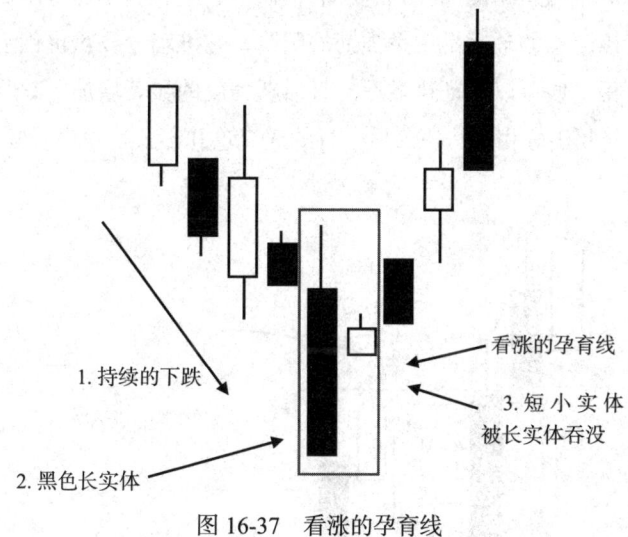

图 16-37 看涨的孕育线

持续形态

上升三法和下降三法（Uwa and Shita Banare Ohdatekomi）

这些形态在概念上与棒线图中的旗形形态非常类似，只不过它仅需要几天时间就可形成，而不需要花数周时间。上升三法（见图16-38）是一种看涨形态，它由一条强劲的阳线和紧随其后的三四个下降的小阴线组成。

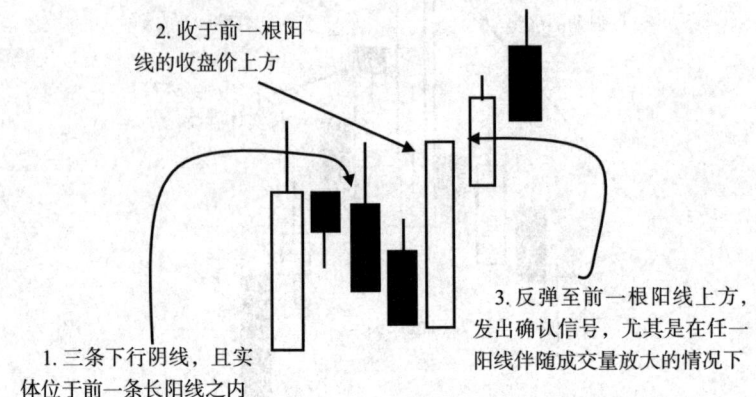

图 16-38　上升三法

这些K线应伴有成交量的明显萎缩，预示着买方势力与卖方势力正在形成完美的平衡。该形态的最后是一条强劲的阳线，它推动着收盘价创下新高。如果交易量数据可得，便可以见证这最后一日活跃程度的显著增加。看跌的下降三法（见图16-39）与此正好相反，但最后一日的成交量并不会呈现出一些显著的特征。

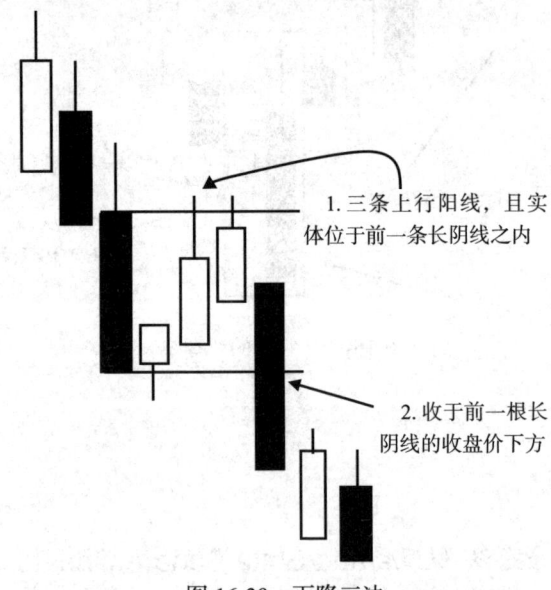

图 16-39　下降三法

窗（Ku）

日本的图表分析师将"缺口"称为"窗"（windows）(见图16-40和图16-41）。在传统的棒线图中，我们说缺口被"填补"（filled），而在K线图中则称窗被"关闭"（closed）。因此，窗具有与缺口相同的技术含义。图16-15所示的例子中，窗口的开收盘价成为随后价格走势的支撑位和阻力位。

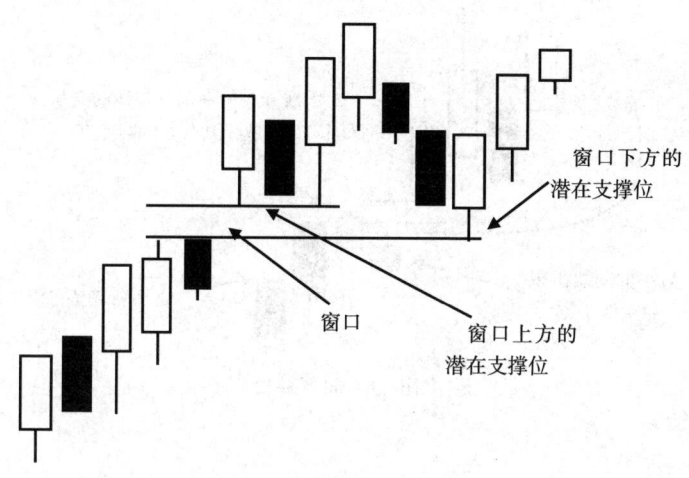

图16-40　窗

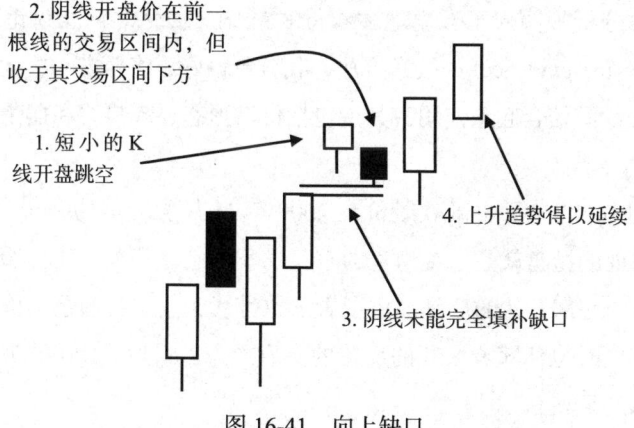

图16-41　向上缺口

向上和向下缺口

向上和向下缺口（Tasuki gap，见图16-41）出现在上涨行情之后。它要求出现位于上方的阳线跳空，紧随其后的阴线**没有填补缺口**。在此类形态之后通常伴随着更高的价格。但是，如果缺口得到填补，它就会沦落为向上缺口和一只乌鸦的形态，因而也丧失了预示行情看涨的作用。向下缺口的情形完全相反，如图 16-42 所示。

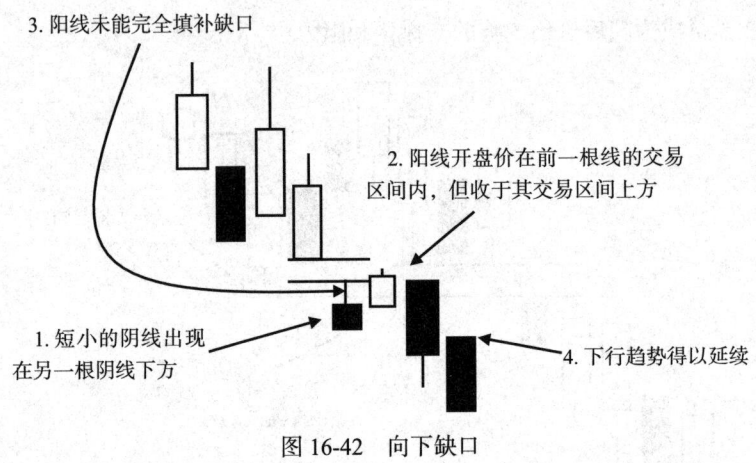

图 16-42　向下缺口

K 线图与西方技术

　　许多技术分析师倾向于孤立地去看待 K 线图。回忆之前所讨论的"足够证据"（weight-of-the-evidence) 的技术方法，我就更偏好于将西方一些优秀的走势图分析技术与 K 线图结合起来使用，其中包括价格形态、趋势线和摆荡指标的相关结论。

　　例如，图 16-43 显示了微软股价在 2000 年 11 月所完成的一个头肩顶形态。注意，在右肩处的抛盘就是一个地道的三只乌鸦形态。不久，我们看到出现了双重底。从第 2 个底部开始的反弹形成了看涨执带线，它本身预示了价格正趋于上扬。这一底部同时也伴随着 RSI 的反转的头肩形态。最后，RSI 的头肩顶形态通过孕育型 K 线得到确认。

　　一个重要的问题是，应该在什么位置绘制趋势线。趋势线应该触及影线、实体，还是两者都触及呢？答案来自于常识。由于开盘价与收盘价通常比最高价和最低价更重要，所以通过只连接实体所构成的趋势线一般要比只连接影线的更有意义。然而，被触及次数更多而且只连接影线的一条长趋势线，可能会比相对较短的只触及两个 K 线实体的趋势线重要。

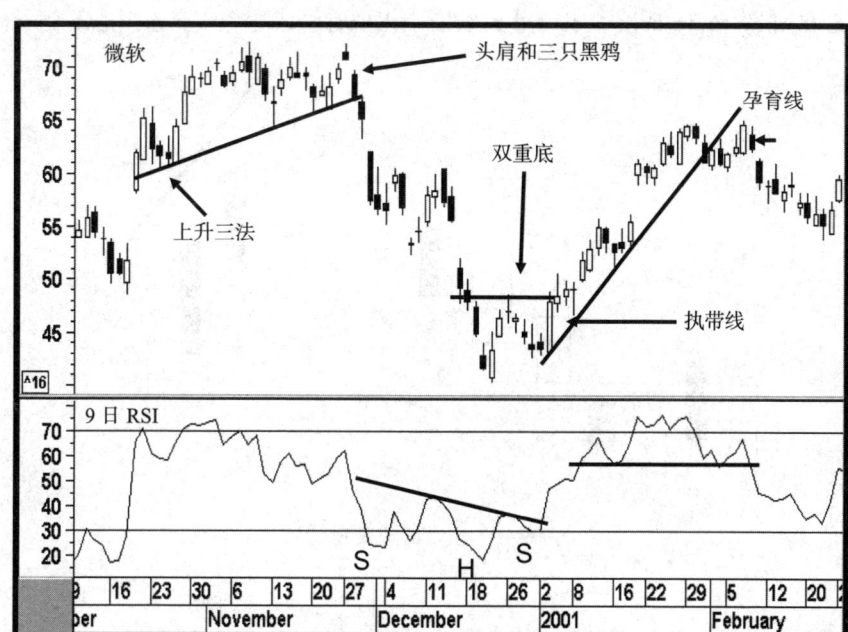

图 16-43　微软股价 K 线图和 RSI 指标（2000～2001 年）

资料来源：www.pring.com。

成交量 K 线图

　　成交量 K 线图与常规的 K 线图基本一致，但有一个重要的差异，即在特定的交易日，成交量 K 线图实体宽度随着成交量的不同而变化。成交量越大，实体越宽，反之亦然。如图 16-44 所示。

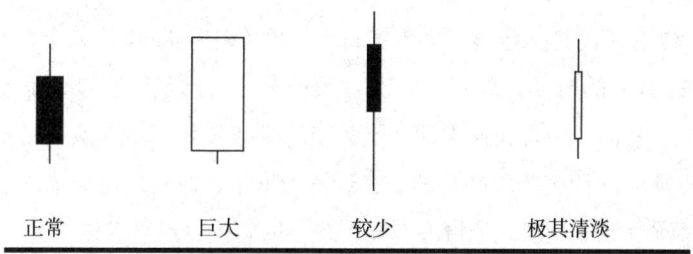

图 16-44　成交量 K 线图分解

　　这是一个展示数据特征的非常有用的方法，因为它不仅保留了常规的 K

线图中的信号，而且还能够通过实体宽度迅速简洁地反映交易量的总体特征。图 16-45 和图 16-46 举出了成交量 K 线图中出现看涨或看跌成交量形态的例子。

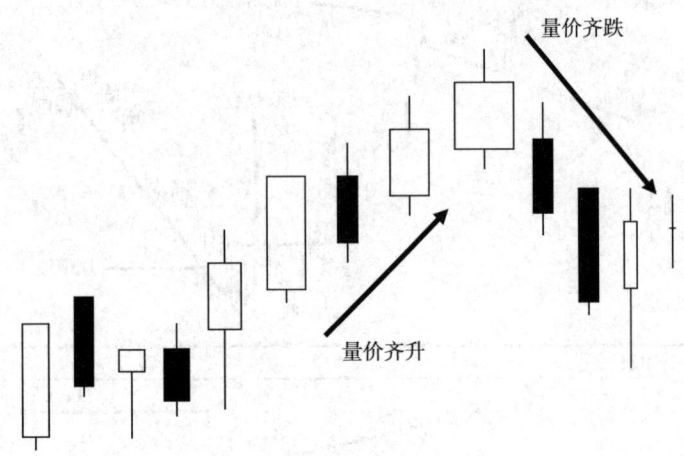

图 16-45　正常的成交量特征

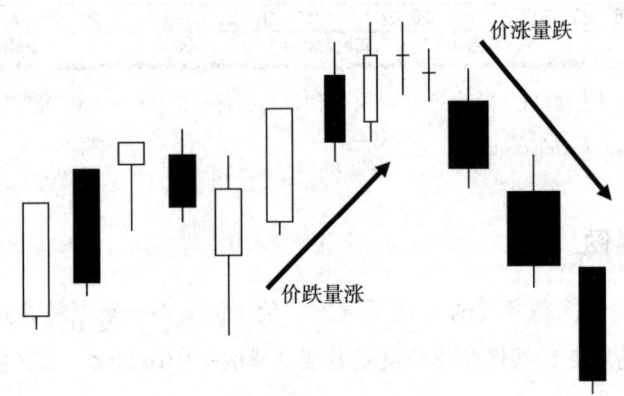

图 16-46　看跌的成交量特征

图 16-47 显示的是全球第一大零售商沃尔玛（Wal-Mart）的成交量 K 线图。

注意 11 月初的时候，跟随在看涨吞没形态之后出现的窗口，是如何在不久后被关闭的。然而，包含在这次回调走势中的极细 K 线却表明成交量不足，这恰恰是此类性质的回调走势所必需的。在这种情形下，巨大的成交量预示着卖方压力，从而情况会截然相反，价格会明显下跌，因为买方缺乏兴趣。

先前的反弹中包含了一系列非常细的 K 线，这表明价格是价涨量跌。这与正常情况相违背，价量齐升才是健康的状态。因此，非常细的 K 线警告我们价格的上涨时日不多。

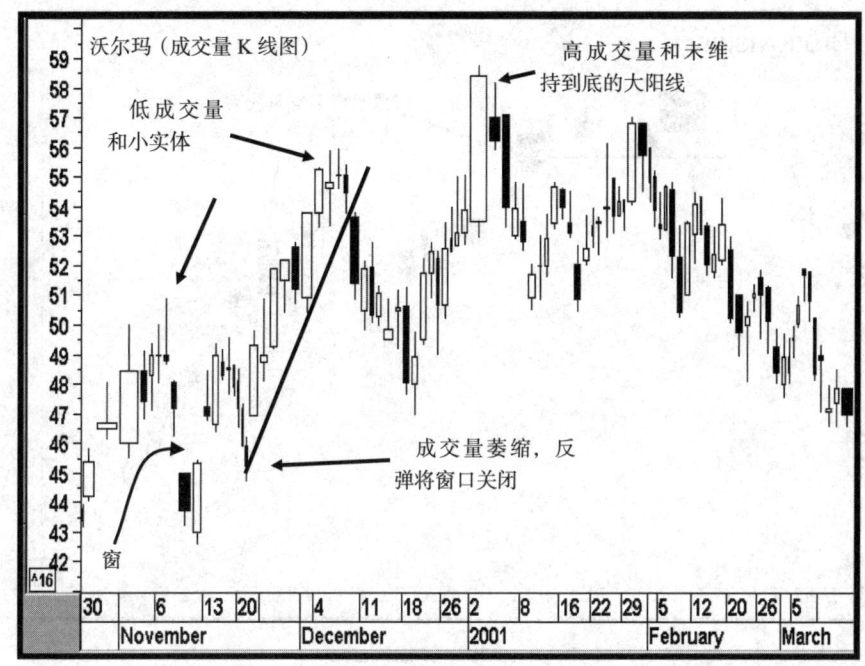

图 16-47　沃尔玛成交量 K 线图（2000～2001 年）

11 月末和 12 月初的这一轮上涨中有较宽的 K 线相配合，这一个好兆头。但是到第 4 周，K 线开始横盘整理，且实体很细。这意味着买卖双方越发势均力敌。在最高一天的十字线也反映了这种平衡状态。这些特征往往伴随着趋势的逆转，尤其是在下跌趋势中成交量重新放大时。这恰恰是此处发生的情况，上升趋势线被突破，K 线也开始变粗。

12 月末形成的大阳线在那时看上去非常好，因为这条 K 线很宽，表明成交量巨大。然而，这种上涨没有维持到底，表明大阳线代表的是买入最高峰。第 2 天形成的孕育形态对此进行了第 1 次确认，而且还出现了一条大阴线，它将该大阳线所赢得的领地又如数奉还。

图 16-48 显示了 Broadvision 成交量在 2011 年 3 月份的市场顶部所呈现的吞没形态。虽然"吞没"的意味并不浓，第 2 根棒线的实体之宽体现了卖方脱手的强大动力。此后，我们又看到另一条较宽的棒线，紧随其后的是水平趋势线被突破，预示着成交量跌破支撑位。4 月底，再次出现又长又宽的黑色实体，预示着

跌势的重现。

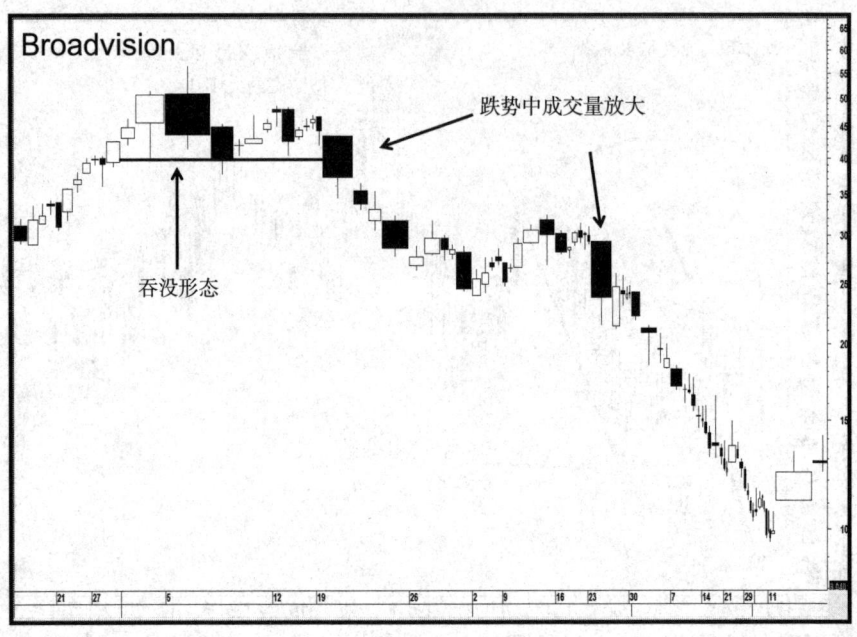

图 16-48 Broadvision

— Summary —

小　结

- K线图只能通过包含开盘价的数据绘制，因此该技术并不适用于所有市场。
- K线图提供了独特的视觉效果，突出了在棒线图或只反映收盘价的走势图中不易于识别的市场特征。
- K线图形态可以划分为逆转形态和连续形态。
- 西方走势图分析技术可以与K线图结合使用，以加大成功概率。
- 将成交量加入考量范围往往能为投资行动提供依据，而在将量价分开描绘时这些依据可能并不明显。

第 17 章
Chapter 17

点 数 图

📈 点数图与棒线图

点数图（point and figure charts）与棒线图在两方面存在重要差异。第一，棒线图绘制在一个特定期间，而无论该期间内价格是否发生变化。而点数图则不同，只有当价格发生超过指定量的变化时，新的点才在图中显示。点数图只专注于价格的衡量，而棒线图既衡量价格（纵轴）又衡量时间（横轴）。

第二个主要区别是，棒线图记录了所考察期间每一次的价格变化，而点数图忽略了小于指定幅度的所有价格波动。例如，将每个方格值设置为道琼斯工业平均指数（DJIA）变动 5 个点，则只有价格变化超过 5 个点才会进行记录，小于 5 个点的波动不会出现。

📈 点数图的绘制

点数图通过 O 和 X 的组合来绘制，即所谓的"方格"（box）（所以点数图又称为 OX 图）。X 表示价格上升，O 代表价格下降。一旦确定了将要绘制的历史数据的数量，在绘制点数图之间就需要做两方面的重要决定。

首先需要确定每个方格代表的值。对于个股来说，其惯例是，对于价格在 20 美元以上的股票，每格设置为 1 点，低于此价格的股票，每格代表 1/2 点。但是，对于长期走势图或股价平均指数图而言，它们由更高的数值组成，因此用每格代

表5、10甚至20会更加方便。当方格代表的值降低时,图形中显示的价格波动的详细程度就会增加,反之亦然。在研究个股或市场长年的价格行为时,采用相对较大的方格会更加方便,因为小方格会导致走势图过大并且不好处理。通常,绘制两三个不同版本的点数图是个好主意,正如棒线图可能绘制成日线图、周线图和月线图那样。

其次需要确定的是,采用常规OX图还是逆转OX图(不要与逆转形态相混淆)。常规OX图直接绘制所记录的数据。若每格代表20美分,价格从64变为65,就画5个X,如图17-1a所示。若价格从67变为66,就画5个O。另一方面,逆转OX图需要遵循预定的规则:只有当价格朝着当前趋势的反方向变动指定量时,才能绘制新的X或者O。因此,运用逆转方法绘制有助于减少误导性和虚假性的信号,而且能够使图表大为精简,以便更多数据能够绘制其中。图17-1b显示了用相同数据绘制的折线图。

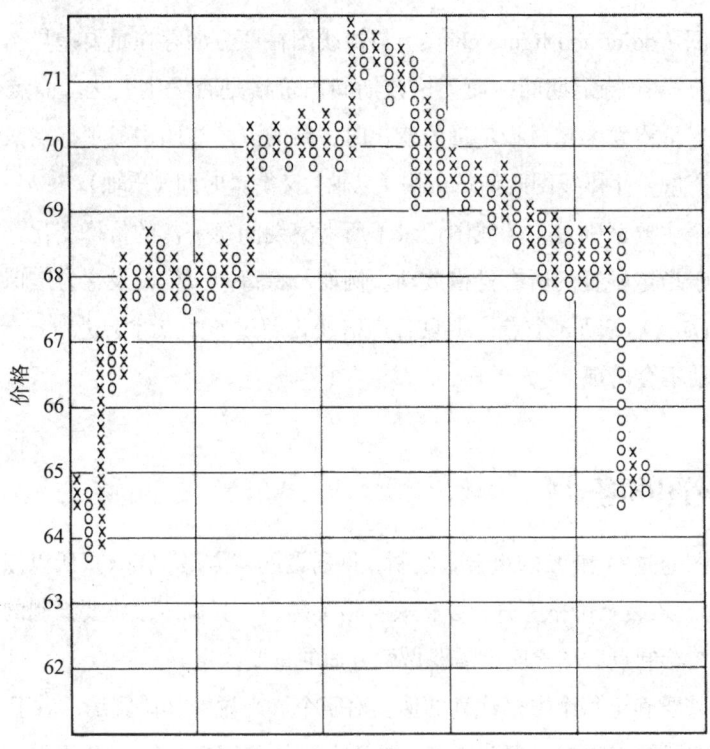

图 17-1a 20 美分 OX 图

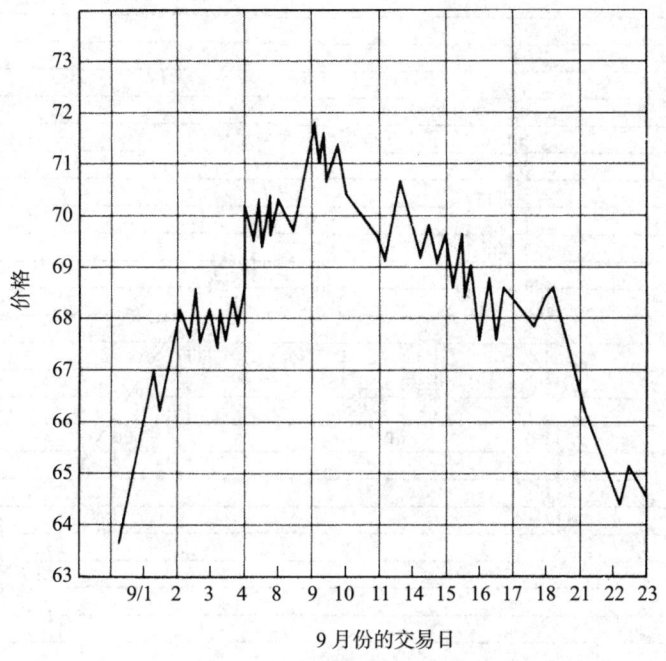

图 17-1b　收盘价（折线图）

　　1/2 点、5 点、10 点或者其他任何方格值的 OX 图的绘制与之前介绍的方法相同，不过只有当价格变化超过指定幅度时才能标注一个新方格，这些指定幅度分别是 1/2 点、5 点或者 10 点。因为只记录价格，所以在绘制一个新方格前，可能已经过了很多天甚至很多周。基于此，惯常的做法是，在走势图的下方或者方格的适当位置记录日期。长期走势图同时采用了这两种时间记录方法。例如，将年份记录在每年出现 O 或 X 的首列底部，而在每月开始将月份用数字记录在方格内，1 代表 1 月，2 代表 2 月，依此类推。

　　确定每一方格所代表的单位值（产生新的一列 O 或 X 所要求的价格变化幅度）本质上取决于个人判断。它取决于价格范围，以及所考察的指标、股票或市场的波动程度。减小方格单位（数），会增加所描述的价格波动的详尽性。增大方格单位，可以增加包含的数据，却限制了使用图形说明的波动次数（见图 17-2）。根据日数据、周数据或者月数据来绘制市场的棒线图或折线图，就相当于采用各种不同的单位来绘制点数图。

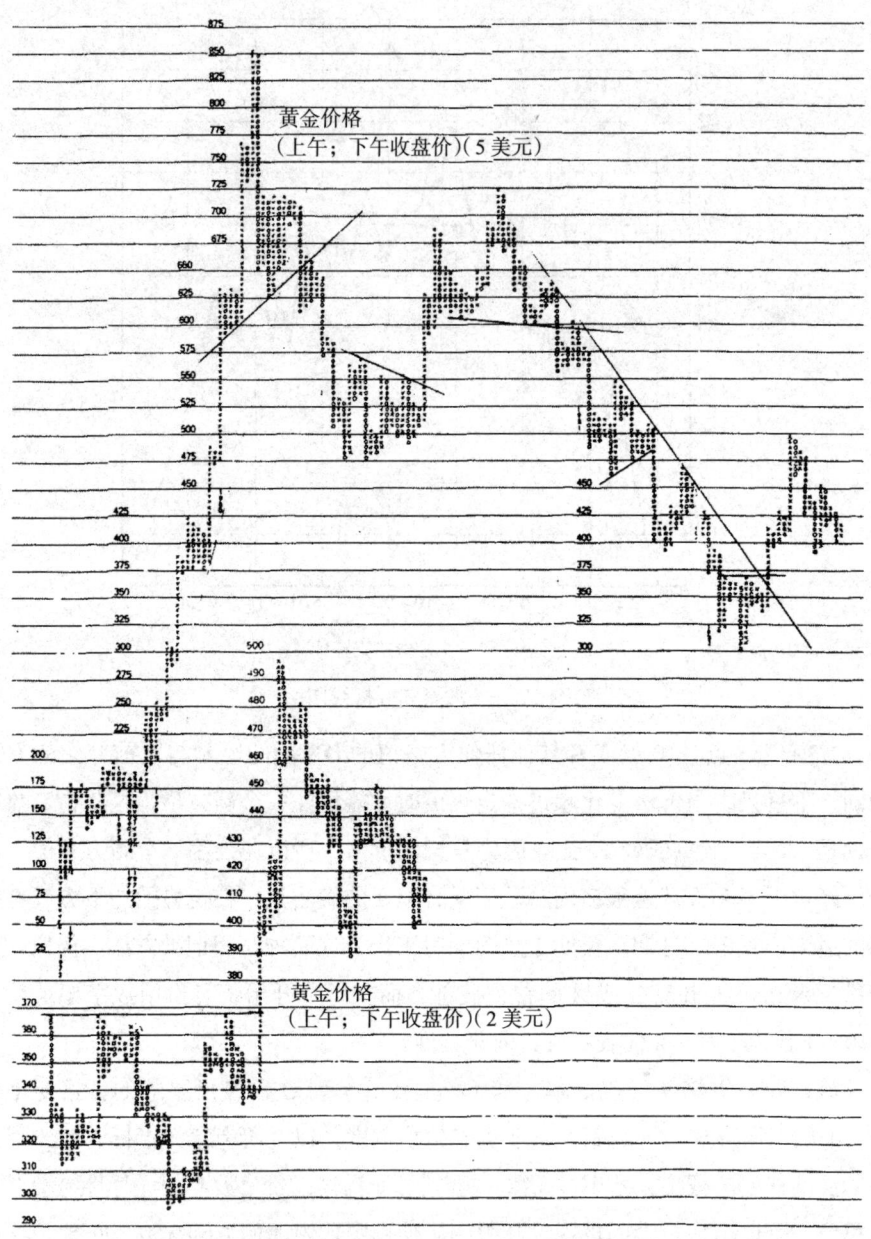

图 17-2 单位格值为 5 美元和 2 美元的黄金价格反转 OX 图

注：该图显示的是单位格值分别为 5 美元和 2 美元的黄金价格反转 OX 图。趋势线很明显，无须赘述。注意，单位格值为 5 美元的走势图简明扼要地概括了 10 年的历史数据。另一方面，单位格值为 2 美元的走势图涵盖了 1982 年 3～11 月的数据，其显示的价格走势更加详尽。

资料来源：From *Chart Analysis London*.

点数图是按照算术刻度来绘制的。如果在纸上绘制，传统方法是每英寸[注]包含 8、10 或 12 个方格。有时候，点数图也可以按照半对数或比例刻度绘制，但这不是规范方法，因为价格目标的计算方法与具有时间刻度的常规走势图不同。

在金融出版物上公布的那些包含特定股票的最高价、最低价以及收盘价的数据，不适合用于绘制精确的点数图。例如，一只价格为 15 美元的股票，其盘中价格变化幅度为 1.5 美元，现在想要绘制点数图，却无法知道股价从 14.5 美元运动到 16 美元的这个实际过程。它可以是从 14.5 一次性上涨为 16，在 1/2 点为单位的 OX 图中表示为 3 个上升的 X。另外，它可能是从 14.5 上涨到 15.5，再回到 14.5，然后上涨到 16，这就会在 OX 图中形成 2 个 X、2 个 O，然后另起一列显示 3 个 X。反弹行情的这种特征出现在点数图中，具有很重要的看跌意味。

在处理以这种形式发布的数据时，最好选用较大的单位，从而使盘中波动不会造成点数图的过度失真。如果需要绘制更详尽的点数图，就应该从那些发布盘中价格走势的资讯机构购买数据。能够刻画盘中走势的走势图软件包，若有生成 OX 图的功能，则不受上述问题影响。

当行情显示的实际价格数据未知时，绘制 OX 图需遵循以下公认的规则。

- 在最高价与最低价之间，若开盘价更接近于最高价，则假定价格变化过程依次为：开盘价、最高价、最低价、收盘价。
- 若开盘价更接近于最低价，则假定价格变化过程依次为：开盘价、最低价、最高价、收盘价。
- 若开盘价也是最高价，则假定价格变化过程依次为：开盘价、最高价、最低价、收盘价。
- 若开盘价也是最低价，则假定价格变化过程依次为：开盘价、最低价、最高价、收盘价。
- 若开盘价是最低价，收盘价是最高价，则假定价格变化过程依次为：开盘价、最低价、收盘价、最高价。
- 若开盘价是最高价，收盘价是最低价，则假定价格变化过程依次为：开盘价、最高价、收盘价、最低价。

[注] 1 英寸 =0.0254 米。

点数图详解

综述

由于点数图不包含成交量、移动均线（MA）或者时间，因此价格行为是唯一考察的要素。在这方面，棒线图分析的基本原理也可以应用。点数图在应用上存在一些缺点，例如，它不能揭示关键逆转、岛形、缺口以及其他诸如此类的价格形态。另一方面，如果绘制恰当，点数图可以反映所有重要的价格摆动，即便是盘中走势也是如此。它们有效突出了重要的支撑区域和阻力区域。例如，在周棒线图中，单一棒线代表了一周的价格行为，但只能由一条线表示。但是，若在这周内价格波动程度相当剧烈，支撑区和阻力区均被触及了三四次，那么在点数图中就将呈现出一个密集的交易区域。因此，这些价位的重要性就可以引起技术分析师的关注，他们能够占据有利位置来解释任何可能出现的突破的重要意义。

点数图价格形态本质上与棒线图价格形态相类似，也可以分为持续型或者逆转型。最常见的一种如图 17-3 所示。头肩和头肩底、双重顶和双重底、圆形顶和圆形底可以很容易地识别出来，因为点数图在价格形态上与之前讨论的棒线图或者只包含收盘价的走势图是相同的。图 17-3 中显示的大部分价格形态在第 5 章中已经做了解释。

计数法

第 5 章中曾指出，头肩顶中的最低目标价位，是在突破点的位置将头部顶端与颈线之间的垂直距离向下投影而得到。在点数图中，则是用头肩形态的**宽度**来测量目标价位，它也是从突破点开始投影。据我所知，还没有人能够对这种原理为什么能起作用给出令人满意的解释。它似乎是基于这样的思想：水平走势和垂直走势在点数图中是成比例的。换句话讲，若价格在两个给定的水平之间经历了越多的摆动（如该价格形态显示的那样），一旦产生突破，价格"最终"的波动幅度就越大。在点数图中，盘整形态或逆转形态的跨度比较容易识别，可以通过计算方格数量，并将结果向上或向下估测而得到，具体方向取决于价格以何种方式完成突破。

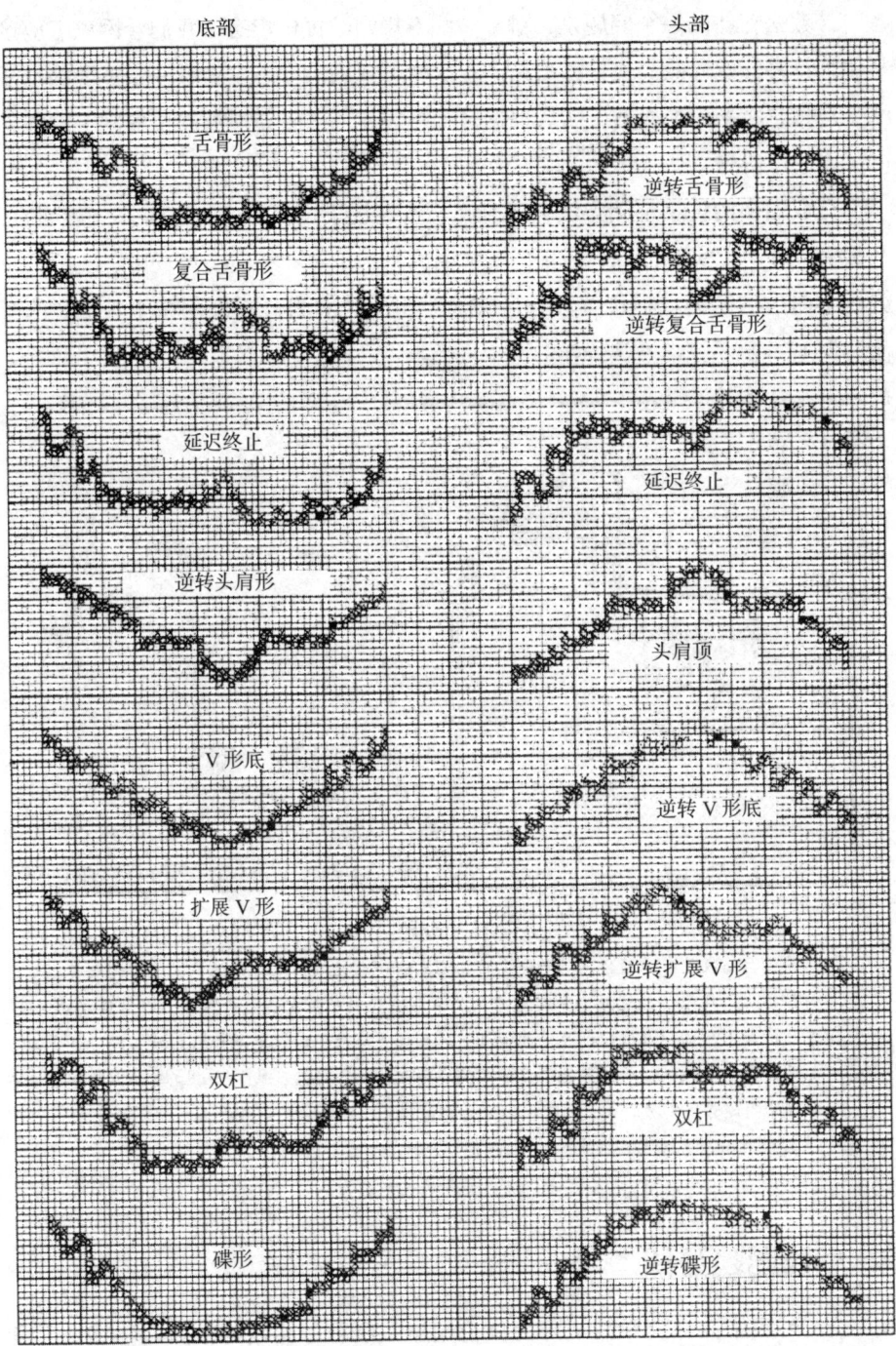

图 17-3 点数图价格形态（点数图技术研究资料）

计数法存在的一个问题是，对于一些不规则的价格形态，我们会困惑于应该从哪个位置开始计数。最佳办法是，在这种不规则的形态中选择一条重要的水平线，计算它所涵盖的格数，然后根据这个格数，从水平线所处的位置向上方或者向下方进行估测。

点数图中的价格估测方法并不是在所有情况下都百分之百正确。一般而言，在多头市场中，实际价位会高于向上估测的目标价位；在空头市场中，实际价位会低于向下估测的目标价位。与当前趋势相反的估测目标价存在无法实现的倾向。图17-4显示了计数法操作的两个例子。

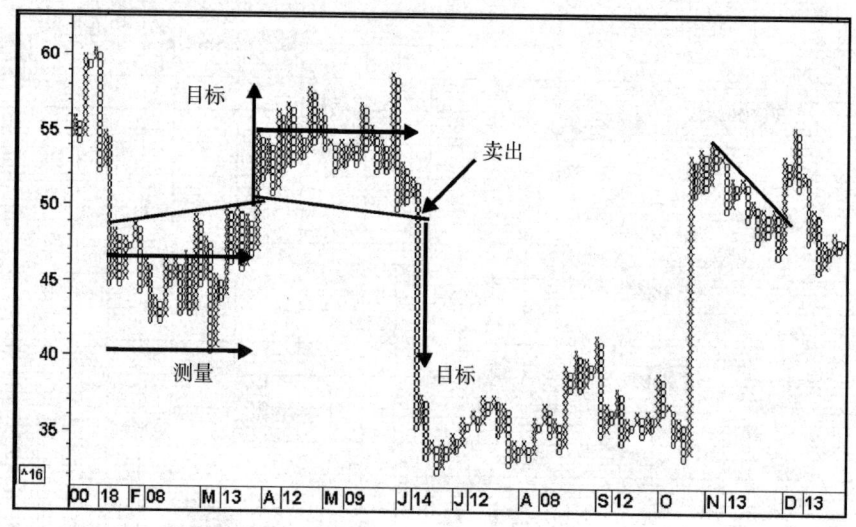

图17-4　霍尼韦尔（Honeywell）股价（0.5×1）

注：该图显示了霍尼韦尔股票走势的一些价格形态，规格为0.5×1。请注意，在左侧底部测量出的目标价位几乎已经达到。紧接着的头肩顶形态提供了可靠的卖出信号，因为颈线被突破。在此情形下，目标价位回到此前的低点。达到该目标价位时，实际价格继续下跌。注意此后的反弹是如何在近似于该目标价位的区域遭遇阻力的。最后，我们可以在走势图右侧看见一次强劲的趋势线突破。

资料来源：From pring.com。

点数图趋势线

在OX图中，将一系列下降的峰位相连，便可以绘制出下跌趋势线。上升趋势线则通过连接一系列上升的底部绘制，水平趋势线由连接相同的支撑位和阻力位水平得到。第 8 章中讨论的关于趋势线的解释原则，也适用于 OX 图。趋势线的重要性来源于它的长度、向上或向下倾斜的角度以及被触及的次数。偶尔也会出现误导性或虚假信号。然而，如果精心选择绘制 OX 图的逆转格数以进行过滤，就可以将误导性波动降到最少。另一种可行的方法是，在实际趋势线以上（或以下）一个方格的位置绘制一条平行线进行过滤，以此作为买入（或卖出）信号。虽然这种方法令时效性明显降低，但它确实能够屏蔽一些误导性的价格波动。

> **技术要点** 基于点数图的价格预测与基于棒线图的价格预测之间最根本的区别在于，点数图的测算公式来源于水平计数而非垂直计数。

在 OX 图中也可以构建摆荡指标，并绘制在图形下方。由于 OX 图不考虑时间，所以摆荡指标的形式与常规走势图有所不同。在常规走势图中时间是根据每一单位（小时、日、周等）均匀标示。图 17-5 显示了 14 期相对强弱指标（RSI）的例子。

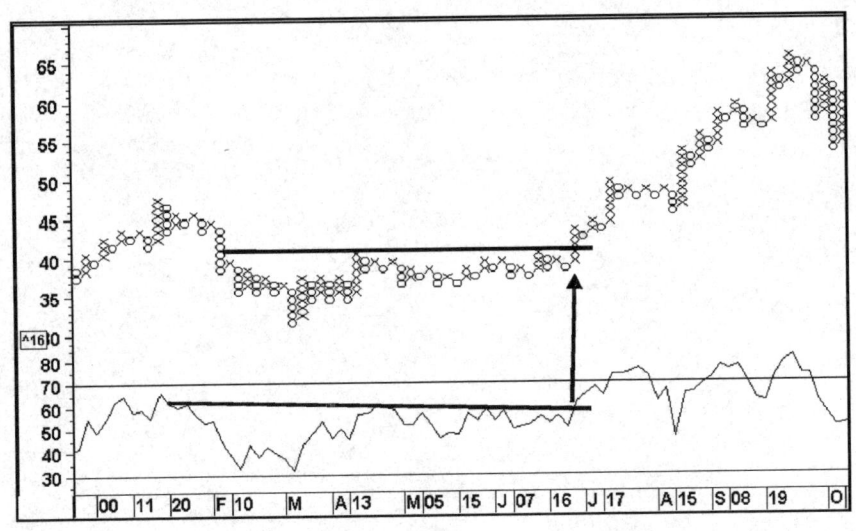

图 17-5　波音股价 OX 图（1×1）与 RSI 指标

注：该走势图表明，可以在 OX 图中结合使用摆荡指标。6 月 16 日价格与 RSI 的联合突破提供了及时的买入信号。

资料来源：From *pring.com*.

---── Summary ───
小 结

- OX 图只衡量一个要素：价格。
- OX 图由若干列 X 和 O 组成，即通常所说的"数"，代表了特定的、预先设定的价格波动幅度。
- OX 图通常能比棒线图更好地突出支撑区和阻力区，因为它们强调在给定的交易密集区内价格摆动的次数。
- OX 图的解释类似于棒线图，主要的区别是目标价位的测量方法不同，在 OX 图中是通过计数原理实现。

第 18 章
Chapter 18

判定趋势的其他技巧

我们将以"比例"的概念开始本章，这个概念与一次价格波动**可能**达到的幅度有关。我之所以专门强调"可能"二字，是因为没有公认的技巧可以持续性地预测价格变动的幅度或持续时间。这些技巧只能对价格变动的**可能**区间提供一种指示，无法成为一项准确预测的基础。也许，解释比例原则最简单的方式是，反映在市场价格中的"群体心理"有反复惯性地按特定比例波动的趋势，但遗憾的是，该趋势不处于可预测的形态。因此，我们可以说，在过去的 20 年里，股价有翻倍的惯性，而且这种情况可能已经发生了 3 次。但这并不能保证这种惯性会在现有周期出现。我们所能做的仅限于，观察这种情况何时发生，并告诉自己这是预见股价逆转的好时机。尽管如此，我们的决定必须基于多个指标的共识，而比例原则只是其中的一个指标。在此情况下，股价翻倍将会成为一种警告，暗示我们要更加密切地观察证据的平衡性。

📈 比例

运动规律表明，任何作用都有反作用。在金融市场中，价格走势实际是群体心理变化的一种反应。对我们之前讨论的价格形态、趋势线、移动均线以及包络线等概念的衡量，就是比例概念在实践中运用的几个例子。

支撑位和阻力位有助于我们判断趋势将在什么价格水平暂时中断或反转。比例原则对此也有帮助，而且适用范围更广。

例如，当某只股票的价格创下历史新高时，却没有迹象表明阻力位将在什么位置产生，因为已经没有交易发生。在这种情形下，比例概念就可以提供关于潜在转折点的线索。

最著名的比例原则也许当属"50%规则"（50 percent rule）。例如，在根据道琼斯工业平均指数（DJIA）衡量的很多空头行情中，价格都下跌了一半。1901～1903年、1907年、1919～1921年以及1937～1938年的空头行情，指数分别下降了46%、49%、47%和50%。在1929～1932年的空头行情中，第一波走势于1929年10月的195点结束，略微超过9月最高点的一半。有时候，上升行情中的中点代表了均衡点，通常可为考察走势的最终范围提供线索，或可指出折返走势中的重要转折点。1970～1973年，市场由628上升到1067。该段上涨行情的中点位为848，或者说近似于1973～1974年第一波空头行情结束时的点位。

同样地，上涨行情中的阻力位通常为最低价的两倍。1932～1937年的多头行情中，第一波涨势由40达到81，翻了一番。

事实上，我们曾在道氏理论中讨论过从1/3到2/3的折返走势，50%就是1/3和2/3的中点。1/3和2/3的比例在股市中也经常可以看到，它们也可以作为支撑区或阻力区。比率图有助于确定这些点，因为它可以很容易地上下衡量出相同比例的价格变动。

图18-1展示了2000～2002年的空头市场。请注意，2001年3月的价格反弹如何折返空头市场第1波跌幅的50%，下一轮上涨又是如何回补主要下跌趋势截至对应时点总计跌幅的33%多一点。最后，你可以发现"9·11"低点被证明是2002年7月/8月上涨的阻力位。

我们无法预测一波特定的走势适用多大的比例。然而，如果这些波动具备足够的一致性，就可以判断峰位和谷底潜在反转点。如果整体市场状况和其他一些价格技术分析的结论相一致，那么基于本方法所做的预测可能很准确。

请记住，技术分析讨论的是可能性，这就意味着，单纯基于此方法进行预测是不可取的。如果你根据比例原则进行预测，那么观察预测结果与先前的支撑位或阻力位是否一致，不失为一个好办法。如果一致，过高于该区域的异常价格代表反转点或者至少是暂时的障碍区的概率就更高。当市场价格创历史新高时，延长上升趋势线是另一种可行的办法。延伸的价格趋势线与运用比例原则所得出的估测线的交叉点，则可能代表了重要逆转的时间和位置。试验表明，每一种市场，无论是股票市场或者商品市场，都具备自身的特点，有些适用该方法，有些则不然。

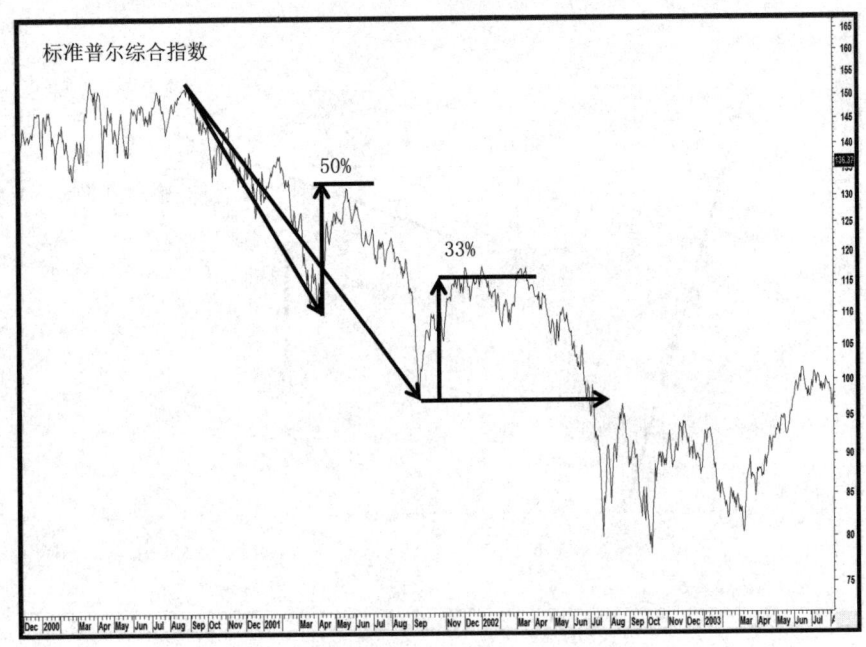

图 18-1　标普综指的折返走势（1999～2003 年）

资料来源：www.pring.com。

图 18-2 描述了亚马逊（Amazon）股价的一些折返波动，并对新的高位做了以 50% 区间为基础的预测。1999～2002 年的大幅下滑趋势由宽箭头标记，其低点处于 0 的水平，因为该点没有出现折返。在 2008 年，50% 的水平阻滞了第一轮反弹行情，且在 2008 年扮演支撑位。150% 水平是一个关键点，它并非阻力位，而是随后多轮跌势的支撑位。

技术要点　一定要结合其他指标来使用比例原则，以进行价格预测。

速度阻力线

这一概念纳入了 1/3 和 2/3 的比例，但不是将它们作为预测潜在价格目标的基础，而是结合价格上涨或者下跌的速度来使用这两个比例。这一概念由已故的伟大专家埃德森·古尔德（Edson Gould）进行发展，他是有史以来最出色的技术分析师之一。

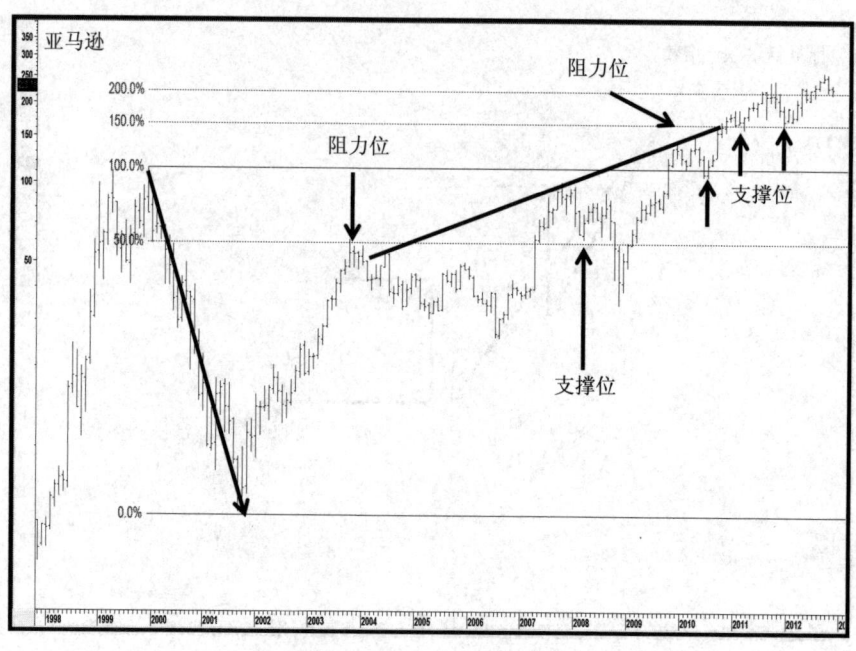

图18-2 亚马逊股价的回调波动（1998～2012年）

资料来源：www.pring.com。

在向下的折返走势中，价格有望在前期谷底与峰位之间的1/3速度线或2/3速度线的水平获得支撑。图18-3说明了这一点。

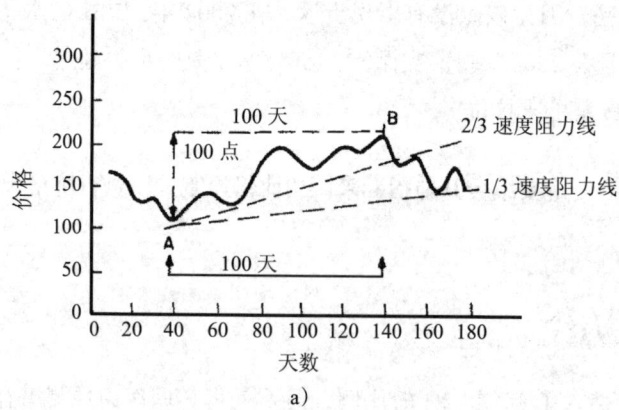

图18-3 速度阻力线（多头折返）

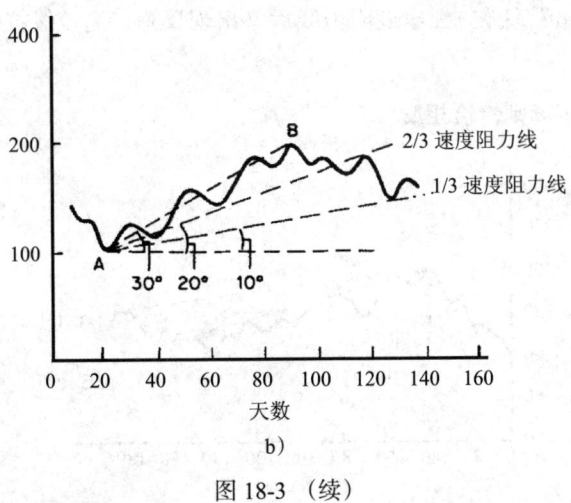

图 18-3 （续）

资料来源：www.pring.com。

在图 18-3a 和图 18-3b 中，点 A 代表谷底，点 B 代表峰位。从点 A 到点 B，价格上升 100 点花了 100 天，所以上涨速度为每天 1 点，1/3 速度阻力线会以该速度的 1/3（即每天 1/3 点）上升，2/3 阻力线上升的速度则为每天 2/3 点。

上涨或下跌是根据盘中最高价或最低价衡量的，而不是收盘价。为了在图中构建 1/3 速度阻力线，需要将点 A 的价格加上 33 点（上升 100 点的 1/3），并将所得价格绘制在点 B 正下方。此处 A 为 100 点，因此在 B 点下方 133 点绘制一点，然后将该点与 A 相连，并向右延伸。类似地，2/3 速度线则是由连接 A 与 B 正下方的 166 点得出。如果图形是按照比例刻度来绘制，就能化繁为简。所需要的只是将 A 和 B 相连（如图 18-4b 所示），然后记录下 30 度的仰角，并分别绘制 1/3 角度（10 度）和 2/3 角度（20 度）的两条线。图 18-4 显示了下跌行情中这个类似的过程。一旦绘制好速度阻力线，它们就扮演了支撑区和阻力区的重要角色。

更具体地说，速度阻力线的应用基于以下规则。

（1）上涨后的折返走势会获得 2/3 速度阻力线的支撑。若这条线被突破，新的支撑位应为 1/3 速度阻力线。如果价格跌破 1/3 速度阻力线，则可能预示着上涨行情已经完结，指数将跌至新低，甚至可能低于构建速度阻力线的最低点。

（2）如果价格守住了 1/3 速度阻力线，则价格进一步上涨的阻力位预计可能为 2/3 速度线。如果指数冲上了 2/3 速度线，则有望创出新高。

（3）如果指数跌破 1/3 速度阻力线后又出现反弹，则该线将会成为反弹的阻力位。

（4）下跌市场则恰恰相反。

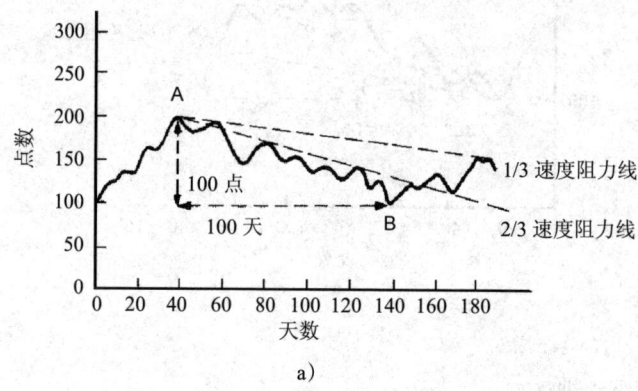

a)

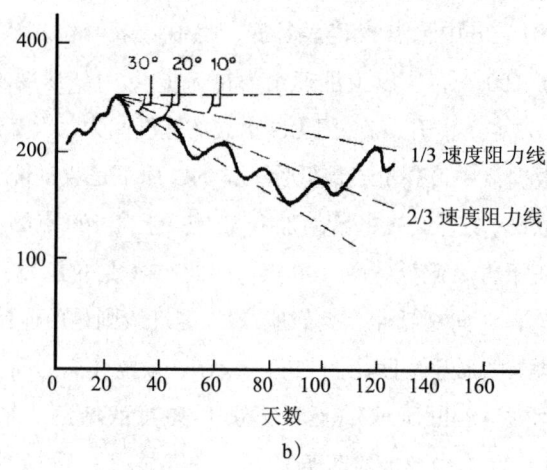

b)

图 18-4　速度阻力线（空头折返）

资料来源：www.pring.com。

图 18-5 说明了以上规则在市场中的应用。点 A 和点 B 标记了速度阻力线的锚点，因为它们代表了在各自的空头和多头市场中的第一个中期转折点。显然，回过头来看，我们很容易找到这些转折点。但事实上，很可能要几周之后才能发现它们。只有到那时，才有可能将这些速度阻力线用作潜在的支撑位或者阻力位。图中用小箭头标出了相关的点位。本来我们应该能找出例子，证明这些线更多地扮演关键角色，但图 18-5 中的情况，与其说是例外，不如说是常态。

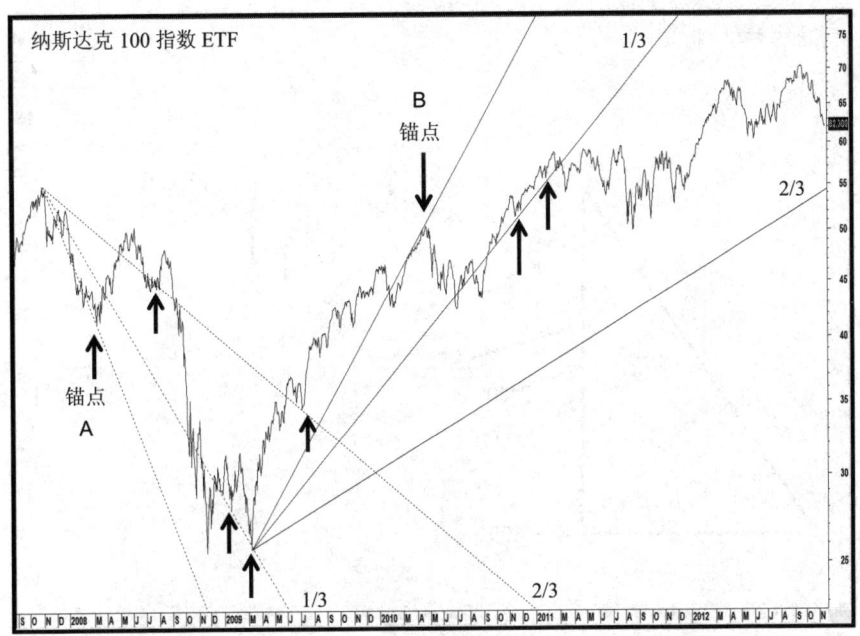

图 18-5　纳斯达克 100 指数与速度阻力线（2007～2012 年）

资料来源：www.pring.com。

斐波纳契扇

斐波纳契扇形线（Fibonacci fan line）是在最高和最低两个极点（对于空头市场，反之亦然）之间画的第 1 条线。然后画一条隐形的垂直线通过第 2 个极点。从第 1 个极点（低点）穿过隐形垂直线，再以一定的倾斜度到达斐波纳契回撤位，形成 3 条斐波纳契扇形线，倾斜度通常是 38.2%，50.0% 和 61.8%。这些线显示了潜在的支撑位和阻力位。在图 18-6 中，宽箭头连接了标准普尔综合指数在 2009 年的低点和它的第 1 个中期高点。在垂直线上，斐波纳契扇形线在 38.2%、50% 和 61.8% 的位置标注了 3 个回撤位。有必要再次强调，这些关键点并不总是像图中那样显而易见。这旨在强调前面已经提出的观点，那就是这些技术方法常常需要与其他指标结合使用。由于缺乏可靠性，它们不能被孤立地用来做预测。

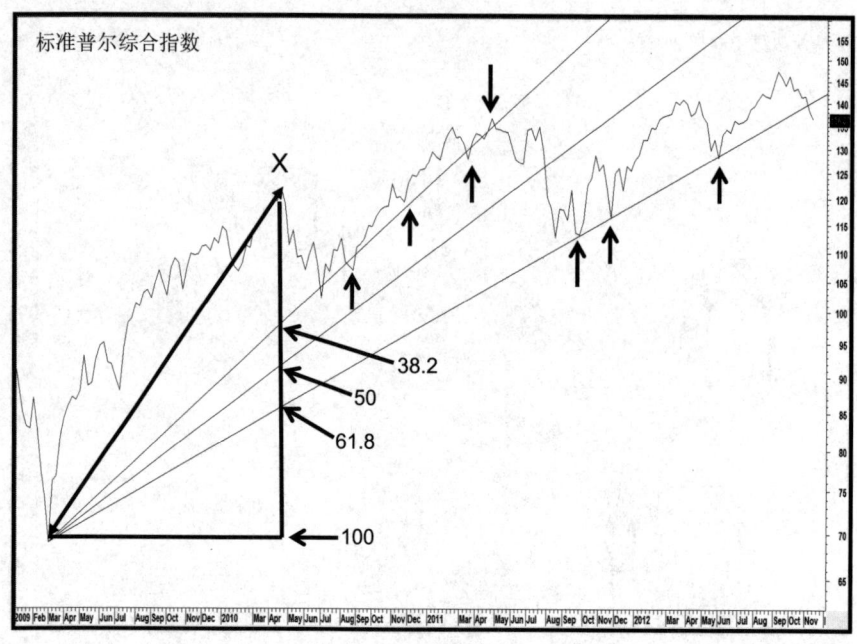

图18-6　标准普尔综合指数与斐波纳契扇形线（2009～2012年）

资料来源：www.pring.com。

甘氏扇

甘氏线（Gann line）[⊖]是根据20世纪初的商品交易商江恩的名字而命名。它有3种表现形式：甘氏线、甘氏扇和甘氏格。最实用的是甘氏扇方法。它的概念和应用与之前介绍的速度阻力线非常类似。江恩的思想是，特定的几何形态和角度在预测价格转折点方面具有独特的性质。该方法的实质是时间与价格的平衡。因此，他认为45度角代表了价格与时间的完美平衡。这种情况在走势图中只有当价格和时间长度相同时才能实现，因此价格坐标只能采用算术刻度。在图18-7的例子中绘制了9种由江恩推荐的角度。

下述表格反映了纵距离（价格涨势）和横距离（时间）的斜率关系。作为一种解释方式，12×1上涨运行表明价格上涨速度是时间作为1运行的两倍，依此类推。

⊖ 也称江恩角度线。——译者注

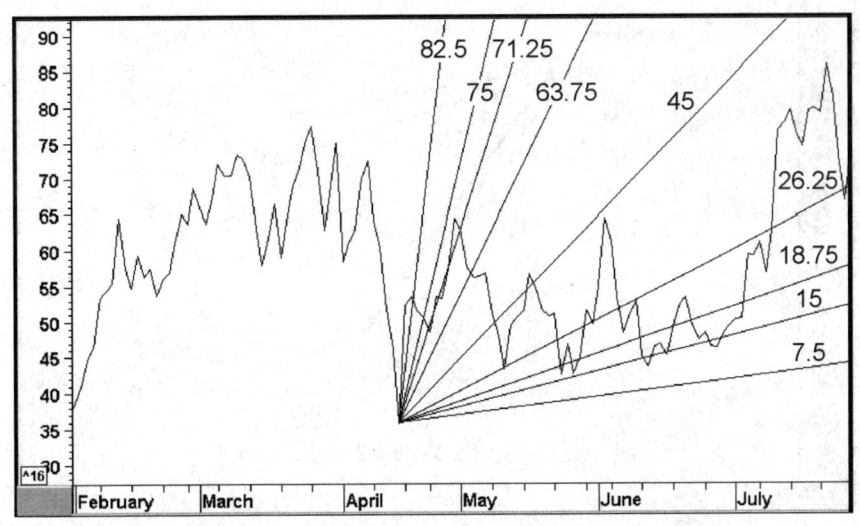

图 18-7　超微电路公司股价与甘氏扇形线（2000 年）

资料来源：www.pring.com。

1×8	82.5 度	2×1	26.25 度
1×4	75 度	3×1	18.75 度
1×3	71.25 度	4×1	15 度
1×2	63.75 度	8×1	7.5 度
1×1	45 度		

资料来源：Steve Achelis, *Technical Analysis A to Z,* Probus, 1995, p. 148.

图 18-8 展示了甘氏扇。在此实例中，中心线连接了高点和 12 月低点，斜率也是一样的。中心线代表 1×1，上面的线代表 8×1，依此类推。

然而，随着时间差和价格差的不同，这些线会形成不同的角度。用来解释的原则是相似的，即假定当一条线被穿越时，如果价格处于上升轨道，就会在下一条线找到阻力位；如果价格处于下行轨道，就会在下一条线寻获支撑。因此，这些线会不断转变其阻力位/支撑位的功能。注意观察升势是如何在 2×1 线上寻获阻力位的。这条线随后被向上穿越，接下来又成为随后两轮折返行情的支撑位。同样，技术分析领域永远都有例外。这意味着我们应该将甘氏扇作为预测逆转的基础，但具体还取决于其他指标的情况。

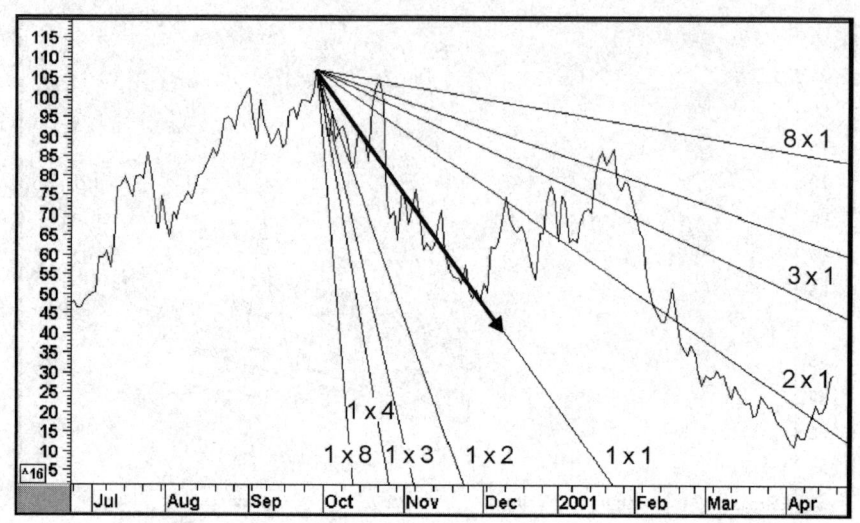

图 18-8 超微电路公司股价与甘氏扇形线（2000～2001 年）

资料来源：www.pring.com。

一目均衡表

组成部分

一种较为近期介绍的日本技术分析工具是一目均衡表，也被称作云图（ichimoku kinko hyo）一目均衡表，顾名思义是"一目了然均衡图"。云和它的辅助指标通过识别交易方向，提供了交易信号，也预示了潜在的支撑位和阻力位。这种方法的创立者细田悟一（Goichi Hosoda）认为，采用此方法的交易者可以迅速识别交易，并隔离其中的潜在信号。乍一看，云图方法看似惊人地复杂，但它解释起来却相对简单。

首先我们必须明白，价格与云之间的关系决定了基本的升势和跌势，而系统中其他两个指标的关系决定短期买入和卖出信号的发出。

总的来说，这个系统有 5 个移动部分，如图 18-9 所示。

为了简化说明，我们着重从图 18-10 中的两个指标开始：转换线（又被称为转折线）和基准线（也被称为标准线）。转换线是指 9 日内最高点和 9 日内最低点的中间点。默认的周期设置是 9 日，那么公式就是（9 日最高 +9 日最低）/2。基准线采用同样的计算方法，但周期为 26 日，即（26 日内最高 +26 日内最低）/2。转换线的日语是 Tenkan-sen，基准线的日语则是 Kijun-sen。这两个指标之间的关系构成短期买入或卖出的信号，也加速形成了两个云层的边界。让我们先考虑云，再谈这些信号。

由转换线和基准线之间所产生的边界是（先行）云带 A 或者 1（senkou 带 A）。这个指标的计算方法是：（转换线值 + 基准线值）/2。正如图 18-11 所展示的，由于向前移了 26 日进行绘制，因此在描述中使用了"先行"二字。

第 2 云层边界（先行）云带 B 或者 2（senkou 带 B）的计算方法是：（52 日内最高 +52 日内最低）/2，结果也同样前移 26 日绘制。在图 18-11 中，52 日的最高或最低值在 X 点计算，结果在 Y 点绘制。由于最高或最低值的计算在 X 点回到一个低值，云带 B 就被绘制在 2012 年 3 月远低于现行价格的 Y 点，因为实际价格远高于此。第 5 个移动部分是滞后线，表示往前推 26 日的收盘价。在大多数情况下，该曲线在价格之后穿过云层，代表一个强有力的确认信号：趋势已经改变。

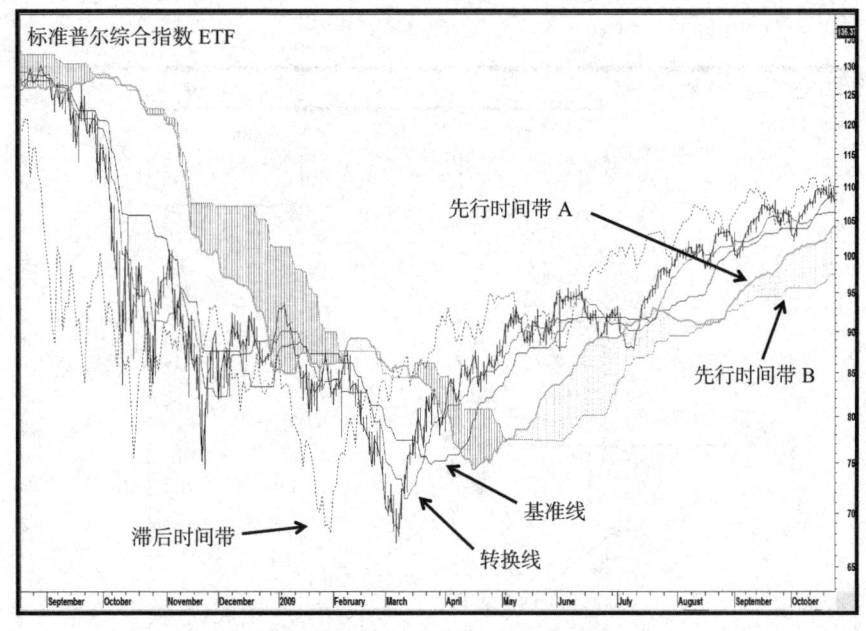

图 18-9　微软 2012 年一目均衡表

资料来源：www.pring.com。

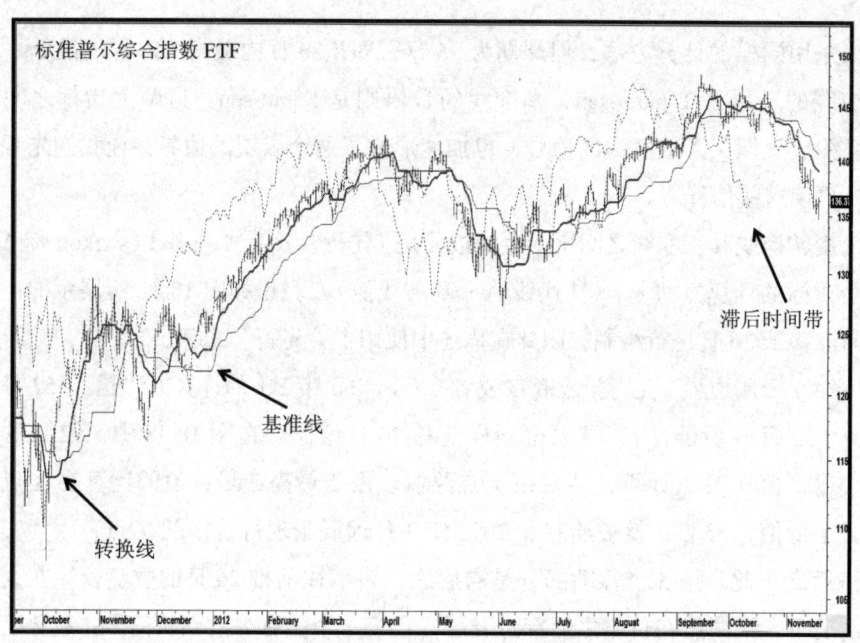

图 18-10　标准普尔综合指数 ETF，2011～2012 年一目均衡表，滞后时间带下的转换线和基准线

资料来源：www.pring.com。

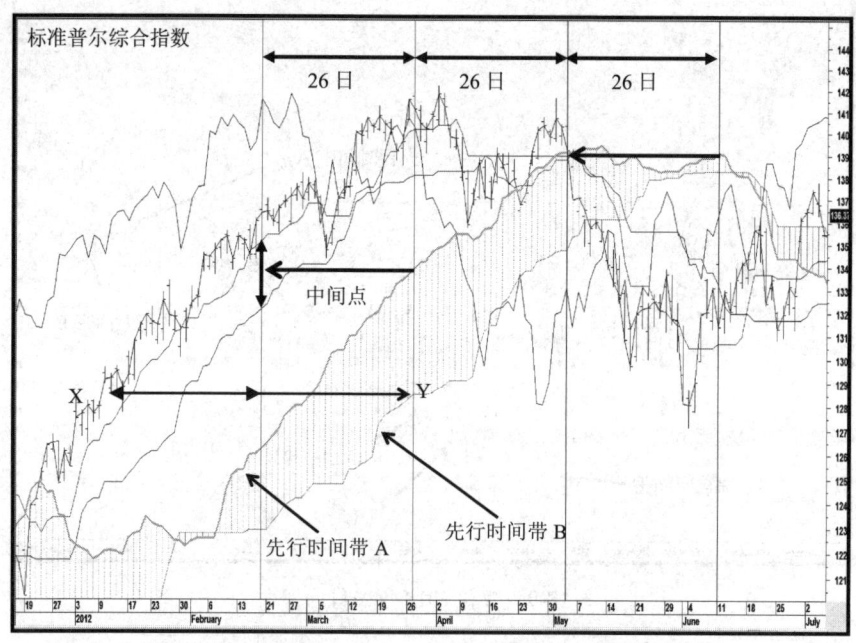

图 18-11　标准普尔综合指数 ETF 与一目均衡表先行时间带（2011～2012 年）

资料来源：www.pring.com。

前面概述的这些参数是推荐的默认系数，并不代表其他系数不能使用。同样地，本章的走势图描绘的是日数据，但这种方法也能应用到任何时间段。

由于云带 A，也就是图中的粗线，是由短期的转换线和基准线产生，它比云带 B 移动得更快。云带 B 代表 52 日最高值与最低值的平均数。

时间框架

和其他技术方法一样，我们应该尽量对市场的长期方向和主导趋势，而不仅仅是正在绘制的市场加强了解。本章我们的讨论主要集中在日线图、短期及中期时间框架。尽管如此，研究更主流的周线图和月线图上的云层，也是有意义的。我们鼓励时间框架很短的交易者尝试盘中走势图。

解读

1. 主要趋势

由于云层是根据价格走势来构建，而价格走势向前推 26 天，则云层代表了未来的支撑位或者阻力位。图 18-12 就展示了这样的例子。它也同样表明，当价格在云层之上时，云层就成为一个自然支撑区域，反之亦然。价格会与云层的内外边缘相互影响也是另一大特征。

当价格是在云层之上，那么价格就是上升趋势；如果价格在云层之下，则是下降趋势。当价格恰好在云层之内，那么价格趋势就是中性的。但是，一些分析者认为价格进入云层的方向可能决定价格趋势的方向。举个例子，如果在多头市场中，价格跌入云层之内，那么主流趋势仍然被认为是有效的。只有当价格完全由上向下穿越云层，市场才是看跌的。一种折中的方法认为，当价格从上方进入云层，便削减上升趋势的力量。届时，得到来自其他指标的一致确认，才能对市场趋势的真实状态得出一个有意义的结论。

当先行带 A（云层的厚边界）上升并位于先行带 B（云层的薄边界）之上时，上升趋势会增强。这种情形下，会在图中产生一片薄云（如果可以标注颜色，通常是绿色）。相反地，当价格位于云层下方，先行带 A（通常是绿色的云层线）在先行带 B（通常是红色的云层线）之下时，下降趋势会增强。图 18-13 恰好展示了云带的这种特点。

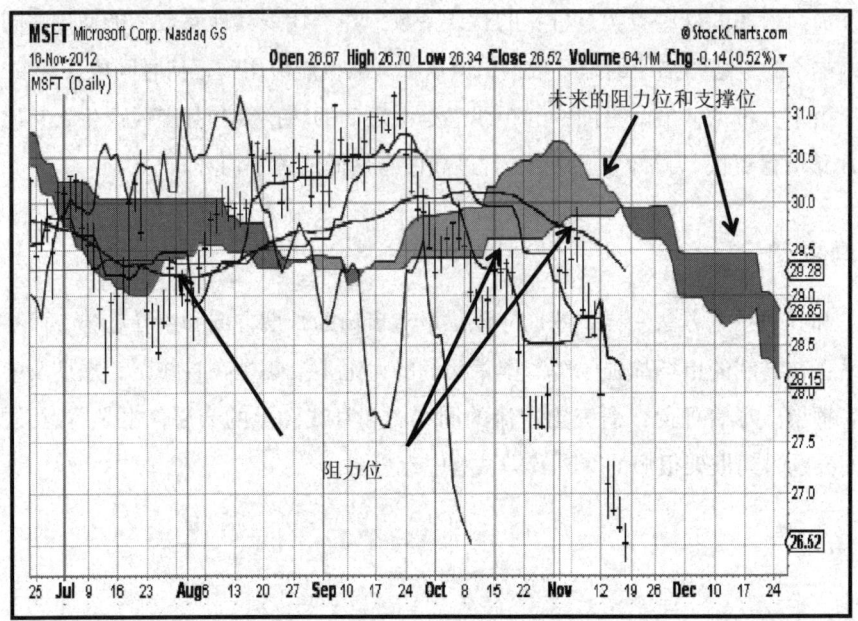

图 18-12 微软 2012 年一目均衡表，云带阻力点

资料来源：From Stock Charts.com.

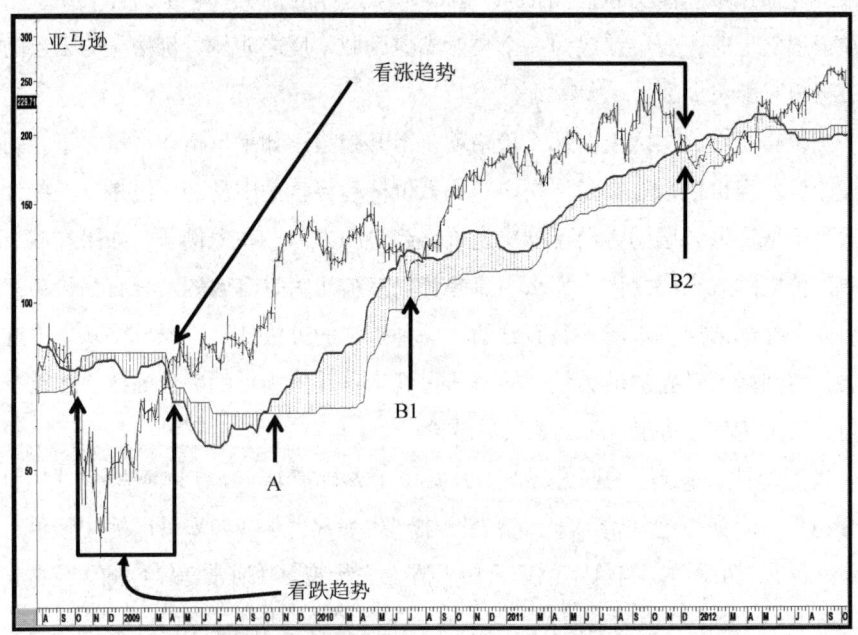

图 18-13 亚马逊股价，一目均衡表中的看涨和看跌信号

资料来源：www.pring.com.

图中用箭头标出了看涨和看跌的阶段。在 A 点，云带向上穿越 B 点，展示了更强的走势信号。在 B1 和 B2，价格自身跌入云层之中，被定义为平稳趋势。紧随 B1 点之后，价格重新回到云层之上，发出看涨信号。

图 18-14 也标记了看涨和看跌的信号。如图所示，即使价格正在下跌，市场趋势也是看涨的。在 A 点，价格跌入云层，产生了一个中性信号。因为它向上穿越（厚）云带 A，看涨趋势又一次被标注出来。不幸的是，底部建构过程在 C 点又产生了一次虚假信号，不过这很快又因 D 点产生了看涨信号而解决。直到 G 点之前，市场趋势一直都保持积极。尽管如此，在 E 点，云带 A 边界（厚）线向下跌破 B（细）线。这就告诉我们，上涨势头正在消散，并使积极趋势降了一个档次。请注意，在 E 点，云层是如何暂时由薄（通常是绿色）变厚（通常是红色）的。我们很快就看见，当这些线重新回到之前的位置，市场价格在 F 点重获动力。在 G 点遭遇一次假性下挫和经历了随后的小幅反弹后，在 H 点标记了下降趋势，因为价格已经跌至云层底部边界之下了。

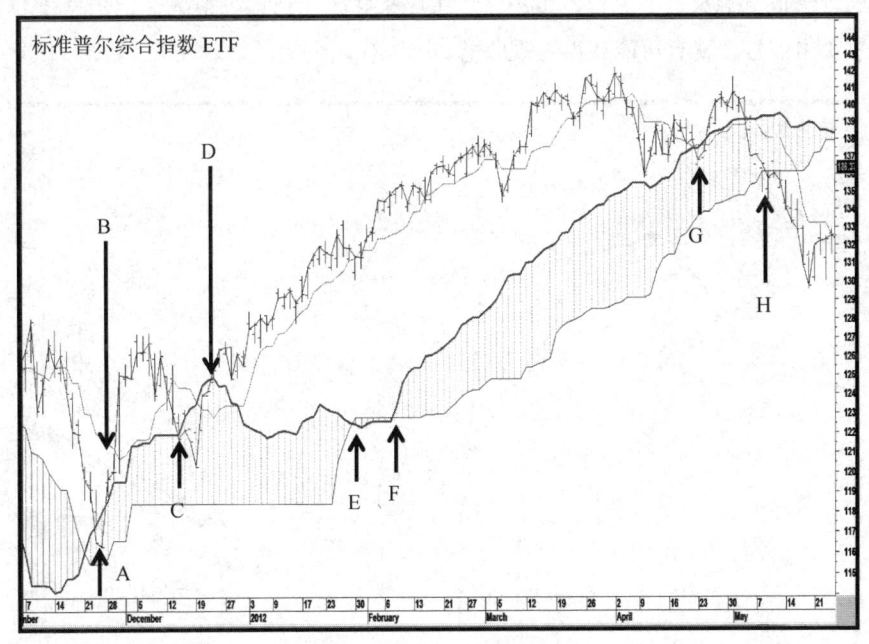

图 18-14 标准普尔综合指数 ETF

资料来源：www.pring.com。

图 18-12 展示了云带如何在微软 2012 年的股价走势中成为阻力带。如图所示，当云层延伸时，它有助于暗示未来潜在的支持位或阻力位。

短期信号

价格与转换线及基准线之间的关系可被用来识别更快、更频繁的信号。结合这个理念，顺应市场的信号通常强于市场反向信号，当价格位于云层之上，且云层有一个薄（绿色）阴影部分，积极的转换线或者基准线交叉点被增强。当价格在云层之下，且云层有厚（红色）阴影部分时，看跌信号会增强。相反地，与当前趋势相反的信号走势将更疲弱。

图 18-15 通过云带和线描绘了德国 iShare ETF 和 EMG 集团的股价，但为了避免太过杂乱，并未纳入滞后线。左边箭头标示出的时段上价格位于云层以下，代表趋势看跌。粗转换线在 A 点向下跌破虚线，则在该线于 B 点重新向上穿越虚线之前，短期系统仍然看跌。B 与 C 之间的时段经历了区间波动，而此类交易并不适合云分析。之后，在 C 点，我们看到另一个买入信号。但当该信号产生时，价格略低于云层，为空头市场信号。当价格上穿云层时，本可以下单交易，因为此前价格很少触及这一点位，也不会产生超买状况。在这种情况下，一旦在 D 点触发卖出信号，就有可能获得可观收益。

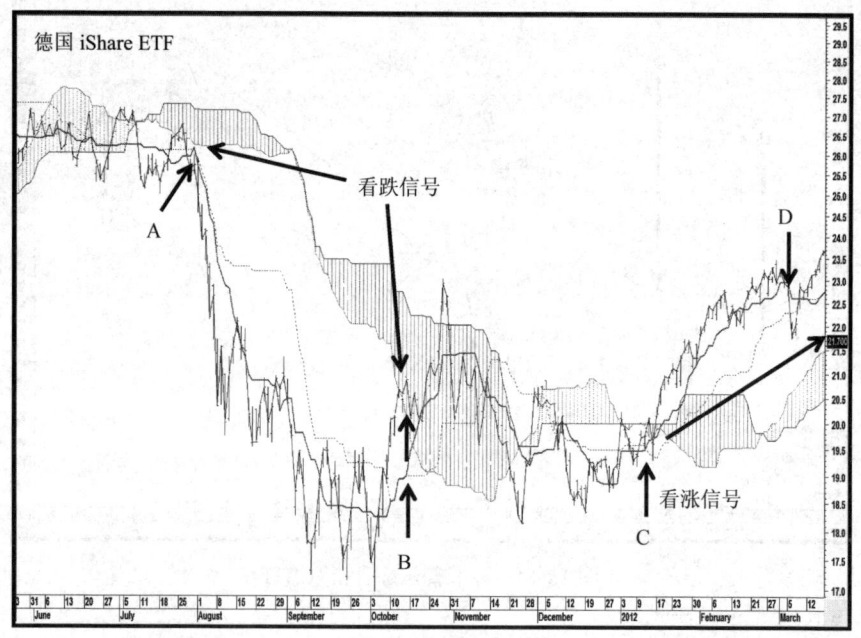

图 18-15 德国 iShare ETF 一目均衡表短期买入和卖出信号（2011～2012 年）

资料来源：www.pring.com。

> **Summary**
> ## 小　结
>
> - 价格变动经常是成比例的，最常见的情况是变动 1/2、1/3 和 2/3。
> - 速度阻力线、斐波纳契扇和甘氏扇提供潜在的支撑或者关键阻力点。
> - 一目均衡表既提供长期趋势信号，又提供短期趋势信号。
> - 未来云走势预示了潜在的支撑或者阻力位。
> - 从盘中时段到月时段，云图可在任何时间框架下进行绘制。

第 19 章
Chapter 19

相对强度

📈 概念

相对强度（relative strength，RS）是衡量两种证券相互关系的技术指标。值得注意的是，这里所说的相对强度不能与第 14 章中介绍的韦尔斯·怀尔德提出的相对强弱指标（RSI）相混淆。

这里所讨论的 RS 是一种相对 RS，通过将两种证券价格相除，并将结果绘制成一条连续的曲线而得出。RS 具备多种运用方式。

- RS 可用于两种资产之间的比较，以便决定购买哪一种资产或者更好地理解市场间关系。举例来说，我们可以对黄金和债券进行比较，以观察黄金对债券的相对价格是否呈现出上涨趋势。如果是，则可能意味着通货膨胀趋势正在显现。此外，如果技术面的分析表明美国股市和日本股市均处于多头行情，那么对两者 RS 趋势的分析就可以显示哪个市场表现更好。

- 在商品交易中，价差（spread）就是相对强度的一种形式。价差既可以反映两种商品之间的关系，例如玉米和肉猪，也可以表示远期合同与近期合同的关系。在后一种情况下，交易者试图挖掘一些不同于常规的关系，并对价差加以利用，直到两类合同趋于一致。此外，这些关系还能发出出现过剩或短缺局势的警告，有助于对当前及未来的情况进行供求分析。

- 货币事实上是一种相对关系。从形式上来说，并不存在"美元"这样的事物，因为任何货币事实上都代表了它与其他货币之间的相互关系——美元

/ 欧元、欧元 / 日元，等等。

- 有时候两个主体之间的相对运动体现信心走势，并能用于分析市场本身。例如，我们可能发现科技和必需消费品板块的比率正在下跌。科技板块体现的是市场信心高涨时热钱的流动状况，而消费者必需消费品体现的是消费者心存忧虑时购买的防守型标的。因此，二者比率下滑预示着信心下挫，代表一个看跌因素。这是一种不同类型的相对关系，第 28 章将做更详细的介绍。

- RS 最普遍最重要的运用是将单个证券和相对其证券种类的一个指数加以比较。最常见的例子就是将个股与大盘指数进行对比。例如，我们可以比较 Facebook 股票相对于标准普尔综合指数的表现。如果比率下滑，则意味着 Facebook 的股价表现强于大盘。反之亦然。

这种对个股与大盘指数的比较正是本章将要集中介绍的内容。请注意，除非特别说明，本章所有的 RS 比较都是相对于标准普尔综合指数而言的。

|技术要点| 相对强度是有助于精选个股的一种强有力概念。

构建 RS 曲线

RS 曲线是由两种资产价格相除得到。分子通常是个股的价格，分母则为衡量市场价格的指标——例如，纳斯达克指数或标准普尔 500 指数。在美国以外，它有可能是与一个特定国家的市场指数相比的股票价格，比如德国的 DAX 指数、印度的 Nifty 指数等。在后面的章节，我们也将看到相对于市场的板块及行业之间的相对关系，因为这代表了股票分析的一种捷径。例如，相对于浏览 3000～5000 篇个股评论，研究 12 个行业的 RS 曲线并解读选中区域的内容是一种更快的方法。

这一概念也可以扩展到商品领域，即比较单个商品（比如玉米）的价格与商品指数（比如商品研究局综合指数（CRB Composite）或者道琼斯瑞银商品指数。我们的例子将着重放在个股和大盘的对比上，但其他概念同样是可以接受的。图 19-1 的上半部分展示了股票的收盘价格，下方则为相应的 RS 走势。

当 RS 曲线上升，意味着该股票跑赢大盘。在这个例子中分母为标准普尔综合指数，因此上升的 RS 曲线代表个股的表现优于标准普尔综合指数。之后，股价继续反弹，但 RS 曲线却逐渐衰落，这代表此时个股表现输于大盘。此外，还可以将单个国家的股票或股指与全球性指标相对比，例如摩根士丹利全球股票指数。只要进行了适当的汇率调整，原理都是相同的。

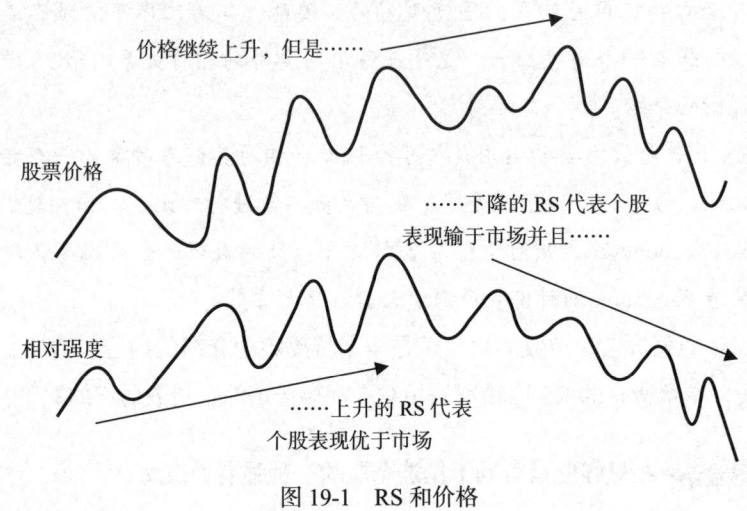

图 19-1 RS 和价格

相对趋势与价格本身趋势的解释原理完全相同。值得注意的是，RS 指标正如它的名字所代表的那样，只是一种相对的概念。上升的 RS 曲线并不代表某个对象（比如某只股票）的价格在上升，而仅仅是说它的表现优于市场，或者说相对于市场指数在上升。例如，以标准普尔综合指数衡量的市场可能已经下跌了 20%，个股可能下跌了 10%，尽管两者都在贬值，但 RS 曲线却会上升，因为个股的下跌幅度小于市场。

技术要点 RS 与绝对价格一样，随着市场趋势而变动。

RS 解释

因为 RS 曲线随趋势而变动，有助于采用趋势逆转技术，例如价格形态、趋势线和移动均线（MA）穿越等。动力指标也可能通过 RS 来计算。

相对趋势的解释可以采用与绝对价格趋势类似的方法。但是根据相对分析的计算方程可知，RS 的波动程度要大于价格本身。这是因为两个指数之间的比较通常更能凸显细微的差别，就如同价格与摆荡指标之间的比较一样。

由于 RS 趋势倾向于比绝对价格趋势表现出更强的随机性，因此我们发现在一般情况下，基于周数据和月数据的走势图，比根据日 RS 数据所绘制的更加可靠。这一原则也适用于绝对价格的情况，但我相信，在相对趋势中更为明显。

RS 的正背离与负背离

当价格和 RS 都处于上升状态时，我们称其为"相互配合"。重要的趋势常常是以两个指数的一致行动而开始，但最终 RS 曲线未能确认价格本身创下的新高点。这种情形表明股票相对于大盘的表现已经由强转弱。然而，RS 走软并不代表股价即将下跌的绝对卖出信号，而仅仅是一个相对信号——这意味着应进行两种股票的转换，从开始走向弱势的股票转换到正在进入强势的股票。

尽管如此，通常情况下，跟随在上涨行情之后出现的**价格与 RS 之间的一次或一系列背离现象，却是市场走软的前兆**，之后它们通过价格本身发出的趋势逆转信号得到确认。在图 19-2 中，价格和 RS 指标最初处于相互配合状态，但后来 RS 曲线有 3 次与价格负背离。最终，价格完成筑顶，转而下跌。

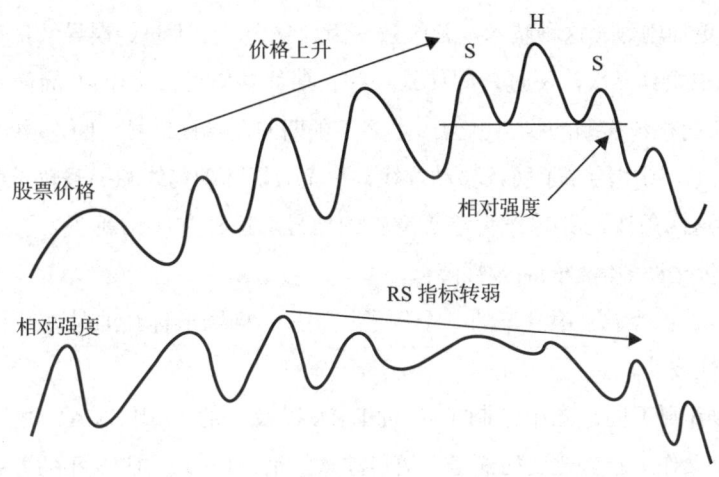

图 19-2 RS 与负背离

在空头市场中，情况正好相反。此时，**RS 领先于价格上升，被视为积极信号**。图 19-3 给出了一个例子。这一次价格则通过趋势线突破进行了确认。

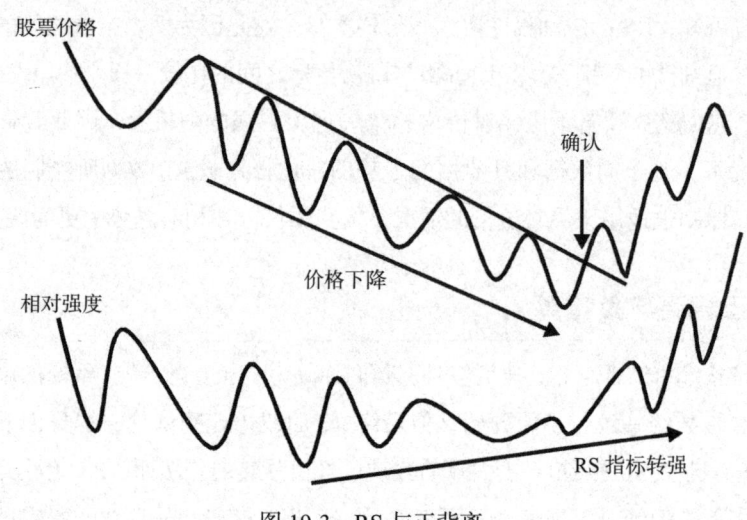

图 19-3　RS 与正背离

趋势逆转技术

1. 移动均线穿越

有时候，一个很好的方法是，绘制价格的一条移动均线，并将移动均线穿越作为合理的趋势改变信号。对于 RS 曲线也可以采用这种方法。但是由于 RS 曲线的波动更加剧烈，这种技术经常失效，因为它会产生大量的误导性信号。这在短期趋势中尤其显著。不过，即便是一些长期移动均线，比如 40 周简单移动均线或者 65 周指数移动均线，也会产生多于预期的误导性信号。图 19-4 给出了另外一种方法。图中绘制了两条移动均线，一条短期移动均线和一条较长期的移动均线，将这两条线的穿越作为趋势逆转的信号。这种方法无疑减少了误导性波动，但代价是许多信号的时效性降低。

图 19-5 显示了通用汽车的一个例子。注意，椭圆形标注的是 65 周 EMA 的大量误导性波动。

图 19-6 则不同，图中绘制了 65 周 EMA 以及它的 10 周 EMA，并将这两条 EMA 的交叉作为趋势改变的信号。值得注意的是，1996～1998 年的大量误导性波动都消除了。尽管有两个误导性波动仍然存在，却完全避免了 1996～1998 年的冲击，因为在整个期间，红色虚线表示的 65 周 EMA 一直维持在蓝色实线表示的 10 周 EMA 下方。当你设置了一个有助于回溯历史的时间跨度，以确保其在过

去持续运行,这不失为一个好办法。同时,应该尽可能纳入足够多的历史数据,以便评估出在不同市场状况下的表现。例如,依据周数据绘制的走势图应该从理论上涵盖至少 8 年的数据(两个完整周期)。

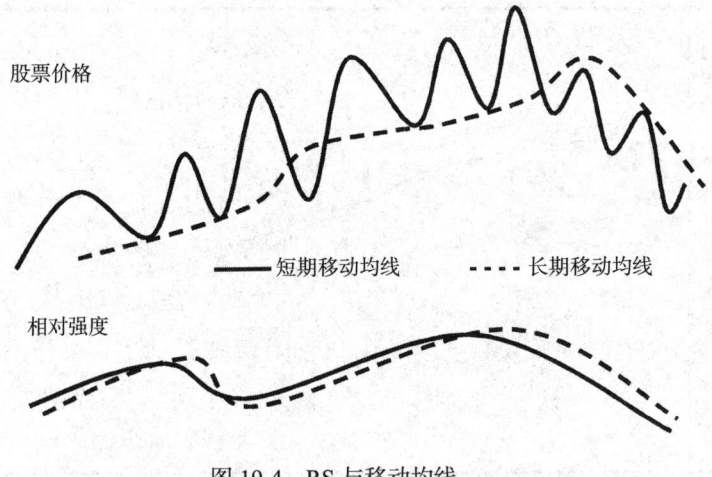

图 19-4　RS 与移动均线

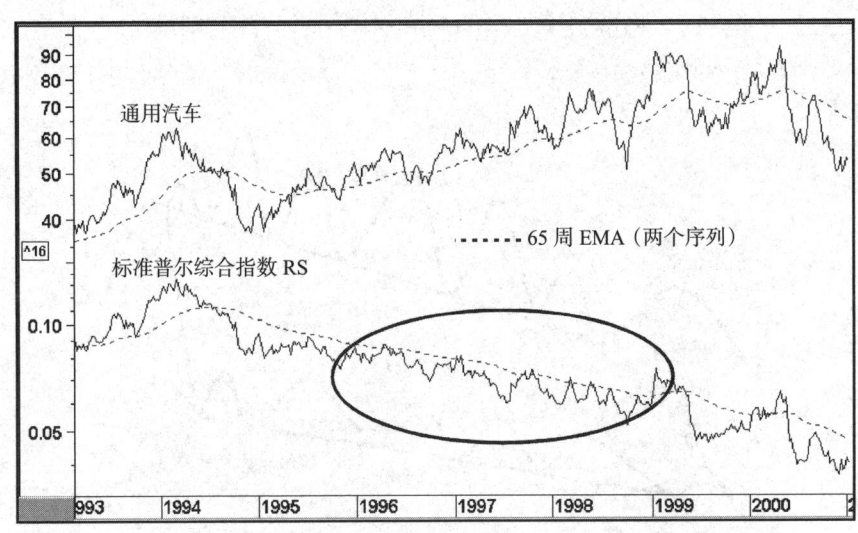

图 19-5　通用汽车股价与 RS 移动均线穿越(1993～2001 年)

资料来源:www.pring.com。

2. 趋势线突破

我认为,相对移动均线方法的更优选择是针对 RS 曲线构建相应的趋势线,即绘制 RS 曲线的趋势线,并且在趋势线被突破时,从价格本身去寻找能够作为确认的合理的趋势逆转信号。通过这种方式,我们可以得知价格是与相对强度或者弱度相对应的。图 19-7 的例子显示了从上升趋势变为下降趋势的一次逆转。

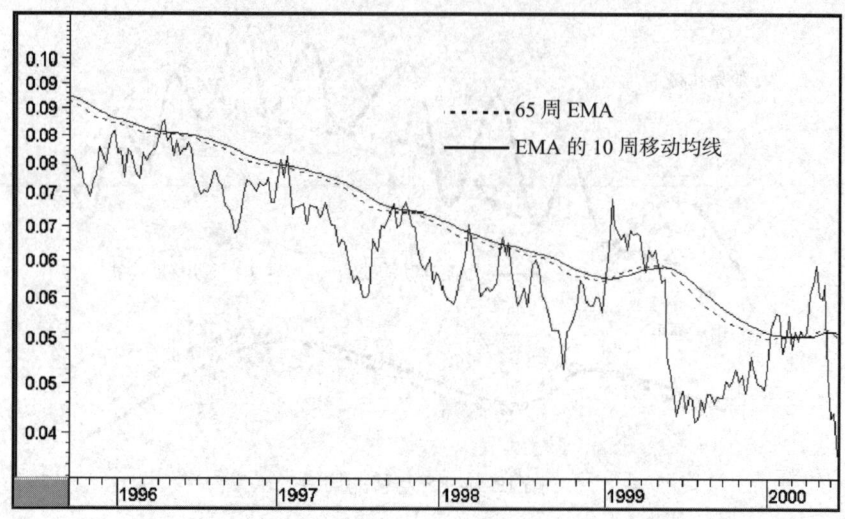

图 19-6　通用汽车股价与 RS 移动均线穿越（1995～2000 年）

资料来源：www.pring.com.

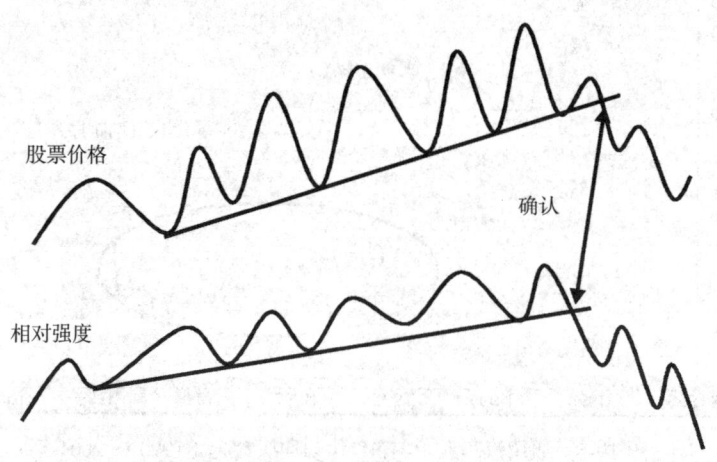

图 19-7　RS 与向上趋势线

图 19-8 表明,这也是识别"买入"时机的有效方法。首先,等待 RS 突破趋势线。

然后，当价格也对释放出的趋势逆转信号进行确认时，你就可以采取行动。这种联合突破并不常见，但一旦发生，就往往是非常重要的逆转信号。在这个例子中，信号强度得以进一步加强，因为之前出现了一次正背离。背离并不代表买入信号，但它暗示着技术面正在转强，为之后采取积极行动做好准备。顺便提一下，绝对价格的确认并不一定是采用趋势线突破的方式，也可能是价格形态的完成，可靠（我在这里特别强调"可靠"一词）的移动均线穿越，甚至可能是对一系列不断抬高的峰位和谷底的反转。应时刻谨记，新一轮趋势的规模主要取决于绘制走势图的时间框架和趋势线的长度。例如，盘中突破反映的是小型趋势，其重要性远远赶不上月走势图中的趋势线突破。

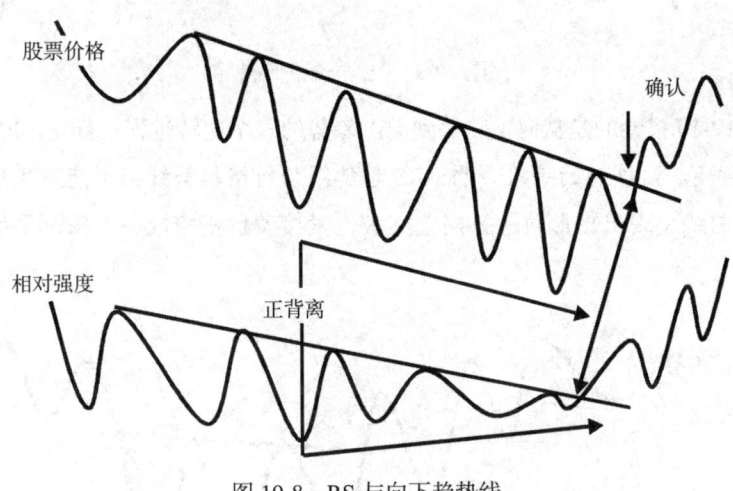

图 19-8　RS 与向下趋势线

3. 价格形态

价格形态同样可应用于 RS 趋势分析。图 19-9 显示 RS 曲线完成了一个头肩顶形态。

这无疑显示出 RS 的趋势已经逆转，并且提供了足够的证据表明，应该将该股票替换为另外一些 RS 趋势走强的股票。但是，这并不代表价格本身正在下跌，虽然在很多情况下证明确实如此。在这个特殊的例子中，图中以较短的水平趋势线表示的短期最低点被突破，这代表了绝对趋势的逆转信号，因为它对不断走高的峰位和谷底的逆转进行了确认。注意，尽管价格随后有反弹至该趋势线以上，但它并没有使峰位和谷底反转为向上演进，所以趋势仍被认为是向下的。

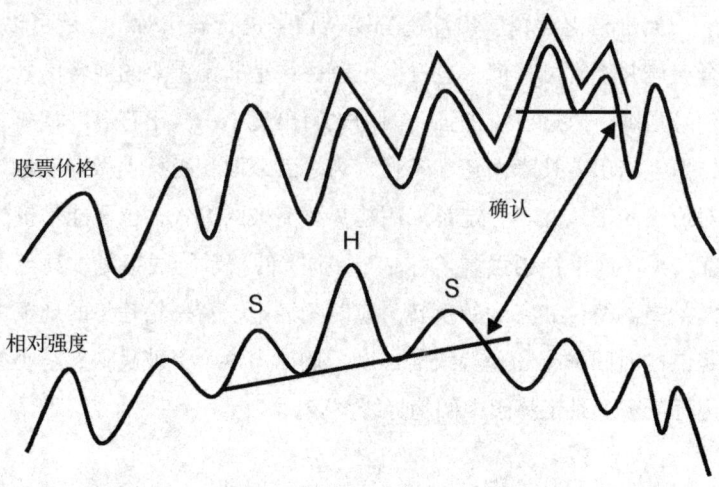

图 19-9　RS 与价格形态

图 19-10 描绘的是从向下趋势到向上趋势的一个逆转过程。首先，RS 曲线与价格正背离。这种初始迹象表明，RS 趋势线与价格趋势线都可能发生反转。然后，RS 曲线呈现出矩形轨迹并向上突破，紧接着价格完成一个头部平坦的扩散形态。

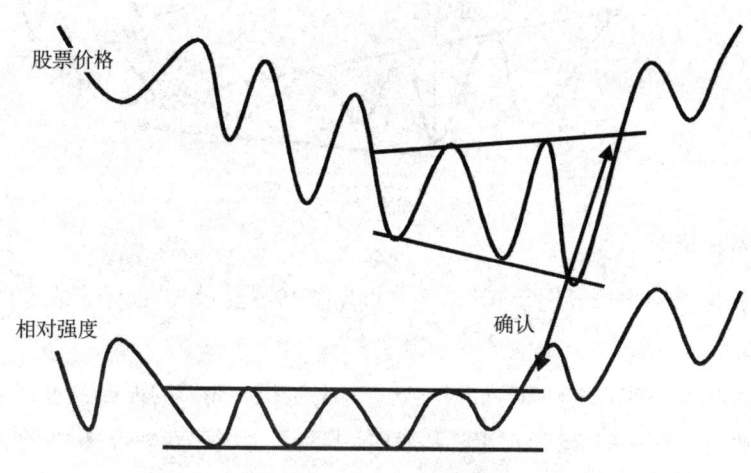

图 19-10　RS 与价格形态

4. 背离和趋势信号

有时，对价格与 RS 曲线相互关系的研究很有启示意义。例如，图 19-11 显示的是史丹利公司股价图，如图所示，股票价格在 2006 年 4 月达到新高点，但

RS 曲线未能予以确认。这就提供了一些预警,即技术结构本质而言并不是如此有效。当两条趋势线在晚些时候均被突破时,价格走弱被确认,更低的价格将会接踵而至。之后,价格开始反弹,一切都相互配合,直到 2007 年 6 月。给予我们的警示是,如果两条趋势线均被穿越,价格走弱将会持续。

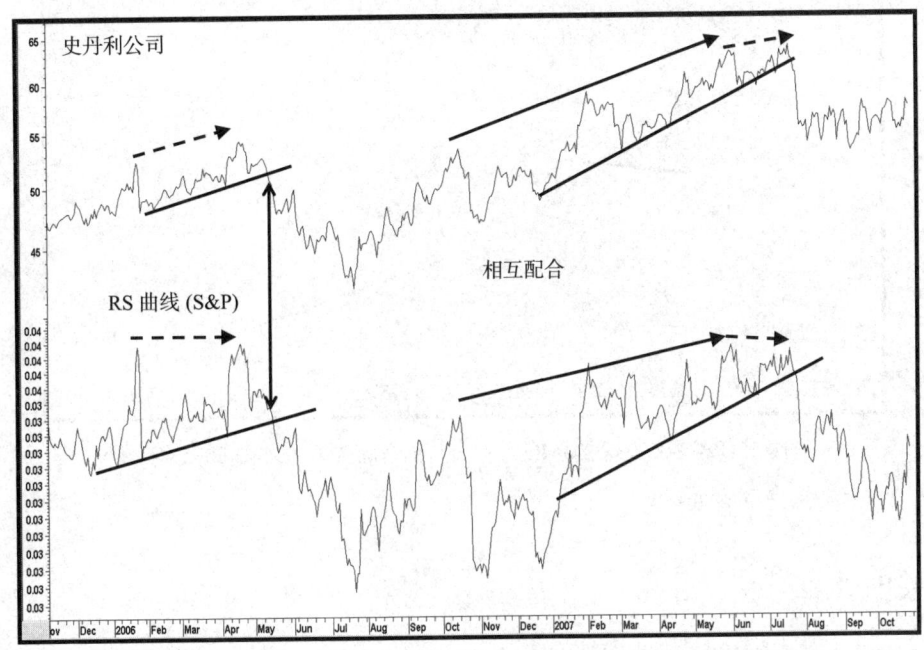

图 19-11　史丹利公司股价 RS、背离及价格确认（2005 ～ 2007 年）

资料来源：www.pring.com。

图 19-12 展示了另一个相对强度的例子。这次是土耳其 Ak 银行股价与土耳其指数的对比。2005 年年初,相对强度与绝对价格之间的背离非常严重,因为 RS 曲线在快速下降。它在早些时候就突破了趋势线,但当价格也突破趋势线时,一次下跌也随之而来。通常的情况是,当我们看到像如此明显的冲突局势时,走弱的 RS 曲线提供了一次有力的警告,即不管表面现象（上升的绝对价格）是什么,技术面实际上已经非常弱。价格被市场拖上来,并且当它最终逆转时,转弱的相对强度也受到了影响。之后,在 3 月上旬 RS 曲线触底时,我们看到了 RS 曲线的一次正背离。但紧接着在 3 月底,略高的低位并不由价格确认。然后,两个指标均突破了趋势线,确认了一次反弹。

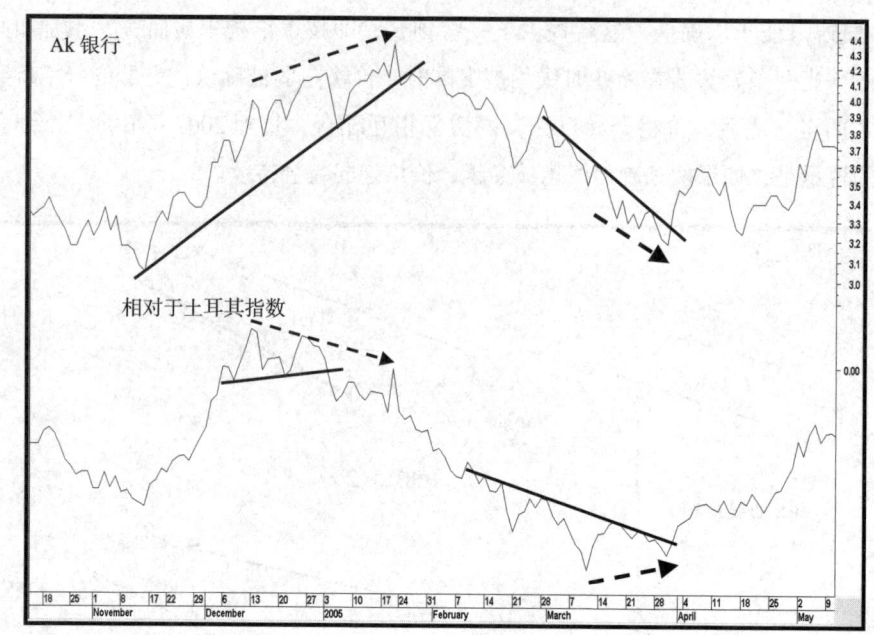

图 19-12 Ak 银行股价 RS、背离与价格确认（2004～2005 年）

资料来源：www.pring.com。

长期 RS

图 19-13 刻画了标准普尔国产石油指数相对于标准普尔综合指数的月 RS 曲线走势。这是一个长期走势图，涵盖了 20 世纪的大部分时期。该走势图是有用的，因为它表明 RS 曲线适用于价格形态分析和趋势线的构建。这些价格形态通常是不完整的，但在其后经常出现持续多年的相对价格运动。铭记这一点非常重要，因为大部分的价格形态虽然在走势图中看起来非常渺小，却可以持续相当长的时间。因此，这些形态的最终完成就表明，那些已持续多年，甚至是几十年的大行情已经发生改变。例如，在 20 世纪 70 年代末期，RS 曲线完成了一个持续 12 年的头肩顶形态。而对这一形态的突破则预示了长期市场情绪的变化。的确，直到 1980 年，RS 曲线才回到最初突破点的水平。

请注意这样一个事实，石油指数本身在 1980 年到 20 世纪末，经历了一个实体性的反弹。是不是这就意味着石油在这 20 年时间是一个好的投资领域？很难说是，因为 RS 曲线的持续下跌表明，石油板块的表现一直逊色于大盘。仅仅在接下来的10年，油价的相对变动才回到它本身，因为它从一个三角底突破，通过两个系列造成一次反弹。在2008年，这波相对强烈的反弹趋势停止了，因为2003～2008年的上趋势线被突破。

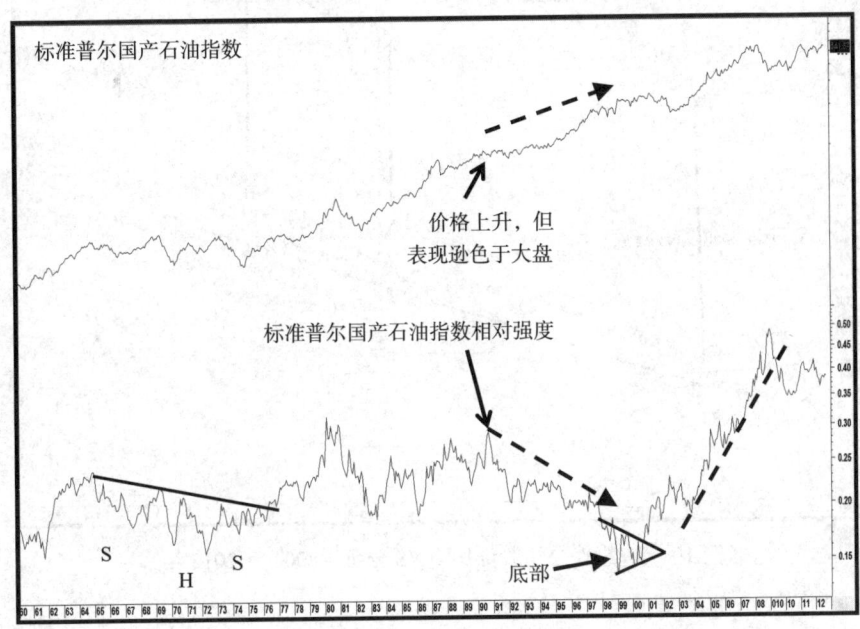

图19-13　标准普尔国产石油指数长期RS趋势分析（1960～2012年）

资料来源：www.pring.com.

显然我们不可能每周都对这种长期走势图加以研究，但是每个季度分析一下RS的长期走势，以观察在更大的技术面上是否显现出主要趋势却是很有意义的。

技术要点 长期趋势决定了相应短期趋势的特征。

我们可以更经常地分析时间跨度更短的月走势图，随后再进一步分析周走势图和日走势图。

个股与RS分析

图19-14刻画了惠普公司股价的日线图，它从2005年年初开始，同时完成了

两次头肩底形态。

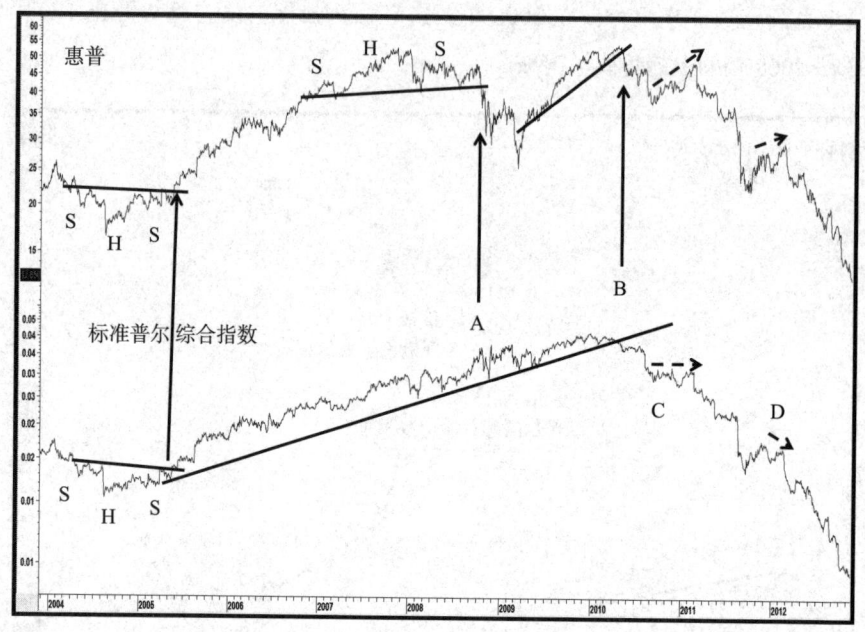

图 19-14　惠普公司股价长期 RS 分析（2003 ～ 2012 年）

资料来源：www.pring.com。

在 2007 年和 2008 年的某段时间，绝对价格呈现出一次头肩顶形态，且在突破点 A 时，RS 曲线接近一个最高点。实际价格开始暴跌，但 RS 曲线继续它的上升势头。这显示出惠普公司是一个相对安全的投资地。进入 2010 年，它的恢复反弹继续表明它的股价能度过风暴，并可能继续上扬。但是，两个系列在 B 点突破了趋势线。RS 趋势线更有意义，因为它持续的时间更长——长达 6 年，曾有 8 次被触碰或接近。这的确是一次严重的下跌，任何曾因这只股票度过风暴而对它充满信心的投资者，都应该对这次暴跌予以注意。在接下来的 3 年时间里，股价创下新低。即使在 C 点和 D 点有两次小幅反弹，相对表现继续变弱。

[技术要点] 当一只股票处于跌势而试图反弹，但 RS 曲线却没有上升时，最好避开它。

另一方面，上升的 RS 曲线常常是一种早期线索，暗示逆转即将出现。在那种情况下，价格的最终确认是关键所在。

RS 与动能指标

长期趋势

既然可以将经典的趋势判定技术应用于 RS 曲线，自然也可以很容易地对这种分析进行扩展，将 RS 衍生出的动能指标纳入其中。尽管运用摆荡指标来分析 RS 的短期动能也很实用，但到目前为止，我认为进行相对分析的最佳动能指标是经过平滑处理的长期摆荡指标，尤其是在剔除了不必要价格波动的情况下。

图 19-15 绘制了道琼斯石油和天然气行业 ETF 的 RS 曲线，以及 RS 的一个长期 KST 指标。RS 曲线对应的波浪线反映了 KST 指标的波动。KST 的峰位基本上与波浪线的波峰和波谷相对应。我们将在后面的章节介绍群旋转（参见第 22 章），RS 曲线比绝对价格走势更具备周期性特点，因此使用像 KST（参见第 12 章）这样的长期平滑摆动指标更能准确反映主要趋势。记住，绝对价格可能呈现出强劲的线性趋势，这意味着即使是设计最精良的长期平滑动能指标，也可能过早释

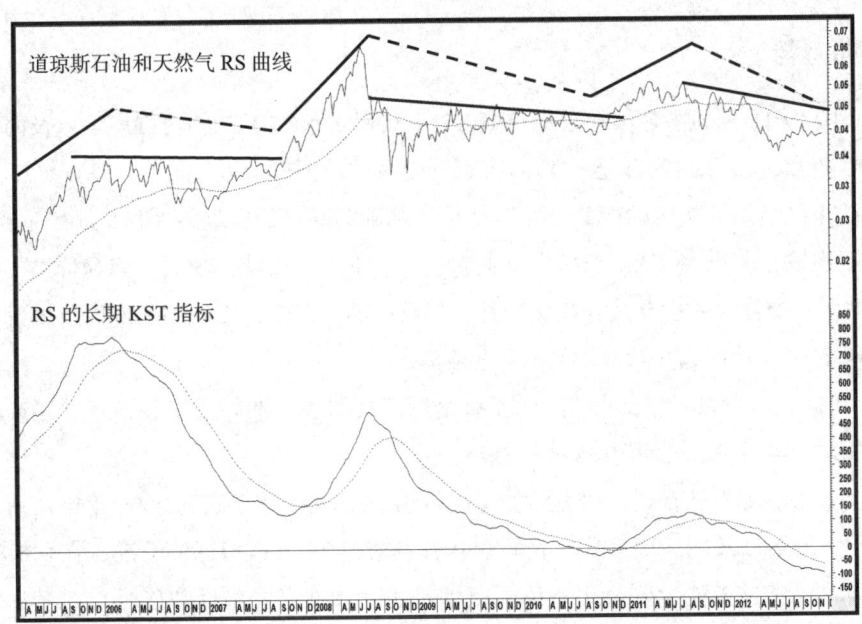

图 19-15　道琼斯石油和天然气 RS 曲线及长期 RS 动能（2005～2012 年）

资料来源：www.pring.com。

放出买卖信号。我们不能保证根据相对运动所构建的 KST 指标不会出现这种问题，但其可能性要小很多。

我们的首要目标是识别一只股票的长期 KST 在何时处于零线以下，并且开始向 26 周 EMA 发起上攻。顺便提一下，与 RS 曲线相对应的均线即为 65 周 EMA。值得注意的是，即使采用如此长的时间跨度，仍然存在大量误导性波动，在 2008 年年底的价格低潮之后尤其明显。这就是我喜欢将 RS 的趋势线突破信号与长期 RS 的 KST 逆转信号相结合使用的原因之一。尽管它们绝非完美，但该走势图证明，它们相对而言更加可靠。在本例中我选用的是 KST 指标，但这只是个人偏好，也可以换成其他任何经过平滑处理的长期动能指标，例如随机指标、MACD 指标或者其他趋势背离指标。基本思想是，要选用能够捕捉到主要的上升波和下降波，并且充分接近实际转折点的指标。为了追求一致，我们可以对多个股票在不同时间跨度下反复试验，但永远不要苛求完美，因为本来就不存在完美。

一旦确定了 RS 长期趋势的方向和发展程度，我们就可以开始对短期走势图进行分析。

短期趋势

图 19-16 刻画了金属和采矿指数 ETF（代码是 XME）的相对强度，以及两个 ROC 指数。10 日指标标记了 1989 年后（受我的数据库所限）的一个高点。45 日 ROC 也描绘了一次极端摆荡，此后从小型基础突破。价格最终在形成小型底部、双底形态之后得以确认。严格意义上来说，这不是一次特大超买，因为价格仅仅下跌了 6 个月，并没有达到我 9 个月的起码标准。但是，下跌的速度以及由价格达到 1989 年后的超买状况，的确有些匪夷所思。

图 19-17 顶部的 RS 曲线刻画了雅培制药公司股价的相对走势，下方还绘制了 RS 的 14 日 RSI 指标和 MACD 指标。

从图中可明显看到，存在两波主要行情——1999 年年底到 2000 年年初的一波空头行情以及随后的多头行情。现在仔细观察 MACD 指标的情况，在空头行情中，MACD 未能达到超买条件，而且超卖读数没有发出反弹信号。在多头行情中，情况正好相反。这是摆动指标的典型现象，因为它们在主要的多头行情中改变了特征。就像北半球的候鸟，它们在寒冷的冬季（对应于空头行情）往温暖的南方迁徙，在炎热的夏季（对应于多头行情）又会迁回凉爽的北方。无论何时如果你观察到这样的情形，达到超卖水平的摆动指标并没有触发反弹，这就暗示当前趋势可能看跌。当然，这一规则并非每次都有效，但大多数情况下都是成立的。在本例中可以看到，1999年1月MACD达到超卖条件，但没有触发价格反弹，而且随后MACD也未达到超买状态，这就表明当前市场处于空头行情。

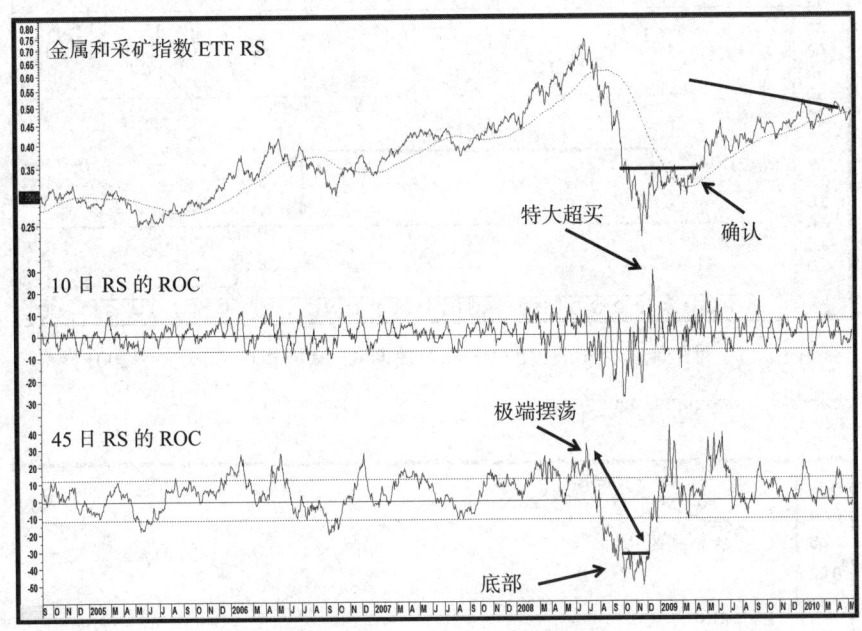

图19-16 金属和采矿指数ETF的RS走势和动能解释（2004～2010年）

资料来源：www.pring.com。

多头行情正在启动的信号并没有在MACD达到超买读数时发出，毕竟，超买读数在空头市场中也可能产生。然而，当MACD在5月出现下跌但未至超卖水平，而仅仅在零线以上维持的时候，多头信号才真正到来。这种现象表明，MACD的基本特征可能已经向好。

图19-18更加详细地分析了从1998年市场头部开始的相对运动。随着RSI指标和RS的MACD指标同时背离向上趋势线，弱势信号出现，并且通过RS曲线本身跌破趋势线而确认。这种联合行动并不足以表明后市看跌，但可以确切地说明向上趋势可能会停滞数月。事实上，在那段期间雅培制药公司的股价走势不可能优于大盘。如果仔细观察，你就可以发现，RSI趋势线实际上是一个头肩顶

形态的颈线。

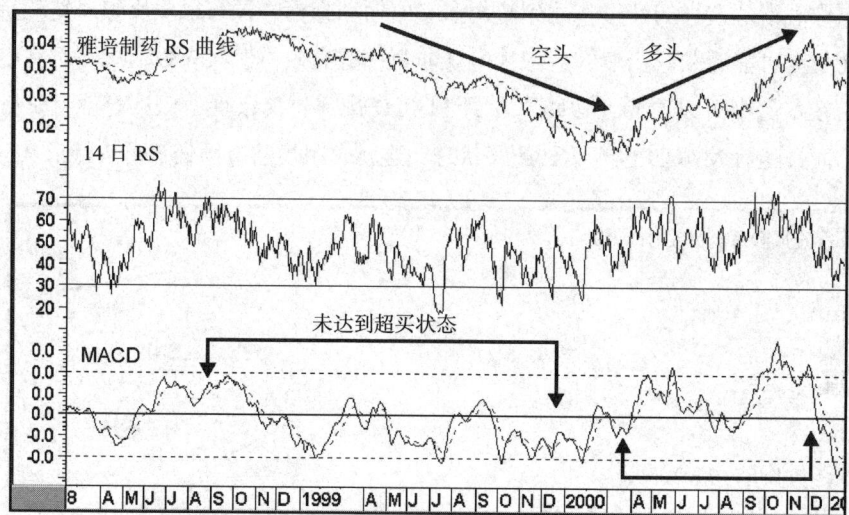

图 19-17　雅培制药公司股价的 RS 以及短期 RS 动能指标（1998～2001 年）
资料来源：www.pring.com.

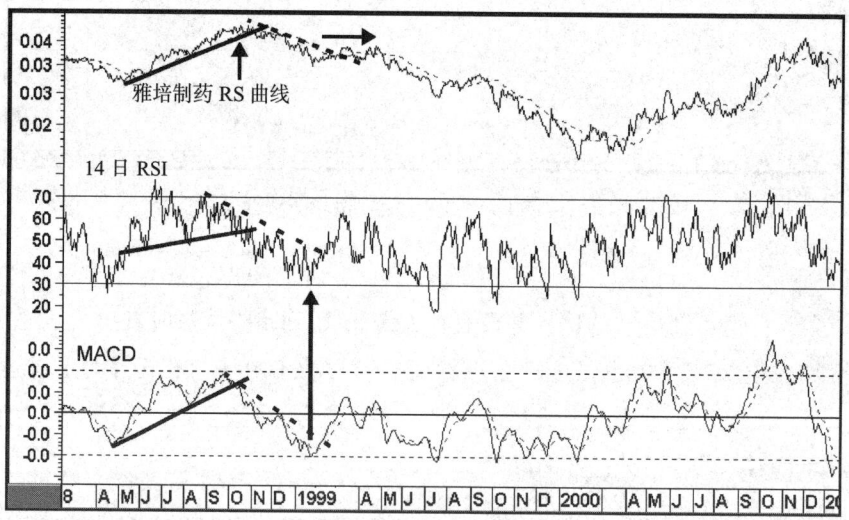

图 19-18　雅培制药公司股价的 RS 以及短期 RS 动能指标（1998～2001 年）
资料来源：www.pring.com.

当我们继续分析价格时，它的表现越发令人失望。1月份的超卖条件仅仅触发了一波盘整走势，在那之后，相对指标又呈现下降趋势。而且，我们可以看到

3 条虚线表示的向下趋势线被突破。此后本应跟随着一波非常好的反弹行情,但事实并非如此——这种类型的行为常常预示了空头行情。

图 19-19 在与图 19-18 相同的时期内增加了对实际价格的走势分析。图中用虚线表示的向上趋势线标示了获得相对卖出信号的近似点位,但值得注意的是,绝对价格的反弹仍在延续。随后绝对价格与 RS 曲线负背离,预示基本技术面转弱。然而,直到 1999 年 1 月,绝对价格一直维持在实线所代表的向上趋势线之上。如果先前由 RS 曲线所生成的卖出信号,并不能提供足够的证明表明清仓的合理性,那么此处绝对价格对趋势线的突破则完全能够证明。

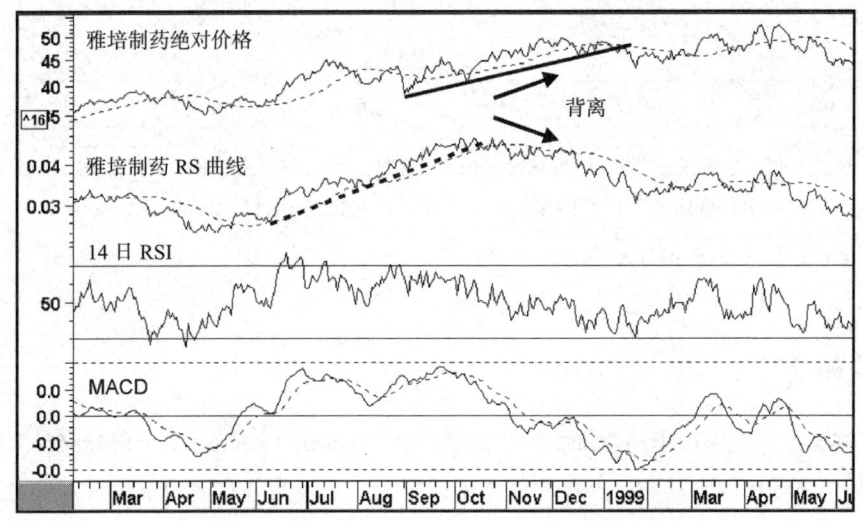

图 19-19　雅培制药公司股价的 RS 以及短期 RS 动能指标(1998～1999 年)

资料来源:From pring.com.

图 19-20 是图 19-17 中的多头行情的特写。请记住,在进入这段时间以前,RS 曲线一直处于强劲的空头行情中,而且动能指标发出了误导性信号。然而,在 2000 年 3 月,两个动能指标均有所改善,因为它们很少落到均衡水平以下。与此同时,走势图上部的 RS 曲线正在到达第 2 个底部。此外,MACD 创下新高,表现出更多与多头行情而非空头行情匹配的特征。

最后,在代表双重底形态顶部的水平线的位置,RS 曲线向上突破,确认了之前的多头信号。同时,它还进一步确认了一系列不断抬高的峰位和谷底正在形成。而在整个空头行情中,每一次反弹的峰位都低于此前的峰位,每一个谷底也低于此前的谷底。

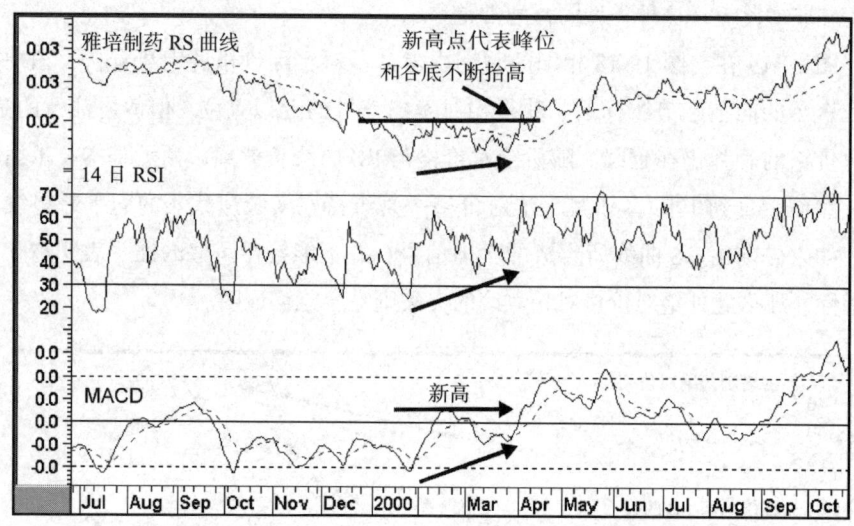

图 19-20　雅培制药公司股票的 RS 以及短期 RS 动能指标（1999～2000 年）

资料来源：www.pring.com。

价差

RS 被广泛应用于期货市场的"价差交易"（spread trading）中，市场交易者试图利用市场扭曲来获利。这些扭曲之所以出现，是因为基本面的不正常发展对正常的价格关系造成了暂时性的影响。价差的计算通常是由分子减去分母而不是相除。我个人更偏好用除法，因为它反映了一种比例的思想。然而，如果是在相对较短的时间内（例如，少于 6 个月）计算价差，使用减法还是除法就无关紧要。

产生价差关系的 6 个重要因素包括：

- **产品关系**，例如大豆与豆油或大豆粉，原油与汽油或燃料油；
- **用途不同**，例如猪、牛、烤鸡与玉米；
- **替代关系**，例如小麦与玉米，或者牛与猪；
- **地理因素**，例如伦敦的铜与纽约的铜，或者加拿大的糖与纽约的糖；
- **持有成本**，例如特定交割日的不一致；
- **质量价差**，例如国库券与欧洲美元，或者标准普尔综合指数与价值线指数。

其中的一些相对关系，例如伦敦的铜与纽约的铜，实际上属于套利活动的范围，不适合个人投资者或交易者。

另一方面，所谓的泰德价差（TED Spread）是一种非常盛行的交易工具，它衡量了国库券（高等级）与欧洲美元（低等级）的价格关系。

在某些情况下，价差可能已发展到先前的一个极端水平，然后继续扩大，甚至导致更为严重的扭曲。因此，等待出现某种趋势逆转信号才建立头寸就很重要。尽管这类交易的风险不可能因此完全消除，但确实可以减少。

在接下来的章节中，我们将对各种资产类型其他方面的关系做更深入的分析。这些关系可能有不同的用途，但都要受到趋势的影响，而趋势的逆转可以通过我们已经介绍过的技术方法识别出来。

― Summary ―
小　结

- 比较 RS 是对两种证券的比较，其结果可绘制成一条连续的曲线，称为 RS 曲线。
- RS 曲线最常见的应用是对个股或行业股表现与市场平均表现进行比较。RS 曲线上升代表个股表现优于大盘，反之亦然。
- 绝对价格与 RS 的背离预示了潜在的强势和弱势，可有利于识别潜在的趋势逆转。
- RS 的变化具有趋势性。任何合理的趋势判定技术都可应用于相对强度线的分析。
- 在绝对价格和 RS 曲线共同的趋势线突破，通常会产生可靠的趋势逆转信号。
- 在分析 RS 的主要趋势时，最有效的技术之一是使用平滑后的长期摆荡指标，尤其是 KST 指标。

第 20 章
Chapter 20

综合讨论：以道琼斯交通运输指数为例（1990～2001年）

现在是时候将目前为止已经介绍过的指标综合起来对长期走势图进行分析了。为此，我选择了1990～2001年的道琼斯交通运输平均指数作为例子。图20-1绘制了该平均指数的走势以及它的9个月移动均线。通过将1931～2000年的数据进行最优化处理，我们得出道琼斯交通运输平均指数是最佳检测指数之一。

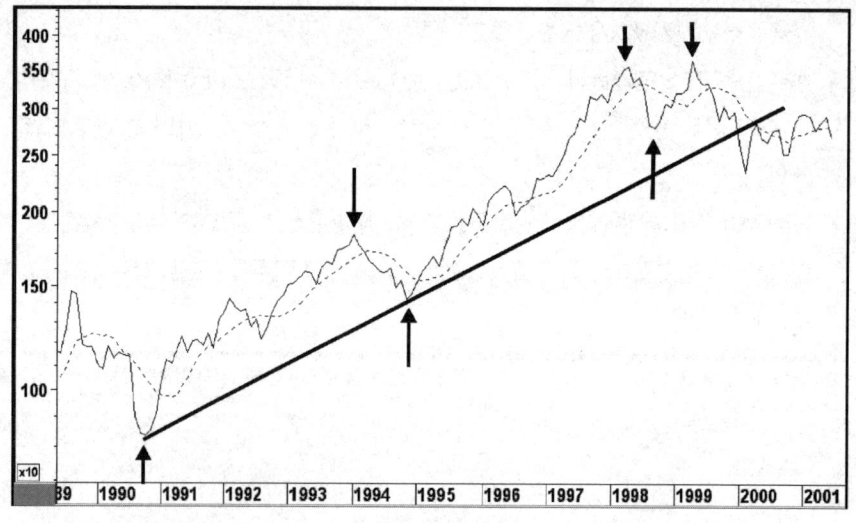

图 20-1　道琼斯交通运输指数与相应的转折点（1989～2001年）

资料来源：www.pring.com.

图中向上和向下的指示箭头表示这一时期内的重要转折点。1990 年的底部并不容易识别，因为指数的逆转几乎是瞬间完成的。图 20-2 显示，就在价格突破趋势线之前，18 个月变动率（ROC）指标也突破了一条陡峭的下行趋势线。

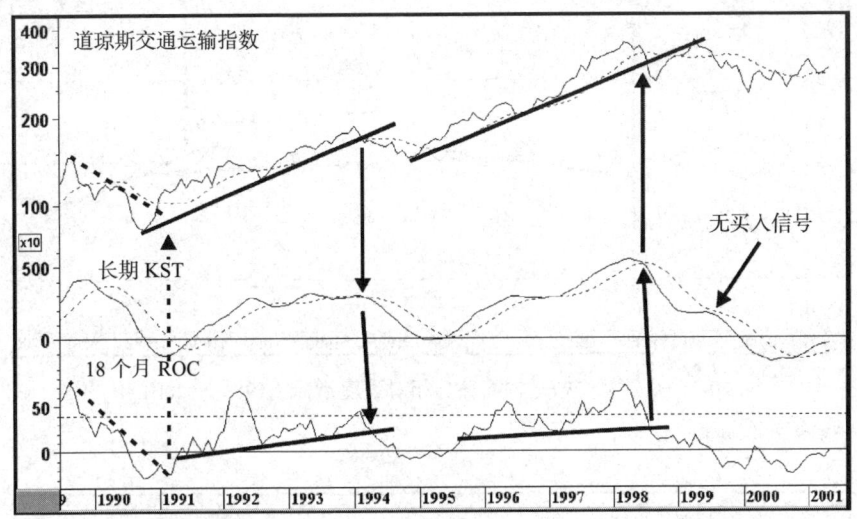

图 20-2　道琼斯交通运输指数与长期动能指标（1989～2001 年）

资料来源：www.pring.com。

在图 20-3 的中部，相对强度（RS）指标实际上领先于绝对价格突破了空头行情趋势线。这预示着在新一轮的多头行情初期，道琼斯交通运输板块很可能跑赢大盘。

图 20-4 的垂直线显示的是一种很少见的情形，所有的 3 种摆荡指标同步达到超卖状态。该走势图还释放出了最强的买入信号，因为价格几乎是同时突破了其下行趋势线和 65 周指数移动均线（EMA）。而且，39 周 CMO 完成了筑底。因此，1991 年 2 月之前形成了许多积极信号，它们无不预示着向下动能或已消耗殆尽，而且足以使长期确然指标（KST）逆转向上。

接下来要关注的就是 1992 年的中期峰位。指数短暂地向下穿越其 12 个月 EMA（见图 20-2）和 65 周 EMA（见图 20-3），长期 KST 指标也触发了一个误导性逆转信号。这些事件无疑表明交通运输指数已经开始进入空头行情。然而，一旦指数和长期 KST 指标（见图 20-2）又回转向上穿越各自的移动均线（MA），便没有理由再维持看空立场。

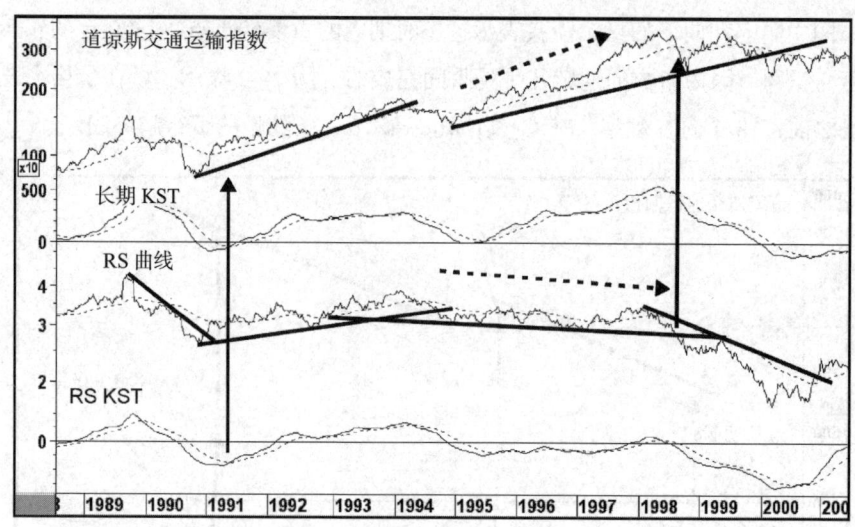

图 20-3　道琼斯交通运输指数与相对强度指标（1989～2001 年）

资料来源：www.pring.com。

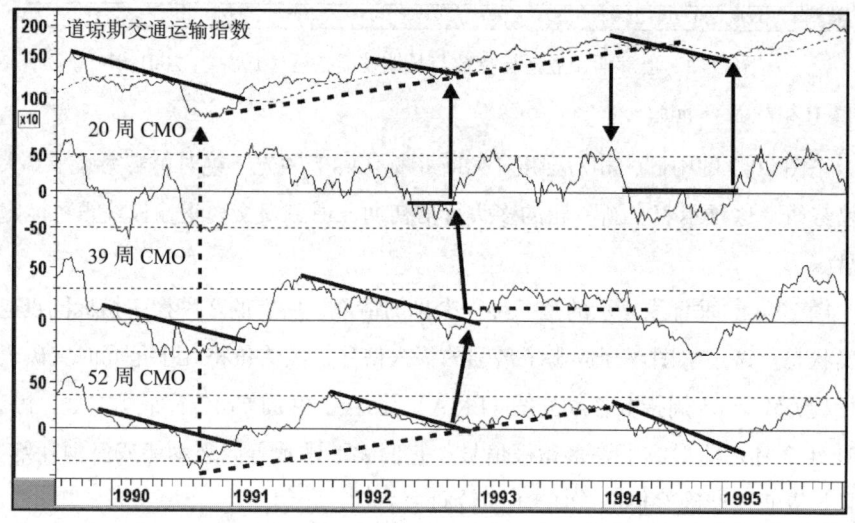

图 20-4　道琼斯交通运输指数与 3 个周 CMO 指标（1989～2001 年）

资料来源：www.pring.com。

遗憾的是，这种误导性波动的行为模式有时候也产生于中期回调。在这种情况下，积极地借助各种指标来进行研判就尤为重要。在本例中，据图 20-4 显示，20 周钱德动能摆荡指标（CMO）突破了一个底部和若干下行趋势线，因此大量证据表明趋势已经改变。

这一波多头行情的头部在 2 年后即 1994 年年初形成。大量的征兆显示这是一个主要峰位。从图 20-2 可以看到，交通运输指数同时突破了 4 年期向上趋势线和 12 个月移动均线。KST 给出了明确的卖出信号，而且 18 个月 ROC 完成了头肩顶形态。在图中涵盖的整个 11 年间，ROC 指标仅形成了两个完整的价格形态，因此 1994 年年初的向下突破就极其重要。

从图 20-4 也可以观察到显著的空头征兆。39 周 CMO 和 52 周 CMO 均与价格指数负背离，而且这两个序列或完成筑顶，或突破主要的趋势线。20 周 CMO 的峰位本身就是一个超买水平。该图显示，除了在极端的上升行情和下跌行情中，其他情况下的超买和超卖条件往往与中期逆转联系在一起。不久后，技术面进一步恶化，即 RS 向下突破了上行趋势线。从 RS 呈现上涨趋势以来，长期 KST（见图 20-3）指标第一次释放出了明确的卖出信号。尽管此处并不明显，但交通运输指数已渐露疲态，而且之后长期地落后于大盘。

由于随后的空头行情相对温和，所以 1995 年年初的底部只在周走势图中有所征兆。图 20-4 再次成为我们据以研判的关键，图中的 52 周 CMO 突破了向下趋势线，同时 20 周 CMO 完成筑底。交通运输指数本身也差不多同步突破了其空头行情中的下跌趋势线和 65 周 EMA。几乎同时，图 20-3 中的长期 KST 也逐渐走强。

交通运输指数在随后的 4 年中始终坚守在 65 周 EMA 以上，一系列的峰位和谷底也持续抬高。接着，一些极端的趋势线突破现象发生。首先，指数本身向下穿越 12 个月 MA 并突破多头行情趋势线（见图 20-2）。KST 指标也发出了卖出信号，18 个月 ROC 完成筑顶。

图 20-5 显示，交通运输指数还完成且向下突破了一个倾斜向上的头肩顶形态，几乎同时，指数向下突破 65 周 EMA。值得注意的是，在指数形成右肩的时间内，39 周 CMO 和 52 周 CMO 实际上处于零线以下。上升动能明显不足代表了强烈的空头信号。不足为奇的是，交通运输指数随后经历了一个急剧下跌的过程，并一直持续到 1998 年的秋天。

最严重的技术面恶化可以从图 20-3 显示出来。当绝对价格向下穿越其 65 周 EMA 时，RS 曲线向下突破了 6 年期支撑趋势线。RS 的弱势在很久之前就有所征兆，因为它丝毫未对绝对价格指数的多头行情加以确认。在交通运输指数本身到达 1998 年的峰位之前，RS 曲线就经历了一次重要的逆向背离。继 1993 年之后，RS 在 1996 年年底创下新低，这原本已经足够警示人们，投资于其他的许多领域要远远胜过交通运输板块。

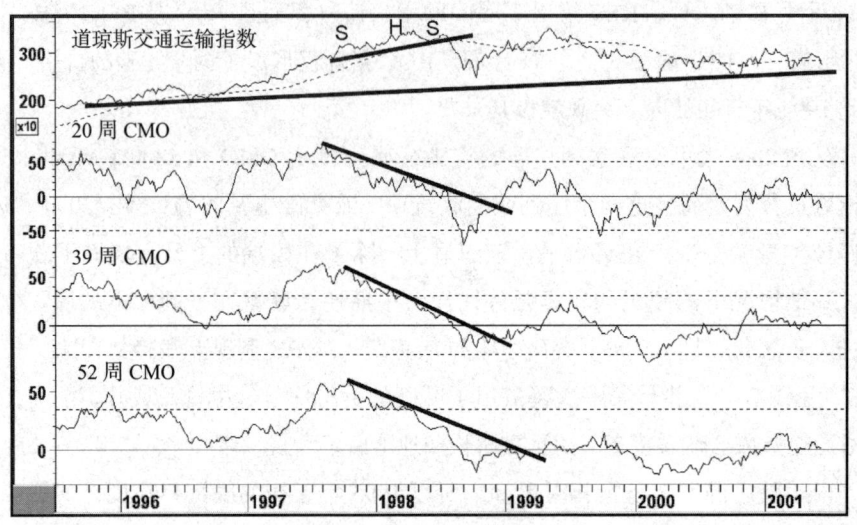

图 20-5　道琼斯交通运输指数与 3 个周 CMO 指标（1995～2001 年）

资料来源：www.pring.com.

与 1990 年相比，1998 年的底部更加难以捉摸，因为它的逆转是如此急促。图 20-5 中的所有 3 个 CMO 指标均突破了下行趋势线，但指数本身却是在经历了从底部开始的长期反弹后才向上穿越移动均线。由于不能绘制出价格指数的下行趋势线，所以此处我无法举出一个及时的有说服力的空头范例。当说明趋势逆转的证据不充分时，最好先避开所讨论的证券。无论如何，1998 年年初 RS 曲线的突破应是最重要的因素，因为它为随后若干年的交易行为做好了铺垫。

事实上，1998～1999 年的上涨只是一波高于移动均线的反弹行情，因为所有的价格都能够反弹到 1998 年最高点的阻力位和延长的多头行情趋势线所代表的价格水平。在整个期间，KST 指标都没有给出买入信号，而且图 20-3 中的 RS 曲线也从未回转向上穿越 65 周 EMA。

最后，21 世纪伊始，指数跌破了 1990～2000 年的向上趋势线。这条趋势线并不典型，尽管它涵盖的时期很长，但只被触及过两次，因此并不能很好地反映基本的趋势。然而，对该趋势线的突破的确导致了随后两年的盘整行情。在这之后的临界水平,即是连接 1996～2001 年的最低点所得到的趋势线。对这条趋势线的向下突破,即使没有其他证据,也表明了技术面的严重恶化。

Summary

小　结

- 以上是我们对 1990～2000 年道琼斯交通运输指数的技术面状况所做的简要分析。尽管这个例子不能够将太多的指标纳入其中,但它有助于介绍如何将价格的趋势指标、动能指标以及 RS 结合起来,以识别主要的转折点。

第二部分
Part 2

市场结构

第 21 章
Chapter 21

价格：主要的价格指数

在以前的版本中，我们以分析美国股市为主要目标，中心主题集中在技术原则上。在 20 世纪 80 年代初，当美国在全球金融舞台上占据主导地位之时，这种方法还是有一些优点的。在 21 世纪的第 2 个十年及之后，技术分析师的关注点更加多样化，已经扩展到国际股票、债券、商品及货币市场。在这个版本中，我们的覆盖面将扩大，但在一个小章节就覆盖发展这些实体的所有市场指数是无法实现的。

在 21 世纪，金融市场的另一个重要发展体现为，交易所交易基金（ETF）的快速扩张和程度较轻微的交易所交易证券（ETN）扩张。以前，指数购买包含了个股购买。但有了 ETF，就像购买股票一样购买指数，是可能实现的。这是因为 ETF 是股票的一揽子组合，其管理目标是复制一只定期股票。为了让你对它们的增长有所了解，我在《积极型资产配置指南》（*The Investor's Guide to Active Asset Allocation*）一书中阐明有 160 个挂牌 ETF。在 2013 年年中，该数据已经接近 1500，并在持续增长。在 2012 年 12 月，我个人比较推荐的一只基金是 Pring Turner Business Cycle ETF（代码 DBIZ）。这只基金以本书描述的商业周期和技术策略为基础，采用了一种积极的方法。

在本章，我们将要考察一些主要的美国股指，并由此展开来探讨影响全球主要股票、债券以及商品的指数。

📈 美国股市

并没有一个绝对理想的指数，来代表"市场"走势。尽管大部分时间内大多数股票的确呈现出同一方向的走势，但某些个股或行业股，却往往逆势而行。衡量股价总体水平的基本方法主要有两种。第1种称为**非加权指数**，该方法是以大范围的股票样本为基础计算平均价格；第2种方法也是采用若干股票的平均价格，但此时需要以公司市值（即流通股数乘以每股股价）进行加权。第一种方法可以监测大部分挂牌股票的价格走势，而第2种方法赋予大型公司的权重较高，因此通过这种方法构建的市场平均指数更多地代表了证券组合的价值变化。正因为如此，加权平均指数通常是反映市场行情的最佳指数，它们由那些在公众参与程度、市场领导力以及行业重要性方面具有代表性的股票编制而成。

人们还创建了许多用以衡量市场各个板块走势的价格指数，这些指数之间的相互关系为观察整体的技术面状况提供了有价值的线索。第3章中我们曾详细讨论了道琼斯工业平均指数（DJIA）与道琼斯交通运输平均指数之间的关系，但还有其他很多指数也非常有用，例如道琼斯公用事业平均指数、非加权指数以及一些具有代表性的股票。本章将考察这些指数在帮助我们判定美国股市的总体技术结构方面所做的贡献。

综合市场指数

道琼斯工业平均指数（DJIA）是世界上应用最为广泛的股票市场指数。该指数是通过30只股票的价格加总然后除以一个特定的除数而构建的价格加权平均指数。这一除数定期发布在《华尔街日报》和《巴伦周刊》上，并且随着股票拆股、除息以及指数中成分股的更换而时常调整。近年来，道琼斯工业平均指数的组成并不局限于工业基础，还扩展到消费品金融和其他领域。尽管如此，从严格意义上说，道琼斯工业平均指数并不属于"综合"指数，因为它没有包括像交通运输与公用事业这样的一些行业。然而，道琼斯工业平均指数成分股的市值总额仍然占据了整个纽约证券交易所（NYSE）流通市值的很大一部分比例，而且事实证明，道琼斯工业平均指数正常情况下均能可靠地反映总体市场走势。采用相对较少的成分股来构建平均指数，最初是为了计算的方便。这些指数在多年前只能通过费时费力的手工方式计算。随着计算机的出现，将更多具有代表性的样本股票纳入指数计算，就容易得多。

道琼斯工业平均指数的构建方法存在的一个缺陷是，如果某一只股票的价格上涨但没有进行拆股，其对指数的影响就会大大增加，尤其是在其余许多道指成分股在价格上涨的同时进行了拆股的情况下。尽管道琼斯工业平均指数存在这样那样的一些缺陷，但多年来，该指数的走势与其他很多包含股票范围更广的市场指数走势却高度一致。代表 DJIA 的 ETF 是 SPDR 道琼斯工业平均指数 ETF（代码是 DIA）。

标准普尔（S&P）综合指数由占据纽约证券交易所 90% 以上流通市值的 500 只股票构建而成，它也是广泛采用的一种具有代表性的股价指数。它的 ETF 是 SPDR 标准普尔 500（代码是 SPY）。其计算方法是，单位股价乘以相应的流通股份数量，得到每个公司的市值并加总，然后将结果简化为指数形式。

多年来，S&P 500 指数已成为专业基金经理进行判断决策的基准。S&P 500 指数股指期货同时也是交易最为活跃的股指期货合约。

大多数情况下，道琼斯工业平均指数与 S&P 500 指数的走势都相同，但也有一些情况，一种指数达到新高点或新低点时，另一种指数却没有配合。一般而言，两者的背离程度越大，指数接下来在相反方向运行的幅度越大。如图 21-1 所示，1968 年年底 S&P 500 指数创历史新高，而道琼斯工业平均指数却未能超越其 1966 年的峰位。这种情形预示着空头行情即将到来，果然，两种指数的市值随后都缩水了近 40%。另一方面，1973～1974 年的空头行情随着双重底形态的完成而结束。道琼斯工业平均指数在 1974 年 12 月形成的谷底低于此前 10 月份形成的谷底，而 S&P 500 指数却未能成功确认道琼斯工业平均指数的新低。之后的两年内，道琼斯工业平均指数上涨了约 80%。这种情形也显示在走势图 21-1 中。

图 21-2 对处于世纪之交的道琼斯工业平均指数与 S&P 500 指数的走势进行了比较。在 20 世纪 90 年代的大部分时间里，两种指数走势均保持一致。然而，道琼斯工业平均指数在 2000 年 1 月达到峰位，而 S&P 500 指数却是在当年 3 月和 9 月达到峰位。此时表明两种指数走势出现分歧。同年晚些时候，随着两种指数均跌破重要的向上趋势线，空头信号便得到确认。不要认为没有背离的市场就是健康的市场，因为在 2007 年的下一个多头市场峰位没什么差异，随之而来的却是历史上最糟的一轮熊市。

纳斯达克综合指数（NASDAQ Composite）是由纳斯达克的所有挂牌股票组成的市值加权指数。由于该指数涵盖了大部分重量级的高科技公司，因而它在很大程度上属于技术驱动型指数。尽管如此，当它成为 ETF 时，纳斯达克 100 指数

(代码为 QQQ）是优先选择。这个指数或 ETF 是由市值最大的纳斯达克 100 指数构建的。

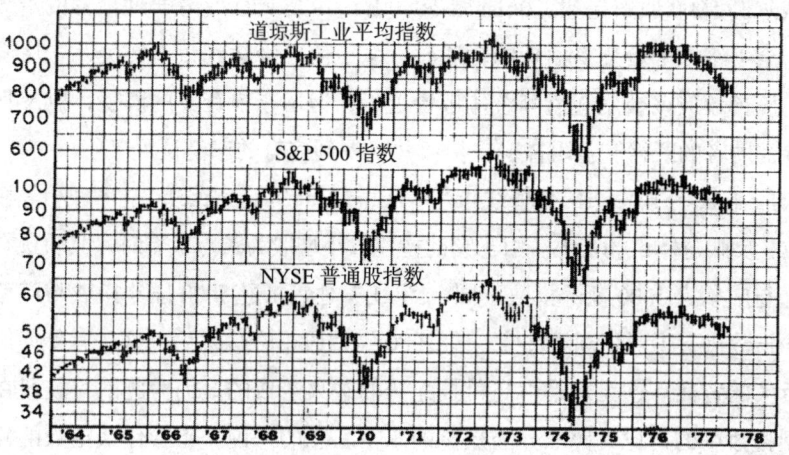

图 21-1　重要的市场指数（1964～1978 年）

资料来源：Securities Research.

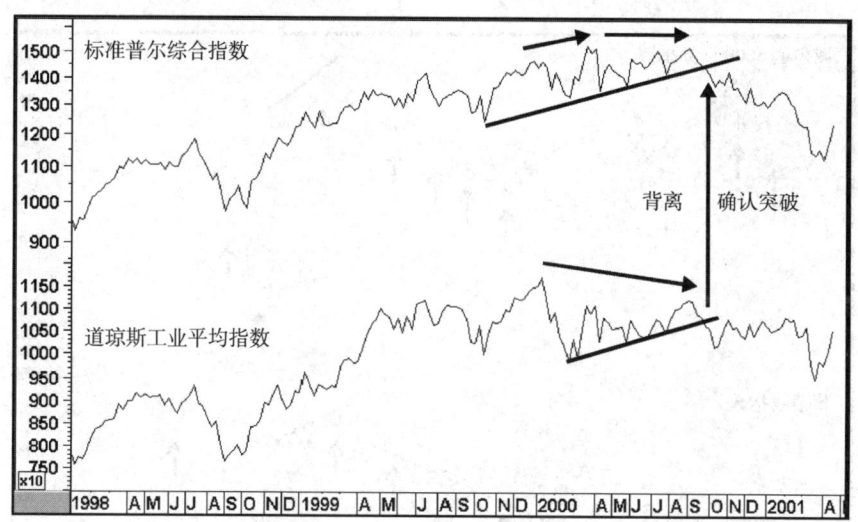

图 21-2　道琼斯工业平均指数与标准普尔综合指数及其背离（1998～2001 年）

资料来源：www.pring.com.

纽约证券交易所也编制了一种涵盖在该交易所上市的所有股票的指数，称为纽约证券交易所综合股价指数（NYSE Composite）。在某种意义上来讲，它是一种十分理想的平均指数，因为其价值计算基础是交易所全部挂牌股票的市值。

NYSE 指数的走势类似于道琼斯工业平均指数与 S&P 500 指数。虽然如此，这 3 种指数也会产生趋势背离，从而进一步确认总体技术面结构的改变。

威尔逊 5000 股票指数（Wilshire 5000 Equtiy Index）是综合性最强的指数，它涵盖了全美绝大部分交易活跃的普通股，总市值已经达到数十亿美元。从概念上来讲，该指数应该被用于监测总体市场走势，但由于投资界的漠视，以及其他流行指数赞助者的既得利益阻挠，该指数并未得到应有的广泛认可。

Value Line 公司发布的价值线指数（Value Line Arithmatic），是一种相等权重价格指数，反映总体市场走势。由于它的构建以小型股为重点，有时，其轨迹在很大程度上与威尔逊 5000 证券指数不同。图 21-3 对威尔逊 5000 证券指数与道琼斯工业平均指数进行了对比。请注意，在 2000 年的股市峰位之后，这二者是如何产生一次巨大的背离。这无疑是由高科技泡沫的破灭造成的，因为此前科技股在市值加权型指数中的占比一路攀升至极高的水平。总的来说，不管什么指数的任何形式的背离，都是大盘走弱的一种信号。当由价格确认时，通常也是一次值得的逆转。在 2007 年的峰位，你可以看到一次小的背离，是由两条趋势线的突破所确认。

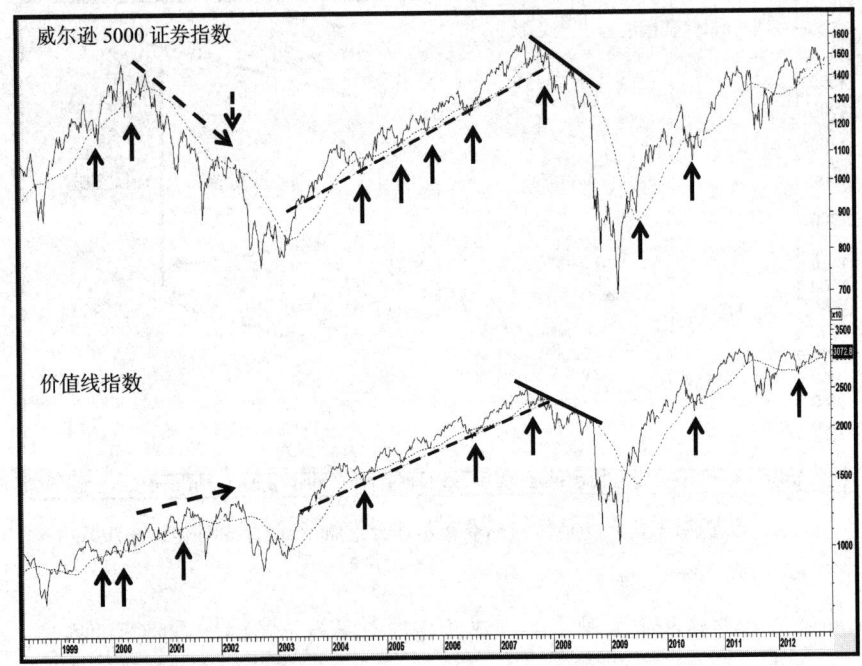

图 21-3　道琼斯工业平均指数与威尔逊 5000 证券指数及其背离（1998～2012 年）
资料来源：www.pring.com。

大盘指数与移动均线

从趋势判定的角度来运用移动均线（MA）时，最有必要评估的是所考察的市场周期的类型。数十年来，4年期的股市周期与美国的商业周期基本相符。由于股票市场在很大程度上受到商业周期的影响，因此这个4年的周期（更精确的说是41个月）对于趋势判定非常重要。因此，为了反映这类价格波动，移动均线时间跨度的选择必须限定在整个周期的时间跨度以内，即小于41个月，否则涵盖了整个周期的移动均线，会剔除所有的周期波动，移动均线理论上就会成为一条直线。而在实践中，这样的移动均线还是会有所波动，因为周期的时间跨度很少正好为41个月，并且价格变化幅度也不尽相同。通过计算机研究发现[⊖]，从1910年至20世纪90年代初，12个月的移动均线对于标准普尔综合指数最为可靠。此后至2012年，仅仅出现了4次误导性信号。

技术要点 为移动均线选择时间跨度时，注重一致性而非追求完美。

威廉·戈登（William Gordon）在其著作《股票市场技术指标》（*The Stock Market Indicators*）中计算了道琼斯工业平均指数的40周移动均线，在1897～1967年该均线的穿越给出了29次买入和卖出信号。所有多头信号的平均收益（即买入信号和卖出信号之间的收益）为27%，而所有卖出信号为投资者减少的平均损失为4%。对于根据买入信号购入股票的投资者而言，其中有9个信号导致亏损，亏损幅度均小于7%，而收益却要高得多。从1967年以来，该方法使用效果相当之好，但值得注意的是，20世纪70年代末期，标准普尔综合指数的40周移动均线穿越却发出了很多误导性的信号。根据惯例，在产生大量误导性的信号之后，1982年如果释放出买入信号，其可靠性就相当高。它捕捉到了1982～1987年多头市场中的第一波上涨行情。1984年年底的第2波成功地说服了投资者继续留在股市当中，一直到1987年股市崩盘前的那个黑色星期五为止。

图21-4的箭头指示了1996年和2012年期间，40周移动均线穿越标准普尔综合指数的误导性信号。从走势图上来看，这些信号似乎出现得很频繁，但其实

⊖ Robert W. Colby and Thomas A. Meyers, *The Encyclopedia of Technical Market Indicators*, Homewood, IL: Dow Jones-Irwin, 1988. 买入信号的实际运用规则如下："如果200天（40周）移动均线在经历了之前的下跌于平坦，或者处于上升状态，并且股价向上突破移动均线，这就构成了重要的买入信号。"

是平均每18周左右出现一次。也有很多情况下，移动均线在上升或下降趋势中折返，成为支撑区域或者阻力区域。结合有效的穿越信号，我们可以将40周移动均线视作相当可靠的基准线，但也应该一如既往地记住下列原则。

> **技术要点** 移动均线应该始终结合其他指标来使用，以获得充分的证据。

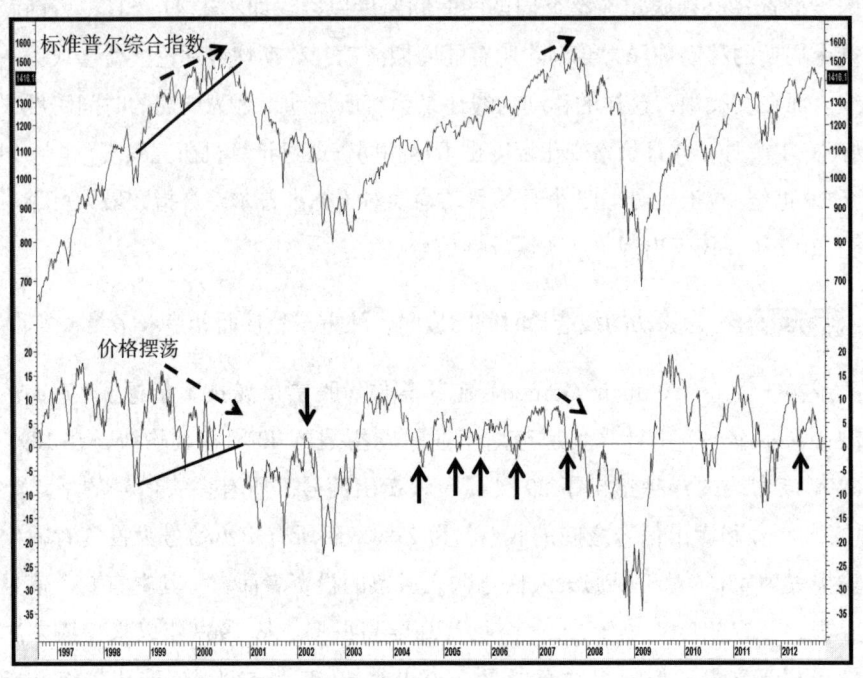

图21-4　1996～2012年道琼斯标准普尔综合指数与1/40价格摆荡

资料来源：www.pring.com。

对于中期趋势而言，13周和10周（50日）移动均线穿越被证实是有效的基准信号，但从本质上来说，时间跨度如此之短的移动均线会发出很多误导性的信号，因此其可靠性不及40周移动均线。对于更为短期的波动，30日（6周）移动均线表现较好，不过也有一些技术分析师更偏好25日移动均线。

主要指数与ROC指标

将前面章节中介绍的技术应用于主要股价指数分析之中的方法有多种。以

图 21-5 和图 21-6 为例，图中刻画了标准普尔综合指数及其 9 个月变动率（ROC）指标走势。

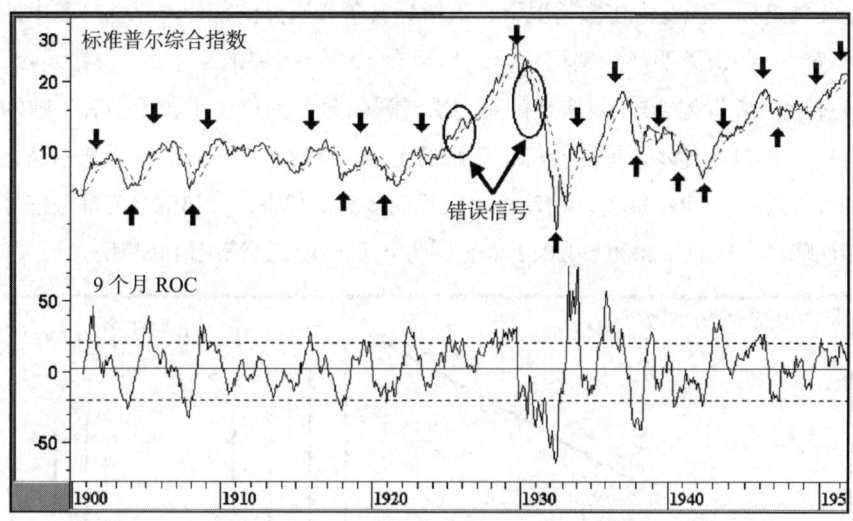

图 21-5　标准普尔综合指数与 9 个月 ROC 指标比较（1900～1950 年）

资料来源：www.pring.com。

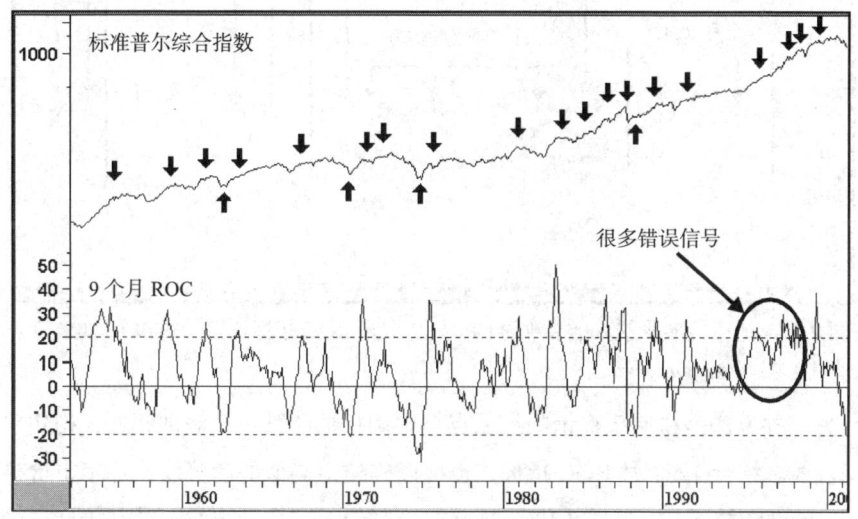

图 21-6　标准普尔综合指数与 9 个月 ROC 指标比较（1950～2001 年）

资料来源：www.pring.com。

当 ROC 回转向上再次穿越其 –20% 的超卖线，或触及 –20% 的超卖线后反转向上，就代表一个理想的中期到长期趋势底部形成的信号。另外，对 +20% 超买线的回转穿越似乎提供了相当可靠的中期峰位信号或空头信号。显然，这并非是完美的指标，但在大多数情况下，该指标具备相当高的统计可靠性。图中的椭圆形表示一些最为明显的错误信号。出现在 1929～1930 年的第一次错误信号，明显过早。20 世纪 90 年代末期的第二次错误信号，则包含了若干彻底失败的误导信号。图 21-7 显示了同一指标近年来的走势。在这个例子中，标准普尔已将消费者价格指数（CPI）调整。请注意，在长期多头市场中，卖出信号为虚假信号的可能性略高。然而，2000～2012 年的长期空头市场中，情况恰好相反。

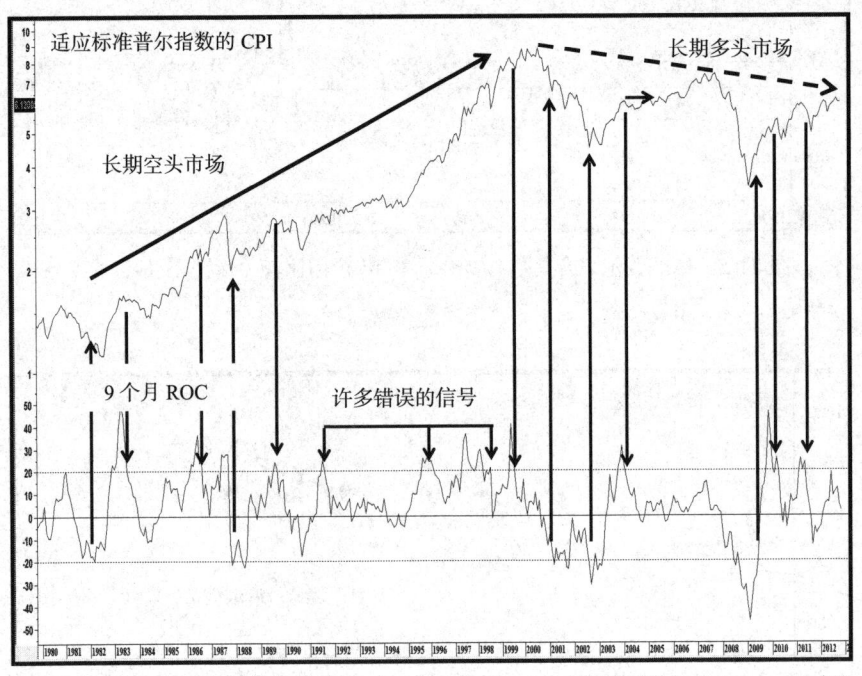

图 21-7　适应标准普尔综合指数的 CPI 与 9 个月 ROC 指标比较（1979～2012 年）
资料来源：www.pring.com。

另一种方法是将空头行情的最低点与中期行情的第一个底部相连，构建出向上趋势线。结合 12 个月 ROC 指标，也可以构建出类似的趋势线或标示出价格形态（如果可能的话）。图 21-8 和图 21-9 中绘制的大多数趋势线正是基于这样的思想。有时候无法构建出这样的趋势线，我们只能采用次级趋势线作为代替。当两种趋势线都出现背离时，这往往是多头行情结束的可靠信号。大多数情况下，这种信号在逼近多头行情峰位时出现。

技术要点 如果趋势线逆转的信号明显出现在转折点之后,最好忽略它们并根据其他的证据做出判定。

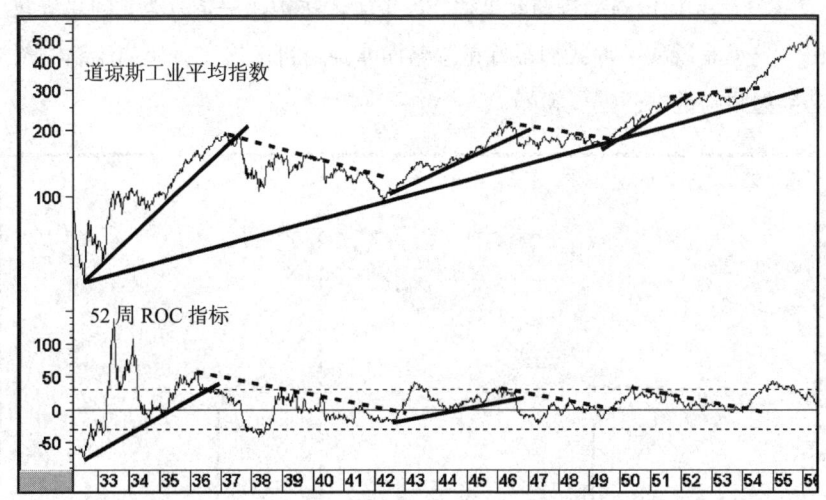

图 21-8　标准普尔综合指数与趋势线(1966~1983 年)

资料来源:www.pring.com。

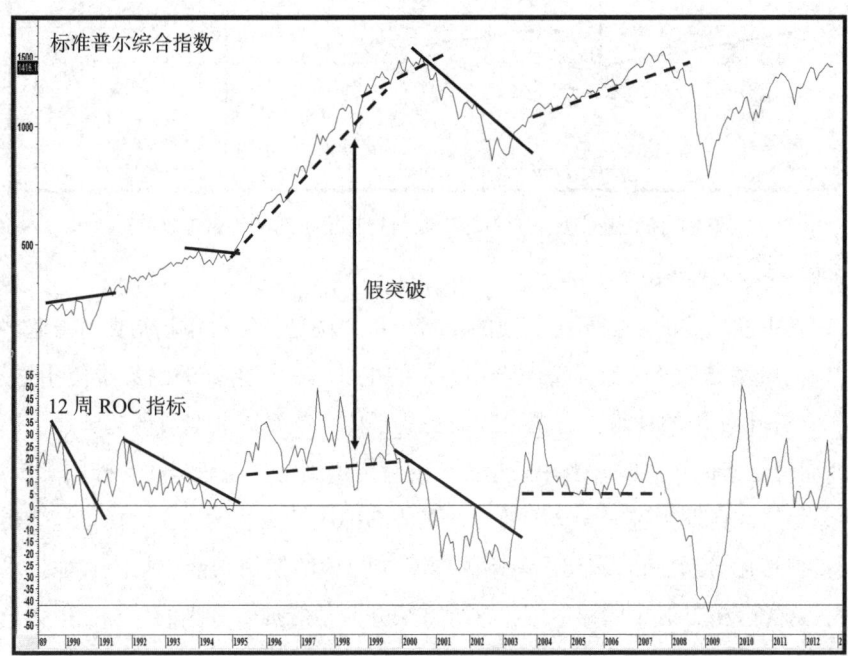

图 21-9　标准普尔综合指数与趋势线(1989~2012 年)

资料来源:www.pring.com。

图 21-10 显示了道琼斯工业平均指数 65 周 ROC 指标的趋势线突破。由于时间跨度较长，信号的数量极少。有时候 ROC 指标出现有效的趋势线突破，比如在 A 点和 B 点。但价格趋势如此迅猛，以至于无法构建一条有意义的趋势线。不幸的是，这就是现实，而我们最好是忽略而非强迫自己接受，比如绘制一条陡峭的趋势线勉强与数据匹配，等等。

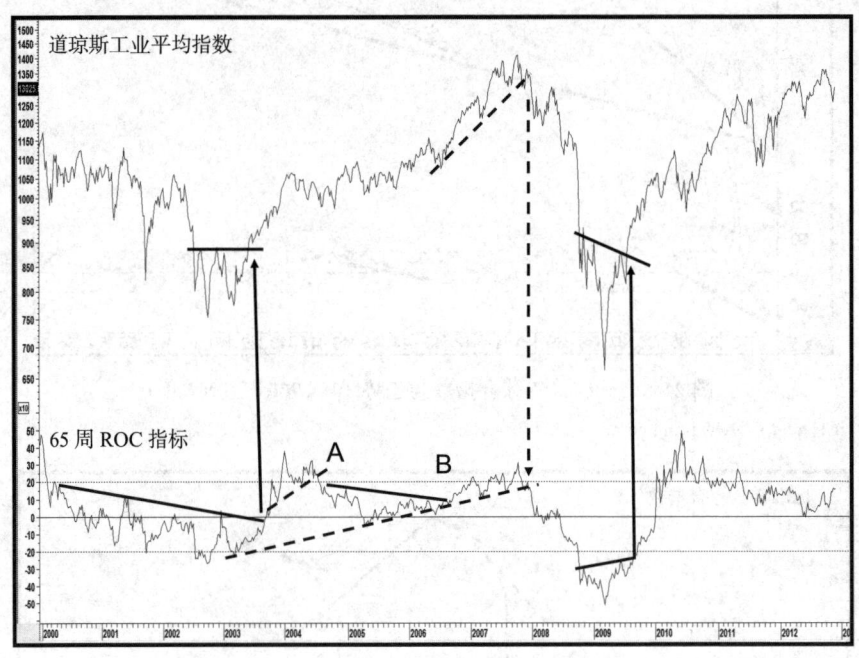

图 21-10　道琼斯工业平均指数与趋势线（2000～2012 年）

资料来源：www.pring.com。

识别中期趋势的一种更为简便的技术分析方法是，结合市场指数自身趋势的逆转，在市场指数（比如标普综合指数）的 13 周 ROC 指标的趋势中使用逆转。在图 21-11 中使用的技术包含了道琼斯工业平均指数每周收盘价的趋势线，以及其 13 周动能指标趋势线。当一条趋势线的背离得到另一条趋势线突破的确认时，当前趋势往往会发生逆转。这种信号在走势图中用箭头表示。在对标普综合指数进行价格形态分析，以及运用基于第 13 章中介绍的使用动能原则的其他技术方法时，这类分析方法也同样适用。这种方法并非总能提供合理的信号，但无论何时，当出现 3 次或更多次明确的趋势线背离时，其得出的结论往往非常可靠。

在图 21-12 中，字母 A 到 E 指出了未被价格确认的超买或超卖穿越。至于 B

和 D 点，它们代表初始信号，随后的超卖下跌最终得到确认。A、C 和 E 点则从未得到确认。

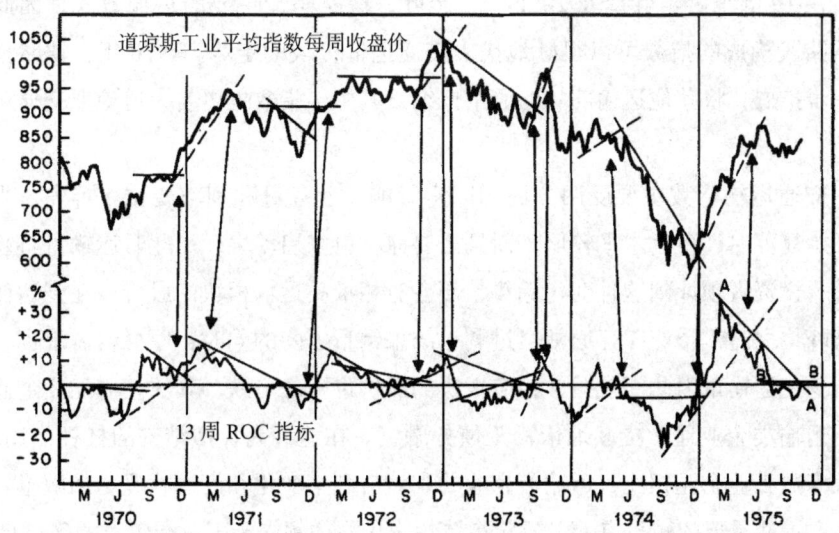

图 21-11　道琼斯工业平均指数与 13 周 ROC 指标（1970～1975 年）

资料来源：www.pring.com。

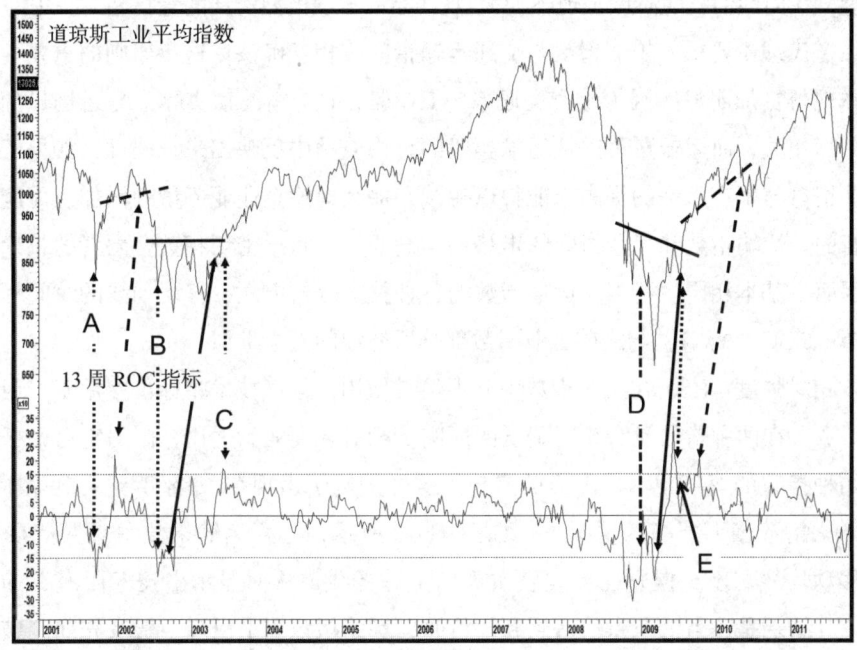

图 21-12　道琼斯工业平均指数与 13 周 ROC 指标（2001～2011 年）

资料来源：www.pring.com。

📈 道琼斯交通运输指数

在19世纪后半叶以及20世纪上半叶，铁路是最主要的运输方式，因此仅由铁路股构成的指数可以很好地代表交通运输板块的走势。1970年，铁路指数进一步扩展，将其他运输部门的股票也纳入其中，指数也更名为道琼斯交通运输指数。

交通运输指数主要受两方面的因素影响：业务量和利率变化。首先，当经济开始复苏时，存货水平较低，而且需要原材料来启动生产。此时运输量将趋于上升，投资者预计到这种变化趋势，便会竞相推高运输板块的股价。在到达商业周期峰位之时，企业库存通常会过剩；结果销量下降的同时，原材料需求也会相应减少。运输量因此而锐减，相应板块的股价也随之下跌。其次，与工业企业相比，运输类企业通常更多地依赖于债务融资。在这种高负债结构的杠杆作用下，与大多数工业企业相比，运输类企业的利润对利率变化和商业状况更加敏感。因此，在一些重要的转折点上，运输指数的变化往往领先于工业指数。的确，自20世纪50年代中期以来的研究数据表明，交通运输业在初始多头市场阶段跑赢了大盘，在周期的较晚阶段表现不如大盘。（参见《积极型资产配置指南》一书。）

道氏理论要求，工业指数与交通运输指数应相互确认，这一原则的重要性现在体现得更加明显。因为生产类股票（工业股）的价格波动实际上与运输量的增加必然相关，而运输量可以从运输类股的价格波动中反映出来。同理，如果工业企业销量与生产水平的提高未能得以持续，那么运输企业业务量的增加也可能是短暂的。运输指数和工业指数的走势均与商业运行状况密切相关，两者的长期周期因而也基本相同。所以，运输指数的各种技术分析方法、移动均线的时间框架选择、ROC指标等，与之前工业指数部分所介绍的基本类似。

相对强度（RS）在工业指数中并不经常使用，但该技术指标可应用于交通运输指数。在两种指数没有相互确认的期间，相对强度尤为适用，因为它有助于揭示两种指数的背离预示着怎样的走势。这样的例子出现在1998年夏天道琼斯工业平均指数创下新高的情况下。如图21-13所示，尽管运输指数一直保持在40周移动均线之上，但它已经跌破次级向上趋势线，从而显示出技术面潜在的弱势。其结果是，当工业指数达到新高位时，运输指数向上反弹，触及先前突破的趋势线延长线所在的水平。然而，早在1998年4月，RS指标向下穿越其移动均线与次要的向上趋势线,事实上就已经预示着,运输指数不可能对工业指数进行确认。此外,RS 的 26 周 ROC 指标也跌破了向上趋势线。因此,在工业指数于 7 月创下新高点的时候,运输指数的 RS 曲线却处于下降状态,且远远低于其移动均线。最后,ROC 指标未能回到零线以上,进一步显示出技术面的疲软。

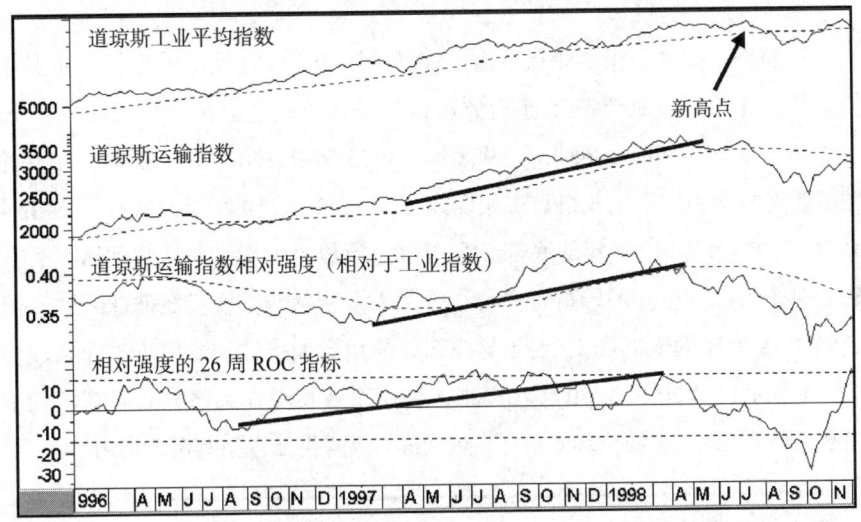

图 21-13　运输指数与 3 种指标(1996～1998 年)

资料来源:www.pring.com。

道琼斯公用事业指数

道琼斯公用事业指数由电力、天然气管道、电信企业等 15 只公用事业股票组成。历史证据表明,公用事业指数是预测工业运行最可靠的晴雨表之一。这是因为公用事业股票对利率变化极其敏感,而利率变化通常会领先于整体股市行情的发展。利率变化对公用事业股票至关重要的原因有两点。首先,公用事业型公司需要大量的资本金支持,因此相对于权益融资,此类企业的债务融资比例更高。随着利率的上升,无论是将存量债务展期,还是筹措新的资金,成本的上升都会对企业利润造成压力。当利率下降时,情况则正好相反,利润将有所增长。其次,公用事业公司一般会通过派息的方式进行利润分配,因此投资于该类股票不仅是为了追求潜在的资本利得,也是为了获取相应的股息收益。购买债券也是基于收益率方面的考虑,当利率上升时,债券价格下降,相对于公用事业股票就更加具有吸引力。因此，投资者则倾向于抛出公用事业股票而买进债券。反之，当利率下降时，资金又会回流以追逐公用事业股票，从而推动股价上涨。

> **技术要点** 由于利率的趋势变动通常领先于股市的逆转，无论在市场的头部还是底部，公用事业指数通常领先于工业平均指数。

一般而言，如果公用事业指数由上涨转为平坦或呈现出下跌走势，而工业指数依然持续上升，这通常是工业指数运行趋势即将改变的征兆。因此，在1937年、1946年、1953年、1966年、1968年、1973年和1987年的多头行情峰位，公用事业指数均领先于工业指数。相反地，在1942年、1949年、1953年、1962年、1966年、1974年及1982年的底部，公用事业指数也先于工业指数到达空头行情谷底。对于大部分重要的转折点而言，公用事业指数与工业指数彼此一致，但偶尔，例如1970年的底部和1976年的头部，公用事业指数却滞后于工业指数。据图21-14所示，自20世纪70年代以来，公用事业指数在大部分时间都领先于工业指数，但在2000年峰位却滞后了，在2007年的头部也稍落后于后者。

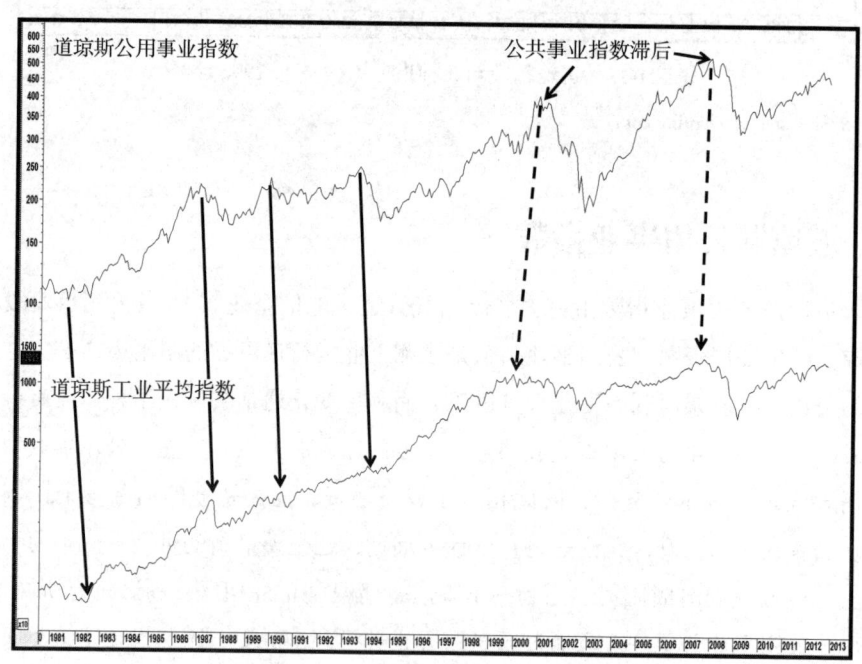

图21-14　道琼斯工业平均指数与公用事业指数（1980～2013年）

资料来源：www.pring.com。

公用事业指数与工业指数之间的关系常常被忽略，因为它们通常在最令人振奋的市场行情中释放出最有价值的信息。在市场行情的顶部，当投资者、分析师及广大媒体还沉浸在股价大涨指日可待的兴奋之中时，公用事业指数悄然下跌是一种正常行为。图 21-14 提供了 1987 年发生的一个典型的例子。8 月份工业指数创下历史新高，而公用事业指数却已经处于确定性的空头行情中。在市场行情底部，害怕、沮丧甚至恐慌的情绪四处蔓延，而公用事业指数已开始悄然反弹。

非加权指数

非加权指数的计算方法是将一系列股票价格加总后除以股票数量。因而通过这种方法得到的指数是以价格而非市值作为权数。该类指数中应用最为广泛的是"价值线指数"（Value Line Arithmetic）。

非加权指数之所以有用，是因为它可以密切反映个人投资者所持有的证券组合的"平均"股价，这与机构投资者更乐于持有的绩优股不同。非加权指数也有助于我们理解股市的技术结构，因为此类指数倾向于比市场（即道琼斯工业平均指数）更早到达峰位。如果与价值线出现持续性的背离，道琼斯工业指数的表现通常也会受到拖累。一旦出现背离，就应该随时保持警惕，直到道琼斯工业指数与价值线双双突破价格形态或下行趋势线等为止。

当主要的市场指数持续弱势时，如果非加权指数的相对强度呈现良好的走势，通常预示着下跌行情结束后会出现一轮至关重要的反弹行情。这类现象曾发生 1978 年，价值线综合指数比道琼斯工业指数领先数月，早在 1977 年年底就触及新低。

图 21-15 对比了 1984～1990 年价值线指数与标准普尔综合指数的走势。1985 年年底，道琼斯工业指数创下低于年初低点的新低，而标准普尔综合指数的底部却在前一次底部的基础上有所抬高。这种背离现象属于看跌信号，却没有得到标准普尔综合指数向下穿越其 40 周移动均线的确认。1986 年也出现了类似的情形，负背离仍然没有得到指数穿越移动均线的确认。1990 年的情况则有所不同，标准普尔综合指数不仅穿越了移动均线，而且突破了主要的上升趋势线。这个例子再次强调了一个至关重要的原则，即确认原则。我们可以运用无数种方法对两种指标或指数进行比较，并观察它们的背离现象。然而，正如摆荡指标的背离需

要通过价格本身加以确认一样，在做出当前趋势已经逆转的结论之前，指数间的背离，无论在事实上是正是负，也必须经过相应的确认。

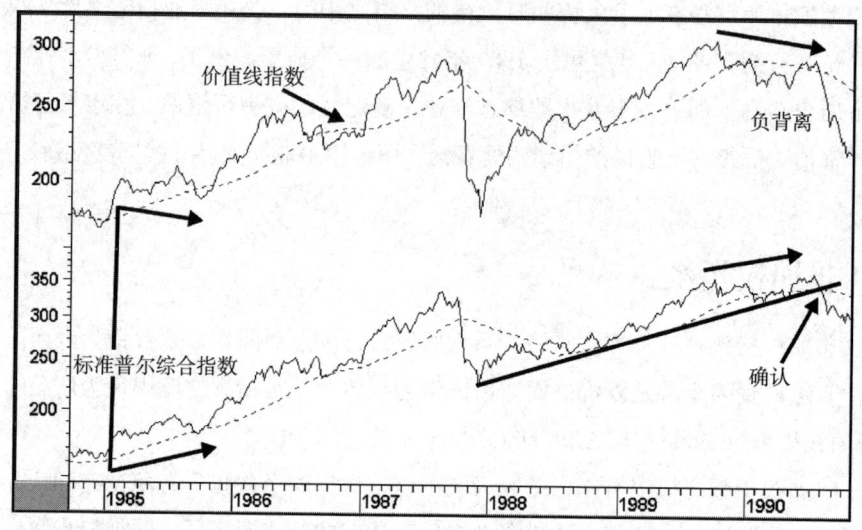

图 21-15　价值线指数与标准普尔综合指数（1984～1990 年）

资料来源：www.pring.com。

纳斯达克指数

20 世纪 90 年代，科技繁荣使纳斯达克指数受到前所未有的重视。大型高科技公司在这一市值加权指数中占据了相当大的权重，因此纳斯达克指数可以很好地反映高科技板块的走势。与道琼斯公用事业指数不同，纳斯达克指数不属于持续领先型指数，主要是因为类似于半导体的一些科技板块有滞后趋势。但纳斯达克指数却适用于相对强度分析。图 21-16 刻画了纳斯达克指数及其与标准普尔综合指数相对强度指标的走势。注意，1991 年的趋势线联合突破代表一个强劲的反弹信号。后来，RS 曲线再次突破下行趋势线得到确认。这是在阻力趋势线之上的一次强势突破，这次突破加速了多头行情的推进步伐。

同样值得注意的事实是，在 2009 年的低点，RS 曲线与纳斯达克综合指数出现正背离。这与之前空头市场的情况大不相同，纳斯达克综合指数在前期熊市的表现优于 RS 指标。虽然 RS 曲线成功地向上突破趋势线，价格本身却没有。很快，价格走势经历逆转。

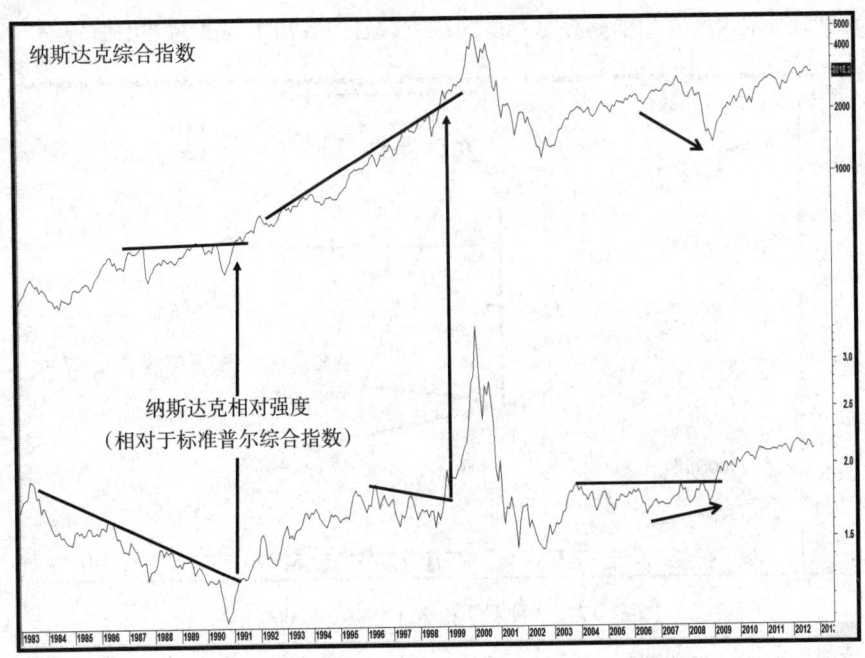

图21-16　纳斯达克综合指数与纳斯达克相对强度（1983～2000年）

资料来源：www.pring.com。

罗素指数

除了其他内容，Frank Russell 公司也发布了 3 种重要的指数：罗素 3000 指数、罗素 2000 指数和罗素 1000 指数。罗素 1000 指数属于以市值为基础构建的综合指数，涵盖了美国市值最大的 1000 只股票。罗素 2000 指数则是由罗素 1000 指数之后 2000 只市值最大的股票构成。最后，罗素 3000 指数是以上两种指数的综合，覆盖了美国可投资证券市场的 95% 以上。图 21-17 绘制了这 3 种指数。正常情况下，这 3 种指数的上涨或者下跌走势应该协调一致，但如果三者的走势不一致，这种背离有时富有极其重要的启示意义。1999 年 10 月，3 种指数都成功突破重要的下行趋势线，这种联合突破表明股价反弹行情即将来临。另一方面，经常用来代表小市值板块的罗素 2000 指数经历了一轮迅速的反弹，一直持续到 2000 年 2 月。随后，3 种指数均有所回落，但与其他两种指数不同，罗素 2000 指数在反弹时未能创下新高。这样，先前的领先指标就失去了领先地位。像这样的领先失灵现象通常预示着当前趋势已难以为继，并且释放出了强烈的警示信号。

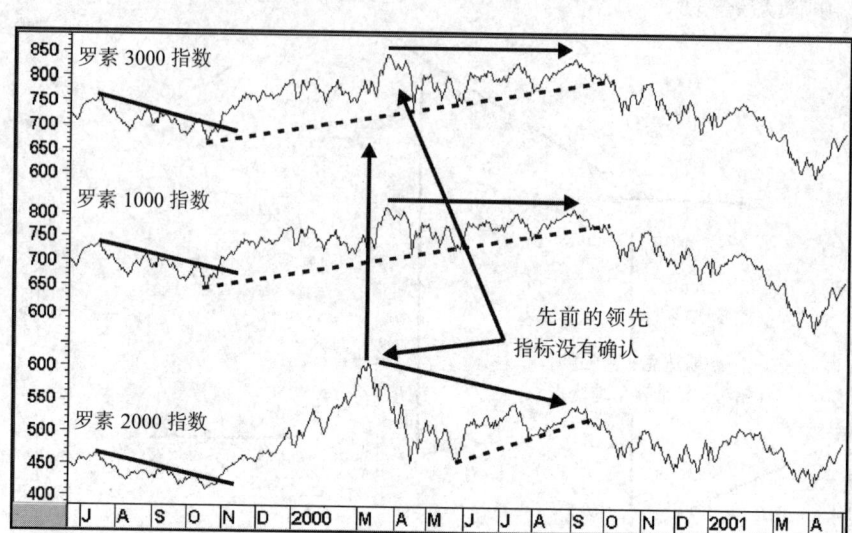

图 21-17　3 种罗素指数（1999～2000 年）

资料来源：www.pring.com.

| 技术要点 | 在一系列密切相关的证券当中，如果具有领先特性的板块未能对上涨行情中的新高（或下跌行情中的新低）做出确认，通常代表了衰竭信号，预示趋势很快将发生逆转。

在本例中，4 月份的反弹行情就被证实是多头行情的顶部。最后，我们可以看到，罗素 1000 指数在 2000 年 9 月再次反弹至当年春天创下的高点，但罗素 2000 指数却未能对此加以确认。当随后所有 3 种指数均突破各自的向上趋势线（用虚线表示），之前的背离随即得到确认，股价的暴跌行情也接踵而至。

罗素 2000 指数（小市值股票）和罗素 1000 指数（绩优股／高市值股票）的比率关系也具有参考价值，因为它可以揭示投资者偏好的股票类型。如图 21-18 所示，长期 KST 指标表明，罗素 2000 指数和比率关系本质上具有明显的周期性。有时候长期 KST 穿越移动均线这一信号的可靠性，可以由比率指标本身突破趋势线来加以强化。

1991 年和 1995 年所发生的情况正是如此，但是到 20 世纪 90 年代末期，比率指标的跌势过于陡峭，从而无法构建出合适的趋势线。虚线箭头标出了接下来的一次突破，但比率指标在 2000 年的迅猛上涨最终却被证明是误导性信号。其原因在于，高科技板块在第1季度的飞速上涨暂时性地主导了罗素2000指数的走势。如果能排除这一误导性信号的影响，我们可能会发现，指数随后于2000年年底触底反弹。

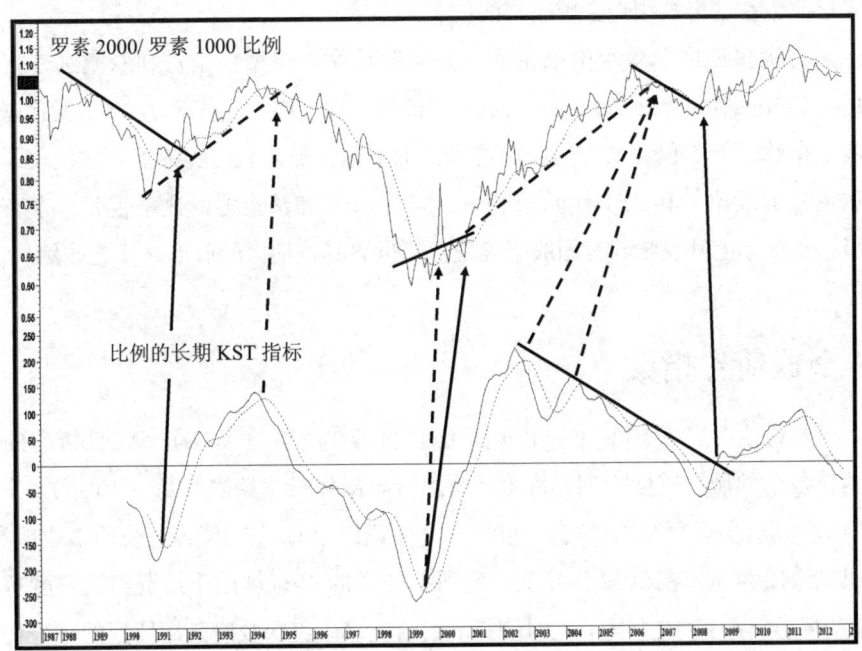

图21-18　罗素2000/罗素1000比例及长期动能（1987～2012年）

资料来源：www.pring.com。

KTS指标在2002年达到峰位，整整先于2005年顶部3年，确认信号是虚线趋势线被突破。随之而来的是低于前者的一个KST指标峰位。此后是一轮小幅下跌，2008年价格突破强势的下行趋势线，为中长期多头市场的下一个上升段提供了信号。KTS指标出现了一次反常的滞后，而比率的反弹则一直持续到2011年年初。

全球股票指数

摩根士丹利资本国际（MSCI）、道琼斯和富时指数公司（FTSE）是全球股票指数的主要指数供应商。但由于大多数广泛交易的国际ETF属于摩根士丹利资本国际旗下，我们将着重考察它们中的两个。摩根士丹利世界股指自20世纪60年代中期已经可用，且包含了来自发达国家的超过 6000 只股票。摩根士丹利全球股指（MSCI All Counrty World Index）是一个相关的指数，既包含了发达国家的股市指数，也包含了新兴国家的股市指数。它是一个 ETF 指标（代码为 ACWI）的追踪指数，在这里被用作全球股票的代表。

还有很多地区和单个国家指数更是不胜枚举，但摩根士丹利欧澳远东指数（MSCI Europe Australia Far East Index）却值得一提。因为它代表了 22 个发达国家的股市指数，但不包含最大的股市美国，也不包含加拿大。实际上，它代表了非美国世界的股票。其 EFT 代码是 EFA，同时 SPY 和该指标的比率也是一个有用的指标。比率上升意味着美国股市表现优于世界其他地区的股市，反之亦然。

全球债券指数

最具综合性的美国 ETF 是巴克莱综合债券（代码是 AGG）。AGG 持有的债券涵盖各个领域：美国中期国库券（美国财政部发行，期限为 2～10 年）、美国长期国库券（美国财政部发行，期限为 10 年或以上）、企业债券、公用事业债券、美国机构债券等。在 2012 年年底，它所持债券的 40% 被用于投资到成熟度超过 5 年的债券。AGG 成为整个美国信贷市场的代表。美国政府长期债券的一个理想代表就是巴克莱 20 年左右的长期国库券 ETF（代码是 TLT）。

从国际上讲，巴克莱非美国全球国债指数（Barclay's Capital Global Treasury Ex-US Capped Index）是一个有用的全球基准指数。它包含了美国以外投资评级国家发行的、以当地货币计算且剩余成熟期不少于 1 年的债券。由于这一基金追踪的指数覆盖大批国家，主权债务问题可能对其产生负面影响。这只 ETF 的代码是 BWX。

商品指数

你会发现，本书中经常使用的一个大宗商品指数是在 CRBtrader.com 上发布的 CRB 工业物料现货指数（CRB Spot Raw Industrials）。该指数由 18 种工业物料商品构建，除棉花以外，它们之中没有任何一种商品可以在大型交易所交易。该指数对跨市场及跨资产分析非常有用，因为它不是受天气影响，而是受经济发展影响。因此，该指数出现在大宗商品市场，能更好地体现真实的通胀情形，进而对债券收益率和股票价格产生影响。

按追踪的指数类别，我们可以将主要的大宗商品基金划分为两种。第一种是DB商品基金（DB Commodity Fund），追踪DB商品指数。在2012年年底，该指数50%以上由能源商品组成，22%由粮食商品组成，余下为金属品种。它们的权重更多地取决于各种合约的流动性而非其经济意义。第二种是道琼斯瑞银商品交易所交易债券（Done Jones UBS Commodity ETN），即DJP，追踪道琼斯瑞银商品指数。2012年12月，未加工材料的商品板块占比是30%，农业是32%，工业和贵重金属是32%，牲畜仅占6%。在这两种基金中，DBC的流动性更强。

Summary 小 结

- 不存在能够始终如一且真实地代表"市场"的完美指数。
- 计算市场平均指数的基本方法有两种，分别是市值加权法和非加权法。
- 本书其他章节所介绍过的技术方法也可应用于市场指数的分析。
- 大多数情况下，各种市场指数间的走势相互一致。一旦出现背离并且得到相应的确认，就预示着趋势即将逆转。

第 22 章
Chapter 22

价格：板块轮动

第 2 章中曾讨论过 3 种主要的资产类别，即债券市场、股票市场和大宗商品市场，与商业周期的关系。在某些时候，这 3 种市场走势一致，但更多的时候它们会相互背离。三者的具体关系取决于商业周期所处的发展阶段。请务必牢记，最重要的一点是，在商业周期早期，通货紧缩的力量占据上风，但随着经济逐步复苏并趋于成熟，通货膨胀压力也渐渐开始崭露头角。没有任何商业周期可以被精确复制，随着周期的循环交替，各金融市场的峰位和谷底之间领先和滞后的关系也会有所不同。尽管存在这一缺陷，但债券、股票和商品市场周期间的发展顺序在实践中仍然具有较高的指导意义。

本章指出了不同行业板块易受不同类型经济状况的影响，并深入地阐释了这一进程。事实上，可以根据各个行业板块对通货紧缩或通货膨胀压力的敏感性，比如领先或滞后特征，对它们进行归类。由于商业周期本身不断地在通货紧缩和通货膨胀环境之间转换，因此，各个行业板块之间也在不断轮动。遗憾的是，这种归类方法远非完美。首先，很多行业不应该被绝对地归为紧缩板块或者通胀板块。其次，股价的涨落不仅受企业利润前景的影响，而且更重要的是，它会受到投资者对企业利润的预期影响。对利率敏感型股票而言，利率是影响利润的一个重要因素，但并不是决定性因素。因此，这些利率敏感型股票的价格走势，可能会时不时地与债券市场的价格波动相脱节。例如，储贷类股票在 1989 年的下跌缘于其受到该行业财务危机的影响，而正常情况下，该板块的股价应该上涨，因为在当年大部分时间里，利率水平都处于下降状态。

尽管如此，板块轮动理论仍然可以发挥两方面的作用。首先，它能够提供一种框架，据以评估主要趋势的发展程度。例如，如果技术面的证据显示，股市正处于严重的超卖状态，而且其他因素也暗示着主要趋势正在从空头转向多头的时候，可以考察那些经常领先于大盘的板块的表现，若这些板块未能确认大盘指数本身创下的新低，或者其相对强度指标已经呈现上升趋势，这就为我们提供了非常有用的信息。在技术指标表明市场可能已经到达顶部的情形下，可以分析那些股价涨落领先于大盘的板块，是否在几周或几个月之前就已完成筑顶，同时观察股价走势相对强劲的板块是否集中在那些滞后于股市周期的板块中。

其次，板块轮动理论可以帮助我们判定应该买入或减持哪些板块的股票。对此更为详细的讨论可参见第 32 章。

本章的讨论仅针对美国的股票市场，但板块轮动的概念原则上也可以扩展到其他的股票市场当中。每个国家都会经历商业周期，意大利或日本的公用事业公司对利率的反应没有理由与美国公用事业公司不同。实际上，这一概念还可以被进一步延伸，因此可以说，对于那些自然资源类股票占比较大的股票市场而言，如加拿大、澳大利亚和南非，其在全球经济周期的末期应该表现得最为理想，大多数情况下确实如此。

| 技术要点 | 多头行情通常持续 9 个月到 2 年时间，其中大部分股票在大多数时间都处于上涨行情。空头行情通常也持续 9 个月到 2 年时间，其中大部分股票在大多数时间都处于下跌行情。

📈 板块轮动的概念

我们曾在第 2 章中提到，以标普综合指数为代表的股票市场以经济增长路径的形式体现经济状况，以及各个高峰和低谷。理论上是这样，但实际更接近于图 22-1 所展示的情况。图 22-1 刻画了马斯特经济指标（Master Economic Indicator），它由一些具有前瞻性的经济动能指标构建。股市底部与经济增长线触底持续一致。在大多数顶部也是这样，但在 2000 年和 2007 年之前，经济增长线呈现的是一系列不断下行的峰位。尽管如此，从图 22-1 反映的信息来看，股价与商业活动在大多数周期中有明显的联系。

随着周期的展开，经济可以按时间顺序划分为不同的板块，也就是说，和标普指数一样，股票板块也以轮动的方式体现对应的经济板块。例如，图 22-2 就对标准普尔建筑公司指数与全国建筑开工数据进行了比较。

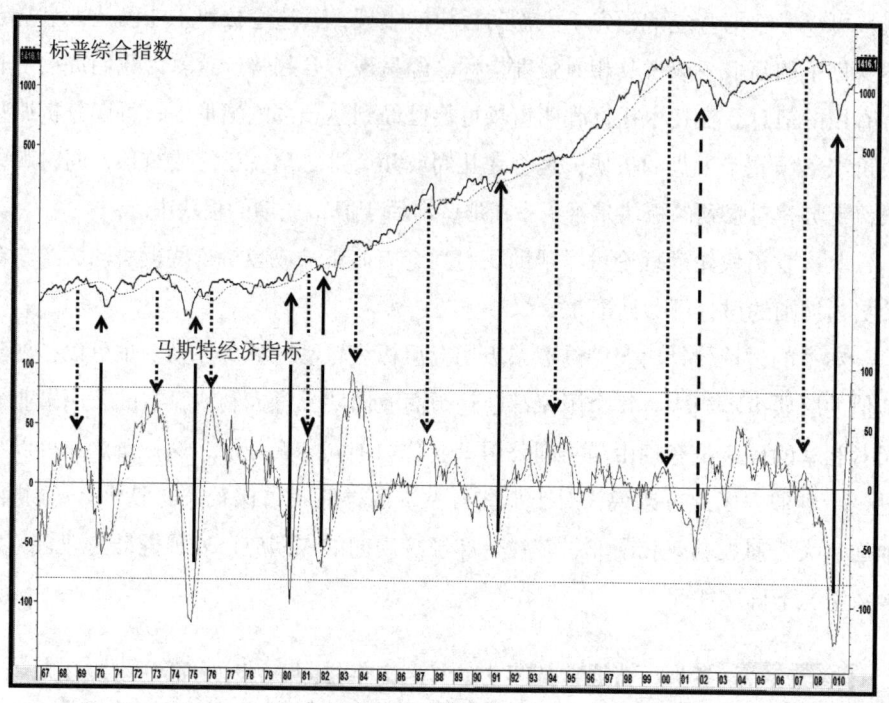

图 22-1　标普综合指数与马斯特经济指标（1966～2012 年）
资料来源：www.pring.com。

仅凭图 22-2 中的粗略比较，很难获得大量信息。不过，图 22-3 展示了两个系列的 KST 指标：虚线反映了建筑公司的价格走势，实线代表建筑开工。毫无疑问，虚线走势领先于实线。当然，两者的关系并不明确，幅度和领先的时段也因周期而不同。但毫无争议的事实是，建筑公司的股价领先于整个行业。同样的原则也可以被应用到其他的行业和板块，结果就是板块轮动。在这一系列事物中，标普综合指数或其他大盘市场指标代表股市整体的同步指标，就如同国内生产总值（GDP）属于经济类指标。如果标普指数是一个同步指标，那么有些板块往往领先于它，也有些板块收尾。

举例来讲，图 22-4 展示了一种关键的市场内部关系——券商股与大盘之间的关系。这种关系所倚赖的理念是证券公司的利润随着行情的上涨而扩大。因为价格上涨意味着更多的客户利润，并且当客户挣钱时，他们就会进行更多的交易，从而产生更多的经纪人佣金。更高的价格也吸引更多公司的公开上市，因此，承销数量的上涨必然伴随着手续费的上升，如此等等。由于券商类股票期待券商利润，并随市场行情而起伏，因而券商类股票有领先大盘的趋势。

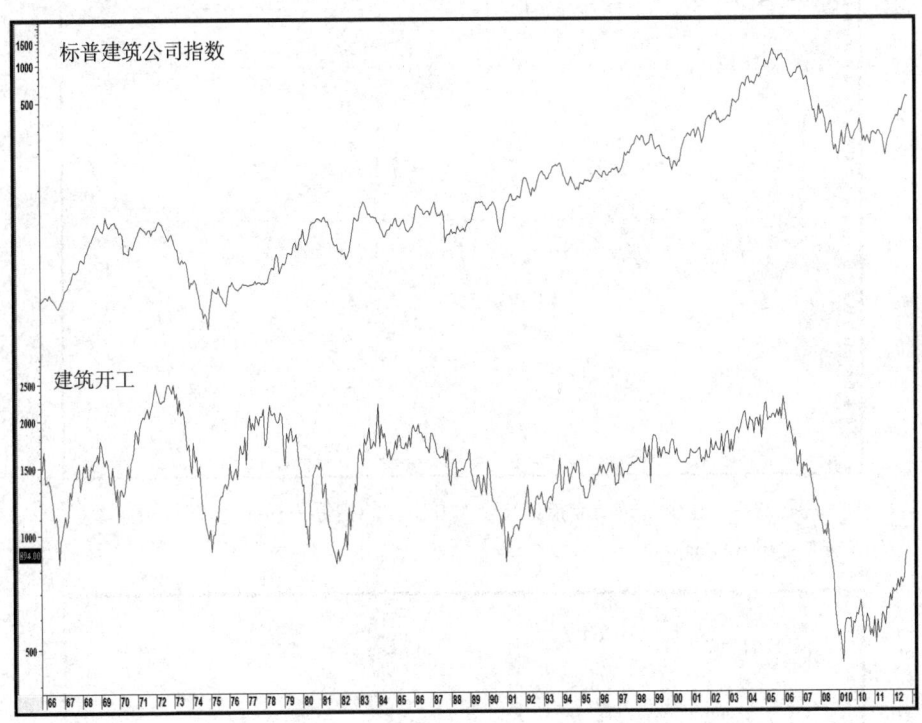

图22-2　建筑公司与建筑开工（1966～2012年）

资料来源：www.pring.com。

因此，得出一个重要的结论是：如果经济经历的轮动过程始于房地产、终于资本支出，那么股票板块也同样如此。每个股票板块都体现着它们在"这一轮"经济周期中的对应部分，因而也体现着板块轮动的过程。仔细观察不同的板块，有两点很明显：第一，伴随着经济的周期性运行，事情的发展按一种明确的、可预期的顺序进行；第二，即使第一点在大多数时候是正确的，也有足够多的意外使我们保持警觉。出现这些意外的原因多数是，由于特定行业经历的某些特殊环境导致特定板块适应正常商业周期进程的方式发生改变。

在多头行情的大部分时间内，大多数股票都在上涨，这也就意味着，在空头行情中，大多数股票也会随大盘指数创下新低。当我们称公用事业为领先板块而

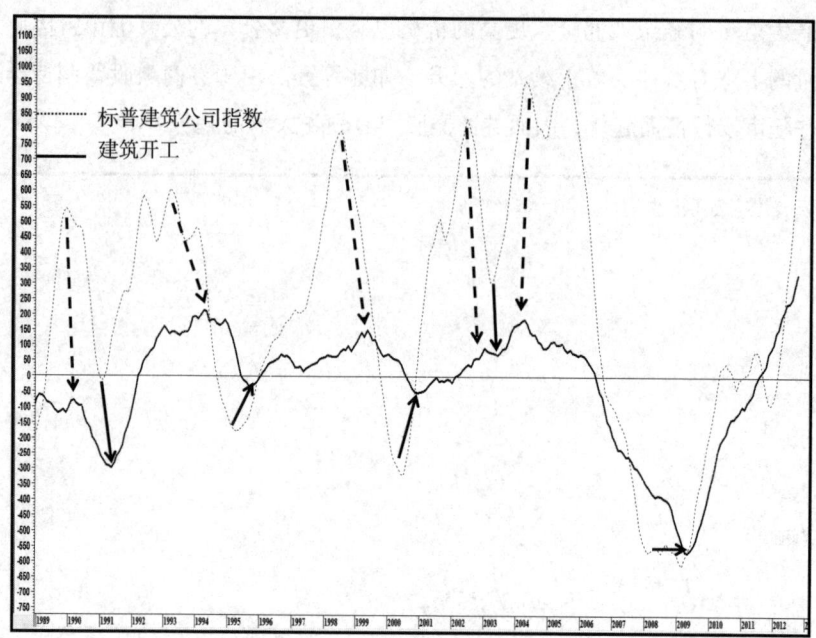

图 22-3　建筑公司动能指标与建筑开工动能指标（1989～2012 年）

资料来源：www.pring.com.

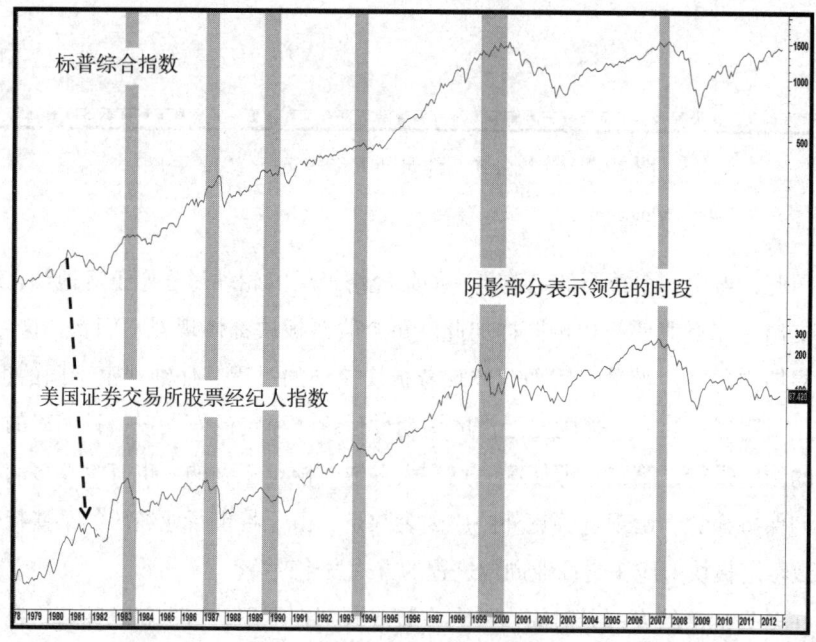

图 22-4　标普综合指数与美国证券交易所股票经纪人指数（1978～2012 年）

资料来源：www.pring.com.

钢铁行业为滞后板块时，并不必然表示，公用事业指数的低点将领先于标准普尔综合指数的低点，尽管大多数情况下确实如此。更可能发生的情况是，在经济周期早期，对利率敏感的公用事业指数相对于整体市场的表现要好。类似地，在多头行情的早期，钢铁板块将与大盘指数同步上涨，而其相对于大盘表现最佳的时期却**倾向**于在多头行情末期和空头行情初期之间出现。请注意，这里我着重强调了"倾向"这个词语，因为这正是我们要讨论的，即"倾向"和"可能性"，而非"必然性"。

市场由很多的股票板块构成，这些板块代表不同的经济部门。如果用一个总量指标来定义经济，如国内生产总值，那么在任何时候，经济必定要么处于上升状态，要么处于下降状态。然而，所有的经济部门同步上升或同步下降的时间却很少。这是因为经济是由很多不同的部分构成的一个整体，而不是一个同质性单位。有些行业能够更好地适应通货紧缩的环境，在商业周期的初期有着较为理想的表现；而另一些行业在通货膨胀条件下更加繁荣，它们在商业周期末期的表现更加出彩。

| 技术要点 | 股市贴现经济，而股票板块贴现的是对应的经济板块。由于经济经历一系列的经济事件，股票板块同样如此。这个过程称之为股票轮动。

经济复苏通常缘于消费者支出的带动，其中又以房地产行业为先。在经济衰退中，随着利率水平的下降，房地产需求逐渐重拾升势。因此，住宅板块和一些建筑业板块可被视为领先板块。同样，木材价格，作为房地产行业的关键要素，在总体上对领先行业的商品价格有一种持续（虽然不完美）的纪录。

受消费者支出水平改善的预期提振，零售业、酒店业、化妆品、烟草等消费板块也呈现出领先趋势；此外，某些对利率敏感的领域也是如此，譬如电话和电力公用事业、保险业、储贷机构以及消费金融公司。经济复苏持续一段时间之后，先前在衰退期间大量减少的存货，将被耗尽。制造业板块的股价或相对强度将上升，因此可归类为同步性板块。最后，在经济复苏的后期，随着制造业生产力的消耗殆尽，这些公司通过在新的工厂和设备投资来寻求扩张。因此，资本密集型行业，如钢铁业、某些化学行业以及矿业等，就有之后成为市场领先板块的趋势。

市场信心是影响板块轮动的另一个因素。在多头行情初期，投资者非常谨慎，因为他们已经遭遇了相当严重的亏损，而且获悉的通常都是糟糕的利空消息。在一段时间内，资产负债状况较好且收益率较高的股票相对表现会更好。随着周期的推进，股价开始上涨，消息面逐渐转好，消费者信心得到增强。最终，轮涨将延伸至几乎无内在价值的投机性股票板块。虽然投机性股票的峰位常常领先于大盘，但它们迅速且波动频繁的涨势却通常发生在多头行情末期。

某些板块无法轻易地根据生产进程的这种方式来进行分类。具备周期性剧烈波动特征的航空运输业就是一个典型的例子。在空头行情的低点，该板块呈现出同步于大盘或稍有滞后的特征；但在峰位到来之前，它往往是最先下跌的板块之一。这可能是，一方面由于该板块对利率与能源价格非常敏感，而利率和能源价格在商业周期的后期都存在上升趋势。另一方面，在多头行情末期，制药板块的相对表现明显趋于最佳，从这方面来看，制药板块属于滞后板块。在市场底部，制药板块也可能出现滞后（表现在 RS 上），尽管这种趋势远远不及在市场头部的滞后趋势那样明显。

还需要注意的是，板块轮动过程通常是在中期的反弹和回调以及周期性走势中发挥作用。

什么是板块和行业

我们所讨论的板块，指的是包含众多行业的多类股票。每个板块依次被分解为若干行业。一般有 10 或 11 个被广泛认可的板块，以及 80 余个行业群，具体看个人如何选择。下述板块名单与它们在商业周期中的表现**大致**相近，从最领先的板块，即公用事业板块开始，直到能源板块。"大致"一词之所以用黑体，是因为商业周期的行进方式很少和预期完全一致。

板块

公用事业

金融

交通

电信

必需消费品（非耐用品）

可选消费品（耐用品）

医疗卫生

科技

工业

材料

能源

上述板块名单基于道琼斯方法论列出。标准普尔（S&P）则将交通这一领先板块归于"工业"（滞后）板块之后。

以公用事业板块为例，其涵盖的行业包含电力、天然气和水等公用事业。科技包含的行业包括半导体制造商、软件公司、互联网公司、电力设备，等等。

板块轮动和全球股市

在本书中，原则上我们主要关注与美国有关的事情。然而，更大规模的企业整合让世界变小，在世界不同地区同行业企业之间的互动也越来越密切，认识到这一点是有益的。因而，如果美国的化学行业发展得好，那么欧洲的化学行业通常也会成功。这两个地区的板块走势不同的唯一原因，在于当地的法律、消费或经济状况下的货币变化和差异。

从这个角度来讲，图22-5比较了美国和印度在钢铁板块的相对强度动能指标。虽然二者并非完美契合，但非常明显的是，如果印度市场（Nifty指数）的钢铁板块表现出色或不好，比较而言，在多数情况下，美国的钢铁板块也会呈现相似走势。

除追踪道琼斯指数和标普综合指数的ETF之外，由Global X和古根海姆等机构建立的国际板块指数基金也越来越多，进一步增加了相关基金的数量。标普指数也有一个全球板块ETF家族，增添了多元化色彩，虽然其中大多数基金重仓美国公司。

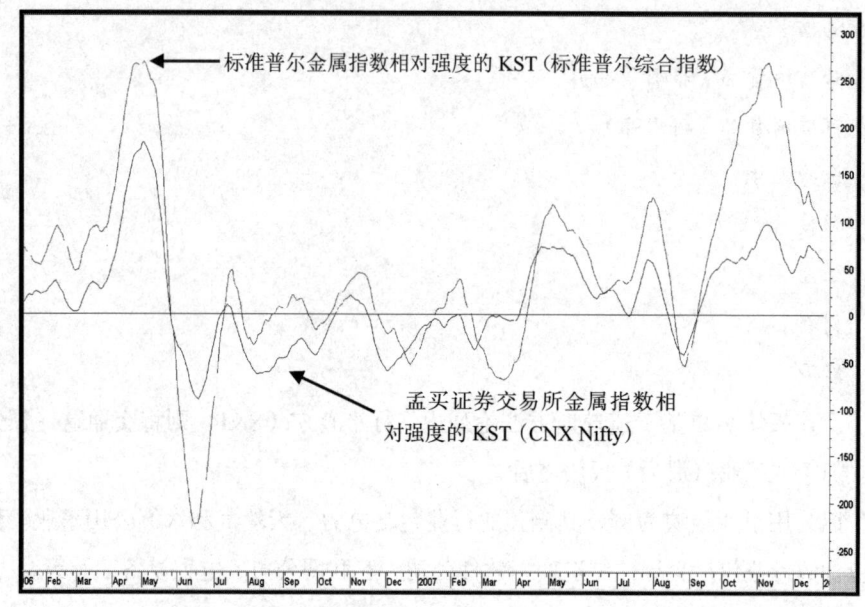

图 22-5　标准普尔金属指数与孟买证券交易所金属指数的相对动能指标
（2006～2008 年）

资料来源：www.pring.com.

将经济周期划分为通货膨胀和通货紧缩两个阶段

将板块轮动理论运用到实务当中并非易事，因为每一个周期的特征都各不相同。粗略地讲，商业周期可以划分为通货紧缩阶段和通货膨胀阶段。首先应该构建通货膨胀／通货紧缩指标来进行判定，该指标处于下降趋势代表通货紧缩，处于上升趋势代表通货膨胀。

其中一种方法是，对两只个股的价格表现进行比较，其中一只为通缩敏感型股票，如公用事业类股；另一只为通胀敏感型股票，如矿业类股。这种方法存在一个问题，即它们其中一只股票可能会受与商业周期完全无关的内部因素的影响。两个板块之间的比较也存在同样的缺陷，如公用事业板块与黄金板块。举例来讲，公用事业板块可能受到政府的严格管制，而作为主要的黄金生产地，南非采矿工人的罢工也可能导致黄金价格过度波动。这两个事件都与商业周期无关，但却极大地影响着通货膨胀／通货紧缩比率的趋势与水平。

一个更好的解决方法是，根据若干个通胀敏感型板块来构建通货膨胀指标，同时根据若干个通缩敏感型板块来构建通货紧缩指标。这样，即使有某个特定板块受到非周期性因素的影响，也不会过度扭曲整体的结果。对标准普尔通胀敏感型板块指数与通缩敏感型板块指数的比较并不能提供很多信息。然而，当在二者之间构建一个比率时，却有一种非常有用的通胀或通缩测评予以反馈。

通胀板块指数是标准普尔黄金、国内石油、金属、铝业等指数的简单平均数值；通缩板块指数则由电力公用事业、银行和保险公司等指数构成。

图22-6展示了该比率及其KST指标，也展示了最终通胀/通缩指标，即商品（CRB原材料现货指数）债券（巴克莱20+年期政府债券ETF，代码为TLT）比率的KST指标。值得注意的是，即便由完全不同的成分构成，它们的运行轨迹却密切相关。乍一看，你可能会感觉，股市的内部构件是如何随着一个典型商业周期的展开而反映通胀和通缩因素的，脉络很清晰。但遗憾的是，我们并没有一个持续确定的领先者，因为两个KST指标在轮流扮演这一角色。

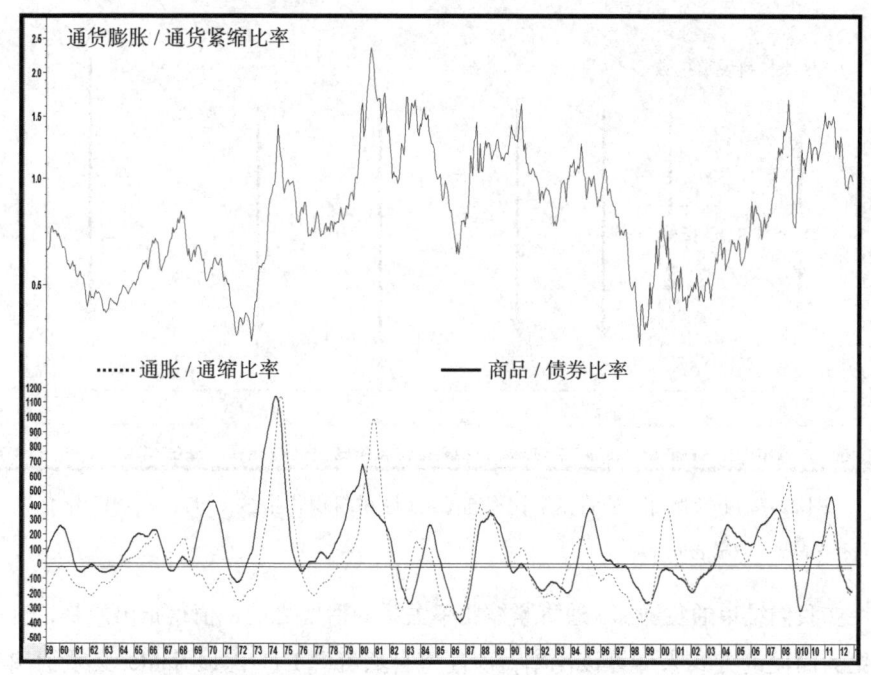

图22-6　通胀指数/通缩指数的比率与两个动能指标系列（1959~2012年）

资料来源：www.pring.com。

图 22-7 进一步比较了通货膨胀/通货紧缩比率与工业商品价格的运行趋势。二者并非每时每刻都按相同的方向行进，但彼此之间的确存在确切联系。图 22-7 中的箭头标出了通货膨胀/通货紧缩比率的 18 个月 ROC 指标超过 +50% 水平之上的时期，或者下穿其移动均线（MA）或超买水平以下的时期，无论哪个信号最先出现。如图所示，它们基本上都为商品指数提供了绝佳的卖出信号，但就比率本身而言，这些信号甚至还要及时。这种关系如此稳定，以至于每当一个卖出信号被触发，便意味着出现有利于通缩敏感型股票的新周期趋势的概率就非常高。

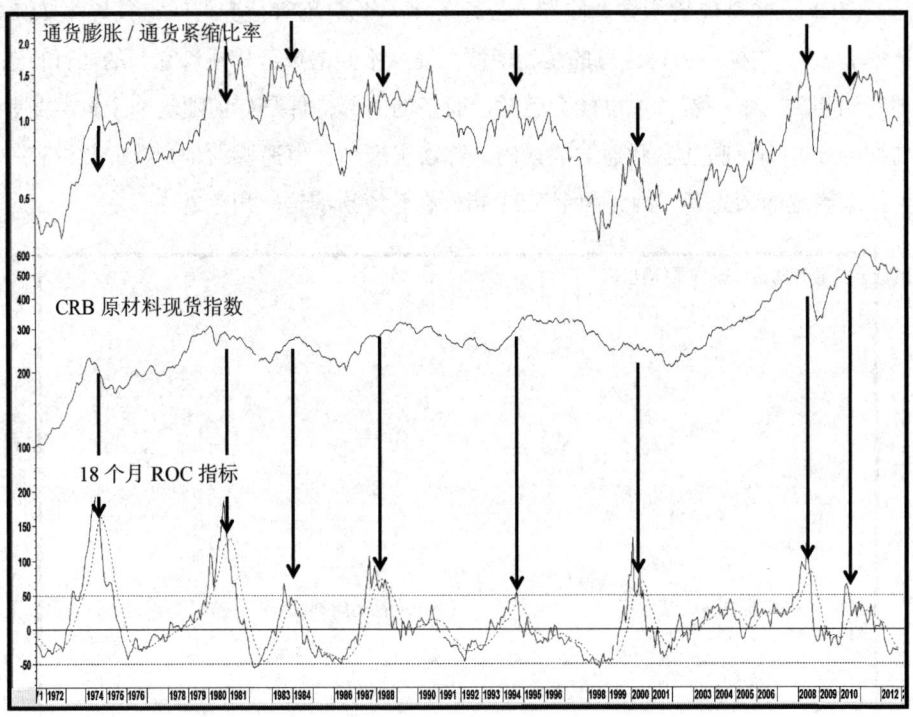

图 22-7　通货膨胀/通货紧缩比率与 CRB 原材料现货指数（1971～2012 年）

资料来源：www.pring.com。

在我们结束通货膨胀/通货紧缩比率关系的话题之前，值得指出的是，有一种更为简便的方式来计算该比率，即高盛自然资源 ETF 除以 Spider 必须消费品 ETF，或 IGE 除以 XLP。IGE 代表通胀敏感区域，防守型的 XLP 代表早周期领先者。如图 22-8 所示，两个系列的轨迹十分相似。不过局限于二者的关系史仅能回溯到 21 世纪初，而原始的通胀/通缩比率却可回溯到好几十年前。

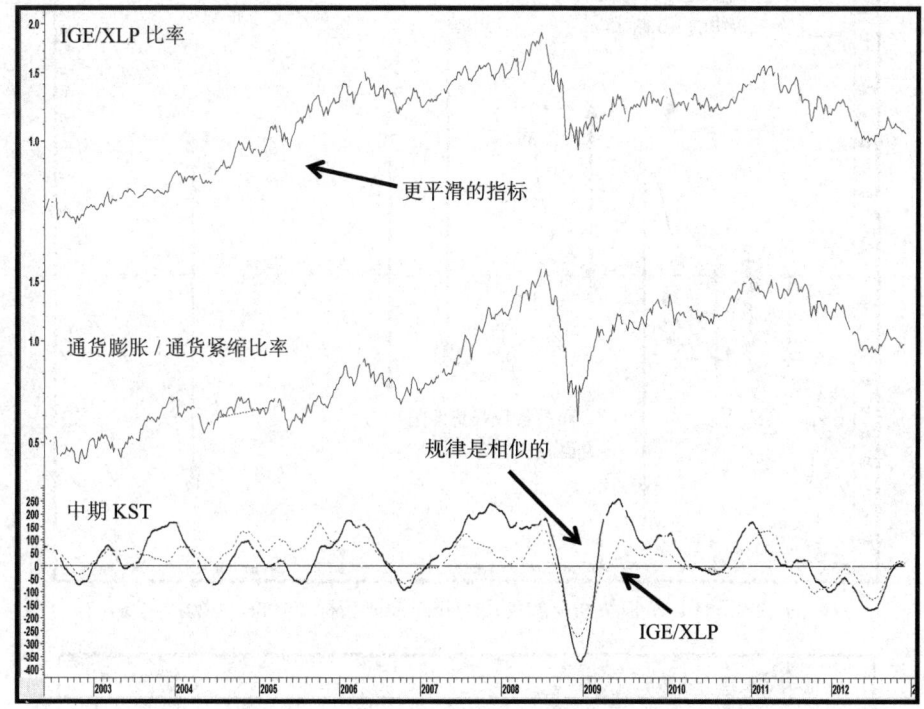

图 22-8　IGE/XLP 比率与通货膨胀/通货紧缩比率（2002～2012 年）

领先板块与滞后板块的相对走势通常不同

图 22-9 刻画了领先的金融板块与滞后的计算机板块之间的关系。一些观察者认为科技板块是领先板块。然而，此图和《积极型资产配置指南》一书中的研究则显示，科技板块是滞后板块。该图之所以会得出这种结论，是因为两条曲线都有偏离轨迹的情况，在不同的时间段提供了不同的机会。在 1982～2000 年长期多头市场的最后几年，由于科技股的领先地位，金融板块表现得异常弱势。在随后空头市场的第 1 年，二者角色转换。

图 22-10 刻画了金融板块的相对长期 KST，目的是论证当金融板块跑赢标普指数时，市场走势是上升的。这段时期以阴影部分标注。请注意，在 2000～2002 年的空头市场期间，有一个例外发生。

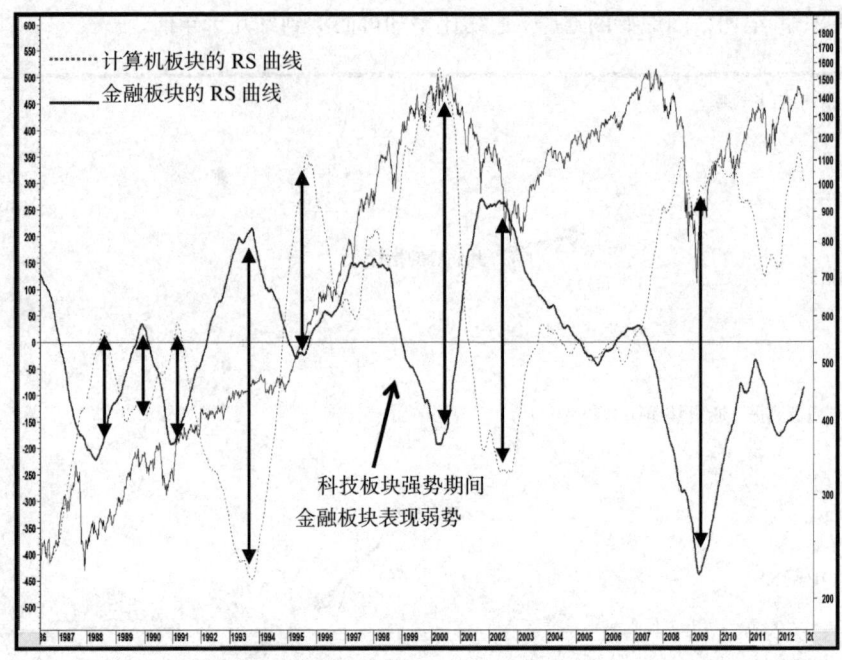

图22-9 计算机板块与金融板块的相对动能指标（1986～2012年）

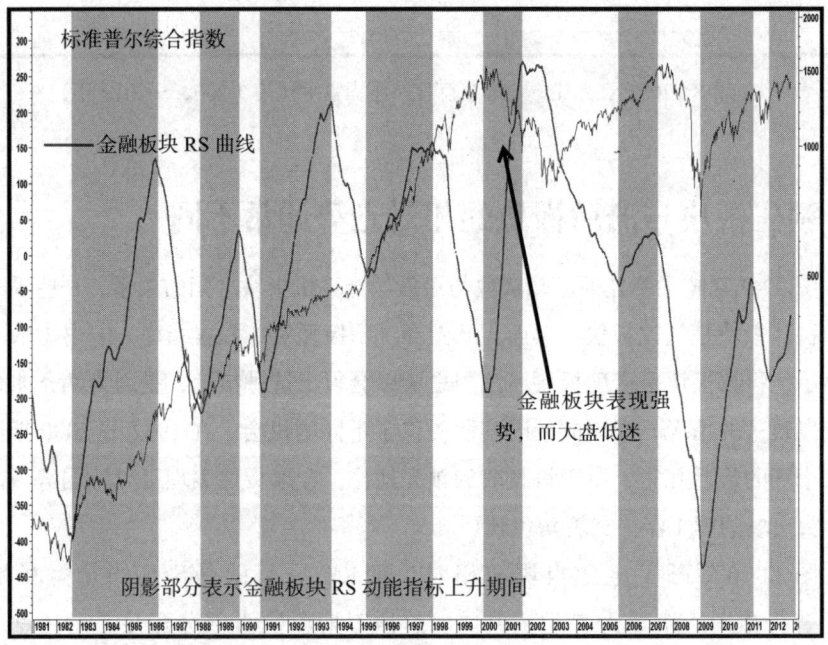

图22-10 标准普尔综合指数与金融板块相对动能指标（1981～2012年）

资料来源：www.pring.com。

领先、同步及滞后板块的划分

最后，你可能感觉所有的通胀或通缩敏感型板块是协力运行的，但事实并非如此。在这一点上来讲，图 22-11 刻画了滞后板块的相对长期 KST 指标——包括黄金、金属、矿业和能源板块。在某一段时期，它们确实步调一致，但在很多情况下，它们中的一个或多个板块并不一致。这里的要点是，当其他指标指示经济周期已经达到通货膨胀阶段时，通过检查个别板块或行业确定它们是否与宏观环境步调一致，是非常重要的。

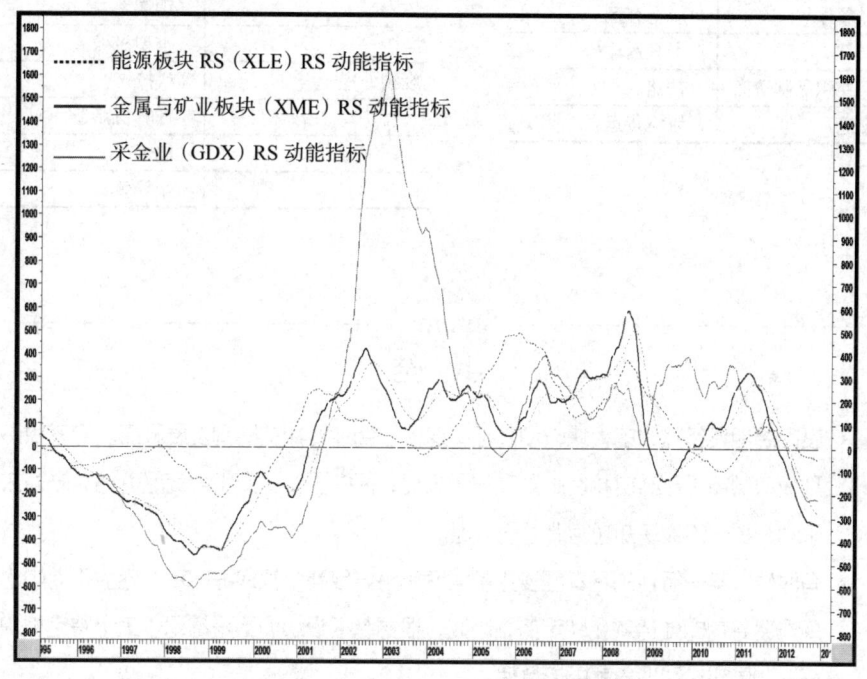

图 22-11　选取的滞后行业群相对动能指标（1995～2012 年）

资料来源：www.pring.com。

请记住，下述表格对某个特定的板块在商业周期中的位置进行了大致的划分。需要牢记的一点是，并不是所有的板块都能够完全明确地划分到某个类别当中，也不是所有的这些分类在每个周期中都会"起作用"。

领先板块（流动性驱动型）		同步板块周期后期的领先板块（收益驱动型）	
公用事业	房地产投资信托	零售	能源
电力	住宅建筑	制造业	石油
电话	集装箱与包装业	医疗	煤炭
天然气	非耐用消费品	**耐用消费品**	石油开采
金融	饮料	汽车及汽车配件	采矿业
证券经纪	日用品与家居用品	家具家电	**基础工业**
银行	烟草	建筑材料	纸制品
保险	个人护理	金属和玻璃容器	化学
储贷机构	食品	休闲娱乐	钢铁
餐厅	航空客运	酒店	重型机械
鞋类	卡车运输	废物处理	**高科技**
纺织品制造商	铁路		计算机制造
交通	航空货运		电子
			半导体

Summary
小 结

- 股市周期具备独特的板块轮动特征，这缘于商业周期的时间发展顺序。利率敏感型板块倾向于在峰位和谷底处领先于大盘，而由于资本支出或商品价格通胀而带来利润提升的板块却通常滞后于大盘。
- 有时候，某一行业的基本面发生重大变化将导致整个板块在特定的商业周期中出现异乎寻常的强势或疲软走势，因此，根据若干板块而不是拘泥于某个特定板块来监测周期轮动现象就更加合理。
- 理解板块轮动现象不仅有助于评估主要趋势的发展状况，而且有助于选择个股。
- 从广义上讲，将股市的板块划分为通胀受益型和通缩受益型是可能的。
- 板块轮动不仅限于美国，而是一个全球概念。

第 23 章
Chapter 23

时间：分析股票、债券和大宗商品的极长期趋势

我们对极长期趋势的研究将从康德拉季耶夫长波（Kondratieff long wave）开始，随后考虑什么构成了极长期趋势以及它们如何产生。最后，如何在最重要的价格变动中识别走势逆转也是非常有益的。

> **技术要点** 债券、股票和商品存在极长期趋势，平均持续 15 ～ 20 年，有时更长，但很少更短。

（康德拉季耶夫）长波

20 世纪 70 年代，有一个学派（包含本书作者在内）通过康德拉季耶夫长波理论的解释，使股票价格的长期趋势得以合理化。尼古拉·康德拉季耶夫是一名俄罗斯经济学家。他观察到，美国经济从初始阶段到他开始从事研究工作的 19 世纪 20 年代，已经经历了三次完整的波动。有趣的是，来自伦敦经济学院的 E.H 菲尔普斯·布朗（E. H. Phelps Brown）和希拉·霍普金斯（Sheila Hopkins）在他们的著作中指出，1271 ～ 1954 年，英国小麦价格按 50 ～ 52 年的周期呈规律性的波动。

康德拉季耶夫以批发价格作为其理论的核心部分，但由于商品价格和利率变动通常密切交织在一起，它们也同样适用。

康德拉季耶夫使用 18 世纪 80 年代至 20 世纪 20 年代的美国经济数据，观察

得出经济经历了三个长期结构周期，每一个周期的长度为 50～54 年。周期由三部分构成：上升波，通货膨胀时期；下降波，通货紧缩时期；区分二者的过渡期。上升波和下降波因时而异，但通常会持续 15～25 年。过渡期，或者称为**高原**期，持续大约 7～10 年。

图 23-1 使用批发（商品）价格趋势来反映周期。上升波与上涨的利率和商品价格有关；过渡期或高原期，伴随着稳定的利率和价格；下降波则与下降的利率和价格相关。

上升波的开始标志着周期的到来。当前一周期的结构性过度建设被大幅清理掉时，上升波开始。过度建设阶段包含了债务的过度集聚，因而干净的资产负债表是新周期开始的另一个信号。康德拉季耶夫也注意到，每一个重大转折点都与战争有关。在下降波快结束时出现的转折点处，他标注了**底部战争**。这些战争扮演催化剂的角色，推动产能利用，重回通货膨胀阶段。在上升波早期，新技术的采用根植于前一周期播下的种子。随着上升波的前进，衰退的频率越来越少，程度越来越轻，企业家们也更有底气。信心的增长导致草率的决定也越来越多。整个时期，物价通货膨胀的强度越来越大，最终达到顶峰，吸收过剩的产能，并引发大宗商品价格的暴涨。

由于价格结构回复平衡，上升波在严重的经济衰退中筑顶。随着经济的快速萎缩，草率、武断的商业决定导致大量企业破产。

紧接着是过渡期。过渡期之所以又称高原期，是因为大宗商品价格在离上升波峰位较近的位置持平或区间波动。这一平稳阶段的可预测性强，备受股票投资者青睐。因此，高原期多伴随强劲的牛市，如股价暴涨的 20 世纪 20 年代。在高原期，前一繁荣期的过度产能并不会化解，而且通常还会产生新的过剩产能。这的确是康德拉季耶夫的风暴眼。作为高原期产能过剩倾向的例子，1929 年美国汽车行业的产能达到 6400 万辆，而此前最好的年份销量也不过 4500 万辆。

下一阶段是下降波，通缩力量开始占主导。系统痛苦地纠正产能过剩。一旦这个宣泄过程按常规进行，就意味着一个新的周期或将启动。

毫无疑问的是，康德拉季耶夫所研究的极长期的结构和心理趋势在今天仍然管用。然而，作为一种死板的预测工具，它还有待改善。举例来讲，图 23-2 所展示的理想周期要求在 2000 年左右出现一个低点，但回过头从股票价格的角度来看，这被证明是一个长期的峰位。债券收益在随后的 12 年持续走低，却没有触

第23章 时间：分析股票、债券和大宗商品的极长期趋势　407

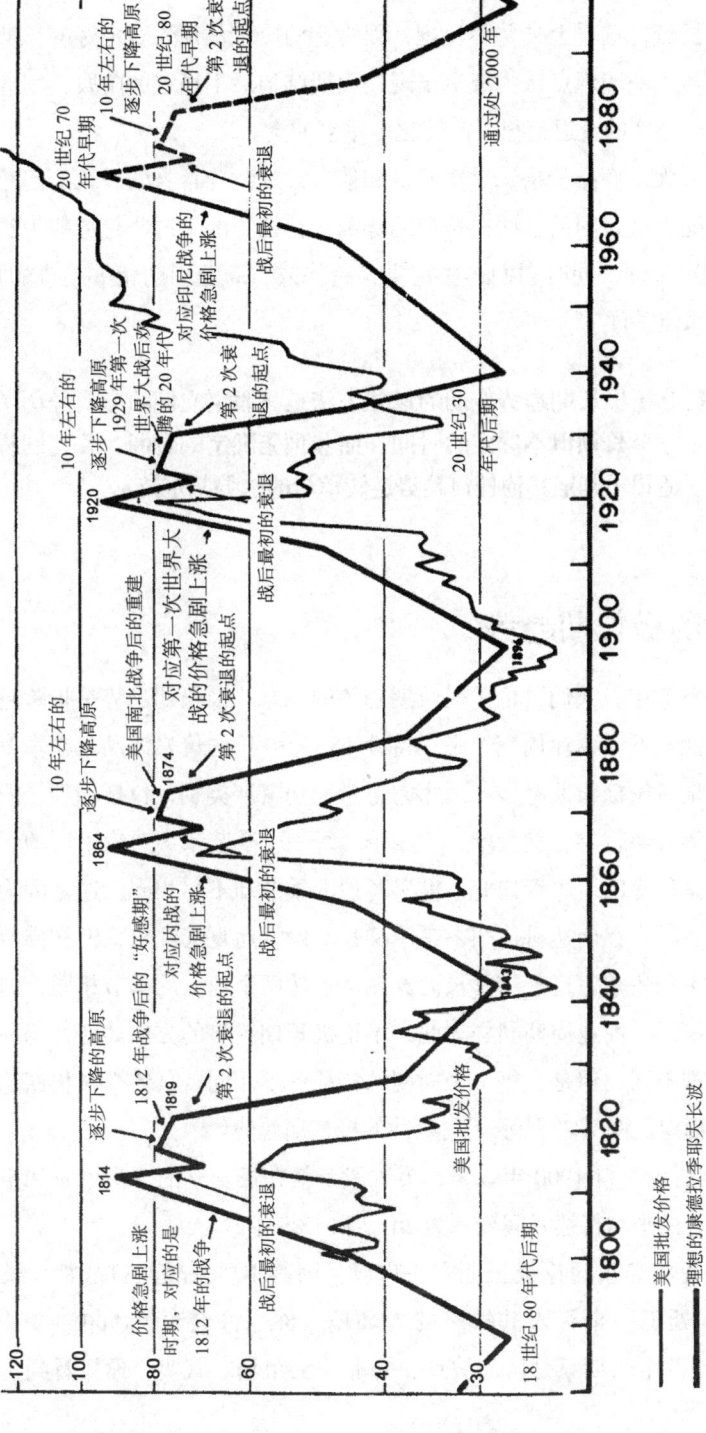

图 23-1　康德拉季耶夫长波（1789～2000 年）

底。大宗商品价格一如既往地在世纪之交触底。峰位和谷底战争的理念突然出现在两个关键转折点，这看上去并不合理，因为它们应该是预先确定好的长波的一部分。无论如何，一般观点认为战争出现在周期结构最不稳定的阶段，因此不难看出，美国国内经济的衰退也很可能转化为军事冲突。

毋庸置疑，大宗商品价格、真实股价和债券都延续着自身的极长期趋势，而通胀力量和通缩力量之间的这些极长期趋势确实存在。由于这些趋势能为长期投资这一主题创造条件，同时它们还决定主要趋势或与商业周期相关趋势的特征，因此，我们将重点关注。

> **技术要点** 分析极长期趋势变动的最佳方法是，假定它们的形成经历了一个长期但不确定的时间，而非预先确定的时间，并且同样适用于判定其他任何趋势逆转信号的趋势判定技术。

股市中的极长期趋势

在前面的章节中，我们讨论了极长期趋势的概念。极长期趋势是指跨越相当长一段时间、涵盖不同商业周期、平均持续15～20年的价格波动。在本章，我们将更为详细地讨论极长期趋势，因为它主导一切资产类别，包括债券、股票或大宗商品。每年会经过春、夏、秋、冬四季，每一个季节都会对应不同的天气现象，比如冬季是最冷的。尽管如此，世界各地的季节却不尽相同，这是因为天气最终由气候来主导。在南达科他州，冬季又长又冷，而夏天却短；但在佛罗里达州，几乎感受不到冬季，夏季却漫长而炎热。虽然两个地区的季节相同，但各自季节的特点却不同。商业周期同样如此，不论极长期趋势的方向如何，每一个周期的时间顺序都不同。但是，每一个周期的特征各不相同，具体视极长期趋势的方向和成熟度而定。图23-2展示了周期性的极长期趋势。

如图23-3所示，自1900年以来，美国股市就在极长期的多头市场和空头市场间交替，二者的平均持续时间分别为14年和18.5年。

我们在这里将着重讨论极长期空头市场，因其本质上较具挑战性。长期多头市场则基本处于一个买入并持有的大环境。你也许会说，1900～1920年、1966～1982年两个时期只是区间波动，并非空头市场。其实，你只看到了问题的一部分。举例来讲，我们以 10 美元的价格买入一只股票，而以 20 美元卖出。这意味着初始投资额翻倍，但我们必须要考虑的一个实际问题是，与买入时相比，卖出时获利部分的购买力如何。如果日常开支也翻倍了，那么相当于没有收益。图 23-2 客观地反映了这一问题，因为它展示了经消费者价格指数（CPI）调整后的标普指数走势。这样一来，区间波动时期的熊市本质显露

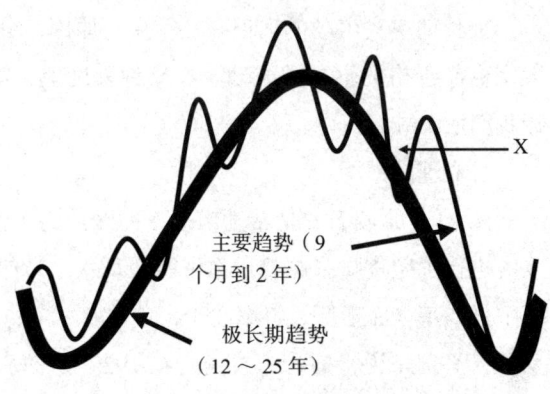

图 23-2　极长期趋势与主要趋势

无遗。此时可能出现的两个问题是：这些极长期熊市出现的根本原因是什么？怎样识别一个新的极长期牛市的诞生？

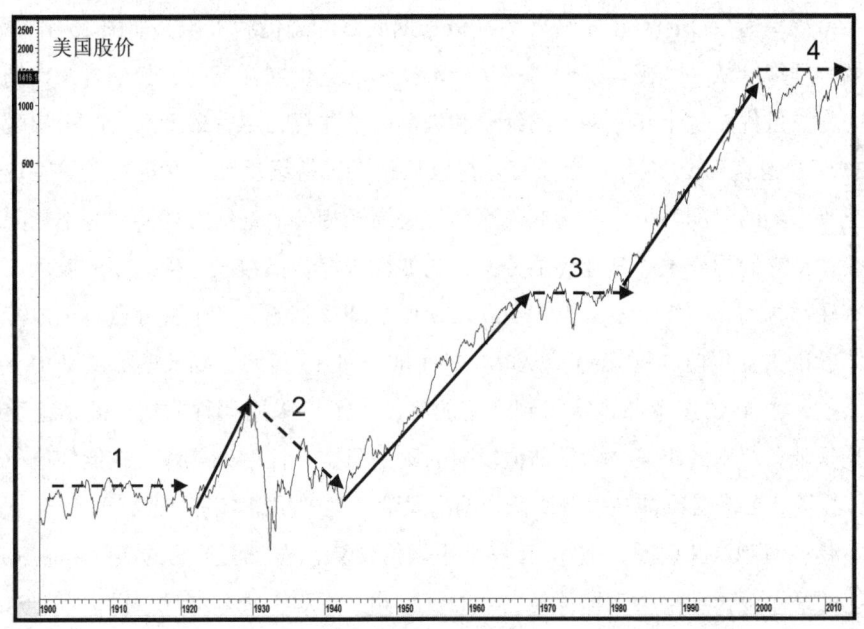

图 23-3　美国股价展示的极长期趋势（1990～2012 年）

资料来源：www.pring.com。

极长期股票熊市的原因

极长期空头市场的出现有三个主要原因，分别为心理、结构性经济问题以及大宗商品价格的不寻常波动。在某种程度上，第3个因素是第2个因素的分支。让我们依次进行探讨。

1. 心理因素

图23-4的最下方是希勒市盈率曲线。为了消除周期波动，我们对10年平均收益进行了通货膨胀调整。你可能会疑惑，为什么我要在一本关于技术分析的书籍中强调基本面指标，答案在于，市盈率（P/E）在这里被视作对市场情绪的一种反映。举例来说，为什么投资者在1929年做好了为股票支付高市盈率的准备？答案是，他们预计前几年的行情将经历向上修正。如此高的估值表明投资者异常乐观。在连续的空头市场期间，市盈率下降到7～8之间的低读数，为什么？因为投资者此前已经见证通胀调整后的股价连续数十年下跌，预计未来亦将如此，认为必须要有足够丰厚的回报才愿意承担额外的风险。这样一来，市场情绪通常由高市盈率所反映的高度乐观转为在极长期底部的恐慌和失望。如图23-4所示，市场心理持续从一个极端摆向另一个极端摆荡。它也同样证明，长期多头市场出现的先决条件是"十年一遇"的绝望和失落。请注意，尽管最低点实际上出现在1932年，但直到1949年，市盈率才得以从超卖区持续反弹，这也决定了特定长期空头市场的时间特征。与利润收缩和扩展周期相伴的这些心理波动并不局限于市盈率，它们同样关乎其他评估方法，比如标普综合指数股息生息率的波动。该比率在峰位为2～3个百分点，但在长期低点却达到6～7个百分点。用以衡量总体股市重置价值的托宾Q值从峰位的1.00～1.15美元，到长期低点平均下折30美分。相同的技术原则能得到广泛的应用。不论采用何种方法，高估值反映的是乐观和草率的决策，而低估值反映的则是恐惧和极度的悲观。在低估值条件下，投资者要求必须能在大众所认为的高风险环境中获得丰厚回报。

具有讽刺意味的是，按10年移动平均值计算，通胀调整后的实际收益在20世纪的每一个长期空头市场都是上升的。因此，相对于收益本身，投资者对这些收益的态度对长期股价的影响更为重大。

> **技术要点** 投资者对收益的态度对股价的影响比收益本身更重要。

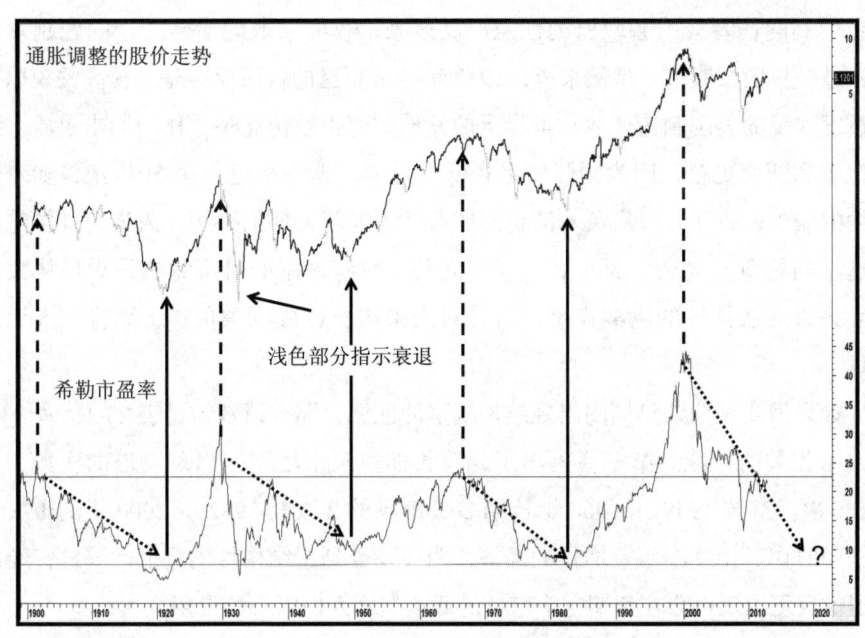

图 23-4　通胀调整后的股价和希勒市盈率（1899～2012 年）

资料来源：From pring.com.

为了便于理解股市中长期价格变动的本质，我们需要考虑这样一个事实，即一种特定的趋势或状态持续的时间越长，它在人们的思想中就越根深蒂固。极长期多头市场启动初期，投资者往往小心翼翼，因为他们对之前的空头市场印象深刻。最终，由于随之而来的每个主要趋势多头市场都带来回报，故投资者重拾信心。而后，随着投资者警惕性的逐渐放松，这个过程迟早会发展到因决定草率而造成伤害，因为他们沉湎于自身的成功，为周围更加乐观的人们所怂恿。此外，随着时间的推移，新的更年轻的市场参与者进入股市，他们没有经历之前的长期熊市，正所谓"初生牛犊不怕虎"。此时，传说中的咒语"这次不一样"往往会应验。

2. 结构性因素

导致长期空头市场出现的第二个原因本质上是结构性因素。在极长期峰位出现的前 10 年里，某些特定的行业或经济部门大行其道。由于每一个人都想要分一杯羹，过度建设导致持续的产能过剩，这就造成资本错配。在 19 世纪早期，运河建设便是罪魁祸首；19 世纪 70 年代，是铁路建设。近来，我们看到了互联网公司泡沫，之后是房地产泡沫。这样的过剩至少需要几个商业周期的调整，参与者受到的伤害会引起政府的注意。反过来，政府采取的措施会让问题越发复杂，进一步延长熊市。举例来讲，1930 年经济衰退的自然反应是，提高关税以保护过度建设的美国制造产业。世界上的其他政府也效仿此举，作为回击手段。结果比零和博弈更糟，因为国际贸易在低点徘徊，无一幸免。在 21 世纪，随着劳动力的减少，劳动人口肩负养活更多非劳动力老年人口的重担，人口统计学趋势使这一问题愈发复杂。面对这一现实问题，政府采用的对策竟然是承担从数学角度来讲无法持续的巨额赤字，这将对未来增长造成沉重负担，简直令人无法理解。

如果需要长期跌势期间出现结构缺陷的证据，那么请别错过表 23-1。表 23-1 列出了相关的特征。第三栏列出了此前长期空头市场期间出现衰退的次数，在 4～6 次，这与 1949～1966 年长期多头市场的 2 次及 1982～2000 年的 1 次形成鲜明对比。持续经历负增长的经济，明显是受到了结构性的挑战。同样，经济衰退的反复出现也会在长期空头市场的低点加剧人们内心的失望。

表 23-1　比较长期空头市场的特征
（可能要经历两个或更多的商业 周期，估计才会抵达历史性的长期低点）

	时间框架	持续时间	衰退的次数	市盈率起点	市盈率终点	下降幅度
1	1901～1920 年	19 年 6 个月	6	25.2	5.1	269%
2	1929～1949 年	19 年 9 个月	4	32.6	9.1	267%
3	1966～1982 年	16 年 6 个月	4	24.1	6.6	262%
	平均	18 年 7 个月	4.7	27.3	6.9	266%
4	至 2011 年 12 月	11 年 4 个月	2	44.2	20.8	237%

资料来源：http://www.econ.yale.edu/～shiller/data.htm; Pring Turner Capital Group.

3. 不稳定的大宗商品趋势

也许有人认为，不稳定的大宗商品价格与其说是长期空头股市的根源，不如说是结构性问题的征兆。但毫无疑问的是，这些长期环境的特征就是大宗商品价格在高位动荡，偶尔出现剧烈但较为短暂的瀑布式下跌。最好的例子是 1929～1932 年的跌势，尽管 1920～1921 年、1974～1975 年、1980 年以及 2008 年的下跌行情提醒我们，股市不喜欢不稳定的商品价格，而无论波动方向如何。

图 23-5 比较了通胀调整后的标普综合指数（与早于 1926 年的考利斯委员会指数拼接）和 CRB 现货原材料工业指数（与早于 1948 年的美国批发价格拼接）。这张走势图用虚线箭头标注出了长期空头市场。显而易见的是，除了早期描绘的

小型通货紧缩以外，所有情况的发生都以上升的商品价格为背景。这种关系并不是确切的高频联系，但走势图清晰地表明，商品价格持续上升趋势迟早会把股市推向深渊。

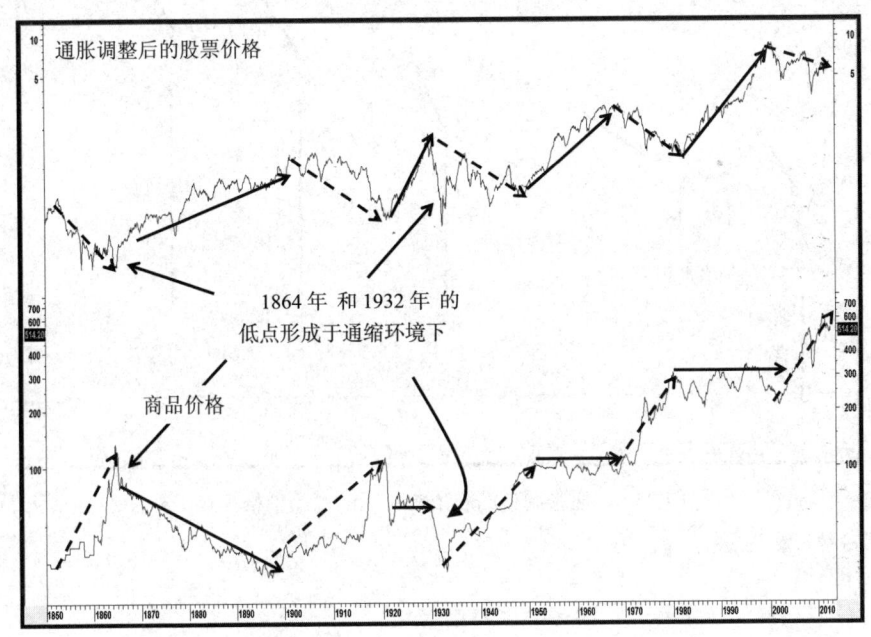

图 23-5　通胀调整后的股市及商品价格（1850～2012 年）

资料来源：www.pring.com。

粗的实线箭头表示，持续的下行趋势或稳定的大宗商品价格对股市而言是一种积极信号，因为所有的长期股市都是在这样的环境中发展而来的。这一点，在 20 世纪头 10 年得到凸显。这段时期被标记为长期空头市场，但实际上，一开始股票价格非常稳定，不受商品价格的小幅上涨影响。只有当几年后大宗商品价格加速上涨之后，通胀调整后的股价才开始暴跌。

识别大宗商品价格长期峰位及股市价格长期低点的一种有效方法是计算价格摆荡指标或趋势偏离指标。图 23-6 运用的参数是用 60 个月（5 年）简单移动均值除以 360 个月（30 年）移动平均值得出。

向下的箭头表示，在过去约 150 年里，自超卖水平的逆转为我们提供了 4 个可靠的股票买入信号。该图证明，如果没有其他情况，长期通胀压力的消散对股市是非常有利的。

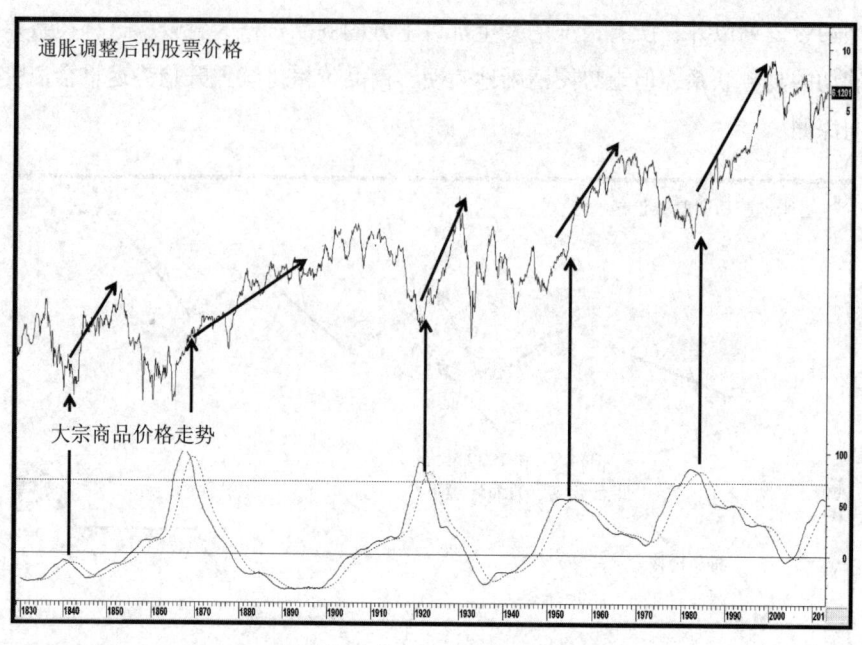

图 23-6 通胀调整的股市与长期的商品价格走势

资料来源：www.pring.com。

📈 大宗商品价格的极长期趋势

我们在前文确立了这样一个事实，大宗商品价格具有极长期趋势，并且它们的发展方向极大地影响股市长期趋势。我们很难精确地指出长期大宗商品多头市场背后的具体原因，因为它们源自多个因素的并存，包括结构性失衡、战争以及央行为解决这些问题而提供的流动性。大宗商品价格的长期上涨趋势使生产者敢于扩大生产规模，从而导致在长期峰位期间或紧随长期峰位之后出现过度建设。随着这种供给过剩情形的逐渐消除，长期空头市场得以发展。心理也发挥重要作用，因为货币流速极大地影响系统中流通货币的通胀能力。可以说，这些因素的融合使人们得以在大宗商品价格中观察到清晰的长期优势。图 23-7 展示了回溯到 19 世纪早期的一种历史角度。你可以看到，包括开始于 2001 年的上升趋势，长期多头市场平均持续了 19 年，长期空头市场持续了 21 年，平均持续了 20 年。部分"空头"市场实际上是区间盘整，如 20 世纪的 50 年代、60 年代和 1980～2001 年。

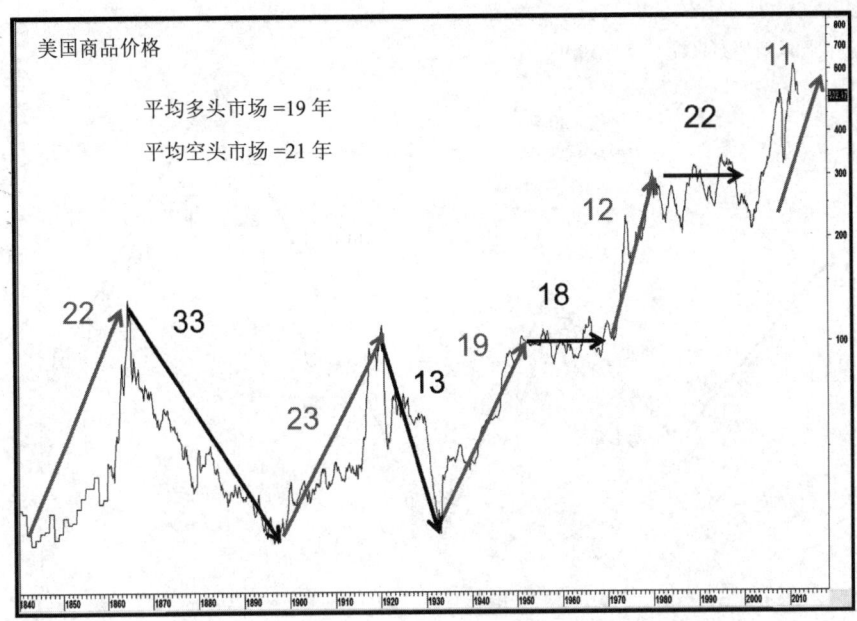

图 23-7　美国商品价格的极长期趋势（1840～2012 年）

资料来源：www.pring.com。

📈 债券收益率和价格的极长期趋势

图 23-8 显示了债券收益率的长期历史记录。显而易见，债券收益的趋势表现远超上下波动的大宗商品价格，因而其长期逆转相对容易识别。图 23-8 中的箭头标出了自 1870 年以来的 5 个极长期趋势。两个完整的债券价格熊市（债券收益率牛市）持续了大约 30 年，债券价格牛市（债券收益率熊市）持续了大约 25 年，二者平均为 27.5 年。从 1981 年到 2012 年年末的 31 年来，美国的债券收益率开始处于长期的下跌趋势（债券价格的多头市场）。这一轮债券牛市的延续时间已经很长，因而可能不会进一步覆盖 21 世纪 20 年代的太多年份。

可以说，体现为工业品价格波动的通货膨胀，是形成债券收益率极长期趋势的最大推手。图 23-9 对比了债券收益率与大宗商品价格。

它们之间相对密切但并不完美的联系是不证自明的。令人吃惊的是，如图 23-9 所示，商品价格在 5 个长期转折点中的 4 个都领先于债券收益率。1920 年，二者几乎同时逆转。当然，领先的时间长短不一，而且有人可能会质疑 20 世纪

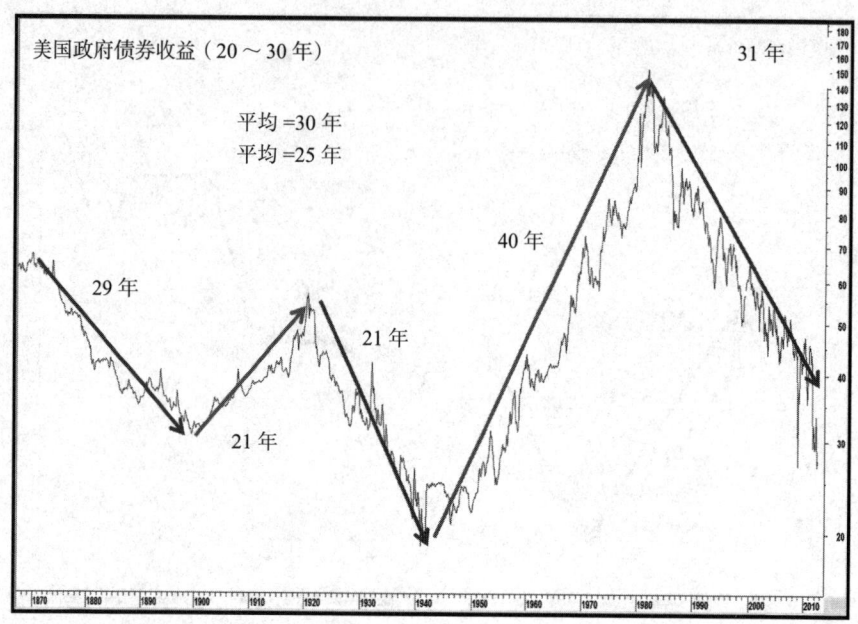

图 23-8　美国国债债券收益率的极长期趋势（1865～2012 年）

资料来源：www.pring.com.

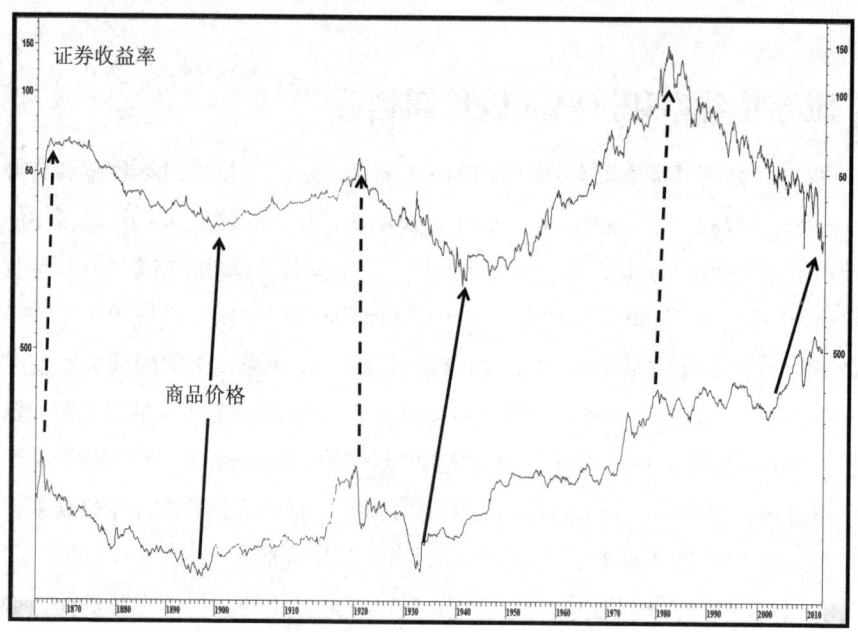

图 23-9　美国国债与商品价格（1860～2012 年）

资料来源：www.pring.com.

90年代中期的大宗商品价格峰值比1980年的峰值还要高。然而，记录显示，无论是在**长期**转折点还是**周期**转折点，大宗商品价格都领先于利率。令人遗憾的是，从1920年的同步逆转开始，到1932～1946年为期10年的领先时间段，每一个转折点的领先幅度都不尽相同。即便如此，在持续了31年的债券收益率跌势后，2001～2011年大宗商品价格的强势反弹表明，随着2015年的临近，有利于通货膨胀的一次长期逆转很有可能即将上演。

有助于决定极长期趋势方向的技术

背景

主要趋势与商业周期相关。我们偶尔能在最终转折点出现的几个月前识别逆转信号。极长期趋势延续多个商业周期，因此，持续时间也很长。这就意味着，有可能会花多年时间，或者好几个商业周期才能识别一个逆转信号。然而，捕捉这些变化所需的耐心和磨炼是值得的。首先，这些信号并不经常出现，而且有可能在一个或多个10年内持续有效。其次，极长期趋势的方向对主要趋势的特征有巨大影响。平均来讲，上行多头市场要比下行空头市场持续的时间更久，如此等等。理解极长期趋势的方向，可使我们提早开始围绕商业周期配置资产。

接下来的解释可能并不能提供我们想要的所有答案，但它代表了一个起点。

我们面临的一个问题是，虽然长期市场经常延续25年甚至更长时间，但美国金融市场可追溯的历史并不久远。这就意味着，可考虑的转折点不多。我们唯一能做的就是，采用一些趋势跟踪技术和工具，用来识别短期趋势的逆转信号，并观察它们如何运作。需要特别说明的是，我已经发现了由趋势线突破确认的动能指标，它们能提供最准确、最及时的信号，但是移动均线分析的作用却不大。让我们从股票分析开始。

识别极长期股市趋势的逆转

自1900年开始，长期的股票多头市场平均持续12年，而空头市场平均持续 18.5 年。如果将 1921～1929 年的异常状况忽略不计，牛市平均持续时间为 17 年，和熊市持续长度更为接近。一旦一种新的极长期趋势被确认，首先要将已经持续的时间和平均持续时间关联起来，以便预测该趋势未来还将延续多久。另一个基准是希勒市盈率，要观察它处在 22 倍到 5～7 倍极端基准的哪个位置。图 23-10 显示，此前的空头市场已经经历了 5～7 次波幅 25% 以上的价格摆荡。假设所有的长期空头市场的特征相似，这也可用作识别任何现有下降趋势成熟度的基准。

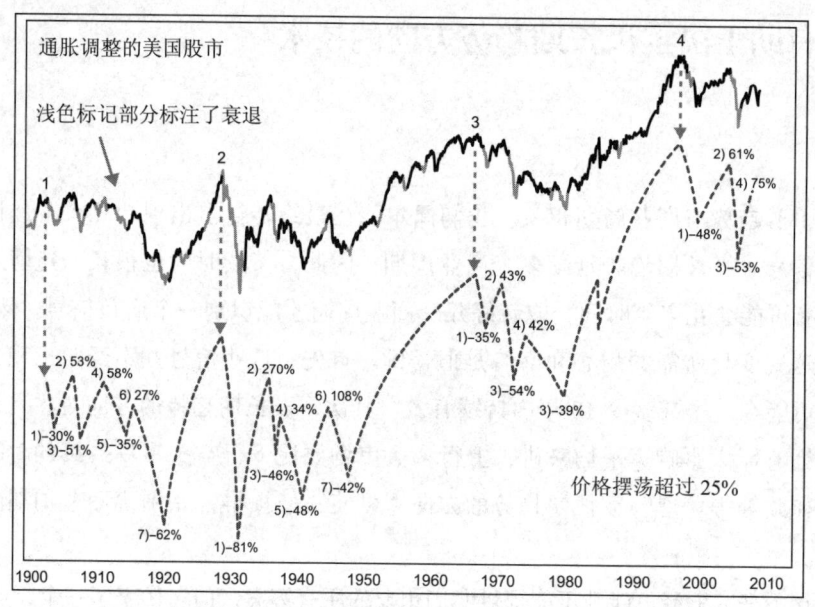

图 23-10　长期空头市场是深度循环事件（1900～2011 年）

资料来源：www.pringtuner.com。

长期多头市场是完全不同的，因为主要空头市场其形成条件下跌幅很少超过 25%。1920～1929 年和 1950～1966 年通胀调整的多头市场指数超过 400%，1982～2000 年则接近 700%。

图 23-11 和图 23-12 比较了美国债券价格和由 3 年移动均线除以 12 年移动均线得出的一个价格摆荡指标。由于使用的是年度数据，故不能指望时间完全精准，但该指标的峰位和谷底的确为市场的长期走势提供了一些有用的基准。图 23-11 中，价格摆荡指标从 -10% 或以下价位触底，代表长期买入点位。自 1800 年以来的 7 个信号中，仅有 20 世纪 30 年代末的信号是虚假的。2012 年的信号是

有效信号，还是如20世纪30年代和40年代一样，更多的是象征性买入，是一件很有意思的事。由于大盘更多时间是在上涨而非下跌，所以消极信号的基准从10%上升到40%。也就是说，当价格摆荡跌至+40%的水平以下时，发出峰值信号。图23-11中的向下箭头标出了这些信号。一般而言，实际的峰值信号出现在价格摆荡逆转方向，因此超买负穿越是更保守的一种方法。某些情况下，峰位过后出现的是为期多年的区间波动而非实际的下跌。但在所有例子中，在信号发出后多年，名义价格都处于艰难上升的状态。

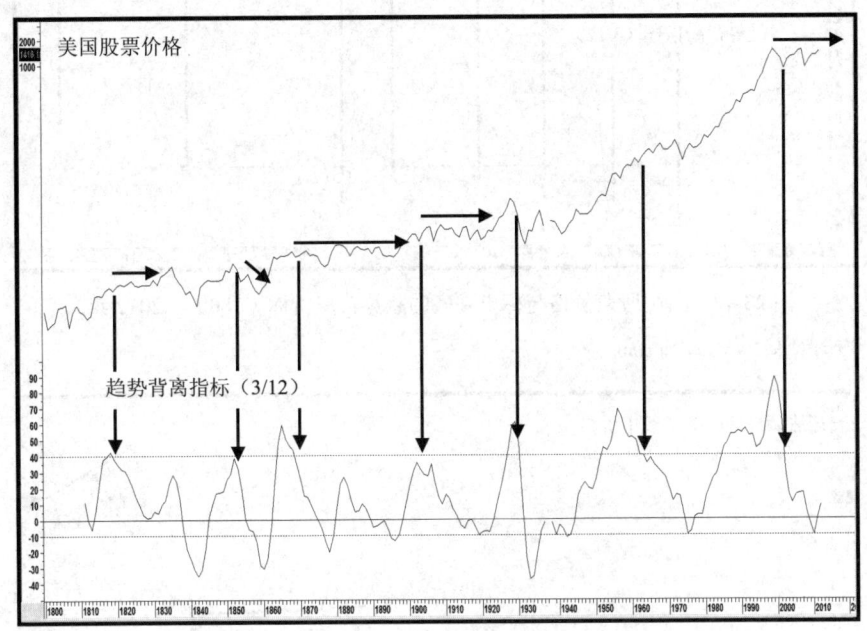

图23-11　美国股票价格与标出峰位的趋势背离指标（1800～2012年）

资料来源：www.pring.com。

趋势线通常是一种非常有用的长期识别工具。图23-13表明，20世纪趋势线突破或者价格形态完成一直是主要趋势逆转的可靠信号。当然，问题在于，在某些快速趋势下，如1929～1932年的下跌，并非总能绘制出这些线。或者说，这些线可以构建，但其突破出现在转折点之后。图23-13所画的任何一条线都不属于此类情况，但若将连接1911～1915年顶部的曲线绘制出来，便属于这一情况。

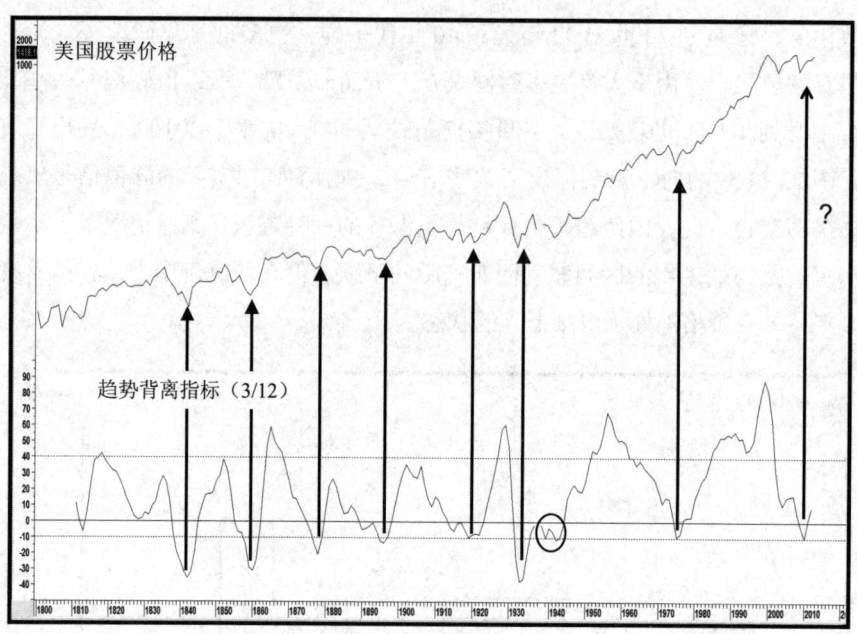

图 23-12　美国股票价格与标出谷底的趋势背离指标（1800～2012 年）

资料来源：www.pring.com。

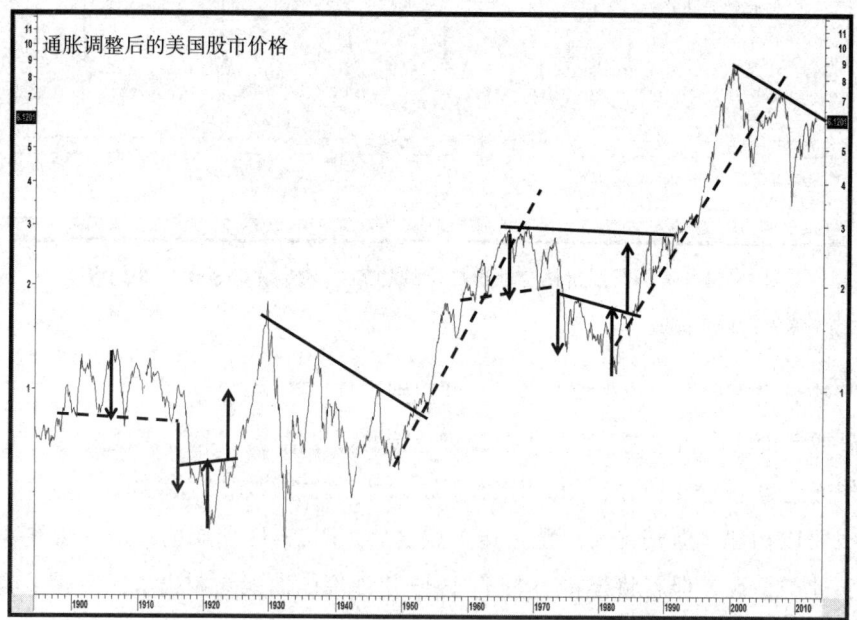

图 23-13　通胀调整后的股市价格和趋势线（1890～2012 年）

资料来源：www.pring.com。

另一种方法是将趋势线突破与摆荡指标相结合。在这个例子中，正如图 23-14 所示，用 60 个月（5 年）移动均线除以 360 个月（30 年）移动均线，能得到一个有效的长期跨度。在 20 世纪 30 年代用椭圆形标出的区域，每一个信号都和价格背道而驰。但除此之外，该方法在 1900～2013 年的所有时间段内都是行之有效的。

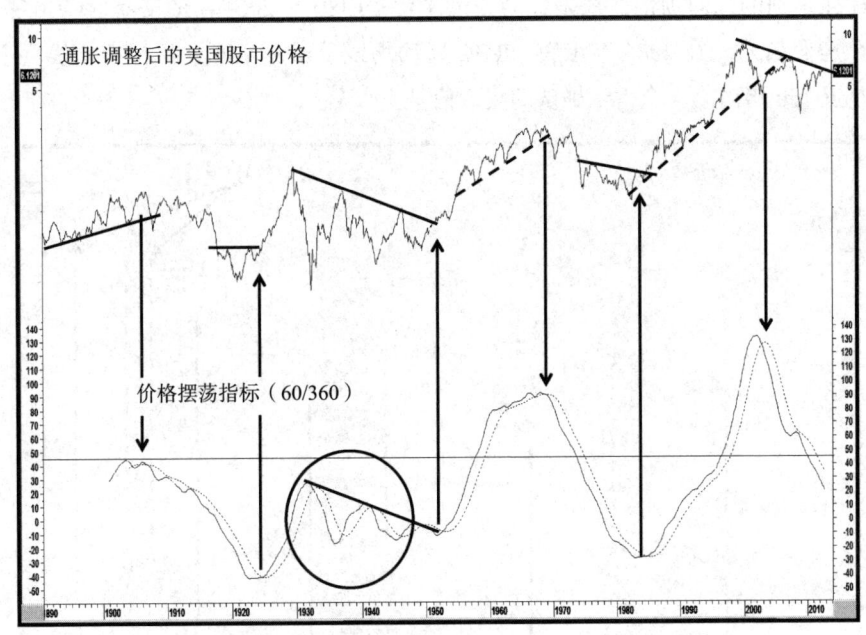

图 23-14　通胀调整后的股市价格和摆荡指标（1890～2012 年）

资料来源：www.pring.com。

识别长期大宗商品价格趋势逆转

一种方法是基于数据得出其长期移动均线。不过问题在于，我们需要延长时间框架以消除虚假信号，不过新趋势产生之后，这些趋势往往进展顺利。

图 23-15 显示了美国大宗商品价格的 156 个月（13 年）移动均线。它运行得相对合理，穿越信号可靠，足以预示趋势逆转，但也并非万无一失。请注意，在 1860 年以前，大宗商品指数采用年度价格。

图 23-15 还包含了一个动能指标——240 个月（20 年）ROC 指标，并用 72 个月（6 年）移动均线进行平滑处理，能很好地识别抛物线型的顶部。平滑曲线

的逆转常常在谷底给出可靠的信号。图 23-15 中的向上（实线）箭头标出了动能指标移动均线逆转向上的情形。通常，这些信号会在商品价格的最后转折点之前的一段时间形成，因此图中的部分箭头向右倾斜，以指明价格曲线何时对移动均线穿越加以确认。向下（虚线）的箭头则代表长期峰位。在这种情况下，信号出现在 ROC 曲线向下穿越其 72 个月移动均线，**而非指数逆转方向时**。这是因为底部往往是圆的，而顶部往往是尖的。请注意，1980～2001 年的交易区间出现了两个虚假信号。在 2005 年年底，ROC 移动均线重回其 156 个月移动均线之上。这是近 150 年内第 5 个得到确认的买入信号。

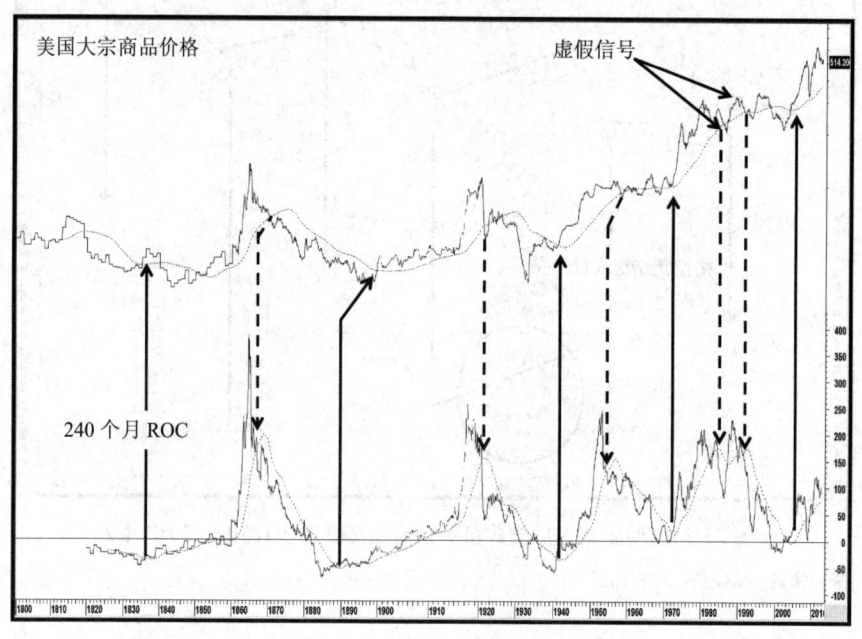

图 23-15　美国大宗商品价格和变动率指标（1800～2012 年）

资料来源：www.pring.com.

另一种有用的技术方法是，采用之前用于股票市场分析的 60 个月或 360 个月价格摆荡指标。图 23-16 就是一个例子。在该图中，摆荡指标的 48 个月移动均线穿越被作为动能买入/卖出信号。请注意箭头 A 和 B，它们代表近 200 年历史中仅有的虚假信号，当然，也必须承认还有两三个信号稍显滞后，但总体表现不算糟糕。

趋势线分析也同样适用于大宗商品价格分析。图 23-17 展示了一些例子。请注意有一条趋势线自 20 世纪 30 年代开始陡然上升。如果它被突破，接下来我们将看到一轮主要的大宗商品下跌趋势或较长期的区间波动。

第 23 章 时间：分析股票、债券和大宗商品的极长期趋势 423

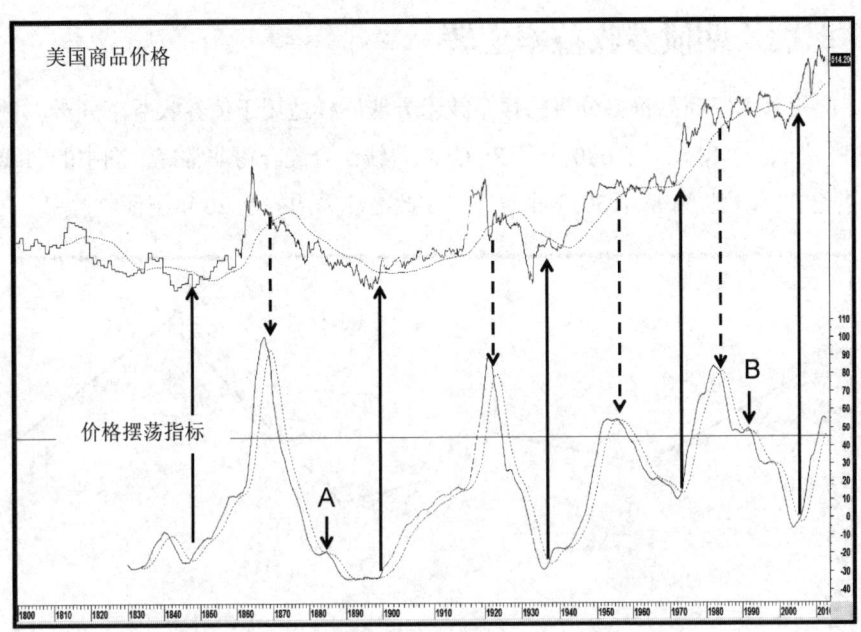

图 23-16　美国商品价格与价格摆荡指标（1800～2012 年）

资料来源：www.pring.com.

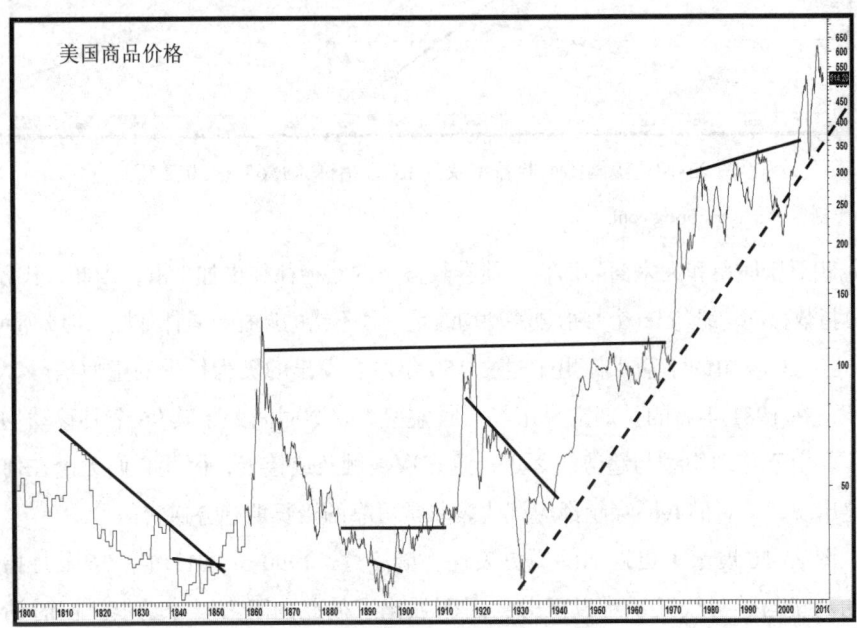

图 23-17　美国商品价格与趋势线应用（1800～2012 年）

资料来源：www.pring.com.

识别长期债券收益率逆转

应用于大宗商品价格分析的很多技术方法同样适用于债券收益率分析。举例来讲,如图 23-18 所示,240 个月 ROC/趋势线组合配合得非常好。图中的曲线自 20 世纪 90 年代以来采用 30 年收益率,在此之前采用的是 20 年国债收益率。

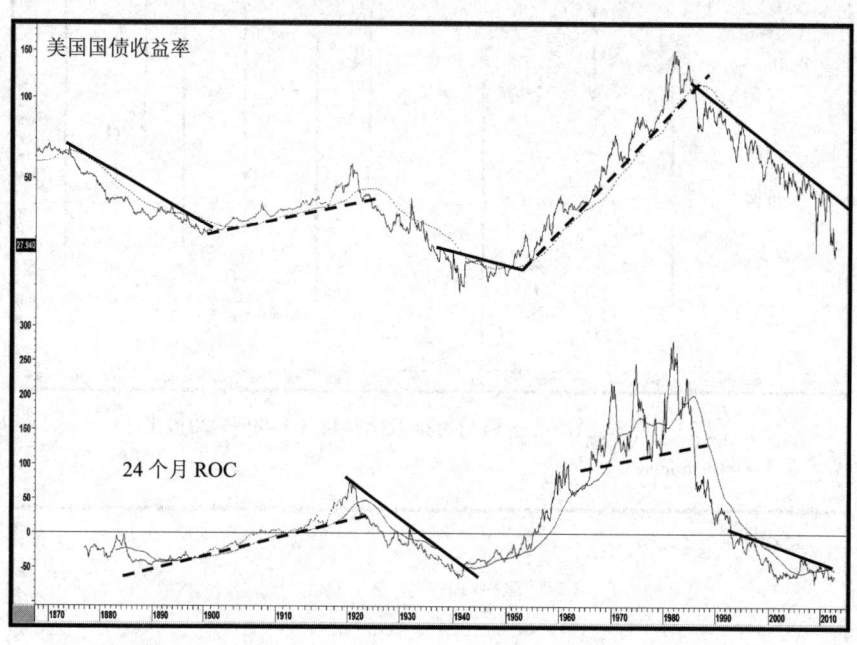

图 23-18　美国国债收益率及其 ROC 指标（1865～2012 年）

资料来源：www.pring.com.

相对于股票和大宗商品而言,债券收益率的路径往往更加平滑,因此,比较 9 个月指数移动均线与 96 个月指数移动均线是一种不错的选择。具体如图 23-19 所示。

图 23-19 中的小箭头标出了过去 150 年左右发出的极为稀少的虚假信号。请注意,在 1981 年后的长期空头市场,收益率大多数时间处于其 96 个月移动均线之下。由于移动均线与趋势线邻近,且多次被触及或接近,因此它们无论在何时何地出现,二者的共同穿越都应该代表非常可靠的极长期趋势逆转信号。

图 23-20 展示了更近期的历史表现。请注意,1990～2013 年,96 个月指数移动均线与趋势线几乎难以区分,因而强化了彼此的阻力屏障功能。同时请注意,图中的两个极长期转折点,收益率均未呈现急剧逆转;相反,两种情况下收益率都经历了漫长的区间波动。

第23章 时间：分析股票、债券和大宗商品的极长期趋势 425

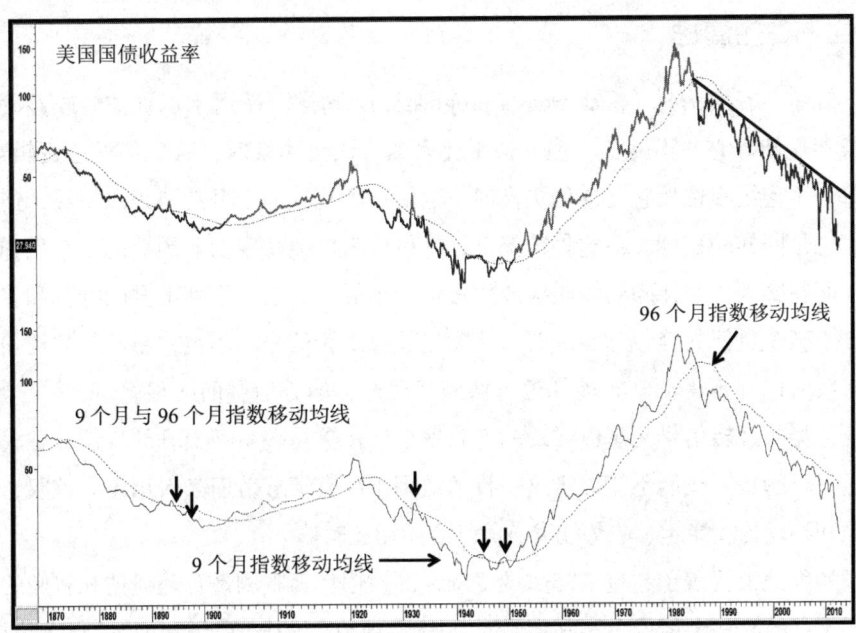

图23-19 美国国债收益率与两条移动均线（1865～2012年）

资料来源：www.pring.com。

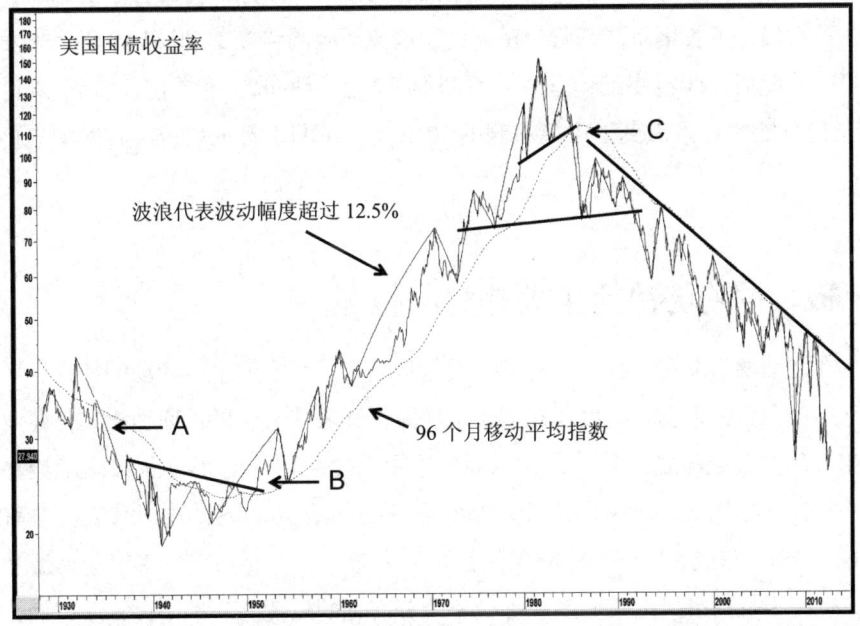

图23-20 美国国债收益率与峰位谷底分析（1928～2012年）

资料来源：www.pring.com。

峰位-谷底演进

峰位-谷底演进（peak-trough progression）同样可被用于识别债券收益率的极长期逆转。它并不完美，但却似乎比多数方法更为及时。背后的核心逻辑是，当每一个连续峰位比它之前的更高时，表明一个有效的上升趋势得以发展，连续谷底也是同样的道理。在这种情况下，峰位代表伴随特定商业周期的一个反弹高点，而谷底则代表伴随商业收缩或放缓的一个低点。当一系列上升的峰位和谷底让步于某个更低的峰位与谷底时，便发出趋势逆转信号。不过，新趋势的覆盖面和持续时间还不得而知。能知道这些当然很好，但方向层面的预警也不可小觑。下降趋势的逆转信号几乎以相反的方式发出，标志是一系列上升的峰位和谷底取代了下行趋势。我们不能假定这一技术适用于所有情形，但其效用令人惊叹，尤其是和移动均线穿越、趋势线突破等结合运用的时候。

实线波浪代表了超过12.5%的变动，并被用作客观测量合理峰位和谷底的基础。A点的第一个信号，实际上是对开始于1920年的长期下降趋势的再次确认。在1932年年初，一个上升的高点将不断走低的峰位和谷底打断。由于1931年低点略低于它前面的低点，下降的谷底仍然是有效的。A点的突破位于前期低点下方，再次确认了长期下降趋势。B点代表这波下降趋势在20世纪40年代末发生的逆转。此后，收益率继续呈现一系列的不断上行的峰位和谷底，直到20世纪80年代早期的C点。到图中最右侧的2012年，不断下行的峰位-谷底演进仍在继续。

极长期趋势决定主要趋势的特征

在之前的章节中，我们了解到主要趋势决定了较短期价格变动的特征。短期上升趋势在多头市场的幅度比在空头市场大，反之亦然。极长期趋势和与商业周期相关的主要趋势之间的关系，也同样适用上述规律。图23-4很清晰地诠释了这一规律。如图23-4所示，比起1966～1982年或2000～2012年的长期熊市，1949～1966年或1982～2000年的长期牛市期间，主要趋势空头市场要温和得多。理解了长期市场的方向能让你处于十分有利的位置。举例来讲，一方面，如果你正确地得出股市处于长期多头市场的结论，价格将对超卖读数更加敏感。另一方面，如果极长期趋势下行，超卖读数的影响力大幅下降。此外，在长期空头市场，主要趋势反弹在规模和持续度上都可能显得乏力，而且更可能遭遇阻力，而非不断创历史新高。

有句话说："意外"的出现往往顺应主导趋势的方向。由于极长期趋势确实更占据主导地位，这就意味着在长期上升趋势期间，更可能出现通货膨胀。大宗商品价格的涨势比多数人的想象更迅猛。债券收益率同样如此。在通货紧缩的极长期趋势中，情况则恰恰相反。话虽如此，趋势越成熟，就越容易出现"惊喜"。趋势启动时，商品价格和利率往往经历区间波动，或持续5～10年的过渡时期。只有当上升波将近结束时，才会越来越适合，商品价格和收益率才会出现令人咋舌、出人意料的上涨。

表23-2到表23-5展示了在1946～1981年上涨阶段债券收益率的实际变动，以及1981～201？年阶段穆迪公司AAA评级债券的收益率走势。

我们曾经提到，2012年是极长期趋势的低点，但在2013年早期，并没有足够的证据来得出确切的结论，虽然我们可以从某些指标看出蛛丝马迹。

表23-2 长期上升趋势中的周期性收益率上涨

日期	月数	上升比例（%）	日期	月数	上升比例（%）
1946/04～1947/12	20	16	1967/02～1970/06	40	68
1950/01～1953/06	41	25	1972/12～1974/10	22	31
1954/04～1957/09	41	44	1977/09～1980/03	30	64
1958/05～1960/01	20	29	1980/06～1981/09	15	46
1963/02～1966/09	43	31	平均数	30.2	39.3

表23-3 长期上升趋势中的周期性收益率下降

日期区间	月数	下降比例（%）	日期区间	月数	下降比例（%）
1947/12～1950/01	25	10	1970/06～1972/12	30	16
1953/06～1954/04	10	16	1974/10～1977/09	35	15
1957/09～1958/05	8	13	1980/03～1980/06	3	18
1960/01～1963/02	37	9	平均数	19.1	13.1
1966/09～1967/02	5	8			

表23-4 长期下降趋势中的周期性收益率下降

日期区间	月数	下降比例（%）	日期区间	月数	下降比例（%）
1981/09～1983/05	20	9	1994/11～1999/01	62	30
1984/06～1987/02	32	38	2000/05～2003/07	38	33
1987/09～1993/09	60	36	平均数	42.4	29.4

表 23-5　长期下降趋势中的周期性收益率上升

日期区间	月数	上升比例（%）	日期区间	月数	上升比例（%）
1983/05～1984/06	24	18	1999/01～2000/05	16	29
1987/02～1987/09	7	23	平均数	15.25	25.25
1993/09～1994/11	14	31			

在收益率的长期上升趋势期间，周期的牛市部分平均持续30个月，债券收益率涨幅略低于40%；熊市持续时间更短，仅19个月；跌幅也更小，平均在13%左右。在1981～2012年的下降波期间，空头市场持续时间更久，达42个月，债券收益率跌幅为29%。多头市场则较短，平均为15个月，但平均涨幅达到25%。长期牛市下每次上涨行情的规模，并不一定比长期熊市下的所有上涨行情更大，反之亦然。尽管如此，平均数据表明，如果能对极长期趋势做出正确的判断，你已经在投资战役中获取先发优势。

Summary

小　结

- 康德拉季耶夫长波描述的是通胀力量与通缩力量之间的长期互动，但它过于死板，许多金融事件并不像预先设想的那样发展。
- 自19世纪以来，股票、商品及债券市场在多头行情和空头行情之间交替变化，通常持续15～20年。
- 股票的长期空头市场由长期的心理振荡决定。它们受结构性的经济问题和反常的商品价格波动的影响。
- 分析极长期趋势可以采用常规的技术工具，如动能、趋势线和移动均线分析。
- "惊喜"的出现往往顺应主导趋势。这决定了极长期趋势和主要趋势的特征。

第 24 章
Chapter 24

时间：周期与季节形态

📈 基本原则

在大多数技术分析图中，水平坐标轴代表时间；通常将时间与另外 3 种判定股市趋势的心理维度——价格、成交量和市场广度结合使用，不过后 3 种变量往往是通过纵轴表示。我们也可以通过周期分析对时间进行单独评估。

到目前为止，关于时间重要性的讨论还仅限于这样一种思想，即趋势逆转的重要程度取决于卖盘完成出货和买盘完成进货所需时间的长短。出货和进货持续的时间越长，随后的波动幅度可能越大，波动持续时间也可能越长。买盘进货经历的时间较长，便能够为长期的股价上涨提供坚实基础；同理，想要消除趋势中的过度投机因素，股价也需要经历一段同等规模的盘整走势。1921～1929 年，持续 8 年之久的多头行情因股价反向调整而中断，但股价在这一期间的大幅上涨已导致市场出现过度自信与投机心理，这种情绪只能通过剧烈而长期的跌势才能得以消除。

类似地，在 1966 年股市触及峰位之前，股价已经基本持续了长达 24 年之久的上涨行情，从而导致随后的盘整走势相当漫长，股价摆荡幅度也很大。如果考虑到通货膨胀因素并进行相应的调整，那么股市在 1965 年就已经处于峰位，随后便经历了极端严峻的长期空头行情，其严重程度几乎不亚于 1929～1932 年的股市崩盘。

另一个例子是关于黄金市场的。在 1968～1980 年 1 月的多头行情中，黄金价格从最初的每盎司 32 美元上涨到 850 美元。尽管随后的价格跌势没有 1929 年股市崩盘那样严重,但在接下来的 20 年间,黄金价格一直呈现出令人沮丧的盘整走势,并且远低于峰值的一半。一旦这个调整过程结束,价格便自 1980 年的峰位飙升两倍多。

> **技术要点** 时间与价格调整幅度相关,因为完成一个趋势所花的时间越长,投资者对该趋势的心理认可度越高,相应地,价格向相反方向运行并进行调整的幅度就必然越大。

在多头行情中,投资者已经习惯了股价上涨,也就自然而然地认为每一次回调走势都是暂时的。当趋势逆转最终发生,并且第一波空头行情到来之时,大多数投资者依然坚信,这也是一种暂时性的回调,并且多头趋势正在恢复。人们最初的反应总是不愿相信,这可以从以下态度中看出:"股价必将反弹",或者"这是一家很好的公司,我会长期持有"。当股价在空头行情中持续走低时,投资者对这种盘整走势所持的态度就不再像之前那么乐观,因为大多数投资者已经放弃了他们认为市场行情即将上涨的预期,转而寄希望于一段时间的盘整行情。随着股价的不断下跌,投资者开始对市场持彻底的悲观态度,市场心理的钟摆最终摆向完全相反的另一端(即看空)。此时,调整过程要经历足够长的时间及持续不断的下跌行情而得以完成,我们所考察的市场已经具备了启动新一轮上涨行情的充分条件。

必须强调一点,这里我们是从情绪的范畴来看待时间,因为投资者从他们未能实现的预期中调整过来需要时间。无论是商人还是投资者,都应该意识到时间和商业周期的密切相关性。这是因为一段强劲且持久的经济复苏(如 1921～1929 年和 1990～2000 年的经济复苏)会令投资者和企业家们对市场充满信心,从而导致他们在长期繁荣之后容易变得缺乏效率、粗心大意以及过度扩张。为了消除以上扭曲现象,在接下来的衰退中,经济形势将更加严峻。股票价格也将因此遭受双重打击:①经济形势恶化导致股票内在价值受损;②繁荣时期脱离实际的高价格势必向下调整。同理,在经历长期的空头行情后会出现相反的情况。

> **技术要点** 先前的走势与之后的折返走势应对等,这种思想称为均衡原则。

将时间作为独立的变量进行衡量是一个复杂的过程，因为价格每隔一段时间会出现一定的波动，即周期性波动。周期运行的时间范围从数天到数十年不等。在任何既定时刻，有很多不同的周期在同步运行，而且由于它们在不同的时刻蕴含着不同的力量，这些周期之间的互动关系通常会扭曲某一特定周期的时间特性。

最主要的长期周期是所谓的 4 年周期。其中，谷底与谷底之间的名义或平均时间跨度为 41 个月。由于同时存在某些影响，因此周期时间各异，4 年周期的实际时间跨度可能会有 6 个月左右的出入。

图 24-1 以正弦曲线表示周期。这些曲线通常是以 ROC 指标或趋势背离为基础，并通过平滑处理消除误导性波动。由于很少出现两个长度相同的时间周期，因此，我们一般只计算平均或是名义长度，这种理论上的时间跨度只作为预测的基础。

> **技术要点** 由于两个周期的长度很少会完全重合，因此，我们需要计算周期的平均长度或名义长度。这种理论上的时间跨度是我们进行预测的基础。

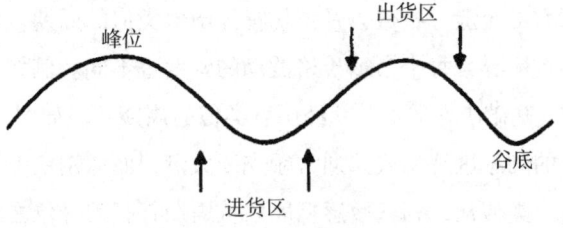

图 24-1　典型的周期

在图 24-2 中，虚线代表理论周期，实线代表实际周期。箭头表示理论周期的峰位和谷底；事实上，实际的价格趋势逆转很少与理论点位完全重合，其中特别需要强调的是，理论峰位经常会出现较长的领先时间。尽管如此，理论点位仍然能够为我们识别趋势逆转提供有意义的指引。除比例原则和名义原则外，其他 3 个重要原则也与周期分析相关。

第一个是**共性原则**，根据此原则，类似的周期存在于在所有个股、指数和市场的价格行为中。这就意味着 4 年周期不仅适用于美国股票、债券和商品市场，也适用于个股和国际市场。

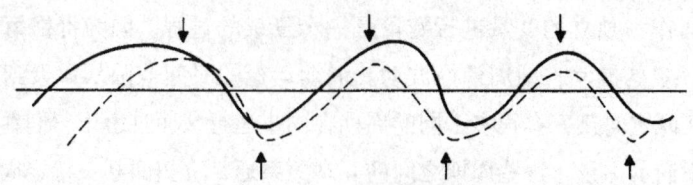

图 24-2 典型的周期与理论周期

技术要点 运行方向一致的市场、股票或商品数量越多，价格趋势越明显。

举例来说，如果有两只食品类股正在经历趋势突破，此时，整个食品板块表现出来的趋势肯定不如 10 只食品类股同时经历趋势突破时明显。这不禁让我想起一句话："以量取胜。"

第二个是**差异性原则**。

技术要点 差异性原则表明，尽管所有股票都经历着类似的周期，但由于基本面因素和心理因素的影响，各个周期的价格波动幅度和持续时间也会有所不同。

换言之，所有的个股、指数以及市场都经历着类似的周期，但其峰位和谷底出现的时间都各有所异，每个市场价格波动的幅度也不同。例如，利率敏感型股票和周期性股票（基础工业股票）就经历着类似的周期，但如图 24-3 所示，像公用事业类股这样的利率敏感型股票通常领先于大盘，而像钢铁类股这样的周期性股票则有所滞后。类似地，利率敏感型股票从周期谷底到峰位之间的涨幅可以达到 80%，而周期性股票的涨幅可能只有 20%，反之亦然。

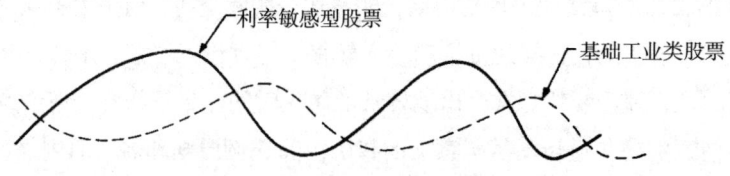

图 24-3 领先板块与滞后板块

图 24-4 也阐释了以上原理，图中显示了各金融变量在一个典型的商业周期中的相互关系。每个周期的上升部分通常都由 3 个阶段组成，分别对应道氏理论所阐述的 3 个阶段。正常情况下，价格在每个阶段都会创下新高，但偶尔也会出现

例外。这种例外情况称为**振幅不足**，代表明显的弱势信号。振幅不足现象出现的原因是潜在基本面非常不理想。事实上，这意味着周期后劲不足。波动失效是反趋势价格变动的一大特征，比如主要空头市场的短期反弹、长期空头市场下的上涨趋势等。

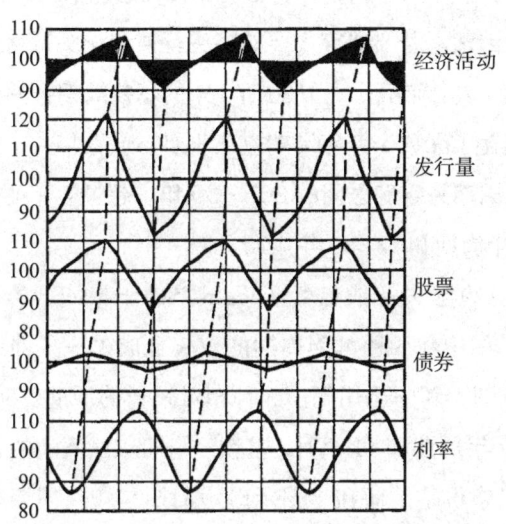

图24-4 显示金融变量与其均线百分比的典型周期：经济周期的机械分析法

资料来源：L. Ayres, Cleveland Trust, 1939.

相反的情况也有可能发生。异常强势的基本面（或者基本面走强的市场预期）可以使上升部分增加为4个阶段，在第4个阶段价格将进一步延续涨势。对股票市场而言，最后一轮的价格高涨通常与利率的长期下跌有关。这种基本面强劲的情况通常发生在4年周期与更长周期峰位重合的情况下，这与极长期趋势有关。

一个特定市场由若干个部分组成，如果多个部分的周期转折点趋于一致，则预示随后的价格波动幅度非常大。例如，世界各地股票市场的转折点通常出现在不同的时间点，然而，1982年夏天，大多数股票市场的周期低点同时出现，结果导致几乎所有市场都出现了暴涨行情。

第三个是**加总原则**。

> **技术要点** 根据加总原则，在计算某一特定指标时，需要将多个周期结合起来考虑。

在第 15 章，我们讨论过若干周期合并为一，以及 KST 市场周期模型背后所蕴含的原理。这一章也同样提到，如果将结果绘制成一个理想周期，则出现一条类似于 SPK 指标的曲线。

在任意时点，影响时间序列运行趋势的 4 种因素包括：长期因素、周期因素、季节因素以及随机因素。若要研究主要的多头行情和空头行情，周期性趋势是一个很好的分析起点。具体而言，是从为期 4 年的**基钦周期**开始。长期因素持续时间特别长，其中涵盖了无数个 4 年周期。从股票、债券与大宗商品市场的角度来看，最主要的**长期周期为谷底之间的 30 ～ 50 年**。超过 4 年的另外两种重要的周期分别被称为 9.2 年周期和 18+1/3 年周期。

图 24-5 改编于约瑟夫·熊彼特（Joseph Schumpeter）的著作《商业周期》(*Business Cycles*)，图中将 3 种可测周期的效应合成了一条曲线。事实上，它阐释了周期加总的原则，其中运用到了 3 种相对较长的周期：50 ～ 54 年（康德拉季耶夫）周期、9.2 年周期和 41 个月（基钦）周期。该模型的目的不在于精确地预测经济形势与股票价格，而在于揭示较短周期与较长周期之间的关系。即使如此，仍然需要注意的是，在 1987 年，长期周期曲线穿越到零线以下。对长波更详尽的描述可参见第 23 章。现在，我们将着重讨论几个持续时间相对较短的周期。

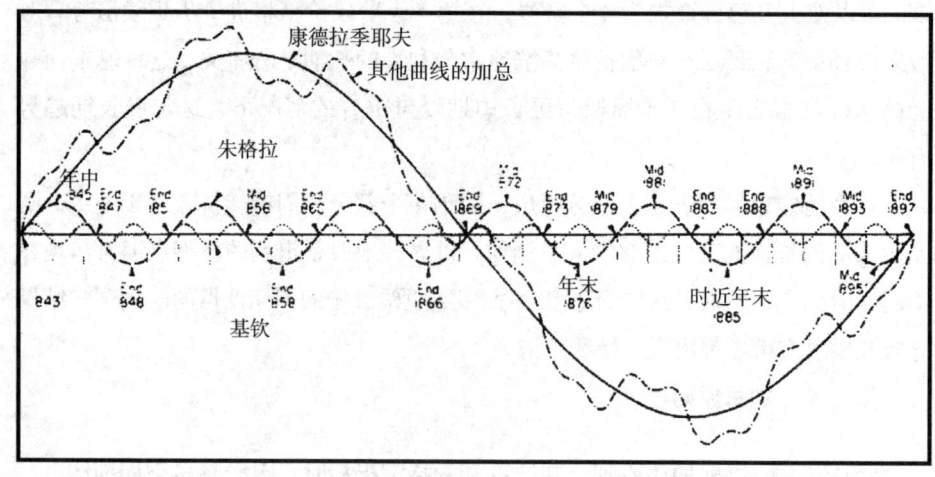

图 24-5a 熊彼特的 19 世纪商业周期模型

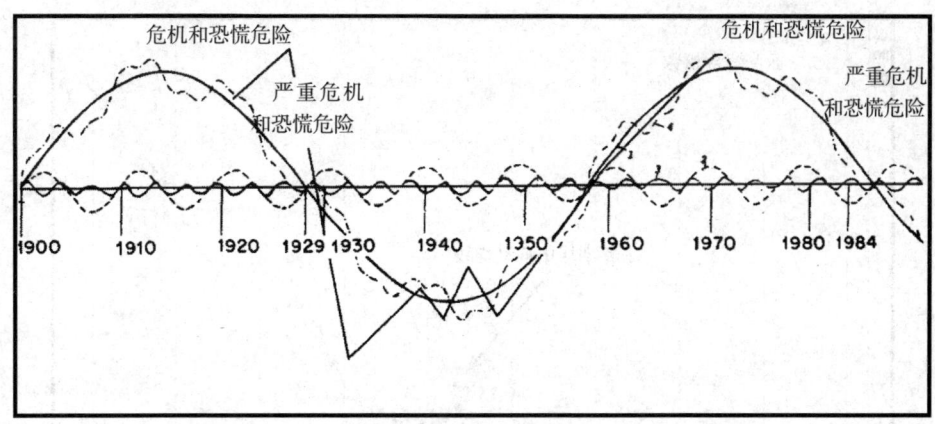

图 24-5b 20 世纪的商业周期与危机点（测算路径）

资料来源：From Joseph Schumpeter, *Business Cycles*, McGraw-Hill, New York, 1939.

📈 18 年周期

通常情况下，周期振幅与周期长度成正比，即周期持续的时间越长，波动幅度越大。

自 19 世纪初以来，股票价格波动所呈现出来的 18 年周期，或者更精确地说，18+1/3 年的周期可靠性相当高，但它最近的表现受到质疑。即便如此，这种周期仍然具备较高的可信度，因为它在其他的一些领域也同样存在，如房地产市场、贷款与贴现市场，甚至是金融恐慌的时间跨度。

图 24-6 的平滑曲线是 1835～2012 年普通股价格的 3 年期居中移动均线。这种移动均线有助于平滑趋势，从而更清晰地显示长期走势。显然，参考垂直线，我们可以清晰地在主要市场底部观察到 18 年周期。

尽管周期的平均长度为 18+1/3 年，但实际的周期低点可能会提前或滞后两三年出现。由于凯恩斯革命对周期产生影响，使得周期偏向上升趋势，以至于有人质疑它是否能正常运行，这就促使政府加强了对经济活动的干预。例如，1987～1988 年期间的概念性低点与实际经济周期的底部不相吻合。请注意，正如前文所介绍的那样，20 世纪 50 年代早期和 1987～1988 年低点就出现在长期多头市场。在这种情况下，我们不会期望从下降周期的角度有大量发现，但这些连接点，比如规律性的周期低点，仍然可以被视作长期买入机会。

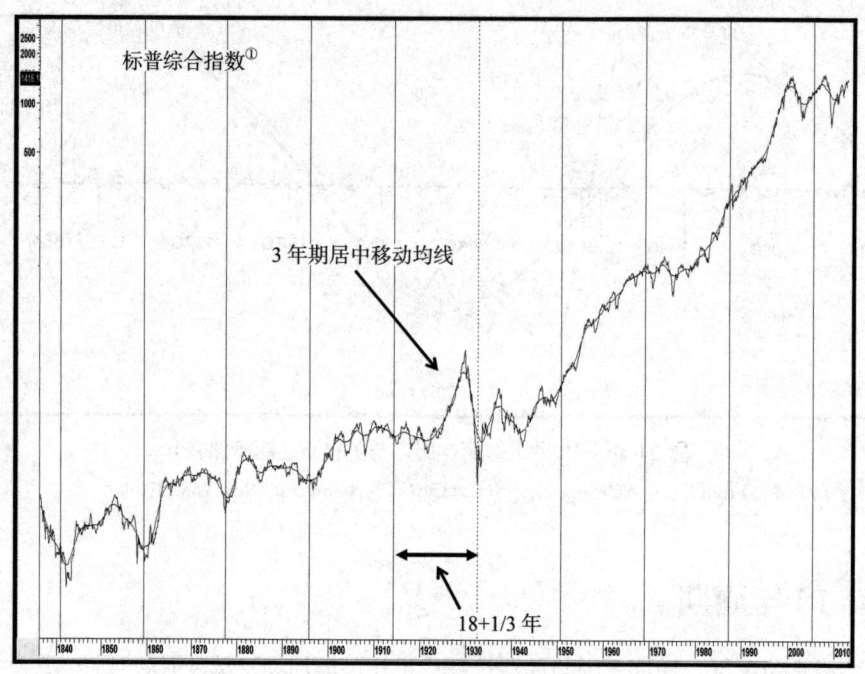

图24-6 标普综合指数的18+1/3年周期（1835～2012年）

① 该指数的历史仅可追溯到1926年，因此已与其他变量进行拼接。

资料来源：www.pring.com。

总的来说，自19世纪40年代以来，18年周期始终保持平稳运行。然而，最近出现的两个周期很不稳定，不禁让我们质疑，这种18年周期是否还在继续运行？这也是为什么周期如同其他技术方法一样，需要结合其他指标进行考虑的另一个原因。

17.5年周期

与18年周期略有不同的是17.5年周期，这在图24-7中有所描述。该图包含了许多重要的底部和头部。所有的长期转折点，比1929年、1949年、1966年、1982年及2000年，都会与预期的底部或者逆转接近。令人遗憾的是，这种周期并不能区分头部和底部，同样需要结合动能指标。

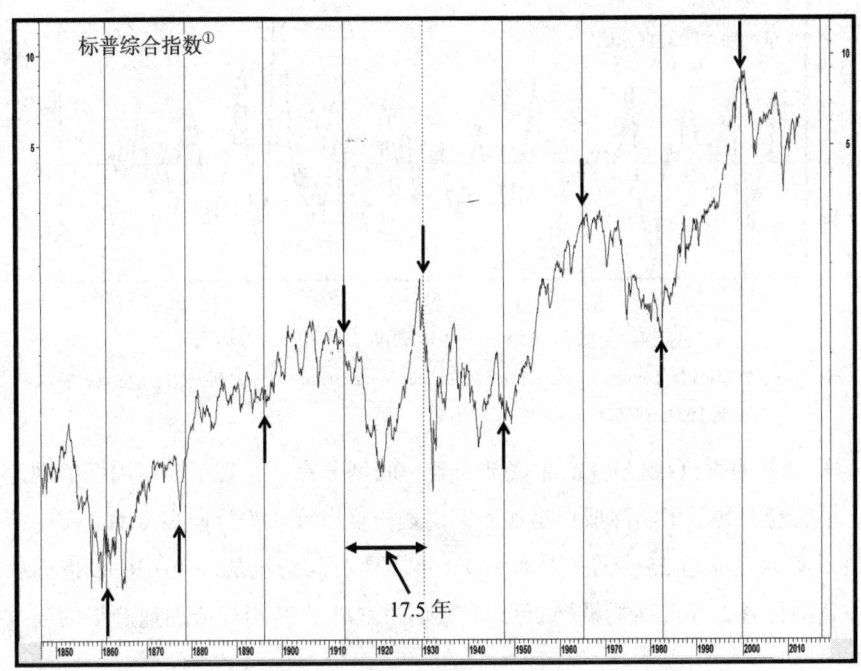

图 24-7 标普综合指数的 17.5 年周期（1840 ~ 2012 年）
① 该指数的历史仅可追溯到 1926 年，因此已与其他变量进行拼接。
资料来源：www.pring.com.

9.2 年周期

图 24-8 显示了 1830 ~ 1946 年股票价格的 9.2 年周期。其中，虚线代表理论周期，股票价格严格按照预定时间发生逆转；实线则代表用每年实际的股价指数除以其 9 年移动均线所得到的百分比。

1930 ~ 1946 年，9.2 年周期总共出现了 14 次，根据巴特尔（Bartels）概率测试，这种情况发生的概率不超过 1/5000。该周期的重要性还可以从其他一些现象中得到验证，如不相干的生铁价格与树木年轮厚度，都呈现出 9.2 年的周期性。

但是，图 24-4 中的绘制方法存在一个缺陷，即每年的股价指数是以 9 年居中移动均线的百分比表示。这意味着，在事实发生的 4 年之后，我们才能够了解实际的趋势，从而导致在分析 9.2 年周期是否继续存在时，通常会有 4 年的时滞。虽然如此，如果在 1965 年理论峰位的基础之上，以 9.2 年为周期倒推到 1919 年，我们便可以发现，9.2 年周期的峰位与股票市场的主要头部高度吻合。

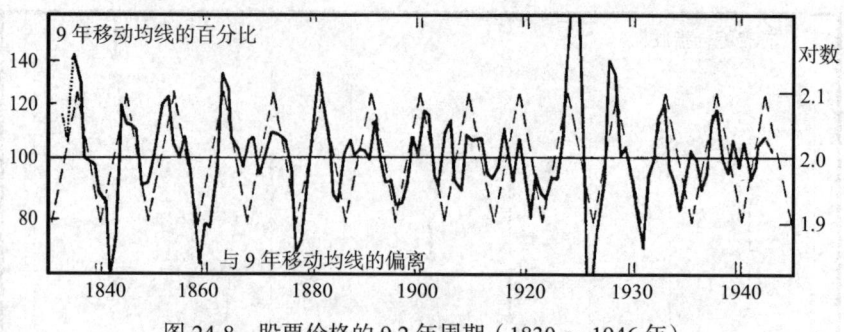

图 24-8 股票价格的 9.2 年周期（1830～1946 年）

资料来源：Edward R. Deway, *Cycles: The Mysterious Forces That Trigger Event*, Hawthorne Books, New York, 1971, p.119.

图 24-9 的垂直线以 1932 年底部作为中间划分点，呈现了 9 年周期的理论低点。小黑箭头展示了实际低点是如何偏离理论低点或成为反向高点的。图中箭头标出了实际底部与 55 个月（近似为 9.2 年周期时间跨度的一半）ROC 指标底部不一致的位置，而此时周期转折点与重要的 ROC 逆转指标或加速趋势的起点向对应。

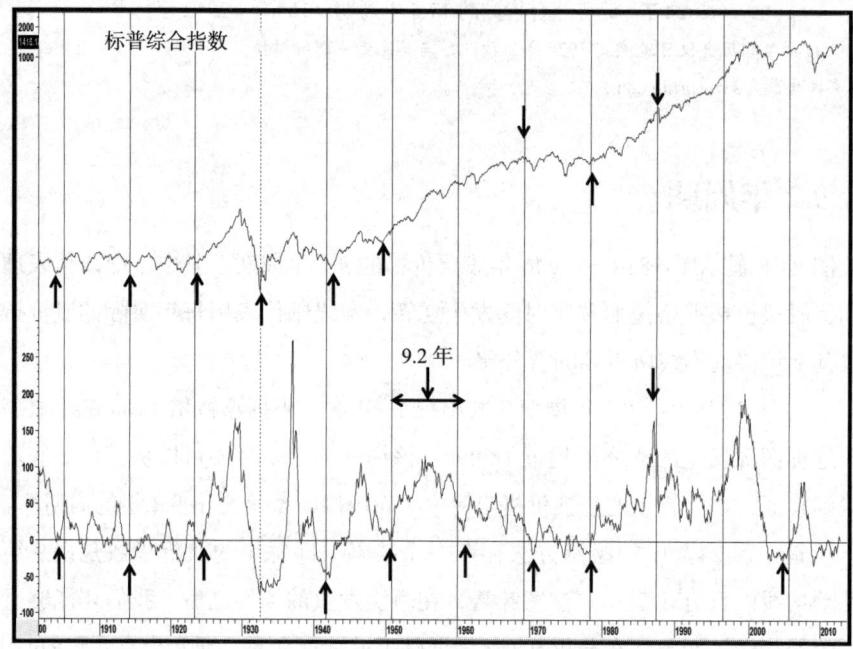

图 24-9 标普综合指数与 9.2 年股市周期（1900～2012 年）

资料来源：www.pring.com.

直到 20 世纪 90 年代初之前，9.2 年周期都运行得相当不错。在那之后，低点表示不错的买入点，但却出现在反弹走势的半山腰。这个周期完全错过 2002 年和 2009 年的低点，表明它可能已经不再生效。

📈 10 年模式

10 年模式是由埃德加·劳伦斯·史密斯（Edgar Lawrence Smith）在他 1939 年出版的著作《人类的机运》（*Tides and the Affairs of Men*）[⊖] 中首次提出的。史密斯对股票价格的研究可追溯到 1880 年，他得出的结论是，在这之后的 58 年间，股价波动或多或少地重复着为期 10 年的模式或者周期。他并没有解释这种 10 年模式为何会重复发生，但后来又将其与降雨量和温差相联系。相对而言，尽管这种周期是比较可靠的一种周期，但到目前为止，仍然无法对其原理做出合理的解释。

在计算过程中，史密斯用每一年的最后一个数字来代表年份。因此，1881 年、1891 年、1901 年等均为第 1 年；1882 年、1892 年等均为第 2 年，依此类推。受到埃尔斯沃思·亨廷顿（Elsworth Huntington）博士和斯坦利·杰文斯[⊖]（Stanley Jevons）研究工作的启发，两位学者都强调了自然现象中反复出现的 9～10 年周期现象，史密斯将股价走势图分割成若干个以 10 年为单位的部分，并将它们上下排列以进行对比，如图 24-10 所示。根据这些数据他总结出，一个典型的 10 年模式是由 3 个持续约 40 个月的周期构成的。已故的埃德森·古尔德使用 10 年周期作为其研究的基石，他对股票市场的预测惊人的准确，并因此在 20 世纪 70 年代中期声名卓著。在对 1974 年的股市行情进行预测时，古尔德写道："史密斯先生的著作发表距今已经有 35 年了，这 35 年间经历了战争和通货膨胀，经济格局与金融环境也发生了翻天覆地的变化，但在大部分时间里，股票市场的运行与 10 年模式都高度吻合。"[⊜] 由此可见，史密斯所发现的 10 年模式经受住了时间的考验。

⊖ From Smith, *Tides and the Affairs of Men*, p. 55ff.
⊖ 关于此周期可参考 19 世纪的英国经济学家 William Stanley Jevons 教授的相关研究。
⊜ From Smith, *Tides and the Affairs of Men*.

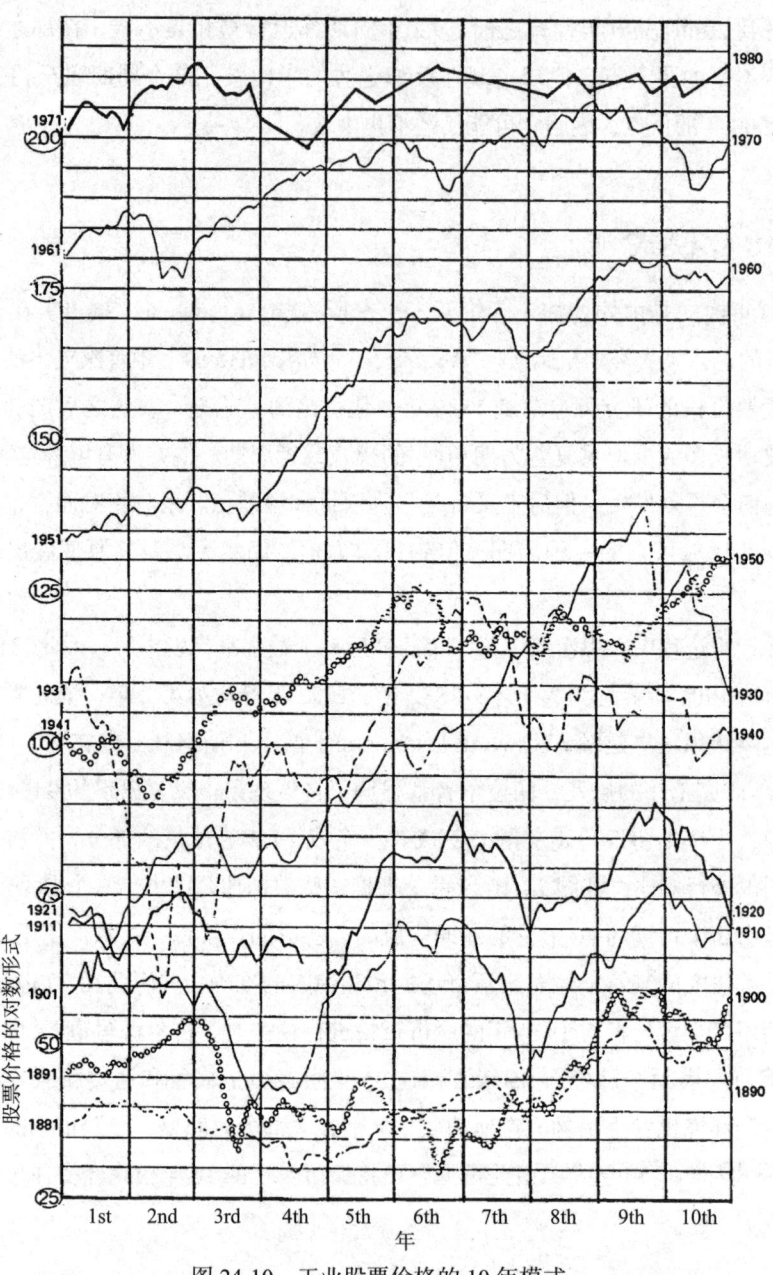

图 24-10 工业股票价格的 10 年模式

资料来源：Adapted from Edson Gould's 1974 Stock Market Forecast. The years 1974-1980 are represented by our own approximations for major waveforms in the DJIA.

图 24-11 中的股价序列表示 1900～2009 年数个 10 年模式的简单算术平均

值,其中每段时期的股价波动都被赋予相同的权重。从尾数为 0 的年份开始,以尾数为 9 的年份结束。你可以看到,在长期多头市场和长期空头市场期间的轨迹十分相似,即使它们代表着不同的年份。图 24-11 也表达了这样一个事实,即长期多头市场的年份比长期空头市场的年份更容易赚钱,是很明显的观察结论,同时也是重要的观察结论。

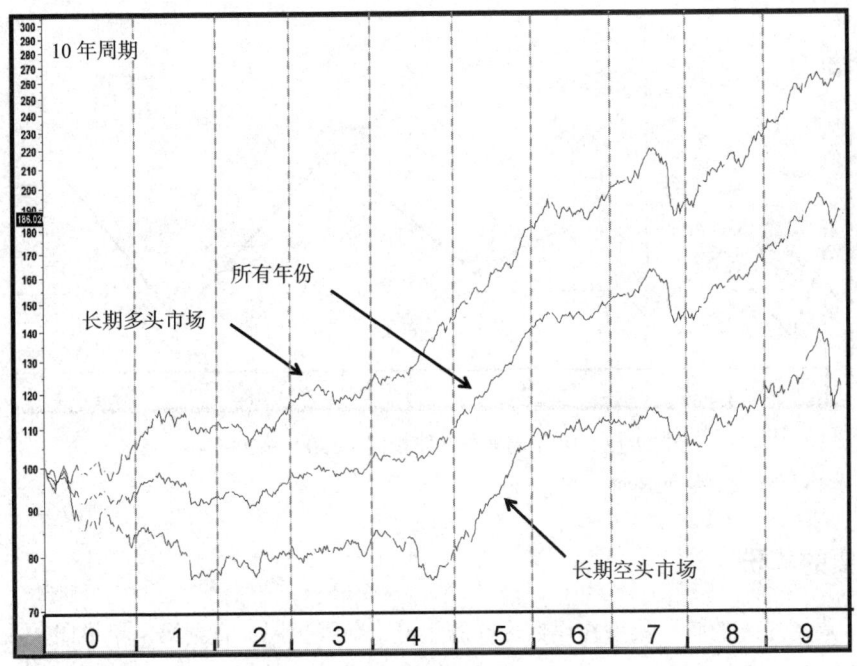

图 24-11 区分长期多头市场与空头市场的 10 年周期(1900 ～ 2009 年)
资料来源:www.pring.com。

图 24-12 中的模型与 12 个月 ROC 指标一起绘制。ROC 指标的摆荡展示了 4 个下降阶段和实线标注的 4 个上升阶段。

如果运用 10 年模式来识别强弱点位通常会在哪些位置出现,并观察其他指标是否与此吻合,那么该模式将体现出更高的价值。例如,在第 9 年年中,平均价格的 12 个月 ROC 指标处于严重超买状态,相应地,股价将在年底开始下跌或者进行盘整,并一直延续到第 10 年,即末位为零的年份。而在 1949 年,12 个月 ROC 指标实际上处于超卖状态,这与 10 年模式的正常情况相背,从而导致 1950 年实际的市场行情非但没有下跌,反而出现了上涨。这个例子充分表明,所谓孤掌难鸣,10 年模式应该与其他技术指标配合使用。

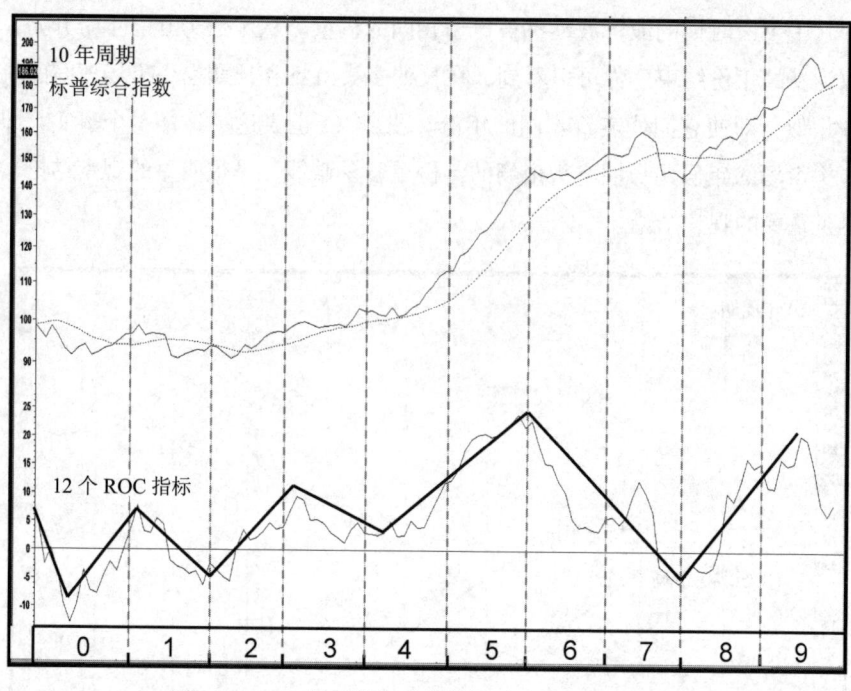

图 24-12 10 年周期与动能指标（1900～2009 年）

资料来源：www.pring.com。

重要的年份

周期最强的阶段集中在尾数为 5 的年份，继续扩展，直到第 7 年早期。从第 7 年年末或第 8 年年中起，股票价格开始呈现明显的上涨趋势，一直持续到第 9 年第 3 季度。的确，如表 24-1 所示，尾数为 9 的年份 13 次中反弹 10 次，仅次于超级第 5 年，超级第 5 年拥有 12-1 的反弹优势。2005 年是一个例外，但如果我们在计算过程中使用的是标普综合指数，就算不上例外。最弱的年份是尾数为 7 或者 0 的年份。

图 24-13 覆盖 21 世纪的头 10 年，比较了平均周期与标普综合指数。总体说来，直到 2008 年金融危机开始之前，二者的轨迹都是相似的。2008 年以后，市场不升反而急剧下降。这种背离再一次敲响警告，那就是不管某种历史模型或者历史关系的前景多么美好，都必须结合多重证据，因为在金融市场的预测中，除了害怕和贪婪的反复循环之外，没有一定之规可循。此外，使用这些类型的周期模型和周期本身来进行分析时，更应该强调方向而不是幅度。

表 24-1　10 年的股市周期

10 年周期	第 1 年	第 2 年	第 3 年	第 4 年	第 5 年	第 6 年	第 7 年	第 8 年	第 9 年	第 10 年
道琼斯工业平均指数的年度变化百分比 每个 10 年周期中的年份										
1881~1890①	3.0	-2.9	-8.5	-18.8	20.1	12.4	-8.4	4.8	5.5	-14.1
1891~1900	17.6	-6.6	-24.6	-0.6	2.3	-1.7	21.3	22.5	9.2	7.0
1901~1910	-8.7	-0.4	-23.6	41.7	38.2	-1.9	-37.7	46.6	15.0	-18.0
1911~1920	0.5	7.6	-10.3	-5.1	81.7	-4.2	-21.7	10.5	30.5	-32.9
1921~1930	12.7	21.7	-3.3	26.2	30.0	0.3	28.8	48.2	-17.2	-33.8
1931~1940	-52.7	-23.1	66.7	4.1	38.5	24.8	-32.8	28.1	-2.9	-12.7
1941~1950	-15.4	7.6	13.8	12.1	26.6	-8.1	2.2	-2.1	12.9	17.6
1951~1960	14.4	8.4	-3.8	44.0	20.8	2.3	-12.8	34.0	16.4	-9.3
1961~1970	18.7	-10.8	17.0	14.6	10.9	-18.9	15.2	4.3	-15.2	4.8
1971~1980	6.1	14.6	-16.6	-27.6	38.3	17.9	-17.3	-3.1	4.2	14.9
1981~1990	-9.2	19.6	20.3	-3.7	27.7	22.6	2.3	11.8	27.0	-4.3
1991~2000	20.3	4.2	13.7	2.1	33.5	26.0	22.6	16.1	25.2	
总变动率(%)	7	40	41	89	369	74	38	222	111	81
上涨年数	8	7	5	7	12	7	6	10	9	4
下跌年数	4	5	7	5	0	5	6	2	3	7

① 1881~1885 年的数据取自考利斯指数。

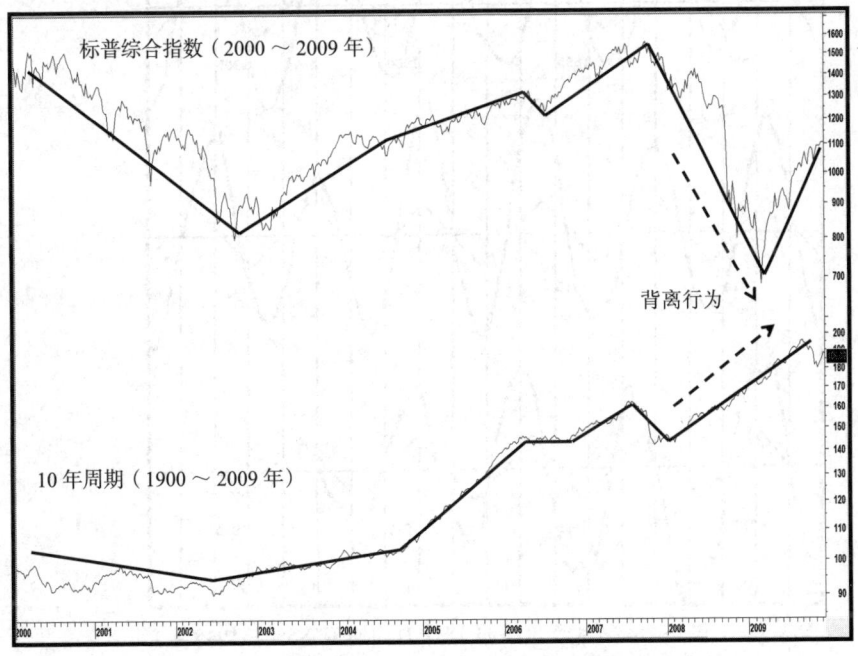

图 24-13　标普综合指数与 10 年模式（2000~2009 年）

资料来源：www.pring.com。

📈 4年（41个月）周期

所谓的 4 年周期实际是 40.68 个月的周期。自 1871 年以来，股票价格的波动就一直呈现出这种周期。大概在 1923 年，约瑟夫·基钦教授发现，在美国和英国的银行票据清算市场、商品零售价格以及利率水平中，也存在着 41 个月的周期，因此，这种周期便以他的名字来命名，即基钦周期。

图 24-14a 和图 24-14b 绘制了股票价格的基钦周期。1871～1946 年，基钦周期总共出现了 22 次，并且各个周期之间惊人的一致。之后在 1946 年，正如爱德华·杜威（Edward Dewey）所形容的："就好比有一只巨手推了它一把，整个周期摇摆起来，等它恢复平衡再向前前进时，已经完全丧失了多年来一直保持的理想节奏。"⊖

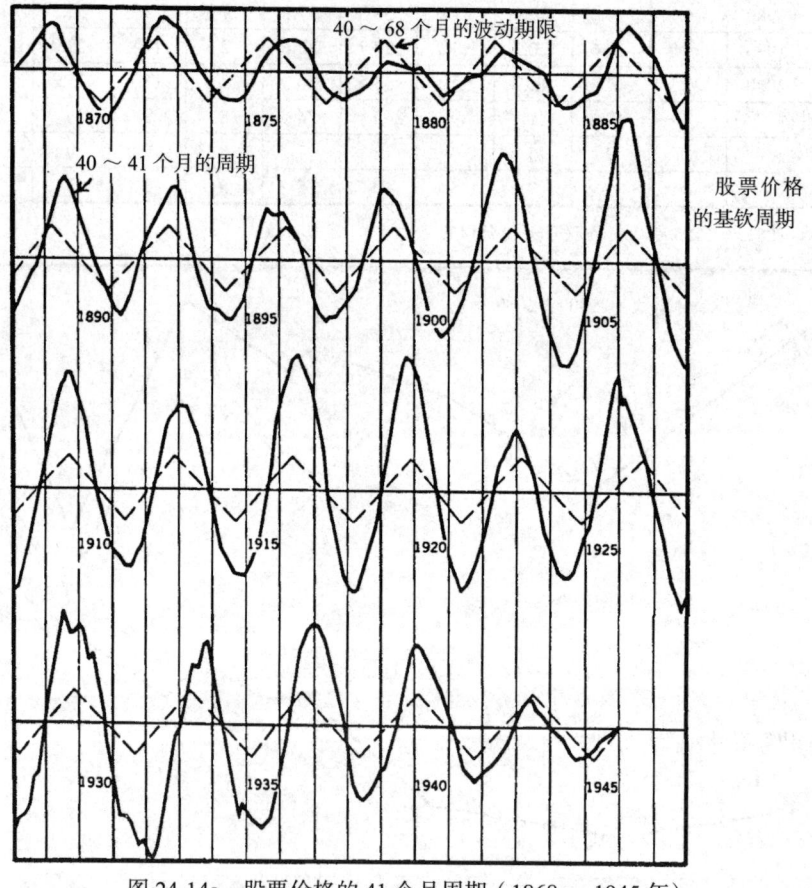

图 24-14a　股票价格的 41 个月周期（1868～1945 年）

⊖ *Cycles: The Mysterious Forces That Trigger Event*, Hawthorne Books, New York 1971, p.121.

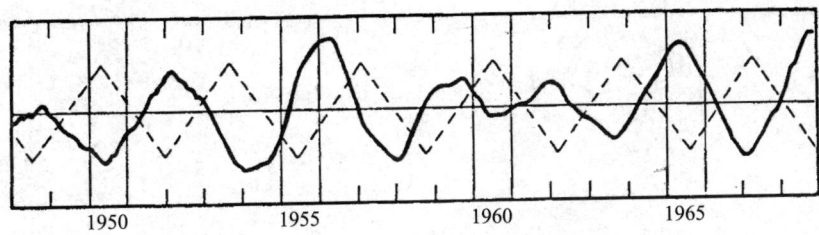

图 24-14b　股票价格的 41 个月反转周期（1946～1968 年）

资料来源：Edward E. Deway, *Cycles: The Mysterious Forces That Trigger Event*, Hawthorne Books, New York, 1971.

我们也可以通过寻找每 4 年中的主要买入时机观察这种 4 年周期，而且通过该方法可以证明，4 年周期是本书所介绍过的周期中可靠程度最高的一个。如图 24-15 和图 24-16 所示，买入时机通常在股价下跌之后出现，如 1962 年、1966 年、1970 年、1974 年、1978 年、1982 年、1990 年、1994 年、1998 年和 2002 年。有时候，如 1986 年和 2006 年，市场表现十分强劲，买入时机在盘整走势之后出现。2010 年的 4 年周期也同样发展了一个买入时机，但这次它是在年中的中期下

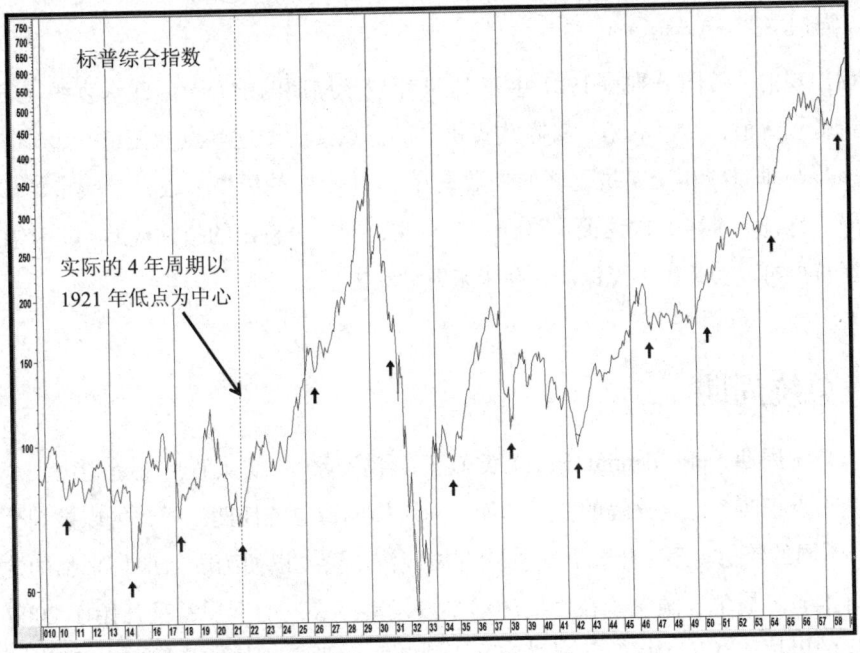

图 24-15　标普综合指数，4 年周期（1910～1958 年）

资料来源：www.pring.com.

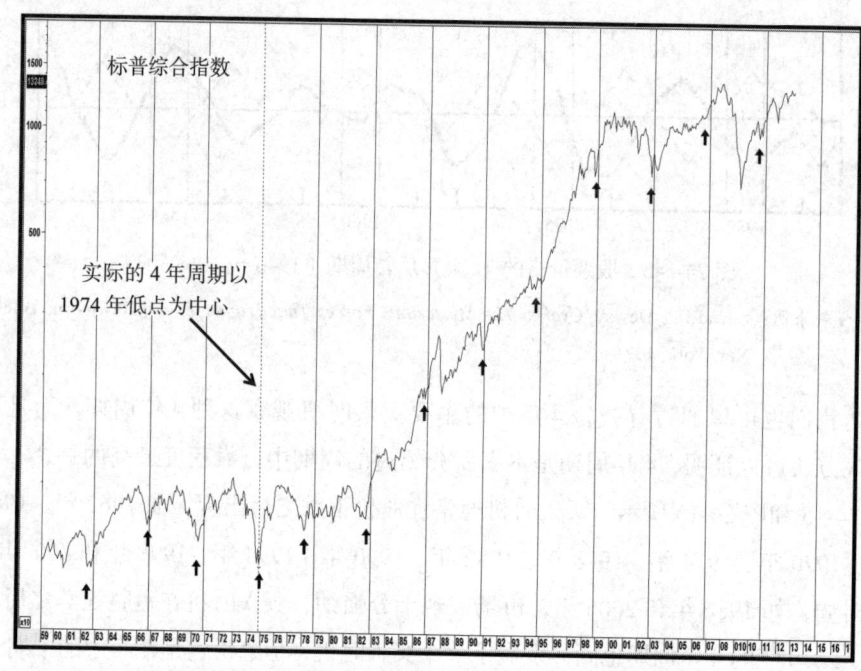

图24-16　标普综合指数，4年周期（1959～2018年）

资料来源：www.pring.com。

跌后出现的。该图分别将1921年和1974年置于周期的中心，因此垂直线代表了理论低点。值得注意的是，实际购买机会的低点接近于这些点的任何一边。它们很多也与垂直线相交。最显著的失败是在1931年，是历史上最大空头市场的前半段。这种异常再一次论证了这样一个事实，即一个特定的指标或周期即使在过去运行得再成功，也不能保证它在未来万无一失。

📈 总统周期

　　总统周期（presidential cycle）类似于4年周期，但更大程度上是指由一个周期性高点将两个低点分隔的实际周期。总统周期像总统任期一样，可以被划分为4个不同的年份。第1年，总统喜欢开展经济肃清，以便为随后即将来临的选举做好准备。战争也倾向于在任期的前半段发动。最近的例子就是开始于2003年年底的伊拉克战争，尽管从严格意义上来讲，它发生在总统任期后半段的初期。奥巴马总统增兵阿富汗发生在2009年12月，这离他就任总统还不到1年。这里的要点是，周期的第 1 年包含了经济阵痛和压力，对股票价格构成拖累。杰弗里·赫希在《股市周期》(*Stock Market Cycles*) 一书中阐明了这样一个事实，即 1833 ~ 2011 年，总统周期的后两年市场获利 724%，相比之下，总统周期的前两年获利为 273.1%。通过对比前两年的通缩情形，选前年份和选举年以政府注资为特征。图 24-17 展示了总统周期 4 年中每一年的回报率。回到周期的第 1 年，我们发现许多空头市场在那时开始，比如 1929 年、1937 年、1957 年、1969 年、1973 年、1981 年和 2001 年，尽管在后面的情况下，实际的高点是在 2000 年。

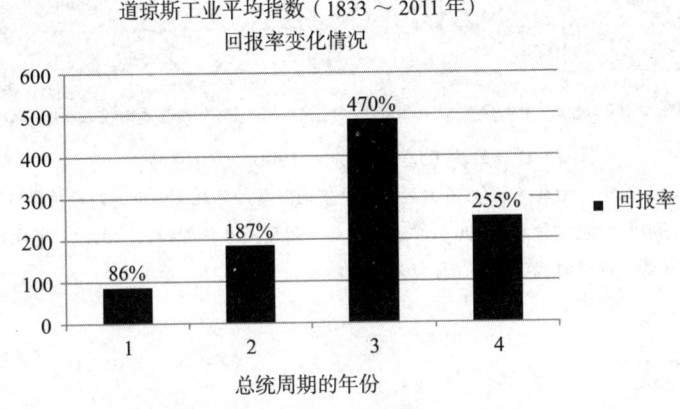

图 24-17　总统周期，年度回报（1833 年 ~ 2011 年）

资料来源：*Stock Market Cycles* by Jeffrey Hirsch (Wiley, 2002).

图 24-17 也同样显示，到目前为止，周期的第 3 年行情是最好的。1939 年，第二次世界大战爆发，道琼斯工业平均指数（DJIA）下跌了 3 个百分点。的确，自此以后，在总统选举年的第 3 年还没有出现过下跌的年份。

图 24-18 展示了周期中每一年的平均表现。很明显的是，通过统计，从中期选举年末到选举年前的最后一个季度是股市表现最强的时期。如果结合 10 年周期中最强的年份（1915 年、1935 年、1955 年、1975 年和 1995 年）来看，股市的爆炸性反弹通常每 20 年会出现一次。这本书的底稿是从 2013 年年初开始筹备，接下来在 2015 年，第 5 个 10 年模式与第 3 个总统周期将碰到一起，其如何组合值得期待。

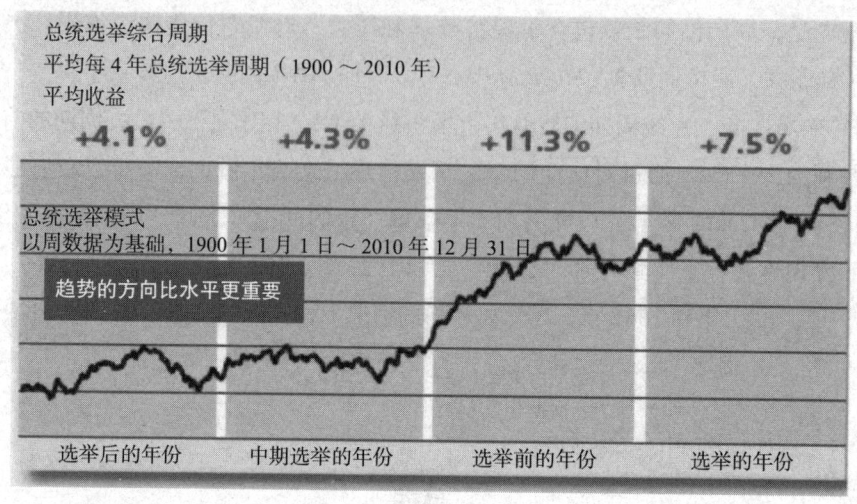

图 24-18 综合的总体周期（1900～2010 年）

注：1. 道琼斯工业平均指数是包含 30 只被广泛持有的股票的非托管指数，用于衡量股市表现。
　　2. 标普 500 指数是一种包含 500 只广泛交易的普通股的非托管指数，我们不可能直接投资于一个指数。过去的表现也无法保证未来的结果。

季节模式

股票价格的波动会年复一年地呈现出独特的季节模式。股票似乎总会在春天上涨，在第 2 季度末下跌，在夏天反弹，在秋天回落。气候的季节变换会影响经济活动和投资者心理，除此之外，金融活动本身也会呈现出一些季节模式。例如，7 月和 1 月是股利派发最集中的时间，年底（圣诞期间）是零售业一年中最繁荣的时期，如此等等。

在 10 月份买入的股票，如果持有 3～6 个月，其升值概率通常较高，因为从那个月开始，当年表现最糟糕的 6 个月已经过去。10 月份还是空头市场低点出现得最多的月份。这样一来，从当年 11 月到次年 1 月往往是股市一年中表现最好的时期（自 1950 年开始，标普综合指数收益率达 4.3%）。如果这段时期表现不佳，往往表明大事不妙。已故的埃德森·古尔德认为："如果市场在多头季节时期不反弹，就标志着其他力量更强，并且当该季节结束后，那些力量将会真正地掌握话语权。"

与 3 个月多头季节中心接近的是圣诞节前后，具体指过去一年的最后 5 个交易日和新一年的前两个交易日，这就是所谓的"圣诞老人红包行情"。根据杰弗里·赫希在《股市周期》中的描述，自 1953 年开始，该期间的反弹平均达到 1.5 个百分点。耶鲁·赫希（Yale Hirsch）是杰弗里的父亲，他用一句话形象地描述道："圣诞老人缺席，空军将大波来袭。"如 1968 年、1981 年、2000 年和 2008 年，紧随其后的都是空头市场。这当然就是埃德森·古尔德上述季节模式失败的例子。

图 24-19 显示了各个月份股市上涨的季节性倾向。其中的概率是纳德·戴维斯研究公司（Ned Davis Research）的蒂姆·海耶斯（Tim Hayes）根据整个 20 世纪的数据计算所得（见表 24-2）。所有的走势都是相对的，在多头行情中，涨势十分强劲的月份会越发凸显出来，反之亦然。还需要注意的是，趋势的方向比趋势的绝对水平更加重要。

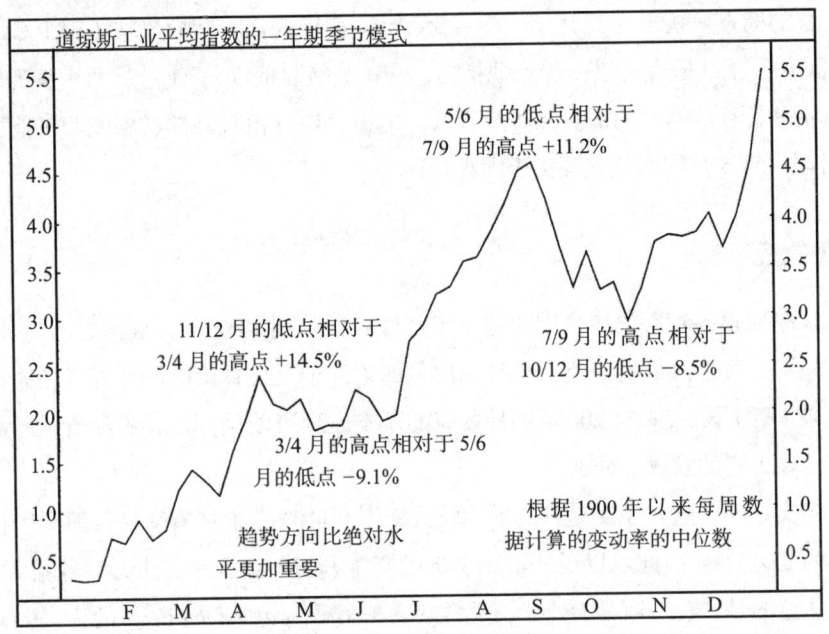

图 24-19　股票市场的季节模式

资料来源：*The Research Driven Investor*, Timothy Hayes, McGraw-Hill, New York, 2000.

表 24-2　道琼斯工业平均指数的月度平均表现（1900～2000 年）

1月	2月	3月	4月	5月	6月	7月	8月	9月	10月	11月	12月
平均的上涨/下跌											
1.1%	−0.1%	0.7%	1.1%	−0.1%	0.5%	1.4%	1.1%	−1%	0	0.9%	1.5%
盈利的月数所占的比例											
64	50	61	55	52	52	61	65	42	55	62	73

资料来源：Ned Davis Research.

1月晴雨表是由耶鲁·赫希（Yale Hirsch）在1972年最初设计。简单说来，这个指标坚守"1月好，月月好"的原则。根据赫希的理论，晴雨表有88.7%的准确率。

关于季节周期，最后要提到的一点来源于这样一个事实，即5～10月是收益记录最差的月份。"5月清仓离市"有统计学上的意义。例如，杰弗里·赫希计算出，假定投资10 000美元到道琼斯工业平均指数，62年后，与11月到次年4月对应的累积额为674 074美元，而与5～10月对应的亏损额为1024美元。当然，这并不意味着每一个5～10月都会亏钱，也不是说每一个11月至次年4月都会赚钱，但它的确表明11月至次年4月期间释放着强烈的积极信号。

我的朋友萨姆·斯托瓦尔（Sam Stovall）在标普资本智商公司（S&P Capital IQ）工作，他的研究更进一步。他指出，在市场疲软的5～11月，两个表现出色的板块是具有防御性的消费和医疗板块。同样，Beta值较高的材料股和工业股在11月至次年5月期间的表现优于大盘。

月底效应

优厚回报的年底效应也同样适用于月底。截止到1986年，根据之前89年的数据显示，每个月最后一个交易日到次月的第三个交易日始终保持着良好的收益率记录（第1天见图24-20）。这种效应的基本原理可能是，月底的现金流通常较高，比如工资的发放、分红等。

事实证明，这4个交易日的平均收益率为0.118%，而所有交易日的平均收益率仅为0.015%。因此可以说，市场全部的资本利得收益几乎都由月底收益贡献。值得注意的是，在一篇名为《日历反常现象》（*Calendar Anomalies*）的论文中，布鲁斯·雅各布斯（Bruce Jacobs）和肯尼斯·列维（Kenneth Levy）指出，这种月底效应在20世纪80年代表现得并不那么明显，说明仅根据一种指标来做出投资决策并非明智之举。《股票交易人员年鉴》（*Stock Trader Almanac*）是根据季节效应进行投资的交易人员之必读书籍，耶鲁·赫希在该书（2001）中指出，1981～2000年，这种季节性月底走势的时间是最后4个交易日至下个月的前5个交易日。根据2013年版的年鉴，每月第一天是最看涨的一天，因为编者指出，在过去的15年里，道琼斯工业平均指数在每月第一天获利最多。

尽管如此，将这种较为可靠的长期季节效应与短期摆荡指标结合使用不失为一种明智的选择。显然，如果在进入每月最后几个走势强劲的交易日时，短期摆荡指标显示市场处于超卖状态，那么此时市场上扬的可能性就更大。

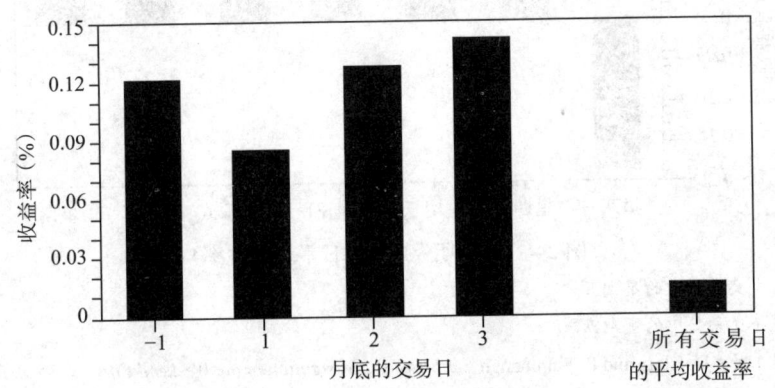

图 24-20　月底效应（每日平均收益率）

资料来源：J. Lakonishok and S. Smidt, *Are Seasonal Anomalies Real? A Ninety Year Perspective*, Johnson Working Paper 80-07, Cornell University, Ithaca, 1987.

星期效应

"黑色星期一"这一说法其实是有据可依的。这种效应的首次出现是在 1929～1932 年的股市大崩盘时期。在经济大萧条时期，平均而言，除了星期一以外，市场几乎每天都会上涨。可以说，总体市场的下跌行情通常发生在周末，即星期六至星期一收盘期间。

图 24-21 显示了 1928～1982 年一周内每天的平均收益率。星期一是唯一出现股价下跌的日子。请记住，该图包括了 1929 年的"黑色星期四"，但却没有涵盖 1987 年的"黑色星期一"（当天大盘暴跌 500 点），它只是为了强调这一点。

对于这种星期效应，目前还没有被广泛认可的合理解释。据报道，这种效应也出现在美国以外的股票市场、债务工具市场，甚至连橙汁销量也遵循这一规律。

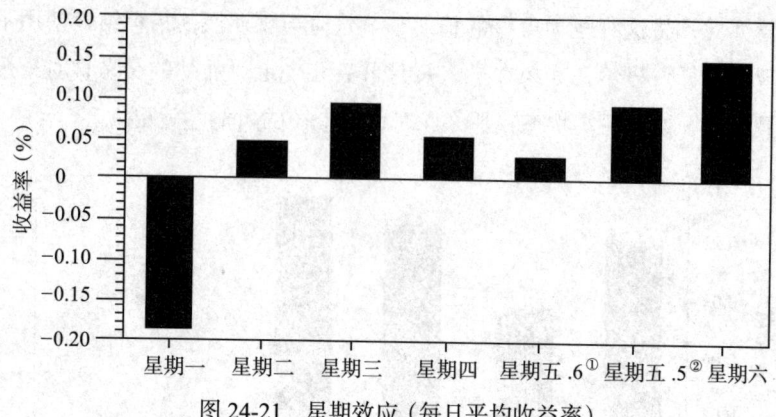

图 24-21　星期效应（每日平均收益率）

① 6 个交易日中的星期五。
② 5 个交易日中的星期五。

资料来源：D. Klein and R. Stambaugh, *A Further Investgation of the Weekend Effect in Stock Returns*, Jounal of Finance, July 1984.pp 819-837.

节假日前的上涨

统计资料显示，节假日之前的交易日行情通常看涨。图 24-22 显示了这种情况，该图涵盖的时期为 1963～1982 年。除了总统纪念日以外，所有节假日前交易日的市场表现（平均的）都远远优于普通交易日。

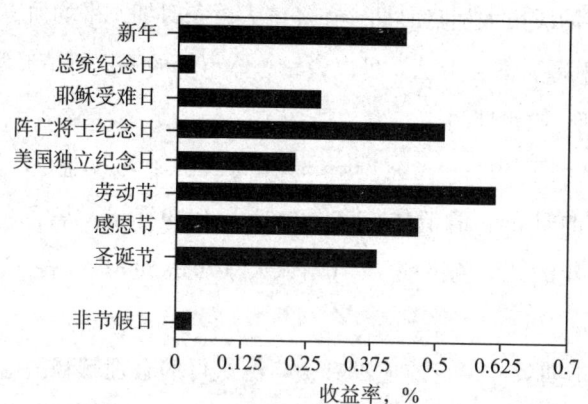

图 24-22　假日效应（假日前的平均收益率）

资料来源：R. Ariel, *High Stock Returns Before Holiday*, Sloan Working Paper, MIT, Cambridge, MA, 1984.

日内效应

最近的研究[⊖]表明,在每个交易日之内也存在着明显的日内效应,具体如图 24-23 所示。除了周一的早盘以外,不同交易日的股价走势没有明显的差异。然而,在所有交易日收盘前的半小时之内,都会呈现股价上扬的趋势。该研究还指出,临近收市钟声敲响时,这种上涨效应最为突出,最后一笔交易的平均收益率可达到 0.05%,或者每股 0.6 美分。越是接近收盘,收益率越高。下午 3:55 之后进行的交易平均收益率为 0.12%,或者每股 1.75 美分。就像每个交易日的结束那样,本章也将在这种乐观的基调下收尾。

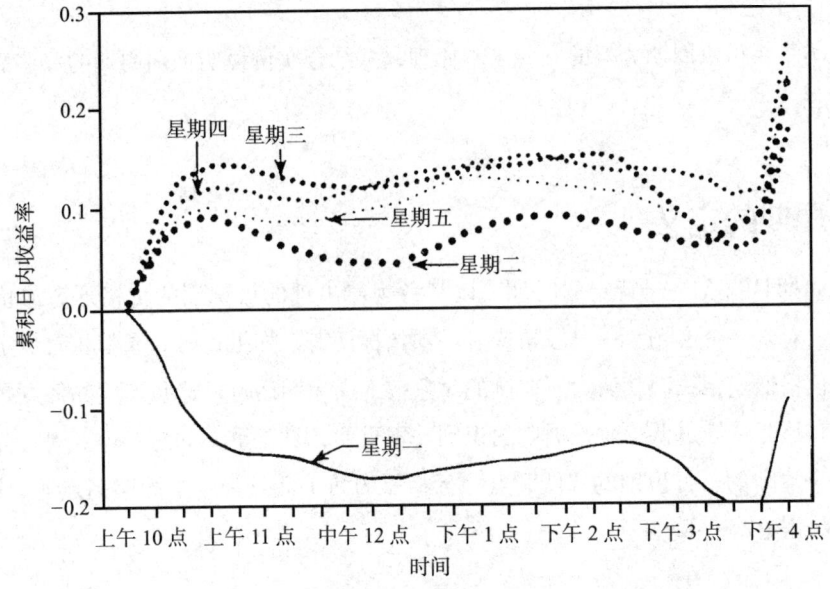

图 24-23 日内效应

资料来源:L. Harris, *A Transaction Data Study of Weekly and Intradaily Patterns in Stock Return*, Journal of Financial Economics, Vol. 16, 1986, pp 99-117.

⊖ Harris, *How to Profit from Intradaily Stock Returns*, Journal of Portfolio Management, Winter, 1986.

第 25 章
Chapter 25

识别周期的实用方法

本章将讨论周期分析的一些基本原理,并结合实例说明识别周期的一些简单技巧。

周期的定义

周期是指在一个特定的时期,以某种规律出现的可识别的价格形态或价格走势。对于一个市场、一只股票或者一项指标而言,如果每隔 6 周就相对稳定地出现价格低点,我们就认为所监测的对象按 6 周周期运行。这些连续的低点是不断走高还是持续走低,对于周期的识别并不重要;真正重要的是,每 6 周就会出现一个清晰的、可识别的"低"点,且相邻的两个低点为一个**周期高点**所分隔。图 25-1 给出了一些例子。

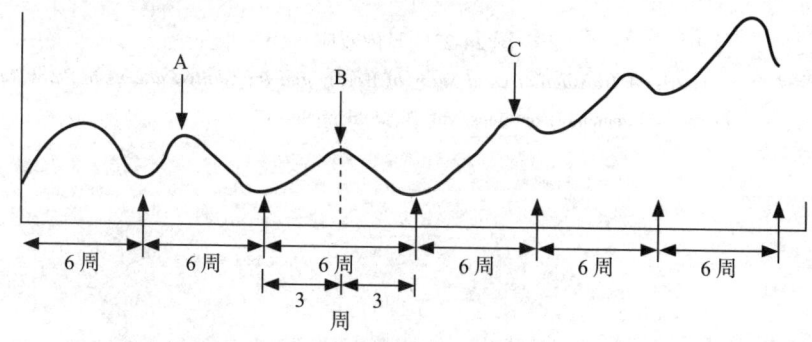

图 25-1　周期高点与低点

从图 25-1 中还可以看出，虽然大概每隔 6 周就会出现周期低点，但周期高点出现的时间间隔却是不断变化的。有些情况下，周期高点会提早到来，如 A 点所示；有时候，它们又出现在周期的中点，如 B 点所示；此外，它们还可能延迟出现，如 C 点所示。一般而言，如果周期高点在周期低点出现后不久便得以形成，通常表明该周期的上升势头比较疲软，下降动能占据上风。在这种情况下，每一个周期低点通常都会在先前低点的基础之上进一步下滑。类似地，如果周期高点来得较"晚"，即出现在周期中点之后，通常表明这是一个强劲的周期，也就意味着周期低点将不断抬高。无论是整体市场还是具体的个股，都可以观察到许多形态各异的周期，有的持续时间较长，有的持续时间较短。技术分析师的任务并不是要识别出所有的周期，而在于发现其中最关键、最可靠的周期。

原则

部分原则如下。

- 周期持续时间越长，价格波动幅度可能越大。对实际交易而言，10 周周期的参考价值远远高于 10 小时的周期。
- 根据第 1 条原则，周期持续时间越长，周期低点的重要程度越显著。
- 同时到达低点的周期数量越多，随后的价格走势可能越强劲。
- 在上涨趋势中，周期高点存在"向右移动"的倾向，即出现在周期中点之后；下跌趋势中的情况则恰恰相反，即周期的高点存在"向左移动"的倾向。
- 出现周期高点的时间间隔也可能是规律的。
- 实际中出现的周期高点和低点，可能与预期的倾向相反。在这种情形下，我们称周期发生了**逆转**。

识别方法

有许多数学方法已经被运用到周期的识别当中。例如，傅立叶分析（Fourier analysis）就根据长度、振幅、相位等来对现存的各种周期加以区分。系统搜索法（systematic reconnaissance）是对所考察的时期进行测试的一种方法，可以根据这一方法绘制出周期图，其中涵盖了各种最主要的周期。虽然这些方法确实有效，但它们却误导性地使完全不属于科学领域的技术分析看起来像是一门精确的科学。以上方法超出了本书的讨论范围，但有兴趣的读者可以从参考文献所列示的相关材料中获取更多的信息。本章仅讨论识别周期的以下3种方法：趋势偏离法、动能法以及简单观察法。

趋势偏离法

趋势偏离法是运用一系列数据，将每个数据除以相应的移动均线（MA），以识别周期的方法。该方法中的数据观测期间代表趋势偏离的程度，移动均线代表趋势。

本书第11章曾提到，由于移动均线的作用是反映基本的价格趋势，因此理论上来讲，它应该绘制在其时间跨度的中间。这是因为"平均"价格是在所监测时期中间时刻的价格水平，以14周移动均线为例，平均价格代表的就是第7周的价格。然而，移动均线的方向变化往往太过滞后，以致不能为识别趋势逆转提供及时的信号。基于这个原因，技术分析师通常都将移动均线的穿越视为趋势逆转的信号。由于在识别周期时采用的都是历史数据，所以这一缺陷不会对结果产生太大的影响。因此，移动均线偏离指标是用监测时期的价格数据除以移动均线的中点值计算得出。例如，2月27日价格的观测值，应除以13周移动均线在4月18日的取值，即移动均线要往后"倒推"7周。然后便可以将计算结果绘制成摆荡指标，从而辨别出周期的高点和低点。

接下来的任务就相对简单了，我们需要观察是否存在稳定的周期将这些高点和低点分隔开来。其中一种方法是，记录下所有相邻两个周期低点或周期高点之间的时间间隔，以确定出现频率最高的时间间隔。由于移动均线对其时间跨度以内的所有周期进行了平滑处理，所以我们必须采用各种不同时间跨度的移动均线进行试验，以识别出尽可能多的周期。更可靠的周期应该运用到随后的分析中来。

动能法

动能法是一种更加简单的方法，我们只需计算出一个动能摆荡指标，并运用经反复试验而确定的适当移动均线来进行平滑处理。正如趋势偏离法那样，这种方法可以使价格走势的基本规律得以显现。仅仅通过动能法就能成功地识别周期这一点，还不能保证，但如果将它与随后将讨论的简单观察法结合起来，动能法必定能有效地确认周期的可靠性。

动能指标所处的位置也可用于警示可能发生的周期逆转，即预期的周期低点最终可能是实际的周期高点，反之亦然。例如，如果根据所观察到的数据预测，周期低点可能会在某一特定日期附近出现，而动能指标当时却正处于超买水平或者正从超买水平开始下行，那么发生周期逆转的可能性非常之大。图24-9所描述的标准普尔综合指数走势就是一个很好的例子。1987年，正如55个月ROC指标所衡量的那样，9.2年周期达到了峰值，而根据预测，这个时刻本应出现一个周期低点。

简单观察法

图25-2显示了费城金银成分指数的走势。图中的垂直实线代表82周周期的低点，垂直虚线代表126周周期的高点之一。ROC指标的时间跨度为41周，是82周周期的一半。虽然这两种周期都不完美，但在大多数情况下，它们确实能够解释所监测期间的大部分转折点。这两种周期是运用MetaStock软件中的周期线工具，在反复试验的基础上得到的。

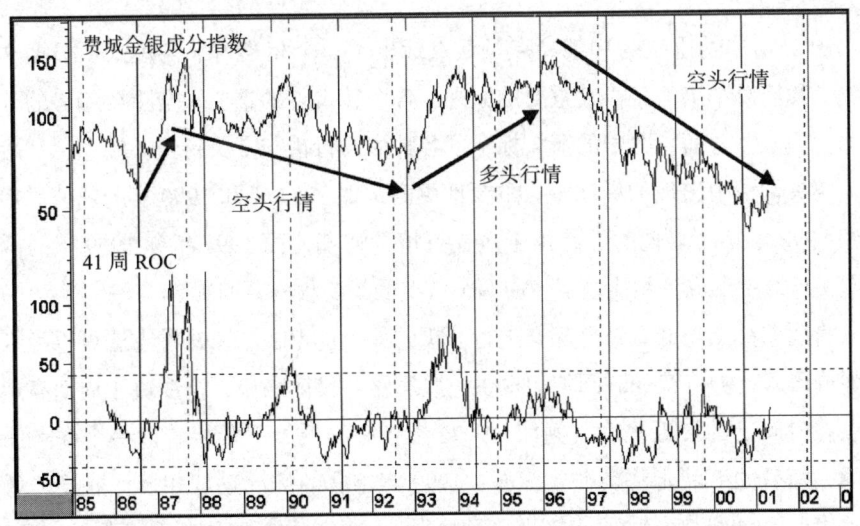

图25-2　费城金银成分指数与41周ROC指标（1995～2002年）

资料来源：www.pring.com。

如果你没有此类分析软件，而且希望能够通过手工完成这一任务，那么最简单的周期识别方法就是：首先，观察价格图25-1，从中寻找两三个看起来相对等距的主要低点。然后，对特定周期的高点和低点进行推测，并用铅笔标注出来。如果推测的结果中有相当一部分都与实际的高点或低点相吻合，便可以用彩色铅笔标示出来；如果大多数结果都与实际不符，就应该舍弃这个周期，进而寻找新的周期。如果周期低点的预测点位实际上是周期高点，也应该被视为成功的推测，因为周期分析的首要目标是要确定潜在的转折点。一旦找到了可靠的周期，分析者就应该仔细观察这第一个周期"无法解释"的所有重要周期低点，并且尝试找到其他的周期来进行"解释"。实践中往往会出现这种情况：第二个周期不仅能解释某些之前无法解释的低点，而且周期本身的低点也出现在第一个周期的低点处或低点附近。这一点至关重要，因为周期分析的一个基本原则就是，在一个特定时点附近到达低点的周期数量越多，随后的价格走势可能越强劲。这一原则必须得到其他技术面证据的配合，如果其他技术指标也提供了确认信号，那么出现强劲涨势的概率就会大大增加。

有关简单观察法的下一步骤将在下一部分详加讨论。

📈 周期高点与低点的结合

图25-2中的垂线为周期高点及低点标出了一个相当可靠的模式。根据这个实例，我们总结出一条极其重要的原则：各个转折点的重要性与主要趋势的方向有关。关于这方面，图中的箭头标示了各种多头行情与空头行情。注意，一般而言，空头行情中出现的周期峰位重要性更高，如1987年和1990年的峰值。1986年和1992年年底出现的低点位于多头行情的初期，而1997年和1999年的低点在空头行情中形成，相比之下，前两个低点的重要程度要高得多。

将周期高点与低点结合起来进行分析的一个优点在于，这种方法可以为判定反弹或回调走势持续的时间长短提供一些思路。具体来说，这取决于周期高点与低点在时间上的接近程度。例如，1992年年底的低点是紧接着前一个高点而出现的，随后的下跌走势就非常短暂。1999年年底的情况正好相反，此处的低点非常接近1990年年初的高点，在这种情形下，指数的反弹同样是短促的。此外，ROC指标所处的位置通常能够为我们提供一些线索，以分析某个特定的周期转折点是否真正"有效"。例如，在 1987 年、1990 年以及 1999 年年底的强势峰位出现时，ROC 指标都正处于或者接近于超买状态。类似地，在 1986 年和 1988 年的低点处，并没有出现适度的超卖状态。

并不是所有的例子都像图 25-2 那样，能够得到精确的解释。读者们需要注意的是，不要人为地、强制性地让某个周期运行。如果一个周期不能自然而然、轻而易举地与实际走势相匹配，那么很可能该周期并不存在，或者相当不可靠。这种情况下，便不能使用这一周期。无论如何，上述周期分析方法需要与其他指标结合应用。

── Summary ──
小　结

- 从金融市场的走势图中，可以观察到重复出现的周期低点和周期高点。
- 一个周期转折点的重要性，既取决于周期之间的时间间隔，又与在相同时间出现转折的周期数量有关。
- 周期分析需要与其他指标结合起来使用。
- 对于那些不能够很容易地以一种稳定而重复的模式出现的可疑周期，不应该强制性地使它"运行"，而应该学会放弃。

第 26 章
Chapter 26

成交量 II：成交量摆荡指标

第 7 章对解释成交量的一些基本原理做了简要论述，现在我们将探讨几种适用于所有证券投资工具的成交量指标，最后将对用于股市分析的几种成交量指标进行介绍。

成交量的变动率指标

成交量通常以柱状图的形式被绘制在价格走势图的下方。观察任一走势图都可以看出，在价格实现突破或进入抛售高峰等情况下，成交量通常会明显扩大。这一方法相当奏效，但有时用此方法也不能轻易地识别出成交量的细微变化。通过对成交量数据进行处理而得出的成交量的变动率（ROC）指标，有可能对成交量的动态变化进行一些新的观察。

图 26-1 显示了北方信托（Northern Trust）的常规成交量柱状图，以及成交量的 10 日 ROC 指标。我在这里运用的是 10 日 ROC 指标，但这并非硬性规定，可以根据个人情况选取理想的时间跨度。从成交量柱状图来看，价格在 A 点抵达峰位，但 ROC 指标却表明此时的价格飙升伴随着动能的衰竭。

ROC 指标的峰位通常发出走势衰竭的信号，而这一点在成交量柱状图上并不明显。图 26-2 描述了 T. Rowe Price 股价的走势。股价在 A 点触及的第一个峰位处，成交量 ROC 指标发出了非常强烈的信号，但成交量柱状图却没有发生明显变化。在价格峰位 B 处，成交量柱状图明显扩大，但其变化幅度远不及上方的成交量 ROC，后者接近时间跨度内的最高水平。在价格峰位 C 处，成交量柱状图扩大至纪录高点，但 ROC 指标却没有出现明显的变化。此处，成交量柱状图的高点与实际价格峰位相比滞后两天，而且看上去似乎完全独立，因此不具备技术分析上的重要性。最后，在 D 点，柱状图与 ROC 指标均升至高点，但 ROC 指标的变化幅度较柱状图更为显著。

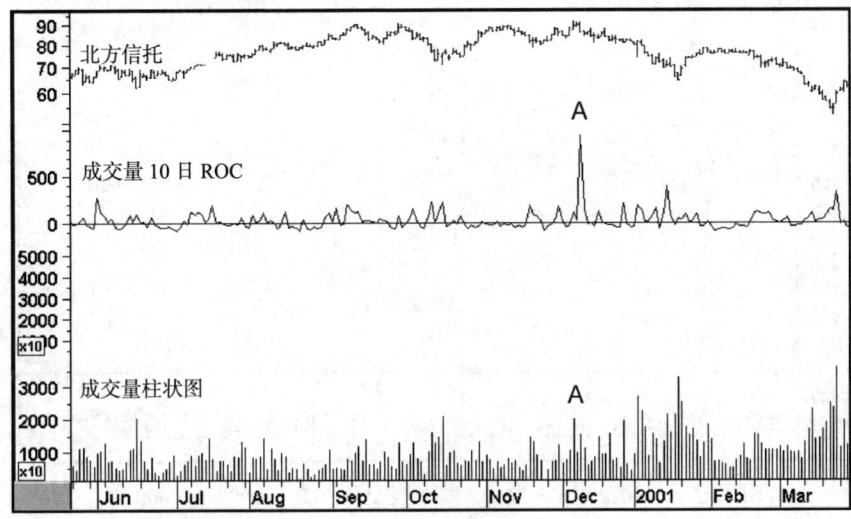

图 26-1　北方信托股价走势（2000～2001 年）

资料来源：www.pring.com。

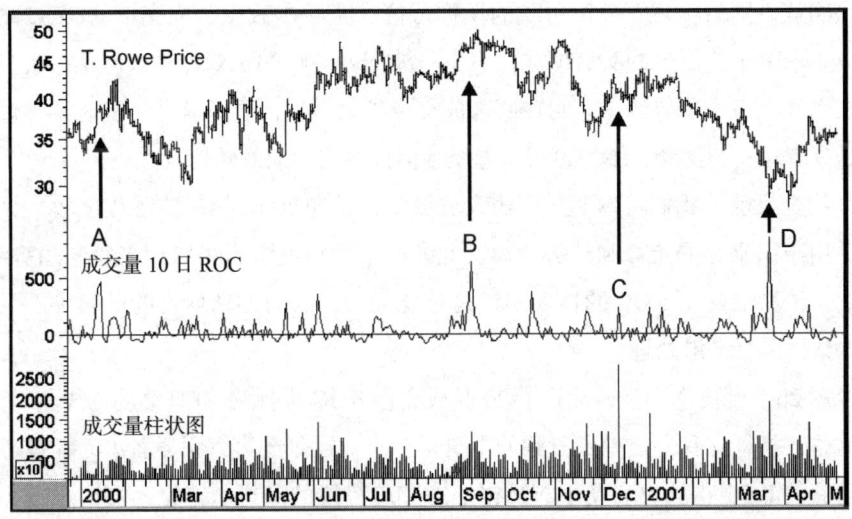

图 26-2　T. Rowe Price 的股价走势（1999～2001 年）

资料来源：www.pring.com。

ROC指标有时能发出背离信号。以图26-3为例，两条虚线箭头处，成交量动能指标的峰位持续下行，而价格峰位却不断走高。这预示着价格可能会大幅走软，果然，当价格突破其上升趋势线后，价格便呈现出下跌态势。

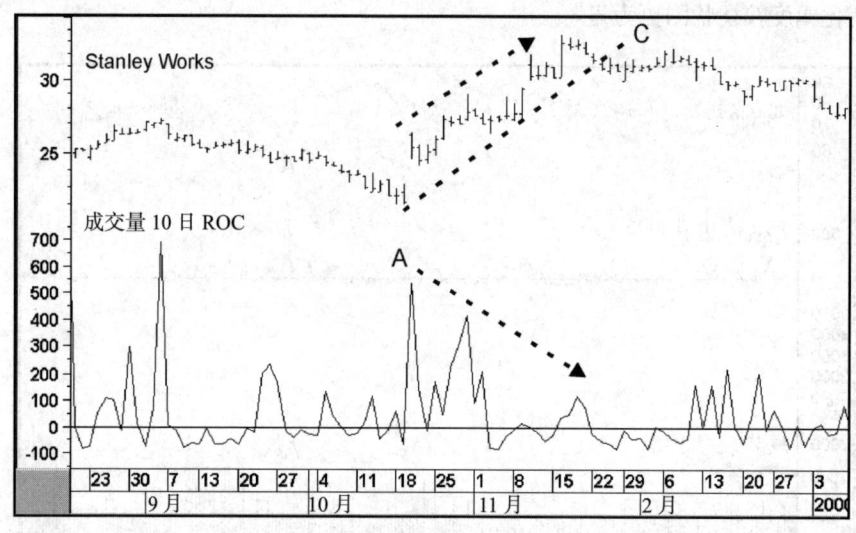

图26-3　Stanley Works股价走势与成交量ROC（1999～2000年）
资料来源：www.pring.com。

在图26-4中，我们看到，成交量在A处开始明显扩大。由于价格走势对此予以确认，随后出现了一波可观的反弹行情。随后在B点，成交量的ROC曲线形成了一个小的倒转的头肩模式，表明一波高度活跃的短期趋势。但这一次，价格在底部突破了趋势线，表明在底部成交量扩大，发出看跌信号。有时候，短期交易具有超买的优势，因为超买状态经常会标注出短期的转折点。

截至目前，我们可以明显看出，成交量的简单ROC指标波动幅度较大，且仅适用于识别衰竭走势和趋势背离。此外，个别情况下也可以用来绘制趋势线。因此，绘制成交量ROC的移动均线是有意义的，因为移动均线能对起伏不平的原始数据进行平滑处理。

图26-5则更进一步，计算了25日成交量ROC指标的10日移动均线。

这一指标比我们之前所看到的平滑得多。通过该图可以明显看出，经过平滑处理后的ROC指标更有助于对价格形态和趋势线的分析。首先，要注意超买与超卖线并不是等距的，因为此处是将ROC当作百分比处理的。即使经过平滑处理，成交量也很可能放大2～3倍，但最多仅能缩水100%。这意味着缩水幅度的范围远远小于放大幅度的范围。后文将介绍对成交量ROC进行平滑处理的另一种方法。股价走势显示出了两个主要特征。第一个是头肩顶形态。其中头部代表买盘的高峰，预示趋势的逆转。一旦价格突破颈线，成交量的下降趋势就得到确认。由于价格的上行趋势线也被向下突破，价格与成交量均发出下跌信号，因此预计未来价格将出现长期的回调走势。

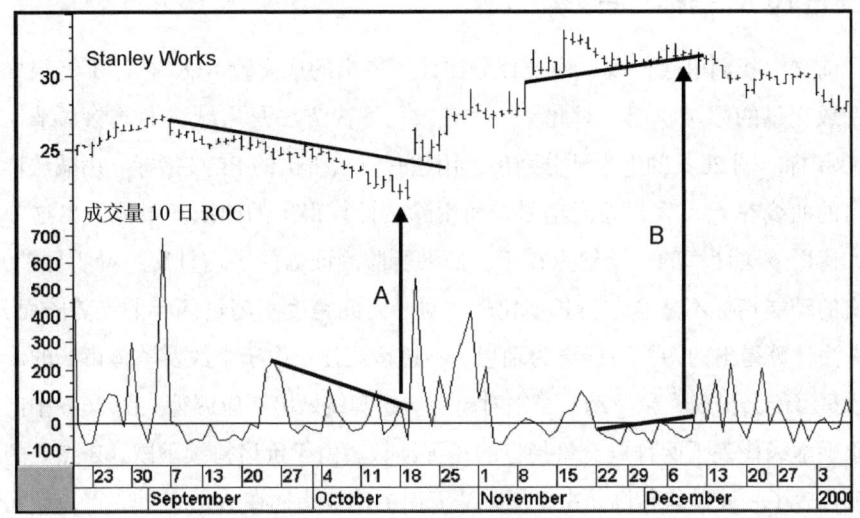

图26-4　Stanley Works股价走势与成交量ROC（1999～2000年）

资料来源：www.pring.com.

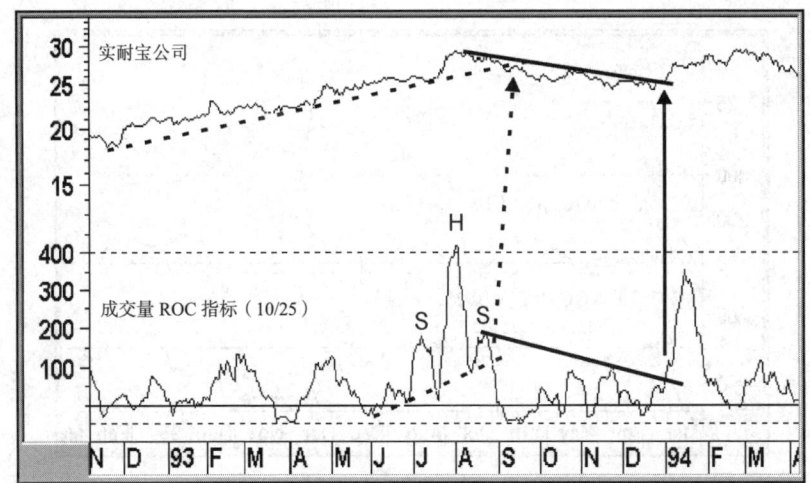

图26-5　实耐宝公司股价走势与成交量ROC指标（1992～1994年）

资料来源：www.pring.com.

当价格与成交量双双向上突破下行趋势线时，发出了抛售结束的信号。由于二者双双看涨，上行趋势得到了有效确认。在本例中，成交量的下行趋势线实际上代表了第二个特征，即头肩底形态的颈线。图中没有用 H 与 S 字母标记的原因在于，左肩同时还是前一个向上倾斜的头肩顶形态的右肩，再次标出将使问题复杂化。

成交量 ROC 指标：百分比计算

前文中我们已经发现，通过百分比计算得出的成交量 ROC 指标不能很好地揭示成交量的超卖状况，对此，一个有效的解决方法是用减法而非除法来计算 ROC 指标。图 26-6 的下半部分列出了用这一方法得出的 ROC 指标。用减法计算得出的曲线在 A 点发出超卖信号，而用除法计算得出的曲线却没能发出这一信号。运用减法计算的一个缺点在于，如果所监测证券的平均日交易量明显扩大，得出的动能指标不适合进行长期比较。对于时间跨度不超过两年的走势图而言，用减法计算得出的指标可能更为理想，不过请记住，由于个股及整体市场的成交量水平可能会出现大幅波动，必须对超买与超卖线做出相应调整。图 26-6 中向上的水平虚线代表了两种成交量指标的超买读数。由于价格持续下跌，B 点处的高位就代表了一波抛售狂潮。由于用减法算出的动能指标在 A 处已处于严重超卖现象，因此随后出现的更低一筹的底部表明这是一个典型的双重底形态。同样明显的是，如果不能提前，成交量摆荡指标中的过度扩张读数并不必然意味着价格处

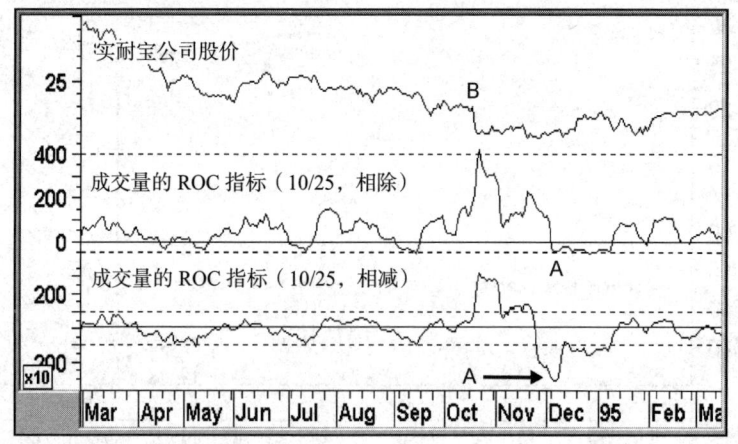

图 26-6　实耐宝公司股价与两种成交量 ROC 计算方法（1994～1995 年）

资料来源：www.pring.com。

于超买状态——仅仅表明成交量过度扩大。成交量摆荡指标的高读数可能会意味着一个头部或者底部，这由之前的价格走势来定。稍后将就此做进一步剖析。

> **技术要点** 成交量指标过度向上延伸并不代表价格处于超买水平，而仅仅表示成交量的过度放大。成交量摆荡指标读数较高意味着市场可能位于顶部或者底部，具体取决于当时的主要价格趋势。成交量摆荡指标从高位逆转可能仅仅预示着价格趋势的变化而非逆转。

主要趋势成交量 ROC 指标

年度（12 个月）ROC 指标是衡量主要趋势动能的有效指标，但由于趋势本身更具随机性，这种指标也具有波动的本质。图 26-7 列出了标准普尔（S&P）综合指数和纽约证券交易所（NYSE）成交量的年度 ROC 指标。不过，为了克服成交量数据的不规则波动，两个指标都用 6 个月移动均线（MA）进行了平滑处理。将这两个指标结合使用，对分析各种走势很有帮助。

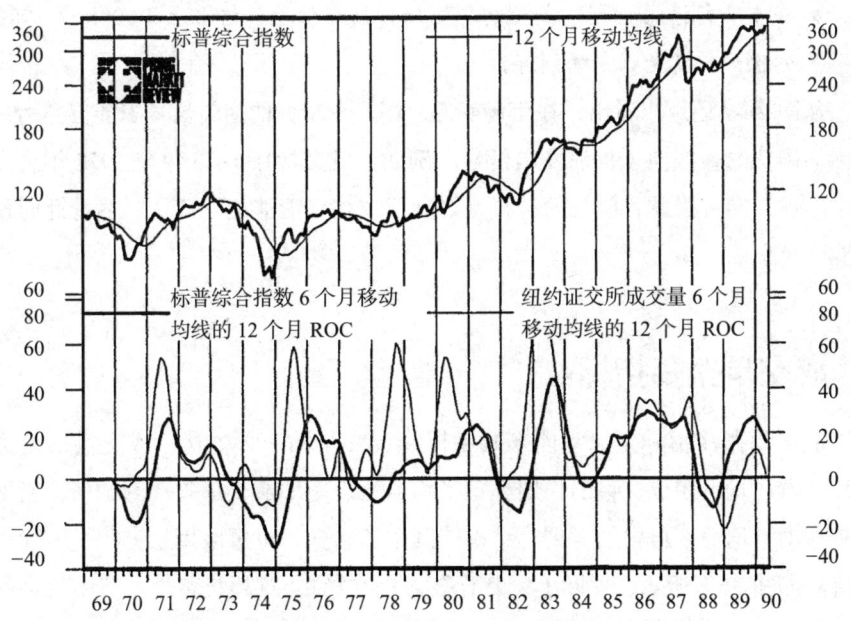

图 26-7　价格与成交量动能指标（1969～1990 年）

资料来源：www.pring.com。

观察图 26-7 可以得到以下一些结论。

- 不论在多头还是空头市场，成交量的峰位几乎总是领先于价格的峰位。
- 大多数情况下，当成交量动能指标穿越价格动能指标时，是趋势逆转即将发生的可靠信号。
- 当价格指数位于均衡线以上，同时处于下跌状态，但成交量却持续上升（1953 年、1976 年年初和年底、1981 年以及 1987 年年底；1964 年年初似乎是个例外）时，不断放大的成交量代表出货行情，并且应被视作一个空头信号。
- 成交量指标在市场底部的逆转通常需要经过价格动能的逆转来加以确认。
- 成交量指标急剧上升之后，通常会出现强劲的多头行情。
- 当成交量指标向下穿越均衡线时，通常发出一个看跌信号。此时，若价格指标远高于均衡线，则发出的看跌信号最为强烈。例如：1988 年为例，成交量跌破均衡线时，价格动能指标恰恰远低于均衡线，但此时市场却出现反弹走势；而在 1969 年、1973 年和 1977 年，当价格动能指标进入超买水平，成交量跌至均衡线以下，但随后市场进入了一个主要跌势。
- 在多头行情的初期，成交量动能指标始终位于价格之上（1988～1989 年的反弹行情是唯一的例外）。

从图 26-7 还可以看出，在市场底部，当一个指标的逆转信号未能得到另一个指标的确认时，倾向于提前发出信号。例如，成交量在 1973 年与 1977 年底先于价格出现逆转，因此，明智的选择是等到两个指标能够相互确认，尽管此时价格可能已经小幅走高。

成交量摆荡指标

成交量摆荡指标是以动能形式来体现成交量的一种方法。成交量摆荡指标的计算方法是，用成交量的长期移动平均值除以短期成交量趋势测试值，通常来讲是移动平均值，再根据得到的结果绘制摆荡指标，也可以用趋势测量值除以收盘价。如图 26-8 所示，实际上，其计算方法与第 14 章趋势背离一节中价格的计算方法类似，唯一的区别是成交量代替了价格。得到的摆荡指标围绕均衡线上下波动。当两条移动均线相交时，摆荡指标的读数位于均衡水平。当短期移动均线

（图26-8中为10日移动均线）位于长期移动均线（25日移动均线）之上时，摆荡指标的读数为正，反之亦然。在A点和B点，两条移动均线穿越曲线，同时摆荡指标也穿越均衡线。此外，C点和D点分别代表了超买和超卖读数，因而两点之间的距离最大。图中使用的是10日和25日的时间跨度，但其他任何较长的时间跨度同样适用。

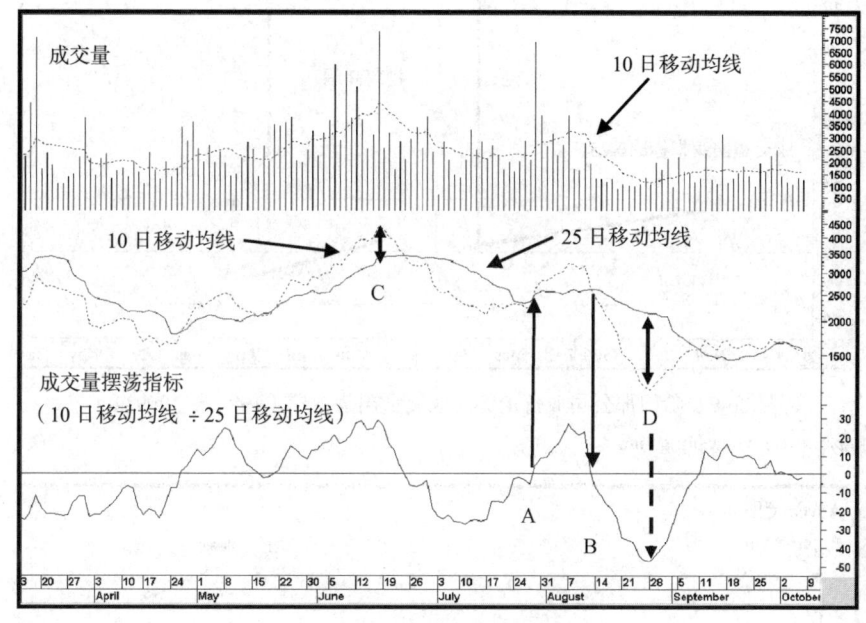

图26-8 计算成交量摆荡指标

图26-9以Humana公司的股价走势为例。从图中我们可以看出，成交量摆荡指标在1999年3月向上突破了股价的下行趋势线。此次突破仅仅表明成交量动能指标的趋势可能是向上的，并不能解释价格的走势。在本例中，价格背离其水平均衡线，发出了价跌量涨的双重空头信号。随后，成交量摆荡指标触及极端超买读数，意味着抛售高潮的出现，可能代表最终的底部。不过，成交量摆荡指标在2000年7月向上突破趋势线，而价格则背离趋势线向下回落，几乎重现了1999年的价格走势格局。

图26-10显示了Advent Claymore股价的成交量摆荡指标，我们可以看到在A点和B点的摆荡指标突破预示着成交量上升的新趋势。同样，我们可以分别在2011年10月和2012年看到抛售和买入高潮。2012年7月的趋势线联合突破也预

示着一次华丽的反弹。趋势线突破表明,直到 10 月看跌的买入高潮出现前,价格涨势在成交量放大的背景中发生,而这无疑增强了其有效性。

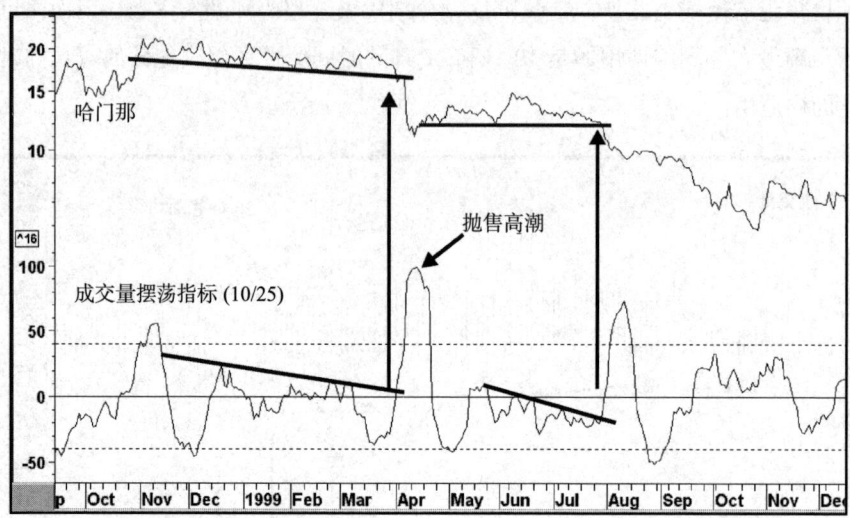

图 26-9　哈门那公司股价走势与成交量摆荡指标（1998～1999 年）

资料来源：www.pring.com。

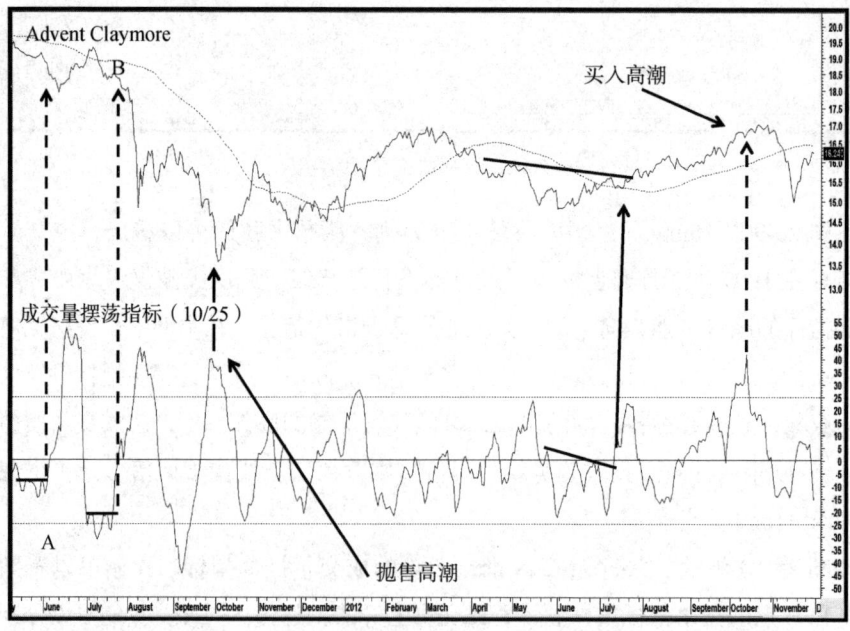

图 26-10　Advent Claymore 股价与成交量摆荡指标（2011～2012 年）

资料来源：www.pring.com。

图 26-11 显示了哥伦比亚能源集团（Columbia Energy）股票的成交量摆荡指标（15/45），这种较为长期的摆荡指标能更为详尽地描绘出较为平滑的价格行为。特别值得注意的一点是，成交量摆荡指标在 1999 年夏末呈现出一个头肩底形态，表明成交量再次放大，但同时价格却向上突破趋势线。随后的 11 月份又出现了类似的情形。成交量摆荡指标呈现出价格形态的情况非常罕见，但一旦出现这种情况，发出的信号就非常可靠。此外，图 26-11 还在 11 月初显示出买入高潮，随后价格本身突破趋势线确认了这一趋势。之后，摆荡指标在 2000 年 3 月份呈现出抛售高潮。

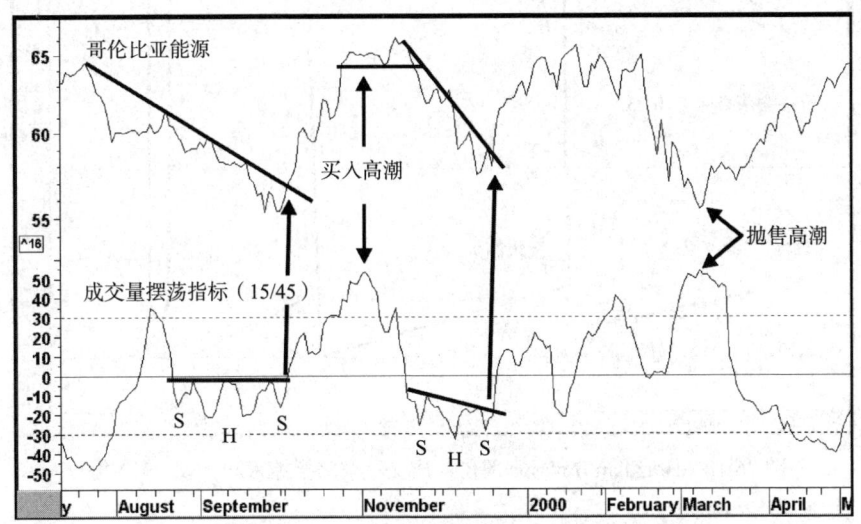

图 26-11 哥伦比亚能源集团股价与成交量摆荡指标（1999～2000 年）
资料来源：www.pring.com。

截至目前，有一点已经非常明确：成交量摆荡指标与价格动能一样在两个极端值之间波动，但二者有一个重要差别。价格指数向上延伸通常代表市场超买状况，预示价格即将向下逆转。成交量摆荡指标打破常态向上延伸往往也会伴随着趋势的逆转，但只有结合价格走势才能确认趋势逆转的方向。

剔除这一重要区别之后，成交量摆荡指标与价格摆荡指标在解释上基本相同。成交量摆荡指标的一个重点是，不论从买方还是卖方来看，来自超买读数的逆转经常发出衰竭信号。如果成交量指标发出竭尽逆转信号，我们应该结合其他指标来确认这一走势。

结合价格摆荡指标就是一个不错的选择。成交量与价格摆荡指标的关系并非一成不变，如果对于接下来的股票市场或其他市场，所监测证券的成交量与价格变化并不密切相关，就应该另辟蹊径。

图 26-12 展示了巴西股市的 Bovespa 指数。

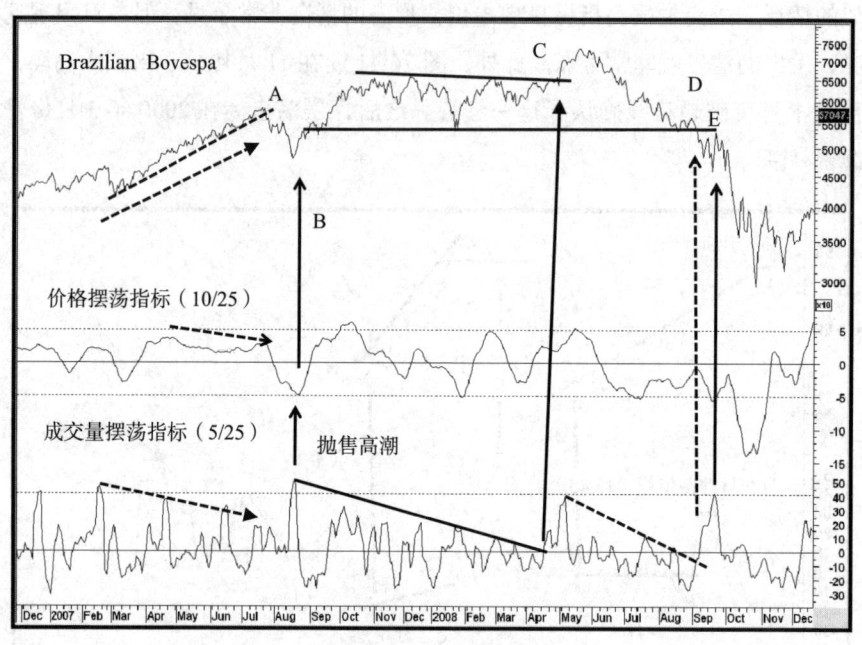

图 26-12　Brazilian Bovespa 股份与成交量摆荡指标（2011～2012 年）
资料来源：www.pring.com。

在 A 点处，我们看到一系列的下跌的成交量峰位领先于不断走高的价格。这预示着走势的脆弱性。当价格突破其上行的趋势虚线时，脆弱性得以最终确认。我本以为随后的下跌会延续较长时间，但在 B 点，超卖价格摆荡指标的同时成交量摆荡指标超卖，发展为一次抛售高潮。在 C 点，价格摆荡指标并没有透露更多信息，但成交量指标却透露很多内容，因为它突破了一条非常重要的下行趋势线。由于价格向上突破，这最终发展为一段多头行情，因为指数反弹至最终的多头市场峰位。在 2008 年 9 月初，成交量摆荡指标向上穿越下行趋势线，情况变得有些复杂。这一现象预示着成交量将会扩大，而由于价格在 D 点向下跌破水平支撑趋势位，这意味着价格走软。但是，在 E 点，成交量很快扩大至抛售高潮水平，这本应该是看多信号，但实际上，价格非常迅速地跌破抛售高潮，意味着许多人在更高的价格被套住。如果抛售高潮并不一定标志着最后的底部，那么在价格到达新的低点之前通常会有一段过渡期。在本例中，这种情况并没有发生，因而这种暗示可能会变得更糟。

解释成交量摆荡指标的主要规则如下。

- 若摆荡指标由极端读数开始逆转，这通常表明当前的主要趋势也可能逆转。
- 成交量摆荡指标偶尔也可采用趋势线与价格形态等分析方法。
- 价格上涨的同时成交量摆荡指标下行，这通常代表看空信号。
- 成交量摆荡指标上行的同时价格下跌，这通常代表看空信号；但若成交量摆荡指标同时触及极端读数，则代表抛售高潮信号。
- 成交量摆荡指标通常领先于价格摆荡指标。

请记住，成交量摆荡指标绝非完美，因此，你首先必须确定该指标与所衡量的价格走势之间持续一致，并结合其他指标寻找相关证据。

需求指数

需求指数（demand index）是由吉姆·西贝特（Jim Sibbet）提出的模拟市场与股票成交量的一种方法。这一指标将成交量与价格结合为一体，以预示市场的转折点。需求指数基于成交量领先价格的假设，且广泛应用于多种走势图软件之中。与成交量 ROC 与摆荡指标不同，需求指数通常与价格走势保持一致。高需求指数读数通常表明市场处于超买状态，反之亦然。需求指数在以下几个方面表现出较大的参考价值。

（1）需求指数与价格之间的一次背离表明市场的走强或走软的潜在信号，具体方向取决于二者之间是正背离还是负背离。

（2）在某些市场，超买与超卖区域的穿越通常代表较好的买入或卖出信号。由于需求指数的水平一定程度上受所监测证券波动性的影响，最佳的超买与超卖水平有所不同，应视具体情况而定。也就是说，从折衷的角度来看，对大多数证券而言，正、负 25 的水平似乎是不错的选择。

（3）某些情况下，需求指数会形成价格形态和趋势线突破。这通常是价格趋势即将发生逆转的可靠信号。

图 26-13 显示了一些有趣的特征。首先，在 A 点，价格与需求指数双双突破趋势线，发出较为强劲的抛售信号。但随后的过程却恰恰相反，需求指数与价格同时完成筑底，紧随其后的反弹仅仅是一个误导性信号。这是否意味着需求指数毫无意义呢？不，这是空头市场中的常见现象，看似有效的突破结果往往只是个虚假信号。这种现象在任何指标中都可能出现。补救方法是在做出短期分析之前先努力判定价格的主要趋势。在 C 点，价格与需求指数出现正背离；在 D 点，二者双双突破趋势线。最后，在 E 点，需求指数试图突破头肩底形态，但却以失败告终。这一情况再次凸显了常识的重要性。此处需求指数的突破是发生在超买状态，但根据动能部分的介绍，这种从高水平处发起的突破通常会导致虚假信号的出现。

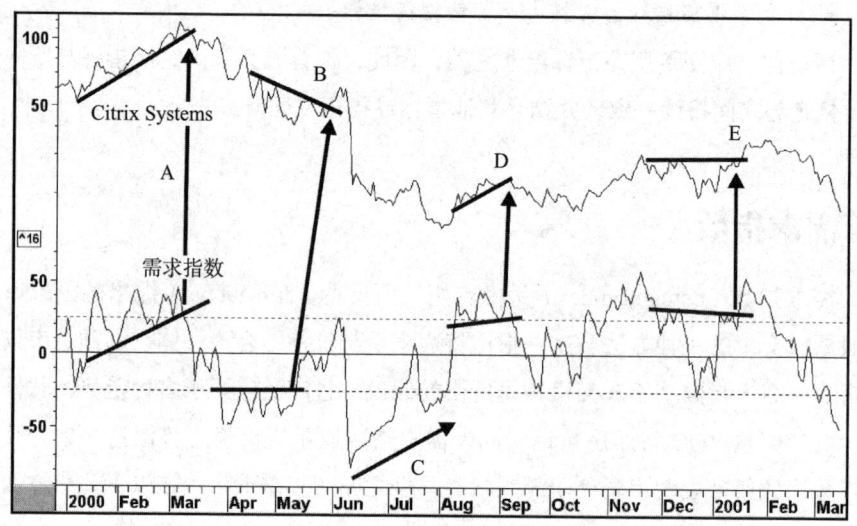

图 26-13　Citrix Systems 公司股价及需求指数（2000～2001 年）
资料来源：www.pring.com。

佳庆资金流量

佳庆资金流量（Chaikin Money Flow，CMF）指标基于以下原理：价格的上涨应该伴随着成交量的放大，反之亦然。佳庆资金流量指标的计算公式如下

$$CMF = SUM\,(AD, n) / SUM(VOL, n)$$

$$AD = VOL \times (CL - OP) / (HI - LO)$$

其中，n 为时间段，AD 为累积派发指标。

该公式强调：若成交量放大的同时，当天收盘价高于中间价，表明市场走强；相反，若成交量放大的同时，收盘价低于中间价，则表明市场走软。佳庆资金流量指标适用于任何时间跨度，且时间跨度越长，指标波动幅度越小；时间跨度越短（如 10 个交易日），指标波动幅度就越大。

若收盘价格持续高于当日中间价，且成交量放大，则指标为正（即位于零线以上）；相反，若价格持续低于当日中间价，且成交量放大，则指标为负（即位于零线以下）。

我们也可以绘制超买与超卖线，并将其穿越视为买入与卖出的信号，但必须结合背离分析对信号加以确认。图 26-14 显示了美国国家半导体公司（National Semiconductor）股票的走势，从中可以找到很多典型的例子。1994 年年初，随着价格涨至最后一个峰位，佳庆资金流量指标大幅下跌。且在实际峰位处，指标几乎跌破零线。1995 年年底，在价格创出新高的同时，佳庆资金流量指标几乎无法突破零线，背离现象更为明显。两种情况之后都出现了长期的下跌趋势。

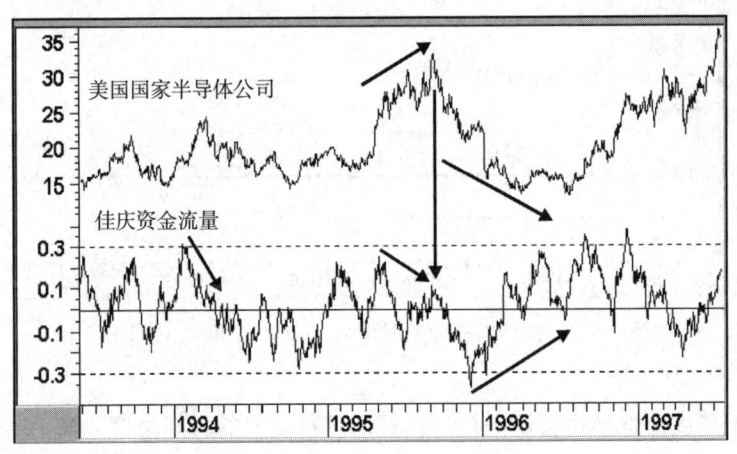

图 26-14　国家半导体公司股价与 CMF 指标（1993～1997 年）

资料来源：www.pring.com。

从 1996 年年中的市场底部可以领会，正背离的情况也配合得很好。当时价格创出新低，但摆荡指标却几乎不会突破零线以下。这可与 1995 年年末市场底部的情况进行比较，当时市场处于极端超卖状态。当然，这只是一种正面的动能特征，我们还必须结合价格趋势的其他逆转信号对此加以确认。动能指标的背离现象并不罕见，但佳庆资金流量指标与其他指标背离的区别在于，佳庆资金流量指标的背离通常比相对强弱指标（RSI）或 ROC 指标更为明显，因而可以识别出其他指标不易识别的趋势逆转线索。

我本人喜欢用佳庆资金流量指标来研究交易区间，然后将价格波动与这一指标进行比较，看是否能找到关于价格趋势突破方向的线索。图 26-15 显示了美国商品公司（American Business Products）股价走势及 20 周 CMF。1987 年，股票价格呈横向区间波动。在矩形形态形成期间，CMF 指标突破上行趋势线，并在随后的 9 ~ 10 月与价格发生明显的负背离。这是市场走软的信号，因此，价格随后大跌也不足为怪。

此后，市场又进入另一轮盘整走势，但此次自趋势启动时 CMF 指标就开始反弹，预示横盘整理走势过后将出现看涨行情。

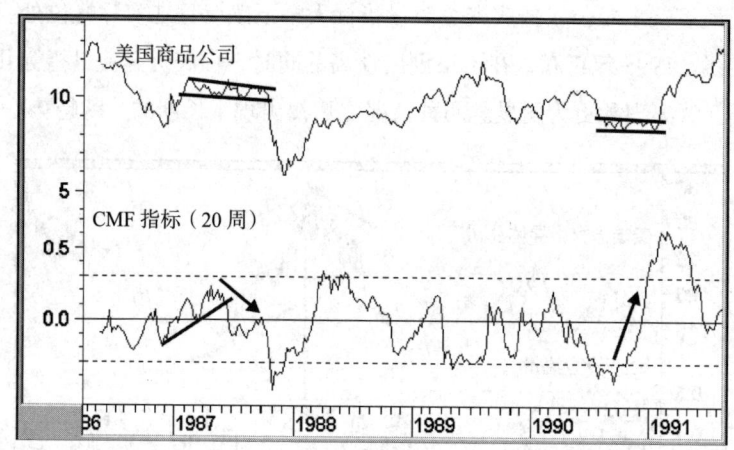

图 26-15　美国商品公司股价与 CMF（1986 ~ 1991 年）

资料来源：www.pring.com。

时间跨度的选择也会影响该项指标的特征。短的时间跨度，如 10 天，得出一个不稳定的指标；相对而言，据图 26-16 所示，印度股票信实通信（Reliance Communications）所用的 45 天时间跨度提供了更加深思熟虑的路径。在这种情况下，随着价格在 A 点触及峰位，你可以看到该项指标是如何衰竭的。

请注意，即便价格小幅走高，最后几个交易日的走势还是类似交易区间。但是，佳庆资金流量指标在这段时间持续走弱，直到价格与双趋势线突破相互确认。在 B 点处则相反，我们看到一系列的正背离随着共同趋势线的向上突破而终结。

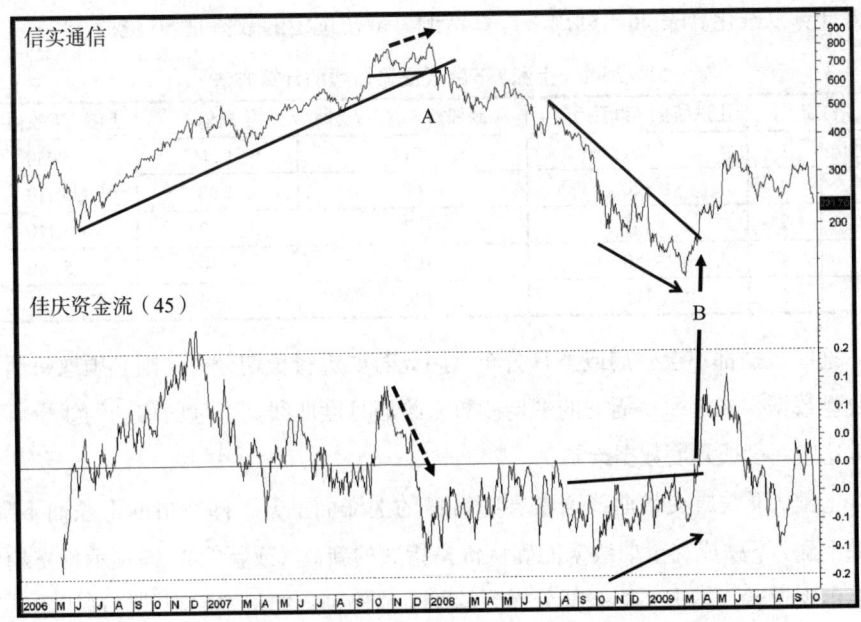

图 26-16 信实通信公司股份与 CMF（2006～2009 年）

资料来源：www.pring.com。

📈 股市成交量

上涨/下跌成交量

上涨/下跌成交量（upside/downside volume）是一种用来区分上涨与下跌股票成交量的指标。采用这种技术有助于精确地判定市场是处于进货还是出货状态。尽管这一概念听上去不错，但在实际应用的过程中，我发现基于 ROC 或趋势背离数据的成交量动能指标更为可靠。

《华尔街日报》每日公布上涨/下跌成交量数据；《巴伦杂志》(Barron's) 每周公布上涨/下跌成交量数据；许多机构也提供大量相关数据服务。上涨/下跌成交量的基本计算方法有两种。

第一种是上涨/下跌成交量曲线（upside/downside volume line），通过累积上涨/下跌的股票日成交量差值来构建。由于该指标的初始值是任意选取的，最好选择较大的数值，否则一旦市场大幅下跌，上涨/下跌成交量曲线将会跌为负值，使得计算复杂化。表 26-1 列出了计算示例，最初选定的数值是 50 亿股。

表 26-1　上涨/下跌成交量曲线的计算方法

日期		上涨股数（以百万计）	下跌股数（以百万计）	差值	上涨/下跌曲线
1 月份	1	101	51	+50	5 050
	2	120	60	+60	5 110
	3	155	155	0	5 110
	4	150	100	+50	5 160
	5	111	120	−9	5 151

这些数据都不会整周或整月公布，因此若要进行长期分析，则必须取每周五的收盘数据，或是取每周五的平均读数来绘制月度曲线。合理的移动均线也可以根据这些周度或月度数据绘制。

上涨/下跌成交量曲线通常会随行情的上涨而上升，随行情的下跌而下降。如果上涨/下跌成交量曲线未能确认价格指数的新高（或新低），则预示价格趋势可能出现逆转。本书在第一部分提到的关于趋势判定的基本原则同样适用于上涨/下跌成交量曲线。

当市场出现反常的上涨行情、价格不断走高的同时中期回调走势的谷底也不断走高时，上涨/下跌成交量曲线也会呈现相同的走势。这种现象表明，股价上涨的股票成交量在涨势中持续放大，而股价下跌的股票成交量在跌势中不断缩水。若这种正常的量价关系被打破，则可能预示着两种情况：要么是上涨股票的成交量不足，要么是下跌股票的成交量已经开始过度放大，二者均是空头市场的征兆。上涨/下跌成交量曲线尤其适用于价格创出新高的同时总体成交量放大的情形。在这种情况下，如果下跌股票的成交量相对上涨股票的成交量呈放大趋势，则预示上涨/下跌成交量曲线的上升速度将放缓，或者转为下降。

图 26-17 显示了标普综合指数 1986～1987 年的上涨/下跌成交量曲线及 200 日移动均线。除了少数几次大幅的短期回调之外，曲线大体保持在移动均线之上。1986 年 10 月份标普综合指数在金融危机之前跌至 200 日移动均线以下。此前，价格和上涨/下跌成交量曲线突破了一条重要的上行趋势线，这强化了空头信号。

同样值得注意的是，1986 年 10 月份标普综合指数跌至短期内新低时，没有得到上涨/下跌成交量曲线的确认，二者出现正背离。

图 26-18 比较了 2010～2012 年的上涨/下跌成交量曲线与标普综合指数。

第26章 成交量Ⅱ：成交量摆荡指标 477

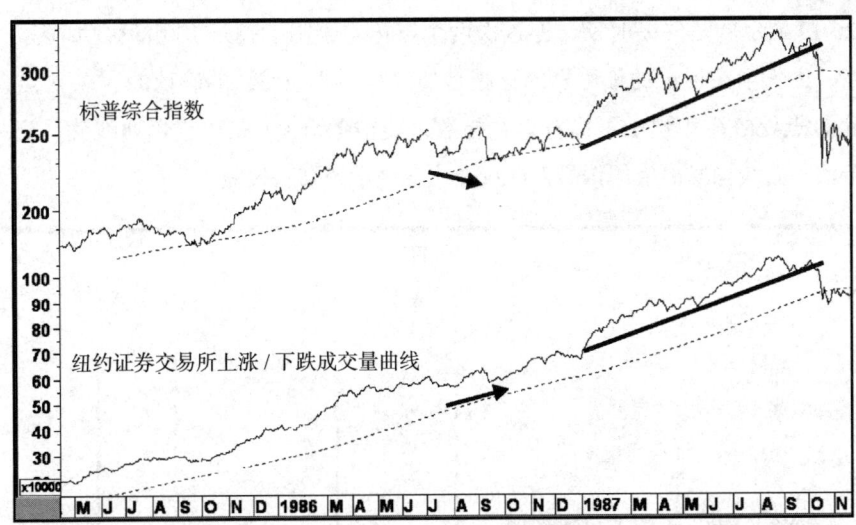

图26-17 标普综合指数及其上涨/下跌成交量曲线（1985～1987年）
资料来源：www.pring.com.

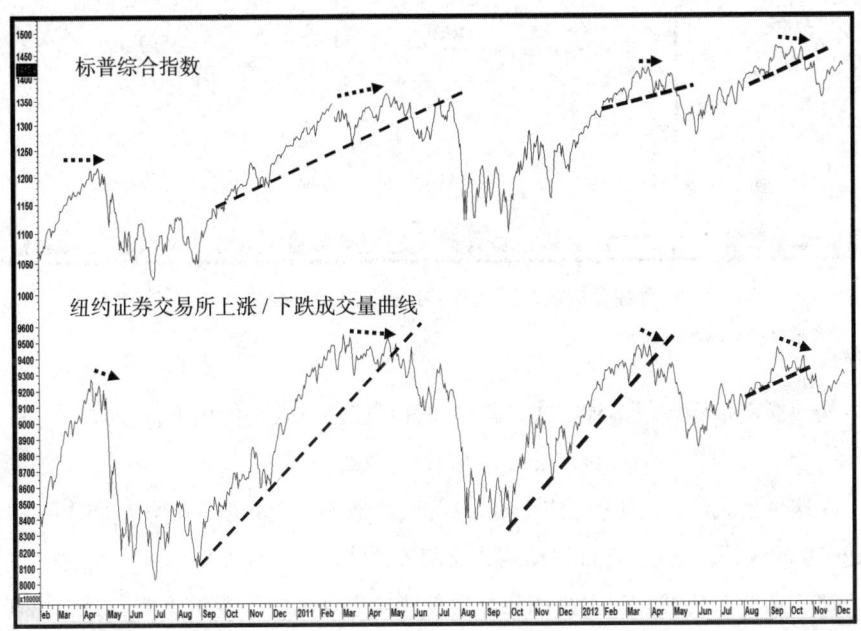

图26-18 标普综合指数及其上涨/下跌成交量曲线（2010～2012年）
资料来源：www.pring.com.

图中的虚线箭头代表了负背离，因曲线未能对标普综合指数的新高加以确认，而虚线代表共同确认。图26-18所示的期间，没有出现明显的正背离。

图 26-19 展示的是同一时期，但这次两个指标均绘制了一条 100 日移动均线。请注意，由大箭头标记的最可靠的穿越是如何得到两条曲线的确认的。在 A 点、B 点和 C 点处的箭头预示了标普综合指数未能被上涨 / 下跌成交量曲线确认之处。由于两条曲线均发出虚假信号，C 点处代表该系统彻底失效。

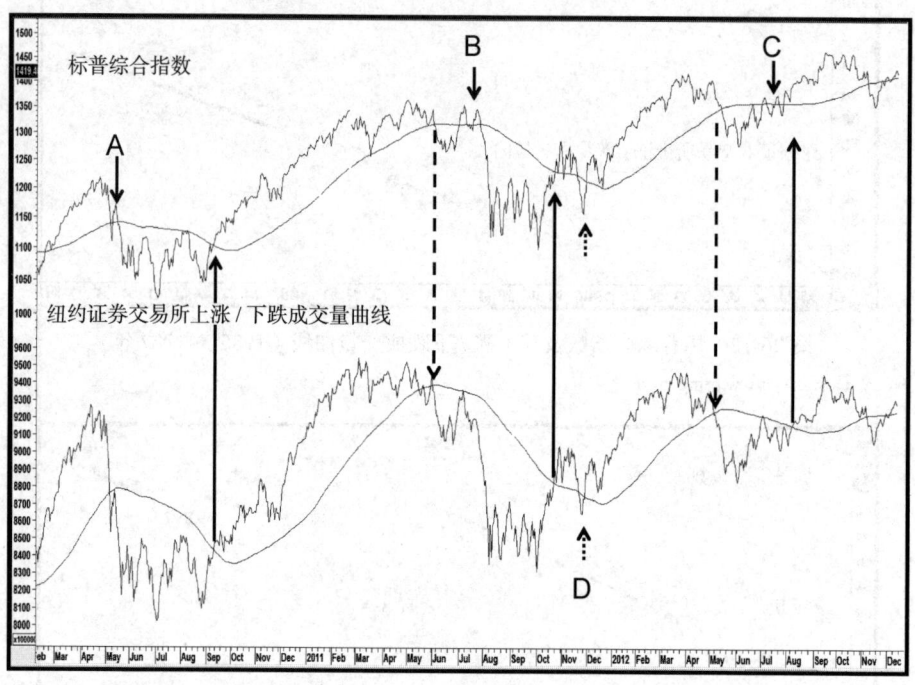

图 26-19　标普综合指数及其上涨 / 下跌成交量曲线（2010 ～ 2012 年）
资料来源：www.pring.com.

构建摆荡指标有很多种方式，其中一种可能的方式是使用下列公式：

$$\text{Oscillator} = M(U - D)/(U + D)$$

在这个公式中，U 为上涨成交量，D 为下跌成交量，M 为移动均线的时间跨度。图 26-20 的底部，运用 30 日移动均线绘制该公式。

请注意这个公式的建立是如何导致负背离出现的，并且更重要的是，出现共同的趋势线突破，发出买入和卖出信号。图 26-21 呈现了图 26-20 中摆荡指标的 30 日移动均线及其 12 日移动均线（绘制为虚线）。随着该曲线自过度延伸的水平逆转，它开始发挥指示作用。图 26-21 中的实线箭头标注了成功的信号，虚线箭头标注了两次失败的卖出信号和 2011 年 8 月错误的买入信号。

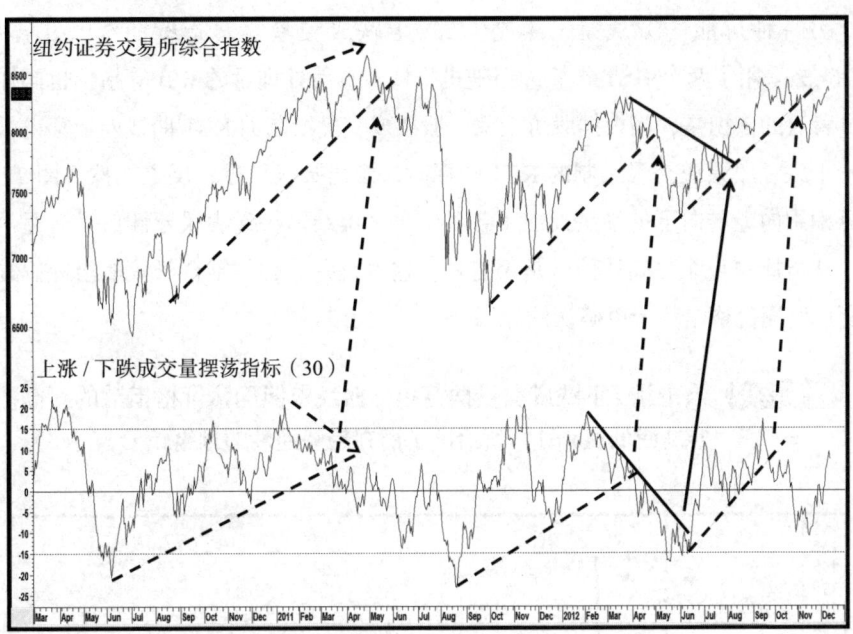

图 26-20 纽约证券交易所综合指数与上涨/下跌成交量摆荡指标（2010～2012年）

资料来源：www.pring.com.

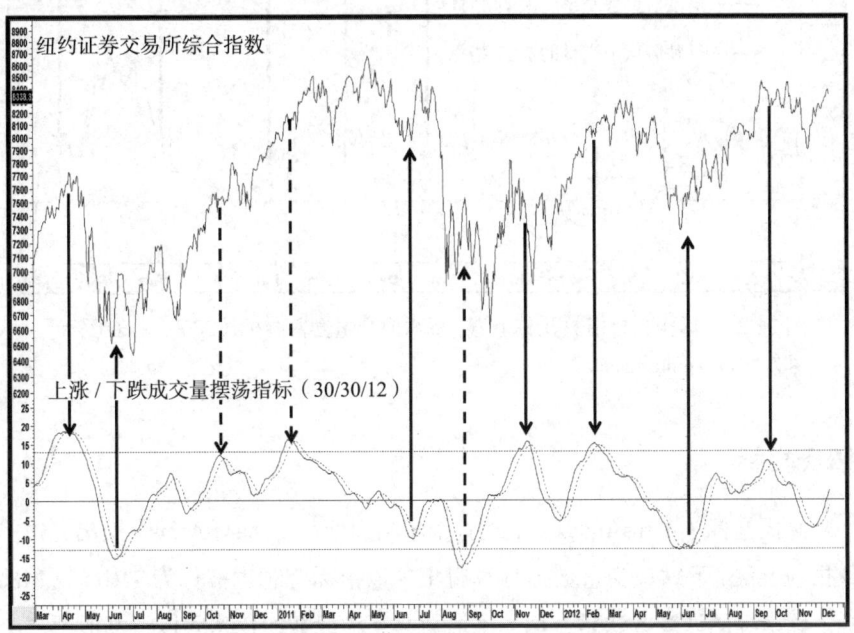

图 26-21 纽约证券交易所综合指数与经过平滑处理的上涨/
下跌成交量摆荡指标（2010～2012年）

资料来源：www.pring.com.

另一种可能的方式是，绘制上涨/下跌成交量摆荡指标曲线，并叠加。图 26-22 采用了两个 KST 指标，但随机指标、平滑处理后的 RSI 等指标也同样适用。背后的依据是，当根据股价上涨、股票成交量绘制的 KST 曲线向上穿越根据股价下跌、股票成交量绘制的 KST 指标时，发出买入信号，反之亦然。图 26-22 中分别用向上与向下的箭头标出了各种信号，虚线箭头代表误导性信号。通常来讲，从指标本身无法确认信号是否有效，这也是我们必须结合对其他指标位置的判断、监测价格走势予以确认的原因。

> **技术要点** 当上涨/下跌成交量摆荡指标曲线未能确认价格指数的新高点（或低点）时，就给出了潜在趋势逆转的预警信号。

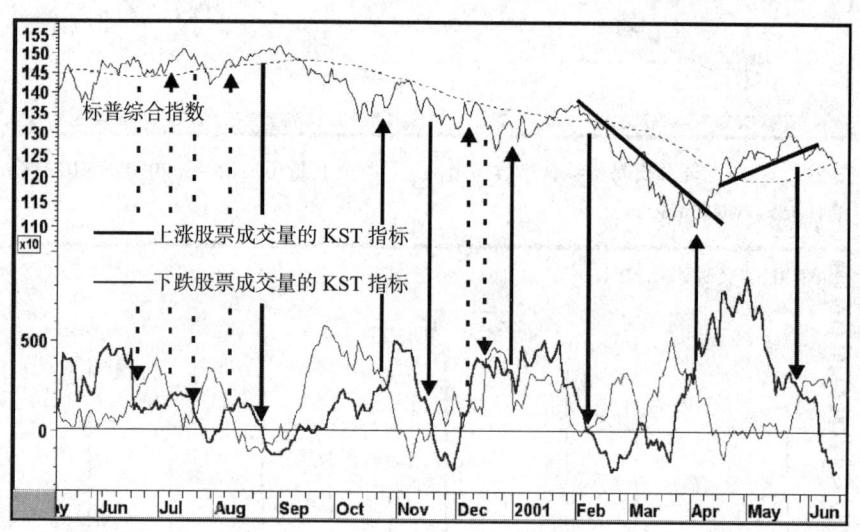

图 26-22　标普综合指数及其上涨/下跌成交量摆荡指标（2000～2001 年）
资料来源：www.pring.com。

阿姆氏指标

阿姆氏指标（Arms Index）由理查德·阿姆斯（Richard Arms）提出，根据广度数据与上涨/下跌成交量数据计算得出。该指标有时也被称为 TRIN 或 MKDS 指标。该指标的计算方法是：用上涨股数与下跌股数的比率除以上涨股票成交量与下跌股票成交量的比率。大多数情况下，该指标使用日度数据，但同样可以使用周度甚至月度数据。阿姆氏指标通常与纽约证券交易所数据结合使用，但其基本原则适用提供上涨／下跌成交量的任何市场，如 NASDAQ。值得注意的一点是，阿姆氏指标的走势往往与大盘指数恰恰相反，也就是说，阿姆氏指标的超卖状态对应价格峰位，超买状态对应价格谷底。由于阿姆氏指标的变动方向与本书提到的所有其他指标都相反，因此对这一指标的走势进行倒置处理，以便对应其他指标的变动。

阿姆氏指标可用于监测上涨股票成交量相对于下跌股票成交量的强度。理想状态下，上涨股票成交量应该占据明显优势，但当下跌股票成交量反而占据优势时，阿姆氏指标将与大盘发生负背离，预示着市场承受着巨大的卖压。一旦卖压达到极限，价格将发生逆转，反之亦然。

阿姆氏指标适用于任何时间跨度。例如，报价机构与 CNBC 报价牌上出现的数字都代表瞬间的读数，是根据成交量数据与正在上涨或下跌的股票成交量及数量计算得出。除非你能足够幸运地通过实时报价机构获得指标的走势图，否则仅依靠这些数据很难判定市场究竟处于超买还是超卖状态。一般而言，我们把该指标等于或高于 50 视为超卖，低于 50 视为超买（请记住，这些数值与其他动能指标的方向相反）。

阿姆氏指标也可以结合移动均线来表示，其中 10 日（公开的 TRIN）是使用最普遍的时间跨度。该指标的解释方法与本章前面所讨论的 10 日上涨／下跌成交量指标相同。大多数情况下，这两种指标的变动方向呈现出一致性，但阿姆氏指标偶尔会发出意外的信号，暗示趋势即将逆转。总的来说，当 10 日阿姆氏指标上升超过 150，往往预示即将出现大型的底部，有时市场会立即陷入底部，但大多数时候都会出现在 10～20 日。1968～2001 年，市场无一例外地符合这一规律。图 26-23 显示了 3 种不同形式的阿姆氏指标，时间跨度分别为 10 日、25 日与 45 日。本书第 13 章已解释了把这 3 个指标绘制在一张图上加以比较的原因。图 26-23 中的箭头标示这 3 个倒置指标中至少有两个到达极值，并且已经开始逆转，因为市场头部往往波动幅度较大，而成交量往往又领先于价格。阿姆氏指标通常领先大盘触及极值，然而市场底部出现抛售高峰的事实又意味着阿姆氏指标与大盘指数之间在本质上存在着更多的一致性。

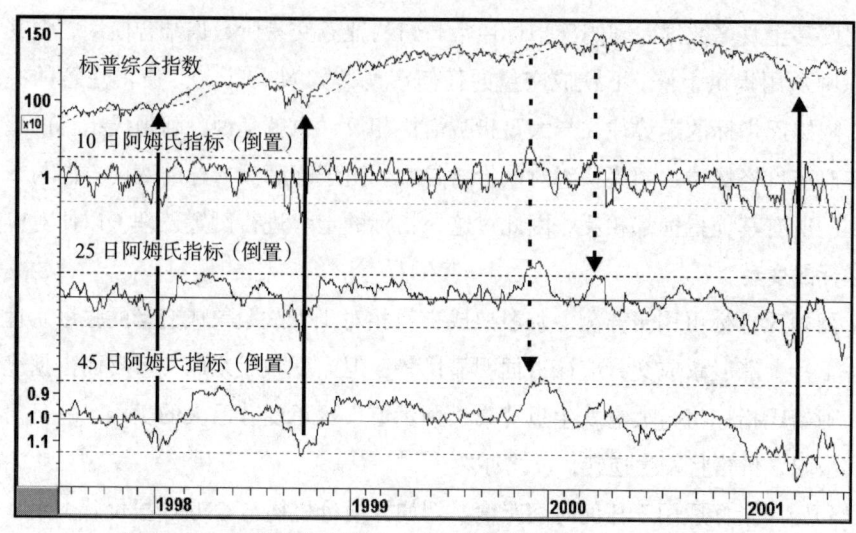

图 26-23　标普综合指数及 3 个阿姆氏指标（1997～2001 年）

资料来源：www.pring.com。

📈 能量潮指标

能量潮指标（on balance volume，OBV）由乔·格兰威尔（Joe Granville）提出，最早出现在他的著作 *Granville's New Key to Stock Market Profits* 中。能量潮指标通常表现为一条连续不断演进的曲线。曲线的初始值是随机选取的，曲线的上升与下降则取决于价格的走势。若价格上涨，则将当日成交量累加至前一日的总值基础之上；若价格下跌，则从前一日的总值中减去当日成交量。如果采用日线图，成交量单位应该根据棒线的时间跨度加减；如果采用周线图，成交量的单位就应该按周进行计算，以此类推。因此，OBV 指标能大体刻画市场的买压与卖压，并成为一种广泛使用的指标。可以将 OBV 指标与价格曲线进行比较，并结合背离、趋势线突破、价格形态及移动均线穿越等技术判断走势的强弱。

图 26-24 描述了威讯联合半导体公司（RF Micro Devices）的股价走势。从图中可以看出 OBV 指标的一些特征。在 2011 年年初，我们看到一个负背离指标，之后在 A 点两个指标均触及新的低点，负背离得到确认。B 点代表一次正背离，价格出现新低但 OBV 指标却没有。但由于价格波动太过剧烈，我们无法观察到任何联合趋势线突破。最后，在 C 点，有可能构建两条趋势线，这两条线都曾被突破。

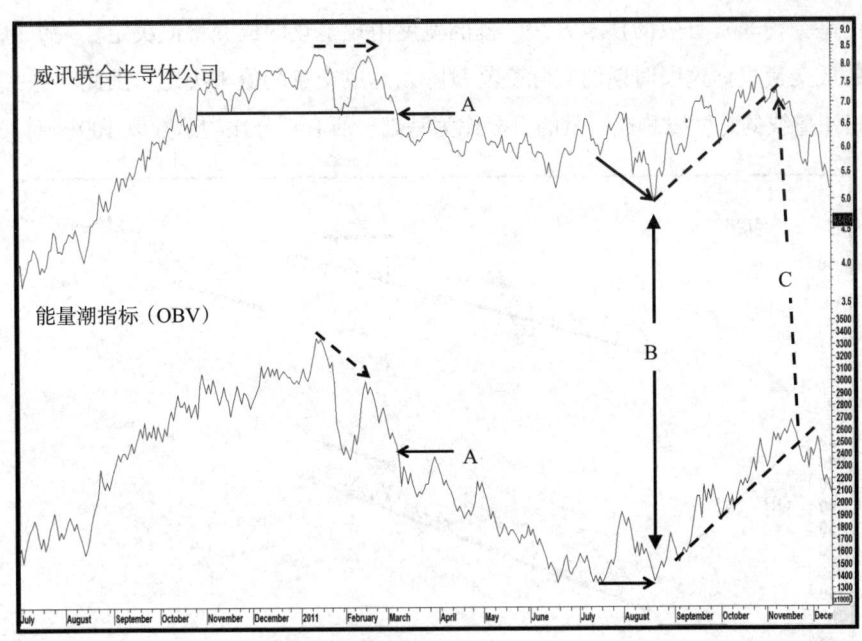

图 26-24　威讯联合半导体公司的股价走势与 OBV 指标曲线（2010～2011 年）
资料来源：www.pring.com.

在大多数情况下，我并不能认为 OBV 指标能像这个例子一样准确，它发出的信号有时是有效的，有时也存在误导性。因此，我的建议是，谨慎地对待 OBV 指标，并确保它发出的信号得到其他证据支持。这一点对正、负背离尤其重要，对共同的趋势线突破则稍显次要。共同的趋势线突破更加准确。图 26-25 描述了 Alergan 股价的走势，图中 1999 年年底 OBV 指标预示价格走高，但实际价格却下跌；2000 年年初，OBV 指标走软，预示价格下滑，但实际价格却上涨。请注意，这两个走势图都采用了价格和 OBV 指标同时突破趋势线的技术分析方法，正如之前所提到的那样，这可能是诠释 OBV 指标的最佳方式。

📈 等量图

等量图（equivolume）是由迪克·阿姆斯（Dick Arms, www.ArmsInsight.com）提出的一种绘图概念，与之前提到的 K 线图类似。等量图的棒线宽度根据特定时期的成交量大小而不同。成交量越大，棒线越宽。每根棒线的顶部与底部分别代表特定时期的峰位与谷底。等量图能综合体现成交量大小与价格升降之间的关系，因而是一种非常有效的技术方法。框的宽度由规范化的成交量值决定。一个单独框的成交量根据这段时期的实际交易量除以总成交量的值来决定。因此，每一个等量图棒线的宽度以总成交量的百分比为基础，所有百分比的总数以 100 来计。

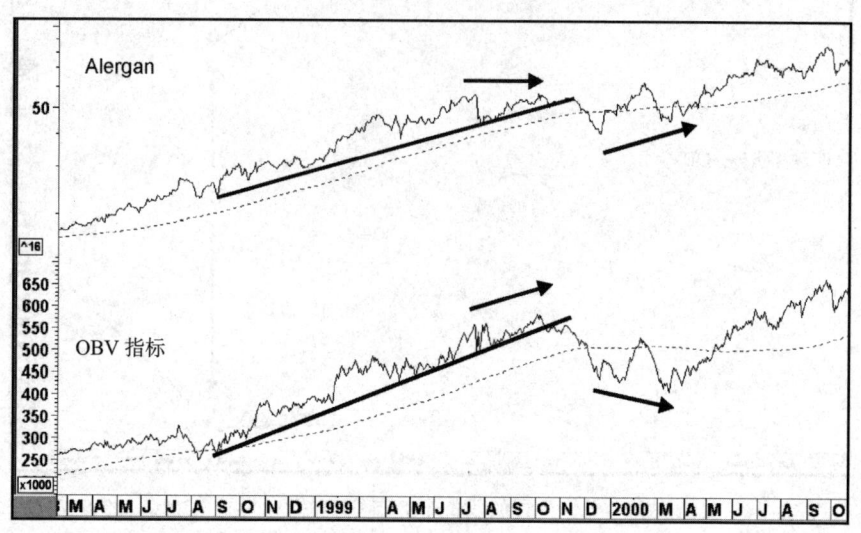

图 26-25　Alergan 股票与 OBV 指标（1998～2000 年）

资料来源：www.pring.com。

按照这一方法生成的走势图和其他分析方法明显不同，因为在分析价格走势时，时间不及成交量重要。这表明每一次变动都是换手的交易股数或合约数的函数，而非逝去的时间量。

根据这一方法，X 轴上的日期彼此不再是等距的，而是由具体的成交量形态决定。图 26-26 以 MMM Company 的股票走势为例，展现了等量图绘制方法。在 A 点，股票价格从数个较宽的棒线突破，表明市场成交量放大。实际上，这是一个典型的买入信号。在 B 点，价格反弹的同时等量棒线非常之窄，表明上涨股票的成交量明显不足，因此，此处发出了价格趋势即将逆转的信号。

图 26-27 显示了埃迪亚贝拉集团（Aditya Birla Nuvo）的股价走势。如图 26-27 所示，2007 年 11 月的区间波动伴随着极低的成交量（窄棒线）。之后，价格向上突破的同时棒线变宽（成交量放大）。就在 2008 年 1 月的峰位之后，棒线再次放宽，价跌量涨，导致了一次急剧的跌势。5 月底和 8 月的反弹也伴随着一次成交量的萎缩，发出看空信号。请注意，在 X 轴的两条虚线处，8 月的反弹行情在此前两条极宽的棒线处遭遇阻力。在 8 月的高点，几乎所有 4 月以来购买股

票的人都亏损而归，意味着过度供应会给价格造成压力。当价格跌至 Y 轴，已经位于 7 月份大交易量棒线的下方，投资者的亏损状况雪上加霜。

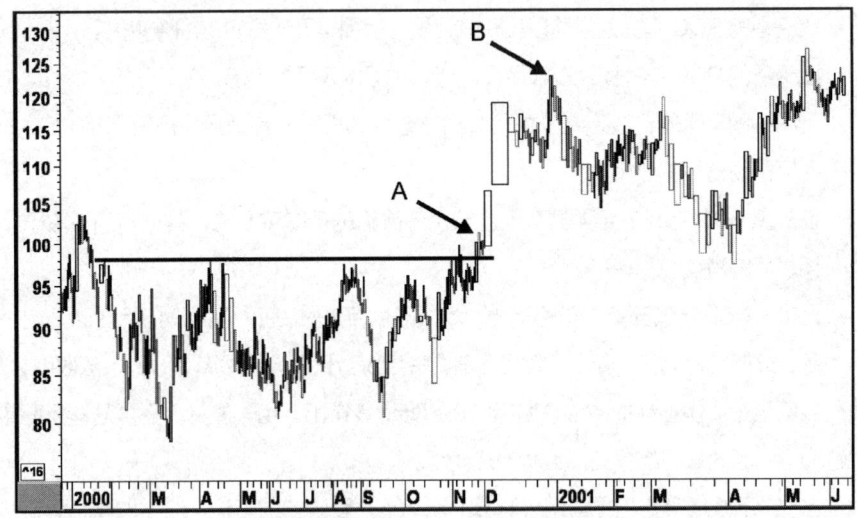

图 26-26　MMM 公司股票等量图（2000～2001 年）

资料来源：www.pring.com.

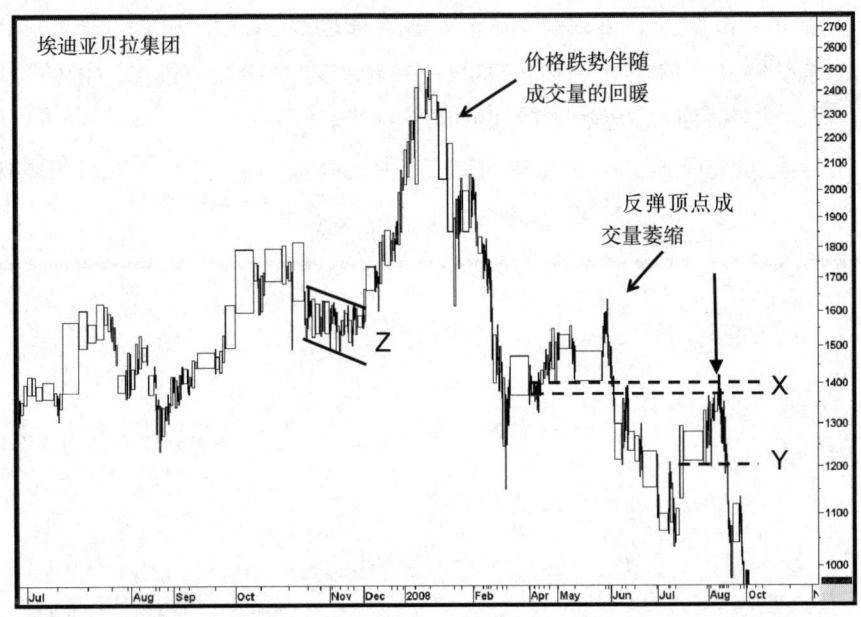

图 26-27　埃迪亚贝拉集团股价与等量图（2007～2008 年）

资料来源：www.pring.com.

---Summary---

小 结

- 成交量的 ROC 指标通常可以反映成交量柱状图中无法显示的细微变化。
- 成交量的 ROC 指标既可以表示为比值，也可以表示为差值。
- 超买/超卖穿越、趋势线分析及价格形态等分析方法都适用于成交量的 ROC 指标与摆荡指标的分析。
- 成交量 ROC 指标的超买读数可能预示着价格的下跌或上涨，具体方向取决于前期趋势的特征。
- 需求指数根据成交量与价格数据计算得出，与一般的价格摆荡指标变动方向一致，最好结合背离、超买/超卖穿越、趋势线分析及价格形态等分析方法使用。
- 佳庆资金流量指标根据成交量与价格数据计算得出，与一般的价格摆荡指标变动方向一致，最好结合背离分析方法使用。
- 上涨/下跌成交量指标可用来测算上涨与下跌股票的成交量。这一指标既可以表现为一条连续的曲线，也可以用摆荡指标的形式来表示。
- 阿姆氏指标根据上涨与下跌股票的股数与各自的成交量计算得出。这一指标通常以 10 日移动均线的形式来表示。读数超过 150 表示主要的市场底部。
- 能量潮指标可绘制为一条连续的曲线，并结合背离分析方法使用。OBV 曲线与价格曲线同时突破趋势线可以发出较为精准的信号。
- 等量图是指根据在棒线形成期间的成交量大小来绘制每一条棒线的厚度。棒线越粗，表示交易越活跃，反之亦然。

第 27 章
Chapter 27

市场广度

📈 基本概念

广度（breadth）指标是衡量绝大多数股票参与某一市场走势的程度。换言之，广度指标能监测市场趋势的作用范围。一般而言，与大盘走势方向一致的股票数量越少，则趋势即将发生逆转的可能性越大。广度指标最初用于分析股票市场的趋势。但近年来，该指标的应用扩展到任何能分解为多个组成部分的市场。尽管本章的评论大多针对美国股市，但请记住广度指标同样适用世界各地的其他市场。例如，针对印度、巴西和几个中东市场的试验显示这几个市场同样对广度指标高度敏感。我认为其他国家没有理由不使用这一方法。

广度指标适用于可以分解为能反应大盘指数的一揽子证券的任何部门或市场。例如，我们可以选择一系列商品与商品指数进行比较，选择一组货币与总体货币指数（如美元指数）进行比较，或选择某个行业的一些股票与行业板块指数进行比较，但需要谨记的一点是：解释原则必须保持一致。

市场广度的概念非常适合用军事方面的类似例子进行阐释。图 27-1 中，线段 AA 与 BB 分别代表一场战争中敌对双方的防御展现。少数兵马或许能从 AA 突破至 BB，但除非 A 军火力全开，否则 BB 线很可能被守住。在图 27-1a 中，A 军派遣的两支部队（以箭头代表）迅速被击退。在图 27-1b 中，由于进攻的部队众多，A 军突破 B 军防线，B 军被迫退守线段 B1。

处于窄幅波动行情的股市与图 27-1a 的情况类似。最初看似即将成功突破防御阵线（阻力位），但由于支撑的力量不足，总体价格趋势很快被逆转。就好像在军事战争中，即便A军的两支部队能成功穿越BB防线，但很快就会遭遇B军的疯狂反扑，被B军击败。在缺乏全面支持的情况下，A军越是孤军深入，遭遇B军反扑时就会越显得不堪一击。

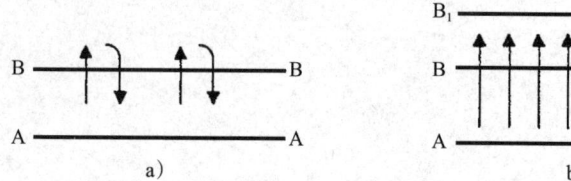

图27-1　堑壕战

股票市场的情况也是如此，在没有得到整体市场广泛支持的情况下，价格涨势持续的时间越长，就愈加脆弱。

在行情底部，市场广度在判定趋势逆转方面的作用要小，因为大多数股票通常都与大盘指数持平或落后于大盘指数。当广度指标偶尔先于大盘指数逆转下行趋势时，发出的信号通常比市场顶部更为可靠。下面我们将首先讨论为什么广度指标在市场顶部正常情况下都领先于大盘指数。此处采用"正常情况下"的说法，是因为大部分股票的峰位的确出现在如道琼斯工业平均指数或标准普尔综合指数之前。不过，这一规则并非万无一失，不能仅仅因为市场广度指标走势强劲而判定技术面肯定完好。虽然这符合大多事实，但如果其他指标指向疲软，广度指标的强劲便失去作用。

📈 腾落线概念

关于市场广度的最常用指标就是腾落线（advance/decline line）。腾落线的具体计算过程是，将某一特定时间（通常是一个交易日或一周）NYSE上涨股数减去下跌股数，并将得到的差值累积到前一天的总值上。美国交易所（AMEX）与NASDAQ市场也可以构建类似的指数。由于在NYSE上市的股票数量较广度指标运用之初大幅增加，通过上涨与下跌股数差值简单绘制而成的腾落线给予了近期市场更大的权重。为便于进行长期比较，最好取上涨股数与下跌股数的商，或者用上涨股数与下跌股数分别除以持平的股数，而不是简单地选取差值。

汉密尔顿·波顿（Hamilton Bolton）设计了衡量市场广度的最有效方法。具体来说，就是对公式

$$\sqrt{A/U - D/U}$$

把得到的值进行累加。其中，A 为上涨股数，D 为下跌股数，U 为持平股数。

由于数学上无法计算出负数的平方根（换言之，当下跌股数超过上涨股数时，公式便已失效），在这种情况下，将 D 与 A 互换位置，公式变成 $D/U - A/U$ 的平方根，然后用累加的总值减去得到的结果，与前面的相加恰恰相反。表 27-1 列出了根据每周数据进行计算得到的结果。

鉴于价格的变动幅度越大、持平股数就会越少，计入持平股数的方法非常有效。因此，将持平股数包含在公式中有助于我们及早察觉腾落线动能的趋缓，因为持平股数的增加能有效地抑制趋势的过度波动。

正常情况下，腾落线的升降追随大盘指数的走势，但腾落线通常先于指数触及峰位，其原因可归结为以下三点。

（1）整体市场能反映商业周期，且多头市场通常先于经济 6～9 个月达到顶峰。由于某些部门（如金融、消费者支出及建筑部门）会在经济触顶之前开始恶化，根据逻辑，有理由预计这些板块的股票也会先于大盘触顶。

（2）NYSE 上市的许多股票，如优先股与公共事业类股都对利率的变动尤为敏感。由于利率通常会在市场峰位之前开始上调，因此，这些对利率敏感的股票自然会随利率的上调而波动。

（3）垃圾股的上涨空间最大，但也代表规模较小、资金状况不佳及管理较差的公司，一旦经济不景气，这类公司收入减少（甚至破产）的风险更大。蓝筹股通常拥有较好的信用评级、较为可观的收益及良好的资产基础，因此，蓝筹股往往是投资者在多头市场中最后卖出的股票。

道琼斯工业指数及其他大盘指数基本都由财务状况更好的大型公司股票组成，因此在整体市场触顶后，这些指数往往还能继续上涨。

腾落线的解释

以下是关于腾落线的关键要点。

（1）部分腾落线似乎具有持续向下的倾向，因此必须仔细观察腾落线与大盘

表 27-1 腾落线（按周）的计算方法（波顿公式）

日期	交易股数①	上涨股数②	下跌股数③	持平股数④	上涨股数+持平股数⑤	下跌股数+持平股数⑥	⑤−⑥⑦	⑦的平方根⑧	累积腾落线⑨
1月.7	2 129	989	919	221	448	416	32	5.7	2 475.6
14	2 103	782	1 073	248	315	433	−118	−10.9	2 464.7
21	2 120	966	901	253	382	356	26	5.1	2 469.8
28	2 103	835	1 036	232	360	447	−87	−9.3	2 460.5
2月.4	2 089	910	905	274	332	330	2	1.4	2 461.9
11	2 090	702	1 145	243	289	471	−18.2	−13.5	2 448.4
18	2 093	938	886	269	349	329	20	4.5	2 452.9
25	2 080	593	1 227	260	228	472	244	−15.6	2 437.3

指数长期的关系，以确认这种倾向是否的确存在。例如，根据 AMEX 市场、美国 OTC 市场及日本市场得出的广度数据就有这种倾向。

（2）在市场头部，大盘指数与腾落线的背离几乎总是以大盘下跌而告终，不过，必须要等到大盘指数出现某种形式的趋势逆转确认信号，才能得出大盘指数也会下跌的结论。

（3）腾落线与市场同时触底或跟随大盘触底的情况十分常见，但并不具备预测价值。当腾落线拒绝确认指数创出的新低时，会发出不同寻常的正面信号，但也要等到大盘指数本身对趋势逆转予以确认。

（4）广度数据可能与大盘指数发生负背离，但当腾落线突破其下行趋势，同时大盘指数本身也实现突破时，通常发出重要的反弹信号。

（5）大多数情况下，日腾落线的下行倾向比根据周数据绘制的腾落线更强。

（6）腾落线可以与移动均线穿越、趋势线突破与价格形态分析结合使用。若监测的时期较长，一般采用 200 日移动均线。

（7）当腾落线处于上升趋势（如高于其 200 日移动均线）时，不管大盘指数（如道琼斯工业指数与标普综合指数）表现如何，这通常表明股票市场整体处于上升阶段。与仅由少数蓝筹股组成的指数相比，上升的腾落线是预测市场上涨趋势的更好标准，反之亦然。

> **技术要点** 腾落线与对应的大盘指数出现负背离的时间越长、程度越深，所预示的大盘跌势就越强劲、越明显。

正是基于上述技术原则，腾落线与大盘指数在主要头部发生的背离比在中期头部发生的背离意义更大。如图 27-2 所示，腾落周线在 1971 年 3 月触及峰位，比道琼斯指数提前近两年。按照传统的标准来看，两年已经是相当长的一段时间了。随后出现了自经济大萧条以来最严重的空头行情。另外，正如 1968 年 12 月峰位处发生的现象所示，没有出现背离并不能保证不会出现大规模的空头行情。

在市场底部，若腾落线拒绝确认道琼斯指数创出的新低，二者就发生了正背离。关于正背离的最典型例子出现在 1939～1942 年。如图 27-3 所示，道琼斯指数在 1939～1941 年创下了一系列不断走低的峰位与谷底，但却没有得到腾落线的确认。最终，腾落线在 1941 年年中创出了自 1932 年以来的新高，但却没有得到道琼斯指数的确认。发生这一背离现象的直接结果是，二者在 1942 年春双双大幅下跌，但腾落线仍然维持在 1938 年底部以上的水平，而道琼斯指数却创出新低。1942 年 4 月的最后一个低点过后，出现了有史以来最强劲的一波上涨行情（以广度指标衡量）。一般而言，在市场底部，腾落线要么与大盘指数齐头并进，要么落后于大盘指数，除非出现价格形态的突破与趋势线或移动均线的突破，否则腾落线不具备预测方面的指导意义。

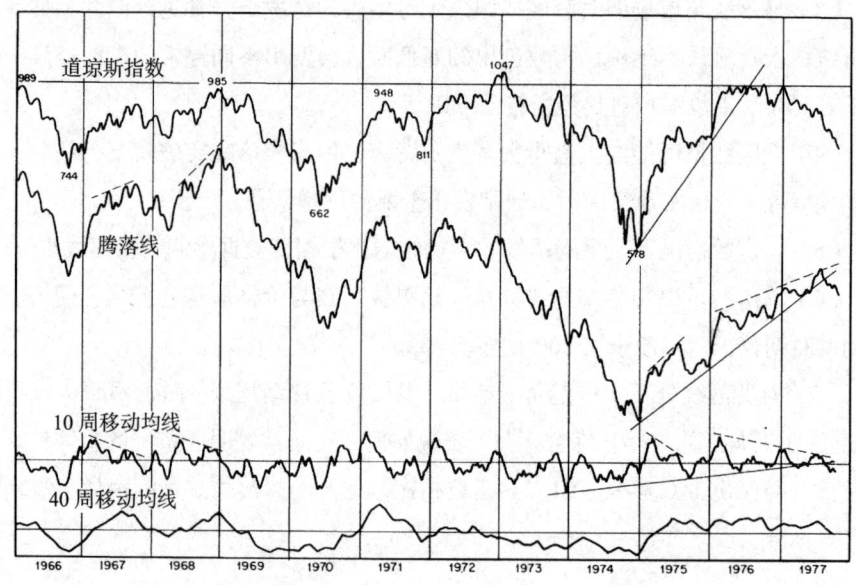

图 27-2　道琼斯指数与 NYSE 腾落周线（1966～1977 年）

资料来源：www.pring.com.

腾落日线图

由于腾落日线具有下行倾向，在对近期高点与两三年前的高点进行比较时，应该特别注意。如图 27-4a 所示，腾落线的峰位出现在 1987 年 4 月，但标普综合指数到 8 月份才触顶，尽管指数没有立即下跌，但最终还是追随腾落线滑落。一般情况下，大盘真正下跌前，会出现多次背离。一开始，这种背离现象可能会得到广泛关注，但由于普遍预期的下跌势头没有如期出现，许多技术分析师会选择放弃，认为背离现象此次没能发挥作用。但不幸的是，背离现象必定会发生作用，只不过比大多数人预期的时间晚得多。1973 年 1 月的市场峰位就是一个典型的例子，此前腾落线与大盘指数出现了长达两年的背离。

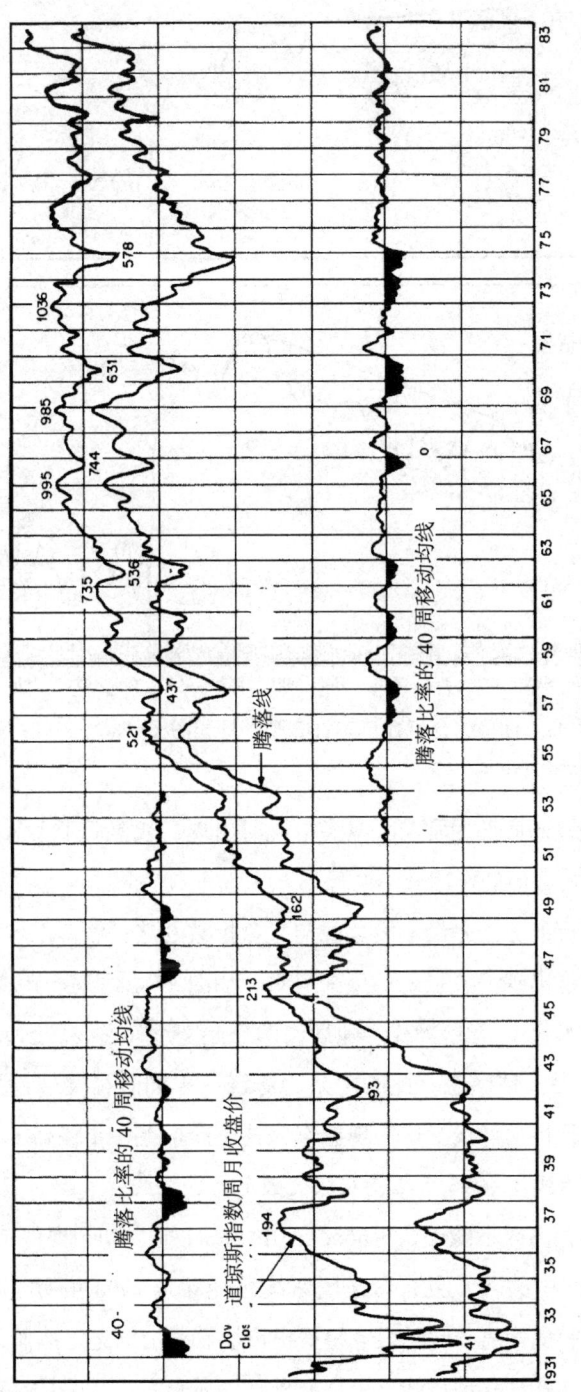

图 27-3　道琼斯指数与长期腾落线（1931～1983 年）

资料来源：www.pring.com.

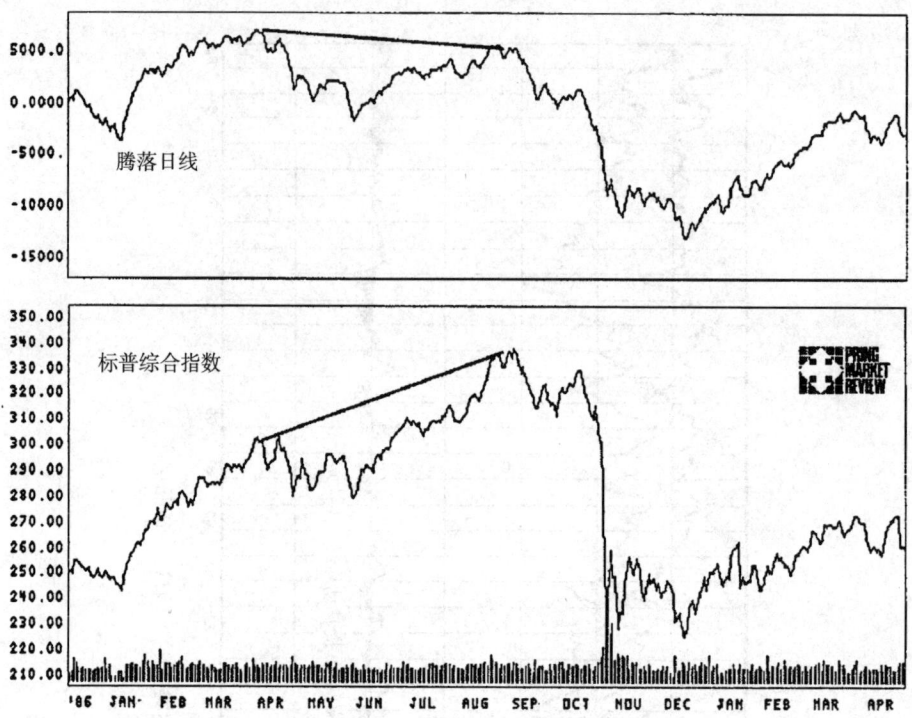

图 27-4a　标普综合指数与 NYSE 腾落日线图（1986～1988 年）

资料来源：www.pring.com。

由于腾落日线的底部通常与大盘指数同时出现，或落后于大盘指数，因此它们在判定趋势逆转方面的作用并不明显。

一种更为可行的方法是绘制腾落线与大盘指数的趋势线。二者双双突破趋势线通常预示市场将出现一波强劲的反弹势头。如图 27-4b 所示，1992 年年底，腾落线与大盘指数双双突破趋势线，随后，两条趋势线（虚线表示）再次被突破，双双发出抛售信号。请注意，此时两条趋势线几乎同时被突破，并且几乎同时穿越各自的 200 日移动均线。这一现象作为补充证据进一步提高了有效突破的概率。最终，两条曲线在 1995 年年初双双突破下行趋势线。

在考虑潜在背离或不能确认（nonconfirmation）时，切记要保持耐心与谨慎。例如，在图 27-4b 中的 A 点处，鉴于腾落线已经穿越 1994 年初的峰位，似乎即将出现一个主要的负背离。此时很容易得出市场看跌的结论。然而，在 A 点，腾落线仍然位于其 200 日移动均线之上。此外，倘若负背离信号的确存在，也没有得到标普综合指数趋势突破的确认，结果，两条曲线继续创出新高，凸显了以怀疑精神判定当前主要趋势及二者关系的重要性。

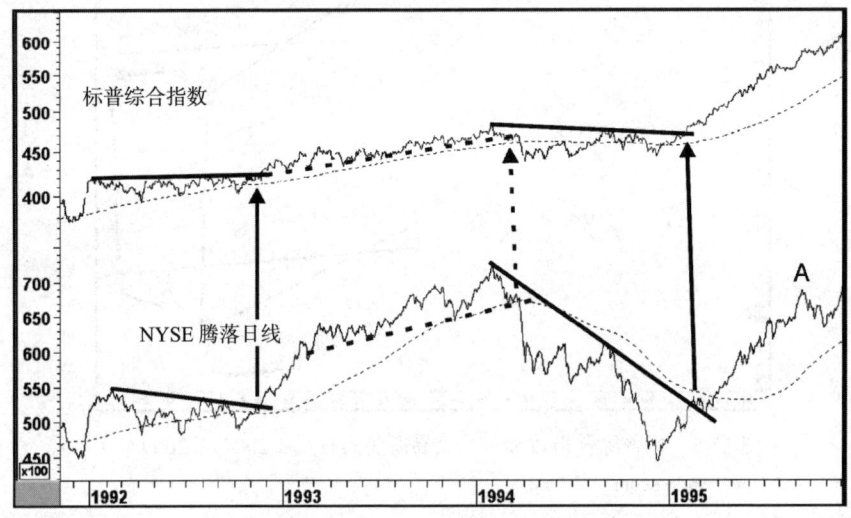

图 27-4b　标普综合指数与 NYSE 腾落日线（1991～1995 年）
资料来源：www.pring.com.

　　图 27-5 和图 27-6 同样对标普综合指数和腾落日线进行了比较。前者显示了自 2007 年牛市顶部出现的负背离现象。我标出了 2009 年的底部，虽然这并不代表真正的背离，但在广度指标并未有极端表现的时候，二者同时创出新低。这种小幅背离的确代表行情可能转牛的小提示，但需要类似 B 点给出的信号加以确认。在 B 点，两条向下趋势线被向上突破。A 点为正背离，因为腾落线的底部不断走高，而非价格。两条曲线的趋势线突破对此进行了确认，因而随后出现了一波强劲的反弹。图 27-6 的时间更晚。首先我们看到，在 2011 年 7 月的中期顶部出现了一次负背离，这次情况有所不同，因为标普综合指数先于腾落线筑顶。这种不一致现象产生的原因往往是腾落线的弱势，但这并不重要，重要的是当两条曲线以趋势线突破或可靠的移动均线穿越信号加以确认时，背离就是背离，价格下跌不可避免。A 点和 B 点给出了两个鲜明的例子，腾落线先于标普综合指数触底。在 A 点，我们看到了一些可作为行动依据的确认信号。但在 B 点，跌势如此迅猛，无法描绘出可以支持技术面分析的精准趋势线。

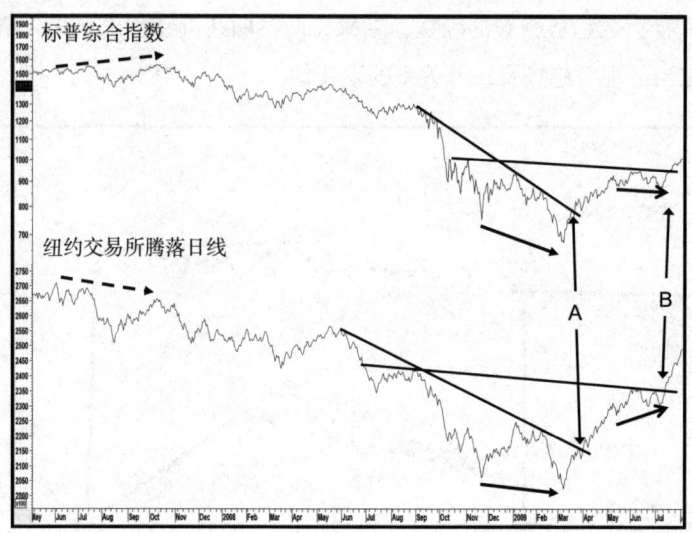

图 27-5　标普综合指数和纽约交易所腾落日线（2007～2009 年）

资料来源：www.pring.com.

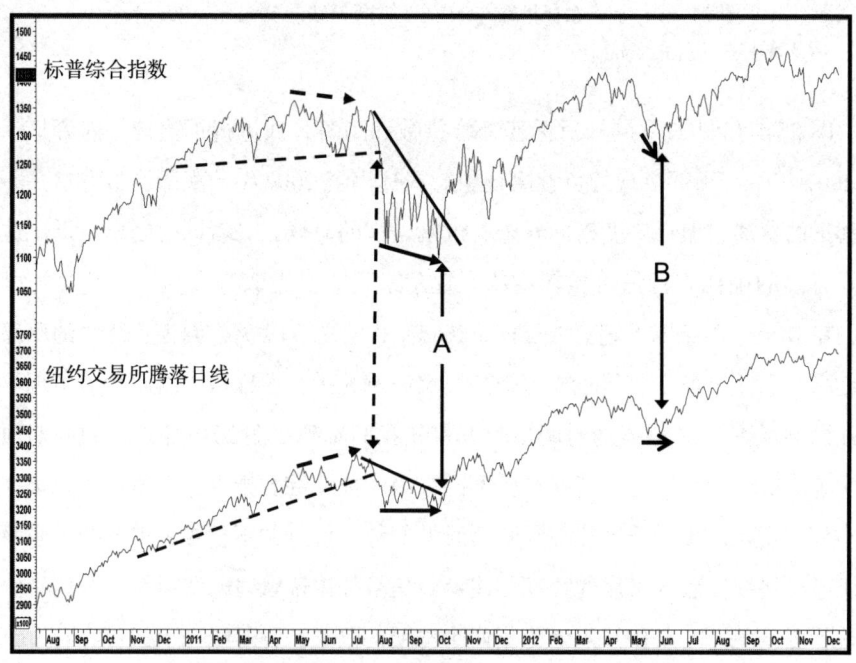

图 27-6　标普综合指数和纽约交易所腾落日线（2010～2012 年）

资料来源：www.pring.com.

广度摆荡指标（内部强度）

在进行历史比较时，计算动能的 ROC 方法能非常有效地度量价格指数，因为这一方法能以相同的方式反映类似比例的走势。不过，ROC 方法不适于评估用来监控内部市场结构的指标的有效性，如成交量指标或广度指标。原因在于计算这些指标的初始值通常是任意选取的一个数字，因此，这些指标的加减都是不成比例的。在某些情况下，ROC 可能是一个正值与负值的商，从而为主要动能趋势的判定带来困扰。下面的几节将简要地介绍一些摆荡指标，这些指标是根据更适宜计算方法得出的广度数据构造而成。

10 周腾落摆荡指标

图 27-7 显示了道琼斯工业指数及其 10 周摆荡指标。摆荡指标是取 A/U-D/U 平方根（前文提到的公式）的 10 周移动均值绘制而成。我们可以通过比较腾落线与摆荡指标来解释背离原则，这种背离表现为 2007 年顶部动能指标峰位的不断滑落与腾落线峰位的不断走高。此后用虚线标注的上行趋势线被向下跌破，对背

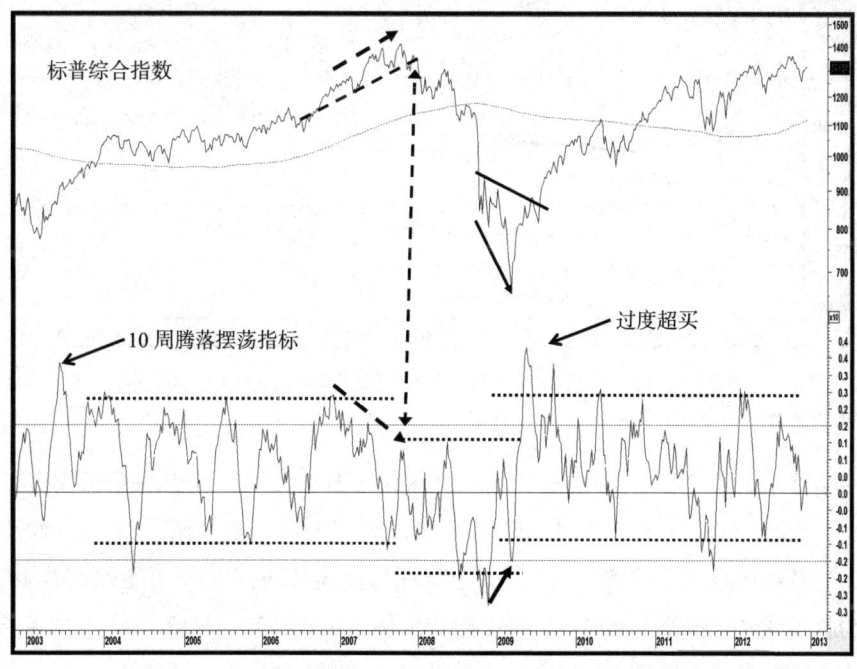

图 27-7　标普综合指数 VS. 10 周腾落比率（2002～2013 年）

离加以证实。2009 年春的一次正背离也得到了证实。请注意，可以根据主要趋势环境为摆荡指标设定不同的范围，如图中的平行虚线所示。同时，请仔细观察摆荡指标摆脱 2009 年低点后出现的极高读数，这是一个过度超买信号，代表市场转牛的一个早期提示信号。2003 年春出现的读数没有 2009 年高，但也很极端，这也是过度超买信号，但这一次预示的是 2003～2007 年牛市的起点。

10 日与 30 日腾落摆荡指标

这两个指标通过取 10 日或 30 日腾落线或腾落比率的移动均值绘制而成。另一种计算方法是直接取某一特定时期内上涨股数与下跌股数之间的比率。两种比率的解释方法与其他动能指标完全一致，但区别在于它们的时间跨度相对较短。图 27-8 显示了一组广度动能指标。

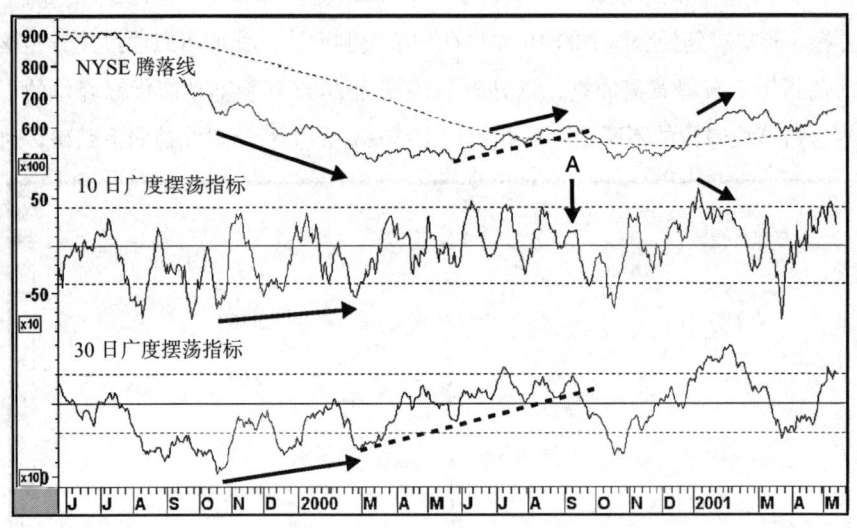

图 27-8　NYSE 腾落线与两个广度摆荡指标（1999～2001 年）

资料来源：www.pring.com.

请注意，图 27-8 中将摆荡指标与腾落线本身而非标普或道琼斯指数进行比较。在 1999 年至 2000 年 3 月，二者多次出现正背离。随后腾落线逐步触及峰位，二者数次出现负背离。请注意，10 日摆荡指标甚至未能反弹至均衡线上方，表明腾落线 9 月份触及峰位（A 点）时，市场已极端走软。最终，30 日摆荡指标与腾落线本身双双跌破上行趋势线，发出了典型的抛售信号。最后一次负背离出现在 2001 年 1 月。

麦克连指标

麦克连指标（McClellan oscillator）是一种短期广度动能指标，常用于衡量上涨股数减去下跌股数的 19 日与 39 日指数移动均线（EMA）之间的差值。就此而言，麦克连指标的原则基础与第 14 章所讨论的 MACD 指标一致。一般而言，当麦克连指标跌至 −70 ~ −100 的超卖区域时，代表买入信号；升至 +70 至 +100 的超买区域时，代表卖出信号。由于麦克连指标的计算基于减法，而纽约交易所的股票数量这些年来也持续增长，这一区间可能过于狭窄，不再具有实用性。根据我的个人经验，麦克连指标在阐释上应采用第 13 章提到的有关原则。图 27-9 以纳斯达克交易所提取的广度数据为依据。请注意 2009 年底部出现的正背离。垂直虚线箭头标出了 3 个重要的高点——每一个都伴随着摆荡指标的极低读数。在 2007 年的高点，该指标实际上小幅跌破均衡线，这显然是图 27-9 中一个极端点位的极端读数。

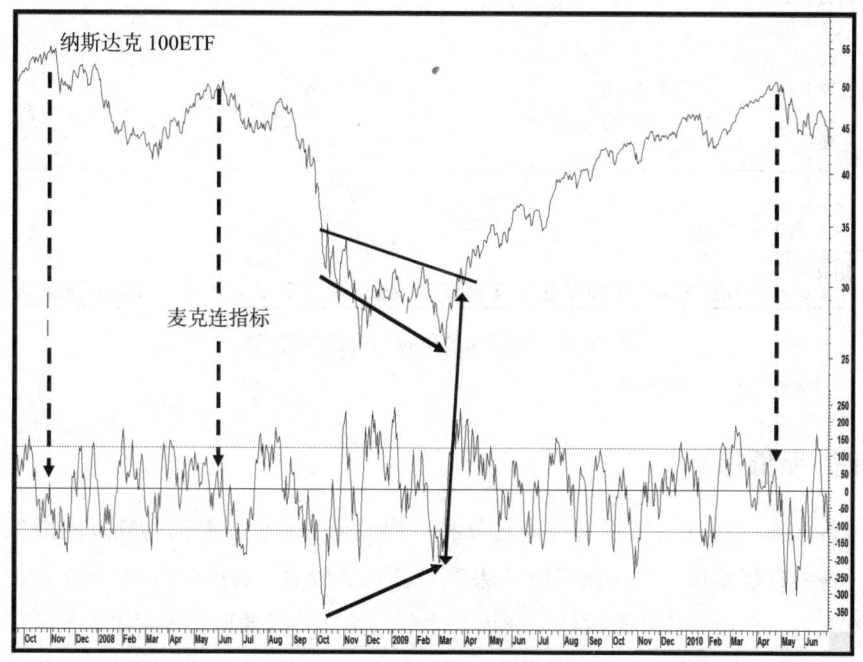

图 27-9　纳斯达克 100ETF 和麦克连指标（2007 ~ 2010 年）

资料来源：www.pring.com。

最后，根据习惯，此处描述的摆荡指标在计算时选用两个特定时间跨度的EMA。不过，我们也可以发扬创新精神，尝试使用其他不同的组合。

麦氏综合指标（McClellan summation index）由麦克连指标衍生而来。该指标取麦克连指标每日读数的累加值，绘制为一条缓慢波动、只有在摆荡指标向上或向下穿越零线时才会改变方向的曲线。综合指标的斜率取决于摆荡指标实际读数与零线之间的距离。换言之，超买读数将推动综合指标大幅上升，反之亦然。许多技术分析师将综合指标方向的改变视为买入或卖出的信号，但结果产生大量误导性信号。我本人倾向于采用移动均线的穿越信号，这种方法通常缺乏时效性，却能过滤掉大量的错误信号，建议选取时间跨度为 35 日的简单移动均线，如图 27-10 所示。但即便如此，虚假信号还是难以避免，说明该方法远非完美。

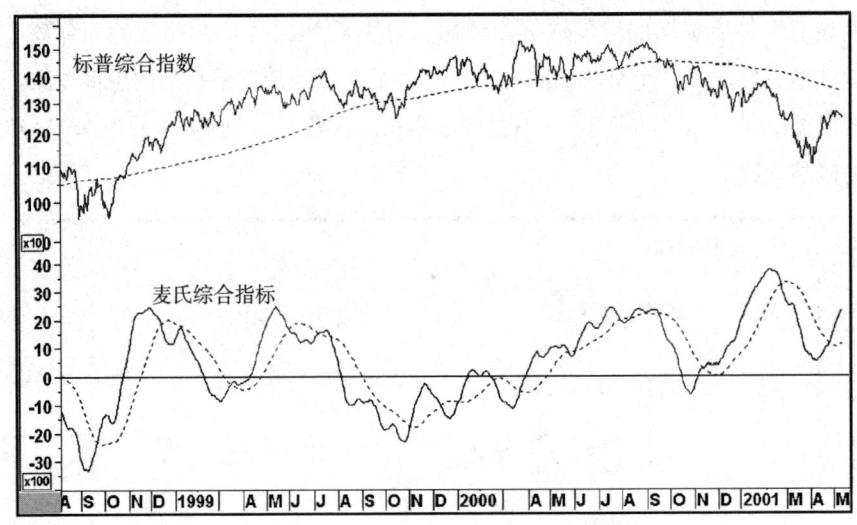

图 27-10　标普综合指数与麦氏综合指标

资料来源：www.pring.com.

新高 / 新低指标

许多媒体与在线数据供应商每日和每周都会公布触及新高与新低的股票数据。这些数据显示了 52 周期间触及新高或新低的股数。获得新高 / 新低指标的方法有多种，但由于原始数据波动频繁，将其以移动均线的形式表现出来效果往往更好。部分技术分析师倾向于分别绘制新高与新低的移动均线，其他人则倾向于绘制二者净差值的移动均线。

|技术要点| 跨越一定时期的上涨行情应该伴随着合理数量，但未必要伴
随持续上升的净新高的出现。

若大盘指数在经历长期涨势后创出不断走高的峰位，但同时创新高股数创出的峰位却不断走低，则表明技术面可能走软，因为这说明大盘指数不断走高的同时，形成价格形态突破的股数却越来越少。另一方面，在空头市场，标普综合指数或其他大盘指数创出新低的同时，净新高数据没有呈现下降趋势，则代表一个看涨信号。

创新低的股数减少表明持续下跌的股数越来越少，换言之，抵制大盘下跌趋势的股数越来越多。以图 27-11 为例，1994 年 12 月标普综合指数跌至与年初相当的水平，但创出新低的股数却大大减少。这代表技术面的走强信号，最终大盘指数突破趋势线，对这一信号进行了确认。

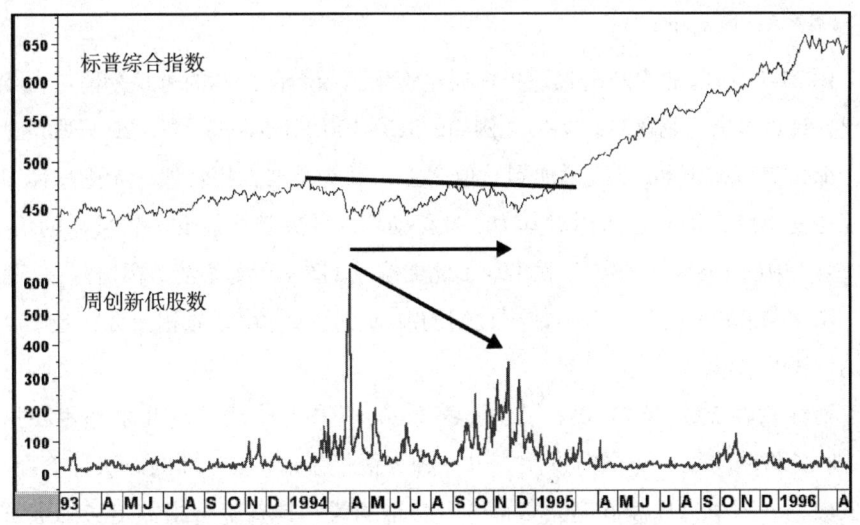

图 27-11 标普综合指数与 NYSE 52 周创新低股数（1993 ~ 1996 年）
资料来源：www.pring.com.

图 27-12 的下方是每日创新高 / 新低指标差值的 10 日移动均线。请注意，在该图中，从 1989 年年底到 1990 年年初，差值 10 日移动均线与大盘指数出现负背离。其他的趋势逆转信号包括两条曲线在 1991 年年初双双突破趋势线（图中用虚线表示）。新高 / 新低指标差值的 10 日移动均线突破下行趋势线，预示着创新高的股数正不断增加，一旦大盘指数自身也突破趋势线，价格很可能上涨。

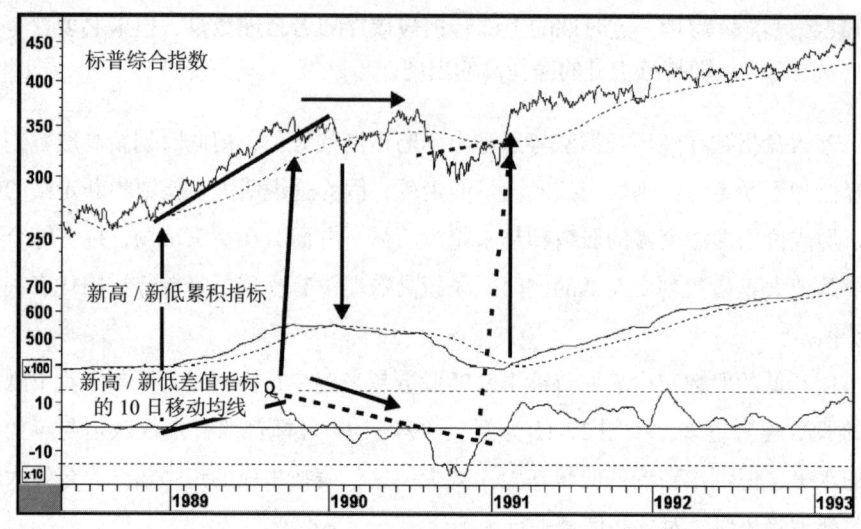

图 27-12　标普综合指数与两种净新高指标（1988～1993 年）

资料来源：www.pring.com。

图 27-12 中部的净新高累积指标通过将新高与新低指标的每日差值进行累加得出，计算方法与腾落日线类似。例如，若有 100 只股票创新高，20 只股票创新低，那么二者差值 80 将被累加到总值之上，以此类推。我发现，无论总体市场上涨还是下跌，该累计指标对其 100 日移动均线的穿越均能发出较可靠的信号。图 27-12 中的 1988～1993 年就出现了此类信号（图中用垂直箭头标出）。

图 27-13 显示的是标普指数更近期的波动，箭头标出了累积指标穿越 100 日移动均线的情形。

请注意在 2009 年和 2011 年，指数的 200 日移动均线穿越几乎和累积指标的 100 日移动均线穿越同时发生。另一种方法是采取图 27-14 的方法计算新高/新低数据，图中每周净新高指数的 8 日移动均线和标普综合指数走势形成鲜明对比。略微加粗的部分代表指标跌至 0 下方的情形，目的是表示主要空头行情。2007～2009 年，这一功效得到了很好的证明。但其缺点是，指标很容易在较长短期下跌的末端跌至 0 下方。

在本节的讨论中，我们将新高/新低指标限制在 52 周的时间跨度之内，但实践中可以尝试在其他任何时间跨度内进行计算。根据个人经验，我发现 30 日、13 周与 26 周的时间跨度都较为理想。该指标与其他所有技术指标的唯一区别在于，该指标并不符合时间跨度越短、波动性越大，信号可靠性就越低的规律。

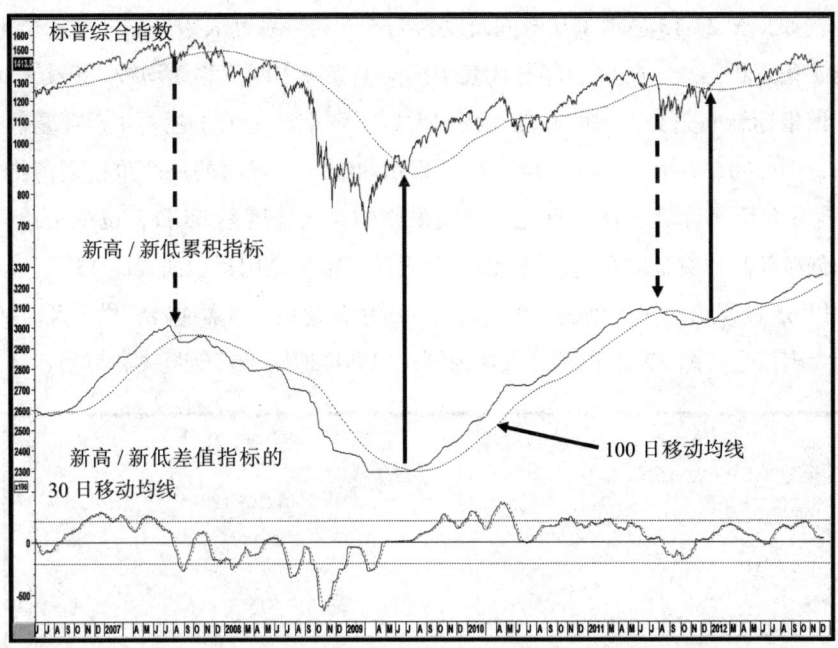

图 27-13　标普综合指数与两种净新高指标（2006～2012 年）

资料来源：www.pring.com。

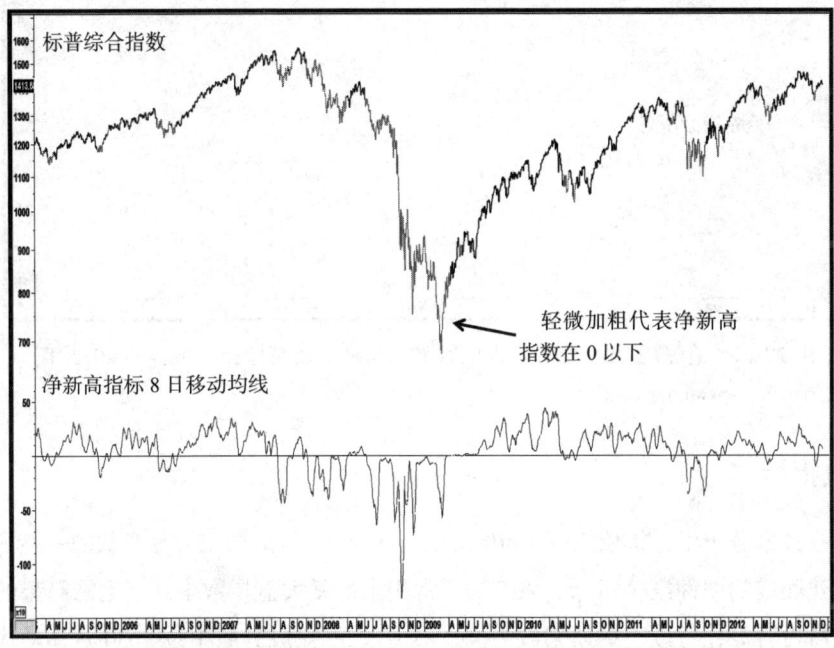

图 27-14　标普综合指数与 8 日净新高指标（2005～2012 年）

资料来源：www.pring.com。

例如，图 27-15 显示了从时间跨度为 165 天的一系列大宗商品净新高衍生得到的一条累积曲线。加深的部分代表指标向上穿越 100 日移动均线（虚线）的情形。该指标绝非完美，但的确能让我们大致了解市场是处于主要牛市还是熊市。最后，图 27-16 显示了通过黄金股数量累积曲线计算得出的一个价格摆荡指标。图 27-16 介绍了计算方法。首先，曲线采用的时间跨度是 65 日，也就是说，65 日内创净新高的黄金股数量。15 和 65 代表摆荡指标是用累积曲线的 15 日移动均线除以 65 日移动均线得到的。如图 27-16 所示，超买 / 超卖逆转提供了及时的买入和卖出信号。图 27-15 以黄金板块为例，但同样适用于其他板块和市场。

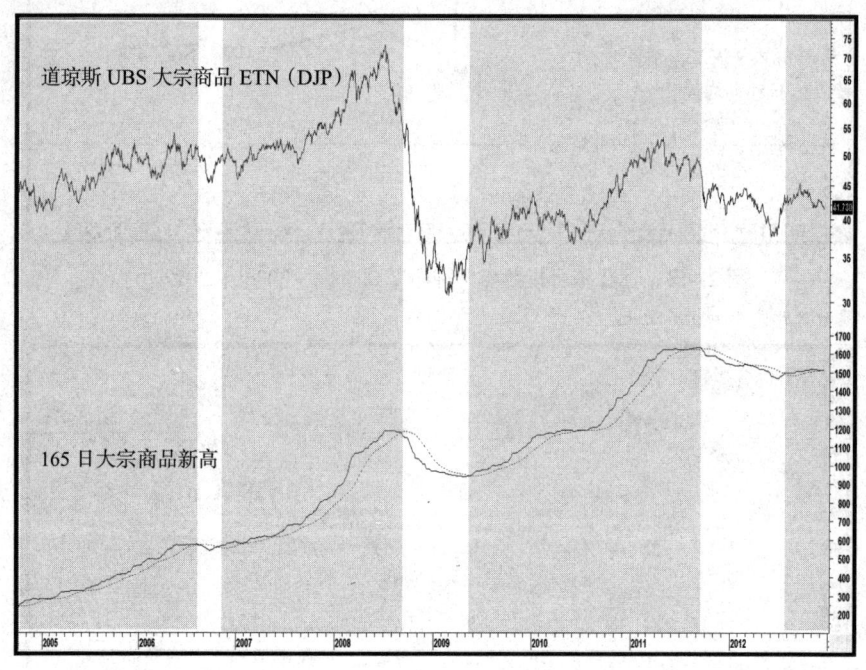

图 27-15　道琼斯 UBS 大宗商品 ETN 和大宗商品新高指标（2005 ～ 2012 年）
资料来源：www.pring.com。

扩散指标

在技术分析中，扩散指标（diffusion indicator）是由构成大盘指数的一揽子证券构建而成的一种摆荡指标。该指标通常用来衡量大盘指数中处于上涨趋势的成分股所占百分比。以道琼斯指数为例，该指数 30 只成分股中位于 30 日移动均线以上的成分股所占百分比即为扩散指标。若所有成分股均处于上涨行情，那当前形势必然一片大好，但同时也表明大盘指数已经非常脆弱，很可能触顶后开始下跌。反之，当没有一只股票上涨时，所代表的含义则恰恰相反，大盘指数正触及谷底，反而可能是最佳的买入时机。对扩散指标进行这种简单的解释是一个不错的切入点，但正如后文要提到的一样，实践中情况往往复杂得多。由于扩散指标是一种动能指标，因此适用第13章讨论的所有原则。

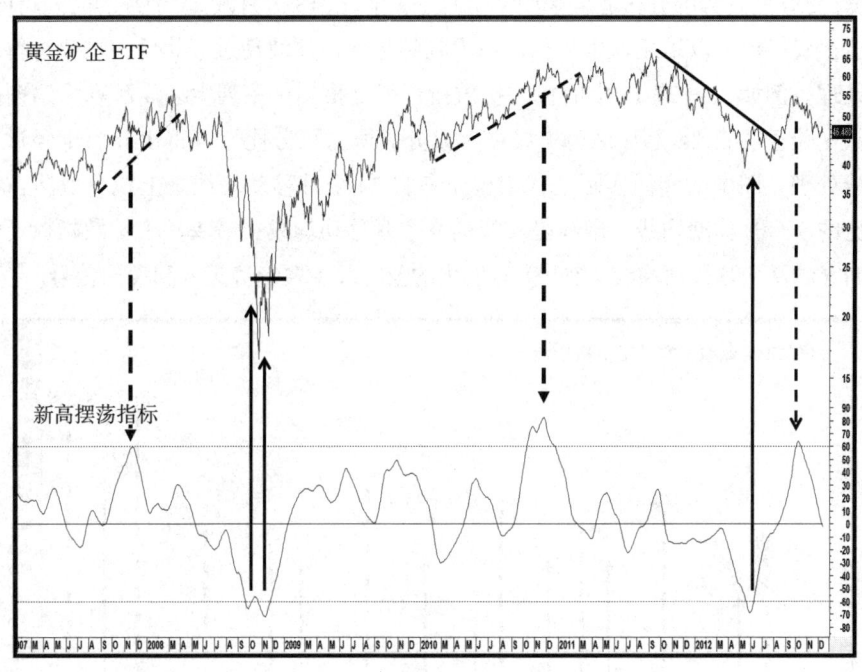

图 27-16　黄金矿企 ETF 和新高摆荡指标（2007～2012 年）

资料来源：www.pring.com。

何谓正向趋势

在技术分析中，形成不断走高的峰位和谷底，或位于趋势线以上的市场或个股可能会被视为处于正向趋势。然而，以这种方式来解释趋势带有相当多的主观成分，而且，在此基础上构建包含多个成分、跨越较长时间的扩散指标相当繁复。因此，为了简化计算过程，同时提高指标的客观性，我们通常选用容易用电脑处理的统计指标。

最普遍的判断方法是计算价格位于某特定移动均线之上或其移动均线处于上升阶段的成分股所占百分比。另一种经常使用的方法是计算 ROC 读数为正值

（0或100以上）的成分股所占百分比。移动均线或ROC时间跨度的选择非常重要。时间跨度越短，得到的摆荡指标波动越频繁。

实际上，在技术分析其他领域广泛使用的移动均线与ROC时间跨度正是较为理想的选择。具体而言，短期趋势的分析适合采用10日、20日、30日、45日与50日的时间跨度；中期趋势分析适合采用13周、26周与40（39）周的时间跨度；更长期趋势的分析适合采用9个月、12个月、18个月及24个月的时间跨度。当然，我们也可以采用盘中数据，但得到的指标往往波动过于频繁，需要进行平滑处理。例如，图27-17中的板块扩散指标就是根据一系列大宗商品和大宗商品指数中位于各自24个月移动均线之上成分股所占百分比计算得出。由于经过了平滑处理，图中的实线实际上代表位于各自24个月移动均线之上成分股所占百分比的9个月移动均线；虚线是实线的9个月移动均线；箭头代表扩散指标逆转方向穿越9个月移动均线（虚线）时发出的及时及主要趋势买入和卖出信号。

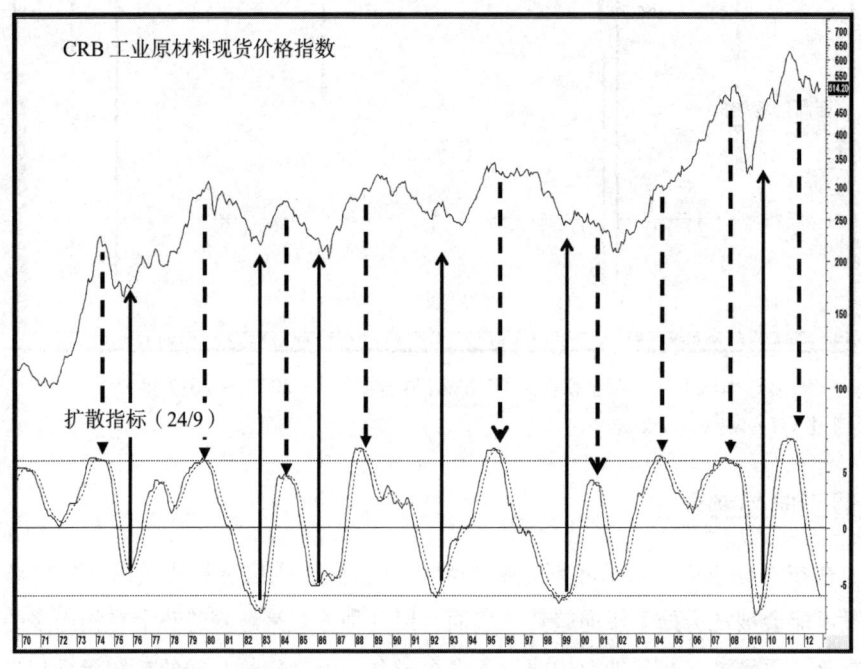

图27-17　CRB工业原材料现货价格指数与板块扩散指标（1969～2012年）
资料来源：www.pring.com.

应该选择多少只成分股

在计算扩散指标时，我们很可能会认为选择的成分股越多越好，但这同时意味着需要维护一个规模庞大的数据库。根据我个人的经验,选择相对较少的股票也能达到相同的效果。不过,必须记住在计算中使用的一揽子成分股必须充分反映出总体指数构成成分的多样性。

解析

当扩散指标进入极端区域时,通常代表市场处于超买或超卖状况。不过,这种读数本身并不能构成有效的买入或卖出信号。图 27-17 中 2004 年扩散指标出现的虚假卖出信号提醒我们,必须等待另一个趋势确认信号。显然,当读数为 0 时,代表最理想的买入机会,反之亦然。但等到扩散指数趋势的逆转或甚至等到大盘指数趋势逆转之后再做决定通常更为保险。

> **技术要点** 当一个扩散指标从极端读数逆转时,其监测的指数也往往会发生逆转。如果二者有分歧,而扩散指标继续经历调整,这表明构建该扩散指标时对应的证券本身也出现大规模调整。

图 27-18 显示了基于一揽子道琼斯指数成分股构建的扩散指标。计算的基础

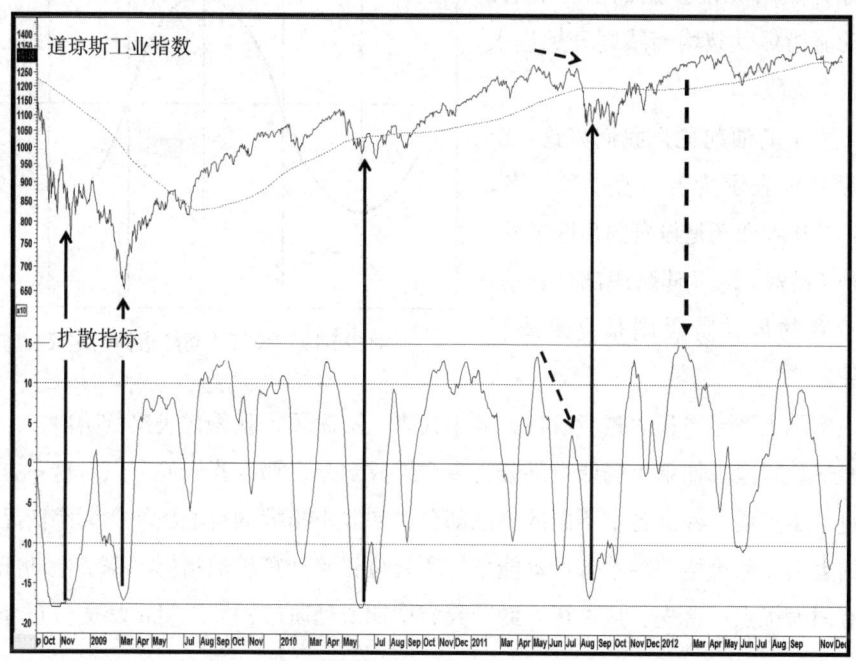

图 27-18　道琼斯工业指数和扩散指标(2008～2012 年)

资料来源:www.pring.com。

是高于 50 日均线的百分比。由于如此得出的曲线波动过大，我们用 10 日移动均线对其进行了平滑处理。图中出现了两个极端水平，分别为由虚线和实线标出的水平超买/超卖线。几条箭头线表明，当指标自超出图中水平实线所示的极端位置逆转时，往往触发可靠的买入和卖出信号。2011 年 7 月的高点值得借鉴，因为，虽然它略低于四五月份的高点，但摆荡指标却极其疲软。无论指数是否达到新高，这种组合通常都是市场转弱的强劲信号。

季节性广度指标

实际上，每个周期在完成之前都必须经历 4 个动能阶段。图 27-19 对季节性广度指标（seasonal breadth momentum）⊖这一概念进行了解释。第一个阶段发生在下滑的动能指标触及最低点之后，此时动能开始回升，但仍位于均衡线以下；动能指标穿越均衡线时即开始进入第二个阶段；在第三个阶段，动能指标开始由峰位开始回落；最后，当动能指标跌破均衡线则开始进入第四个阶段。

为了简便起见，我们将这 4 个阶段分别表示为春、夏、秋、冬。无论是从农业还是投资的角度来看，播种（投资）的最佳阶段都是春季，而收获的最佳阶段则是夏末或者秋季。

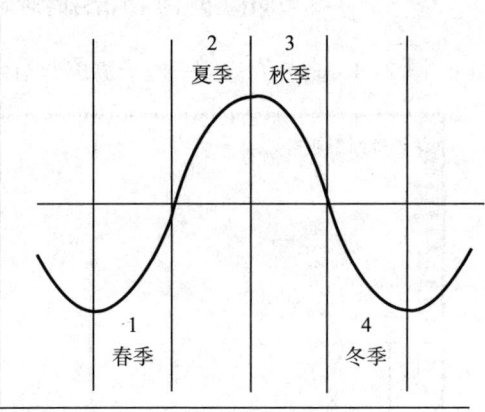

图 27-19　季节性动能指标的定义

实际上，春季代表进货阶段，夏季代表上涨阶段，秋季代表出货阶段，冬季代表下跌阶段。如果市场能被细分为多个组成部分，那么我们就可以对这一方法做进一步扩展，根据各个不同的构成部分，如股市指数的行业板块、大宗商品指数的大宗商品价格等的季节性动能指标所处位置来计算扩散指标。季节性动能指标有两大优点：首先，该指标有助于判定周期所处阶段，即大量市场成分正处于

⊖ 我对这一指标的最初兴趣来自 Ian S. Notley, Notley Group, Yelton Fiscal Inc., Unit 211-Executive Pavilion, 90 Grove Street, Ridgefield, CT 06877。

进货、上涨、出货还是下跌阶段；其次，它还有助于我们识别主要的买入和卖出机会。

时间跨度的选择

对所有动能指标而言，时间跨度的选择都尤为重要，季节性动能指标的研究也是如此。例如，基于经平滑处理后 13 周 ROC 构建的指标对长期投资策略的影响比基于 48 个月时间跨度构建的指标要小得多。同样，构建季节性动能指标时也可以采用日、周或月度数据。我确信投资者能够将这一概念扩展至盘中数据，因为原理是相同的。尽管我从未做过尝试，但我积极鼓励大家创新。不过，根据我的经验，即便经过平滑处理，基于日或周数据计算得出的指标通常也无法像基于月度数据得出的指标一样发出可靠的信号。这并不意味着较短的时间跨度毫无作用，而月度指标永远有效，只不过较长的时间框架更少受随机事件的影响，因而一般在操作中更为可靠。月度季节性动能指标在大宗商品市场与国际市场中也同样有着相当理想的表现。本章图中所列走势指标的计算过程如下：首先计算 10 个标普行业板块中处于冬、春、夏、秋阶段的板块数量，然后用 6 个月移动均线对得到的数据进行平滑处理。

📈 股票市场的季节性（扩散）动能⊖

图 27-20 显示了 1980 ～ 2012 年所有 4 个季节动能的曲线。以春季数据为例，若读数很高，则表明行业板块中有相当一部分成分处于第一阶段，也就是说，动能指标位于零线以下，但在不断上升。这意味着市场走强，即将迎来一波主要涨势。

请注意，大多数周期在时间上都具有一定的先后顺序，正如图 27-20 中的箭头所示，大多数板块都是由春季转为夏季，再由夏季转为秋季，最后转至冬季。空头行情的低点通常出现在冬季动能的峰位处。与其他动能指标一样，季节性动能指标也必须等到价格本身的信号（图中为标普综合指数）确认才能做出决定。

⊖ 当我在第 3 版首次引入这一概念时，这一指标的计算还只是专业人士的专利，因为他们拥有功能强大的计算机系统与规模庞大的数据库。然而，现在这一指标很容易获得，其详细计算过程及走势图在任意版本的 Metastock 软件中都可获得。了解详情，请登录 www.pring.com。

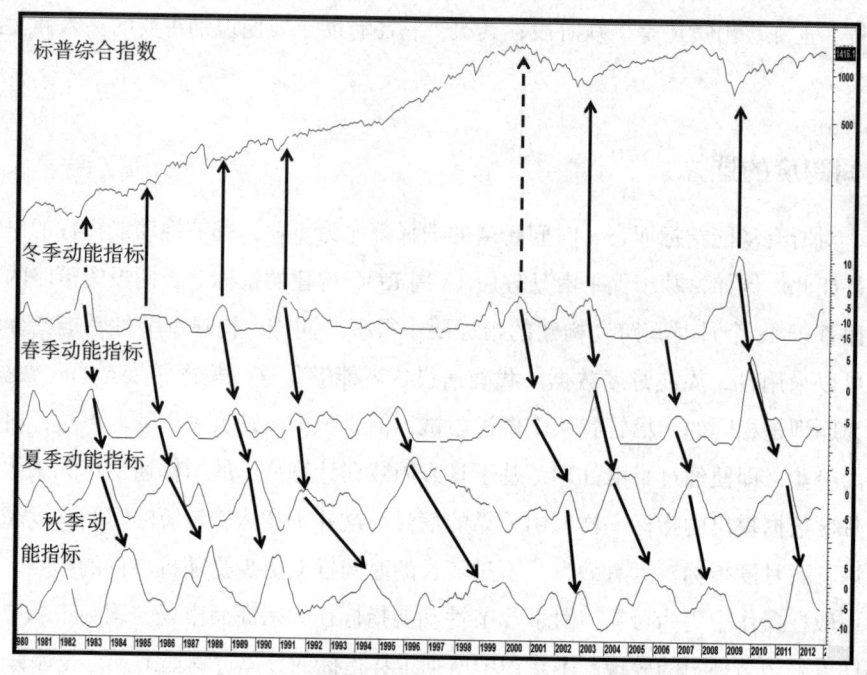

图 27-20　标普综合指数与季节性动能指标（1980～2012 年）

资料来源：www.pring.com。

春季动能指标的峰位通常对应多头行情第一波中期走势的峰位，但这并不代表空头信号，而仅仅意味着大多数板块正从春季（进货）阶段进入夏季阶段（上涨）。只有当大多数板块从春季退回冬季时，才发出空头信号。

当夏季动能指标筑顶时，大多数板块的平滑动能指标已经进入秋季（出货）阶段，环境的变化要求投资者进行更慎重的考虑。

空头行情底部

当冬季动能指标到达峰位并且开始向下回落时，代表主要的买入时机。一般而言，峰位越高，市场随后反弹的空间就越大，因为冬季损失的动能必定会在春季得到补偿。因此，冬季动能指标由较高的峰位滑落通常表明大量板块准备进入春季阶段，即进入最具上涨潜能的阶段。图 27-20 就清楚地显示了这一种情况，不过图 27-21 跨越的时间范围更长。

在图 27-21 所涉及的时间范围内，仅有 14 个行业的数据完全可得。不过，自水平线上方的逆转发出了持续而可靠的主要趋势买入信号。请注意在长期熊市，即

图 27-21 中的阴影部分，进入冬季位置的板块数量比长期牛市要多得多。最后，你会发现就在冬季动能指标冲向最高点的前后，标普指数筑顶。这是因为自 1998 年以来，由于指数在科技繁荣的提振下持续反弹，市场一直在内部调整。到科技股触顶的时候，大多数板块实际上处在反弹的位置，正经历反弹。但是标普指数却下跌了，因为权重很高的科技股开始暴跌。这是一种独特的现象，但却表明虽然扩散指标和指数往往同步运行，扩散指标能告诉我们当前的上涨或下跌行情全面与否。

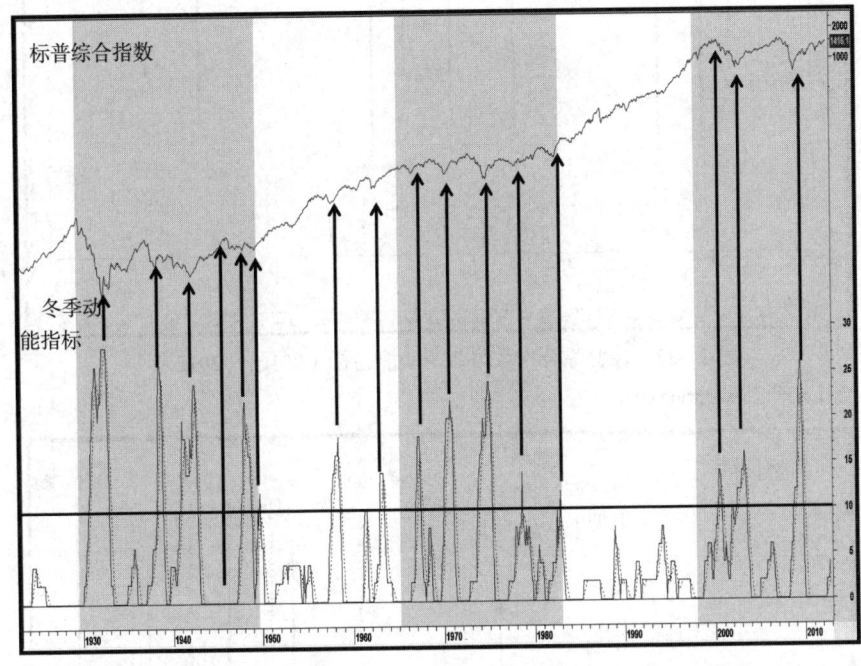

图 27-21　标普综合指数与冬季动能指标（1923 ~ 2012 年）

资料来源：www.pring.com。

走势图 27-22 是冬季动能指标的又一示例，不过这次是使用日 KST 公式辨认短期买入机会。我们同样可以以 MACD 或平滑的随机指标为基础构建这些指标。对后者而言，其 50 读数水平就相当于 KST 指标的均衡区。

摘选所有板块的正向趋势部分（春季 + 夏季）是一种有效的方法，如图 27-23 所示。

这样一来，该指标的逆转能发出熊市和牛市信号，不过，当指标触顶时，即便标普指数可能还在一路向上，就像 20 世纪 90 年代末期的长期牛市那样，但我们要三思而后行。总体而言，夏季动能水平越低，则行情上涨的潜力越大。

512 第二部分 市场结构

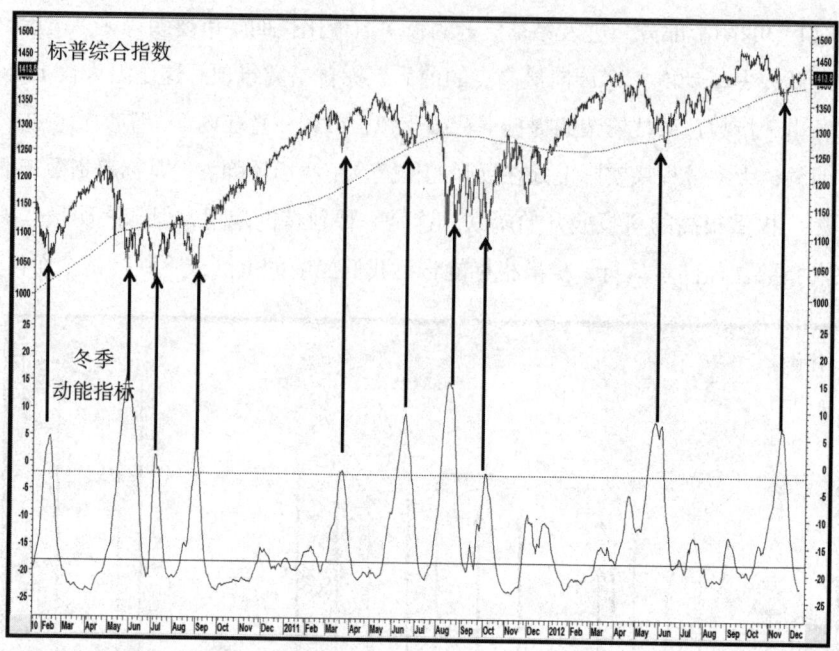

图 27-22　标普综合指数与冬季动能指标（2010～2012 年）
资料来源：www.pring.com.

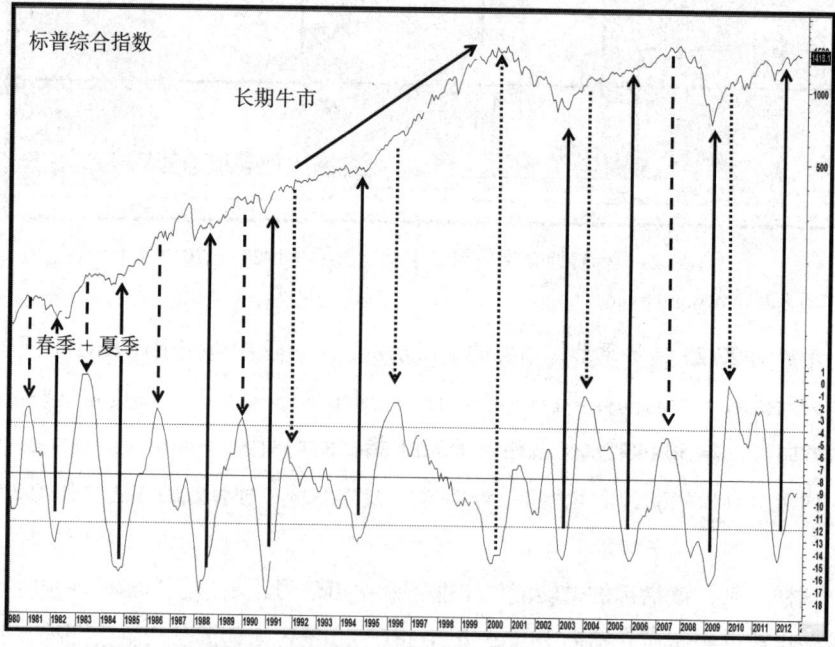

图 27-23　标普综合指数与月度春夏动能指标（1980～2012 年）
资料来源：www.pring.com.

市场峰位的信号

市场顶部比底部更难令人捉摸，但春季动能指标向上趋势的逆转通常代表上涨信号。即便秋季指标触顶也未必一定能触发一波完整的空头行情。唯有大部分板块的动能指标跌至均衡线以下（即进入冬季），且其数量不断增加时，空头行情的向下动能才会发力。

― Summary ―

小　结

- 市场广度指标能衡量大盘成分股对大盘指数的支持程度。
- 市场广度指标主要具有两个方面的作用：首先，它能帮助我们了解大多数交易对象（通常指股票）所处的环境是好是坏；其次，市场广度指标通过正、负背离预测市场行情的主要转折点。
- 根据市场广度数据构建的指标包括腾落线、广度指标、扩散指标与净新高指标。
- 市场广度指标的背离通常代表较可靠的信号，但仍应该得到大盘指数本身逆转趋势的确认。
- 净新高与新低指数可用来判断当前趋势技术指标的强弱。根据创新高股数与创新低股数差值构建的指标能用来识别背离现象或判定趋势。
- 季节性广度指标发出的信号代表主要的买入与卖出机会，且通常可用来识别当前主要趋势所处的阶段。

第三部分
Part 3

市场行为的其他方面

第28章
Chapter 28

衡量信心的指标和关系

腾落线和大盘指数之间的负背离能宽泛地衡量投资者信心的缺失。通过观察，我们可称此两者为防守区域和进攻区域的关系，这样，我们就可以对信心水平有所了解，因为这往往能更直接地体现信心的增长或下滑。当该关系反映的是情绪上扬的趋势时，代表一种好的迹象，预示价格走高；当该关系恶化时，则表明市场走软，价格即将下挫。

> **技术要点** 信心比率未能确认大盘指数的新高是一种疲软的迹象，若得到大盘走势的确认，则价格将进一步走软。相反，信心比率未能确认大盘指数的底部，则代表强劲的势头，若得到大盘走势的确认，则价格将进一步上扬。

图28-1体现了能基本运用于本章所述所有关系的基本原则，即信心比率往往领先价格筑顶或触底。这并不意味着所有市场转折点的情况无一例外，也不代表这种领先/滞后关系永远有效。我还想强调，并非每一次背离发生之后（无论是正背离还是负背离），都必定会出现价格趋势的改变。

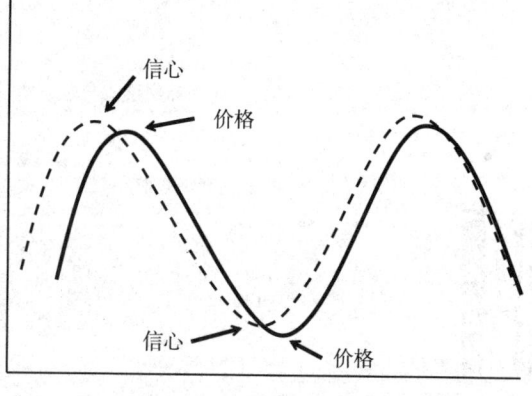

图28-1 信心 VS. 价格

本章介绍的关系集中于美国市场，但有兴趣的读者完全可以将这些原则应用于其他股票市场，甚至是债券或者大宗商品市场。

必需消费品 / 食品模型

必需消费品板块覆盖生活必需品，即无论何种境遇消费者都必须购买的商品的企业，如食品、家庭用品、饮料生产商等。实际上，无论经济条件如何，人们都无法或者不愿将他们生产的产品从预算中省除。必需消费品股票被认为是非周期的，也就是说，不论经济形势如何，需求一直都在，因为无论价格高低，人们对此类产品的需求相对恒定。

当投资者心态谨慎时，他们出于以下 4 个原因纷纷青睐此类股票。

- 由于没有周期性，和高度周期性或者波动性大的矿业股票相比，必需消费品的盈利预测更准确。
- 必需消费品往往分红更高。
- 一般而言，必需消费品的盈利和股息增长纪录更稳定。
- 必需消费品中的大多数公司财务状况较好。

得益于上述特征，必需消费品板块在熊市中的表现往往更好。但在牛市期间，由于投资者转向更令人兴奋的板块，该板块的表现则可能较弱。

与其他几个指标结合后，可以通过利用这一现象获利。例如，仅靠监控必需消费品板块和标普指数的相对运动关系，就能得到某些有用的买入和卖出信号。图 28-1 对标准普尔 ETF 和 Spider 必需消费品的相对运动进行了比较。

考虑到 RS 曲线的走势和标普指数相反，图 28-1 对该曲线进行了倒置处理。倒置 RS 曲线未能确认标普指数新高和新低的现象，往往是趋势改变的提前预警信号。这种背离恰恰表明投资者信心领先大盘转向。再看图 28-3，A、B、C 和 D 点的背离均得到了趋势线突破的确认，从这个层面来说，图 28-2 中的观点得到进一步的强化。

利用 XLP/SPY 相互关系的另一种方法是比较 XLP/SPY 相对强度指标的动能。我使用的是第 15 章提到的 KST 公式，但也完全可以使用 MACD 或随机指标来得出相似的结果。图 28-4 是采用 KST 指标的一个例子，用点描出的曲线代表 XLP 相对动能，实线则代表 SPY 的 KST 指标。

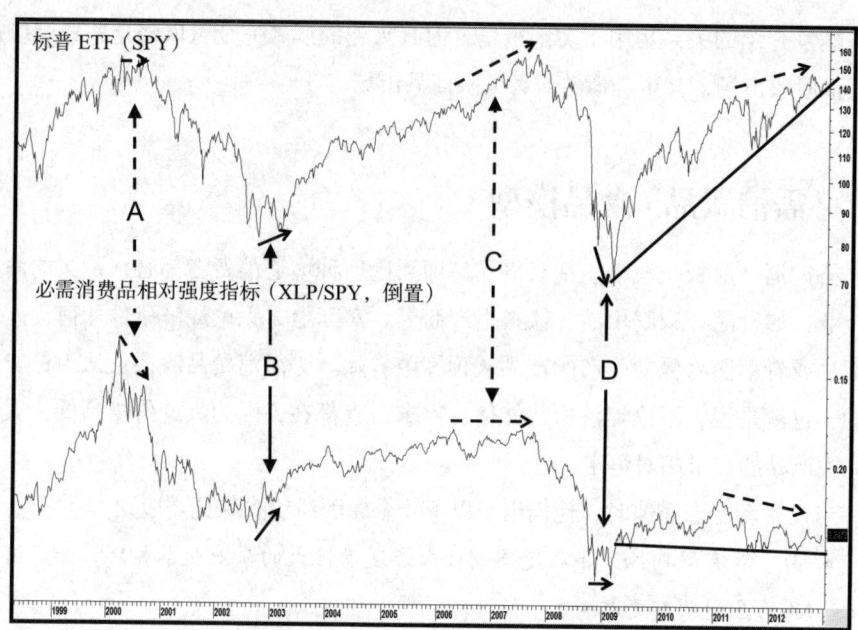

图 28-2　标普 ETF 和必需消费品相对强度指标呈现背离（1998～2012 年）
资料来源：www.pring.com.

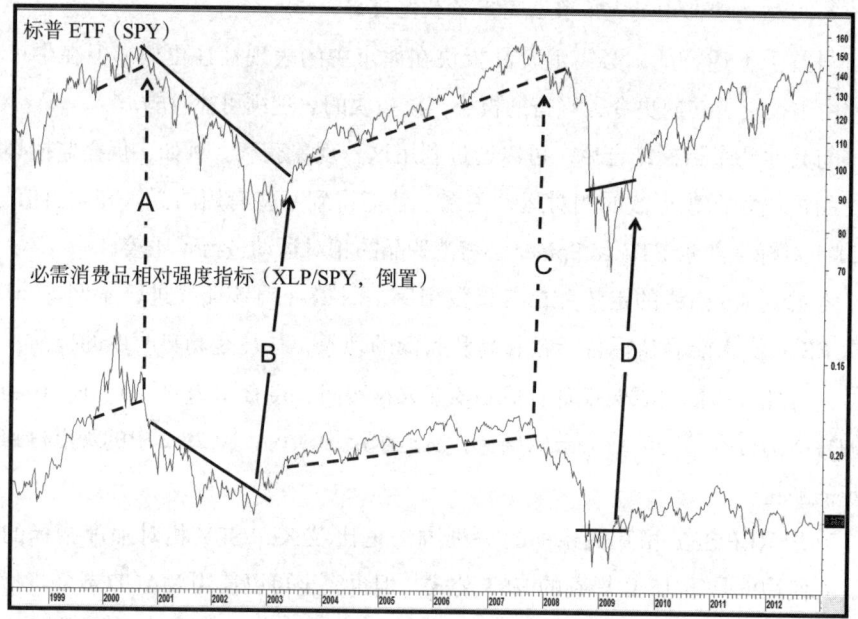

图 28-3　标普 ETF 和必需消费品相对强弱指标呈现趋势线突破（1998～2012 年）
资料来源：www.pring.com.

图中浅色标出的部分代表 XLP 相对动能大于 SPY 相对动能的情况，同时 SPY 本身反应为位于其延后 10 天的 50 日移动均线下方。关于对延后的移动均线的解释，请参见第 11 章。在 2009～2012 年的牛市期间，这一技术并非十分有效，因为跌势都十分短促，所以卖出信号在非常接近最终中期低点的时刻发出。在深色阴影标出的牛市期间，该方法大多能捕捉上升走势。此外，2007 年～2009 年熊市期间的浅色阴影部分告诉我们，该模型在市场下跌期间提供了很有效的保护，只有 2009 年年初相对小规模的那一次跌势除外。至少有一点，该方法在被触发信号和主要趋势方向一致时最为有效。

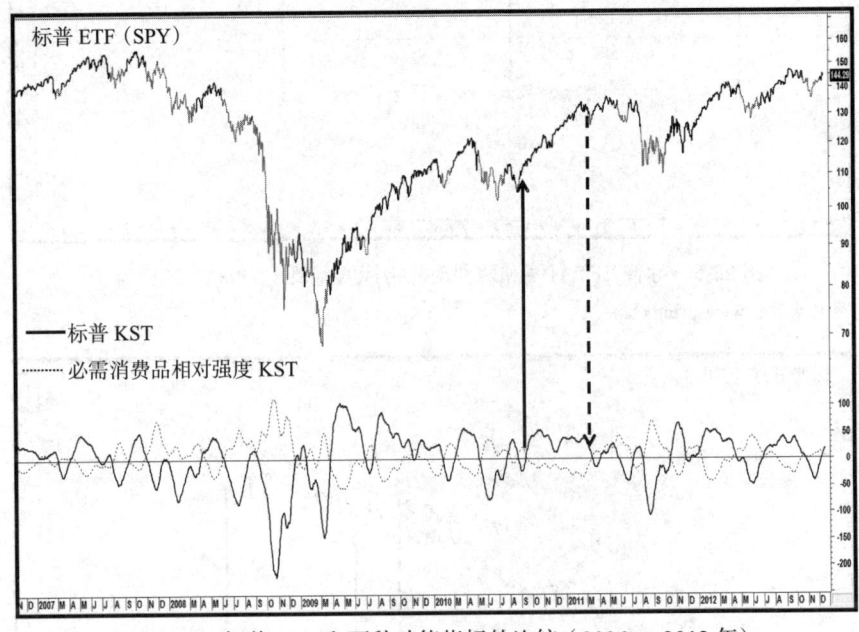

图 28-4　标普 ETF 和两种动能指标的比较（2006～2012 年）

资料来源：www.pring.com。

还有另一种效果相近的方法是用相对 XLP 减去标普动能（见图 28-5），这样一来正向 KST 穿越就表现为向上突破均衡线。由于该方法能告诉我们何时二者的关系已经过度延伸，趋势逆转信号在比率逆转方向的时候发出，领先于实际的均衡线穿越。图 28-5 中用箭头标出了一些例子。

不过，你会发现其他的极端读数逆转丝毫不能发出趋势信号。这种情况通常发生现在新一轮牛市的开端，此时动能尤其强劲，逆周期信号则较为弱势。2009 年 5 月和 8 月的两个卖出信号就是典型的例子。

最后，如图 28-6 和图 28-7 所示，我们还可以将时间框架延伸至中期框架。

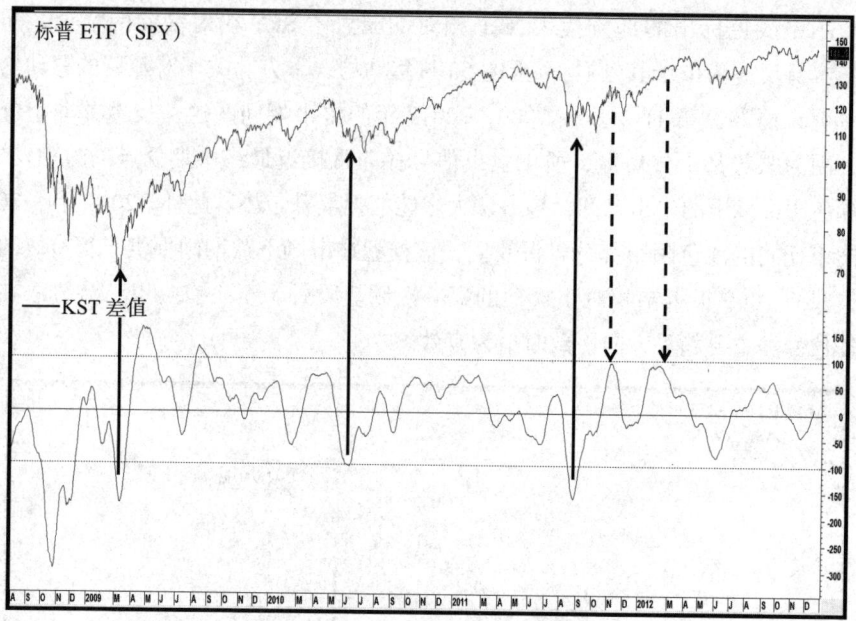

图 28-5　标普 EFT 日线和两种动能指标的差值（2008～2012 年）

资料来源：www.pring.com.

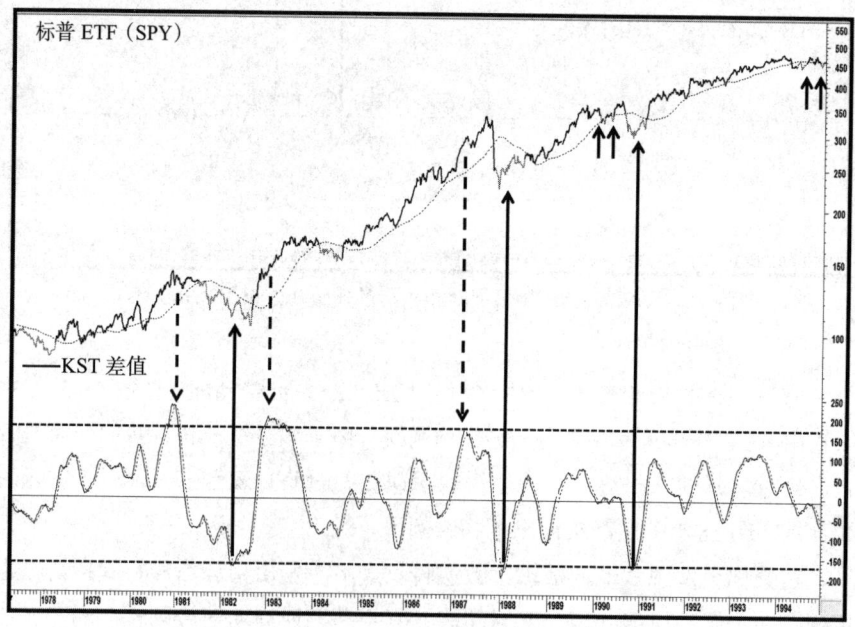

图 28-6　标普 EFT 周线和两种动能指标的差值（1977～1994 年）

资料来源：www.pring.com.

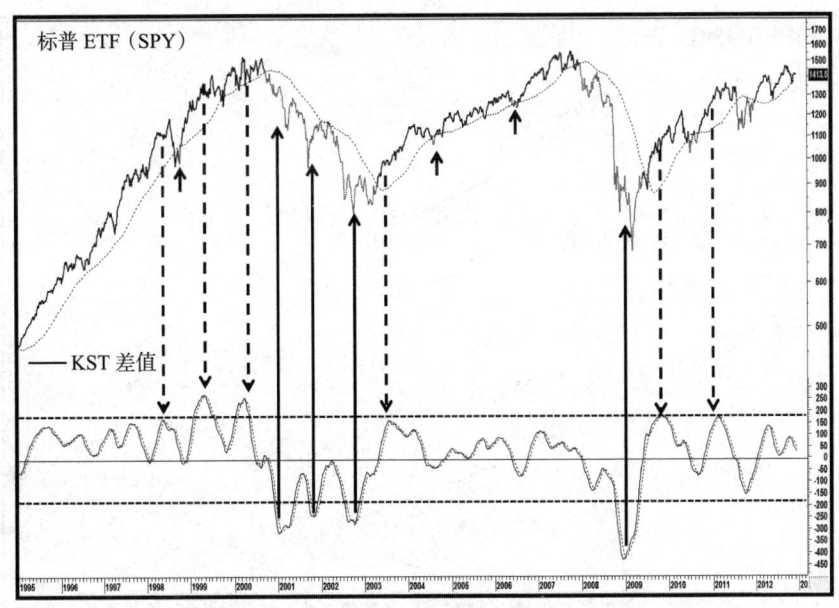

图28-7 标普EFT周线和两种动能指标的差值（1977～1994年）

资料来源：www.pring.com。

考虑到历史数据的可得性，在这些例子中，作为必需消费品板块的下属指数之一，标普食品指数被消费品指数代替。图下方的差值指标通过用食品指数相对走势的中期KST指标减去标普综合指数的中期KST指标得出。如图所示，除非出现在新一轮主要趋势的起点，指标自极端水平，如+170或-170或以上水平的逆转往往能提供可靠的中期趋势逆转信号。浅色阴影部分代表符合两种条件的看跌趋势。首先，相对食品KST位于标普指数KST上方，且标普指数本身位于40周移动均线下方，该移动均线向前推了7周。同样，批判的声音主要来自在牛市触发的看跌信号，有限的跌幅意味着信号触发的时间已经非常接近最终的低点，1987年的下跌行情就是个典型的例子。图中还用小实线箭头标出了其他几个例子。1976年至2012年8月期间，使用这一系统的结果是：该技术处于积极模式时，年化收益率为9.65%；处于消极模式时，年化收益率为-0.60%。

📈 高收益债 VS. 国债

可以通过比较IBOXX高收益债（代码HYG）和国债ETF巴克莱20年信托（代码TLT）得出另一组关系。比率上升意味着低质债券的表现超出相对安全的国债，预示着债券投资者信心上升。图28-8和图28-9将该比率与标普指数的起伏相比较。

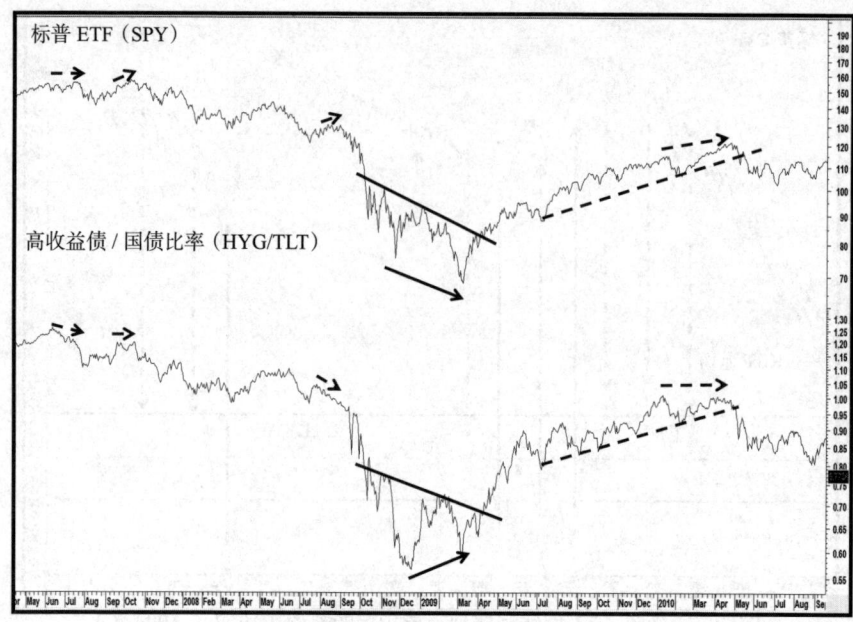

图 28-8　标普 ETF 和高收益债/国债比率（2007～2010 年）

资料来源：www.pring.com.

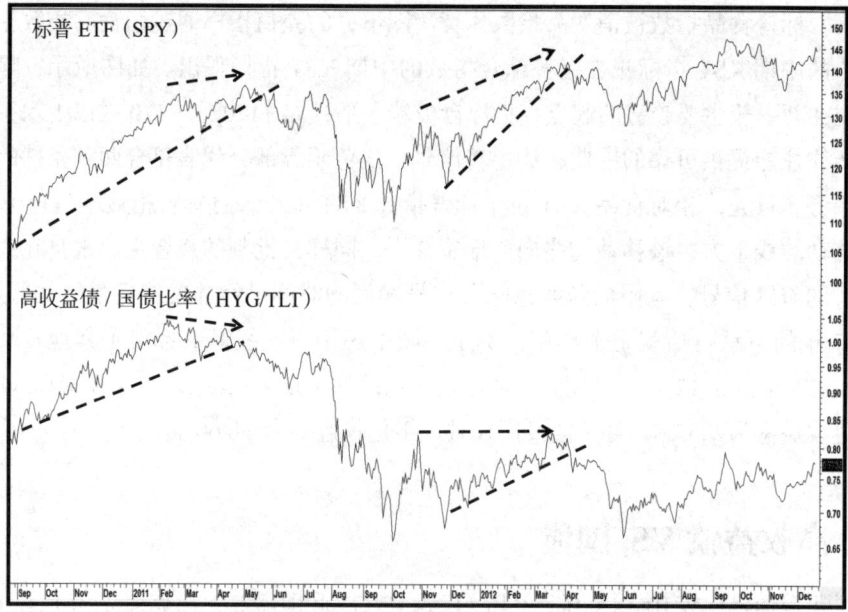

图 28-9　标普 ETF 和高收益债/国债比率（2010～2012 年）

资料来源：www.pring.com.

大多数情况下，二者的波动方向相同。当它们的走势不一致时，便发出趋势改变的预警。一般而言发出的都是看空信号，不过，2009 年的正背离表明，这并不绝对。同样，通过价格和趋势线的组合获取辅助证据永远都是有益的。由于 HYG 是在 2007 年推出的，这组关系的历史并不长。不过，另一组类似的关系组合，即穆迪 BAA 公司债和美国 20 年国债的比率，却能追溯到 20 世纪初。

图 28-10 显示了该比率的实际走势，图中用箭头标出了极端点位的逆转。

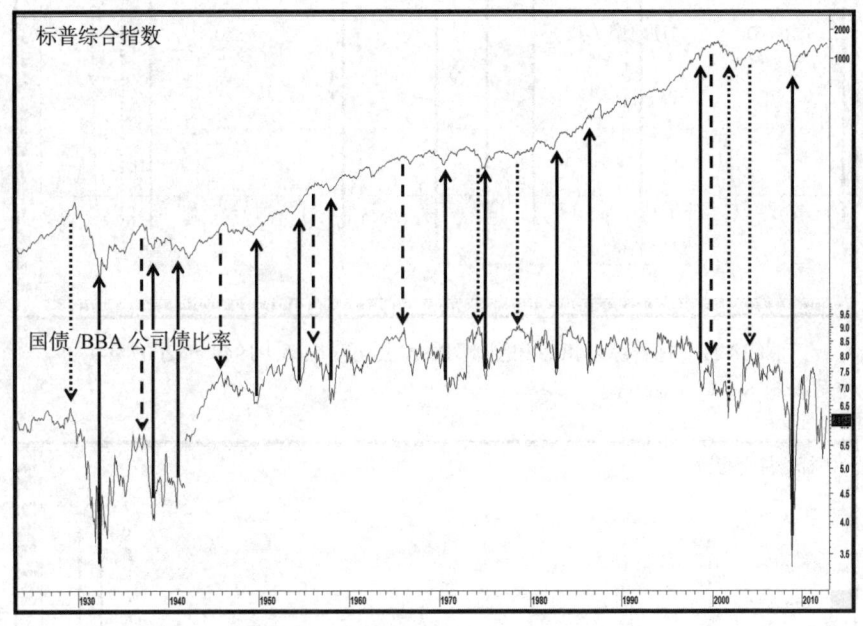

图 28-10　标普综合指数和国债/BBA 公司债比率（2010～2012 年）
资料来源：www.pring.com。

实线箭头代表看涨信号，虚线箭头代表看跌信号，点箭头代表失败信号。该图清晰地表明债券市场人气和股价之间存在着某种确切的关系。关键在于弄明白比率的极端点位在哪儿，但是我们怎么知道不会出现更极端的点位呢？一个有效的方法是提取该比率的 12 个月 ROC 指标，并在 +15 和 −15 的水平确立超买区和超卖区。自超越这两个水平的点位逆转被视为主要趋势逆转信号。可以参考图 28-11，图中排除了 20 世纪 20 年代和 2007 年以后的走势，以适应上述正常区间。同样，两条点箭头代表失败的信号。

图 28-12 显示了 2007 年以后的走势，其中包括 2008 年的金融危机。期间波动巨大，显然体现了危机时刻投资者信心的极端波动。

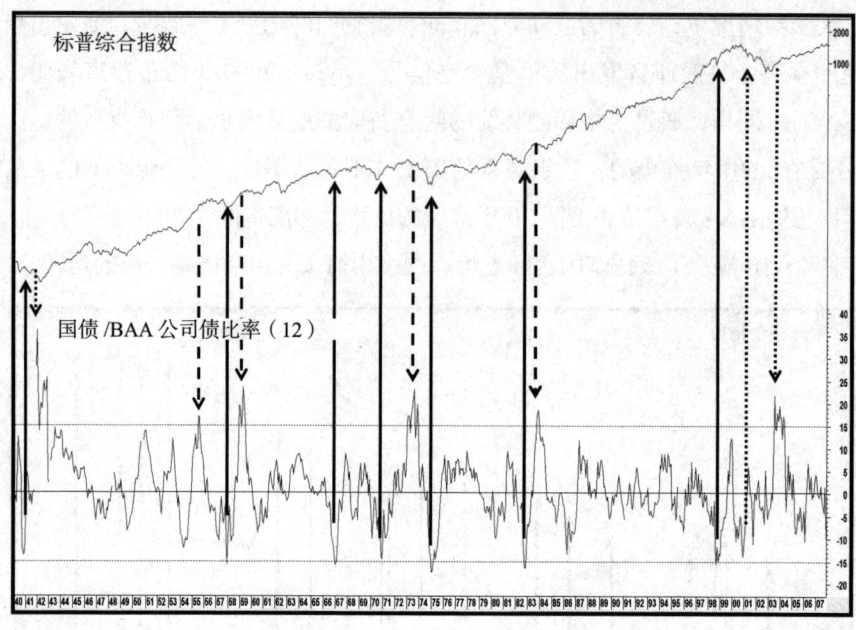

图 28-11　标普综合指数和国债/BAA 公司债比率（1940～2007 年）

资料来源：www.pring.com.

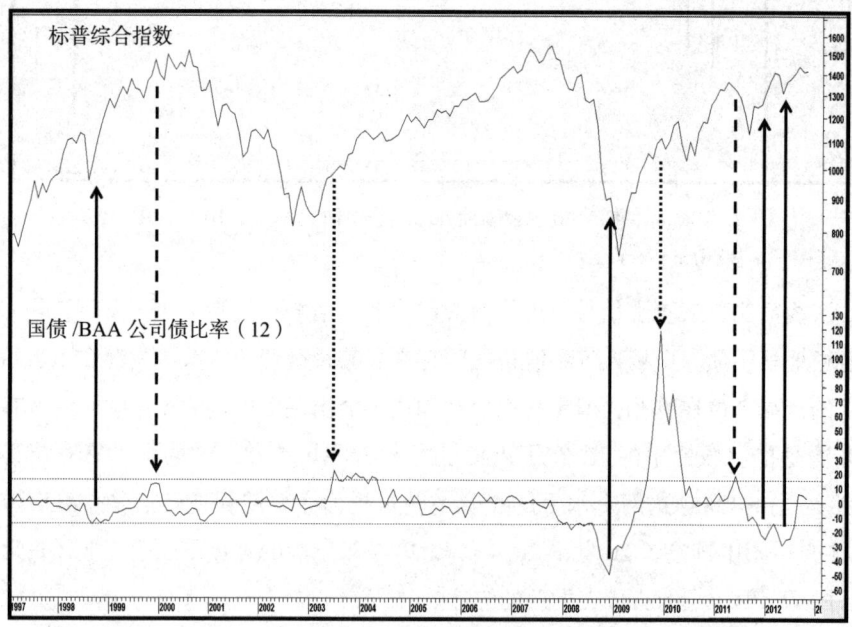

图 28-12　标普综合指数和国债/BAA 公司债比率（1997～2012 年）

资料来源：www.pring.com.

最后，图 28-13 显示的是周度数据，每隔几个月出现一次背离。同样，中期 KST 的方向改变提供了小型趋势逆转的有用信号。如图 28-13 所示，在 2007 年以前这组关系不及 2007 年之后有效，因此该图中显示的 6 年价格走势可能是一种特殊现象。我们可以在美联储网站的"H.15 Selected Interest Rates Download"处下载本组及其他历史债券数据。

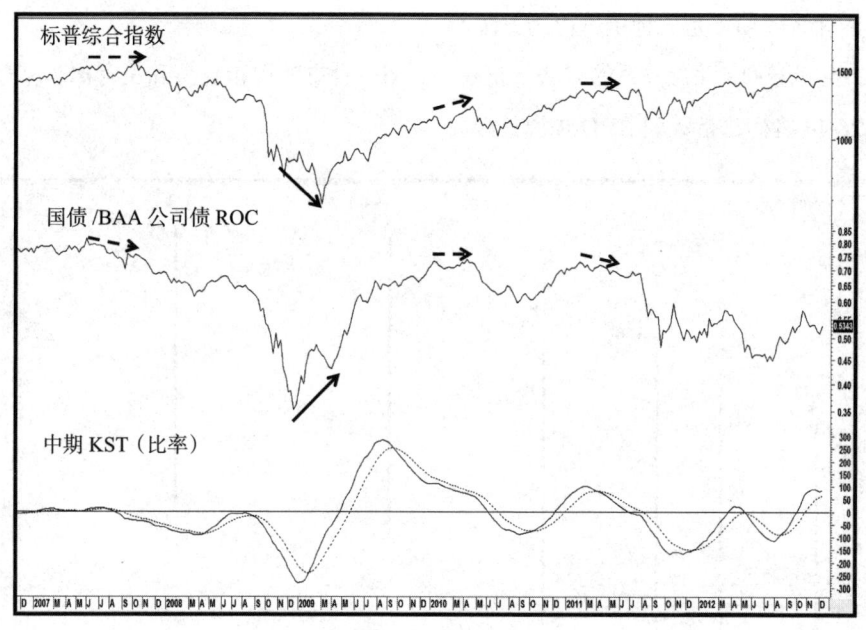

图 28-13　标普综合指数和两项指标（2006～2012 年）

资料来源：www.pring.com。

将券商股视作领先指标

市场走势总体上是经济的体现，但是无论牛市还是熊市，券商股都趋向于领先大盘。券商就是通过股市赚钱。例如，在牛市期间，由于交易者和投资者发现赚钱容易亏钱难，成交量和券商的佣金收入都会增加。赚钱的时候，人们往往更快、更草率地做决定，交易量也会因此上升。同时，牛市期间上市的公司数量更多，因为此时的发行价往往更高，承销费也是券商的一大收入来源。最后，利率也往往领先市场。这意味着券商持有成本在股票牛市初期开始下滑，在牛市结束前开始上升。总的来说，牛市行情意味着券商和投资者的利润更高，熊市则并非如此。

每个板块的表现都体现或者预示着该板块在实体经济中的发展状况，而券商股价的领先法则也不例外。追踪券商股的主要方法有两个：一是通过 Amex 券商指数（代码 XBD），二是道琼斯券商指数。再或者，通过以该指数为追踪标的的 ETF（代码 IAT）是一种更可行的方法。

分析券商/大盘关系的方法不止一种。第一种方法以正背离和负背离为基础。图 28-14 将标普指数和 XBD 加以比较。

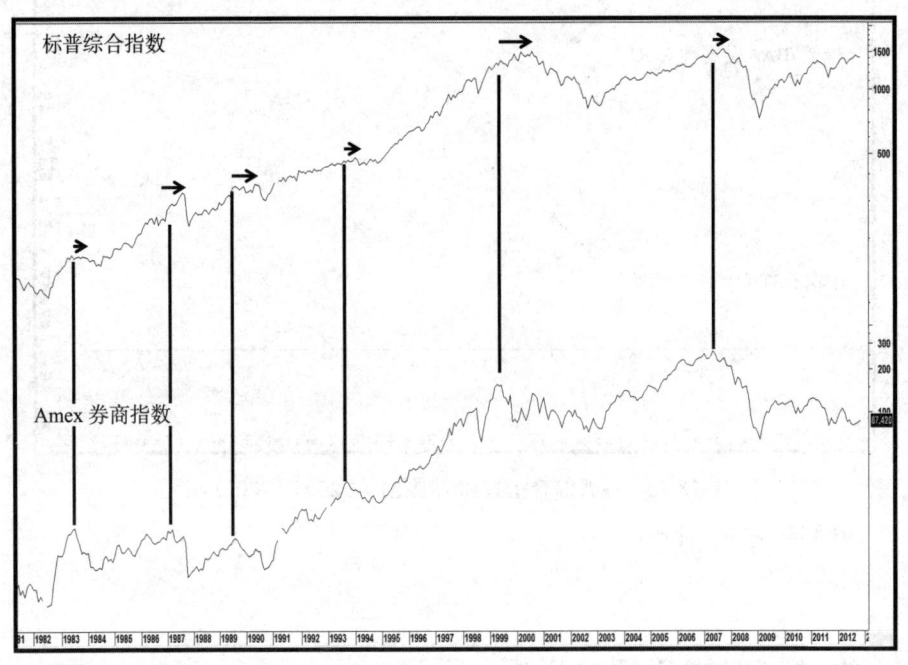

图 28-14　标普综合指数和 Amex 券商指数（1981～2012 年）

资料来源：www.pring.com。

图中的箭头表明，在主要趋势的峰位，券商股往往领先大盘筑顶。当然，领先的程度因周期长短而不同，并不恒定。箭头的宽度大致体现了领先的时间，而背离的规模和随后的跌势之间似乎并不存在联系。例如，1989～1990 年的背离较为明显，但随后的跌幅却相对不大。与此形成鲜明对比的是 2007～2009 年股市重挫，但 2007 年的负背离却很不明显。正背离表明券商未能确认新的股市低点，这种情况的确有，但出现频率远不及负背离。图 28-15 再次将券商股和大盘进行比较，但这次体现的是他们的相对强度。

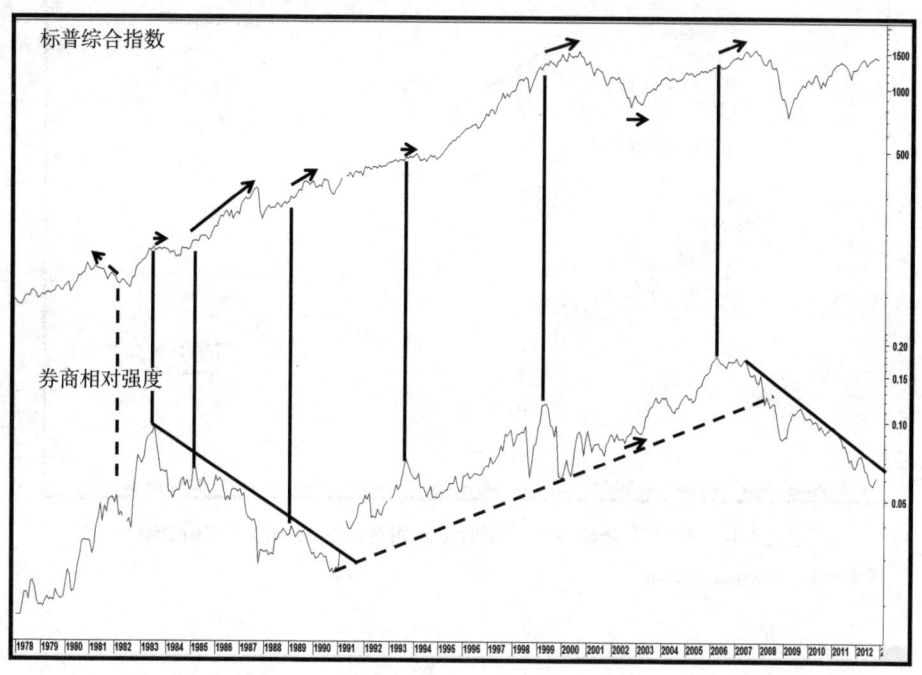

图 28-15　标普综合指数和 Amex 券商相对强度（1978～2012 年）
资料来源：www.pring.com。

值得注意的一点是，券商股未能识别 1981 年的顶部，RS 曲线在熊市最后阶段筑顶。除此之外，相比图 28-14 中以绝对价格数据为依据，本图中的 RS 曲线能从更长期的角度提供顶部信号。

图 28-16 将道琼斯券商 ETF（IAI）和标普指数加以比较。从图中可以看到 2007 年的负背离和 2008～2009 年的正背离。2010 年七八月份的一次背离，在 IAI 曲线上用反向箭头加以标注。这是 ETF 滞后于大盘的一个例子，从而引发了分歧。在这种情况下，价格重于一切，也就是说，在出现分歧的情况下，如果两条曲线均经历主要趋势逆转，则分歧取消。在本例中，两次向上趋势线突破推动跌势终结。

券商/大盘关系并非无懈可击，但却往往能提供线索，告诉我们投资者和交易者对股市未来表现的态度是乐观还是悲观。

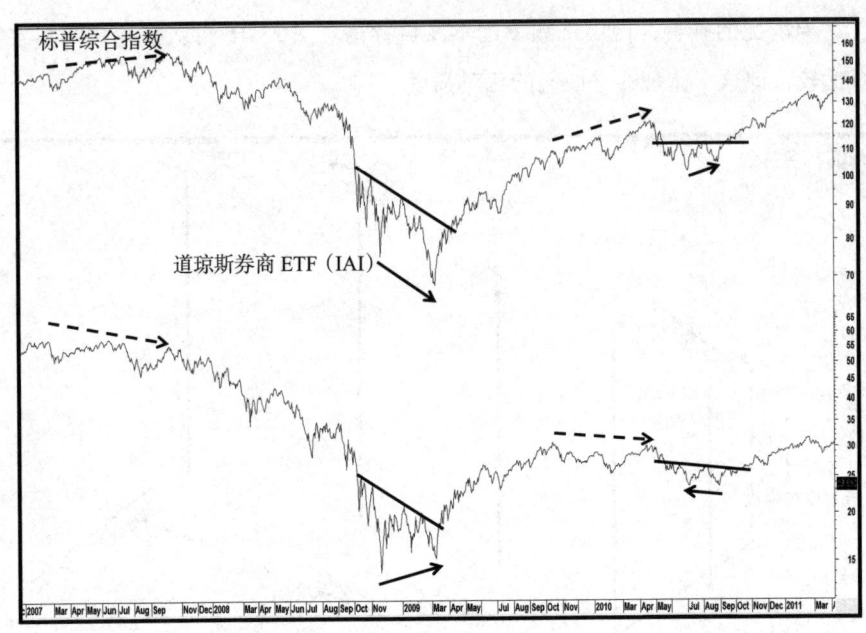

图 28-16 标普综合指数和道琼斯券商相对强度（1978～2012 年）

资料来源：www.pring.com。

将通胀保值债券/常规债券作为大宗商品晴雨表

另一组有用的关系是将通胀保值债券（巴克莱 TIPS ETF）和巴克莱 20 年信托相比较（或 TIP/TLT）。如果比率上升，则意味着比起没有通胀保护的债权，投资者更青睐 TIPS。在这种情况下，投资者预计会出现通货膨胀。如果他们预计出现通货紧缩，由于没有通胀保护的债权表现优于 TIPS，该比率会下滑。图 28-17 将该比率和 CBR 现货工业原料大宗商品指数加以比较。2006 年以前，二者不存在什么联系，大宗商品反弹，而比率下跌。不过，自 2006 年年初开始，两条曲线均突破趋势线，预示大宗商品价格将走高。随后，二者于 2006 年开始朝相似的方向行进，虽然波动幅度不同，但大宗商品指数波动性很大，不论涨势还是跌势，都更为极端。

联合趋势线突破预示着两条曲线均会经历趋势逆转，两条箭头代表 2008 年形成的负背离得到确认。图 28-18 将两条曲线的 KST 指标加以比较。

第 28 章 衡量信心的指标和关系 529

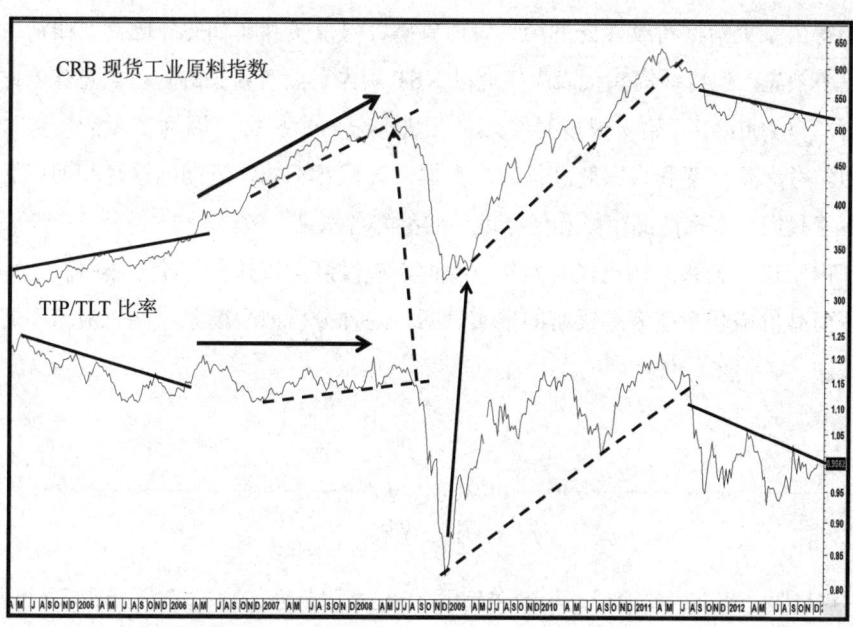

图 28-17 CRB 现货工业原料指数和 TIP/TLT 比率（2005～2012 年）

资料来源：www.pring.com.

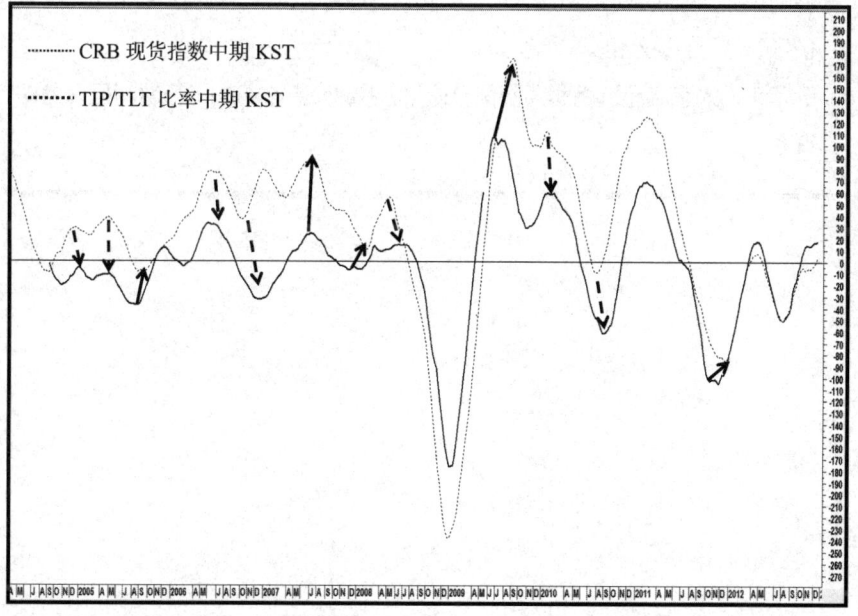

图 28-18 大宗商品动能指标和 TIP/TLT 动能指标（2005～2012 年）

资料来源：www.pring.com.

得出某个指标持续领先的结论看似省事,但事实并非如此,因为实线箭头代表比率领先,但虚线箭头代表大宗商品 KST 领先。没有箭头的转折点意味着同步转折。自 2001 年开始,很多时候几乎无法区分两个指标,因为二者的走势如此相似。考虑到比率和大宗商品指数的数据来源截然不同,近期的这种相似度无疑提醒着我们,大宗商品市场和债券市场的参与者意见一致。

由于这一关系的历史仅有两年,我们不应过度重视这些结论。不过,比率和大宗商品价格联系越来越紧密的事实表明,这种分析似乎前景广阔,应该引起密切关注。

Summary

小 结

- 信心比率,如防御型股票或债券市场价差的相对走势,往往领先于标普综指等大盘指数出现逆转。
- 可以通过趋势线分析或动能关系触发买入和卖出信号。
- 券商倾向于在顶部领先股市大盘,底部则没有那么明显。可以通过联合趋势线突破得到有用的买入和卖出信号。
- 近年来,大宗商品价格和通胀保值债券/常规债券比率的走势之间呈现密切的联系。

第 29 章
Chapter 29

人气的重要性

> 我越来越发现，真理往往掌握在少数人手中。
>
> ——歌德

在主要的多头和空头市场，投资者的心理经历了从悲观到恐惧，再到充满希望、过度自信和贪婪的过程。对多数人而言，自信心是建立在价格上升的基础之上，所以乐观情绪几乎与价格同时触顶。相反，大多数人在市场底部最为悲观，但此时恰恰是买入的最佳时机。与长期趋势相比，这些现象同样会出现在中期趋势之中，唯一的区别在于程度的不同。例如，在中期趋势底部，人们往往会发现一些重要的问题，但在主要市场底部，这些问题却似乎不可战胜。从某种角度而言，问题越严重，底部就越重要。

信息更为灵通的市场参与者，如内部人士与证券交易所会员，通常会采用与大多数人相反的做法。他们遵循低买高卖的原则。两类投资者的情绪都经历了完整的周期，但情绪的各个阶段却恰恰相反。当然，这并不意味着公众总是犯错，而专业人士就一定是对的，但总体而言，两类投资者的意见通常是对立的。

我们可以获得大量市场参与者的历史数据，根据这些数据构建一些参数，并通过这些参数推断某一特定群体何时伴随总体市场转折点表现出极端情绪。

不幸的是，受1973年期权挂牌交易出现和1982年股指期货引入的影响，适用于20世纪80年代之前的少数指标如今在一定程度上被扭曲了。原因在于，期权与股指期货的买卖已经取代了卖空及其他过去用于构建人气指标的投机行为。

总体而言，20世纪70年代初期以前，没有受到期权交易过度影响，并且与市场参与者相关的长期数据十分有限。和其他有固定期限的数据一样，进行数据诠释时应该倍加谨慎。考虑到不参考投资者人气的技术分析并不完整，我们考虑采用多个可靠的指标，从评估大众观点的角度来看，使用3～4个指标来衡量人气较为有效，而大众观点可用作反向指标。

替代人气指标的动能指标

个股和许多市场都不公开可用于构建人气指标的人气数据，在这种情况下，鉴于超买状态与过度乐观的情绪密切相关（反之亦然），可以用摆荡指标来替代人气指标。

图29-1选用了两个动能指标，两个指标均由每周收盘价除以13周移动均线得出。实线源自标普综合指数，虚线则源自Investor Intelligence.com上公布的每周看空市场顾问的百分比。后者在绘制时经过了倒置处理，从而与股价的方向保持一致。因此，一个是直接源自标普综合指数股票市场波动的动能指标，一个则是人气数据，从统计学的角度来看，二者完全独立。显然，二者之间存在极其密切的关系。当然两条曲线并不完全相同，但却非常接近，足以证明价格上涨的时

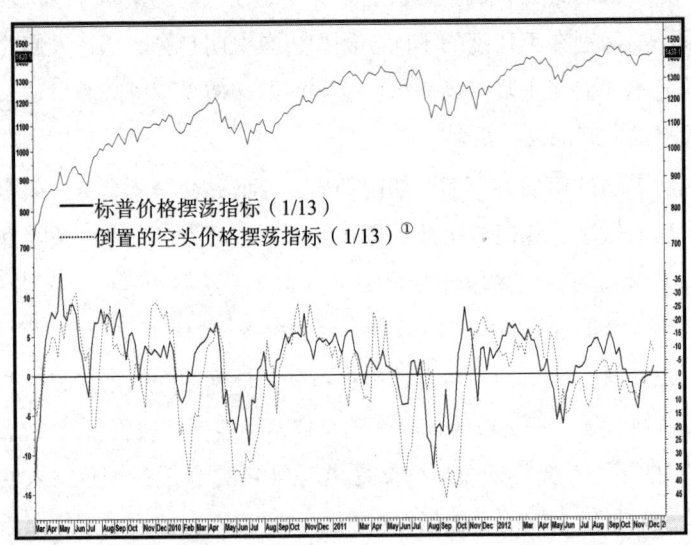

图29-1　标普综合指数价格动能指标和人气指标的比较（2009～2012年）

①资料来自Investorsintelligence.com。

资料来源：www.pring.com.

候空头更少，反之亦然。债券市场的情况也类似。图 29-2 将《市场风向标》（*Market Vane*）公布的看涨债券市场交易员 14 周 RSI 的 10 周移动均线和倒置 20 年国债收益率 14 周 RSI 的 10 周移动均线加以比较，同样，二者也很相近。

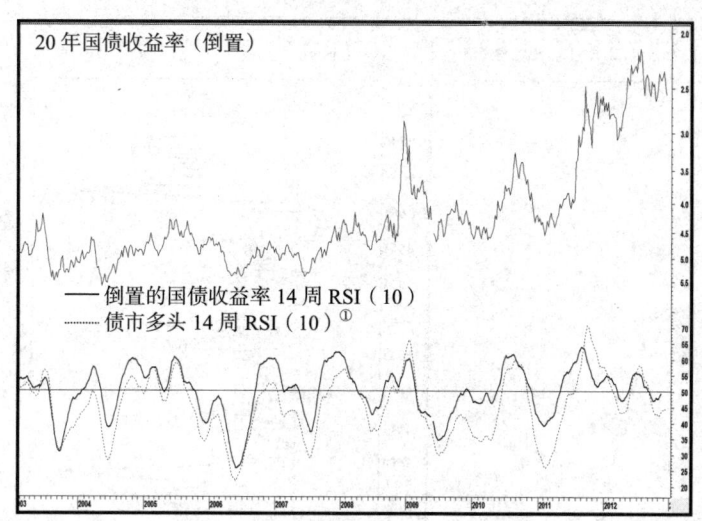

图 29-2　20 年国债收益率（倒置）价格动能指标和人气指标的比较（2003～2012 年）
①资料来自 Market.Vane。
资料来源：www.pring.com。

人气指标与动能指标密切相关，这一点不足为奇，因为价格上涨推动更多人看涨，价格下跌则导致更多人看跌。当然，我并不认为每个人气指标和动能指标都是密切相关的。但在人气指标无法获得的情况下，动能指标可以成为有效的替代指标，这一点毋庸置疑。

📈 内部人交易

持股比例 5% 以上的股东、公司高管和其他能获悉企业重要信息的员工必须在 10 天之内向证监会汇报其买入或卖出交易。作为一个群体，一般内部人士的决定都是正确的，他们倾向于在市场上涨的时候按比例抛售更多股票，反之亦然。图 29-3 是周度内部人士卖出 / 买入比率的 8 周移动均线。该图显示，当价格上扬时，内部人士售出股票占买入股票的比率上升。当该比率连续几个月上升，随后逆转方向时，表明市场筑顶。一般而言，指标冲破 70% 的水平，随后开始转向，这足以触发一轮跌势。

534　第三部分　市场行为的其他方面

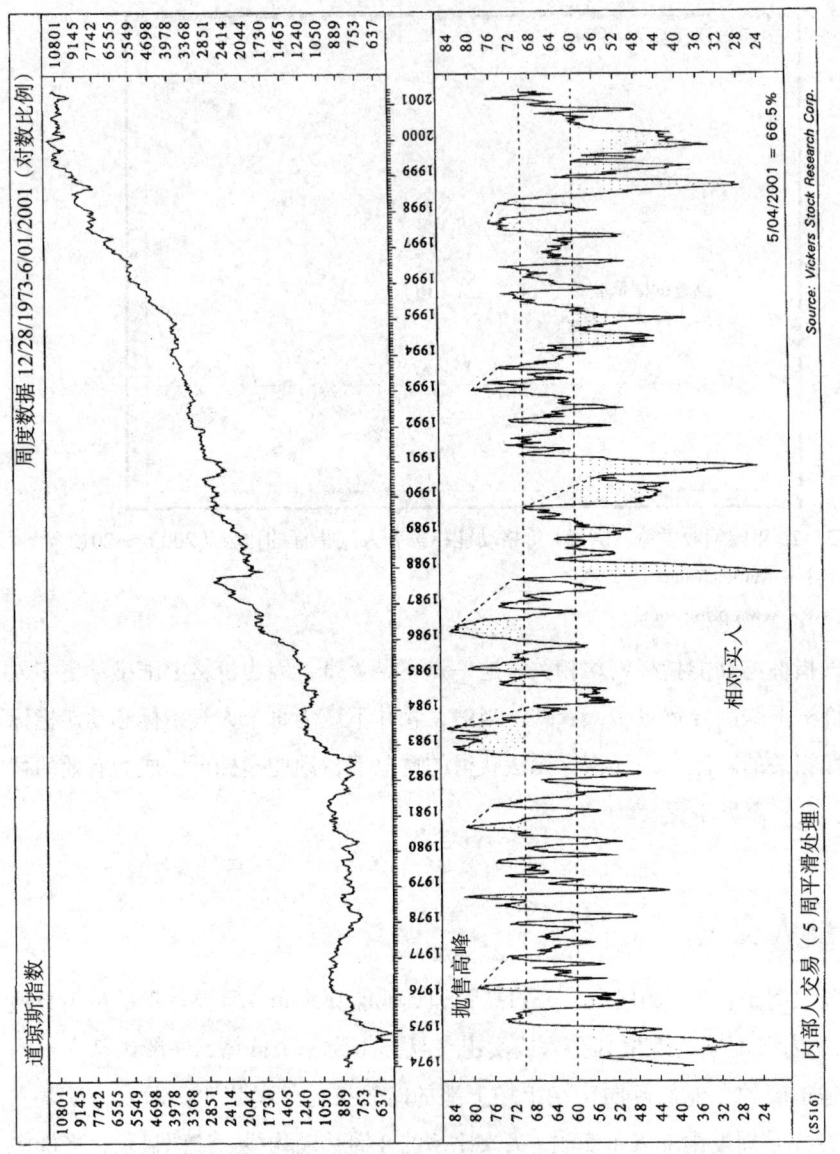

图 29-3　道琼斯指数和内部人交易指标（1974～2001 年）

资料来源：Ned Davis Research.

在市场底部，60% 的水平似乎能最有效地提供涨势受挫的信号。如果指标跌至 60% 的水平下方，然后再向上穿越该水平，抑或只是在下行过程中短暂触及这一水平，随后都往往会出现反弹，就如 1978 年年初和 1980 年 3 月的情形一样。

咨询服务人气

自 1963 年以来，《投资者情报》(Investor's Intelligence⊖) 一直编制关于市场动态发布者观点的数据。您可能认为这些人信息灵通，深谙低买高卖的法则，但结果表明，这些咨询机构的交易方法基本上与大多数人无异，反而可以作为一个很好的反向指标。

最受欢迎的方法将每周的看涨或看跌人数和标普综合指数或其他大盘指数进行比较。不过，这种方法并未把即将回调的情况考虑在内。图 29-4 试图通过计算看涨人数和看跌顾问人数之差绕开这个问题。

图 29-4 中的箭头标出了指标从 3.2 及以上水平逆转的点位，这是危险信号，但不幸的是，它们并未提示危险程度。因此，2007 年年底的卖出信号后跟随一波大熊市，但其他情况的空头警示作用却非常有限。

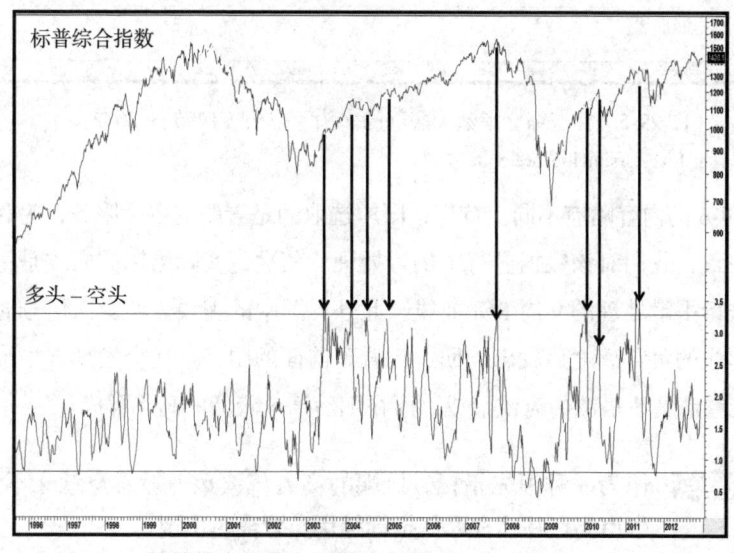

图 29-4　标普综合指数和顶部的多头-空头（1995～2012 年）

资料来源：Investorsintelligence.com。

⊖ Chartcraft.com。

图 29-5 的时间段相同，但这次关注的是更可靠的买入信号，当指标自 0.8 的水平逆转，则触发买入信号。图中有两个地方值得关注：首先，该指标在主要空头市场达到该水平的频率更高，且发出的是较弱的信号；其次，当指标跌至 0.8 下方开始上升，这代表一个大概率的反弹信号。

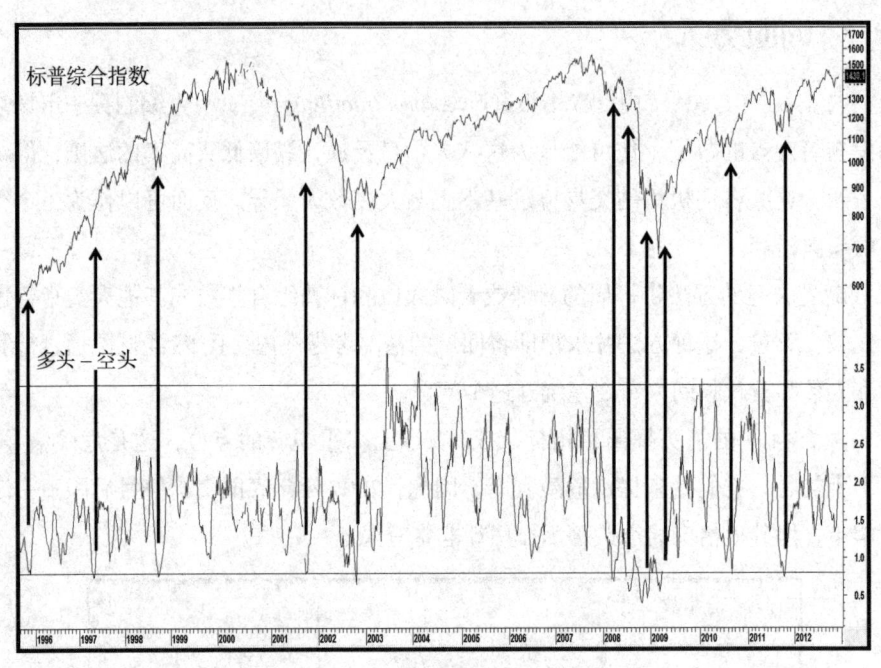

图 29-5　标普综合指数和底部的多头–空头（1995～2012 年）

资料来源：Investorsintelligence.com.

图 29-6 的内容略有不同。首先，图中选取的是看跌的咨询服务，为和股市价格走势一致，我们对该数据进行了倒置处理。其次，实际绘制的曲线是用 8 周移动均线进行平滑处理的 9 周 RSI 曲线。此外，图中的虚线表明卖出信号通常在出现某种形式的负背离之后发出。回过头看看前面的图，你还会发现，牛市顶部一般并不在看涨情绪最浓的时候形成，而在随后某个较低的高点形成。

技术要点 作为一种领先指标，极端的高人气读数一般看空意味不强。牛市高点往往在人气指标经历负背离时出现。

最后，图 29-7 表明，和其他摆荡指标一样，人气数据有时也可用于趋势线分析。该图还提醒我们，背离原则同样可用于对人气数据及类似数据的诠释。例如，在 1982 年的市场底部和 1987 年市场峰位出现之前，人气指标都出现了背离。

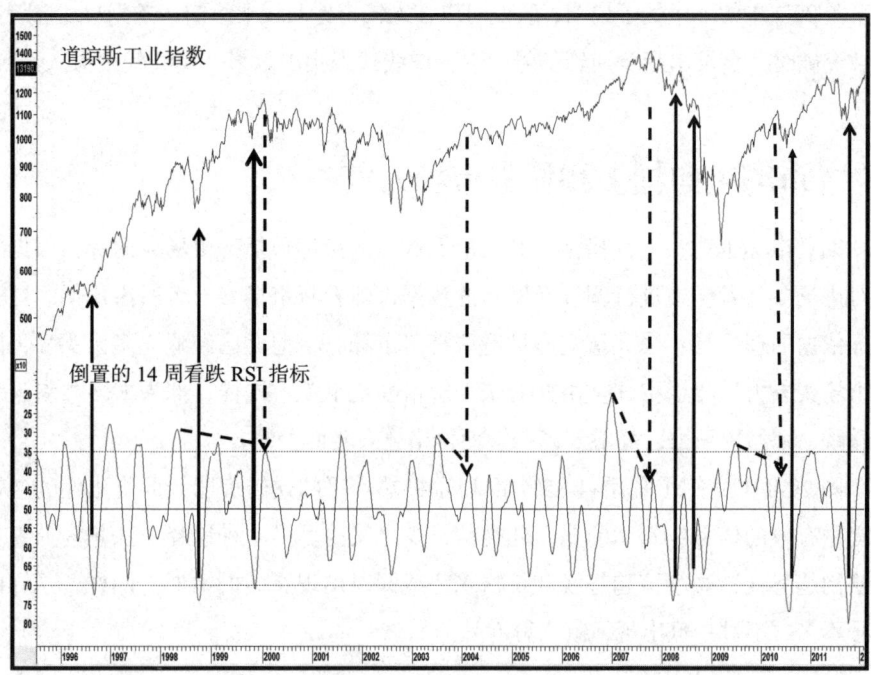

图 29-6　道琼斯工业指数和倒置的看跌动能指标（1995～2012 年）

资料来源：Investorsintelligence.com.

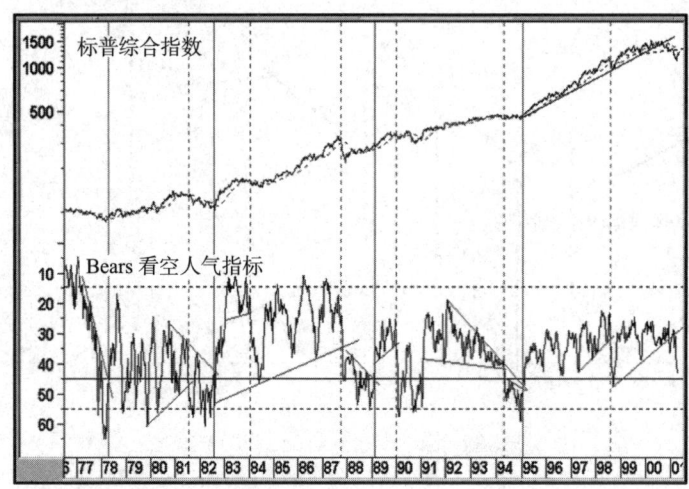

图 29-7　标普综合指数和看空人气指标（1976～2001 年）

资料来源：Investorsintelligence.com.

在判定重要的市场逆转时，市场人气的趋势很多时候都与其所在水平一样重要。图 29-7 中的多个例子说明，我们可以在人气指标曲线上绘制一条趋势线。趋势线被突破时，会发出趋势逆转信号。垂直虚线代表卖出信号，实线代表买入信号。

《市场风向标》和债券市场人气

期货市场也公布人气指标，其中最受欢迎的指标包括《市场风向标》根据每周对市场参与者样本进行调查而发布的数据，即看涨市场参与者所占比例。这一指标依据的理论是：当大量交易员看涨特定市场时，他们已经建立多头头寸，因而市场买方力量相当稀缺。由此看来，价格注定下跌。同样，如果大多数参与者都看跌，则抛售压力已经触及高峰，而价格也会转而上涨。

图 29-8 中的例子利用自 85% 和 15% 极端水平的逆转表明，此类延伸的逆转能提供有效的信号。不幸的是，此类信号少之又少。另一种诠释方法是为人气指标绘制趋势线，观察该趋势线和价格趋势线同时出现突破的情形。同样，这样的信号不多，不过一旦出现，就十分有效。

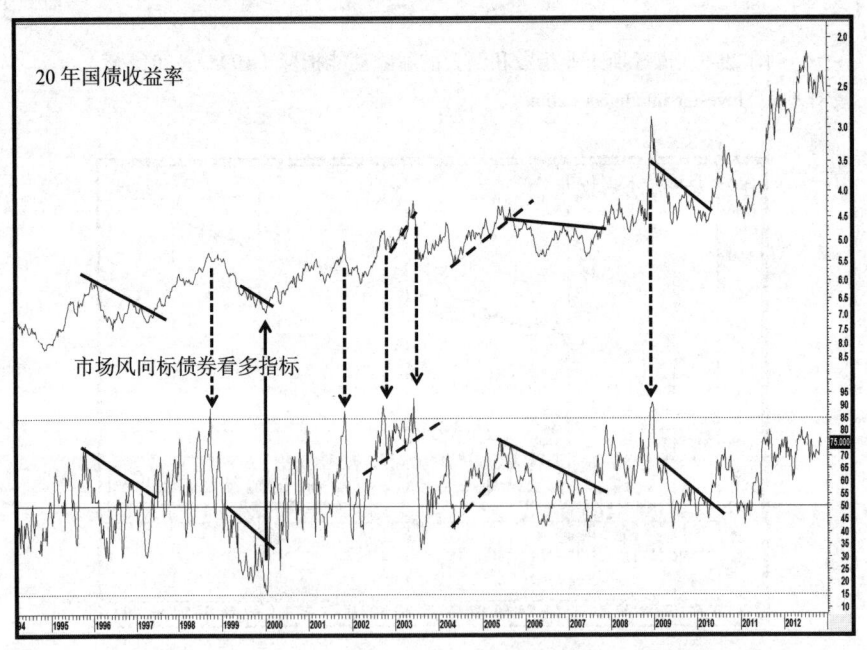

图 29-8　20 年国债收益率和市场风向标债券看多指标

资料来源：Market Vane.

但这些统计数据的一个问题在于，由于都是基于短期交易者的意见，这些数据不够稳定，因而仅能预示短期内的价格波动。突破这一缺点的方法是算出原始数据的移动均值，再进行平滑处理，淡化每周的不规则波动。

另一种方法是像图 29-9 一样，绘制 14 周 RSI 指标的 10 周移动均线。在本例中，超买 / 超卖水平分别为 40% 和 60% 的水平。箭头标出了自这两个水平之外的逆转。事实证明，这些逆转提供了持续且可靠的信号，预示 20 年国债收益率的趋势逆转。

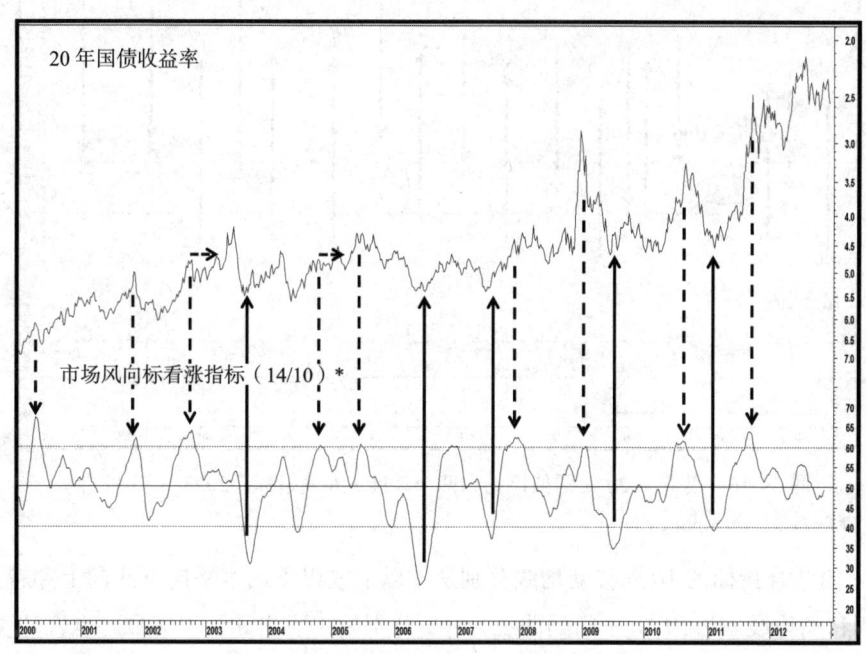

图 29-9　市场风向标看涨指标和巴克莱 20 年国债收益率（2000～2012 年）
资料来源：Market Vane.

|技术要点| 在判定重要的市场逆转时，市场人气的趋势很多时候都与其所在水平一样重要。对基本面指标而言，如 PE 指标，同样如此。

结合人气与动能指标

及时判定趋势逆转的一个有效方法是，将人气与动能指标合并为一项指标。

图 29-10 中的指标是将经过平滑处理后的市场风向标看涨指标和巴克莱 20 年国债 ETF 指标的 14 周 RSI 结合而得到的指标。二者均被从 50 中扣除，以确保正负数同样适用，同时总数再除以 2。

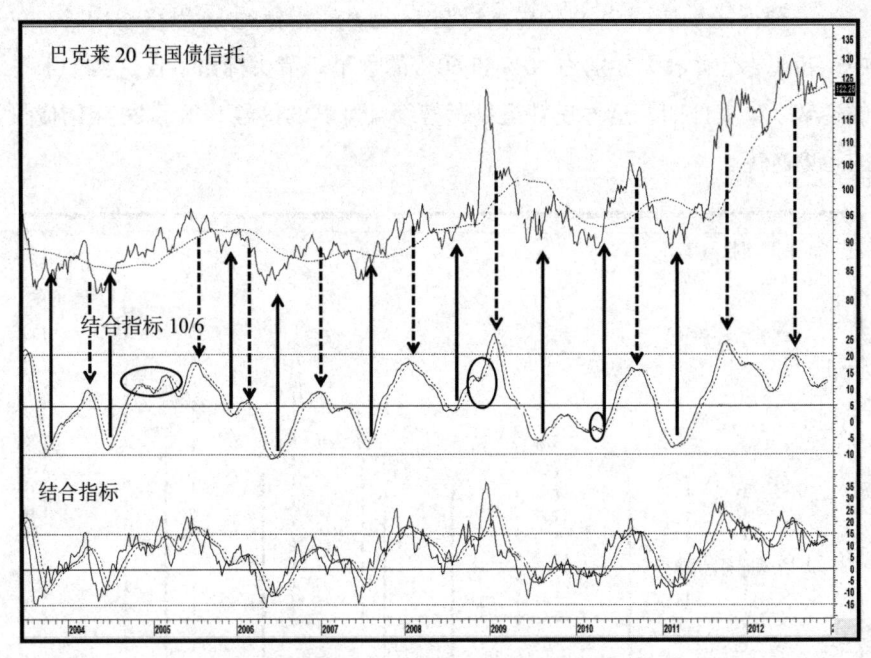

图 29-10　巴克莱 20 年国债信托和两个动能/人气指标（2003 ～ 2012 年）
资料来源：www.pring.com。

当结合指标的 10 周移动均线分别从 0 以上或以下的水平向下或向上穿越其 6 周移动均线（图 29-10 中间的曲线）时，分别发出卖出和买入信号。也就是说，卖出信号只能在 0 以上的读数触发，而买入信号则相反。图中的椭圆形标出了虚假信号。当某段期间走势以震荡的区间波动而非持续的趋势为主时，这种方法似乎收效甚佳。

共同基金

美国投资公司协会（Investment Company Institute）每个月公布关于共同基金的数据。这些统计数据非常重要，因为它们能同时反映出公众与机构投资者的行为。近年来，货币市场基金和免税基金开始普及，因此这里使用的数据经过更改，仅包括股票基金。技术分析师们通常会计算出共同基金现金在其资产中的占比。从某种意义上来说，这些数据应该被视为一种资金流指标，不过此处将其视作一种人气指标来加以讨论。

共同基金现金/资产比率

在共同基金持有的投资组合中，通常都包括一定数量的现金，以满足客户提取现金或赎回投资的需要。可以通过计算现金头寸占共同基金投资组合总价值（总资产价值）的百分比得到一个有效的指标即共同基金现金/资产比率（cash/assets ratio）（见图29-11）。这一指标与股市的运行方向正好相反，因为共同基金的现金比例随着股价的下跌而上升，反之亦然。而这一特征可以归结为3个方面的原因：第一，基金投资组合的价值会随着行情的下跌而减少，即使没有筹集新的现金，现金占投资组合总价值的比例也会上升；第二，随着股价的下跌，基金的买入策略更为谨慎，因为获取资金的机会越来越少；第三，由于公众纷纷赎回投资，基金往往会持有更多的现金储备。上涨行情中的情况恰恰相反，随着股价的上涨，现金的比例自动下降；销售额不断上升，基金经理承担着通过满仓投资利用大好行情获取回报的巨大压力。

不过，这种方法的一个缺陷是，总体而言，1978～1990年共同基金的现金比例仍然高于9.5%，因此这段时间它没能发挥作为一个预测指标的有效作用。的确，市场当时处于上升趋势，但该指标却未能预测出主要的跌势，包括1980年和1981～1982年的空头行情和1987年的大崩盘。

解决这个问题的一个方法是用共同基金的现金比率减去短期利率，该方法由Market logic公司的诺曼·福斯贝克（Norman Fosback）提出。这样一来就可以排除基金经理为追求高利率而持有较高现金比率的影响。图29-12显示了调整后的现金/资产比率走势，可以看出，调整后的指标比原始数据有了明显的改善，但不幸的是，仍未能预测出1987年的大崩盘。

最后一个选择是，将基金的转换现金及基金经理持有的现金之和与基金总资产进行比较，这一方法由纳德戴维斯研究所提出。该项指标如果能根据利率进行调整，得到的结果最为理想。图29-13中，当指标向下跌破下侧虚线时，发出买入（用B标出）信号和卖出（用S标出）信号。这些信号一直有效，直到指标向上穿越上侧虚线（卖出线）。

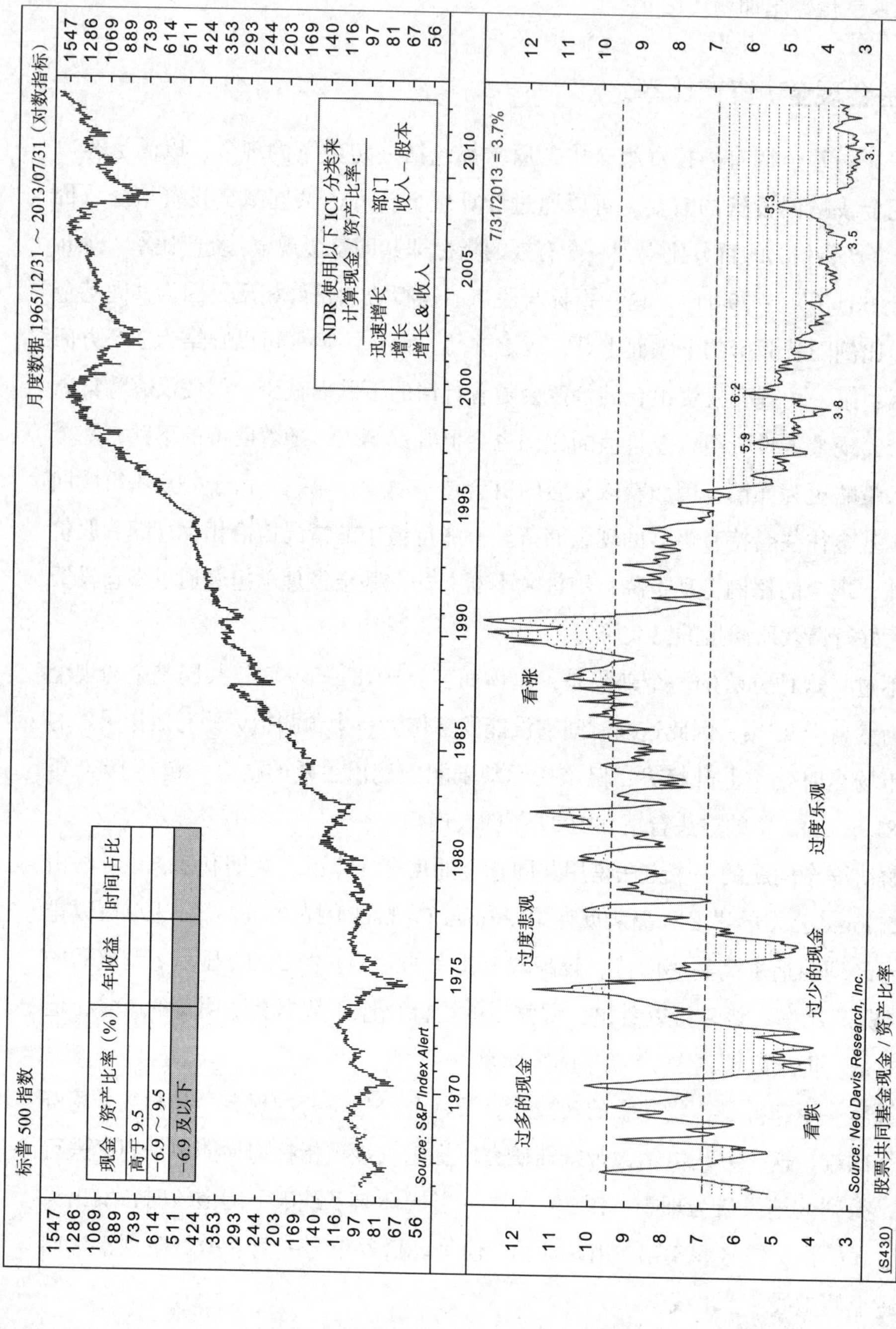

图 29-11 标普综合指数和共同基金现金/资产比率（1970～2013 年）

资料来源：Ned Davis Research; *Ned Davis Research, Inc.*

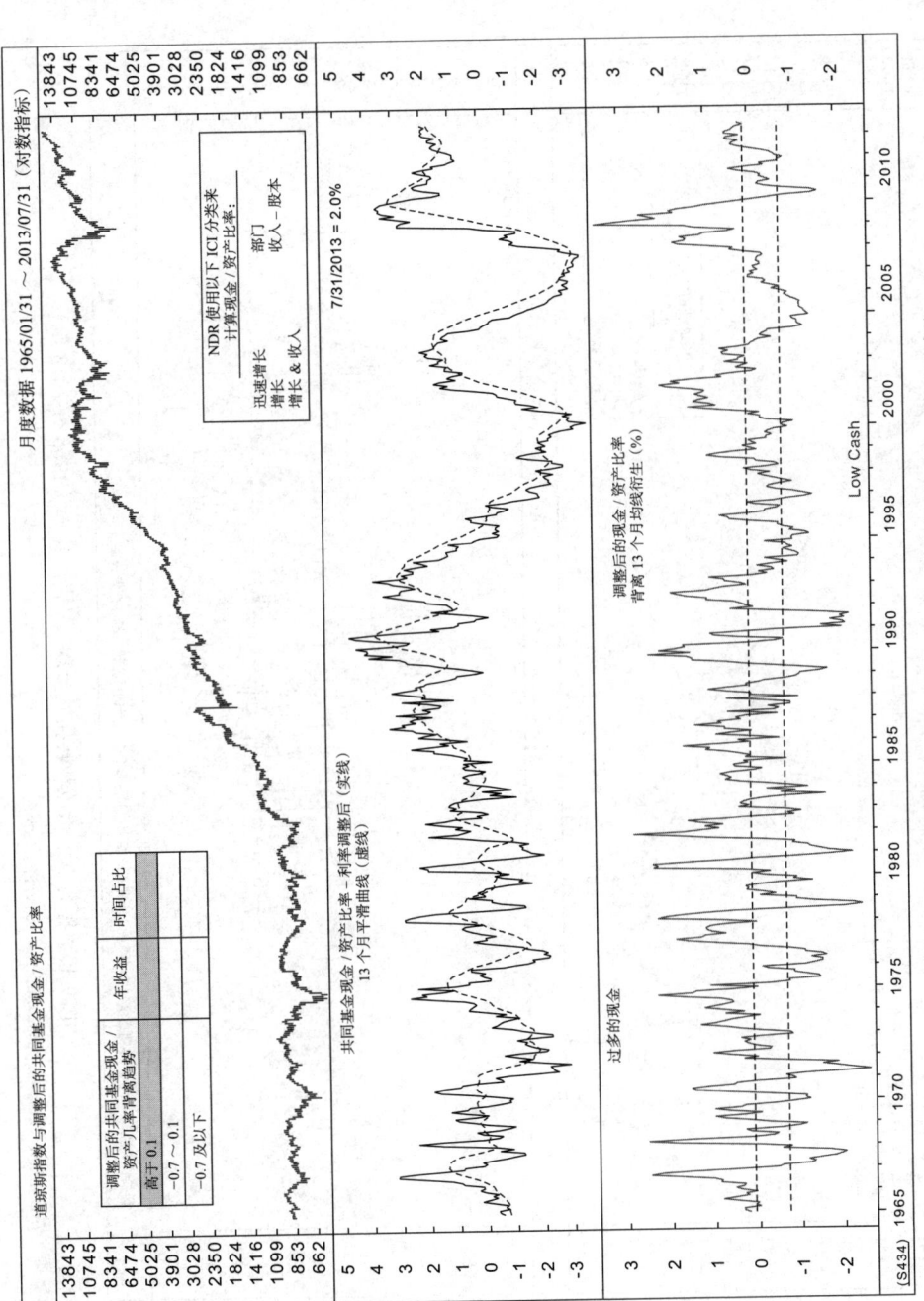

图 29-12　道琼斯指数和共同基金现金/资产比率（1970～2013年）

资料来源：*Investment Company Institute*, www.ici.org; Ned Davis Research.

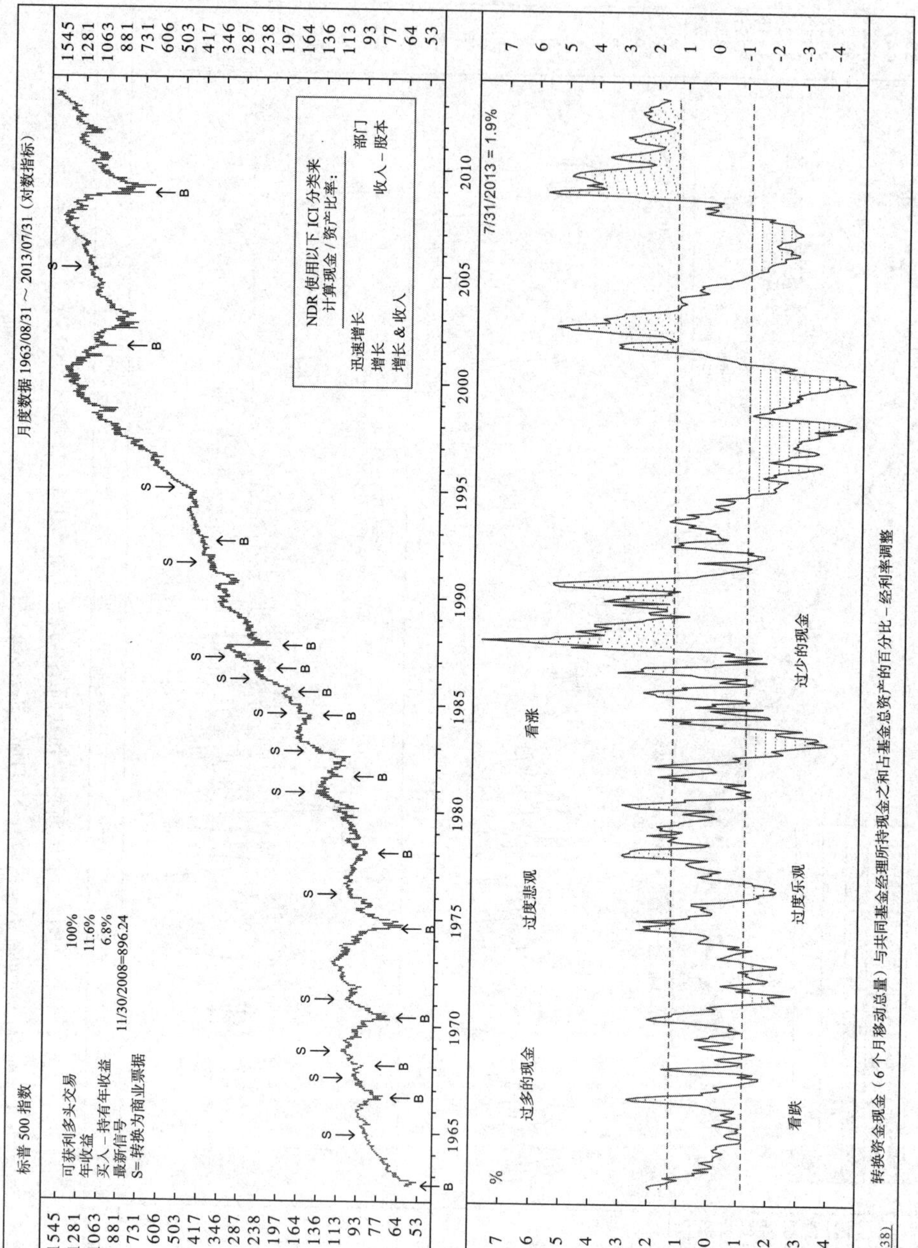

图 29-13 标普综合指数和转换资金现金/资产比率（1965～2013 年）

资料来源：*Investment Company Institute*; Ned Davis Research.

保证金债务

保证金债务（margin debt）的趋势可能更适合归类为资金流指标，但由于其趋势和水平也能很好地体现投资者信心（缺乏信心），我们将在本节中对这一指标加以讨论。

保证金债务是以证券为抵押、从券商或银行处借入的资金，其目的通常是为了购买股票。在典型股票市场周期的初期，保证金债务相对偏低；但股价触底后不久，保证金债务开始增加；随着价格的上涨，保证金交易者作为一个群体拥有更强大的信心，因而不断获取更多的保证金债务，以便建立更大规模的股票头寸。

在主要上升趋势中，保证金债务是股票市场重要的新资金来源。1974～1987年间保证金债务增长了近9倍的事实充分显示了这一因素的重要性。用现金购买股票和用保证金购买股票的区别在于，后者必须在某一时间抛售股票，以偿还债务；而前者理论上可以无限期持有。在股市下跌行情中，保证金债务的角色恰恰相反，成为抛售压力的重要来源。

出现上述现象的原因可以归结为以下4点。

第一，凭借保证金购买股票的投资者较其他市场参与者经验更为丰富。当他们意识到获取收益的潜在机会已经明显减少，就会着手偿清保证金债务。自1932年以来的14个股市峰位中，大多数情况下保证金债务在3个月内便趋于持平或减少。

第二，主要的市场峰位出现之前，利率往往会上升，从而增加保证金债务的持有成本，降低投资者的贷款热情。

第三，自1934年以来，美联储拥有规定和调整应付保证金（margin requirement）的权力。应付保证金明确了券商或银行可以向客户贷款、供其购买股票的金额限制。由于20世纪20年代末保证金债务大规模膨胀，而随后的债务清偿又导致了1929～1932年的大空头行情，这一措施是很有必要的。当股价连续一段时间保持强劲上涨势头之后，投机心理会抬头，从而导致保证金债务的急剧增长。由于担心情况可能失控，美联储上调应付保证金，从而降低普通股民的购买力。一般而言，美联储只有多次上调应付保证金之后，才足以降低投机者的购买力。这是因为股票价格的大幅上涨会导致保证金的上调，通常也意味着证券价值的增长，从而足以抵消应付保证金上调带来的影响。

第四，随着股价的下跌，贷款时用作抵押的证券价值也会随之下降。保证金投机者面临着两难的选择：要么追缴现金，要么抛售股票、偿还债务额。一开始，保证金催付的过程是井然有序的，因为股价下跌之初，大多数投资者都拥有充足的抵押品作为缓冲，而那些保证金不足的交易者通常会追加抵押品或补缴现金。但随着空头行情底部的到来，价格下跌速度加快，保证金交易者不愿或没有能力再追缴抵押金，导致保证金催付通知蜂拥而至。此时，市场出现不考虑价格而急于变现的现象，抛售压力明显加大。这种被迫清偿债务的恶性循环一直延续，直到保证金债务萎缩至可控的水平。

大多数人认为，保证金债务本身的水平是一个最重要的指标。实际上，保证金债务水平越高，保证金债务数额开始下降时，市场就越发脆弱。保证金占流通市值的百分比可能是一个更为合适的统计指标。这样一来，市场的脆弱性可以通过一个比例化的方法来表述。但是，真正至关重要的是保证金债务的变化趋势，因为趋势逆转能预测交易者是乐观的（愿意承担更多债务）还是悲观的（偿清债务）。正因如此，可以用 12 个月 EMA 对保证金债务进行平滑处理，图 29-14 就显示了保证金债务及其 12 个月 EMA 的走势。

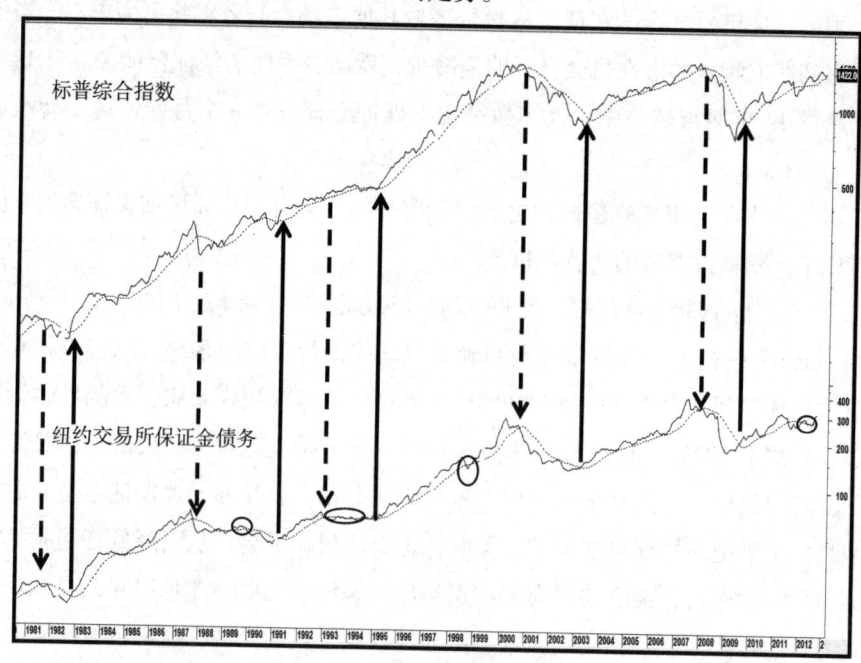

图 29-14　标普综合指数和纽约交易所保证金债务（1980～2012 年）

资料来源：www.pring.com。

图 29-14 中的 EMA 穿越确认了主要趋势逆转信号。大多数情况下，这组关系是可靠的，但有时会如图中用椭圆标出的那样，出现虚假信号。

如图 29-15 所示，另一种选择是绘制保证金债务的 KST 指标（也可以用 MACD 指标或随机指标代替），并将 9 个月移动均线的正向穿越视作买入信号。这一方法非常成功，但是两个虚线箭头提醒我们，在技术分析领域，可能性或许很高，但不可能达到百分之百的完美。

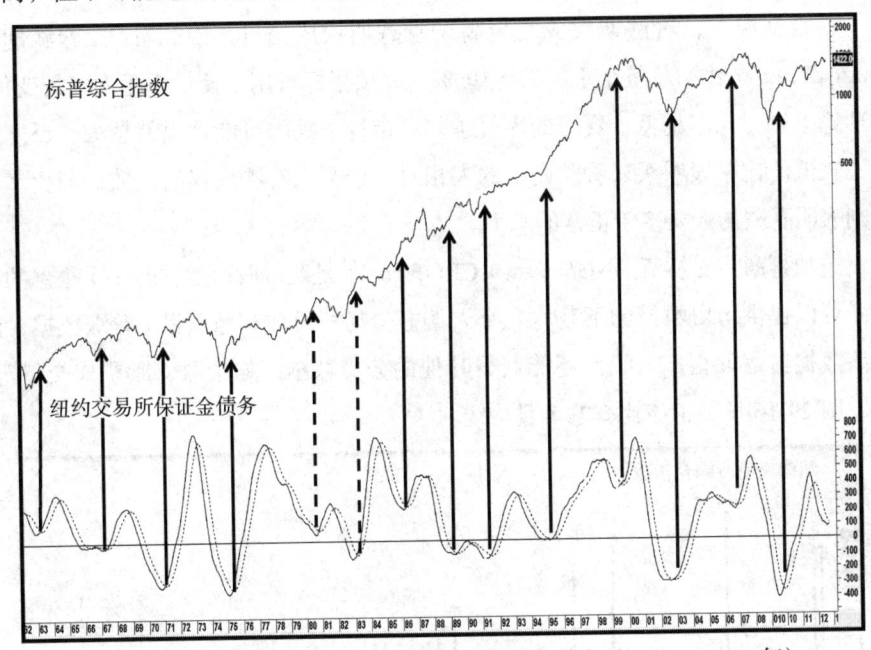

图 29-15　标普综合指数和纽约交易所保证金债务（1962～2012 年）

资料来源：www.pring.com。

使用期权数据的人气指标

基于卖空数据的人气指标近年来似乎被扭曲，这在一定程度上是受期权交易引入的影响。但从另一个角度来看，期权本身也可以用来构建新的人气指标，尽管表现远非完美，但却具有一定的参考价值。

看跌/看涨期权比率

在根据期权数据构建的指标中，看跌期权成交量相对于看涨期权成交量的比率可能是应用最为广泛的一项指标。看跌期权赋予投资者在特定时期内以预先确定的价格出售特定证券的权利，因此，购买看跌期权的人预计未来资产价格即将下跌。这也属于一种卖空的形式，只不过投资者持有看跌期权的风险较直接卖空更为有限（从理论上讲，直接卖空证券的风险是无限的）。

而看涨期权则是基于资产价格即将上涨的预期，能赋予投资者在特定时期内以预先确定的价格买入特定证券的权利。

正常情况下，看涨期权成交量高于看跌期权成交量，因此看跌/看涨期权（put/call ratio）比率总是小于 1.0 或 100%。此项指标可用来衡量市场人气的变化。从理论上讲，比率越低，看涨的人就越多，市场下跌的可能性也就越大，反之亦然。较低的比率表明买入看跌期权的人相对少于买入看涨期权的人数；而比率较高则表明看跌的人要多于正常的水平。

芝加哥商品交易所的网站（www.CBOE.com）是获得股市数据的一个很好的来源，可以提供历史数据的下载。我个人偏好交易所总成交量看跌/看涨数据，因为该数据覆盖面很广。我们还能获得其他的分类数据，如指数、股票成交量等。

图 29-16 显示了该比率的 5 日均线。

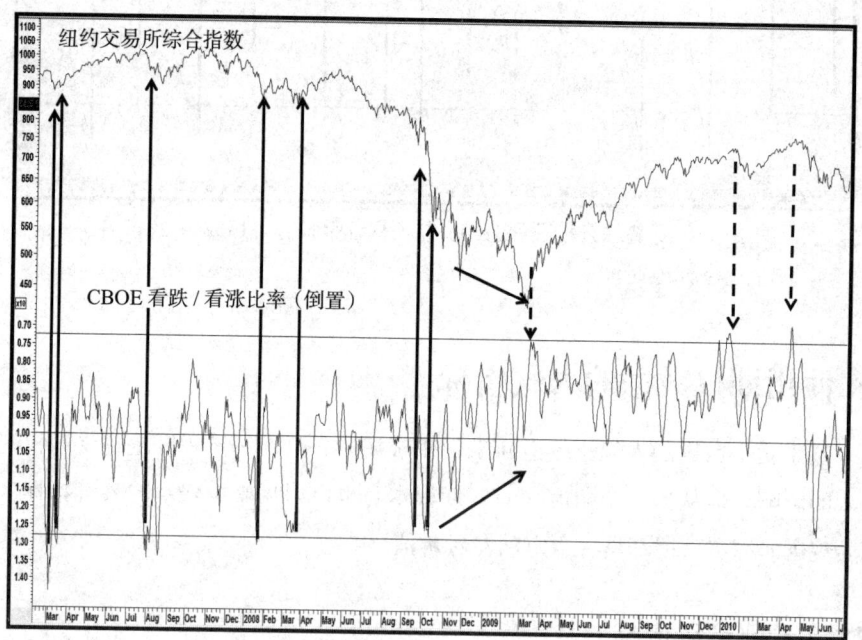

图 29-16　纽约交易所综合指数和 CBOE 看跌/看涨比率（2007～2010 年）

资料来源：www.pring.com。

读数超过 125 似乎能较准确地预示悲观情绪已经达到极端水平。卖出信号的可预测性要差一些，图 29-17 表明，它们倾向于以负背离而非自极端水平逆转的形式结束。

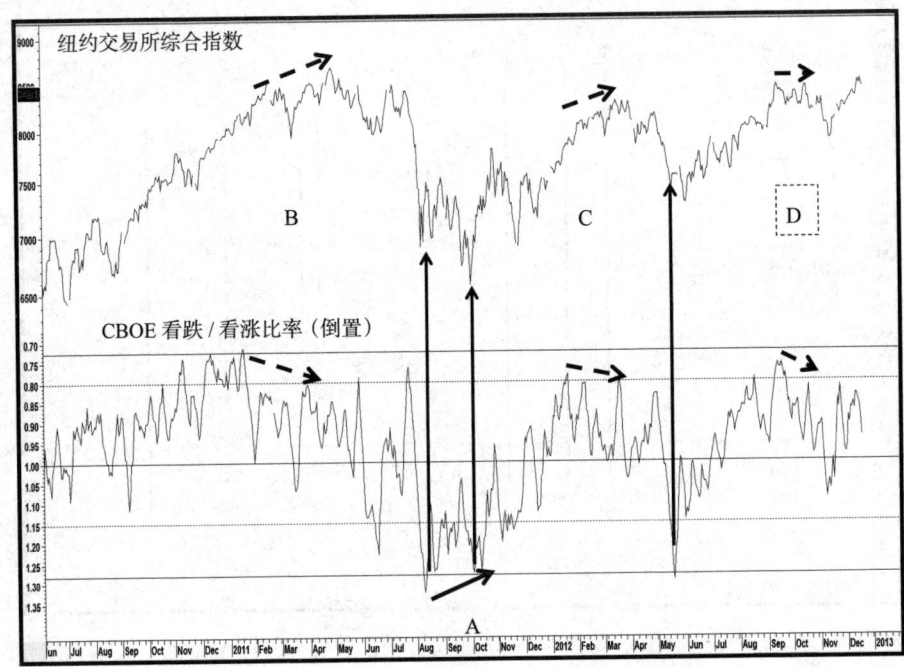

图 29-17　纽约交易所综合指数和 CBOE 看跌/看涨比率的背离（2007～2010 年）
资料来源：www.pring.com。

B 点、C 点和 D 点处出现负背离，A 点处为正背离，在图 29-18 中，2009 年的底部也出现了一次正背离。

该图展示了另一种方法，对原始数据的 25 日移动均线进行了 35 日平滑处理。图中用箭头标出了极端水平的逆转，但成功率却十分有限。2004～2008 年的两条虚线箭头表明，牛市触及高点之前，比率出现了一系列不断走低的峰位，而数年之后的两条实线箭头则标出了相反的情形。

市场波动率指标

市场波动率指标（VIX）是芝加哥商品交易所市场波动率指标的代表，该指标被广泛地应用于衡量标普 500 指数期权的波动率，常常被称作恐慌指数，能衡量市场对未来 30 日股市波动率的预期。VIX 也被称作预测市场潜在波动性的百分比，代表标普 500 指数未来 30 日的年化波动率。

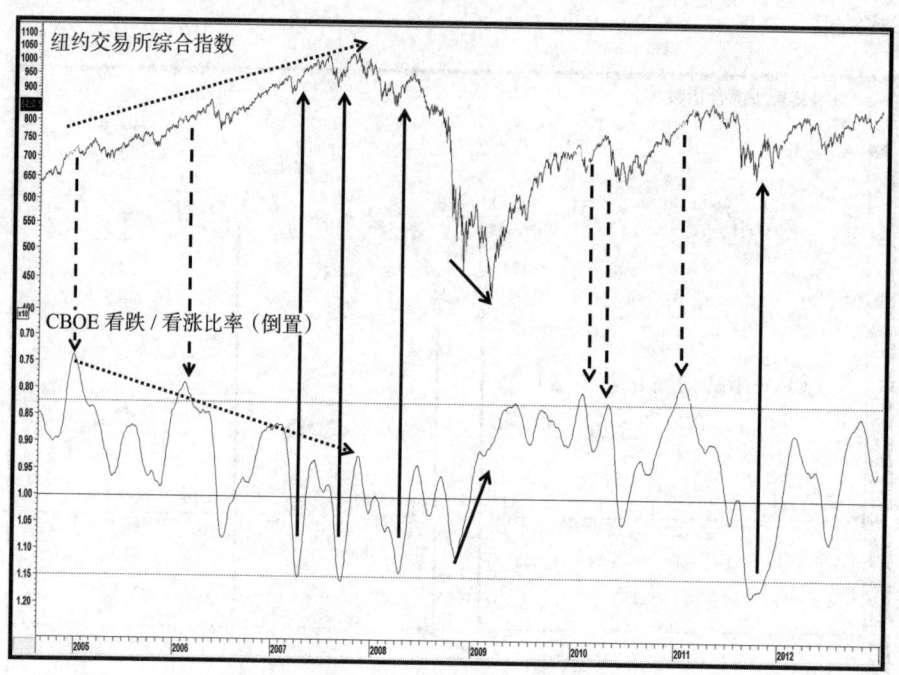

图 29-18　纽约交易所综合指数和 CBOE 看跌 / 看涨比率的背离（2004～2012 年）
资料来源：www.pring.com.

当价格稳步上行时，由于投资者信心牢固，波动率水平总体下行；相反，当市场下滑时，恐慌水平上升，波动率也扩大。作为一种反向指标，市场越悲观，VIX 越高；市场越乐观，VIX 越低。有鉴于此，图 29-19 和图 29-20 将这一指标做了倒置处理，其波动在方向上和大盘走势基本一致。图 29-19 将 VIX 指标和正负背离结合使用，因为贪婪和恐惧的情绪似乎领先于价格。

图 29-20 有效地结合了趋势线技术。这似乎是最佳的方法，因为指标的持续波动导致运用移动均线和平滑动能技术较为困难。某些情况下，平滑指标也十分奏效。不过，使用这一方法得出的结果很不稳定，使用的时候必须十分小心。

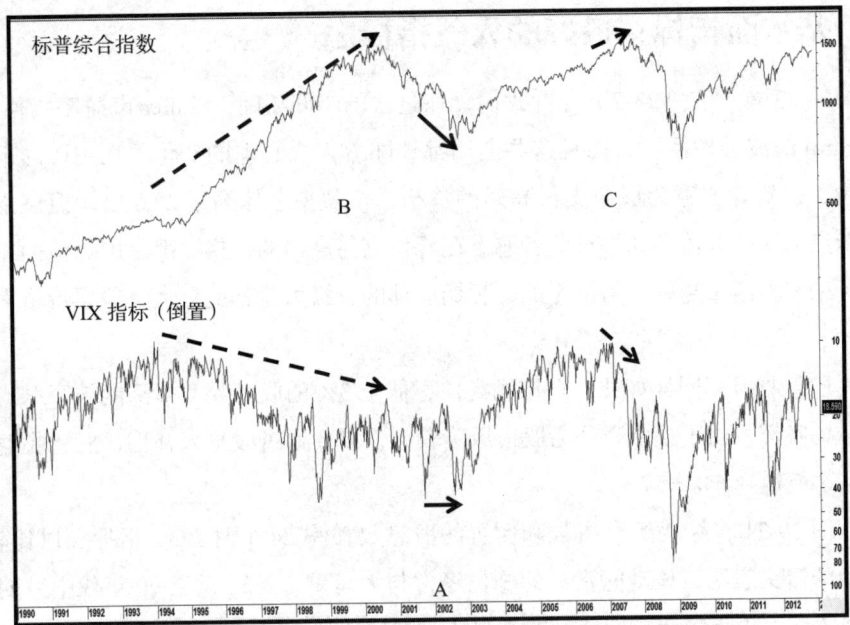

图 29-19　标普综合指数和 VIX 指标（1990～2012 年）

资料来源：www.pring.com。

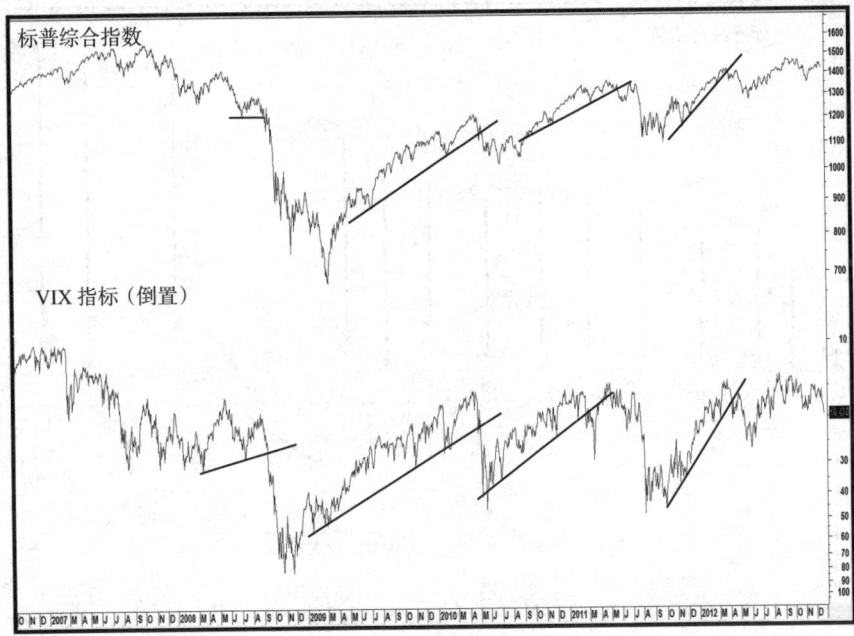

图 29-20　标普综合指数和 VIX 指标呈现趋势线突破（2006～2012 年）

资料来源：www.pring.com。

基本面指标：最好的人气指标之一

第23章（见图23-2）告诉我们，在过去的100年间，Shiller市盈率指标（P/E ratio）的波动性巨大，而且这些波动都伴随着大众心理的变化。在主要的市场峰位，投资者愿意为股票支付高昂的价格，市盈率总体高于22.5倍，但该指标的低点为7～8倍。如果投资者愿意在峰位支付高昂的价格，那是因为他们相信市场未来将越来越好。另一方面，长期底部的恐慌力量如此巨大，股票价格大打折扣。

股息收益率同样如此，在市场高位，低于3%的股息收益率都能被容忍；但在市场底部，由于投资者认为股市风险较高，需要通过股息来补偿，股息收益率一般都能达到6%～7%。

图29-21将标普综合指数和倒置的股息收益率24个月ROC指标加以比较。图中的箭头表明，该动能指标的峰位经常与大盘重合。20世纪90年代中后期的走势表明，由该特定指标衡量的乐观情绪如何达到极端水平，并在较长的时间内维持在高水平。

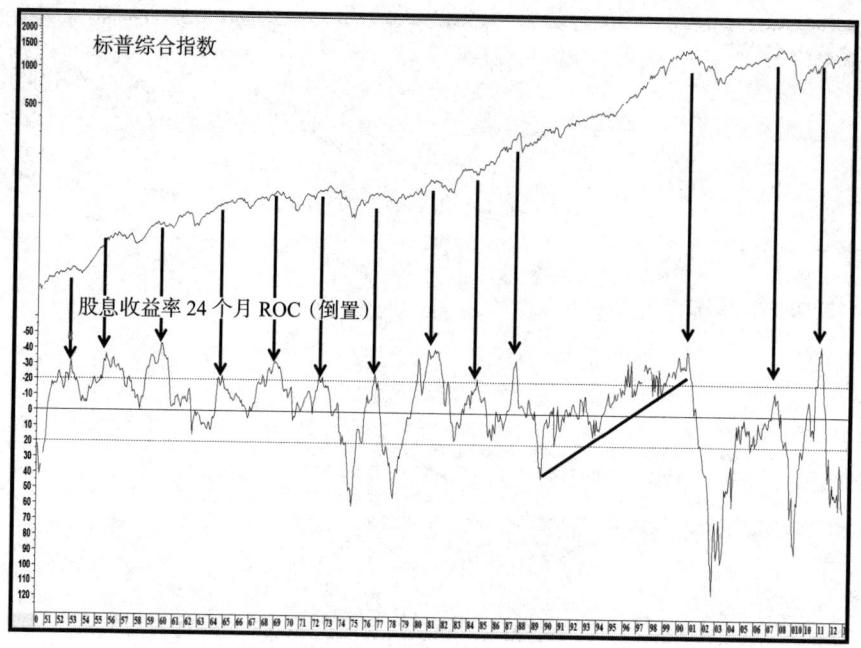

图29-21　标普综合指数和倒置的股息动能指标（1950～2012年）

资料来源：www.pring.com。

市场对新闻的反应

用来评估市场人气的另一个重要（尽管不是十分精确）方法是，观察市场对新闻事件，尤其是突发性新闻事件的反应。这一方法非常有效，因为市场是向前看的，会将所有可预期的事件都反映到价格结构中去。如果一项通常会影响价格的新闻事件没有构成预期中的影响，说明所有的，无论是利好还是利空，都已经被市场价格消化。

1988年底就出现了一个典型的例子，当时一些重大的内幕交易丑闻开始逐渐曝光，首先是对大卫·莱文（David Levine）和伊凡·博斯基（Ivan Boesky）的控诉。在正常情况下，市场会受这些丑闻影响而下跌，但当时的股票市场短暂调整之后，开始大幅反弹。

1978年春，美国宣布上调贴现率，这本应是一个抛售信号，但实际上市场却量价齐升。在这种情况下，空头市场底部出现不久，股价新高很快就赶超了这一新低，表明市场基本面还是相当强劲的。

关于个股和不同市场的类似例子不胜枚举，但基本原则都是一样的。如果价格没有按预期的方式对新闻事件做出反应，可能表示趋势即将逆转。仅仅根据这一点做出判断可能过于主观，但若能结合其他技术指标使用，必能发挥更大的作用。

— Summary —

小　结

- 人气指标是对前面几章所描述趋势判定技术的有益补充。这些指标应该用来评估一般公众的看法，并据此制定一个相反的操作方案。
- 鉴于许多人气指标都会受到结构性变化的影响，我们应该从整体的角度来考量，而不能局限于一两个指标。
- 由于人气指标和动能指标关系密切，如果得不到人气数据，可以用后者来代替。

第 30 章
Chapter 30

将逆向思维和技术分析结合

> 组织化或心理层面的大众会保持精神上的一致性。构成大众的个体受感情的影响而丧失了自我洞察力,随时准备按照低水平的大众思维统一行事。
>
> ——托马斯 T. 霍伊尔(Thomas Templeton Hoyle)

> 在任何情况下,不论我们的政治意见如何,我们都应该记住逆向思维者的任务是挑战我们认为天经地义的观点——正是因为坚信不疑,我们基本不会严格审视这些观点。
>
> ——马克·赫伯特(Mark Hulbert),2012 年 7 月 25 日,MarketWatch

逆向思维的定义

汉弗莱·尼尔(Humphrey Neil)运用自己的思维和经验,结合查尔斯·麦肯(Charles Mackay)的《大癫狂》(*Extraordinary Popular Delusions and the Madness of Crowds*)、古斯塔夫·勒庞(Gustav Le Bon)的《乌合之众》(*The Crowd*)及加布里埃尔·塔尔德(Gabriel Tarde)的著作,创立了逆向思维理论。如今,这一理论被广泛理解为,由于"大众"在主要市场转折点的决定往往是错误的,因此唯一的选择就是反其道而行之。不过,很多人仅仅吸收了这一理论的表面价值,而没有努力对尼尔等人进行研究,因此不一定了解该理论的精髓。尼尔指出,大众在大多数情况下都是正确的,但却会在转折点判断错误,第二句才是尼尔的思想精髓。

一旦某种观点形成之后，就会被大多数人效仿，直到所有人都认为它是正确的，正如尼尔所说：

　　当人与人的想法都类似的时候，每个人都很可能是错误的。当大多数人都倾向于采用某一观念时，在情感的支配下，他们往往会处于危险的境地。当人们停止深入思考时，做出的决定往往非常类似。

之所以特别强调"思考"一词，是因为相反定理的应用很大程度上是一门艺术而非科学，要想成为一名真正的逆向投资者（contrarian），你必须刻苦钻研、保持耐心、勇于创新，且勤于实践。请记住，不存在两种完全相同的市场环境，尽管历史可能重演，却很少完全重复。实际上，逆向投资并不是简单地说一句，"所有人都在看跌，那我就要看涨"。

关于逆向投资的最佳定义可能来自已故的约翰·舒尔茨（John Schultz），1987年股市大崩盘前夕他在《巴伦杂志》撰文称：

　　逆向投资的核心思想不在于大多数人的观点，即传统的或已经被接受的智慧，总是错误的；而在于，当传统观点的基本前提已失去其最初的有效性，那么这些观点就可能演变为教条，并逐步导致市场出现越来越严重的错误定价。

此处必须强调以下3个词，它们包含了形成反向定理的三个先决条件：第一，最初的观点演变为教条（dogma）；第二，它失去了有效性（validity），致使一个或一系列新因素开始发挥作用；第三，大众开始变得极端，这一点可能表现为整体市场价值高估（overvaluation）。舒尔茨想要表达的观点是，当某一趋势开始确立时，少数富有远见的个人预计将出现与大多数人预期相反的情形。之后，随着价格的上涨，其他人也开始相信这一观点。随着趋势的扩大，一方面受观点本身影响，另一方面因为价格确实已经在上涨，越来越多的人加入这一阵营。最终，这一观点成了所有人坚决信奉的教条。然而，股票价值却已经被严重高估，即使未被高估，这一观点也丧失了其最初成立的前提条件，新的趋势开始出现。随着价格的转而下跌，所有信奉教条的人都将蒙受损失。

之所以出现这些趋势，是因为投资者从众心理的存在。如果不盲目从众，与同类群体隔绝的个人反而表现得更为理性。例如，你发现股价连连走高之后继续开启一波强劲的上涨行情。根据经验，即便你知道牛市不可能永远持续，但却很难抵挡欣喜若狂的情绪，尤其是在价格从你当初认为已经不合理的高位再次上涨之后。

在这种状况下，避免被时下盛行的观念干扰、保持独立思考变得极其困难。

> **技术要点** 优秀的逆向投资者不能为了可以追求逆向投资而进行逆向投资，而应该学会逆向思考，创造性地形成与众不同的观点。换言之，要明白众人为什么是错误的。

为何大众是非理性的

尼尔谈到了几种决定大众心理的社会规则，分别是：

（1）大众追随独立行动的个体绝对不会追随的直觉；

（2）人们会不自觉地追随大众（下一节将对逆向思考为何如此之难进行详细解释）；

（3）传染效应以及对少数人的模仿导致个体易受建议、命令、习惯和感情需求的影响；

（4）作为群体或大众聚集在一起时，人们几乎不会深究原因或提出质疑，而只会盲目、冲动地追随那些被提出或宣称的观点。

那为什么大众会在关键的转折点犯错呢？原因在于，当所有人都一致看涨时，市场潜在的买盘力量非常有限，推动涨势延续的力量也非常之少。同样，如果市场估值不当，那么按约翰·舒尔茨的说法，其他投资工具会显得更具吸引力。毫无疑问，资金很快会从估值过高的投资工具流向定价更合理的替代性投资工具。

当然，下跌趋势中的市场情形恰恰相反。例如，当经济处于严重的衰退期时，商业活动迅速萎缩，大量裁员和高失业率占据新闻头条。股市一年多以来一直延续跌势，市场陷入恶性循环，整体环境似乎即将失控。所有人情绪失落，而这恰恰构成了逆向投资者看涨行情的先决条件，他们会问，怎么样才是正确的呢？也恰恰是在此时，行情会发生逆转。请记住，人们是理性的。当他们意识到市场环境即将恶化时，会相应地调整计划。企业会削减过多的库存、大量裁员，并偿清债务。这样一来，公司盈亏平衡点会下降，一旦经济形势好转，又具备获取更多利润的优势。所有这些也意味着信贷需求的下降，以及作为信贷成本的利率下调。利率下调激励消费者扩大消费、购买住房，新一轮经济复苏又随之启动。

正如尼尔所说:"在金融史上,一个值得注意的现象是,当经济陷入衰退时,到处笼罩着悲观的气氛,而正在此时,经济开始自我修复,进入复苏轨道。"

股票市场也是如此。如果投资者认为股票正处于一波持久的跌势中,可能不愿意持有股票,因而会选择将股票抛售。当所有人都完成清仓,股价只能朝一个方向波动,那就是上涨!此时,真正的逆向投资者会认定,市场不会进一步下跌,股价可能会上涨,关于下跌行情的基本假设也已经不再有效。

了解具体应该何时进行逆向投资是整个过程的关键,因为市场转折点远未到达之前,大众往往已经走向极端。1928 年和 1999 年(网络科技股泡沫),许多专业人士都知道大事不妙,他们已经认定股价被严重高估,未来价格进一步上涨的空间因此大打折扣。他们的看法是正确的,但推断的时机却过早。经济趋势的逆转过程往往非常缓慢,对经济大好形势的狂热会使股价远远超出合理的估值,甚至达到极其荒谬的非理性程度。从某种意义上来看,大众心理也可以通过长期摆荡指标(如 ROC 指标)生动地反映出来。正常情况下,当指标达到超买水平时市场会出现逆转,但有时指标会触及惊人的水平。图 30-1 中的纳斯达克指数就是个典型的例子。图下方的 18 个月 ROC 指标升至 20 年以来的纪录高点。实际上,指标达到了标普综合指数创立 200 年来最高水平的两倍。

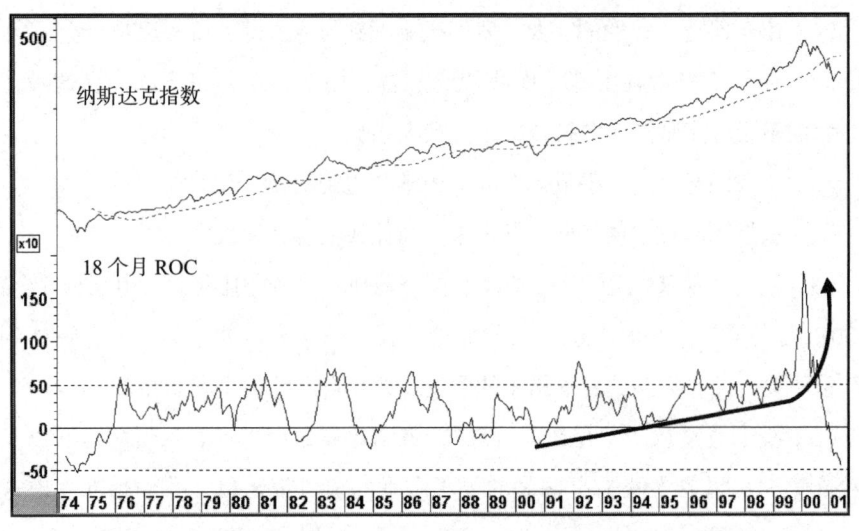

图 30-1　纳斯达克指数和 18 个月 ROC 指标(1974～2001 年)

资料来源:www.pring.com.

如果根据价格构建的摆荡指标可以反映大众心理，那么这一指标就可以达到不同的极端水平。纳斯达克指数在世纪之交的峰位、1980 年的黄金市场头部及 1929 年股市峰位都是能体现这些极端的例子。然而，由于摆荡指标可以基于每日和每周数据来构建，因此逆向投资方法同样适用较短期的转折点。区别在于短期市场人气肯定不及金融泡沫破灭前强烈。

| 技术要点 | **主要转折点往往在大众情绪处于异常极端的情况下出现。短期和中期转折点出现时，大众情绪不及主要转折点强烈或极端。**

记住以上论述，下面开始研究在短期或长期趋势中可以揭示大众情绪处于极端情形的各种信号，然后研究如何将技术分析应用于这些情形之中。

逆向投资为何如此之难

了解和学习如何进行逆向投资是一回事，在实际中真枪实弹地运用这些方法却又是另一回事。

逆向投资为何很难做到的原因有以下几个。

（1）出于保持一致性的需要，我们很难做到与身边的人持相反观点。

（2）如果价格大幅上涨，而我们此前告诉朋友行情即将下跌，在这种情况下，我们不大可能坚持逆向投资，以免被人嘲笑。

（3）当我们与大众"唱反调"时，通常会遭到敌视。

（4）根据刚刚过去的经验推断未来，能让我们感到比较安心。

（5）接受"专家"意见，而非满怀信心地独立思考能让我们获得某种安全感。图 30-2 列出了几位知名人士做出的评论，其中三个人可能会为这些评论感到后悔。请不要忘记，大多数专家给出的意见往往和自己的切身利益相符。

（6）我们总是认为"存在即合理"，美国入侵越南、苏联入侵阿富汗以及张伯伦在第二次世界大战前夕所做的关于和平的演讲都足以让我们重新考虑这一假设。

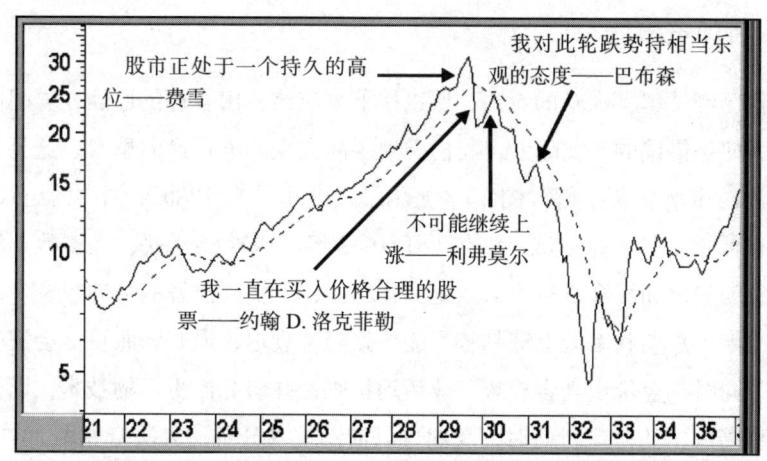

图 30-2　标普综合指数和市场评论（1921～1935 年）

资料来源：www.pring.com。

形成逆向观点的三个步骤

了解大众的看法

形成逆向观点的第一步是试着了解大众对市场或所监测股票的一致看法。如果大众的观点并不极端，则将无济于事，因为我们只关心如何判定潜在的趋势逆转，只有当大众心理迅速倒向某一方向时趋势才可能逆转。请记住，大众在趋势形成过程中通常是正确的，只有在转折点才会犯错。衡量大多数市场参与者看法得当与否的一种方法是运用前文的人气指标及摆荡指标。大多数情况下，这些指标不会传达大量信息，但一旦它们达到极端水平，就会发出非常强烈的信号。另一种方法是监测股票的估值。如果股票估值处于可接受的水平，则表明一切正常；但若估值太过极端，将为我们确定股票估值提供有价值的线索。

此外，对媒体，尤其是金融媒体进行研究也有助于我们了解大众的看法。如果媒体没有形成一致的观点，则表明不太可能出现极端情形，我们也就无须采取相应的行动。

然而，若大众显然正在形成共识，且这一共识正逐步变为教条，就应该开始进行逆向思考，第二个步骤开始。

形成不同观点

我们已经了解了大众的看法,所以接下来应该找出合理的原因,弄明白大众的看法为何是错误的。实际上,我们必须脱离大众,进行逆向思考。这要求我们对所监测的市场有所了解。图 30-3 显示了黄金市场在 1980 年创出的纪录高点。金价从很低的水平一路上涨,涨势始于 1968 年。1979 年年底,大多数人似乎都认为通货膨胀率和黄金价格将双双走高;然而,从实际出发的逆向投资者却应该意识到,由于短期利率的上涨趋势可能导致经济衰退,通货膨胀可能会演变为通货紧缩,同时,金价走高会导致矿业活动扩张,并研究出更高的技术,以开采那些需要更高成本的矿床,此时,我们可以借助技术分析的方法。如图 30-3 所示,黄金价格的 12 个月 ROC 创出了数十年来的高点,银价也经历了长期的涨势,从极低的价格一直涨至 50 美元以上。当时人们都在谈论邦克·亨特(Bunker Hunt)等人对市场的垄断,认为价格还将继续上涨;而此时逆向投资者可能会想,大量的白银已经被开采,同时银器也可以在熔化后作为银锭出售。果不其然,随着银价的上涨,市场充斥着大量白银,利率上调导致投资者纷纷清仓。

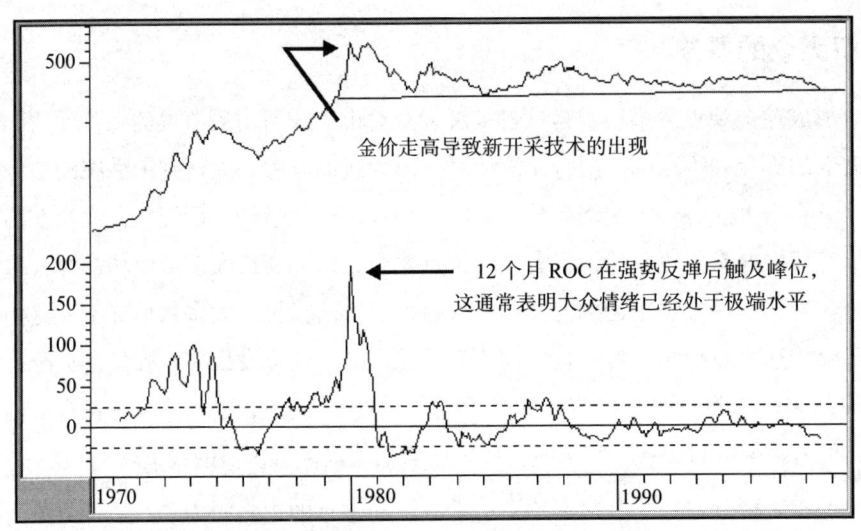

图 30-3 黄金价格走势(1970 ~ 1999 年)

资料来源:www.pring.com。

图 30-4 显示了债券收益率和大宗商品价格走势。当债券收益率开始上升,且上升趋势看上去远未结束时,逆向投资者可能会运用以下知识:大宗商品价格领

先于收益率触及峰位，而收益率峰位的形成往往是经济衰退的先兆。图 30-4 中用向右倾斜的箭头表明了这种关系。因此，如果发现大宗工业品价格处于高位，就应该预测商业活动可能走软。

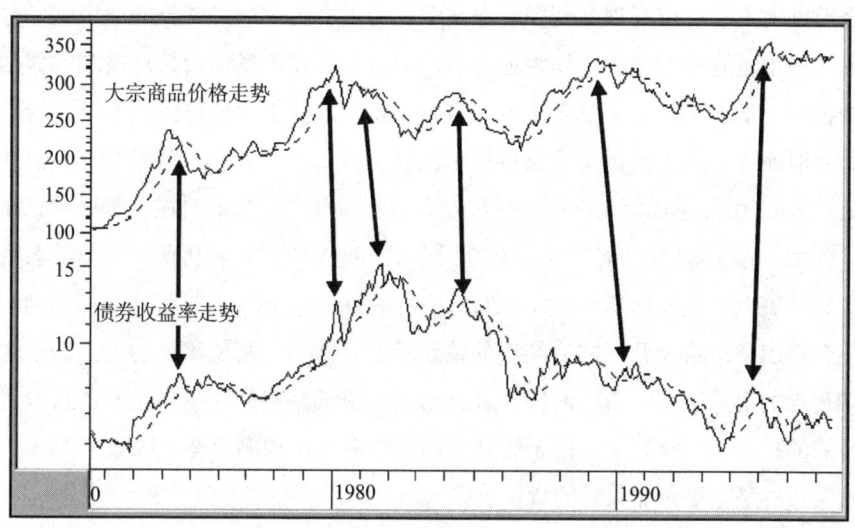

图 30-4　大宗商品价格和债券收益率走势（1970～1998 年）
资料来源：www.pring.com。

判定大众何时达到极端

当大众观点达到极端水平时，接下来应该考虑的问题不再是"是否"，而是"何时"以及"何种程度"。换言之，当大众观点真正达到极端水平，就应该摒弃当前趋势将得以延续的结论。这一点是毋庸置疑的，唯一的问题在于其时间和程度。此时通常会有各种分析人士做出极端的预测，由于市场高度情绪化，原本看起来可笑或令人怀疑的预测竟然被大众所接受。以下是确认大众何时达到极端的几种方法：

1. 人气指标及摆荡指标

人气指标或长期摆荡指标触及极端值表明大众可能也已达到极端。

2. 媒体

并非每个市场都能构建人气指标，所以判定大众何时达到极端的另一个方法是对大众或金融媒体进行研究。大多数情况下，媒体不会对金融市场或个股做出评论。一旦媒体大量报道某一市场消息时，我们必须高度关注。主要的市场峰位和谷底通常可能通过公众和金融媒体的封面文章来体现。《时代周刊》《新闻周刊》《商业周刊》及《经济学人》等杂志是我的最爱。这些杂志对某个市场的报道篇幅越大，发出的信号就越强烈。当然，这并不表明编辑和作家们都是在市场底部刊登看跌文章、在市场顶部刊登看涨文章的傻瓜，出现这种现象的原因是，他们都是把握市场脉搏的记者。作为记者，他们有义务在市场情绪接近极端时做出更多的报道。平淡无奇的文章无法增加报纸销量，但关于市场恐慌的文章却恰恰相反。一般而言，杂志封面文章是预示市场转折点的一个相当可靠的信号（但并非万无一失），而且通常领先转折点一周左右。在做任何分析的时候，都必须运用常识。例如，在1982年市场底部出现前几周，《时代周刊》上刊登了一篇著名的封面文章《牛市的诞生》(*Birth of the Bull*，见图30-5)。该文章盲目地运用逆向观点可能会得出牛市将于几周之后结束的错误结论。然而，需要牢记的一点是，大众极端观点的形成需要一定的时间，其间价格上涨的趋势会使更多粗心的投资者加入看涨的行列。同样，空头市场启动之前往往会出现利率上调。1982年秋季，美联储实行的是宽松而非紧缩的货币政策。

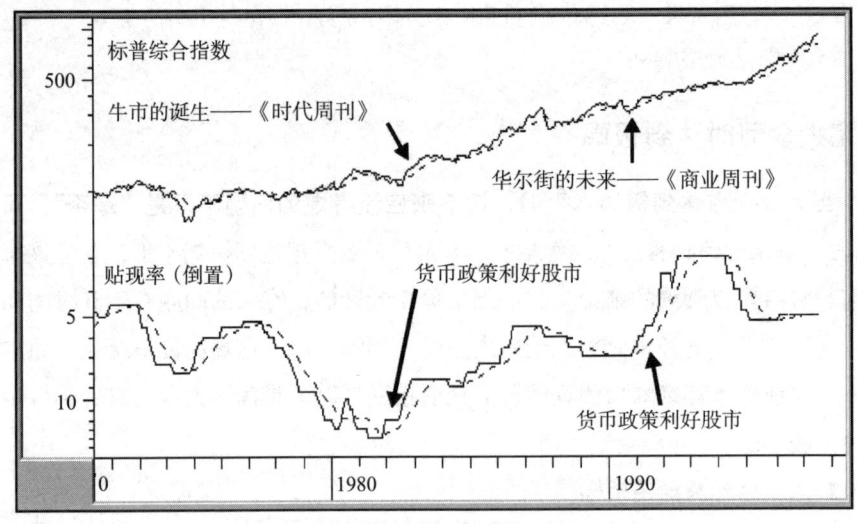

图30-5　标普综合指数和贴现率走势（1970～1999年）

资料来源：www.pring.com.

1990年的情况恰恰相反（见图30-5），当时《商业周刊》封面文章称券商行业已经陷入困境。券商类股的价格已经大幅下跌，但美联储却在实行利好股市,尤其是券商类股的量化宽松货币政策。说宽松政策利好券商类股,是因为行情上涨时券商能获得更多的承销费用和佣金。同时,券商类股此前刚刚经历的艰难时期导致盈亏平衡点大幅下降,从多头行情中获得的收入增长将直接导致利润上升。

传媒行业面临的一个问题是,电子媒体的出现渐渐地抢掉纸媒的饭碗,上文提到的《新闻周刊》就不再发行纸版。我们也可以使用 Google Trends,Google Trends 针对特定研究列出和图 30-6a 类似的图表。在本例中,讨论的对象是汽油价格。Google Search 上面的文章对应图 30-6b 中的价格。请注意,该强度数据并不一定对应油价高峰的幅度,而且有时候会提前。正因如此,可以同时使用一个随机指标,如图 30-6b 下方的随机指标(24/15/10)。

图 30-7a 和图 30-7b 类似,不过这次是关于大宗商品价格的搜索。同样,我们可以注意到极端的搜索强度并不意味着极端的转折点。我们还可以看到,一方面,X 点和 Y 点代表搜索活动的最低点,而 Y 点明确对应大宗商品价格的一个地点。另一方面,2008 年出现市场暴跌时,人们对价格跌势的兴趣似乎更为浓厚。同时,B 点表示人们对大宗商品价格兴趣高涨,同时对应的 ROC 指标却跌至 6 年间的最低水平。在本例中,将以 Google 数据形式体现的人气数据和动能指标相结合,效果非常可观。

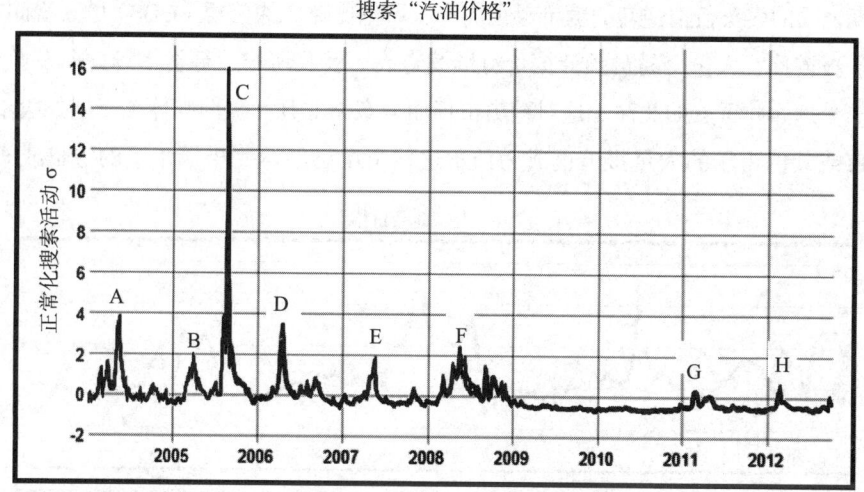

图 30-6a　Google Search 汽油价格

资料来源:Google Trends.

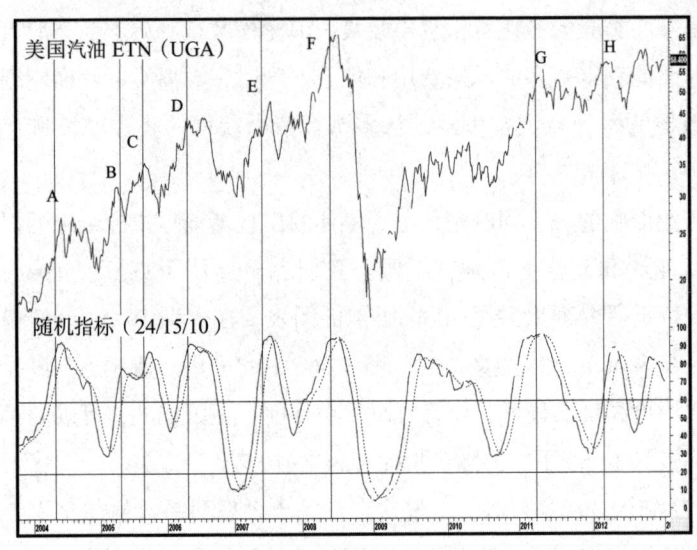

图 30-6b　美国石油价格和动能指标（2003～2012 年）

资料来源：www.pring.com。

可能通过媒体预测市场主要转折点的另一种情况是，媒体刊登"反常的文章"，某个边缘化的市场得到了前所未有的关注。例如，金融媒体通常刊登关于股市或债市的文章，这是一种正常的状态，无须我们进行逆向思考。然而，如果在某个主流杂志上看到边缘化市场的报道，就应该特别关注。例如，1980 年糖价从长期强劲的多头行情逆转，糖价触顶前夕，哥伦比亚广播公司（CBS）的《晚间新闻》报道称，大量交易员预计糖价将继续走高。就我所知，糖类市场此前及此后从未受过如此重点的关注。这对糖类市场而言意义非凡。美国媒体关于国外股市、汇市或其他市场的大量报道也成为预示这些市场已经达到极端水平的宝贵线索。

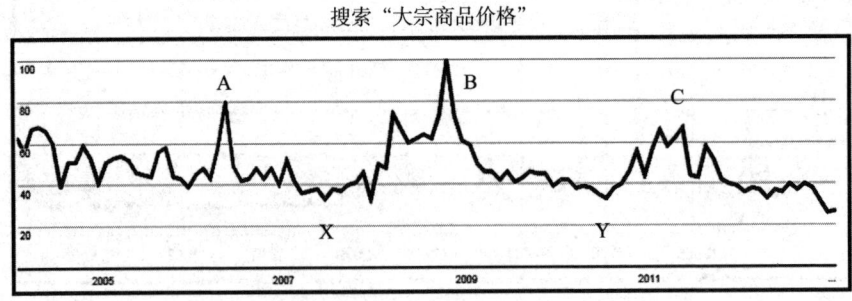

图 30-7a　Google Search 大宗商品价格

资料来源：Google Trends。

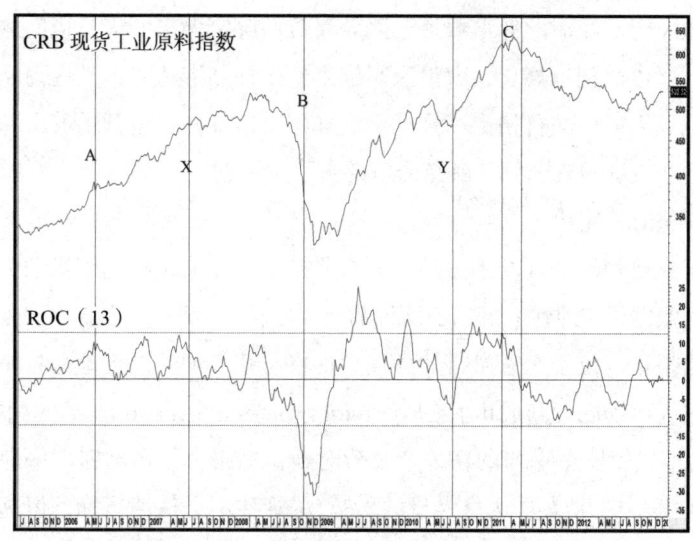

图 30-7b　CRB 现货工业原料指数和动能指标（2005～2012 年）

资料来源：www.pring.com。

3. 畅销书

判定大众何时达到极端的另一个有效途径是关注非小说类的畅销书。如果某一金融类书籍出现在畅销书名单上，则通常表明某个特定市场已经吸引大多数人，而且这一利好或利空的消息已经完全被市场消化。因此，拉菲·巴特拉（Ravi Batra）预言经济危机的著作在 1987 年大崩盘过后不久就开始畅销。共同基金繁荣时期在 1968 年底结束，亚当·斯密（Adam Smith）的《金钱游戏》（*The Money Game*）也出现在畅销书排行榜上。最不可思议的是，威廉·多纳休（William Donahue）关于货币市场的一本著作也在 1981 年短期利率处于峰位时成为畅销书。

4. 政治家的态度

政治家的态度是一个典型的反向指标，尤其是他们对可能不利于自己当选的负面消息的态度。由于这些政治家可能比较关心选票，以及其他可能被称为"选举人心理"的趋势，政治家是一个非常理想的滞后指标。这一指标通常最后一个发出信号，而且信号发出时新的趋势已经启动。例如，格里·福特（Gerry Ford）于 1974 年年底提出了"战胜通货膨胀"（WIN, Win Inflation Now）的著名口号，但当时消费者价格指数（CPI）已经触及周期高点。我记得在 1981 年秋季看到网上称国会议员正返回华盛顿，"决定就高利率问题采取行动"，但当时利率已经居高不下。选民们已经对此怨声载道，因而议员们决定做出回应。但问题是经济已经走软，利率也达到了峰位，政治家们推出价格控制措施时，某些商品价格肯定正处在峰位。大宗商品价格走高推动企业开始哄抬价格，也预示着市场头部的到来。关于石油市场的几个例子就充分地说明了这一点。

5. 不切实际的定价

判定公众已经到达极端的最后一个重要指标是，某个特定市场的估值已经创出最高或最低纪录（约翰·舒尔茨所说的错误定价）。例如，在日本房地产市场繁荣时期，据报道，位于东京皇宫的房地产价格与整个加州的土地总价格相当。戴维·德曼在《市场心理与股市》（Psychology and the Stock Market）一书中称，在20世纪20年代佛罗里达州的房地产繁荣时期，据报道，迈阿密的房地产中介已达到25 000家，从业人员达总人口的1/3。尽管称不上估值指标，但这些数据表明，事态已经发展到无法控制的境地。20世纪90年代科技繁荣期间，旅游服务网站priceline.com的市值比网站代理的几家航空公司的总市值还要高，该网站的股价最高达到约160美元，但一年后仅略高于1美元。

技术分析的应用

鉴于大众能够而且的确会走向极端，超出常态，判断过早可能对个人的财务状况极其不利。这就需要将技术分析与逆向投资理论结合起来应用。举例说明，日本20世纪80年代的牛市就是一个典型的狂热期，当时的股票市盈率及其他估值指标都达到了令人难以置信的极端水平。整个80年代，大众多次声称市场头部即将到来，但峰位却迟迟没有出现。大众情绪显然已经达到极端，但市场却持续创下新高。最终，市场泡沫破灭。图30-8显示，1990年市场头部过后，日经指数与日本短期利率多年来首次穿越12个月移动均线，此外，两条曲线还双双突破了趋势线，从技术面角度证明泡沫已经破灭。11年后，日经指数仍然在略高于1990年高点1/3的水平苦苦挣扎。

图30-9和图30-10显示了《商业周刊》1982年和1984年两篇关于债券市场的封面文章。在价格大幅下跌之后，债券市场所引发的广泛关注表明，大众已经处于或接近极端状态。接下来是要评估技术面特征，观察是否存在任何趋势逆转的信号。以1982年为例，图30-10中的18个月ROC指标已经形成并突破了长达

4年的底部。随后，价格也出现次级突破。尽管突破发生在数月之后，但我们必须牢记，此时关注的是极长期的趋势逆转，需要等待一段时间。

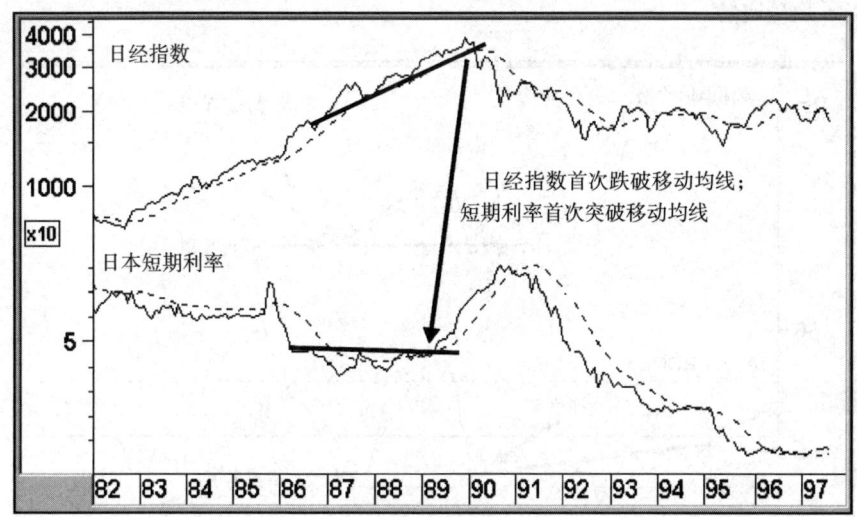

图 30-8　日经指数和日本短期利率走势（1982～1997 年）

资料来源：www.pring.com.

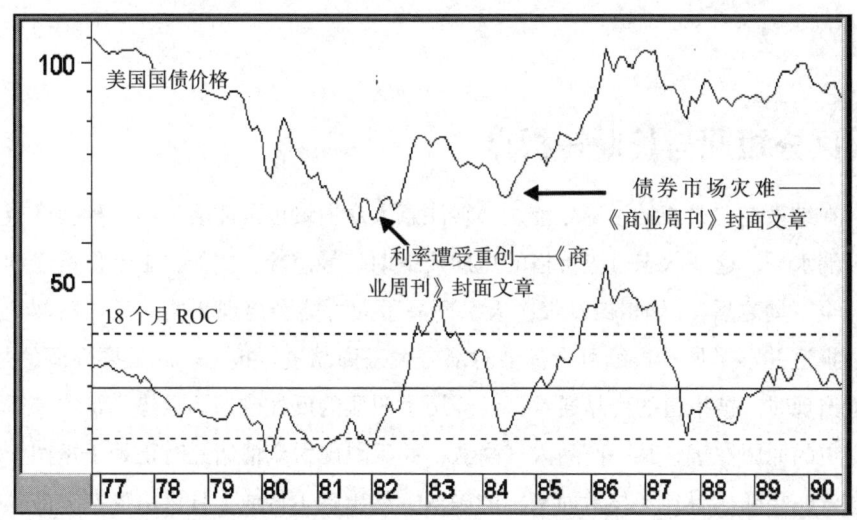

图 30-9　美国国债价格和 18 个月 ROC 指标（1977～1990 年）

资料来源：www.pring.com.

以 1984 年的封面文章《债券市场灾难》为例。当时，ROC 指标接近了极端超卖状态，债券价格也已经触及前一次突破的趋势线延长线，达到支撑位。随后，价格突破下跌行情趋势线，表明大众已经开始脱离看跌的极端，并转向相反的状态。在两种情况下，封面文章都已经被市场接受并消化，而趋势线的突破则证实了趋势逆转。

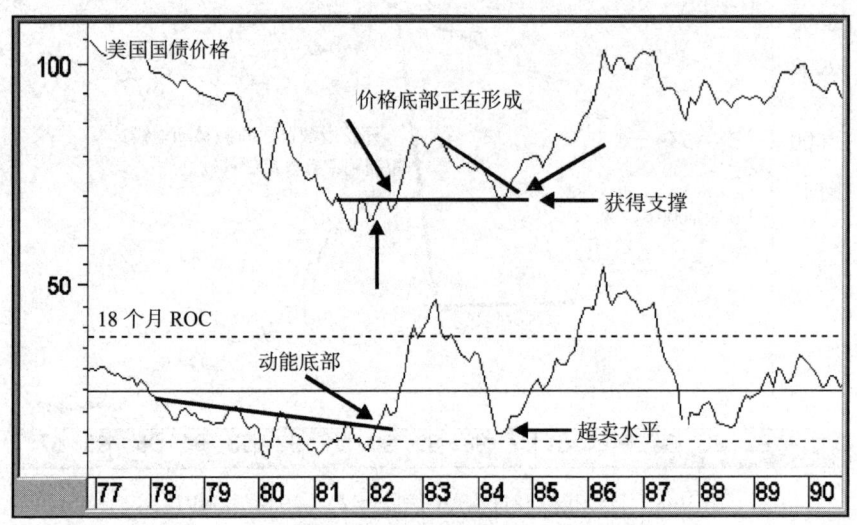

图 30-10　美国国债价格和 18 个月 ROC（1977～1990 年）
资料来源：www.pring.com.

区分短期与长期转折点

在结束逆向投资的讨论之前，必须注意大众情绪也可能会走向一种程度较轻的极端水平。这一状态对应价格的短期或中期趋势逆转。例如，玉米价格连续上涨两至三周之后，《华尔街日报》大宗商品版面可能会出现相关的头条新闻。这样的报道并不罕见，报纸每天都会对部分大宗商品进行报道。此处要强调的是，报道出现时，被报道的商品通常已经经历了明显的反弹或回调走势。媒体进行此类报道的原因在于，某一商品人气高涨，并反映出大众情绪此时正处于短期极端状态。如果随后得到了技术面指标的确认，如出现 1 日或 2 日价格形态突破、趋势线突破或可靠的移动均线穿越，则进行逆向投资能带来较高的回报。

政府近期公布的就业报告也是一个典型的例子。就业报告表明，美国经济状况强于交易员预期。由于强劲的经济消息通常会利空债券价格，债券市场可能遭遇大量卖盘。此时，投机者的情绪开始从看涨转为看跌。不仅消息本身会推动债券价格下跌，有关市场通货膨胀加速的流言还将令价格进一步承压，市场人气也更为疲软。此时，交易员将一致看跌，但这种状况可能非常短暂。逆向投资者需要对市场低谷出现的真正原因进行深入分析，并通过考察就业和其他经济数据的走势判断报告是否只是暂时性的失常。

── Summary ──
小　结

- 在趋势持续期间，大众通常是正确的；但在转折点处，大众往往犯错。
- 进行逆向投资的3个必要条件是：最初的假设变为教条、该假设已经失去有效性及市场逐步形成错误定价。
- 形成逆向观点的3个步骤是：判定大众的看法、形成相反的观点及判定大众何时达到极端状态。
- 受周围竞争性力量的影响，在实践中进行逆向投资非常困难。
- 当大众处于极端状态，应该关注的问题不再是"是否"，而是"何时"以及"程度如何"。
- 判定大众处于极端状态的方法包括：媒体、畅销书、政治家的态度、人气指标及摆荡指标以及不切实际的定价。
- 大众心理变化可能会远远超出正常水平，因此应该运用技术分析来判定大众何时脱离看涨或看跌的极端状态。
- 应该将逆向投资分析作为一个参考指标。

第 31 章
Chapter 31

利率为何会影响股票市场

本章我们将研究利率水平的变化为何是影响股票价格的一个重要因素，同时将技术分析应用于信贷市场的收益率与价格上。

利率变化影响股市的原因包括以下 4 点。

第一，信贷价格的波动会对经济活动的水平产生巨大影响，从而对企业利润产生间接影响。

第二，由于支付的利息会影响企业财务状况，利率水平的变化会对企业利润产生直接影响，从而对投资者愿意为股票支付的价格产生影响。

第三，利率的变动会改变竞争性金融资产之间的关系，其中，债券与股票市场的关系最为重要。

第四，大量股票是依靠借款买入（被称为保证金贷款）。持有这些债务的成本变化（即利率变化）会影响投资者与投机者依靠融资进行交易的意愿与能力。由于利率的变化通常会领先股票的变化，因此能够及早识别债务市场中主要趋势的逆转是非常重要的。

利率变化对企业利润的间接影响

利率变化对股票价格的最重要影响可能源自以下事实：紧缩性货币政策与利率上调会对企业状况形成不利影响，而利率下调则会刺激经济发展。

随着时间的推移，大多数企业可以适应利率上调的变化，但若利率迅速调整，大多数企业将被迫缩减扩张计划、削减库存等。这会对经济构成不利影响，从而间接损害企业利润。利率上调与企业利润下降意味着市盈率的下降，从而导致股票价格下跌。

如果管理部门对经济状况表示担忧，它们会下调短期利率，形成与上述过程相反的影响。

利率变化对企业利润的直接影响

利率变化对企业利润的直接影响表现在两个方面：第一，几乎所有企业都通过贷款为资本、设备与库存融资，因此，贷款成本（即企业支付的贷款利率）影响重大；第二，企业的相当一部分销售额也是通过贷款获得资金支持，因此，利率水平对客户额外购买的能力与意愿影响重大。最为典型的一个例子是汽车业，无论是生产商还是客户高度依赖贷款。资金密集型的公用事业与交通业，以及高杠杆的建筑业与房地产行业都背负着巨额债务。

利率与竞争性金融资产

利率变化还会对各个投资部门的相对吸引力产生影响，其中，最重要的关系就是股市与债市的关系。例如，在投资者看来，债券与股票在任何一个点都存在一种平衡，但是，如果利率水平上升的速度比股息增长的速度快，债券就会变得更富吸引力，此时，资金将从股市流入债市。相应地，股票价格将下跌，直到投资者认为二者关系能更好地体现利率水平上调的影响。

利率变化对任意特定板块的影响将取决于这一板块的股息收益率及企业利润增长的前景。其中最敏感的要数优先股，因为优先股能优先获得股息，且一般不允许从利润增长中获利。公共事业类股也对利率波动高度敏感，原因在于投资者不仅看中当前股息收益率，同时也看中其潜在的利润增长空间。因此，利率水平变化会对公共事业类股构成直接影响。另一方面，处于成长期的企业通常会将企业利润进行再投资，因此只能支付较少的股息。购买这些股票的原因在于期待企业利润快速增长与未来丰厚的收益，而非眼前的股息回报，因此资金成本的变化对此类股票的影响非常有限。

> **技术要点** 利率水平本身并不重要，但利率的变化至关重要，因为它对企业利润与股价有着更为深远的影响。

利率与保证金债务

保证金债务是指从经纪商手中借出，同时以股票作为抵押的资金。正常情况下，这笔资金是用于购买股票，但有时也用于购买汽车等消费品。利率上调对这两种保证金债务的影响非常类似，都会导致债务的持有成本上升。因此，鉴于成本的上升，投资者不再愿意承担额外债务。而当持有成本上升到某种程度，投资者会选择变现股票，偿还债务。利率上调也可能会导致股票抛售压力上升，从而压低股价。

债券收益率 VS. 债券价格

借方发行某种债券时，通常会以固定收益率（息票率）及事先确定的付息日来发行。债券到期时，借方同意偿还债券面值。由于债券面值通常是 1000 美元，这一数额表示债券到期时借方应偿还的金额。此外，由于债券是以百分数来报价，因此，面值（1000 美元）通常用 100 表示。通常情况下，债券以面值发行、赎回，但有时也会折价（低于 100）或溢价发行。

尽管债券通常以 100 的面值发行、赎回，但由于利率水平不断变化，债券价格可在其期限范围内大幅波动。假定某一 20 年期债券的息票率为 4%，以面值（即 100）发行。若利率升至 5%，那么息票率为 4% 的债券很难出售，因为投资者有机会赚得 5%。息票率为 4% 的债券持有者找到买家的唯一方法是降低债券价格，弥补未来购买者 1% 的利差。新的债券持有者不仅可以赚取 4% 的收益，还能获得一些资本利得。债券的息票率，加上将资本利得分摊到该债券的资本剩余期限，将等价于 1% 的利差。债券的息票率，加上将资本利得分摊到债券剩余期限所获得的年利率，就成为债券的**收益率**（yield）。若利率下跌，上述过程则恰恰相反，息票率为 4% 的债券与当前的利率相比更具吸引力，因此债券价格会上涨。利率总体水平发生变化的情况下，债券期限越长，其价格的波动就越大。

信贷市场的结构

信贷市场大致可以分为两个主要部分，即长期与短期。短期信贷市场又被称为货币市场（money market），主要涉及期限不超过 1 年的贷款。一般而言，短期信贷市场的波动会领先于长期信贷市场，因为短期贷款利率对商业环境及美国联邦储备委员会（简称美联储）政策变动的趋势更为敏感。联邦政府、州政府、地方政府及企业都能发行货币市场工具。

长期信贷市场包括期限超过 10 年的债券。还有一些信贷工具的期限在 1～10 年之间，被称为中期债券。

债券市场（长期信贷市场）可以按发行机构分为 3 类。发行机构包括美国政府、免税发行机构（州政府和地方政府）及企业发行者。

免税发行机构与企业发行者的财务状况各不相同，因此根据其信用质量对每个机构进行评级的做法已变得相当普遍。最高的信用评级为"AAA"级，其次分别为"AA""A""BAA""BA""BB"等。评级越高，投资者承担的风险就越低，因而补偿这些风险所需的收益率就越低。由于联邦政府的信用比其他任何机构都高，因此发行的债券收益率相对较低。免税部门（州政府和地方政府）能够以最低的收益率发行债券，因为此类债券的持有者可以享受税收优惠待遇。

大多数情况下，各类债券的价格趋势是相近的，但在主要的周期性波动中，部分债券会显得滞后，因为每类债券的供需状况都不相同。此外，我们发现当周期进入成熟阶段时，投资者会高度自信，为了从低质工具中寻求高收益，他们会放下对违约的恐惧。

债券与股票价格

在经济周期的繁荣时期，债券与货币市场通常先于股票市场触及价格峰位。债券价格的领先程度及其对股票价格的不利影响因周期而不同。关于股价下跌幅度和债市与股市价格峰位时间差之间的关系，不存在一成不变的规则。例如，短期与长期债券价格分别领先道琼斯指数 1959 年的多头行情高点 18 和 17 个月；但二者仅仅领先 1973 年多头行情高点 11 个月和 1 个月。尽管 1959 年，债券与货币市场对股市构成的负面影响严重而持久，但以月度平均数据为准，在此期间道琼斯指数仅仅下跌 13%；相比之下，1973～1974 年的空头行情期间，道指平均的累计跌幅却高达 42%。

> **技术要点** 事实上，近 100 年以来，每一次股市大盘都落后或者同步于信贷市场中的长、短期投资工具触顶。

经济周期繁荣时期的另一个特征是，高评级债券（如国债或 AAA 企业债券）的价格先于低评级债券（如 BAA 评级债券）下跌。自 1919 年以来，几乎每个经济周期的转折点都会出现这种情形。首先，在经济扩张的后期阶段，私人部门的融资需求增长，政府证券最大的机构持有者商业银行是私人部门寻求贷款的最后选择。在私人部门融资需求加剧，同时中央银行又不愿意做出相应调整的情况下，商业银行开始逐步抛售持有的优质投资资产，并将资金转移至更为有利可图的银行贷款业务。此时，高评级债券收益率面临上行压力，反映了红红火火的商业景象，而这也使投资者变得草率。受此影响，投资者忽视收益率相对较低的债券，转而青睐回报更高的低评级投资工具。因此，短期内低评级债券价格上涨，而高评级债券价格下跌。

在空头市场底部，也会出现类似的情况，高评级债券会领先于其他债券及垃圾股。不过，债券市场的这种领先特征不及多头市场顶部明显，某些情况下，债券和股票价格同时触底。因此，收益率的变化趋势是判定股市谷底的一个重要标准。

图 31-1a ～图 31-1c 显示，1919～2012 年股市的峰位和谷底几乎总是滞后于短期信贷市场投资工具利率曲线。图中用实线标出了峰位，用虚线标出了谷底，几乎所有的直线与虚线都向右倾斜。请注意，这 3 幅图底部的曲线都经过了倒置处理，以便使收益率的变动方向与股价一致。

债券收益率的下降本身并不足以成为买入股票的充分条件。例如，在 1919～1921 年的空头市场，货币市场价格在 1920 年 6 月触底，而股票市场在 1921 年 4 月份触底，货币市场在时间上领先了 14 个月。1929～1932 年大崩盘期间的例子更为典型，当时货币市场收益率 1929 年 10 月触底。接下来的 3 年，贴现率减半，但股价却较 1929 年 10 月缩水了 85%。领先时间如此之长的原因在于这一时期出现了大量的债务清算和破产。利率水平的大幅下调也不足以激励消费者和企业增加开支。尽管利率下调本身并不足以支持投资者形成股价下跌趋势将会逆转的预期，但这却是这一预期形成的必要部分。另外，根据经验，利率持续上升往往是一种看跌信号。

利率领先于股价的规律有时也会被打破，其中一个典型的例子出现在 1977 年。当时股市先于货币市场价格触及峰位。图 31-1c 中的 A 点处，或许是因为 1987 年的下跌没有像正常情况下一样伴随着商业周期的疲软，股市也先于短期货币市场价格触及谷底。

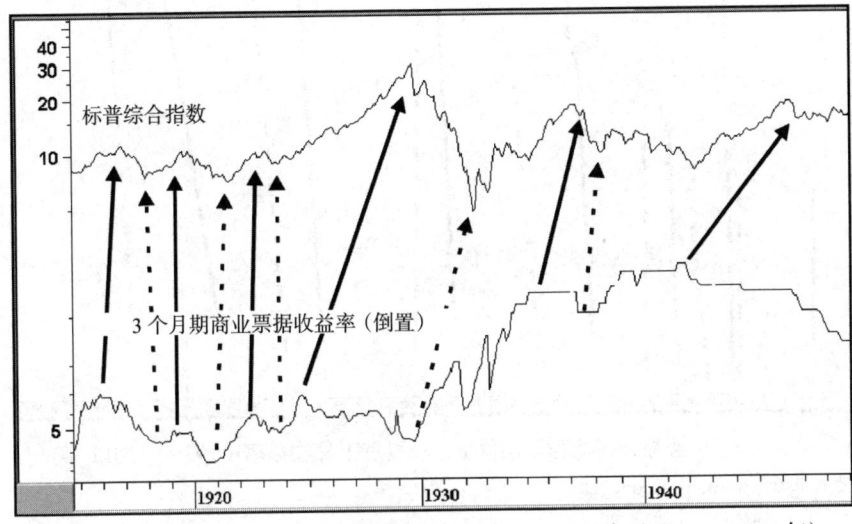

图 31-1a　标普综合指数和短期信贷市场投资工具收益率（1914～1950 年）

资料来源：www.pring.com.

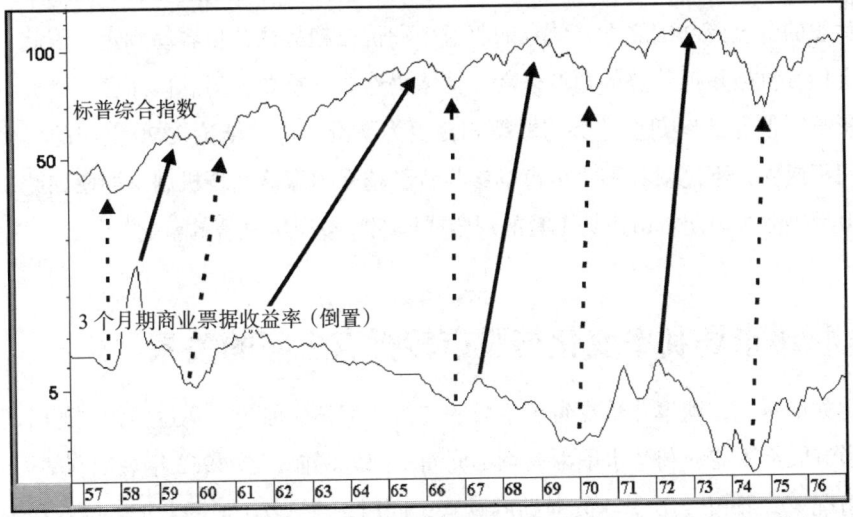

图 31-1b　标普综合指数和短期信贷市场投资工具收益率（1956～1976 年）

资料来源：www.pring.com.

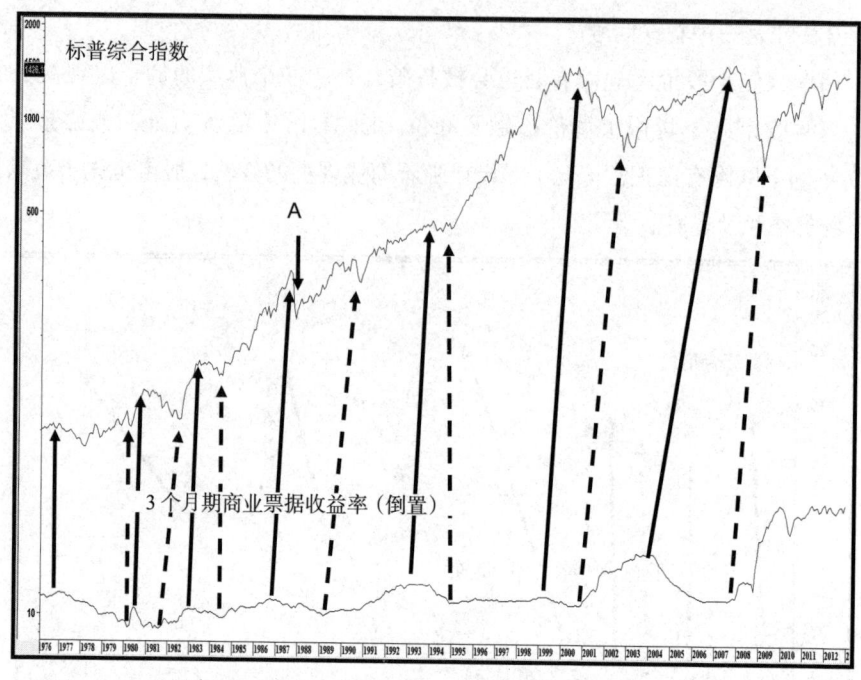

图31-1c　标普综合指数和短期信贷市场投资工具收益率（1976～2012年）

资料来源：www.pring.com。

本书前文所讨论的趋势判定原则不仅适用于股市，也同样适用于信贷市场。实际上，从某些方面来讲，由于大多数信贷工具交易都是建立在融资需求及购买力触发的资金流基础之上，债券的收益率和价格趋势往往更容易判定。因此，从判定债券价格短期趋势的角度来看，情绪仍然非常重要；但总体而言，受资金流的影响，债券的周期性趋势与股票相比更为平滑。这一结论在20世纪的大多数时间都成立，不过债券和货币市场参与者已越来越深谙贴现机制。即便如此，经济力量仍然对短期货币市场工具的现金或即期收益产生显著的影响。

📈 货币市场利率变化与股市转折点之间的关系

如前所述，利率几乎在每个主要的转折点都领先股价。不过，领先的时间及其影响股价所需的利率水平因周期不同而不同。例如，在1962年短期利率为3%的情况下，股市经历了一波强劲的跌势；同时，在1980年下半年，尽管利率水平从未低于9%，股市却非常强劲。

前文已经提到，影响股价的不是利率水平本身，而是利率水平的变动率（ROC）。要了解利率变化如何影响股价，可将经过平滑处理之后的短期利率 ROC 与经过同样方式处理的股价进行叠加，如图 31-2 所示。当利率动能指标向上穿越标普综合指数，则发出买入信号，反之亦然。图中用箭头标出了这些信号，买入信号用虚线标出，卖出信号用实线标出。

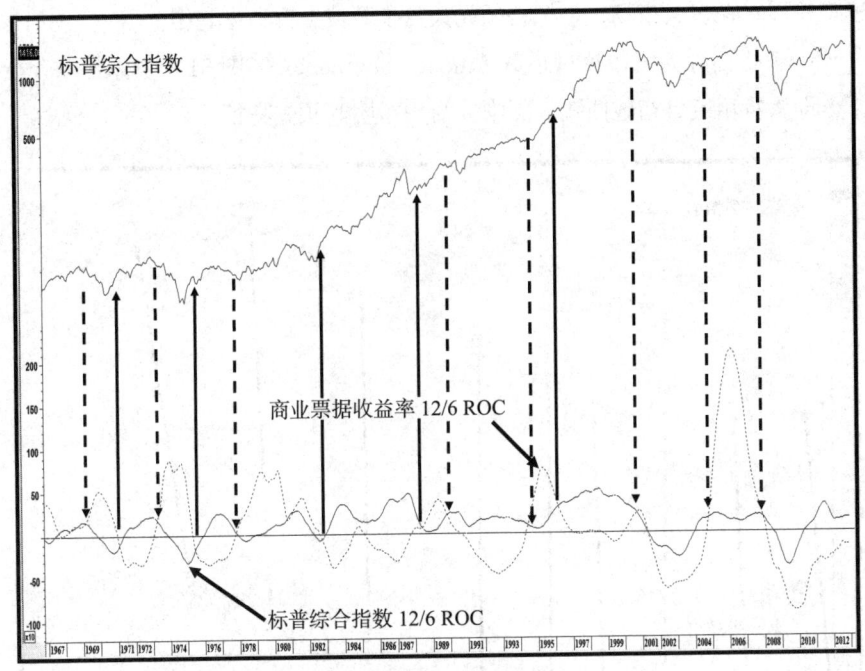

图 31-2　标普综合指数与股票和利率动能指标（1967～2012 年）

资料来源：www.pring.com。

众所周知，即便利率上升，股市也可能上涨，但通过对利率变化与股市大盘进行比较，我们可以发现利率 ROC 的升幅何时大于股市升幅，反之亦然。某些情况下，这一方法可能提供非常及时的信号，如 1973 年市场峰位的情形。但在其他情况下，该方法可能收效甚微。例如，它没能预测出 1978～1980 年的反弹走势。尽管如此，一个值得注意的现象是，在这两年期间，股票和现金的总收益大体相同。当然，这一方法远非完美，正如 1988～1990 年的情形一样，它导致了一系列误导性信号的发出；在帮助投资者有效避免 2007～2009 年的大部分熊市之后，该方法未能在 2009 年触发买入信号。尽管如此，总体而言，当利率动能超过股价动能，最好谨慎行事；反之，当利率动能低于股价动能时，则可以放手一搏。

另一种分析利率与股价关系的方法是利用以下事实：一般而言，在利率下跌的情况下，股票的反弹势头更强劲，反之亦然。因此，若用股市大盘指数（如标普综合指数）除以货币市场投资工具（如 3 个月期商业票据）收益率得出一个新的指标，如果利率仍然领先股价，在空头市场底部，该指标将领先大盘指数或下跌速率趋缓；在多头市场，指标将领先大盘指数或上升速率趋缓。

这一新指标称为货币流量指数（money flow index），图 31-3 中标普综合指数的下方即为货币流量指数曲线，图中用箭头指明其领先特征。

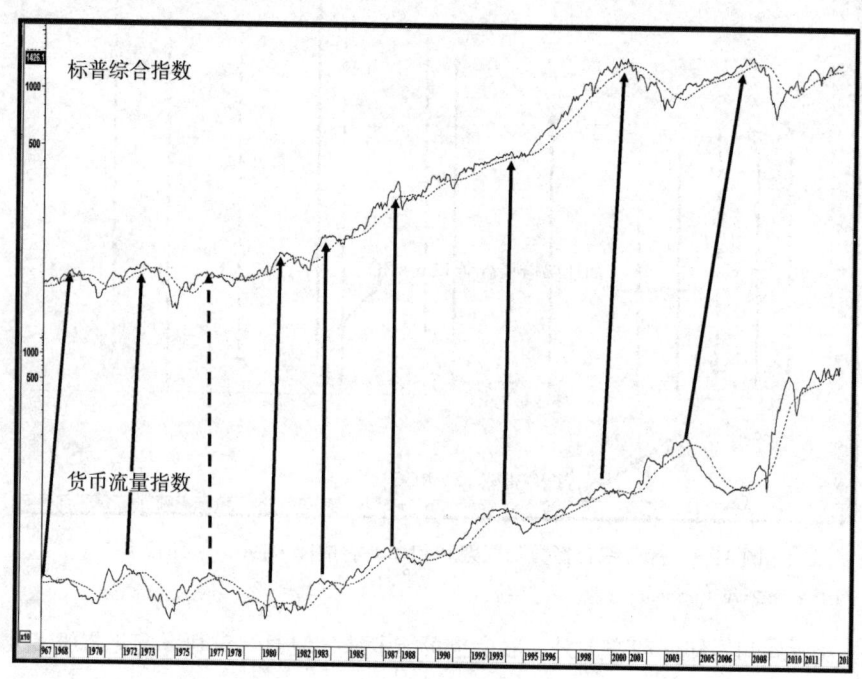

图 31-3　标普综合指数与货币流量指数（1967～2012 年）

资料来源：www.pring.com.

技术分析在短期利率中的应用

与长期利率相比，短期利率对商业环境更为敏感，因为调整库存水平的决定往往比收购工厂、设备的决定更快做出。调整库存水平涉及大量短期信贷，而固定资产的投资则是企业获得长期信贷的基础。与长期利率相比，美联储货币政策对短期利率的影响也更大。

一般而言,以月度数据为基础的短期利率有助于趋势分析。其中,可供使用的指标非常之多,包括13周国库券利率、存款单利率、3个月期欧洲美元利率及联邦基金利率。我通常选择3个月期商业票据利率,因为商业票据的历史较为久远、利率的波动幅度也相对较小。无论如何,上述所有指标(国库券偶尔会例外)的短期走势都密切相关。由于央行通常以储备的形式持有国库券,并通过买卖国库券干预市场,国库券利率偶尔会与其他货币市场利率相背离。此外,在危机爆发期间,安全投资转移(flight to quality)的现象会导致市场避险情绪升温,提振短期政府债券的需求。

图31-4对商业票据收益率与经济增长指标(growth indicator)走势进行了对比,后者是用4个经济指标构建的,包括大企业联合会先行指标(Conference Board leading indicators)、就业趋势指数(employment trends index)、美国商品调查局现货工业原料指数(CRB spot raw industrial material index)和美国商务部开工率指数(Commerce Department capacity utilization index)。具体方法是将这4个指

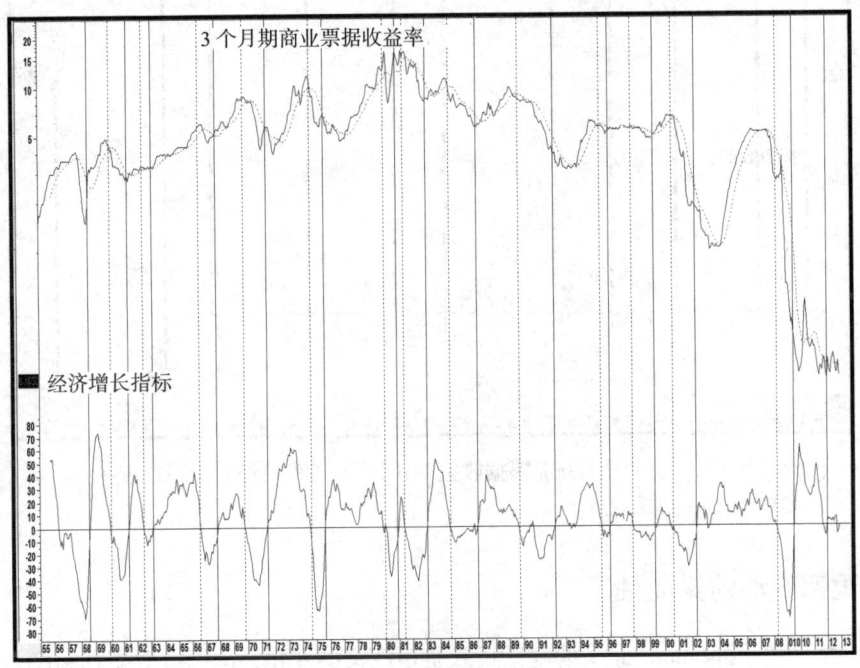

图31-4　3个月期商业票据收益率和经济增长指标(1978～2001年)

资料来源:www.pring.com。

标的 9 个月 ROC 相加，然后用 6 个月移动均线进行平滑处理。这是如何运用经济数据进行技术分析的一个范例。向上穿越零线表明经济形势正在走强，足以保证短期利率上升的趋势，反之亦然。垂直虚线代表信贷市场工具的卖出信号（股票的买入信号），反之亦然。经济增长指标远非完美，偶尔也会发出一些虚假信号，但这一指标的确能提供判定利率趋势逆转的独立变量。图中同时绘制了收益率的 12 个月移动均线，对该线的穿越一般会发出可靠的主要趋势逆转信号。

图 31-5 显示了 3 个月期商业票据收益率的 18 个月 EMA 和长期 KST 曲线。图中用箭头标出了 KST 曲线穿越移动均线的点位。一般而言，若 KST 穿越移动均线的同时，18 个月 EMA 也穿越移动均线，则发出的信号较为可靠。如果经济增长指标也加入穿越行列，则结果将更为可信。

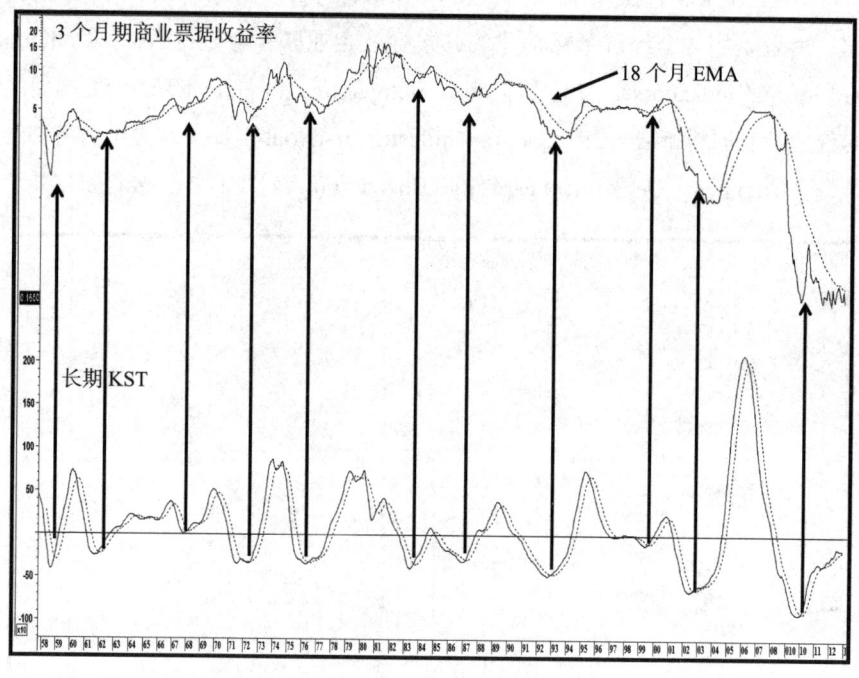

图 31-5　3 个月期商业票据收益率和长期 KST（1958～2012 年）

资料来源：www.pring.com。

贴现率变动的重要性

贴现率（discount rate）的变动反映货币政策的变化，因而会对短期利率及股价产生重要影响。

这种变动还对债券和股票市场产生重大的心理影响，因为美联储通常不会随意改变既定的政策,因此贴现率趋势的变动意味着市场利率趋势至少在近几个月、甚至更长时间内都不大可能逆转。公司一旦调高股息,就不大可能再将其调低;同样,央行也希望保持政策的连续性和一致性。由此看来,贴现率的变动有助于判定其他市场利率的趋势,而在对这些利率进行单独分析时,往往会受短期技术面或心理因素影响而发出误导性信号。

> **技术要点** 贴现率方向的逆转能提供短期利率主要趋势逆转的可靠信号。

1. 贴现率对短期利率的影响

市场利率通常先于贴现率触及周期性转折点。2003 年,美联储调整了贴现率政策。相应地,图 31-6 显示了 2003 年后的贴现率,以及此前提到的 3 个月期商业票据收益率。

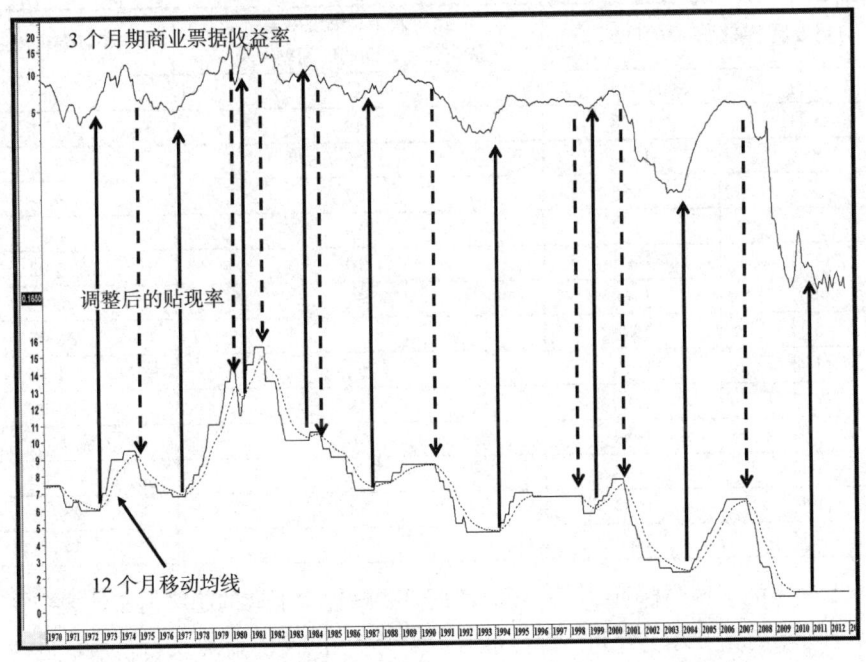

图 31-6 3 个月期商业票据收益率和贴现率(1970 ~ 2012 年)

资料来源:www.pring.com。

图 31-6 表明贴现率在经历一系列上调之后,其下调证明利率下行的新趋势已蔚然成风。周期性底部或主要趋势底部的情形也是如此。监测贴现率及其 12 个月移动均线是一个不错的方法,正如图中箭头所示,二者的穿越几乎毫无例外地

能在相对早期预示主要趋势的逆转。

2. 贴现率对股市的影响

自美国联邦储备系统正式成立以来，股市的每一个主要多头市场峰位出现之前，贴现率都会上调，仅有的几次例外情况包括1937年的大萧条时期、1939年的战争时期及最近的1976年。当然，贴现率领先股市的时间也各有不同。以1973年为例，贴现率于1月12日上调，比多头股市峰位早3天；而在1956年，股市峰位出现前，贴现率至少连续上调了5次。

埃德森·古尔德曾经说过：上调3次，股市必跌！这已经成为华尔街的至理名言，意思是指，贴现率连续上调3次之后，股市很可能会下挫，进入空头行情。由此看来，3次上调法则肯定了大幅上调利率及收紧货币政策对股市的影响。表31-1列出了贴现率第3次上调的日期及股市下跌行情随后出现的时间与规模。

表 31-1　贴现率上调与随后的股市下跌行情（1919～2012 年）

第 3 次上调贴现率的日期		第 3 次上调贴现率与股市低点之间的时间差（月）	股市下跌幅度（%）
11月	1919	21	29.86
5月	1928	49	77.45
8月	1949	0	0
9月	1955	27	9.04
3月	1959	19	4.31
12月	1965	10	15.92
4月	1968	27	20.99
5月	1973	16	36.47
1月	1978	2	1.58
12月	1980	19	18.06
2月	1989	20	上涨 4.7
11月	1994	1	0
11月	1999	34	28
9月	2004	53	34

贴现率的下调同样重要。一般而言，只要贴现率下调的趋势仍在延续，股市的主要多头行情就不会终止。即使最后一次下调贴现率后，多头行情通常也拥有足够的动能向前推进。大多数情况下，多头行情的最后一波中期回调走势在贴现率第一次上调之后才会出现。

大多数情况下，贴现率的周期性下调过程呈现出阶梯状，但偶尔也会出现短暂的上调，然会继续下调。**贴现率低点**是指贴现率经过一系列下调之后达到的某一个低点，贴现率水平要么在此低点维持至少 15 个月不变，要么在随后两个不同月份内至少出现两次上调。换言之，若下调过程中偶尔出现一次上调，贴现率的下降趋势仍然没有改变，除非上调发生在贴现率在低点维持15个月之后。只有贴现率在15个月内连续两度上调的情况下，才认为贴现率确实已经达到低点。由于近100年来关于贴现率的资料都比较完整，这些资料同时涵盖了通货膨胀与紧缩时期，因此反映了各种不同的经济状况。

由表31-2可知，自1924年以来，已经出现了17个贴现率低点。每次下调后，市场都大幅上扬。

贴现率下调仅仅代表一种指标，尽管能预示看涨行情，但整体技术面状况也非常重要。例如，贴现率低点通常出现在多头行情启动后不久。若市场处于长期超买状态，那么贴现率下调后，股市的上涨空间与持续时间都是非常有限的。此外还应注意，尽管在每次贴现率的低点之后，通常都会出现一个多头市场峰位，但并不排除市场出现中期盘整趋势的可能。1934年、1962年、1977～1978年及1998年就都出现了这种情况，以NYSE腾落线衡量的大盘走势并未出现盘整，但市场却呈现出异常上涨。图31-7显示了19世纪和20世纪之交贴现率与股票市场之间的关系。

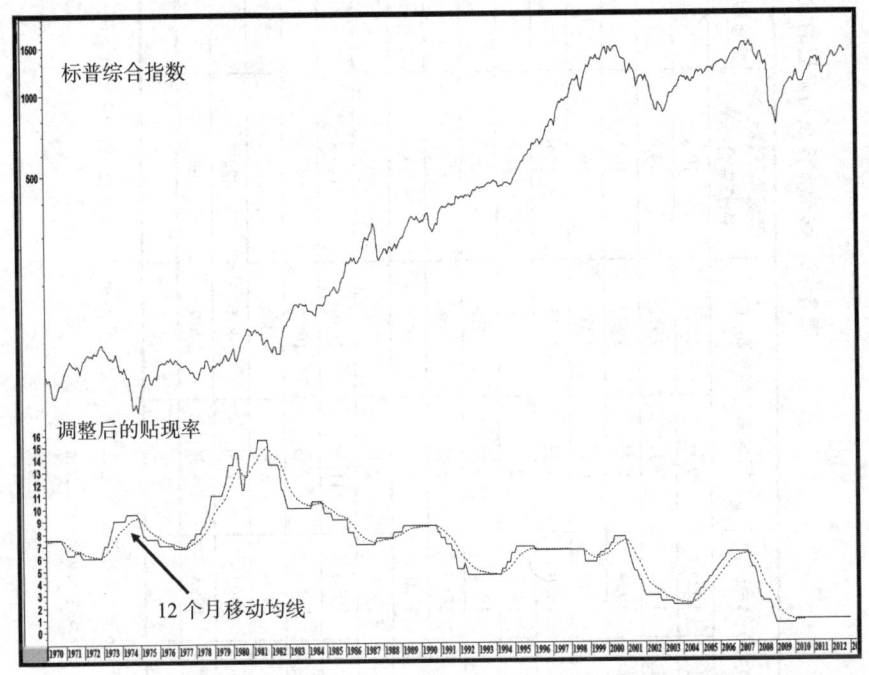

图31-7　标普综合指数与贴现率（1970～2012年）

资料来源：www.pring.com。

表 31-2　贴现率低点与随后的股市峰位（1924～2012 年）

贴现率低点		标普综合指数高点		贴现率下调时的标普综合指数	标普综合指数峰位值	最后一次贴现率下调与股市峰位的时间差（月）	上涨幅度（%）	月平均涨幅（%）
8 月	1924	9 月	1929	10.4	31.3	61	200.1	3.3
6 月	1932	7 月	1933	4.7	10.9	13	132.0	3.3
1 月	1934	2 月	1937	10.3	18.1	125	75.7	10.1
8 月	1937	6 月	1946	16.7	18.6	94	11.3	0.1
4 月	1954	4 月	1959	27.6	48.1	25	74.3	3.0
4 月	1958	12 月	1959	42.3	59.1	20	39.7	2.0
8 月	1960	2 月	1966	56.5	92.7	65	64.1	1.0
12 月	1967①	12 月	1968	91.0	106.5	20	17.0	0.9
12 月	1971	1 月	1973	99.2	118.4	13	19.4	1.5
11 月	1976	2 月	1980	101.2	115.3	27	13.9	0.5
7 月	1980	11 月	1980	119.8	135.7	4	13.3	3.3
2 月	1982	7 月	1983	146.8	167.0	5	13.8	2.8
8 月	1986	8 月	1987	252	329	12	3.5	2.5
7 月	1992	1 月	1994	424	481	18	13.4	.7
10 月	1998	8 月	2000	1 098	1 517	22	38.2	1.7
平均						35	48.6	2.5

① 1967 年 4 月低点不是在股市下跌行情后出现，而是与 1966 年的商业放缓走势相关，排除这一个低点能改善平均结果。

资料来源：www.pring.com。

虽然贴现率下调常常领先市场底部，和市场顶部的情形相比，二者关系的精确度要逊色得多。请注意，以 1929～1932 年的市场大崩盘为例，期间贴现率下调次数不少于 7 次，但 1946～1949 年的熊市期间，贴现率并未被下调。

将技术分析应用于长期利率

国债收益率曲线呈现出明显的周期性特征，我们可以通过比较一个债券收益率（如穆迪 AAA 级企业债券）及其 ROC 指标来利用这一特征。图 31-8 中的箭头表明，12 个月 ROC 的超买或超卖穿越持续发出可靠的债券买入和卖出信号，但这一信号并非完美。例如，1940～1981 年的长期上涨行情中，20 世纪 50 年代至 1981 年期间没有发出一个买入信号。这与长期下跌行情形成鲜明对比，后者触发了多个买入信号。这个典型的例子表明，在多头市场中，摆荡指标倾向于停留在超买水平；而在空头市场中，这一过程恰恰相反。在这种情况下，多头行情表现为一种极长期趋势，超买读数代表主要趋势的峰位。

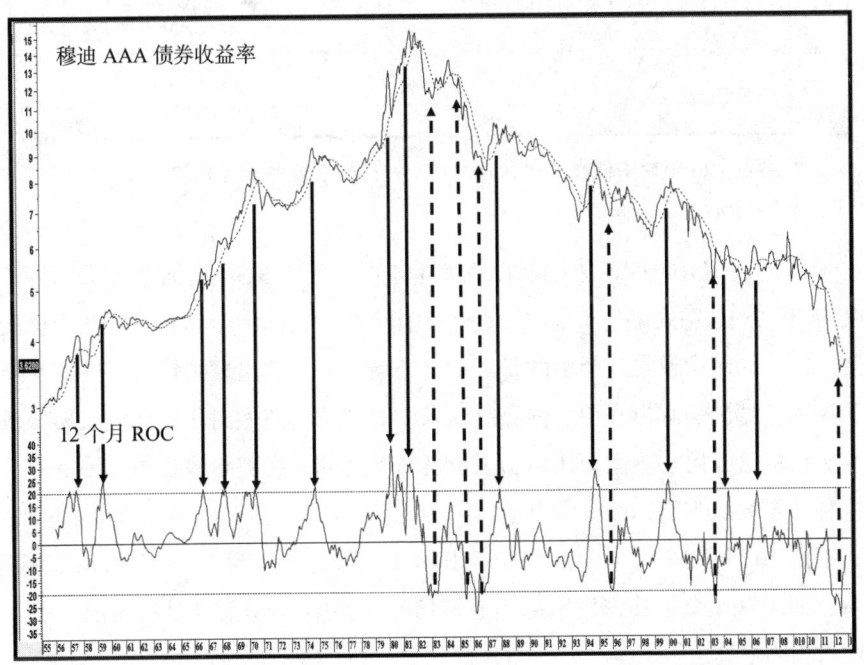

图 31-8　穆迪 AAA 债券收益率和 12 个月 ROC（1955～2012 年）

资料来源：www.pring.com.

图 31-9 的情况非常相似，但该摆荡指标（用 8 日移动均线进行平滑处理后的 9 日 RSI）时间跨度较短。收益率走势上方的箭头显示了主要市场趋势。可以明显看出，多头行情中的超买状态较为普遍，空头行情中的超卖状态较为普遍。请注意，可以用 200 日移动均线进一步确认主要趋势的方向。该图末端，摆荡指标呈现超买状态，收益率向上穿越移动均线，预示新一轮多头行情已经启动。

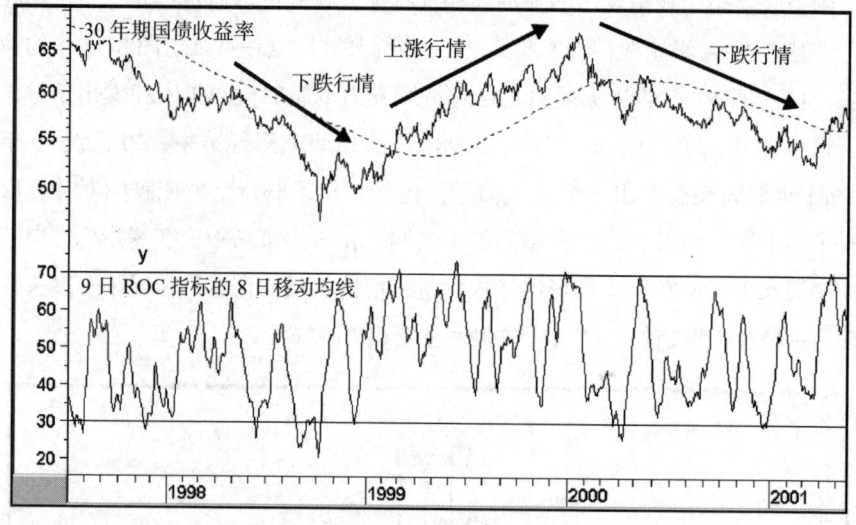

图 31-9　20 年期国债收益率和经过平滑处理的 RSI 指标（1997～2001 年）
资料来源：www.pring.com。

最后，图 31-10 将美国国债永续期货合约与两个 ROC 指标进行了比较。从 2000 年年初到该图末端，市场主要趋势一直上涨。4 条由 10 日移动均线指标发出的箭头都指向超卖或接近超卖的状态。每条箭头之后都出现了较为强劲的反弹行情。该图右端的椭圆形表明，债券市场未能对超卖状态做出积极反应，预示新一轮空头行情已经启动。图中还标出了价格与动能同时突破趋势线的几种情形。借用这种联合突破进行判断非常有益，因为 10 日 ROC 与 45 日 ROC 的时间间隔较远，因此 10 日 ROC 指标中没有显示出的特征很可能出现在 45 日 ROC 指标中。当然，如果这 3 个指标都发出趋势逆转信号，如同 2000 年 4 月的情况，那么可信度就相当之高了。

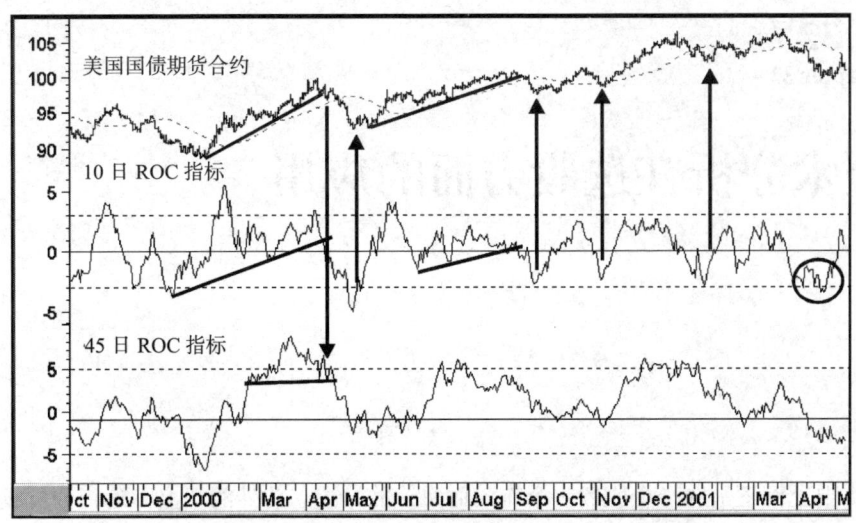

图 31-10　美国 30 年国债期货和两个 ROC 指标（1999～2001 年）

资料来源：www.pring.com.

Summary

小　结

- 利率能影响股价的原因在于，利率会影响公司的盈利能力、改变替代性金融资产的相对价值、影响保证金交易。
- 在历史上所有的商业周期中，利率几乎总是领先股价到达主要转折点。
- 影响股价的是利率 ROC，而非利率本身的实际水平。
- 与长期利率相比，短期利率对股价的影响往往更大。
- 贴现率的变动是确认货币市场价格主要趋势变化的重要方法。
- 贴现率趋势的逆转往往能较为及时地预示股价主要趋势的变化。

第 32 章
Chapter 32

技术分析在选股方面的应用

自上而下是选择个股的一个有效而系统的方法。此处的"上"是指分析股票市场整体是处于主要的多头还是空头行情。由于大多数股票都会在多头行情中上涨、空头行情中下跌，首先必须明确总体环境是处于多头还是空头。

接下来必须评估不同行业板块及其下属行业的技术面状况，因为同一行业股票的走势通常呈现出一致性，同一板块下的行业亦是如此。找出有潜质的行业之后，最后一步就是精选个股。后文将对精选个股的方法加以讨论，但首先将介绍需要注意的一些事项。

所有的投资者和交易员们都希望选择能快速上涨的股票，但符合这一条件的股票通常伴有大多数人难以接受的风险。价格迅速上涨的股票通常具有较高的贝塔（beta）值（对市场波动非常敏感）、较低的流动性（换言之，股票流动性较低，价格对成交量的小幅增加非常敏感），或者非常强劲的盈利动能——通常造成市盈率的不断攀升。有些股票可能处于转折时期，股价已经跌至过低水平，因而最轻微的利好消息也能引发股价的大幅攀升。

所有这些都属于基本面因素，不在本书的讨论范围。我们要重点了解的是，投资者在选择个股时往往容易受流行趋势的影响。当股价被炒至不切实际的超高水平，媒体又不断地报道各种利好消息时，很可能所有市场参与者都已经接受了这一多头论调。此时每一个希望买入的投资者都已经付出行动，导致股票处于所谓的**过度持有**状态。这种情形曾出现在 20 世纪 60 年代末的污染控制板块、1973 年的所谓"迷人"成长股、80 年代的石油板块以及 2000 年春季的科技板块。当媒体报道利空消息，以致企业似乎永远无法扭亏为盈或将被迫申请破产时，就会出现相反的状况，此时股票处于所谓的"过低持有"状态（underowned）。这种情形曾经出现在 1974 年的房地产投资信托市场、1980 年的轮胎板块和 2009 年的金融股。当然，并非所有公司都会处于这两种极端状态，但了解市场心理的这种变化过程非常重要。

过度持有状态的形成通常需要经历一轮长期牛市后的几个上涨周期。同样，过低持有状态的形成通常也需要花费数年的时间，期间某只股票可能完全不受青睐。

极长期的选股策略

一般性原则

首先从极长期的角度出发，然后逐步转向短期策略是一种较为合理的思路。理论上而言，在选股过程中，首先必须判定所监测股票是处于极长期的涨势还是跌势之中，以了解股票自身的周期。图 32-1 显示了加拿大矿业公司 Cominco 从 20 世纪 70 年代至 21 世纪初期的股价走势。Cominco 等资源与基础工业类股也被称为周期性股票（cyclical stocks），因为这类股票在一至两个周期内可提供相当可观的获利机会，但若使用"买入－持有"策略则很少能够获利。

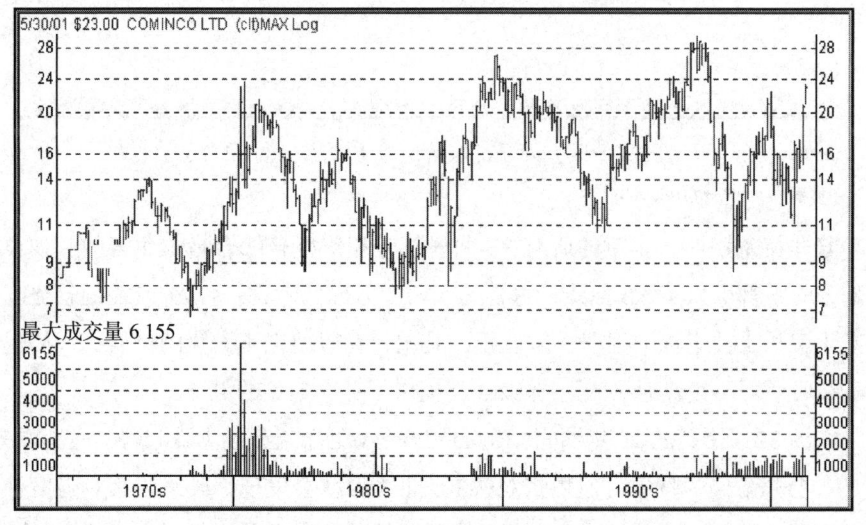

图 32-1　Cominco 股价走势（1970～2001 年）

资料来源：Telescan.

由于世界经济呈现出长期增长的特征，大多数股票也显示出极长期的上涨特征，只不过期间可能伴有温和的周期性回调或为期多年的区间波动走势。

以图32-2为例，图中绘制了可口可乐公司的股价走势。图中呈现了几个较为明显的极长期趋势。1999年，价格与RS双双突破趋势线，发出第一个极长期趋势终止的信号。你可能注意到，在此之前，价格触及新高，但RS曲线没有，二者出现负背离。第二个极长期趋势是持续了13年的区间盘整行情。最终的趋势突破信号也可能由RS曲线标示。

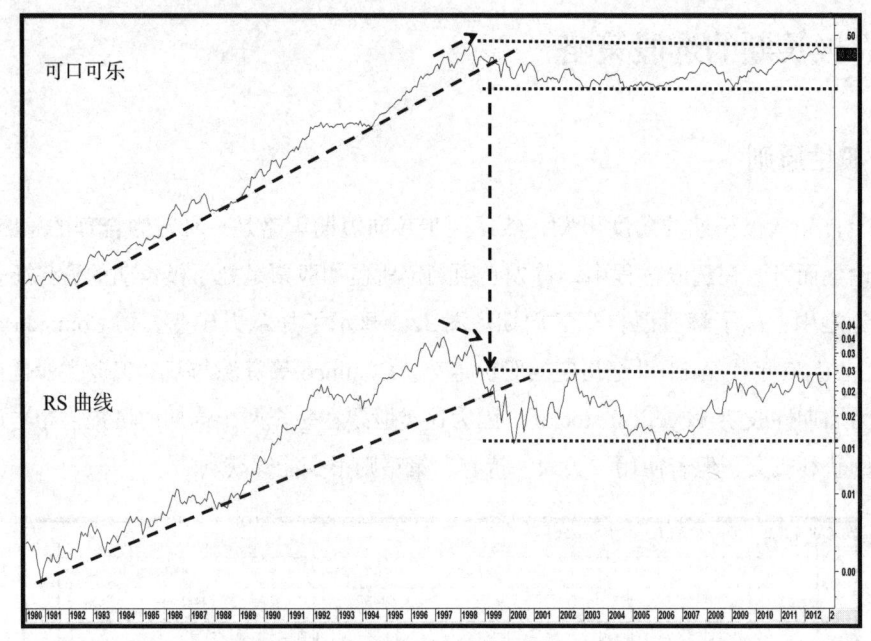

图32-2　可口可乐的股价走势（1980～2012年）

资料来源：www.pring.com。

除非特别声明，本章的所有RS曲线都是相对标普综合指数而言的。本章的大部分图中都引入了RS曲线，这是出于两个方面的考虑：首先，RS的趋势与背离对了解基础技术面的强弱非常有益；其次，在股票强于大盘的时候买入要远远好于在股票弱于大盘时买入。图32-3就提供了一个典型的例子。

在图32-3覆盖的20年期间，Reliant Energy处于极长期上涨趋势。表面看来，这是一个非常好的现象，但稍稍观察RS曲线后就会发现，股票的相对强度处于极长期下跌趋势。此外，请注意可以为股价构建两条趋势线，图中虚线表明，一旦趋势线被突破后，对该趋势线进行延伸是一个非常不错的选择。以该图为例，

20 世纪 90 年代中后期，延伸的趋势线不止一次地成为股价的强劲阻力位，即便在股价于世纪之交向上穿越趋势线之后，回调走势仍然会在趋势线处找到支撑。

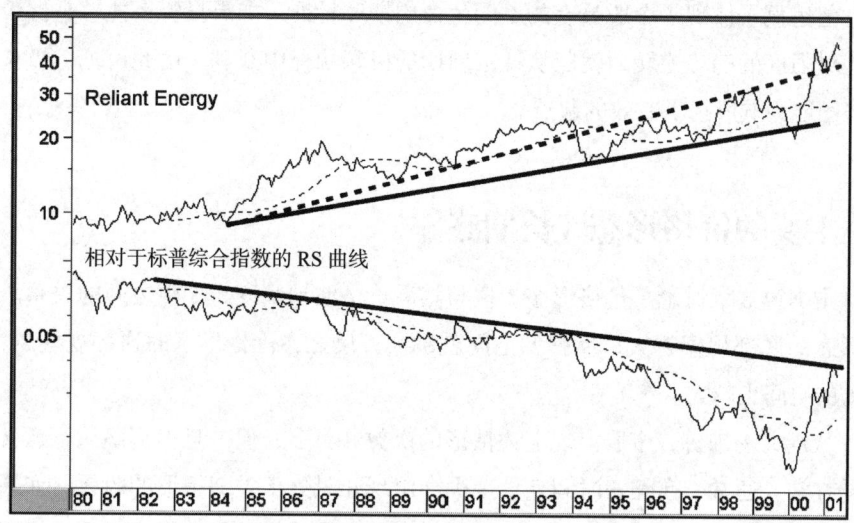

图 32-3　Reliant Energy 股价走势（1980～2001 年）

资料来源：www.pring.com.

最后，如图 32-4 所示，ADM 股价的极长期趋势在 1998 年转而向下。其 RS 曲线也完成了一个向下的头肩顶形态。请注意，ADM 的 RS 曲线未能确认 1995 年

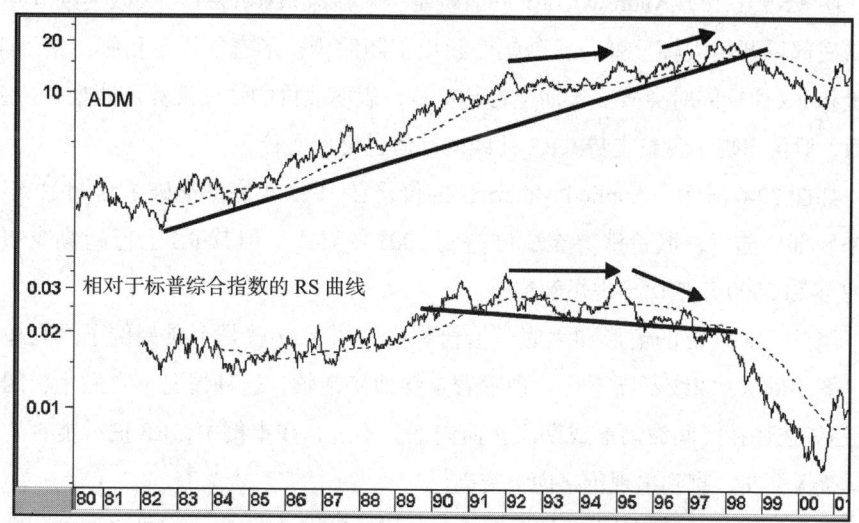

图 32-4　ADM 股价走势和 RS 曲线（1980～2001 年）

资料来源：www.pring.com.

创出的价格新高（水平箭头的顶端），并在随后与 1997 年的价格新高发生负背离，这一前一后两个信号表明 ADM 未来可能走软。

上述例子体现了个股具有的不同生命周期和特征。如果投资者能够掌握价格与相对强度的趋势逆转，就能从特定周期的极端状况中获利。由此可见，极长期走势图能为选股提供有效的起点。

主要的价格形态（长期底部）

本书第 8 章讨论了价格形态规模与随后价格波动幅度与期限之间的关系。价格形态的底部规模越大，反弹的空间就越大；反之，价格形态的顶部规模越大，下跌的空间也越大。

从定义上来讲，个股出现上述情形的次数并不多，但一旦得到确认，意义就非同寻常。通常，在任一时间点，至少会出现几只处于类似情形的股票。如果发现大量股票同时构建大规模的价格底部，这通常意味着整体市场或股票所属板块正濒临极长期的涨势。紧随 20 世纪 40 年代之后的是 50 年代和 60 年代初期的大牛市，1982 年的市场底部过后出现了长达 18 年的极长期牛市，最终涨势在 2000 年年初触顶。

图 32-5 显示了 Andrew Corp. 的股价走势。该股票在 1991 年突破为期 6 年的价格底部后开始大幅反弹，反弹幅度超出了随后价格形态的设定目标。接下来，股价和 RS 曲线同时突破 6 年期上行趋势线，表明股价的强劲涨势可能难以持续。随后，股价出现了盘整走势，RS 曲线的趋势也出现逆转。

如图 32-6 所示，Applied Materials 的价格在 1992 年底部突破了为期 10 年的价格底部。随后，股价涨势至少维持到 2001 年春季，但其 RS 上行趋势线却在 1998 年和 2000 年依次出现短暂突破。

当然，大顶部的情形和大底部恰恰相反，图 32-7 就是个典型例子。有趣的是，图中的 RS 曲线不断下行，预示着走势即将走软。这种情况不常发生，因为 RS 趋势往往在区间波动形成期间转而向上。不过，在本例中，RS 曲线能否逆转厄运毫无征兆，直到出现价格向下突破。

可以将图 32-7 和图 32-8 加以对比。同样，在图 32-8 中我们可以看到一个持续多年的区间波动行情，且以头肩底盘整的形态出现。在区间波动行情的形成期间，RS 曲线处于十分明显的下行趋势，不禁让人联想起形态可能向下突破。随后，随着右肩的形成，RS 曲线向下跌破 4 年趋势线（虚线），并开始以超越价格的速度反弹。突破发生时，RS 曲线远低于其 1982 年高位，但是已经向上突破其 20 年趋势线（实现），因而对 2003 年年底形成的价格突破构成支撑。

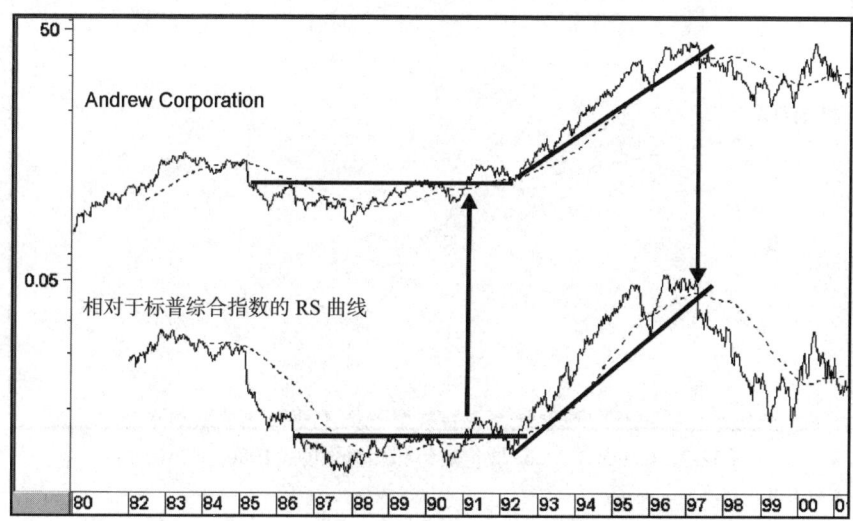

图 32-5　Andrew Corp. 股价走势（1980～2001 年）

资料来源：www.pring.com。

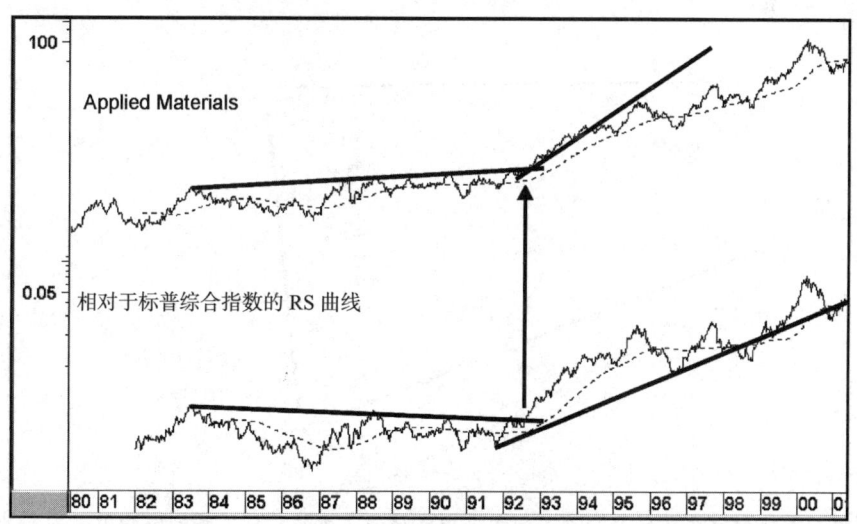

图 32-6　Applied Materials 股价走势（1980～2001 年）

资料来源：www.pring.com。

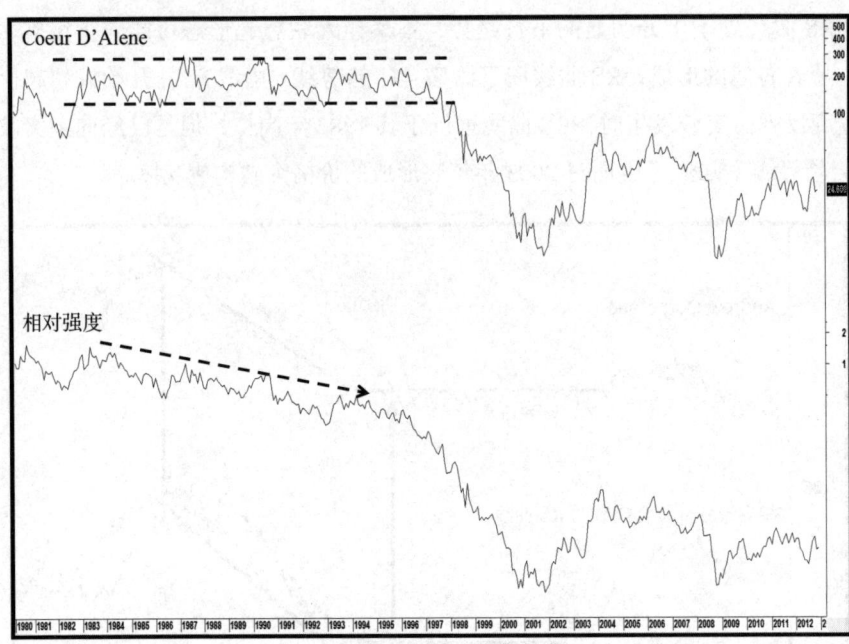

图 32-7 Couer D'Alene 股价走势和相对强度（1980～2012 年）

资料来源：www.pring.com.

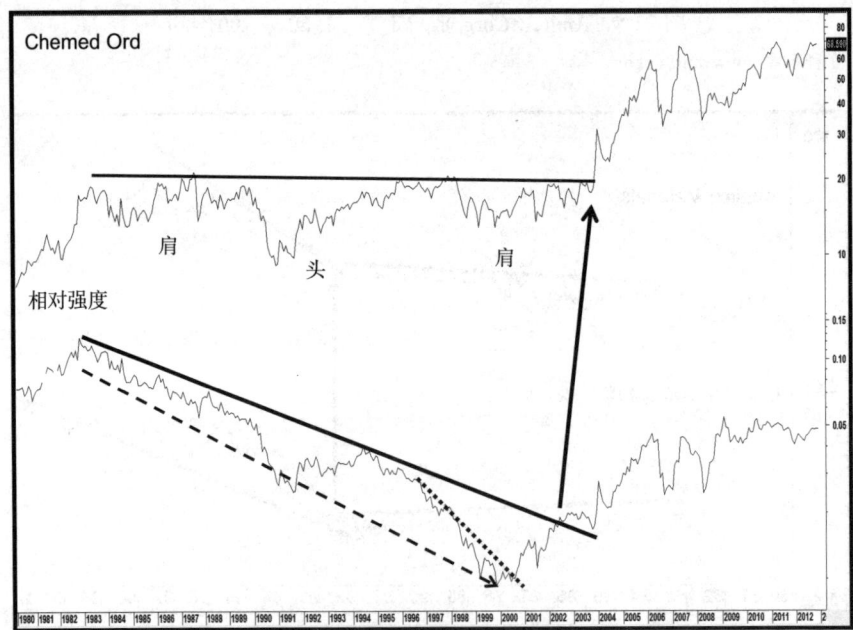

图 32-8 Chemed Ordinary 股价走势和相对强度（1980～2012 年）

资料来源：www.pring.com.

主要多头行情中的基本选股原则

概述

如果大多数股票在较长时期内的大部分时间都处于涨势，则表明股市处于多头市场。多头市场的时间跨度短则 9 个月，长则 2～3 年。空头市场的情形恰恰相反，唯一的区别在于其时间跨度通常比多头市场要短。无论是投资者还是短期交易者（时间框架为 2～3 周），在市场进行投资或投机时，当然希望选择在多头行情中买入。虽然某些股票可能在空头行情中逆势上涨，但从概率的角度来看，在总体市场处于空头行情时获利的难度要大得多。同时，我们还必须记住，受板块轮动影响，同一时期不同的板块可能处于其上涨与下跌周期的不同阶段⊖。例如，标普综合指数已经启动新一轮空头行情，但一些较为滞后的板块，如矿业板块，可能仍然处于多头行情末期。此时选股过程会变得异常艰难，但仍然可能在行情的转折点发现巨大的获利机会。结果很大程度上将取决于大宗商品市场是处于极长期牛市还是熊市，如果是牛市，伴随趋势的特定商业周期基本上幅度会更大，持续时间也会更长。

无论是在总体市场的多头行情，还是在个股本身所处的不同阶段内，个股的表现都千差万别。第 22 章就此进行了讨论，并对板块轮动的过程进行了阐述。

首先，必须运用前文提到的原则判定总体市场是处于主要上升行情还是下跌行情。如果可以明显看出多头行情已在不久前启动，且几乎不存在空头行情的征兆，那么可将中期底部作为分析的理想切入点。后文将对此做进一步阐述，但现在我们首先假定有充足的证据证明，一轮新的多头行情刚刚启动。这些证据包括：腾落线持续下降的时间达到一年以上；利率进入新一轮下降趋势；长期动能指标进入超卖区域；关于市场及经济走软的媒体报道铺天盖地；大型券商进行裁员；等等。

如果上述情况都出现，那么根据本章前面提到的原则，大盘处于或接近空头行情底部的概率非常之大。

⊖ 参见表 19-1。

接近空头行情底部的选股策略

接下来要就各个不同板块的技术面进行分析,尤其是周期初期的领先板块,以找出技术面处于绝对与相对强劲状态的板块。最后,在选定的板块中,选择潜力最大的个股。

在此方面,首先应该依照第22章提及的板块轮动过程对各个行业板块在周期中所处的相对位置进行分析。当然,并非所有板块都具有周期性轮动的特征,即使具有这一特征,也并非所有板块都会按照预期的方式做出反应。不过,对能源类股、金融类股或银行类股和铝业类股的分析是判定市场周期是处于通货膨胀还是通货紧缩阶段的一个理想切入点。接下来,应该对与潜力较大的板块类似的其他板块进行分析。后文将对此做出进一步分析,但现在我们首先假定自己能够非常幸运地判定市场正处于空头行情的底部。

1990年的市场就基本符合上述要求。尽管20世纪90年代末市场触底时,标普综合指数的下跌时间相对较短,但NYSE的日腾落线持续下降的时间已经超过一年。同时,证券经纪板块是1990年年底最具潜力的领先板块之一,《商业周刊》封面文章(第27章提到过)就对这一行业的未来提出了质疑。

正如图32-9所示,从技术面上看,指数在1991年年初完成筑底。RS曲线则领先于指数,早在1990年底就已经提前数月突破8年期下行趋势线。RS曲线发出突破信号的同时,指数也同时突破其小幅下行趋势线,并向上穿越了24个月移动均线。RS曲线向上穿越24个月移动均线,两个KST指标也双双发出看涨信号。请注意,RS曲线在1990年创出的低点要低于1987年的低点,但RS、KST指标并非如此[○]。二者的正背离现象进一步证明多头行情即将启动。图中的垂直虚线标出了趋势的最初突破位置。图32-10~图32-15用同样的方式描述了不同个股的形态。

图32-10和图32-11显示了最大券商美林(Merrill Lynch, MER)的股价走势。股价突破长达两年的下行趋势线,相对于标普综合指数的RS曲线突破跨越8年的下行趋势线。由于两个KST指标双双看涨,同时股价的KST指标实际上也正在完成一个头肩底形态,表明此时可能是买入股票的时机。随后,股价向上穿越

○ 请注意,如果不能用MSCD组合来代替KST指标,只要合成的指标保持平滑、并非参差不齐,所得到的参数就基本是理想的。

8年下行趋势线，标志着多头行情开始启动。图32-11显示了美林股价及其相对于券商指数RS曲线的4周移动均线。曲线上升表明股票表现强于券商指数，反之亦然。从图中可以明显看出，股票的RS曲线在1991年初突破了下行趋势线，因此，该股票的表现将很可能超出标普综合指数及券商指数。

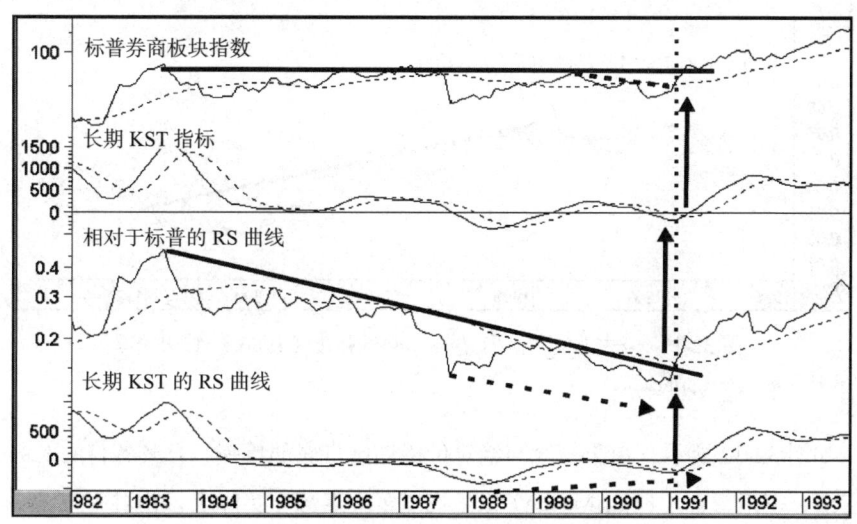

图 32-9　标普券商板块指数及 3 项指标（1982～1993 年）

资料来源：www.pring.com.

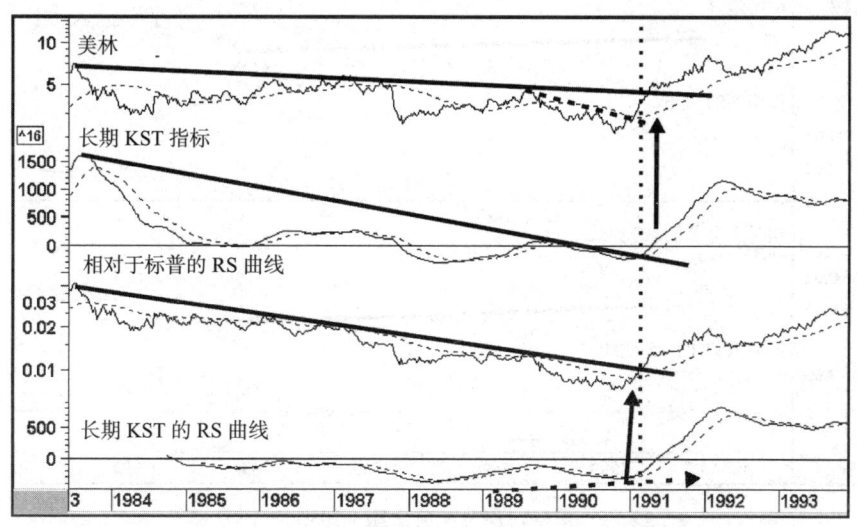

图 32-10　美林股票及 3 项指标（1983～1993 年）

资料来源：www.pring.com.

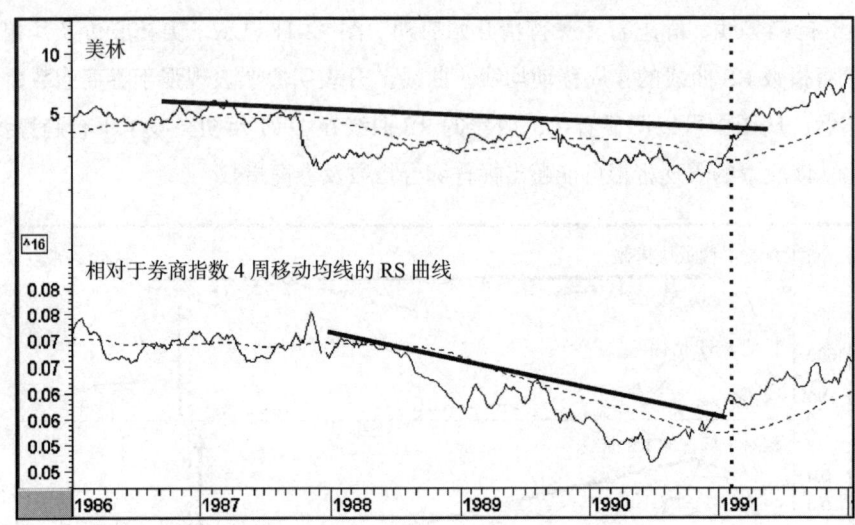

图 32-11　美林股票相对于券商指数的强度（1986～1991 年）

资料来源：www.pring.com.

如图 32-12 所示，由于相对与绝对价格均已自底部反弹，且其各自的 KST 指标看涨，雷格梅森（Legg Mason）也呈现出多头走势。实际上，相对 KST 指标与 RS 曲线发生了正背离。

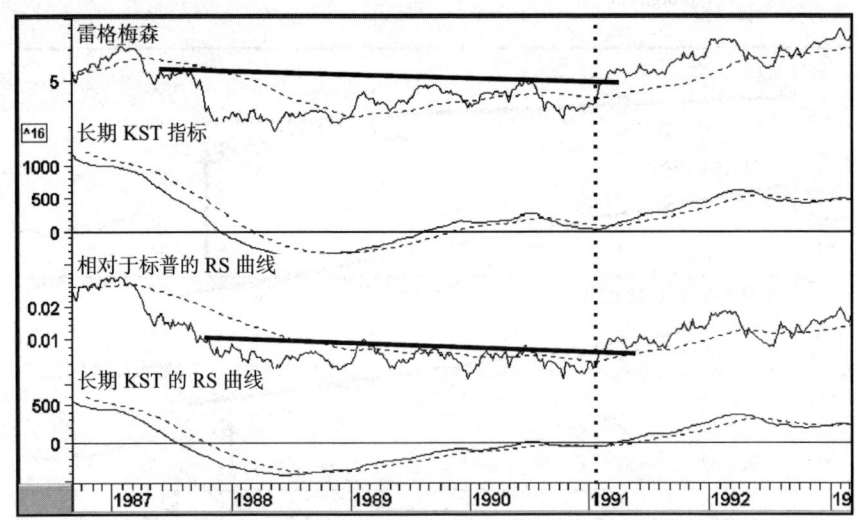

图 32-12　雷格梅森及 3 项指标（1986～1993 年）

资料来源：www.pring.com.

这种单边走势背后的技术面状况事实上比美林的从下行趋势逆转更为强劲，上涨的空间也更大。相应地，从图32-13中可以看出，雷格梅森相对于券商指数的RS曲线实际上正在筑顶。然而，不幸的是，我们无法预知破顶的具体时间点（图中的垂直虚线）。到1991年春季之初，RS曲线已经完成筑顶，并跌至其65周指数移动均线下方，因此毫无疑问，此时另谋他路不失为一个明智的选择。

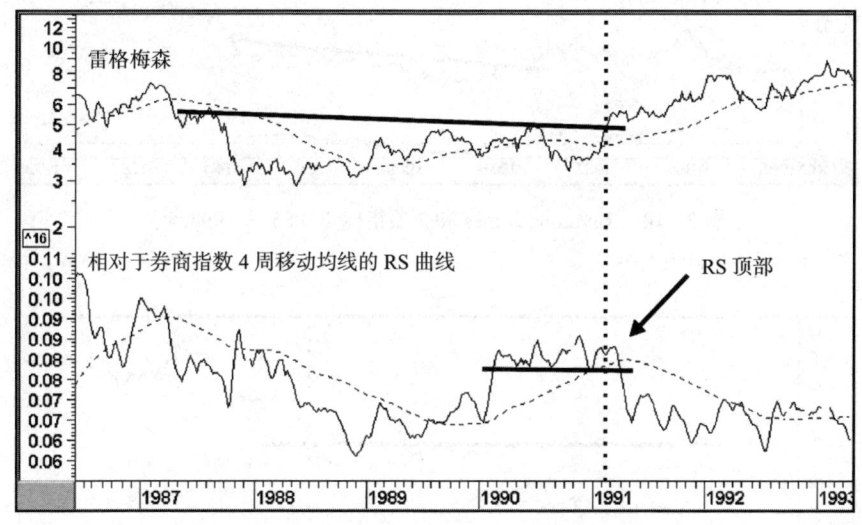

图32-13　雷格梅森及3项指标（1986～1993年）

资料来源：www.pring.com。

最后，图32-14和图32-15显示了Raymond James的股价走势，该股票避开了1989～1990年的空头行情，其绝对与相对曲线均突破了大规模底部（见图32-14）。但不幸的是，与美林的情况不同，此时并不是买入Raymond James的最佳时机，因为绝对股价的长期KST指标从温和的超买状态逆转，从而使股票的吸引力大打折扣。另一方面，买入领先股通常能带来可观的回报，因为强劲的股票通常会显现马太效应，而良好的基本面通常会支撑这些领先股引领涨势。图32-15中绘制了股票相对于券商指数的RS曲线，在这种情况下，这一曲线可以成为投资者做出判断的依据。从图中可以看出，该曲线突破趋势线后开始加速脱离其64周移动均线和上升趋势线，第2年表现超出券商指数。

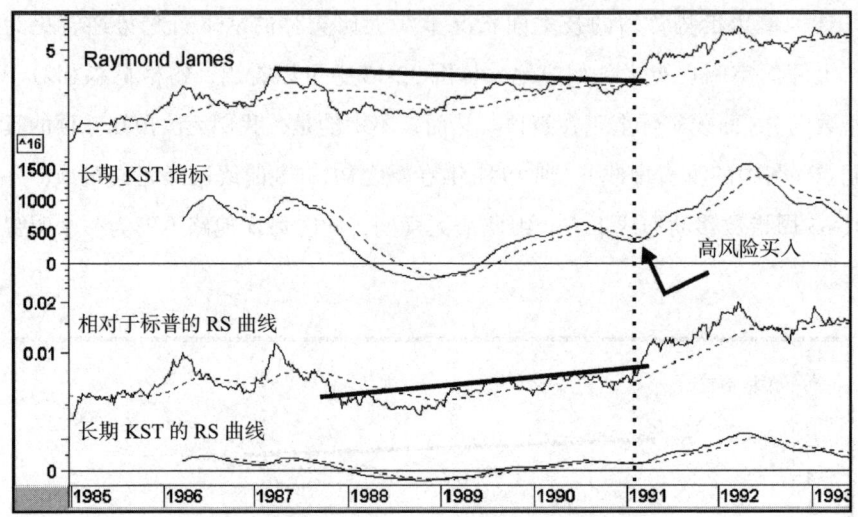

图 32-14　Raymond James 和 3 项指标（1985 ~ 1993 年）

资料来源：www.pring.com。

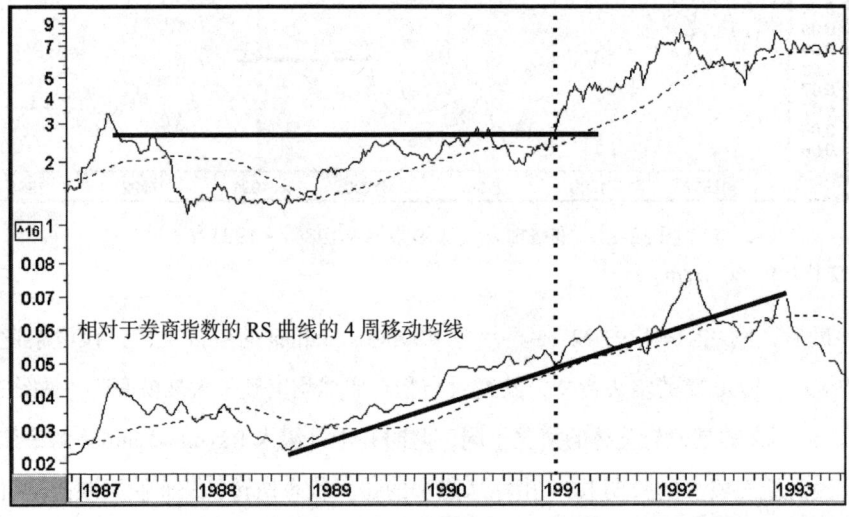

图 32-15　Raymond James 相对于券商指数的强度（1986 ~ 1993 年）

资料来源：www.pring.com。

📈 利用周期变化选股

在股票周期内，各板块轮流领涨。我们可以通过计算领先板块和滞后板块的比率来掌握这一过程。图 32-16 就举出了一个例子，图中绘制了财险公司类股和铝业类股的比率。

当曲线上升时，铝业类股相对于保险类股看涨，反之亦然。这一指标的作用在于，比率方向的变化表明周期的主导板块已经从早期的流动性驱动类股转为晚期的利润驱动类股。通过图 32-16 可以明显看出，比率变化频繁波动，两类个股之间形成拉锯格局。我们可以通过构建经过平滑处理的长期动能指标，如 KST 指标；也可以用 MACD 和随机指标（24/15/10）替代，剔除这些波动。请注意图中最下方的一条曲线波动路径较为类似，因为它代表第 22 章提到的通胀/通缩比率的长期月度 KST 指标。这是一个备受青睐的指标，被视作一种"核对"方法，不过简单粗暴一点，直接使用铝业/保险比率也可以。这样一来，该比率的 KST、MA 穿越便可视作周期主导板块可能正发生改变的信号。

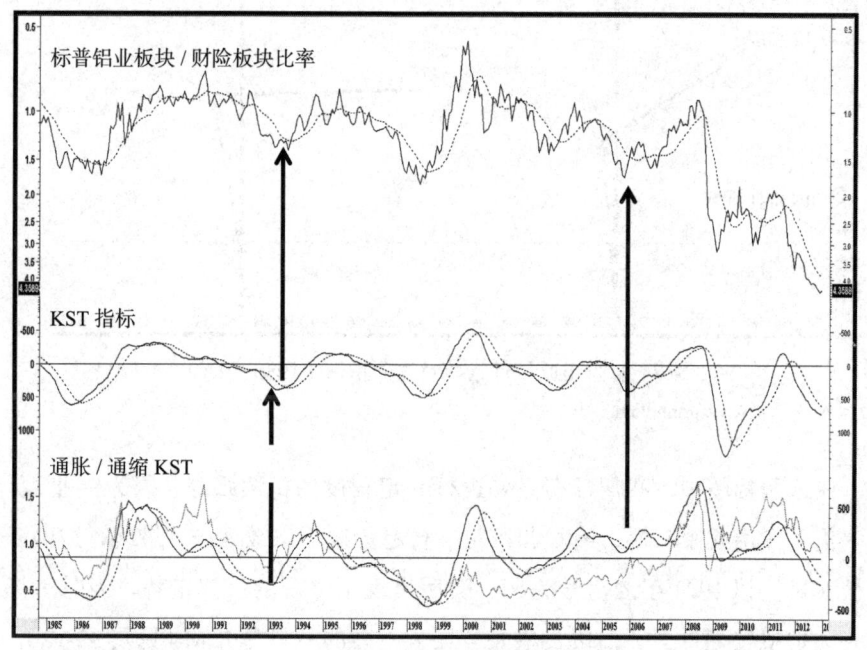

图 32-16　标普铝业板块/财险板块比率及其长期 KST 指标（1984～2012 年）
资料来源：www.pring.com。

大多数情况下，该比率在周期过程中触底，而非在熊市低点。受 2008～2009 年金融股相对崩盘的影响，2009 年年初出现了一次例外。我们对比率在周期中触底的点位很感兴趣，因为这告诉我们，通货膨胀周期正在生效。图中的箭头标出了 1993 年和 2005 年年底的两次逆转，这两次逆转就属于这一类型。向上逆转表明是转向滞后型或者说收益驱动型股票。在这些例子中，此类反弹都持续多年。由于当时正处于科技股泡沫的初期，不可能注意到 1993 年资源股的突破，不过图 32-17 中滞后的科技板块似乎能提供了蛛丝马迹。

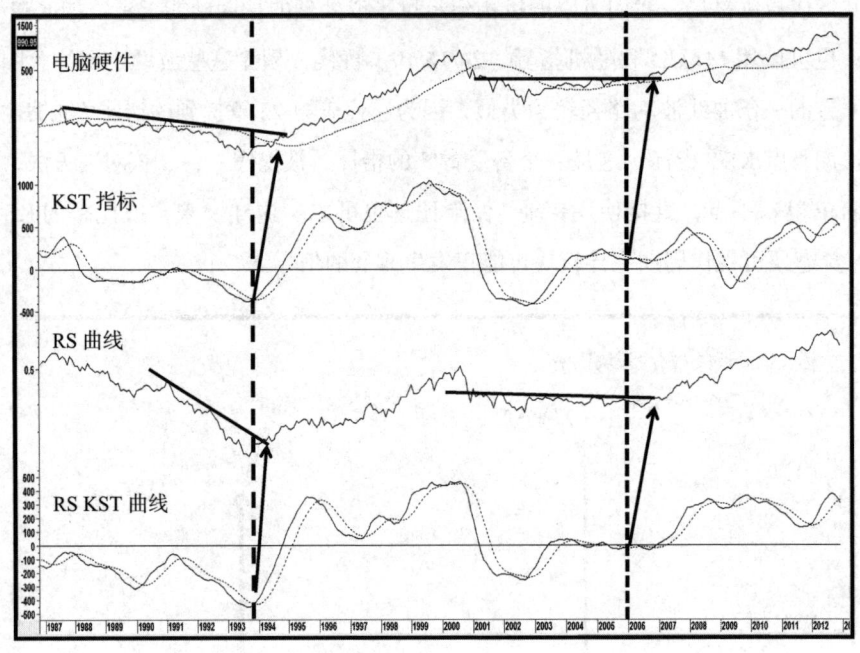

图 32-17　标普电脑硬件指数及 3 项指标（1986～2012 年）
资料来源：www.pring.com。

在这两幅图中，我们都有必要进行一定程度的持续跟踪，因为铝业 / 保险比率信号发出几个月后，绝对和相对下行趋势线均未被突破。最终，这两条曲线被突破，以 1993 年的信号为例，随后出现了可观的反弹走势。当时市场上有一大把电脑硬件股，但最负盛名、经久不衰的一只是 IBM（见图 32-18），请观察其在 1993 年和 2005 年 KST 指标见底，而相对和绝对趋势线出现向上突破。

苹果公司（见图 32-19）是另一个行业巨头，不过尽管其 KST 指标和电脑硬件板块一样见底，价格及其 RS 指标均未出现向上突破。

第 32 章 技术分析在选股方面的应用 603

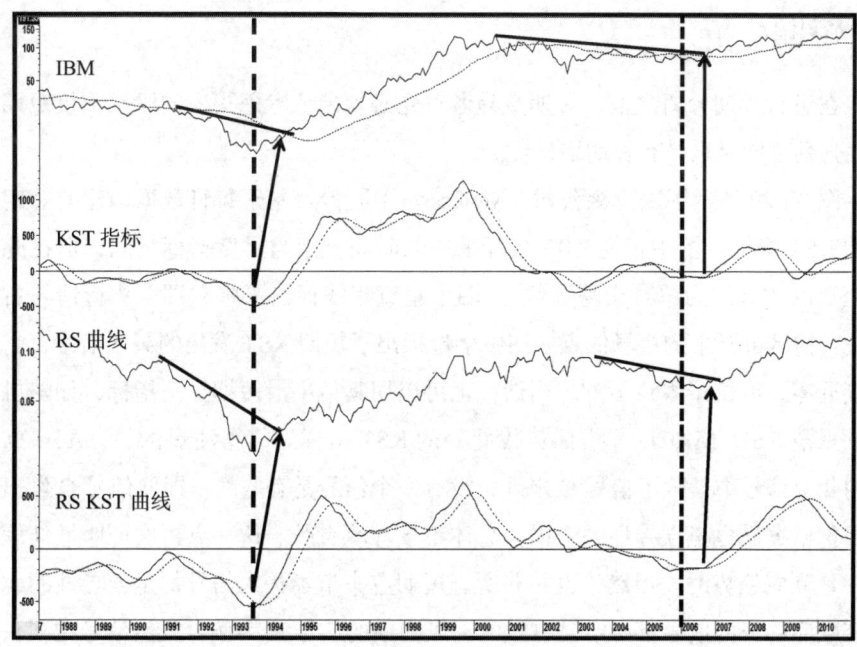

图 32-18 英特尔股价走势及 3 项指标（1987～2010 年）

资料来源：www.pring.com.

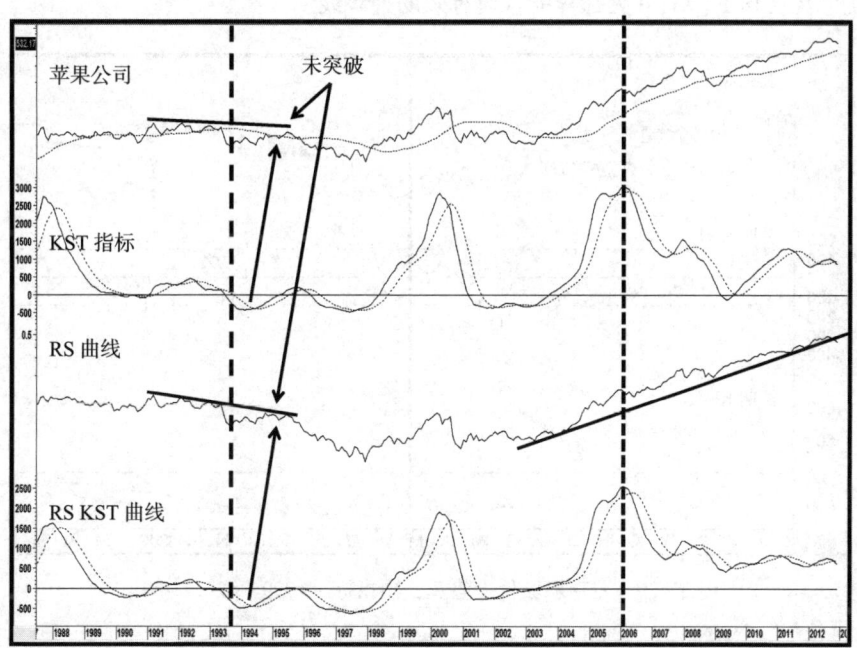

图 32-19 苹果公司股价走势及 3 项指标（1987～2012 年）

资料来源：www.pring.com.

短期分析

在进行短期分析之前，短期交易者首先必须确认考虑买入的股票不仅短期技术面强劲，同时也具有长期增长性。

图 32-20 显示了麦克森公司（McKesson）股价及基于每日数据构建的短期和长期 KST 指标。图中长期 KST 指标采用的时间框架与月度指标相同，但在此基础上乘以 21（约为单月交易天数）。图中垂直粗线标出了将左端空头行情与右端多头行情区分开来的市场低点。图中字母标出了短期 KST 发出的买入信号，它们均接近零线或位于零线下方。当然，也可以用其他平滑短期摆荡指标，如随机指标、平滑 RSI、MACD 等指标替代此处的 KST 指标。值得注意的是，A～D 标注的几个信号中，除了信号 C 之外，没有一个信号是有效的。即便信号 C 发出之后的价格突破也是误导性的，因为总体市场环境看跌。这一点再次证明最佳信号往往是顺应趋势的。当然，也并非所有短期空头市场买入信号都是误导性的，而所有顺应趋势的信号都必定是有效的。以图中的信号 H 为例，虽然信号在多头行情中发出，但结果证明也是一个虚假信号，同样，我们可以把这个信号过滤掉，因为它无法像 F、G、I 处那样能构建有效的趋势线。

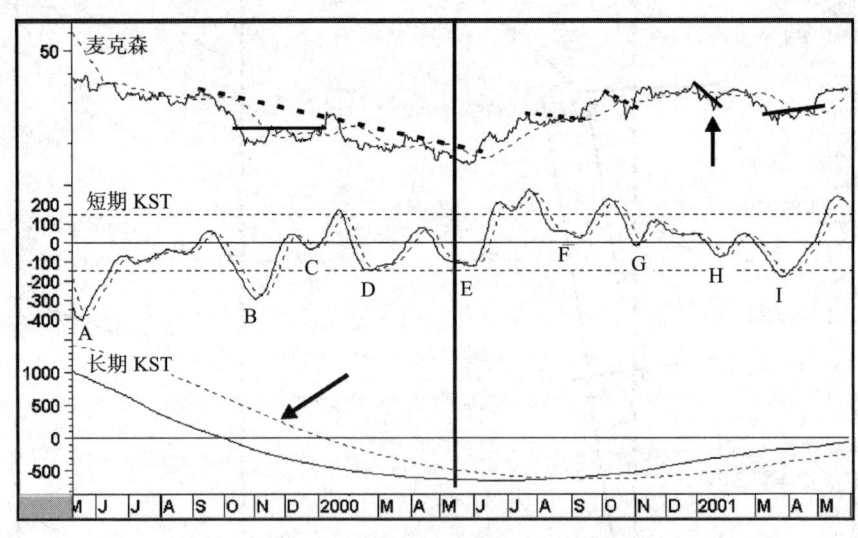

图 32-20　麦克森股价走势及 3 项指标（1999～2001 年）

资料来源：www.pring.com.

显而易见，信号 E 是图中最有效的信号，但此处长期 KST 曲线却未能向上穿越移动均线。不过，我们知道，如果 KST 指标持平，且价格或短期 KST 指标突破趋势线，则同样预示着趋势的逆转。在 E 处，价格突破 8 个月下行趋势线，同时短期 KST 指标看涨，且与价格两度正向背离。因此，有充足的证据表明，长期 KST 指标很可能发出了买入信号。

有时候，长期平滑动能指标发出买入信号时，短期平滑动能指标处于超买状态。图 32-21 显示了 IBM 公司的股价走势，图中的 A 点就代表了上述情形。对于长期投资者而言，这种情况可能无关紧要；但对短期投机者而言，在价格处于超买状态时入场可能意味着蒙受灾难性的损失。在图 32-21 中，长期 KST 指标穿越移动均线后发出第一个买入信号时，短期 KST 指标就处于超买状态。当长期 KST 指标向上突破小幅下行趋势线，同时短期 KST 发出买入信号时，就代表第 2 个买入时机。虽然此时并非最佳买入点，但至少进场价格要比长期 KST 指标发出买入信号时低。X 点代表最佳买入信号，此时价格突破下行趋势线，且短期 KST 指标看涨。请注意，此时 KST 指标几乎始终位于零线之上，预示着随后将出现大幅反弹行情。鉴于长期 KST 指标已经向上逆转，方方面面的证据足以表明，股价即将穿越长期移动均线。

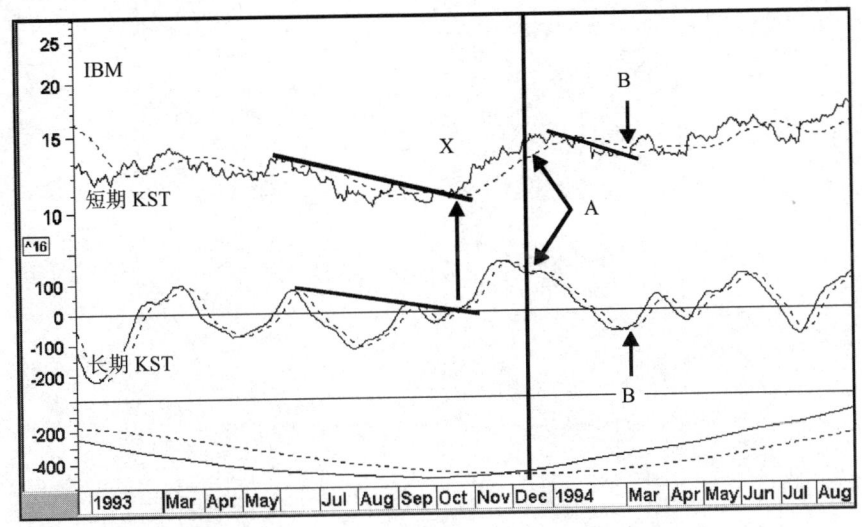

图 32-21　IBM 股价走势及两项指标（1993～1994 年）

资料来源：www.pring.com。

当然，并非每次长期买入信号都是有效的，但在很多情况下，股价脱离空头市场底部后的第一波反弹行情确实意义重大。

---Summary---
小　结

- 大多数股票都会经历各自的周期，而且完成一个周期通常需要花费较长时间。要更好地理解股票在其特有周期中所处的位置，首先必须判定股票处于长期上涨还是下跌趋势。
- 对于长期投资者而言，如果股票正由长期底部向上突破，同时伴随着成交量的扩大与 RS 长期趋势的改善，那么获利的可能性就非常之高。
- 总体而言，多头市场行情会带动大多数股票上涨，但无论是在整体上升趋势还是其中的各个阶段，个股的表现都可能千差万别。
- 确立有利的市场环境之后，精选个股的第一步是找出长期技术面强劲的行业板块。
- 找出有潜力的板块和相关行业之后，挖掘发出强劲技术面信号的个股至关重要。

第 33 章
Chapter 33

全球股市技术分析

由于全球股市的买卖原理基本一致,技术分析的原则适用于所有市场。但不幸的是,尽管情况正得到迅速改善,但许多国家统计数据报道仍不及美国精准,因此无法进行精确的技术分析。不过,即便如此,大多数国家还是可以获得价格、广度和成交量数据的。此外,提供行业板块和利率信息的国家也越来越多。

本章将从预测市场走势的角度关注更长期的趋势,但分析方法同样适用于判定中期及短期趋势。

判定全球主要趋势

图 33-1a 和图 33-1b 均绘制了 MSCI 世界指数(股市),该指数以市值为基础,从多个不同国家选取不同的蓝筹股作为成分股。该指数以美元计值,多个世界金融媒体都对此加以公布。《道琼斯通讯社》(*Dow Jones*)和《金融时报》(*Financial Times*)公布的其他世界指数也可以运用于此类分析之中,但鉴于 MSCI 世界指数历史悠久,可以追溯到 20 世纪 60 年代,本书选择了 MSCI 世界指数。

此外,投资者可以通过单个国家或地区的 ETF 直接投资 MSCI 指数以及世界指数(代码 ACWI)。正如标普综合指数是了解美国市场的起点一样,世界指数是分析各个不同股票市场周期性趋势的一个很好的起点。这是因为全球各个股票市场倾向于朝相同的方向波动,就像大多数美国股票大多数时候都能反应标普指数的主要趋势一样。总体而言,科技和通信领域的进步已经打破了地理和交易模式,国家之间越来越相互依赖,因而和过去相比,其股票市场和商业周期的联系正变得越来越紧密。1987年股市大崩盘之后，这一趋势越来越明显。10年后的亚洲金融危机再次强化了各个市场间的关系。20世纪八九十年代美国出现的国际和单个国家封闭式和开放式基金就是国际意识越来越强的典型例证。当然，特定时间各个国家的经济发展状况也不相同，某些国家的经济发展或快于他国，因此也存在例外情况。例如，2011～2012年，两个邻国希腊（ETF代码GREC）和土耳其（TUR）的表现就大相径庭，因为那段时期希腊经济倒退，但土耳其经济却在扩张。由于从长期来看，各国之间在经济、金融和政治局势等各个方面存在很大差异，全球性大牛市行情可能十分短暂，而对遭受金融冲击的国家和地区而言几乎不存在，如1986年和1990年的中国香港。由于特定市场的构成不同，各国的表现可能不尽相同。例如，20世纪90年代末瑞典和芬兰的指数表现出色，因为这两个市场都是由科技股主导。当大宗商品价格上涨时，拥有大量自然资源的国家，如加拿大（EWC）和澳大利亚（EWA），就表现超群。另一个因素是人口因素。和年轻人口占比较高的国家，如印尼、印度、土耳其等国家相比，人口结构中老年人口占比较高的国家和地区（如欧洲和日本）有天生的劣势。在年轻人口众多的国家，增长性特征明显，如新增家庭数、消费支出等，就更加明显。

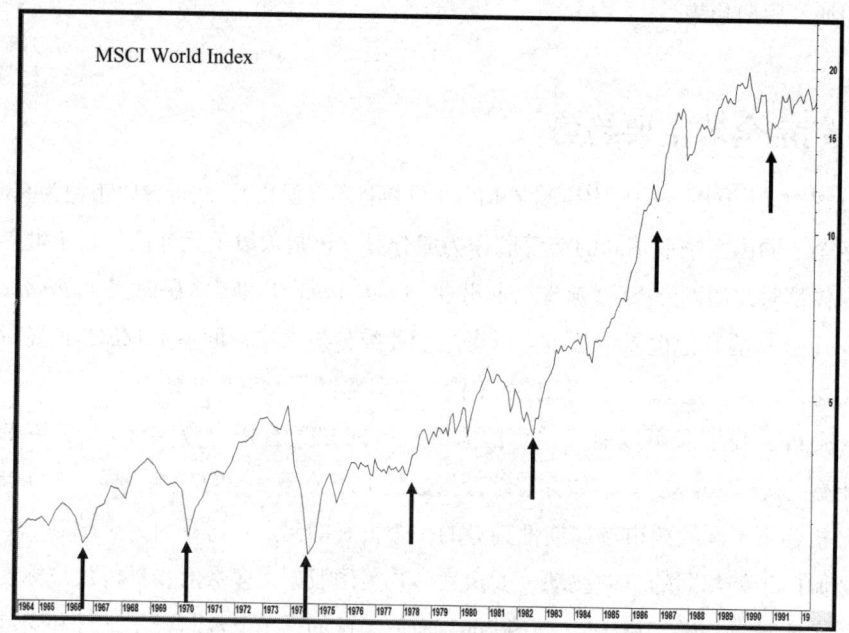

图33-1a　MSCI世界指数及4年周期性低点（1964～1992年）

资料来源：www.pring.com。

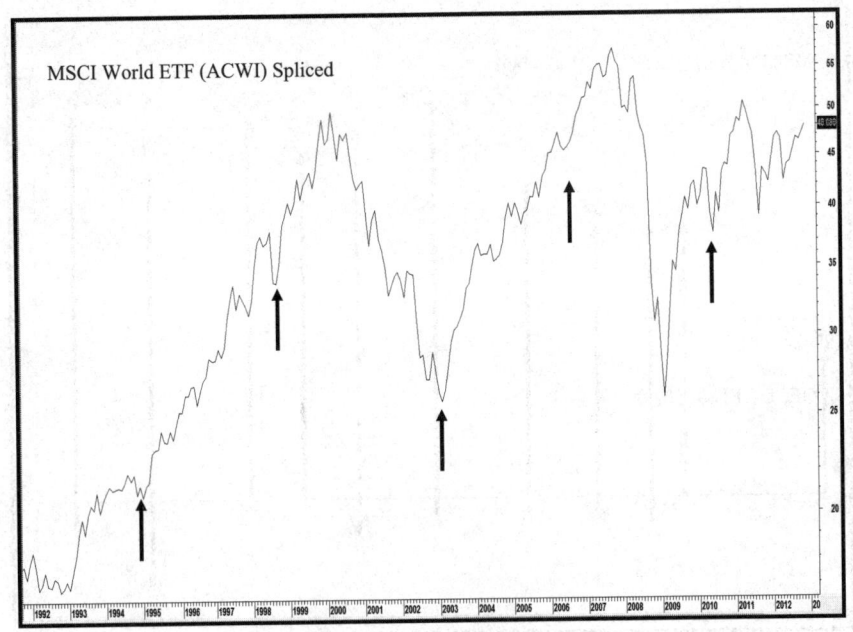

图 33-1b　MSCI 世界指数及 4 年周期性低点（1992 ～ 2012 年）

资料来源：www.pring.com。

图 33-1a 和图 33-1b 中的箭头表明，国际股市呈现出 4 年的周期。1962 年、1966 年、1970 年、1974 年、1978 年、1982 年、1986 年、1990 年、1994 年和 1998 年的市场谷底大致都相隔 4 年。之所以说是"大致"，因为每个谷底的具体月份都有所不同。同时，1986 年基本不算进入了市场谷底，只是出现了为期 6 个月的盘整走势。这表明，在长期的多头行情中（如 20 世纪 80 年代），周期性低点更严格意义上来说是我们提供伺机买入、扩大收益的机会。1994 年亦是如此，当时市场的横盘整理走势更为明显，而 2006 年和 2010 年期间的 4 年周期低点也提供了很好的买入时机。

这一周期之所以有效是因为全球股票价格围绕着 4 年的商业周期循环波动。图 33-2 就提供了部分证据。该图将 ACWI 和 OECD 领先指标的一个衍生指标加以比较。该衍生指标其实就是 1/15 价格摆荡指标。虚线代表该衍生指标 1 个时间单位的移动均线，且该均线被前推了 3 个月。实线箭头表明衍生指标从 0 以下的水平向上穿越其前推的移动均线。虚线箭头代表同样的情形，只不过股票并没有正常地对经济扩张做出积极回应。使用该价格摆荡衍生指标的一个原因是，该数据的公布存在两个月的滞后，而该方法能让指标更快地实现逆转。

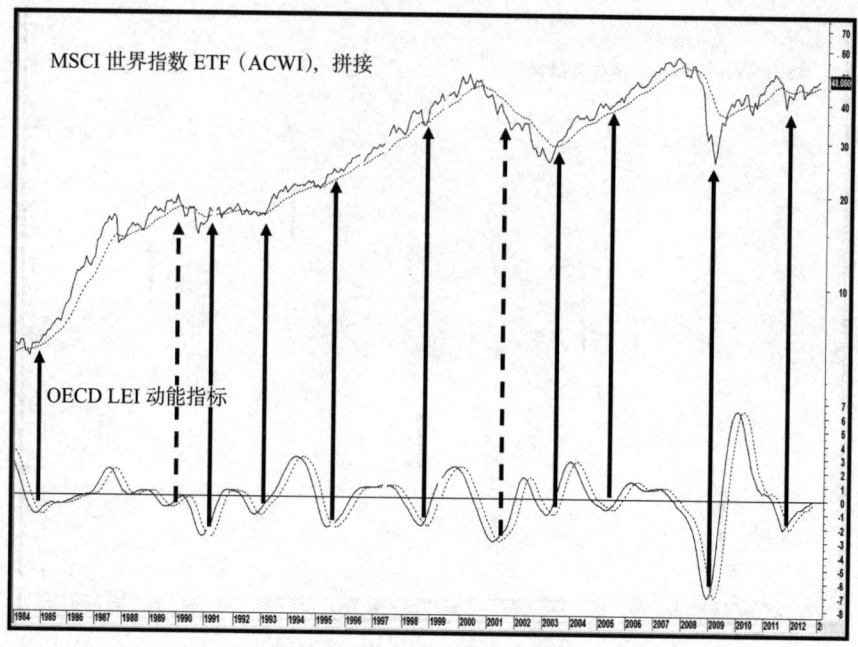

图 33-2　MSCI 世界指数 ETF 和一个全球经济指标（1984～2012 年）

资料来源：www.pring.com。

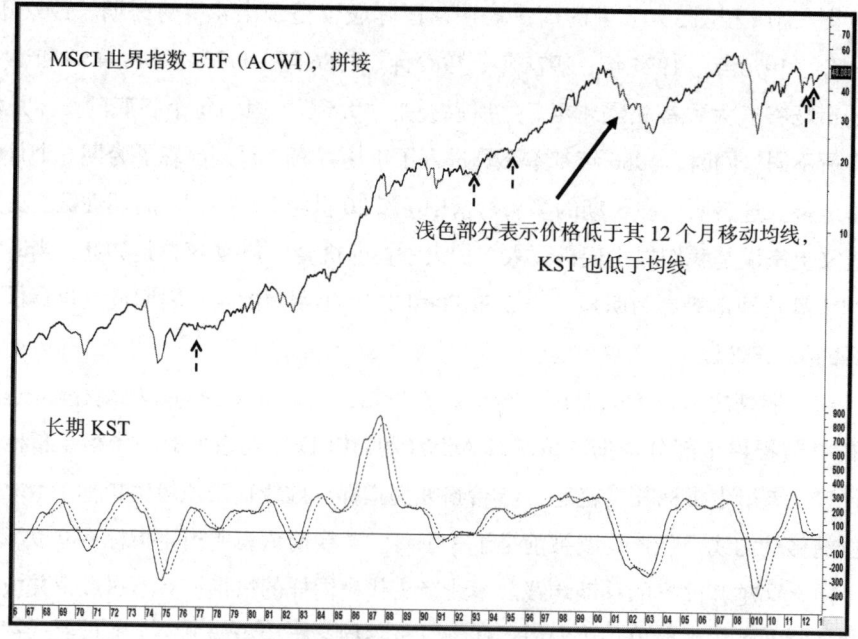

图 33-3　MSCI 世界指数 ETF 和一个长期 KST 指标（1966～2012 年）

资料来源：www.pring.com。

图 33-3 显示了 MSCI 世界指数 ETF，该 ETF 上市之前以指数替代。该图同样引进了长期 KST 指标，浅色部分代表 KST 指标低于其 9 个月移动均线，且 ETF 价格低于其 12 个月移动均线的情形，这一系统可以避开所有主要的下跌趋势。同时，图中还用小虚线箭头标出了该系统触发的几个虚假看跌信号。本模型中采用了 12 个月移动均线，因为根据该指数的历史数据，穿越信号是最可靠的信号之一。因此，该模型总体上能较为客观地告诉我们当前全球股票价格是处于主要牛市还是熊市。

📈 新高和扩散指数

也可以用净新高数据来判定世界指数的走势。图 33-4 是用大受欢迎的 MetaStock 软件绘制而成，新高/新低指标适合于一揽子个股市场。同时，此处选用了 13 周的时间跨度，而非通常情况下的 52 周，并用 5 周简单移动均线对数据进行了平滑处理。13 周代表一个季度，选取 13 周的时间跨度似乎带来了相当不错的效果。箭头代表领先趋势的信号，以及从后视角度来看主要趋势的方向。因

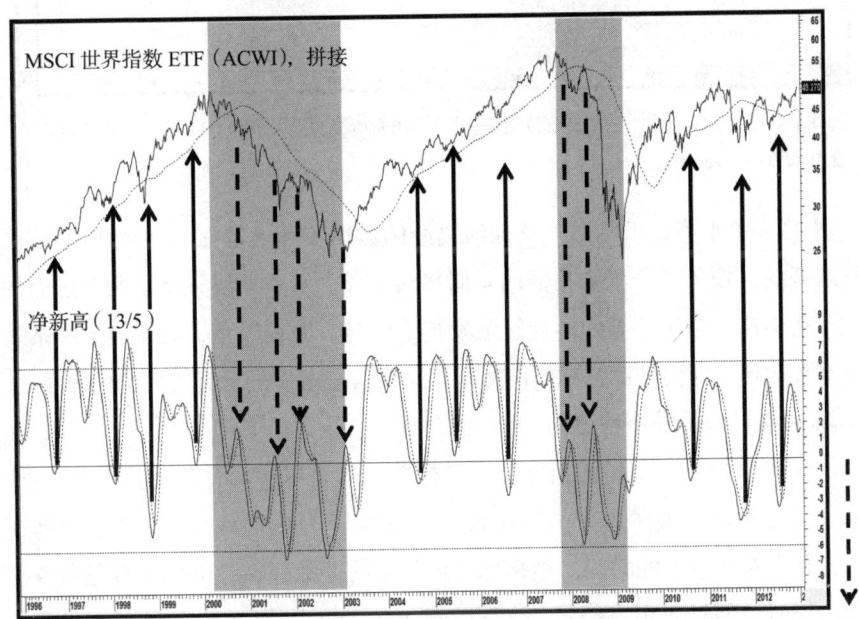

图 33-4　MSCI 世界指数 ETF 和一个长期净新高摆荡指标（1996～2012 年）
资料来源：www.pring.com。

此，在主要牛市，只有当指标跌破 0 的水平（如 2005 年）或非常接近 0 时，才会出现向上逆转。同样，虚线箭头标出的是熊市的卖出信号，只有在指标高于 0 时出现的逆转才会发出此类信号。阴影部分标出了 1997～2012 年期间的两次熊市。而图 33-5 则让我们注意到这样一个事实：反趋势信号的成功概率要低得多。

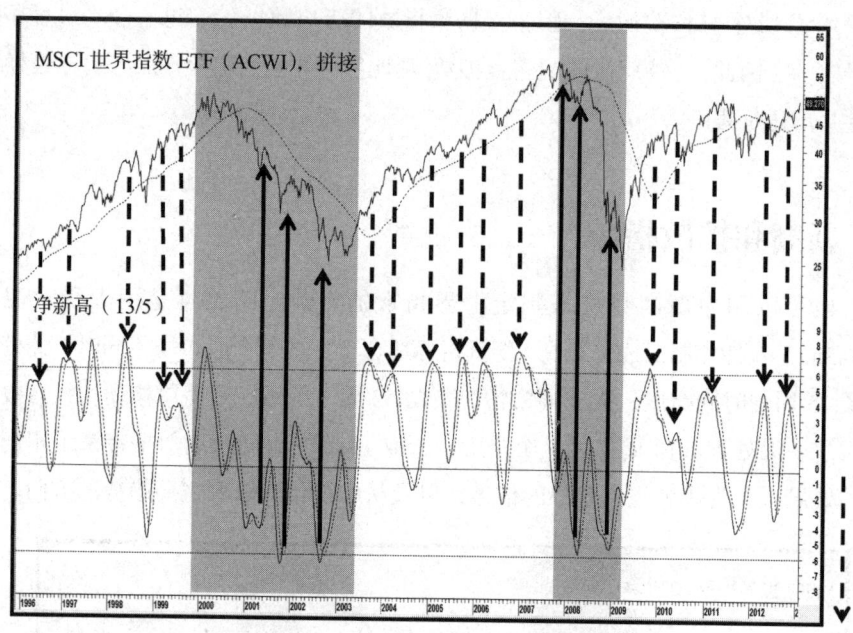

图 33-5　MSCI 世界指数 ETF 和一个长期净新高摆荡指标（1996～2012 年）
资料来源：www.pring.com.

图 33-6 关乎净新低指数。该曲线描绘的数据实际上是在 13 周的时间范围内触及新低的一揽子单个国家指数的 4 周移动均线。水平曲线显示了两个层面的容忍度。在牛市，自下一条线的逆转触发买入信号；而在熊市，必须自上一条线或更高水平逆转。即便如此，和熊市相比，这些信号触发的反弹规模仍然较小。

图 33-7 针对另外一种情况。

本例列出的是一个扩散指标，该指标衡量的是以本币计价的位于其 24 个月移动均线之上的一揽子单个国家指数。采用 24 个月的时间跨度，对应 4 年（24 个月）商业周期一半的时间。当指标自低于 0 的读数逆转，并向上穿越其 9 个月移动均线时，便触发买入信号。本图跨越 40 年左右，期间共出现 11 个信号，这些信号基本反映了 4 年一轮商业周期的理念，这些信号并非平均分布。图 33-8 显示的是相同的扩散指标,是从卖出的角度来看的。当指标向上穿越超买区并在回落至平衡区的过程中穿越移动均线时,触发卖出信号。在时间跨度较长的牛市,有些信号给出的是虚假的看跌预警,图中以虚线箭头标出。请注意,无论在何种情况下,价格都没有跌破其 12 个月移动均线。另一方面,该方法成功预测了 1969 年、1973 年、1990 年、2000 年和 2007 年的市场顶部,这一点足以抵消前述的不足。

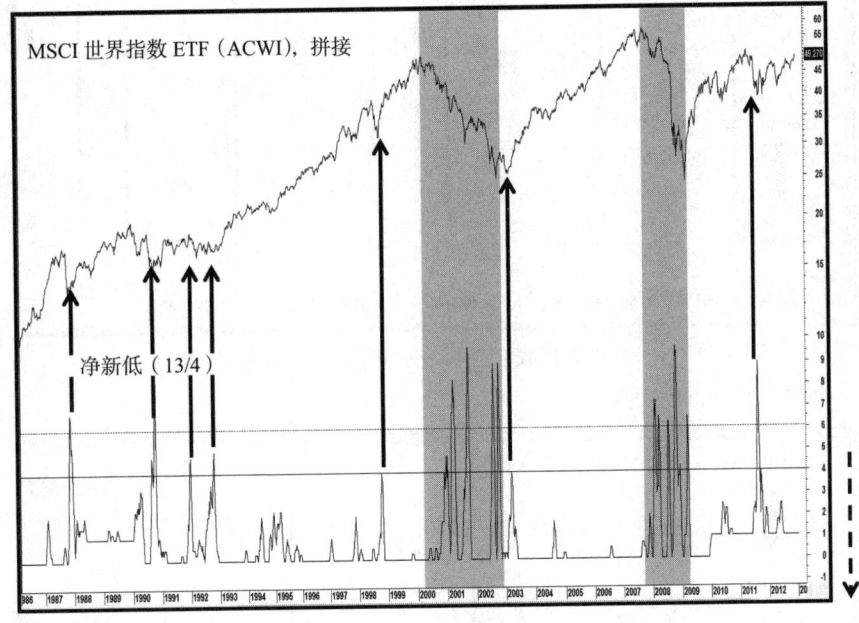

图 33-6　MSCI 世界指数 ETF 和一个长期净新低摆荡指标(1996～2012 年)
资料来源:www.pring.com.

图 33-9 提供了识别 MSCI 新兴市场 ETF(代码 EEM)趋势逆转的一种方法,采用的是根据一揽子新兴市场 ETF 构建的一个扩散指标。

图 33-9 中的"40"表明我们关注的是位于其 40 日移动均线之上的多个新兴市场 ETF,而"8"告诉我们最终的指标经过了 8 日平滑处理。图中的箭头标出了指标穿越其超卖区实现反弹的情形。实线箭头代表成功的信号,虚线箭头则代表虚假信号。图 33-10 描述的是相同的指标,只不过也是从卖出的角度来看的。当然,也可以采用周度或月度时间框架构建类似指标,对更长期的趋势加以监测。

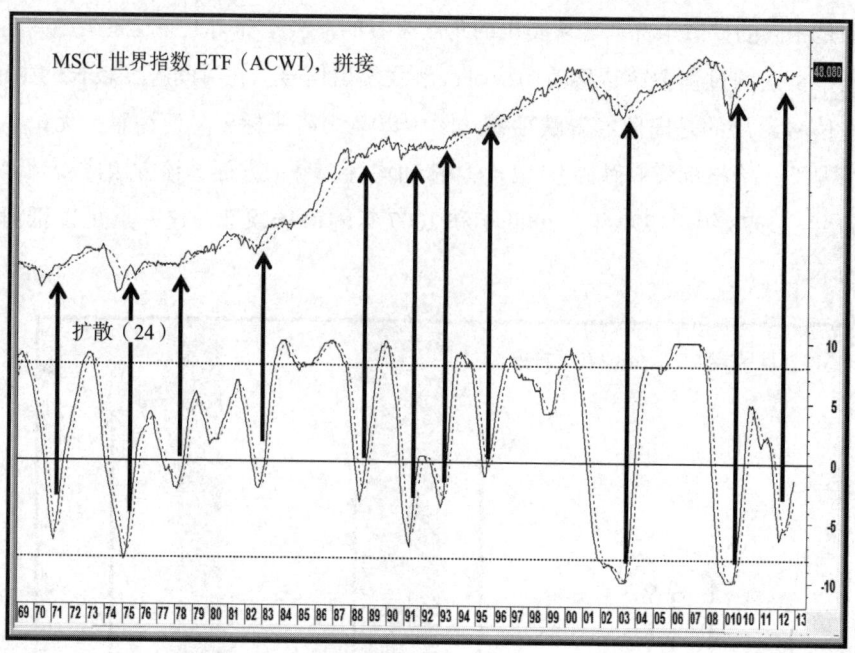

图 33-7　MSCI 世界指数 ETF 和一个扩散指标（1996～2012 年）

资料来源：www.pring.com。

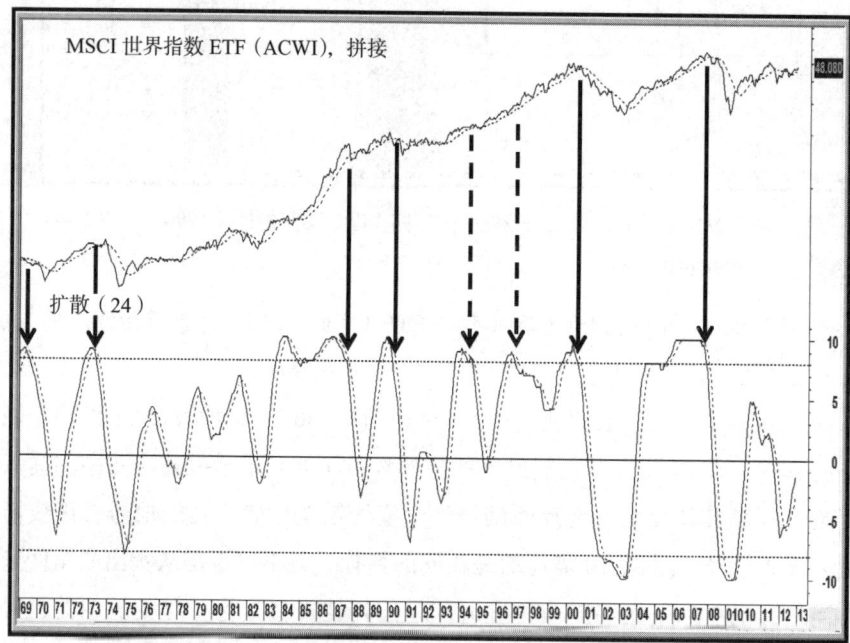

图 33-8　MSCI 世界指数 ETF 和一个扩散指标（1996～2012 年）

资料来源：www.pring.com。

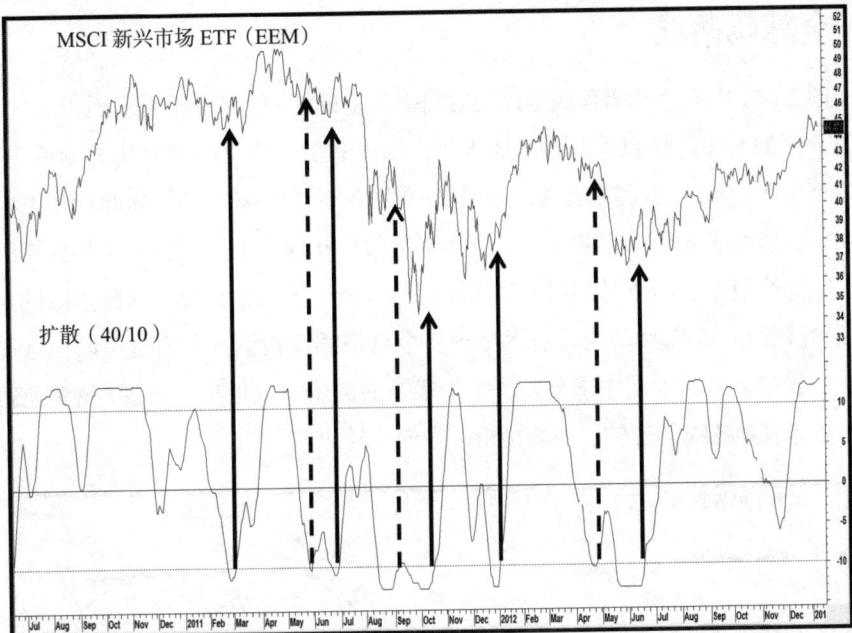

图 33-9 MSCI 新兴市场 ETF 和显示买入信号的日扩散指标（2010～2012 年）

资料来源：www.pring.com。

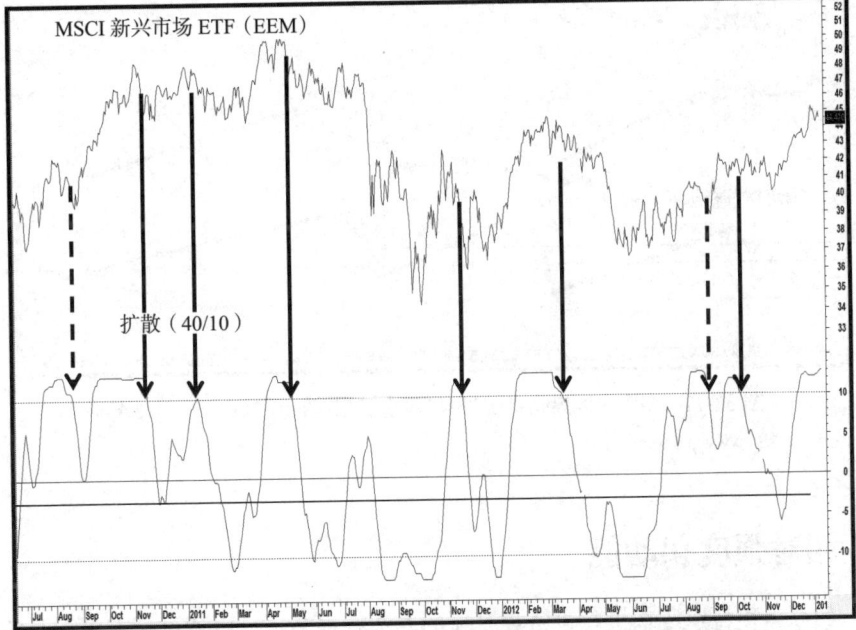

图 33-10 MSCI 新兴市场 ETF 和显示卖出信号的日扩散指标（2010～2012 年）

资料来源：www.pring.com。

📈 全球腾落线

图 33-11 中的全球腾落线是以周度数据为基础的一条腾落日线,针对 20 个国家和地区的 ETF。该数据仅仅覆盖 5 年,却很有潜力成为一种有用的分析工具。某些情况下,如 A 点和 B 点处,会出现看涨和看跌背离。尽管如此,其主要功用在于,该曲线起伏不定的走势有助于趋势线的构建,而一旦得到来自价格的确认,趋势线便能发出及时的买入和卖出信号。图下方的指标是用该腾落线的 8 周移动均线除以 30 周移动均线后得出的一个价格摆荡指标。我们也可以在这一曲线上构建趋势线,本图中就显示了 3 个很好的例子。该指标的超买/超卖逆转更多地意味着腾落线的逆转,而非价格本身的逆转。

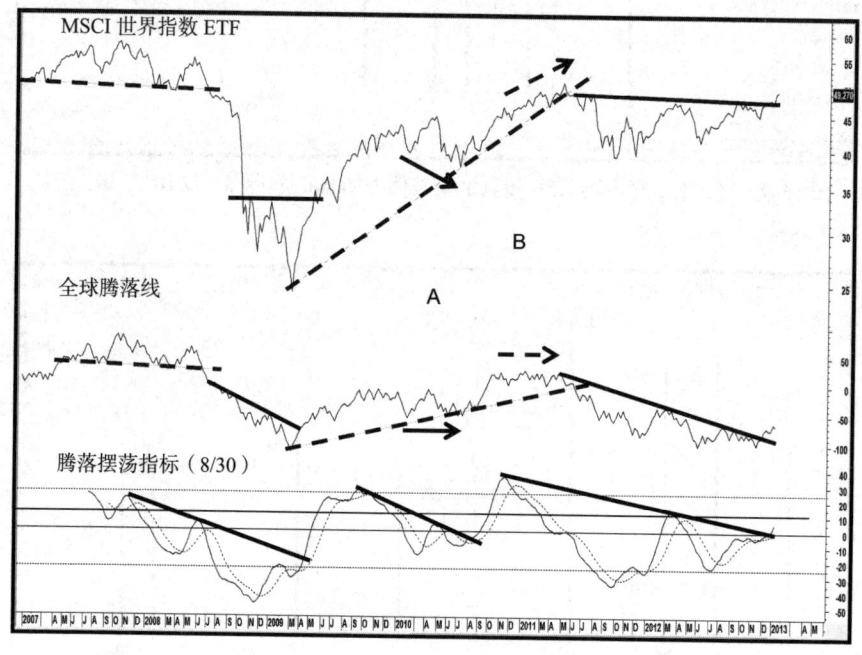

图 33-11　MSCI 世界指数 ETF 和两个扩散指标(2007 ~ 2012 年)

资料来源:www.pring.com。

📈 相对强度和动能

如今,在特定市场进行投资或交易的方法有很多,可以通过拥有国际业务的券商或者美国存托凭证(ADR)购买个股。近年来,大多数国家已经针对主要股指推出股指期货，投资者可以通过针对某个国家或区域的封闭或者开放式共同基金建立头寸。

作为最盛行的投资工具，ETF几乎遍布全球的每个国家，有些ETF家族也包含个别国家的板块基金。中国和巴西就是两个例子。

选择理想股市的关键在于运用第19章介绍的原则对股市进行相对强度（RS）分析。图33-12显示了标普综合指数及其相对于MSCI世界指数的强度，以及相应的一条长期KST曲线。KST逆转大多数时候都能发出及时信号，但在少数特例下，建议还是等待来自趋势线信息的确认，如1990～1992年就是如此，当时的市场情绪十分令人困惑。总体而言，KST逆转的趋势线确认方法效果甚佳。不过，在1987年和2009年这一方法却触发了几个糟糕的虚假信号。两种情况都和全球股市的暴跌有关，因此相对的反弹体现的是短期的（相对）避险行为。

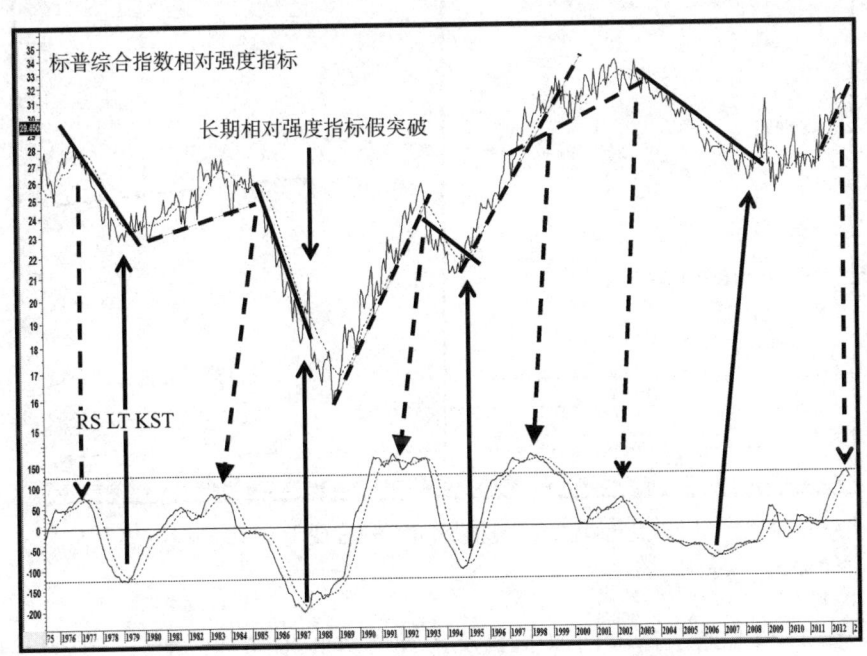

图33-12　标普综合指数相对MSCI世界指数的强度指标及一个长期月度KST（1975～2012年）

资料来源：www.pring.com。

图33-13以日经指数为例，采用的是相同的指标。为了提高可比性，我们将日经指数调整为美元计价。图中最引人注目的是1990年左右两边截然不同的两

段时期：1990 年之前为长牛，之后为长熊。下方的相对 KST 指标也较明显地呈现了不同的特征，在长牛期间，该指标很少跌至 0 以下，且从未跌至超卖区；而长熊期间的情况则截然相反。该图还显示了长期趋势线突破的力量，两条虚线趋势线的突破均发生在漫长的走熊过程中。从图中可知，调整为美元计价的日经指数十分接近实现一次跨越 20 年的向上突破。下行趋势线很长，但却多次被触及或接近。这意味着当趋势线最终被突破时，日本股市至少在正常情况下会经历一次非常巨大的波动。假设这种情况出现的同时，并未得到来自相对强度曲线的确认，这意味着投资者可以在日本股市赚到钱，不过其他地方的赚钱效率更高。

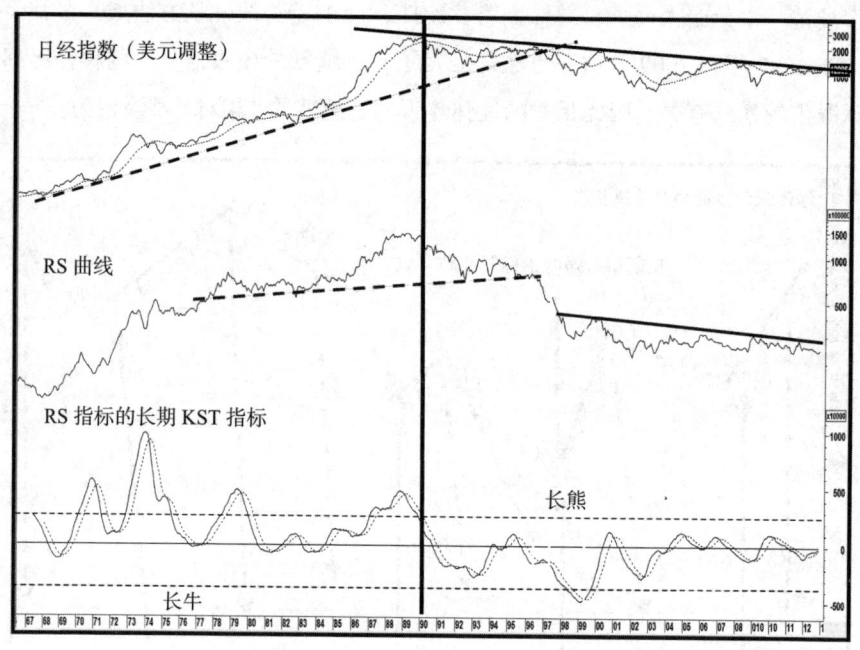

图 33-13　经美元调整的日经指数和两条 RS 曲线（1966 ～ 2012 年）

资料来源：www.pring.com。

图 33-14 描绘了德国 DAX 指数及其 18 个月 ROC 指标的走势。在 60 年期间，ROC 动能指标回转向下再穿越超买区都代表着可靠的主要趋势卖出信号。当然，正如图中的两条虚线箭头所指出的那样，这并不是一个完美的衡量标准，但 ROC 向下穿越 +50% 的水平表现出了较为理想的绩效。请注意 ROC 曲线在 1960 年向上穿越了 200% 的水平，根据第 23 章的说法，这是一个长期筑顶的信号。实际上，这是因为 DAX 指标在接下来的 24 年期间都未突破 1960 年高点。本例中

的长期熊市先是大幅下跌，然后出现超过 10 年的区间波动，和 1980 年之后金价的长期熊市并无两样。

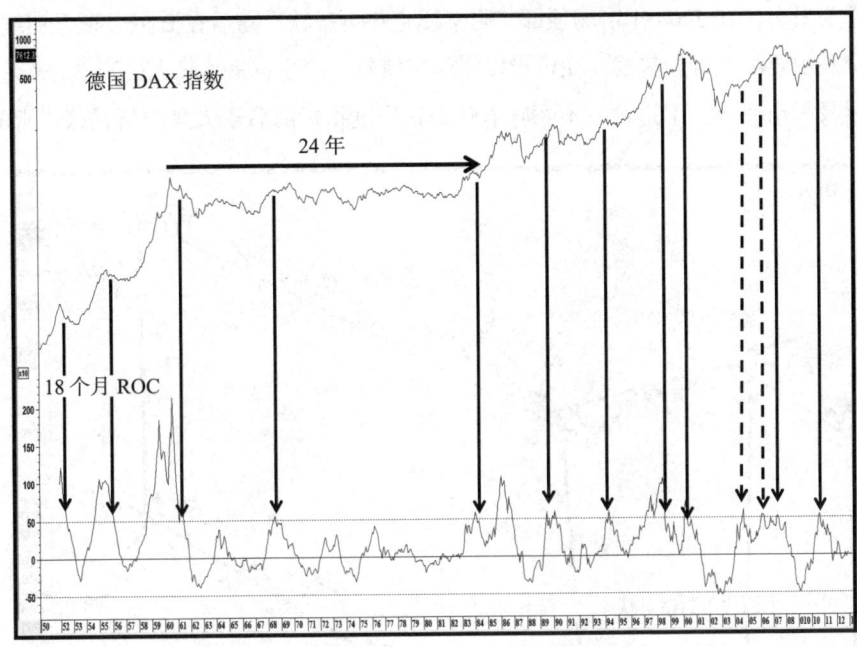

图 33-14　德国 DAX 指数及其 18 个月 ROC（1950～2012 年）

资料来源：www.pring.com.

单个国家的广度分析

如今许多国家都公布广度数据，不过很多时候腾落线似乎有向下的倾向，背后的原因或许是许多包含在广度数据中的股票流动性很差。正因如此，我倾向于精选体现各个国家各个行业组成的一揽子股票构建自己的数据。不幸的是，本书内容有限，我们只能点到为止。我建议新兴国家的读者们根据此处以及第 27 章提到的一些观点进行试验。

图 33-15 显示了根据 30 只龙头股构建的巴西股市腾落线。

图中显示了如何同时为该指标和巴西股票指数 Bovespa 绘制趋势线，并观察背离现象。在 A1 处出现了两种情况：腾落线创新高，但指数没有。这往往是一个看涨信号，而我们预计该指数将节节高升。然而，从技术分析的角度来看，背离就是背离，因此当两条用虚线标出的上行趋势线被突破时，我们必须尊重两条曲线均已下行的事实。随着时间的推移，腾落线走势形成一个头肩底形态，但价格却处于下行趋势。请注意 A2 处两条趋势线均被突破。最终，我们可以从图中的两条小箭头看出，在 2008 年市场顶部，腾落线走势更疲软。随后在 B 处，两条曲线双双突破主要的上行趋势线，在该点发出熊市信号。请注意腾落线之后于 Bovespa 指数触及熊市底部。不过这并不意味着什么，广度指标滞后于大盘均指是很正常的。

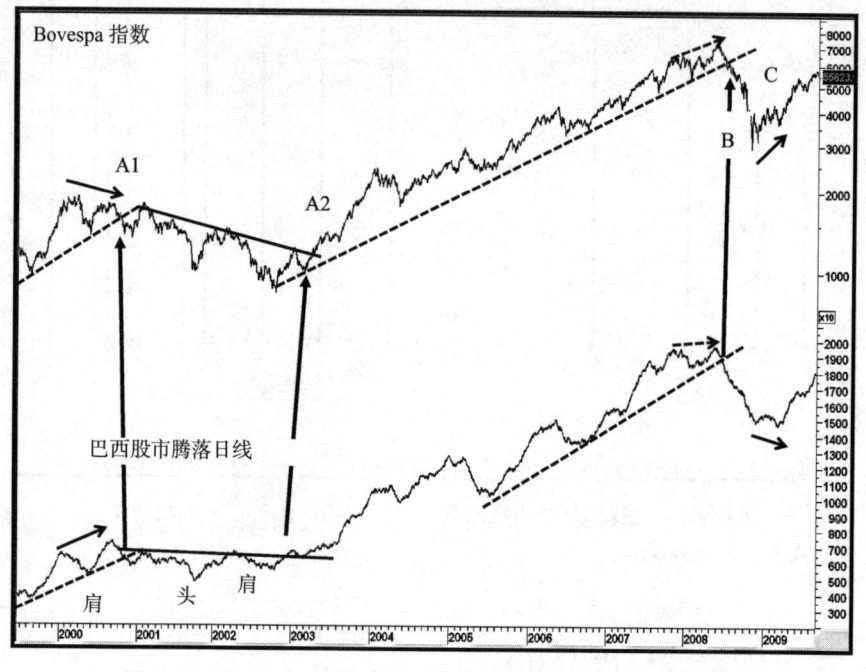

图 33-15　Bovespa 指数及巴西股市腾落线（1999～2009 年）

资料来源：www.pring.com。

图 33-16 显示的是 45 日腾落比率。

这一相对长期的参数意味着该指标反映的是中期趋势，且其路径更规整。因此，构建趋势线也更为方便。A 点特别有趣，因为腾落比率在 8 月和 9 月的大部分时间和价格出现多次正背离，表明摆荡指标显然处于正面模式。随后比率跌破其上行趋势线，Bovespa 也跌至新低。我将这种情况称为破坏性瓦解，因为动能指标本来发出的是很积极的信号，却被无情终止。紧随其后的往往是暴跌，而且往往被证明是一轮大趋势中的最后一波跌势。在 B、C 和 D 点，我们可以看到联合趋势线突破，随后出现了一定程度的反弹，B 点的反弹是一次较弱的反弹，因为此时的基础走势还没有完成。

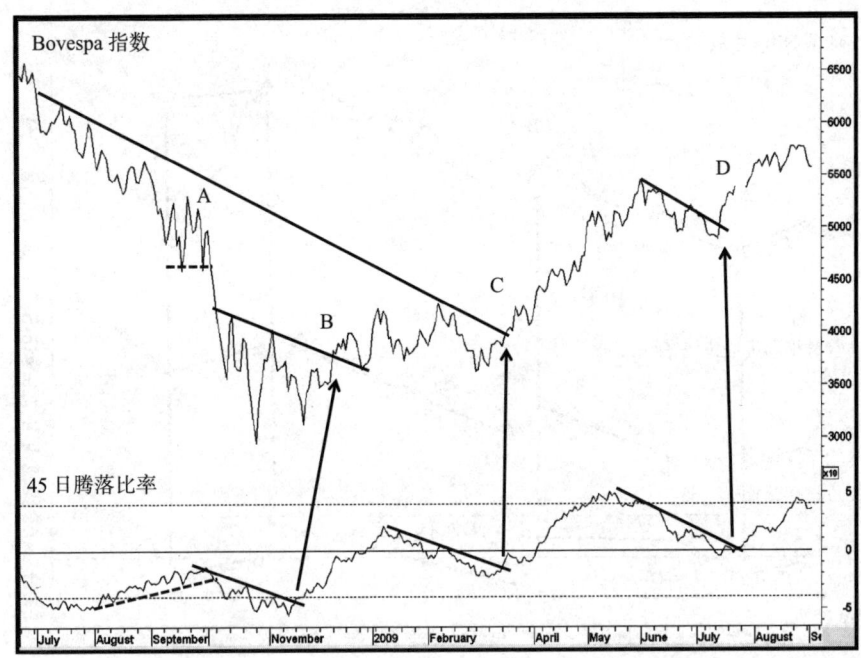

图 33-16 Bovespa 指数及巴西广度摆荡指标（2008～2009 年）

资料来源：www.pring.com.

图 33-17 显示了我对印度股市绘制的一条腾落线，原因是印度国家交易所公布的数据存在向下倾向，因而无助于技术分析。该图中有一条 65 日摆荡指标曲线。当所有三个指标均突破趋势时，这些信号为有效信号的概率就更大。图中 A、C、D 三处便是例子。B 点的信号有一点问题，因为它出现在 2003～2008 年的主要牛市，因此，B 点的跌势来势汹汹，却相对短暂。

当然，扩散指标又另当别论。说到扩散指标，图 33-18 显示的指标追踪股价位于其 40 日移动均线之上的一揽子沙特阿拉伯股票。图中的箭头标出了超买和超卖穿越，这些信号的有效期在 4～6 周。大多数情况均是如此。有时候这些买入信号出现得过早，如图中的两个椭圆所示。不过，大多数时候，可以绘制一条趋势线，然后等待趋势线突破，作为确认信号。

最后，适用于任何市场的一种有效技巧是计算出在特定股票篮子中中期 KST 指标在 0 以下的股票数量（位于"冬季"或"春季"）。当指标自高读数逆转，表明许多股票开始进入上行通道，如启动新的中期涨势。因此，这一现象是技术面强劲的象征。当然，我们也可以采用 MACD 或随机指标进行同样的运作。

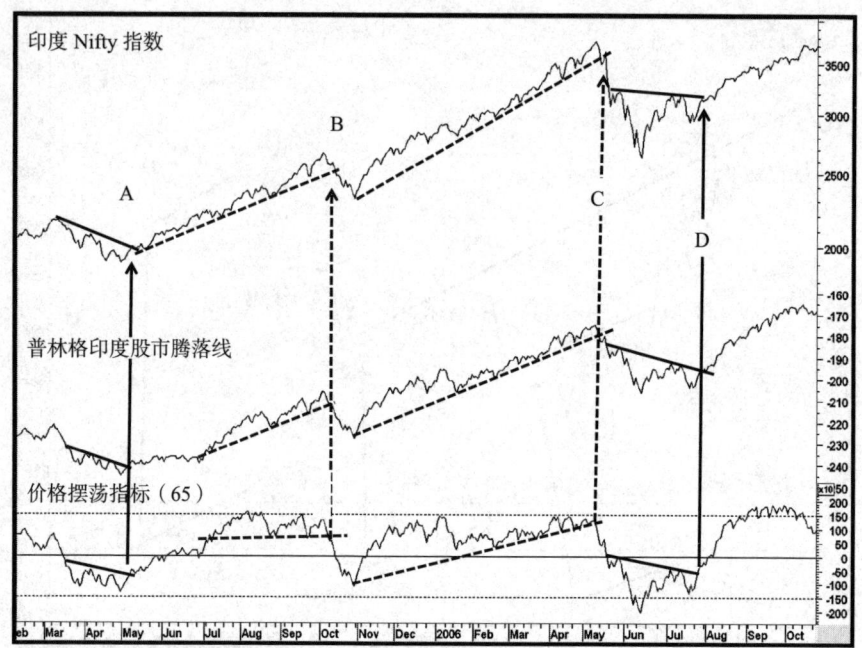

图 33-17 印度 Nifty 指数及两个广度指标（2005～2006 年）

资料来源：www.pring.com.

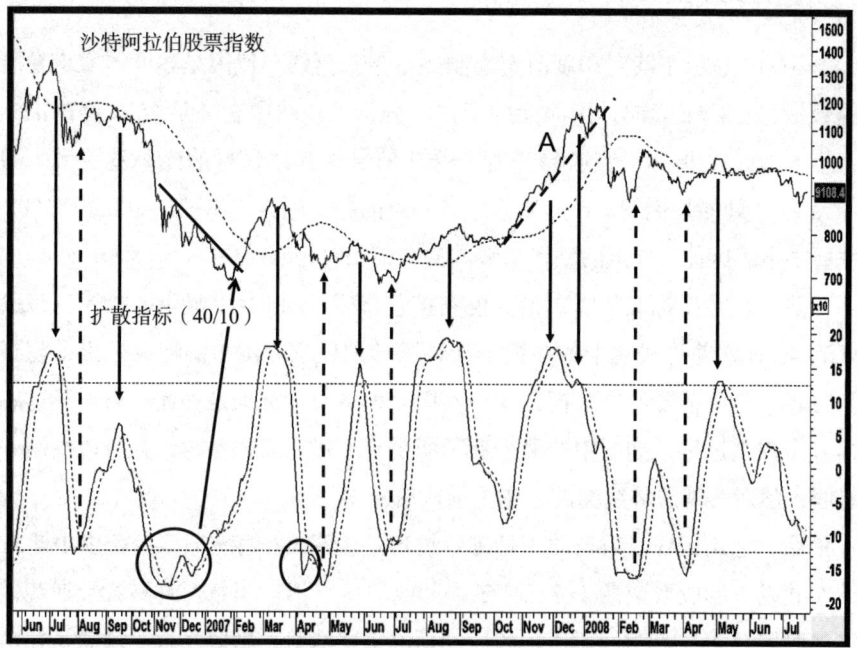

图 33-18 沙特阿拉伯股票指数及一个扩散指标（2006～2008 年）

资料来源：www.pring.com.

图 33-19 将一揽子印度股票和印度股市的主要指标 Nifty 指标加以比较。在该图中，"8"表示我们用 8 周移动均线对原始数据进行了平滑处理。

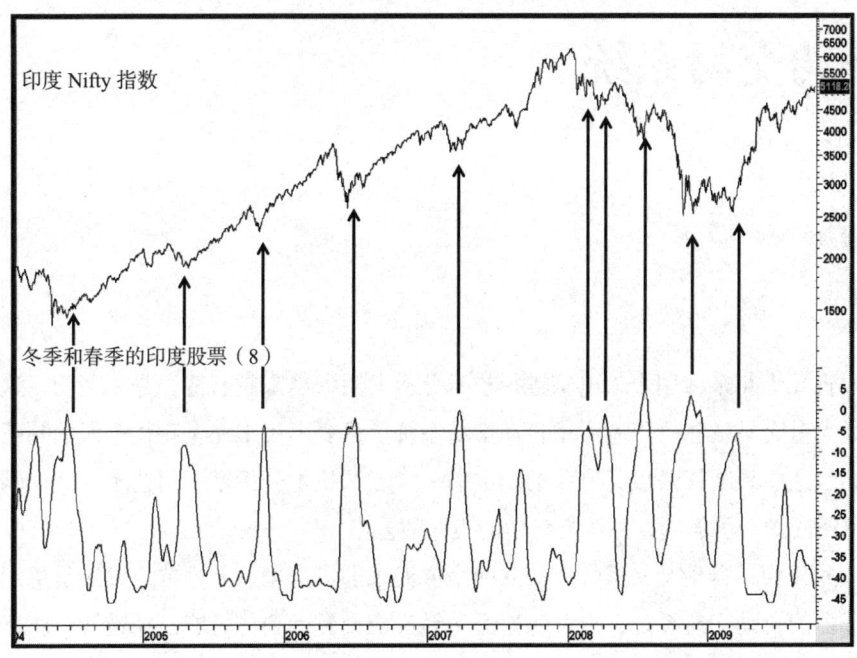

图 33-19　印度 Nifty 指数及一个动能指标（2004～2009 年）

资料来源：www.pring.com。

Summary

小　结

- 全球股市存在着明显的 4 年期周期。
- 近年来的技术创新及其他一些因素使世界各国股市的关系越来越密切。
- 扩散指标、净新高指标及其他将单个国家股市指数融为一体的广度指标可用于判定世界指数的趋势逆转。
- 相对强度指标是判定特定股市可能超越或落后于世界股票指数的最好方法。

第 34 章
Chapter 34

自动交易系统

近几十年来，用个人电脑进行技术分析的现象越来越普遍。毫无疑问，这推动了大量交易员和投资者运用自动交易系统。只要不用来完全替代个人的判断和思想，这些系统就是极其有益的。本书一直强调技术分析是一门艺术，一门阐述各种不同的、可靠的，并源自科学的指标的艺术。

我认为，自动交易系统应该从两个方面来加以运用。其中首选方法是选用一套谨慎的自动交易系统，以及时提醒交易员或投资者趋势可能已经逆转。就这个方面而言，自动交易系统是一个重要的过滤器，但它仅代表总体决策制定过程中的一项指标。

自动交易系统的另一种使用方法是对系统发出的每个信号做出反应。如果是精心设计而成，长期来看，自动交易系统应该能带来收益。但是，如果你脱离其他的独立技术指标，随意筛选愿意追随的信号，则可能面临做出情绪化决定的风险，因而失去运用自动交易系统所能带来的主要优势。

不幸的是，大多数自动交易系统是基于历史数据，或多或少都只与过去的情况匹配，并且是基于历史将会在未来重演的假设。然而，市场环境变化频繁，这一假设未必能成立。经过周密思考精心设计而成的自动交易系统应该能适应市场的这些变化。

| 技术要点 | 从这个角度来看，最好设计一个虽然不追求完全拟合，但却能精确地反映正常市场状况的系统。

请记住，我们真正关心的是未来的收益，而非历史的重复。如果为了追求与

历史的完全拟合而设定特殊的规则，那么这个系统很可能无法成功地适用于未来的市场状况。

自动交易系统的优点

在从理论到实践的过程中，我们面临的一个最大困难是，只要涉及经济利益，就很容易被情绪左右。以下列出了自动交易系统的一些优点，但都是以假定投资者或交易者将始终如一地遵循买入和卖出信号为前提的。

- 自动交易系统的一个主要优点是能自动决定何时采取行动，从而排除情绪和偏见的影响。市场可能散布着利空消息，但只要系统发出积极信号，就会自动买入。同样，当市场涨势看上去不可抵挡的时候，只要发出看跌信号，系统会排除所有情绪和偏见的干扰，平静离场。
- 由于不能遵守各种规则，大多数交易员和投资者都会迷失方向；但自动交易系统要求只有一条规则：无条件服从系统。
- 与由个人做出买卖决定的系统相比，一套结构清晰的自动交易系统能提高收益的稳定性与持续性。
- 如果市场正强劲上涨，自动交易系统会推动收益持续增长；同时，一旦发现此前信号为虚假信号，系统将自动止损。
- 精心设计的系统能让交易员或投资者掌握每个重要趋势的方向。

自动交易系统的缺点

使用自动交易系统的缺点如下。

- 没有任何系统百分百有效，而且系统无法发挥作用的概率不在少数。
- 根据过去的数据预测未来不一定是一种有效的方法，因为市场特征一直在变。
- 大多数人设置系统时往往追求最大限度地契合历史，但经验和研究告诉我们，最契合历史的系统不一定适用于未来。
- 随机事件可能很容易使设计不当的系统失效。1987年大崩盘期间的中国香港地区就是一个典型的例子。当时市场连续7天休市，即便触发了抛售信号，投资者也没有机会脱手。的确，这是一个意外事件，但特殊事件导致最佳交易规则失效的情况并不罕见！

- 大多数成功的自动交易系统都是顺势而为。但是，市场经常出现趋势长时间内很不明朗的情况，从而导致交易系统带来亏损。
- "回溯测试"的绩效并不一定能代表实际的业绩表现。受缺乏流动性、券商未能及时执行交易指令等因素影响，市场中的交易执行价格并不一定是系统显示的价格。

成功系统的设计

精心设计的系统应该充分利用自动化方法的优势，但同时也应该尽量避免前文提到的部分隐患和缺点。鉴于此，设计自动交易系统时应该遵循以下 8 条重要的原则。

- 在足够长的时期内针对多个市场或个股进行回溯测试。测试的数据越多，系统未来的可靠性就越大。
- 根据前期回溯测试的结果评估系统的表现。要做到这一点，首先必须基于特定时间跨度的数据设计系统，如 1977～1985 年的债券市场数据。其次，通过测试系统 1985～1990 年的表现判定系统在随后的时期内是否发挥了作用。通过这种方法，而非盲目向前，能帮助我们根据实际市场数据对系统进行模拟的但却非常全面的测试。
- 明确界定系统规则。这一点主要是基于两个方面的考虑：第一，如果系统规则偶尔让你对其准确诠释产生怀疑，可能导致运用系统时带有主观性；第二，每个买入信号都对应着一个卖出信号，反之亦然。如果一个系统将超买水平穿越设置为卖出信号、将超卖水平穿越设置为买入信号，则该系统在某段时间内可能会有较好的表现，如图 34-1a 所示。但另一方面，由于指标迟迟没有触及极端水平，系统可能在很长一段时间内不能发出对应的信号。因此，正如图 34-1b 所示，没有明确设定系统规则可能招致重大损失。
- 确保你已经拥有足以抵御最糟糕局势的足够资金。在设计系统时，应该设定可能出现的最差情况，并确保自己一开始就拥有足以抵御这一时期的足够资金。此处，最值得注意的一点是，最强劲的涨势通常出现在多个误导性信号发出之后。

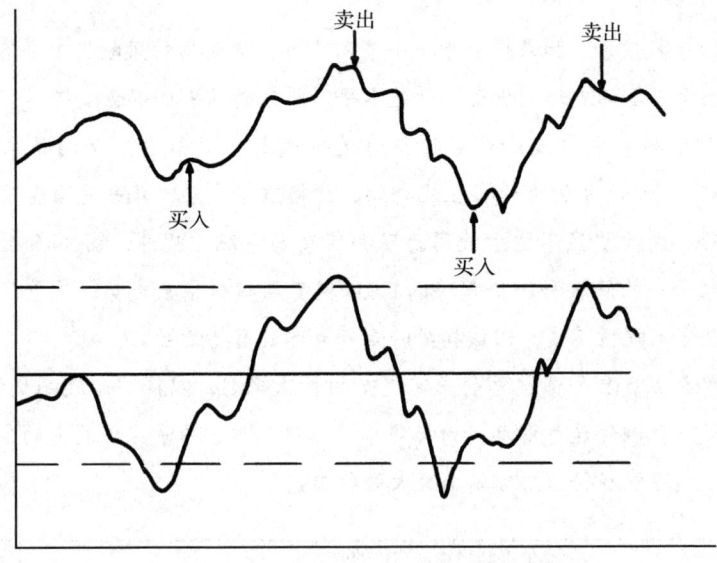

图 34-1 超买 / 超卖穿越

- 无条件遵循每一个信号。如果你对系统充满信心,就不要存有任何犹豫,否则,投资决策制定过程中还是会掺杂着不必要的情绪干扰和违背原则的行为。
- 进行分散投资。如果投资于多个不同市场,你面临的风险将十分有限。即便某个市场的表现创出历史最差水平,总体的结果也不会太糟糕。
- 仅在市场表现出较好趋势特征时进行交易。图 34-2 显示的是木材市场 1985～1989 年的走势。在此期间,价格频繁波动,几乎完全呈现随机性走势,因此明显不适于使用自动顺势交易系统。此外,图 34-3 显示了同时包含一轮涨势和一轮跌势的 CRB 现货原材料指数走势。尽管交易区间有些令人捉摸不透,但该指数的走势大体具有持续性。
- 简单至上。我们似乎总想设定更多的特殊规则,以提高回溯测试的效果,但必须抵制住这种诱惑。请记住尽量保持简单,尽量保证规则的少量与合理。这可能在将来为你带来更大的收益。

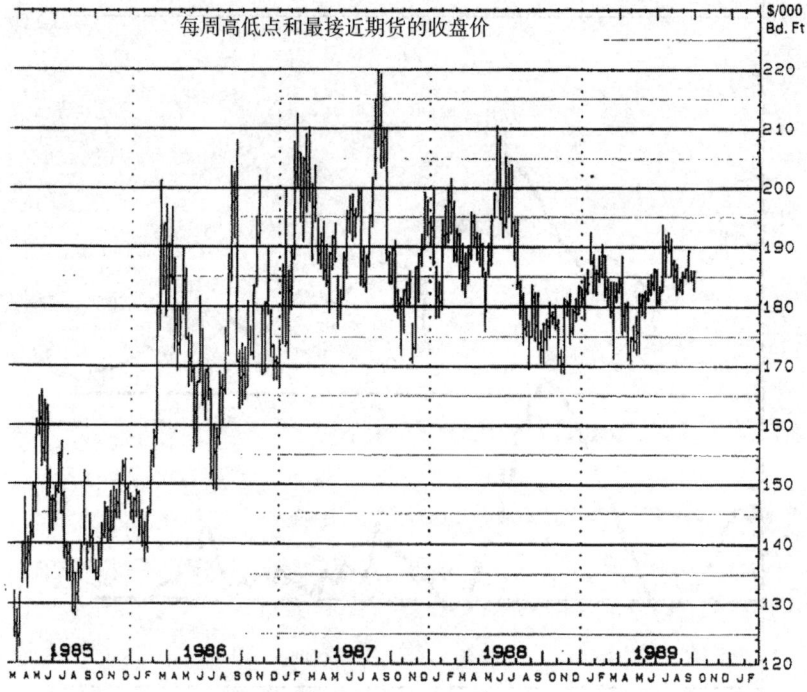

图 34-2　木材市场走势及其 CRB 周线图(1985～1989 年)

资料来源:CRB Weekly charts.

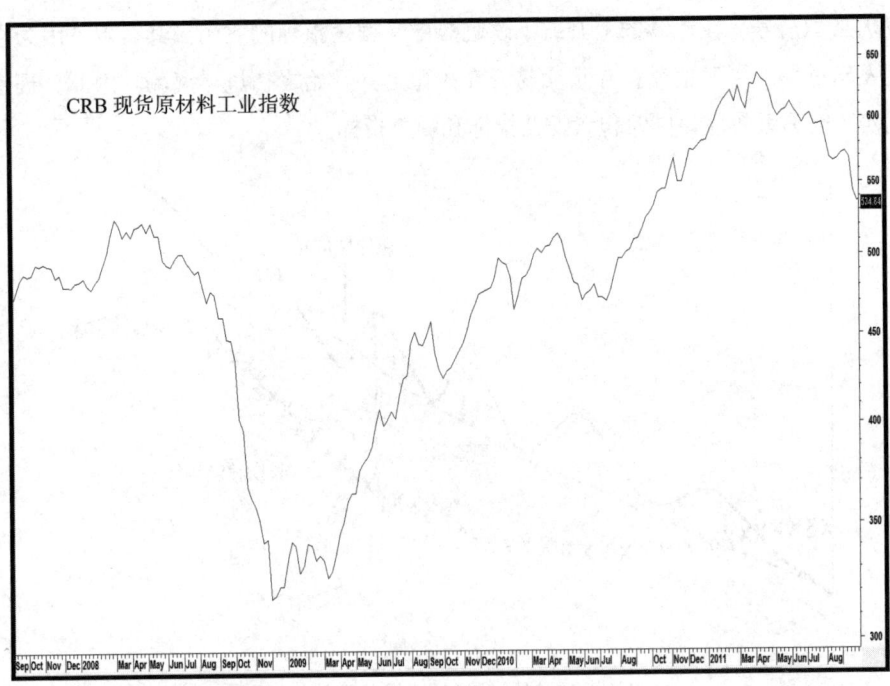

图 34-3　CRB 现货原材料工业指数及其 CRB 周线图（2007～2011 年）
资料来源：www.pring.com。

区间波动和趋势市场

市场行情基本可以分为两类：趋势明显型市场和横盘整理型市场。如图 34-4 所示，趋势明显型市场显然适用于移动均线穿越及其他类型的顺势系统。在这种情况下，必须明确界定风险，因为移动均线必须同时兼顾波动性和敏感性。在图 34-4 中，若短期移动均线（图中用虚线表示）与指数曲线（图中用实线表示）距离最大，则表明市场风险最大化。不幸的是，短期移动均线频繁波动，发出了几个误导性信号。尽管通过移动均线穿越来界定单个交易的风险系数较小，但发出误导性信号的可能性却要大得多。同时，长期移动均线（图中由 X 组成的曲线）带来的最大风险更高，但发出的误导性信号更少。

如图 34-5 所示，移动均线在横盘整理型市场几乎完全无效，因为它们恰好从中间穿越价格曲线，发出的信号几乎总是误导性的。但另一方面，摆荡指标却在盘整市场表现得游刃有余。摆荡指标持续在超买和超卖极端值之间波动，及时地发出买卖信号。在持续的上升或下跌趋势中，摆荡指标的效用极其有限，因为它们发出过早的买卖信号，导致交易者在大型走势开始之初过早离场。因此，理想的自动交易系统应该同时包含摆荡指标和顺势指标。

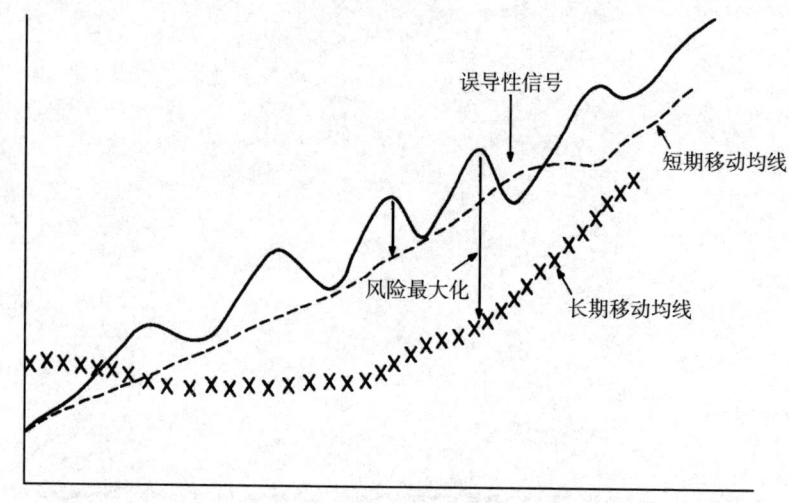

图 34-4　时效性与敏感性之间的权衡

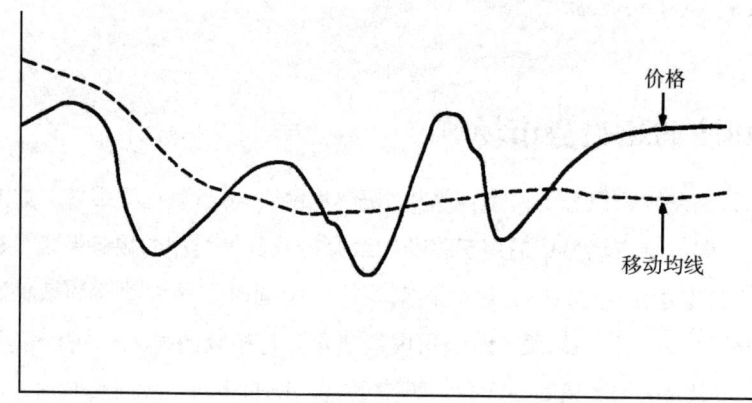

图 34-5　盘整市场中的移动均线穿越

摆荡指标信号源自超买和超卖读数，图 34-6 显示了这些信号带来的风险和收益。其中，横轴代表潜在交易机会的数量，纵轴代表出现的风险。尽管摆荡指标进入过度超买或超卖区域的次数很少，但这时发生的交易获利最大，且风险最小。中度超买或超卖状态出现的频率较高，但带来的收益较少，且风险较高。最后，小幅超买或超卖状态经常出现，但每笔交易的风险极高，带来的收益也很少。理想状态下，自动交易系统应该具备使每笔交易带来的收益高、风险低的特点。因此，操作系统时必须具备一定的耐心，因为交易机会非常有限。

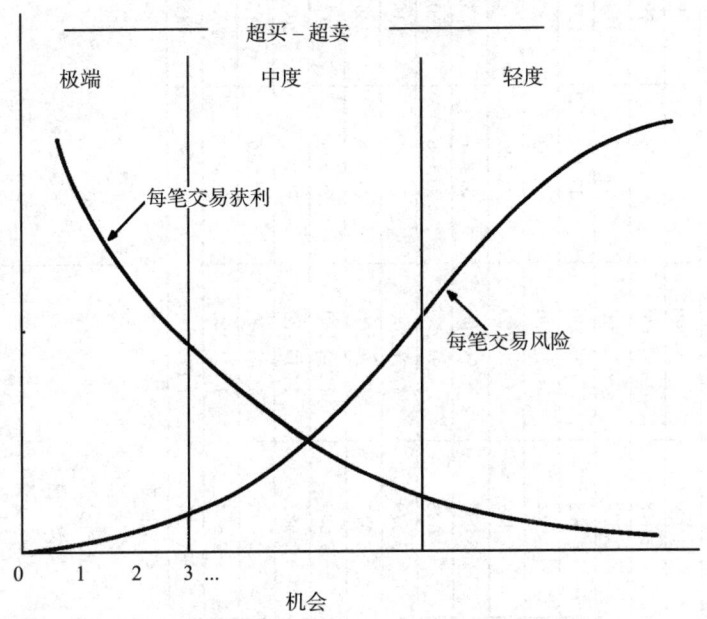

图 34-6　基于交易机会的每笔交易获利与风险之间的关系

资料来源：Perry Kaufman, New commodity Trading Systems, John Wiley and Sons, Inc., New York, 1987.

价格趋势逆转之前，摆荡指标通常会出现背离，因此最好将极端摆荡指标读数发出的信号和某种移动均线穿越信号结合使用。当然，完美指标是不存在的，但这一方法的确有助于过滤部分误导信号。

评估绩效的准则

当我们用历史数据来评估自动交易系统数据时，往往会自然而然地想知道哪套系统带来的获利最高。然而，获利最高的系统未必是最好的系统，具体原因如下。

- 系统带来的大部分或全部获利很可能来自一个信号。如果是这样的话，表明系统缺乏连贯性，因而未来带来较高收益的概率将有所下降，表 34-1 就给出了这样一个例子，表中系统通过 20 日移动均线除以 40 日移动均线得到的摆荡指标的 10 日移动均线穿越（一种 MACD 指标）发出信号。所

表 34-1 恒生指数 3 个月期（30/40）永久摆荡指标（1987～1988 年）

日期	交易	价格	现期交易		获利或亏损		累计值	
			点数	%	点数	美元	%	美元
1987/08/19	卖出	3 559.900	0.000	0.000	0.000	0.000	0.000	0.000
1987/09/30	买入	3 843.900	−284.000	−7.978	−284.000	−79.78	−7.978	−79.78
1987/09/09	卖出	3 696.900	−147.000	−3.824	−431.000	−114.97	−11.802	−114.97
1987/09/25	买入	3 918.900	−222.000	−6.005	−653.000	−168.12	−17.807	−168.12
1987/10/14	卖出	3 999.000	80.100	2.044	−572.900	−151.11	−15.763	−151.11
1987/12/15	买入	2 099.900	1 899.100	47.489	1 326.200	252.02	31.726	252.02
1988/02/04	卖出	2 269.900	170.000	8.096	1 496.200	353.38	39.822	353.38
1988/02/22	买入	2 374.900	−105.000	−4.626	1 391.200	290.77	35.196	290.77
1988/03/28	卖出	2 459.900	85.000	3.579	1 476.200	336.97	38.775	336.97
1988/04/08	买入	2 639.900	−180.000	−7.317	1 296.200	239.14	31.458	239.14
1988/04/19	卖出	2 584.900	−55.000	−2.083	1 241.200	213.32	29.374	213.32
1988/06/06	买入	2 612.900	−28.000	−1.083	1 213.200	200.18	28.291	200.18
1988/07/05	卖出	2 702.900	90.000	3.444	1 303.200	241.52	31.736	241.52
1988/07/06	买入	2 774.900	−72.000	−2.664	1 231.200	208.45	29.072	208.45
1988/07/18	卖出	2 722.900	−52.000	−1.874	1 179.200	185.80	27.198	185.80

买入次数	7		卖出次数	7
卖出次数	4 (57.1%)		获利卖出次数	1 (14.3%)
止损买盘	0		止损卖盘	0
最大收益	1 899.100		最大亏损	−284.000
连续获利次数	3		连续亏损次数	3
总收益或总损失	1 179.200		平均收益或损失	84.229
			总收益或总损失	18.58%

资料来源：Pring Market Review/ MetaStock.

监测市场为 1987～1988 年的中国香港地区股市，在此期间，交易系统带来的收益达近 1200 点；同期买入-持有战略则带来了 800 点的损失。但是，如果没有在 1987 年大崩盘发生前夕发出短期抛售信号的话，系统带来的将是亏损。
- 另一个需要考虑的问题是可能出现严重的连续亏损（最大跌幅）。毕竟，如果你没有足够的资金来渡过最低谷，即便拥有一套长期来看能带来较大收益的系统也无济于事。这一方面需要注意两点：连续的亏损信号和在此期间可能遭受的最大损失。
- 在实际运作中，一套能带来巨额利润但却需要频繁交易的系统，其表现可能不及交易数据适中的系统。原因在于，执行的交易次数越多，由于缺乏流动性等原因而蒙受损失的可能性就越大。此外，交易数目越多，就需要投入越多的时间、支付越多的佣金，等等。

最佳信号必"顺势"

在任何情况下，最佳信号都必然与主要趋势方向一致。当然，事后判定主要趋势的方向易如反掌，但在现实操作中，我们必须运用某种客观的方法来判定主要趋势的方向。

其中一种方法是计算出 12 个月移动均线，然后根据价格相对于均线的位置来判定主要趋势。交易系统基于每日和每周数据建构，且只有当指数位于均线之上时，才会发出看涨信号；若位于均线下方，则发出看跌信号。

不过，这一方法有以下两个主要缺点：首先，市场本身可能处于长期横向交易区间，而在这种情况下，移动均线穿越无法准确地反映主要趋势；其次，空头市场的第一次反弹往往发生在价格位于 12 个月移动均线之上的期间内。因此，反弹行情发出的买入信号实际上与主要趋势方向相反。不过，总体而言，大多数市场的趋势都较为明确，这一方法能过滤大量反周期波动。

另一种方法是运用长期动能指标，如第 12 章讨论过的月度 KST 指标。当 KST 指标上升，且价格位于 12 月移动均线之上时，则发出看涨信号，此时应该进行多头交易；当 KST 指标下降，且价格位于 12 个月移动均线之上时，主要趋势很可能正在筑顶，此时不应该建立新的头寸；如果你已经持有部分头寸，KST

指标触顶表明必须进行部分获利回吐，但清仓的最佳时机可能是移动均线发出反向穿越信号时。只有在 KST 指标与价格相对于其移动均线的方向一致时，才应该进行做多交易。例如，当 KST 指标触底，市场本身跌至移动均线下方时，则发出看跌信号，只能进行做空交易。如果无法获得 KST 数据，可用 18/20/9 组合的 MACD 月度指标来代替。

将摆荡指标与移动均线结合的一种简单技术

让投资者同时在趋势明显型与横盘整理型市场游刃有余的一种方法是，将移动均线和摆荡指标相结合。当摆荡指标降至既定超卖水平，且价格本身随后向上穿越移动均线时，则发出买入信号；如果价格向下穿越移动均线，则发出清仓信号。另一方面，如果摆荡指标在移动均线穿越之前触及特定超买水平，则表明市场可能经历盘整走势，因而必须抛售部分头寸；同时，在移动均线抛售信号触发前，另一部分头寸应该一直保留。

这一方法有助于我们利用市场的潜在趋势套现，即便随后的市场行情为区间波动，也能获得部分收益。

鉴于摆荡指标通常在重要的市场转折点发生背离，或许在根据移动均线穿越信号买入之前，等待摆荡指标再次触及极端水平，反之亦然。

市场实例

接下来我们将结合两种指标构建一个交易系统。如图 34-7 所示，此处选择的证券品种是长期美国国债，图中描绘了一条移动均线和一条价格摆荡指标曲线。价格摆荡指标由短期移动均值除以长期移动均值计算得出。图中选用 1 日移动均值为短期移动均值，选用 10 日移动均值为长期移动均值。10 日移动均线位于图上端，摆荡指标走势曲线位于图 34-7 下方。

图 34-7 显示了交易系统的运作方法。这一方法其实再简单不过：在价格向上穿越移动均线时买入（A 点）；在价格向下穿越移动均线，或摆荡指标触及特定水平时卖出。图中 A 点过后不久，摆荡指标触及了设定的超买水平（B 点）。超买和超卖水平的设定以 ±2% 为标准，即价格高于或低于其与 10 日移动均线距离

2%时,则触及了超买或超卖水平。之后,价格在8月初向下穿越移动均线,发出看跌信号(C点)。8月底,随着摆荡指标触及超卖水平,价格接近低点,发出低位补仓信号(D点)。9月初,价格再次穿越移动均线,发出下一个买入信号(E点)。图中摆荡指标从未触及±2%的水平,因为移动均线穿越信号每次都提前发出。下一个看跌信号为误导性信号,而紧随其后的最后一个买入信号只带来了较小的收益(F点)。

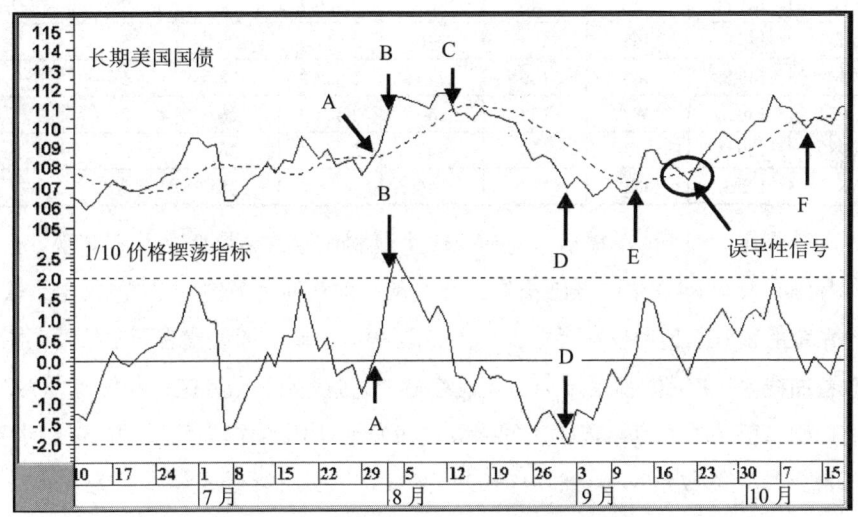

图34-7 美国国债和1/10价格摆荡指标

资料来源:Martin Pring, Breaking the Black Box, McGraw-Hill, New York, 2002.

下面我对上述系统进行了最优化处理(最优化是寻找最佳指标公式的方法之一),用一个变量代表移动均线与摆荡指标,另一个变量代表超买或超卖状态。如表34-2所示,26/2/-4的组合能带来最大的收益。不过,最终我没有选择这一组合,因为我希望得到相同的超买和超卖临界点。这一点是基于以下事实:摆荡指标对超买和超卖状态的敏感性取决于主要趋势的方向。在多头市场,摆荡指标会升至更高的超买水平,反弹信号在中度超卖水平发出。如果投资者清楚自己正身处牛市,可能将超买临界点向上调整,反之亦然。但不幸的是,我们似乎永远无法提前预知主要趋势的逆转。此外,如果我们根据多头市场状况上调了临界值,当空头市场启动时,系统必将承压。由此看来,让超买和超卖水平保持均衡是非常重要的。也正因如此,我选择了28/2-2的组合。我原本可以选择26/2-2的组合,但获利仅仅略有提高。28日移动均线发出的信号更少,而信号更少意味着犯错的机会也更少。

表 34-2 美国国债价格摆荡指标的最优化结果（1981 ～ 1998 年）

获利	%	总额	盈利	亏损	均值	OP1	OP2	OP3
6 039	160.39	387	126	261	2.600 1	26	2	−4
5 680	156.80	388	137	251	2.255 8	26	2	−2
5 573	155.73	365	131	234	2.205 6	28	2	−2
5 362	153.62	425	133	292	2.700 5	24	2	−4
4 968	149.68	426	145	281	2.320 2	24	2	−2
4 452	144.52	365	119	246	2.647 0	28	5	−2
4 389	143.89	365	119	246	2.659 8	28	6	−2
3 052	130.52	387	127	260	2.437 2	26	2	−3
2 980	129.80	353	110	243	2.742 4	30	5	−2
2 833	128.33	365	118	246	2.486 0	28	2	−3

乍一看来，234 个亏损信号对应 131 个获利信号的结果似乎并不客观，但如果你仔细查看表 34-3 中的详细报告，会发现平均获利是平均亏损的 2.2 倍，表明这个系统能很好地帮助投资者减少损失。图 34-8 上端的曲线代表了价格摆荡指标的收益曲线，1 美元的初始投资金额最终增至 2.5 美元。尽管这一系统遵循买入 - 持有原则，但基本没有出现较大的损失。1994 年 10% 的损失已经创出最高水平，但考虑到总投资收益率（1981 ～ 1998 年）达 150%，折合成年率后为 9.4%，该系统仍具有一定的有效性。

表 34-3 使用 28/2-2 组合的美国国债（1981 ～ 1998 年）

买入 – 持有策略的获利	1.12	测试天数	6 291
买入 – 持有策略的损益	111.83	买入 – 持有策略的年损益	6.49
交易总数	365	支付佣金	0.20
每笔交易平均获利	0.00	平均收益与平均亏损之比	2.21
看涨交易总数	183	看跌交易总数	182
获利的看涨交易数量	70	获利的看跌交易数量	61
获利交易总数	131	亏损交易总数	234
获利成交额	4.15	亏损成交额	−3.36
平均获利	0.03	平均亏损	−0.01
最大收益	0.10	最大亏损	−0.06
获利交易平均时间长度	8.05	亏损交易平均时间长度	4.52
最长的获利交易时间	21	最长的亏损交易时间	18

对多家封闭式共同基金 20 世纪八九十年代的相关研究表明，采用 28 日移动均线及 1/28 价格摆荡指标，并采用 ±5% 作为超买 / 超卖界限的 28/5-5 组合表现

较为理想。

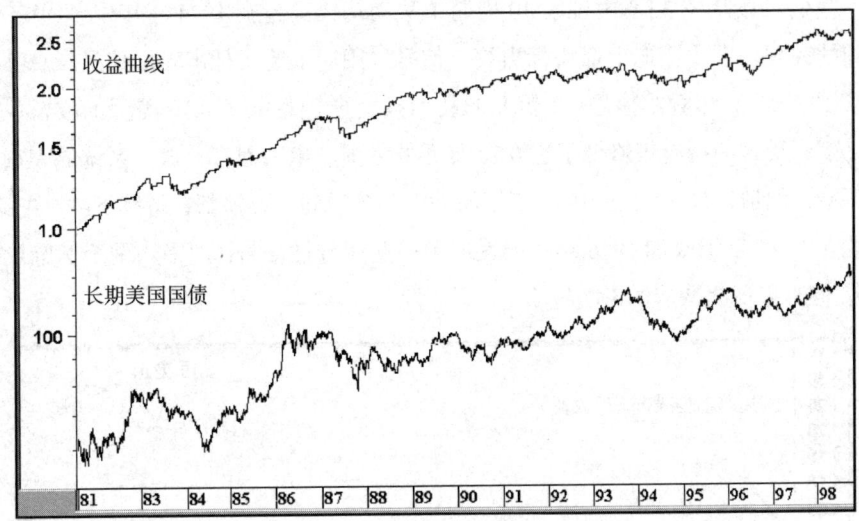

图 34-8　美国国债和 28/2-2 价格摆荡指标（1981 ~ 1998 年）
资料来源：Martin Pring, Breaking the Black Box, McGraw-Hill, New York, 2002.

三重指标系统

结合多项触发机制设计交易系统时必须遵循一个重要的原则：确保所纳入的指标采用不同的时间跨度。这一点非常重要，因为任一时期的价格都是由许多不同时间周期的相互作用来决定的。当然，我们不可能针对所有指标一一进行详述，但如果能确保各个指标中存在较为合理的时间差，那么至少可以尝试在多个周期内来测试系统。

我本人在 20 世纪 70 年代末结合移动均线穿越和两个 ROC 指标发出的信号设计了一套系统。这些指标分别是 10 周简单移动均线、6 周 ROC 指标和 13 周 ROC 指标，可以分为两种类型，即顺势移动均线和两个摆荡指标。这一系统也包含了 3 个不同的时间跨度，其买卖原则非常简单：当价格向上穿越 10 周移动均线，且两个 ROC 指标均位于零线之上时，发出买入信号；当所有 3 种指标均位于零线之下，即 ROC 指标均位于零线之下、且价格向下穿越移动均线时，则发出卖出信号。信号发出的前提是 3 项指标全都符合条件，因为我们希望 3 种时间跨度反映的周期表现完全一致。这套系统最初是用于分析趋势较为稳定的英镑/

美元汇率的。

我们可以从图 34-9 中观察 10 周简单移动均线穿越在 1974 年年中至 1976 年之间的表现。图中用向上箭头标出买入信号，用向下箭头标出卖出信号，总共发出了 13 个看涨和看跌信号，1 美元的初始投资金额带来了 0.19 美元的收益；相比之下，买入－持有策略带了近 0.70 美元的亏损。单独而言，这一系统的表现相当不错，但请记住 1975～1976 年期间的大部分时间，英镑都在持续下跌。的确，系统在 1975 年年底和 1976 年年初发出了一些误导性信号（图中用两个椭圆形表示），但结果证明构成的影响较小。

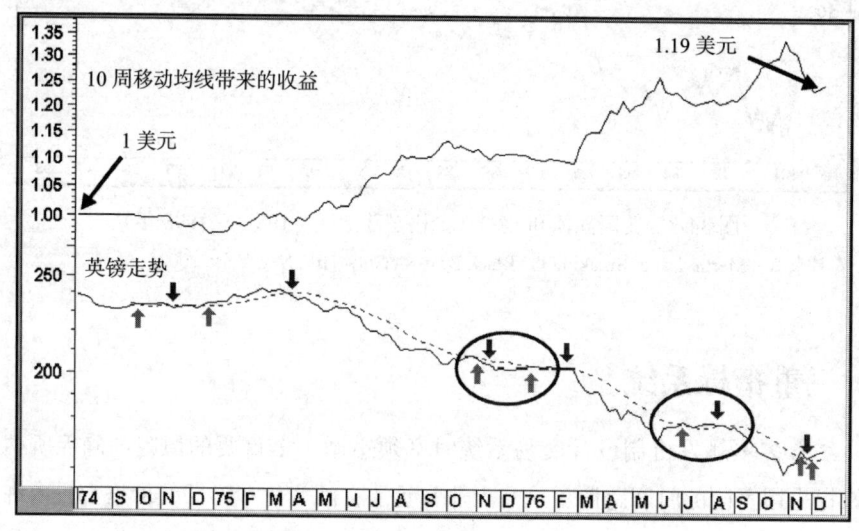

图 34-9　英镑走势和 10 周移动均线

资料来源：Martin Pring, Breaking the Black Box, McGraw-Hill, New York, 2002.

接下来要引入 13 周 ROC 指标。当 13 周 ROC 指标向上或向下穿越零线时，分别发出买入和卖出信号，如图 34-10 所示。图中发出 6 个信号，共带来了 0.23 美元的净收益。这一结果超出了移动均线穿越信号，尤其值得一提的是，这一系统发出的信号数量更少，因而发出误导性信号的概率也大大降低。不过即便如此，1976 年还是出现了几个严重的误导性信号。

最后，再引入第 2 个 ROC 指标，以过滤部分误导性信号。我们之所以选择 6 周 ROC，主要是因为 6 周的时间跨度基本上是 13 周 ROC 时间跨度的一半。引入 6 周 ROC 后结果有所改善，收益增至 0.24 美元，但交易信号却增加至 12 个。图 34-11 的中间部分绘制了 6 周 ROC 走势。

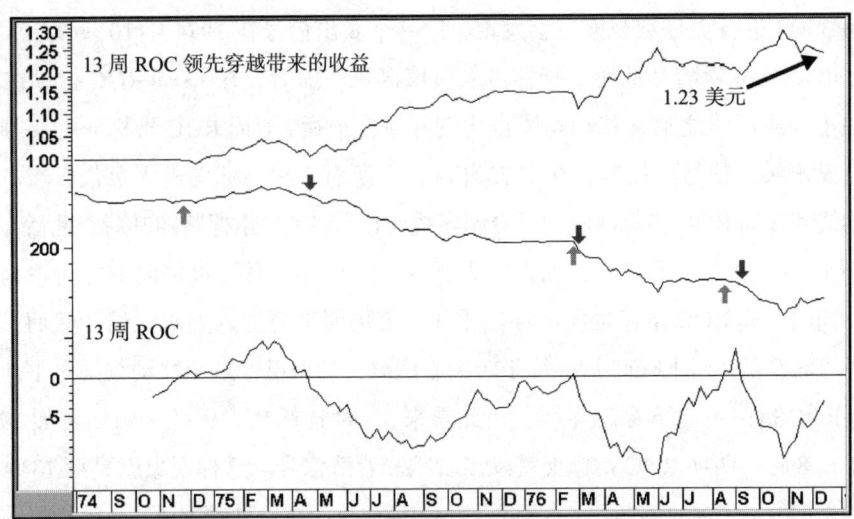

图 34-10　英镑走势和 13 周 ROC 指标走势

资料来源：Martin Pring, Breaking the Black Box, McGraw-Hill, New York, 2002.

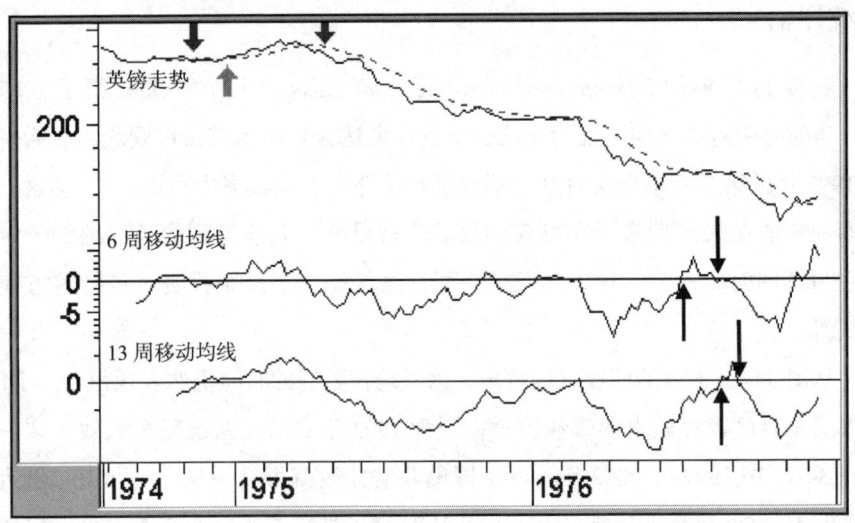

图 34-11　英镑走势和 3 种指标

资料来源：Martin Pring, Breaking the Black Box, McGraw-Hill, New York, 2002.

3 种指标的综合

图 34-11 将 3 种指标结合到了一起，从中观察结果是否有所改善。从图中可见，获利较此前的 6 周 ROC 指标稍有提高，但发出的信号数量却减少到 3 个。

对图 34-11 进行更仔细观察后会发现，第一个卖出信号在 1974 年 10 月发出，因 6 周 ROC 指标紧随其他两个指标进入负值区域。随后，在 13 周 ROC 指标在 12 月向上穿越零线之后，移动均线也出现穿越。最后，6 周 ROC 指标向上穿越零线，发出买入信号。接着，在 1975 年 4 月，所有 3 种指标均进入负值区域。移动均线和 6 周 ROC 指标同时向下穿越零线，13 周 ROC 指标紧随其后。此后，到 1976 年年底之前，系统一直保持空头行情。1976 年 2 月，价格向上穿越移动均线，同时 6 周 ROC 指标也向上穿越零线，市场似乎要进入上涨行情。然而，等到一直看跌的 13 周 ROC 指标终于转为看涨时，货币已经跌至移动均线之下，且 6 周 ROC 指标也向下穿越零线。由此看来，3 种指标从未保持一致。再如 1976 年 7～8 月，两项 ROC 指标交替发出看跌和看涨信号。这种现象就是第 13 章提到的反向复合背离（negative complex divergence）。在这种情况下，3 种指标结合使用能带来极其理想的效果。

系统评估

我在 1981 年的 *International Investing made Easy* 一书中首次介绍了该套系统，当时心中有些犹豫，因为无法保证这一方法能持续地带来可观收益。后来我在 1992 年的第 3 版中再次对这一系统进行了介绍。我在书中写道："了解这一系统不一定能在未来带来同样可观的收益非常重要。此前提到的英镑的例子应该被视为特例而非一般性规则，但是介绍该系统是为了鼓励投资者进行这方面的尝试。"

从图 34-12 上方的曲线可以看出，该系统在随后的时间仍然表现很好。不过，我很庆幸自己曾经做出的谨慎提示，因为 1993 年之后，系统完全失效，这一点从图 34-13 中 1993～2002 年不断下降的收益曲线就可见一斑。实际上，虽然接下来的 10 年投资者还能继续赚钱，但 1993 年的股票高点一直未被突破。出现这一现象的原因在于，自曲线在 1993 年自 2 美元下滑以来，随后的波动区间系统发出许多误导性信号。这表明，即便一个系统在过去 20 年间都表现良好，市场也会发生变化，因此我们必须做好应对意外情况的准备。但显然，我们往往在事发之后才发现市场环境已经发生变化，那么有没有什么方法能帮助我们避免损失呢？其中一种方法就是绘制收益曲线的长期移动均线或趋势线。

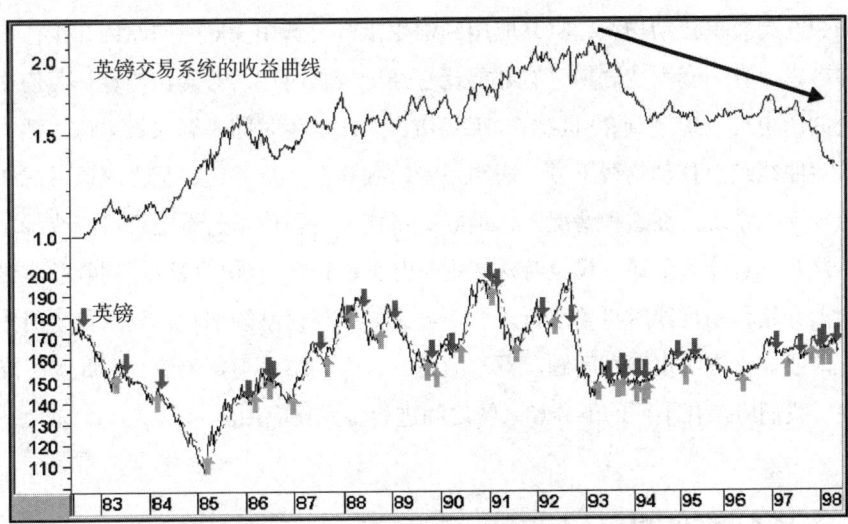

图 34-12　英镑系统的表现（1983～1998 年）

资料来源：Martin Pring, *Breaking the Black Box*, McGraw-Hill, New York, 2002.

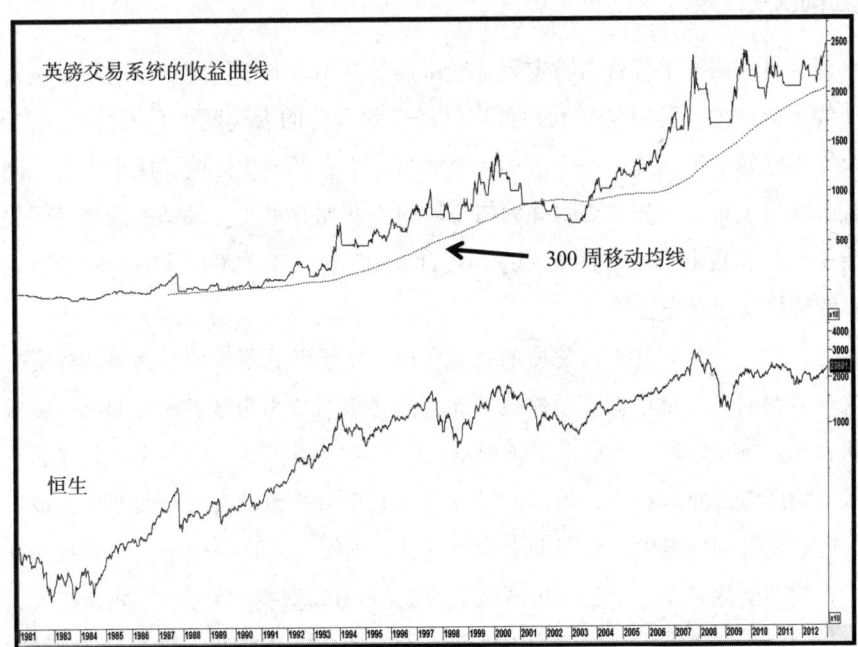

图 34-13　将英镑交易系统应用于恒生指数（1981～2012 年）

资料来源：Martin Pring, *Breaking the Black Box*, McGraw-Hill, New York, 2002.

在图 34-13 中，我运用了 3 种指标构成的英镑系统，并绘制了该系统收益曲线的 300 周简单移动均线，将其应用到恒生指数。选用 300 周的原因在于，我认为在考虑放弃一套系统之前，有必要让它经历较长时期的考验。毕竟，英镑交易系统的历史可以追溯到 20 世纪 70 年代初，因此 6 年时间不算太长。请注意，如果收益曲线跌至移动均线下方，表明系统的确存在严重问题，至少应该考虑在短期内放弃该系统。在这种情况下，最好对系统进行再评估，看是否可能改善。当然，这并不意味着要通过设定特殊规则避开下跌行情。你也可以等到收益曲线再度向上穿越移动均线时再采取行动。不过，如果英镑系统崩盘，只要英镑引发担忧，即便这一方法也存在问题。不幸的是，这样的结局不可避免，因此为了降低风险，我们应该在不同的证券和系统之间进行多元化应用。

市场间系统的引入

市场间关系

截至目前，本书仅针对特定证券或市场、运用来源于特定证券的数据进行了单独的分析。另一种方法是利用可靠且经得起考验的市场间关系进行相互参照，以获得更好的结果。如果一个市场持续对另一个市场产生影响，两个市场之间会形成市场间关系。首先，要明确为何市场间关系如此重要。最基本的市场间关系可能是股价和短期利率之间的关系，对此第 25 章已经详述，从中我们知道短期利率的趋势变化领先于股价。

尽管如此，我们并不清楚短期利率变化领先于随后股价反弹趋势的幅度。解决这一问题的方法是根据移动均线的穿越信号来对货币市场的价格趋势（倒置的短期利率）进行分类。当货币市场价格已经启动上涨行情之后，应该观察股价对此做出的反应，原因在于，货币市场价格的上涨趋势预示着股市的多头行情。不过，还必须等到标普综合指数向上穿越其移动均线，对这一信号加以确认。就像一个昏迷的游泳者正在接受人工呼吸，我们都知道这种抢救方法对病人有效，但是，我们并不知道病人需要多大程度的抢救，才能自己呼吸；利率下调利好股价也一样，股票市场通过移动均线穿越对利率变化做出反应也是基于同样的道理。

我们可以通过图 34-14 了解这一过程。1981 年 10 月，倒置的商业票据收益率向上穿越 12 个月移动均线（图中用椭圆形标出），表明市场环境利好股价。但是，股市直到1982年才开始触底反弹，对这一信号做出回应。标普综合指数向上突破12个月移动均线（A点）表明市场正对积极的利率环境做出反应。在该图中，标普综合指数在1982年8月进行了穿越。这样一来，两个趋势都看涨，系统也发出看涨信号。这一多头行情一直延续下去，直到某条曲线向下穿越移动均线，即1983年6月出现的情形（B点）。随后，在1985年1月，系统再次发出看涨信号（C点）。

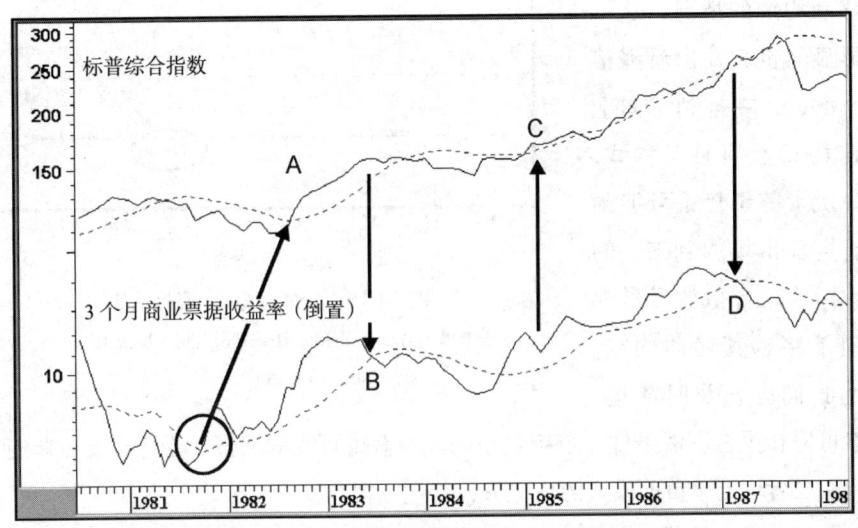

图34-14　标普综合指数和3个月商业票据收益率曲线

资料来源：Martin Pring, Breaking the Black Box, McGraw-Hill, New York, 2002.

最终，倒置收益率在1987年年初向下穿越移动均线（D点），市场继续反弹，但系统不再发出看涨信号。大多数情况下，交易系统最好在标普综合指数自己向下穿越移动均线后发出卖出信号，但是，在本例中，1987年股市大崩盘在移动均线穿越之前就已经结束。货币市场指标向下穿越移动均线后，风险会相应增加，此时将头寸分为两部分进行处理可能是最好的选择。例如，随着货币市场指标进入负值区域，先抛售部分头寸；剩余头寸等到标普综合指数向下穿越移动均线后再清空。

图34-15显示了该系统在1900～2009年的回报和风险。图中纵轴代表年化的月回报率，横轴代表面临的风险。这样一来，我们通过波动率来衡量风险。从图中可以看出，任何一个系统的最佳位置应该是左上角，通常被称作第二象限。这一象限的收益率很高，同时风险或波动率却很低。图中系统的风险略低于标普

综指数,但回报却远超该指数。在 Pring Turner Capital 集团,我们称为 120% 法则,因为纵观过去 100 多年的历史,该法则留下了如此出色而持续的纪录。

这一系统没有提及指数高于移动均线而利率低于移动均线的情况,这一情形显然也会发出看涨信号。不过,一旦利率向上穿越其 12 个月移动均线,下一次盘整走势很可能预示着空头市场的到来。的确,标普综合指数迟早都会向下穿越其移动均线,因此我们应该及时离场,

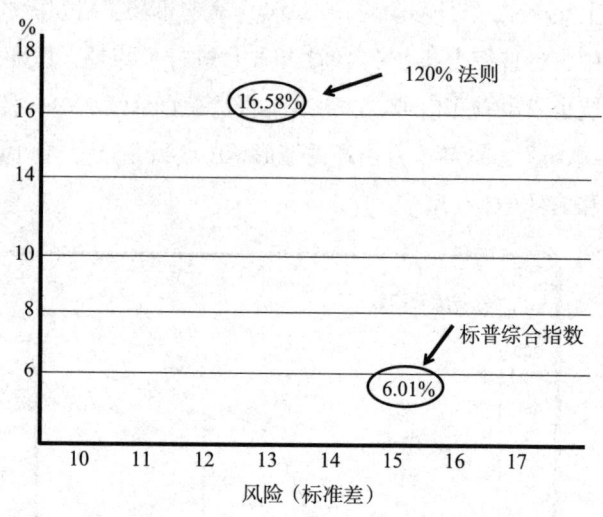

图 34-15 120% 风险/回报法则

资料来源:Martin Pring, Breaking the Black Box, McGraw-Hill, New York, 2002.

既然可以在更有利的条件下承担很小的风险获得可观的回报,为什么要冒险行事呢?在二者均处于负面模式的情况下,年化亏损为 9.58%。

如果你是个短线交易者,可能会觉得这套方法毫无用处。但是,如果你意识到系统看涨时,卖空操作信号很可能会带来损失,就会发现这一方法的妙处。这些卖空信号不仅和主要趋势背道而驰,而且是出现在我们所能遇到的最积极的股市环境中。同样,当系统发出短期买入信号时,你可以根据这一信号建立多头头寸。当然,这并不意味着只要系统看涨,就绝不可能出现大幅回调走势,如 1971 年一样,市场有时候确实会出现大幅回调,但系统看涨时,强劲短期反弹走势和震荡走势的可能性的确较大。

保证金融资

以上描述的所有系统都是基于现金交易,以投资者在购买证券时没有使用保证金融资为前提。你可能会认为将系统应用于保证金投资是一个不错的选择,因为这样一来能使收益加倍。但实际上却未必如此。图 34-16 描绘了没有运用保证

金融资的简单 10 日移动均线穿越系统，而图 34-17 描绘了应用于 10% 保证金融资要求的同一套系统。从图中可以看出，由于最初几次交易亏损，账户金额一年多之后就损失殆尽。请记住，杠杆既能成就我们，也能毁灭我们。

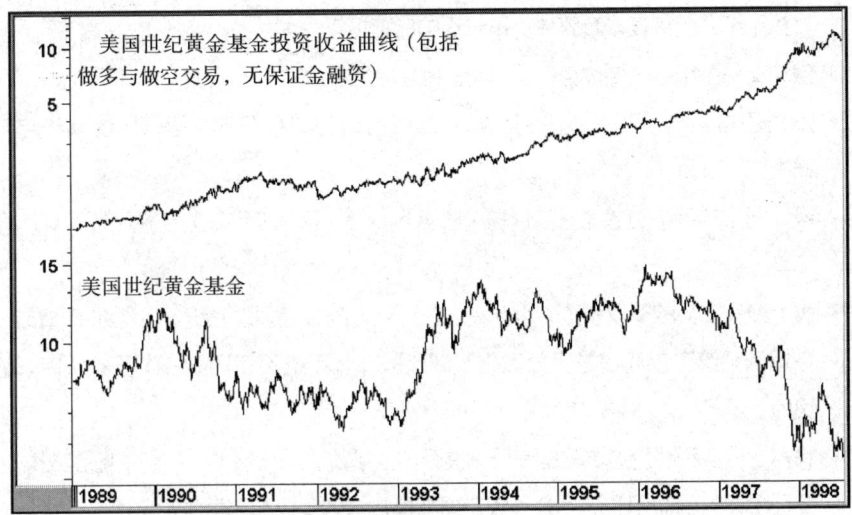

图 34-16　美国世纪黄金基金投资（1989 ～ 1998 年）

资料来源：Martin Pring, Breaking the Black Box, McGraw-Hill, New York, 2002.

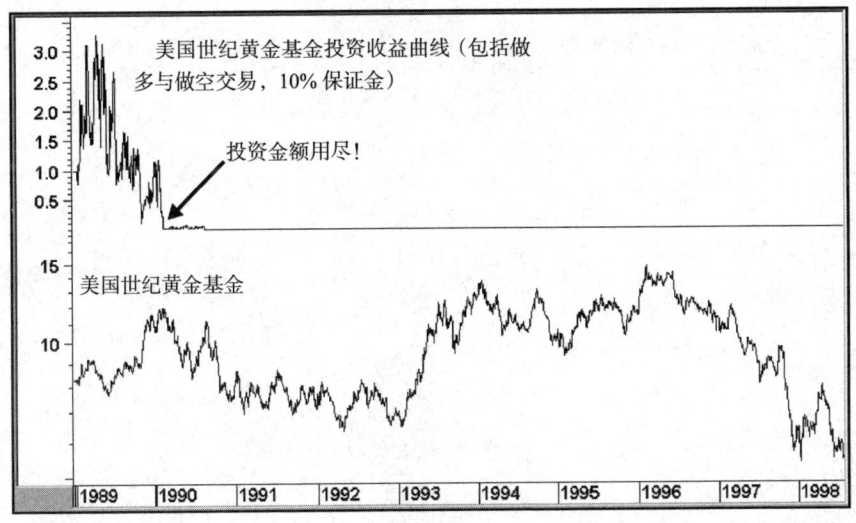

图 34-17　美国世纪黄金基金保证金投资（1989 ～ 1998 年）

资料来源：Martin Pring, *Trading Systems Explained*, Marketplace Books, Columbia, Maryland, 2008.

Summary 小 结

- 自动交易系统的使用方法有两种：无条件遵循系统发出的每个信号；将信号作为过滤系统，仅代表影响整体决策过程中的指标之一。
- 自动交易系统的主要优势在于：能去除主观因素，并鼓励投资者遵循规则。
- 没有任何系统是万无一失的。必须记住自动交易系统的缺陷，以便预先防范损失。
- 设计出来的系统应该考虑到这样一个事实：存在区间波动和趋势性市场两种市场环境。
- 世上没有完美的交易系统，因此在实际运用之前，必须对系统进行详细的测试。
- 在运用系统时都应该进行分散化交易，以降低系统不适用某一类证券所带来的风险。
- 将得到证实和经历过试验的市场间关系纳入系统，用作参考，往往能增强效果。
- 保证金债务的使用实际上会导致交易结果被夸大，收益和损失都是如此。实际的绩效将取决于看涨信号与看跌信号的时间顺序。

第 35 章
Chapter 35

识别主要峰位和谷底的要点

主要上涨行情的顶部和底部很难被捕捉到，这很大程度上是因为我们希望市场触顶的时间点通常最不可能触顶。大多数有幸识别一次市场峰位的人往往认为价格很快会下跌，然而，事实却并非如此，因为股票的真正出货要求市场中出现大量看跌的观点。市场触顶的过程通常要求有一个横向盘整时期，以此来反映看空者和看多者之间的激烈斗争。一方在峰位处离场，而另一方在该点位进场。出货完成后，双方都已经筋疲力尽。即便看空方最终胜利，大多数人的信心也已经因为其间出现的意外反弹行情而大打折扣。这些反弹行情是在极端乐观的环境下出现，同时也导致许多看空或已经抛售的人转而看涨。

众所周知，市场峰位处通常会出现各种利好消息，但当我们面对一个典型的市场头部时，乐观情绪的过度蔓延会诱使市场参与者期待市场前景变得更好。市场底部的情况恰恰相反：市场消息悲观消极，而投资者预计价格真正触底前，市场还会进一步下跌，正如一句谚语所言：一朝被蛇咬，十年怕井绳。

通过你最青睐的长期平滑动能曲线，如 KST、随机指标（20/14/10）、MACD 等得出月度数据，再尝试通过该数据判定当前市场所处的周期位置，是一种不错的方法，而且该方法适用任何证券。

虽然该方法并不完美，但却高度趋向于在主要的峰位或谷底逆转方向。如果发现逆转或观察到某些停滞现象，就应该转而寻找来自其他指标的证据。

峰位形成的原理

典型的市场峰位会涉及周期初期与周期末期领先板块之间的斗争。随着市场逐渐开始筑顶,高流动性类股将率先抵达峰位,并进入下跌行情(见图35-1)。

但同时,周期末期领先板块还处在上涨行情的最后阶段,推动大盘走高。如果收益类股的强势程度超过其他板块的弱势程度,大盘将创出新的高点。这就是广度指标为何经常在市场峰位出现背离的主要原因。就大盘指数而言,1973年的大宗商品市场繁荣延长了多头行情的时间,但纽约证交所腾落线却提前9个月触顶。2000年科技类股空前强势,从而推动大盘一路走高,但一般股票早在1998年即提前两年触顶。

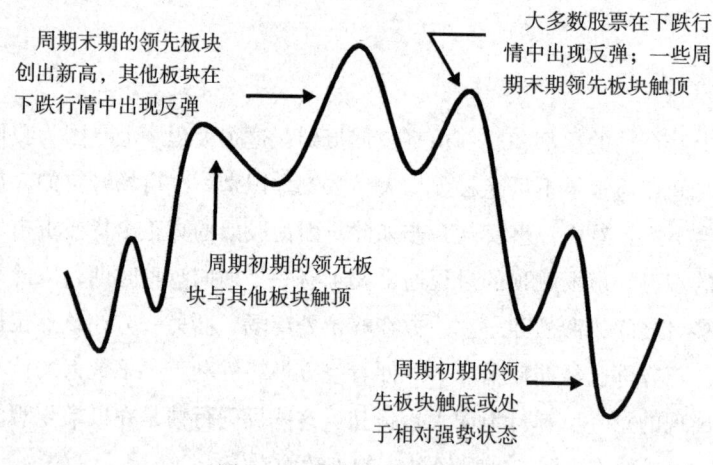

图35-1 周期中的板块轮动

何谓峰位

编写本章的目的是给出典型市场顶部或底部所呈现的一系列市场特征。事实上,并不存在"典型"的转折点,因为"世上没有两片完全相同的叶子"。虽然如此,还是可以找出足够的特征,帮助我们识别市场底部或顶部。

市场顶部可以分为3种类型。最重要的一种类型出现在一轮漫长的牛市行情之后,跨越几个市场周期。这就是第23章所说的极长期转折点。在市场峰位临近时,可能出现某种程度的投机泡沫,并且通常集中在少数几个板块中。此时,旧的规则被市场摒弃,每个人都在一夜之间成为投资天才。此时,这种峰位往往很难识别,因为所有传统规则都已被摒弃,最终,会形成新的规则或合理化说明,从而推动股价进入最后一波涨势,并触及峰位。从某种角度而言,传统的估值标准已经被超越，正常极端指数标准也被超越，背离现象频繁出现，由于已经不再有效，这些现象已被市场忽略。最终，由于大多数人处于极端的非理性状态，基于对大众行为观察而得出的逆向观点被证明是无效的。旧的规则遭到嘲笑和丢弃，新的思想占据主导。多头行情一次次占据上风反复验证了"这次不一样"的信条。在这种情况下，将投资者们拉回现实的最有效方法是短期利率的多次上调。至少包含上述部分特征的两个例子出现在1929年、1966年和2000年；1990年的日本股市极长期峰位也属于这种情况；1929年，股票市值3年内缩水了近90%；而1966年市场峰位后出现的下跌行情持续时间更长，且包含了数个迷你涨势（minibull）和迷你跌势（minibear）。经通货膨胀调整后，若用大盘指数来衡量，市场底部直到16年后的1982年才出现；对于2000年出现的市场头部，至少就高科技类股而言，均符合第23章所述的估值、人气以及技术特征，可能与1929年和1966年的情形类似。

实际上，导致随后的下跌行情如此持久或强劲的主要因素有两个。第1个因素与长期上涨行情的持续时间直接相关，是由"粗心的投资决策"所致。下跌行情的功能就是清除那些欠考虑及不坚定的头寸。每个市场峰位都是如此，只是超周期转折点处表现得更为明显。第2个因素可以归结为投资者情绪由一个极端摇摆至另一个极端，两个极端相互强化。情绪是市场价格的最终决定因素。大规模下跌行情的出现往往以大规模的投机性上涨行情为先决条件。似乎存在这样一种逻辑：极其大规模的投机型牛市是产生一轮大熊市的先决条件。

第2种类型的峰位被称为衰退型顶部（RAT）。这种峰位最为常见，并且与第1章所描述的主要趋势最为相符。在这种情况下，经济复苏带来的经济失调足以引发真正的衰退，而企业利润首当其冲。在每一个周期中，导致经济失调的板块各不相同：20世纪70年代初是房地产板块；1974年的罪魁祸首是由大宗商品繁荣带来的库存积压；1990年和2007年则是主要金融板块承压，等等。由于与需要经历一定时间的经济衰退和复苏息息相关，衰退型顶部通常持续1~2年，影响范围广泛，而且势头可能非常强劲。

第3种类型的峰位通常出现在增长型衰退或第2章提到的双循环峰位之前。在这一类型的峰位之后会出现短暂的小幅跌势。增长型衰退指的是经济发展速度放缓，而非真正的衰退。在这种情况下，几个板块将经历衰退，但其他板块的强劲势头足以抵消上述板块的弱势表现，所以总体经济形势并不会呈现真正的衰退。这些表现疲软的板块会经历 1～2 年的下跌行情，而其他板块将经历横盘整理走势。增长型衰退更易出现在极长期牛市期间。

1984 年与 1994 年出现了双循环下跌行情。其他下跌趋势都伴随着部分经济指标的放缓，出现在投机不合理之时。它们通常表现为强劲的技术修正走势，由这种剧烈的调整所导致的市场心理变化足以纠正大部分的投机行为。1962 年、1987 年和 1998 年的下跌行情都是很好的例子。

以下列出的例子并不一定符合所有的市场峰位特征，且其强度也各不相同。这些例子的主要作用是为投资者提供参考，助其捕捉主要的市场峰位。

主要市场峰位的特征

（1）要形成多头市场顶部，市场首先必须进入多头行情。因此，必须回过头来，识别一个持续至少 9 个月的反弹行情。

货币和板块轮动因素

（2）几乎所有市场在到达峰位之前，短期利率总会呈现上升趋势，二者之间的时间间隔从几个月到几年不等。如果利率还没开始上升，那么市场触顶的概率大大减小，可参见第 31 章的图 31-1a 和图 31-1b。

（3）密切关注贴现率的上升。一旦第 31 章所说的"上调三次，股市必跌"的情形被触发，表明市场可能处于出货阶段，此时持股带来的收益通常小于其带来的风险。

（4）很多情况下，市场触顶之前道琼斯公共事业指数都会抵达峰位，因为该指数成分股对利率变化非常敏感。

（5）观察周期初期与末期领先板块的长期相对动能指标通常有助于识别多头行情的峰位。如果金融、公共事业及非耐用消费品（必须消费品）板块的长期平滑相对动能指标已经抵达峰位，往往意味着整体市场即将触顶。同理，市场峰位的特征表现为周期末期领先板块（如基础工业与资源板块）的持续走强，或这些板块的平滑动能指标触及峰位。

技术面因素

（6）当利率开始上升时，将对金融类股和优先股产生不利影响。因此，NYSE腾落线通常会领先道琼斯指数和标普综合指数达到峰位，而其时间间隔的长短通常会影响随后空头市场的规模。

（7）如果NYSE日腾落线及（或者）价值线指数的规模低于相应的200日移动均线，则意味着整体市场可能处于主要空头行情。即便道琼斯指数和标普综合指数创出新高，市场广度指标走软也已清楚地表明整体市场的疲软势头。在这种情况下，找出上涨的股票更加困难。因此，鉴于胜算减小，削减股票头寸不失为明智的选择。空头市场的行情恰恰相反，只不过腾落线呈上升趋势。

（8）分析市场广度技术面的另一种方法是利用净新高数据。净新高指标是否与大盘指数走势相背离？如果没有，市场触顶的可能性不大；如果答案是肯定的，说明只有少数股票支撑股市走高，从而发出市场走软的信号。如果创出新高的个股数量大幅减少，表明赚钱的机会已非常之小，因为筛选个股的难度越来越大。

（9）动能通常领先于价格，尤其是在市场顶部。某些情况下，可以根据一些长期ROC指标判定为期多年的市场头部或趋势逆转。例如，如果发现12、18或24个月ROC曲线突破其趋势线，则表明这些指标对应的周期都已经启动。有时，某一ROC指标会在特定的基准值区间波动，这通常也是捕捉主要头部或底部的较好依据。第21章的图21-5和图21-6为标普综合指数的9个月ROC指标提供了有效的基准。请记住，任何动能信号都必须得到来自价格本身的某种趋势逆转信号的确认。

（10）通过动能指标判定多头趋势触顶的另一种方法是利用长期平滑摆荡指标，如KST指标。指标从超买区向下逆转通常是市场触顶的信号，如图35-2所示。图中垂直线处，KST指标向下穿越其9个月移动均线。该图表明，这一方法适用于一般的周期性多头市场，但是，在长期多头行情中（如20世纪90年代的多头行情），这一指标会过早发出信号。这些信号用虚线垂直线标出，以确保得到了来自价格趋势突破本身的确认。

同时，短期摆荡指标出现大规模超卖或极端波动，可能是主要趋势逆转的信号。

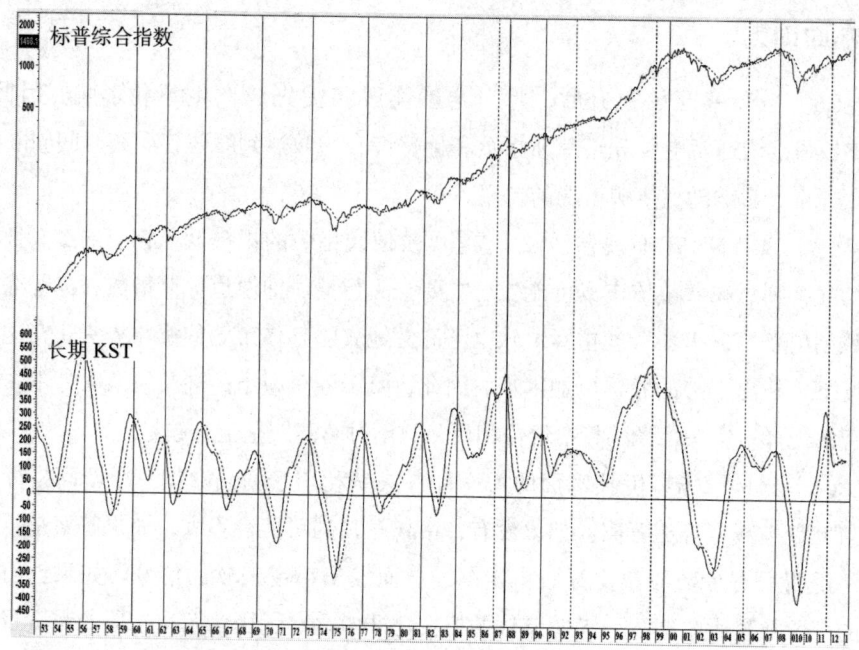

图 35-2　标普综合指数和长期 KST 指标（1952～2012 年）

资料来源：www.pring.com。

（11）如果道琼斯指数和标普综合指数刚刚跌破 12 个月移动均线，则表明空头市场很可能已经启动，但前提是还能得到其他指标的一致确认。7 个月移动均线向下穿越通常能预示 12 个月内的市场走势。此外，在判定趋势逆转时，正如道氏理论强调的，必须关注道琼斯工业运输指数的走势。

心理因素

（12）有时重点企业公布了强劲的业绩报告后，股价却意外下跌，这种对利好消息的逆向反应表明技术面的极端疲软。无论何时，如果个股或整体市场未对利好消息做出应有的反映，都是技术面走软的信号。试想，如果连利好消息都无法推高股价，那还有什么能做到呢？

（13）从人气指标来看，《投资情报》公布的放空比率一般都在 10%～20%。另一个现象可能是市场未能对远超预期的重大业绩报告做出积极回应。这一现象往往发生在一轮主要趋势过程中，如中期趋势的转折点，因此，我们应该注意的是总体而非个别的警报。最后，如果保证金债务水平刚刚向下穿越 12 个月

EMA，则发出两个信息：第一，这表明交易员正失去信心；第二，股价上涨并非受保证金债务的增加支撑，相反，保证金债务的减少将会向股价施加向下的压力。12个月EMA向下穿越往往代表极好的长期抛售信号，问题是该数据往往滞后两个月发布。

（14）如果媒体大肆报道利好消息，一夜暴富的离奇故事传遍大街小巷，则表明市场进入顶部。此外，市场触顶的其他迹象还包括，大量关于市场本身，特别是新兴典范，或者是关于多头行情中领先个股或板块的封面文章。在极强劲的趋势中，如20世纪90年代的科技泡沫时期，此类现象可能出现得很早。例如，1999年夏末，相关的封面文章篇数极多、前所未有，此时距离2000年3月的最终顶部（期间股价翻倍）提前了6个月。好消息是对该信息的正确解读告诉我们，主要峰位触手可及；坏消息是原本十分强劲的信号在异常艰难的推延滞后，才产生效果。这提醒我们，在某些主要的市场峰位，看涨人气和前期较低峰位相比，筑顶的力度要差得多，因此，我们不可能仅因为市场新高没有伴随着乐观人气的新高就得出一切正常的结论，我们必须考虑关于背离的全局，并且纳入其他指标的走势。

（15）当市场反弹时，投资者总是充满疑虑。不过，当股市接近峰位的时候，甚至都没人去讨论疑问中的证券是不是一项好的投资。以股市为例，讨论焦点都围绕"哪些板块将表现出色""股价能涨到多高"以及"下一个阻力位在哪"。在这种环境中，之前过度乐观的预测会得到大量的宣传和信任。

（16）由于多头行情利好券商，一旦牛市到来，此类公司发展形势一片大好。如果有报道称某券商迁至更宽敞、更豪华的办公场所，这通常表明上升行情即将触顶。此外，当看到交易所或经纪公司的后台出现大量的积压订单时，也表明市场达到了峰位。

时间顺序与周期性因素

（17）通过快速观察3个市场及其与12月移动均线的关系，就可以很快地判断出当前处于周期的哪个阶段。在市场顶部，3个月商业票据收益率位于其12个月移动均线之上。第31章提到的"上调3次，股市必跌"的规则可能已经被触发。企业和政府债券收益率也会出现类似的情形。标普综合指数和CRB工业原材料现货指数均高于平均水平。如果股票已经自峰位回吐部分涨幅，标普综合指数可能已经跌破 12 个月移动均线；如果 CRB 工业原材料现货指数近期也已跌至其 12 个月均线之下，那么大宗商品类股对股票市场构成支撑的可能性更小，在周期末端，这通常预示着下跌行情。

（18）鉴于 4 年股票周期极为可靠，每 4 年提供一次买入机会，因此，如果当前与前一个 4 年底部相距 2～3 年，此时很可能处于多头市场峰位。如果同时符合本节讨论的其他特征，那么市场触顶的概率将大大增加。

（19）是否可以观测到已经出现的 3 个可识别的中期涨势？如果当前正处于第 3 个中期涨势的头部，则表示可能已经处于主要市场峰位。当然，这并不是绝对的，因为有的多头市场仅包含两个中期涨势，还有的包含 3 个以上的中期涨势。不过，如果能结合其他指标，这些信号还是非常有价值的。

主要市场底部

空头市场底部的形成条件与市场顶部恰恰相反。市场消息悲观消极，市场人气极其疲软，长期动能指标通常处于极端超卖水平。主要底部和主要顶部的最重要区别或许在于，大多数情况下，空头市场比多头市场短暂。之所以强调是在大多数情况下，是因为 1929～1932 年的空头行情就持续了 3 年之久，但平均而言，主要跌势的持续时间更为短暂。主要市场底部具备以下特征：

货币和板块轮动因素

（1）几乎所有空头市场底部出现之前，短期利率总会率先触顶。尽管这里所说的是"短期利率"，但在大多数情况下，长期利率也先于股市底部触顶，只不过短期利率变化对股市的影响比债市长期收益率要大得多，因为它反映了短期商业决定下的流动性。短期借贷成本逐周发生变化。由于长期债券在相当长一段时间内将利率锁定，其对经济的影响更为缓慢。领先的时间间隔随周期而不同，但总体而言，领先的时间越长，随后的多头市场就越强劲。以 1966 年为例，当时利率和股价几乎同时发生逆转，而 1920 年和 1982 年利率领先股市的时间却达到近一年，结果，和 20 世纪 20 年代及 80 年代的牛市相比，1967～1968 年的上涨行情显得微不足道。当然，这仅仅代表了一种大致的趋势，并不意味着只要领先时间达到或超过一年，就一定会出现大幅的反弹行情。这种现象背后的原因是领先时间越长，经济就越疲软。疲软的经济有自己的节奏，因为在此环境下，企业不断地降低其盈亏平衡点。因此，当经济反弹时，新的收入将跌至底线。

（2）在市场底部的行业板块结构中，周期初期的领先板块，如公共事业类股、大多数金融类股和非耐用消费品类股的相对强度指标和相对长期平滑动能指标都应呈现上升趋势。这一清单上还能加入建筑类股、电信类股和券商股。同时，几个较为滞后的板块，如资源板块、基础工业板块和技术板块的相对强度和相对平滑动能指标应呈现下降趋势。通常，当标普金融指数的长期平滑相对动能指标触底时，市场已经非常接近底部。收益驱动类股走软可以对这一信号加以确认。

技术面因素

（3）在市场顶部，腾落线和大盘指数正背离出现的频率比负背离少得多。实际上，在大多数空头行情底部，腾落线常常会显得滞后。不过，一旦出现背离，随后就多会出现超出平均水平的多头行情。1942年和1982年市场底部所出现的Bolton周腾落线背离说明了这一点（见图27-3）；2009年的底部也出现了此类背离。

（4）净新高指标也可能和大盘指数发生背离，但若能通过移动均线进行平滑处理，效果似乎更好。图27-13显示了2009年熊市底部，30日净新高指数的正背离。

（5）其他的确认信号包括：成交量创纪录新低，如1978年、1982年和1984年的情形。此外，大多数市场底部都会出现一波反弹行情，并在随后再次试探低点。如果第二波反弹行情超过第一波，则预示峰位和谷底将不断走高。这一方法是1929～1932年空头市场出现之前没有发出误导性信号的少数方法之一。总体而言，这种方法能发出较为可靠的信号，尤其是在结合道氏理论买入信号的情况下。另一个极其重要的确认信号是标普综合指数反弹至其12个月移动均线上方的能力。

（6）在长期的空头行情中，最终的市场底部通常由平滑长期动能指标触底加以确认。从这个角度来看，本书在第 13 章提到、在图 13-10 中描述的 Coppock 指数可能是最可靠的选择，因为这一指数似乎能在各种不同市场发出可靠信号。在不算严重，同时经济并没有陷入衰退的空头市场，平滑长期动能指标的走势通常过于缓慢。某些情况下，如果发现动能指标突破价格形态或向上穿越下行趋势线，长期 ROC 指标将是更好的替代指标。如果你能够辨别出极长期的多头环境，那么熊市低点的分析测试无须符合如此严格的标准，极长期空头趋势亦是如此。

（7）如果短期摆荡指标发出过度超卖或极端摆荡信号，正如第 13 章论述的那样，这可能也是市场人气好转的一个信号。

经济因素

（8）正常情况下，市场散布极端悲观的经济消息是市场触底的一个先决条件。图 35-3 显示了世界大型企业联合会同步指标（Conference Board Coincident Indicators）的 9 个月趋势背离指标。图 35-4 体现的也是相同的理念，该图将标普指数和一个综合经济指标加以比较。请注意，主要经济指标的触底时间和经济衰退环境下主要股市的低点非常接近。

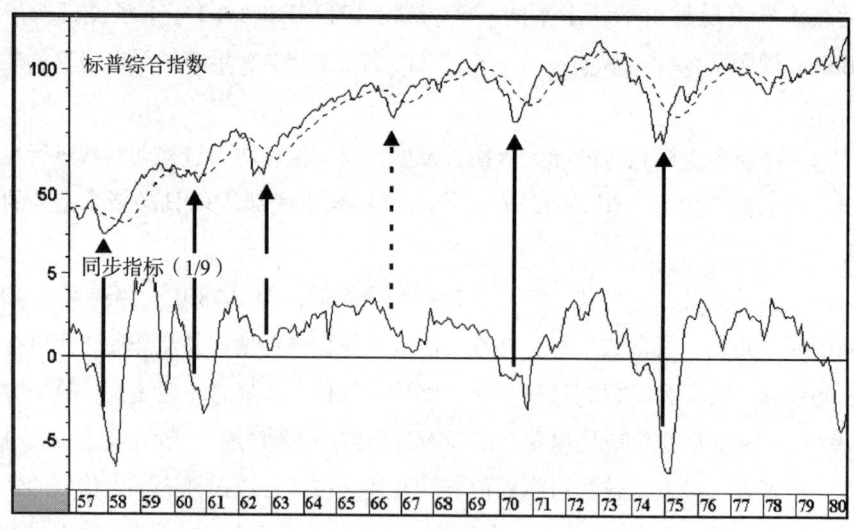

图 35-3　标普综合指数和同步指标（1956～1980 年，自趋势背离）

资料来源：www.pring.com。

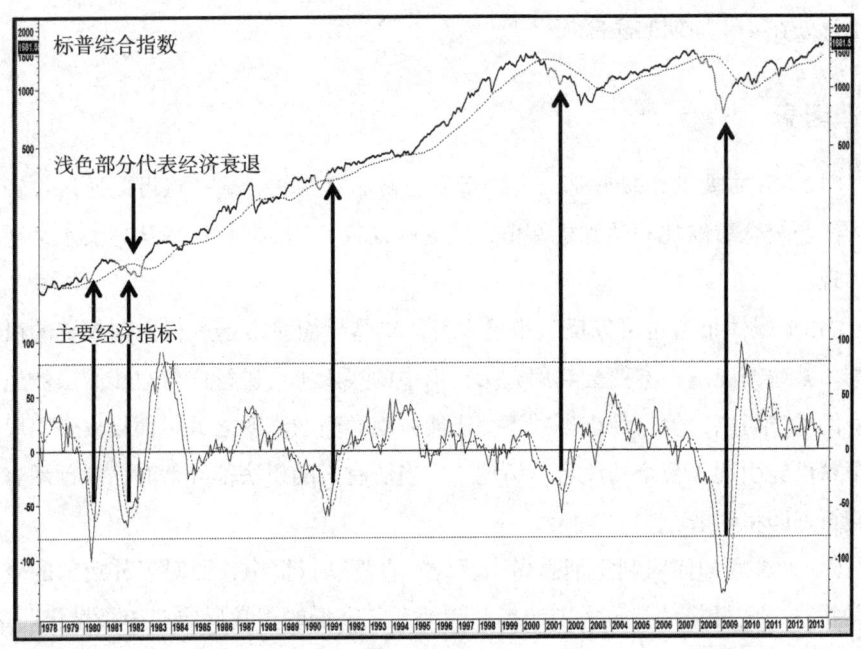

图 35-4 标普综合指数和同步指标（1978～2000 年，自趋势背离）

资料来源：www.pring.com。

时间顺序和周期性因素

（9）根据金融市场时间的先后顺序，通常股市触底之前，2 个月商业票据收益率会跌破其 12 个月移动均线。在真正的市场底部，标普综合指数将位于其 12 个月移动均线之下，CRB 现货原材料指数也是如此。如果收益率和大宗商品指数低于 12 个月移动均线，而标普综合指数高于 12 个月移动均线，那么标普综合指数的穿越则表明市场触底，同时处在第 2 章所描述的第 2 个阶段。

（10）能否在衰退型空头行情中观测到 3 次可识别的中期下跌趋势？当然，这并不是绝对的，但一般可以视为一种较好的信号。

（11）市场在 4 年期周期中应该触底的年份是否满足上述的大多数特征？如果满足，那么市场触底的概率大大上升。如果处在第 4 年年底，也可能是一个积极的信号，因为第 5 年年底，市场通常处于 10 年期行情中最强劲的多头年份。因此，1954 年、1974 年、1984 年和 1994 年，市场均处于底部（其中第一个底部出现在 1953 年年底），且随后 5 年市场走势都非常强劲。除 1984 年之外，其他年份也都处在 4 年周期的底部。

心理因素

（12）在主要的市场底部，人气指标通常非常疲软。这一点可以通过投资顾问人气与公众看跌比率达到极端值，或看跌期权/看涨期权比率从超买水平逆转中体现。

（13）媒体报道也可以反映市场人气，媒体封面股市是进行逆向投资的极佳标准。某些情况下，券商会利用空头行情中的买入机会进行广告宣传。虽然逆市看涨的勇气可嘉，但这种广告并不一定能体现券商的高明之处，而仅仅表明股价的下跌已经引起了公众的注意。请记住，当所有人的想法都类似时，就预示着市场转折点即将到来。

（14）市场如何对利空消息做出反应？在下跌行情中，面对意外疲软的企业收益报告、大量裁员及重大破产等利空消息，市场的正常反应应该是抛售股票。但如果股价并未受这些消息影响，反而开始上涨，则表明市场人气可能已经发生变化。

Summary
小 结

以下是市场峰位或谷底的一些关键特征。

- 大众心理已经达到值得注意的极端水平。
- 利率趋势已经逆转。
- 长期动能指标处于极端水平或已经从极端水平逆转。
- 领先板块相对于滞后板块的技术面特征与所监测转折点的方向一致。
- 价格形态的完成与长期移动均线（如 12 个月移动均线、200 日移动均线）的突破已发出确认信号。

结　　语

本书开篇就曾指出：股市的成功秘诀是知识加行动。关于"知识"部分，前文已经进行了详尽的讨论，最后我们将就投资者行动提出一些建议，因为运用知识与理解知识的过程一样重要。

以下列出了我们常犯的一些错误以及避免原则。

（1）**立足长远**。请记住，任一指标的诠释都不能基于短期交易模式，应该始终关注指标的长期意义。

（2）**客观**。不能仅仅根据一两个"可靠"或"偏爱"的指标做出结论。任何指标都有可能发出误导性信号，因此必须基于所有可获得的信号做出全面的决策。同时，保持客观还意味着尽可能在交易与投资过程中排除个人情绪的影响。错误的决策往往源于情绪失衡，因此，应该尽可能地在制定买卖决策时避免情绪干扰。

（3）**谦虚**。学会承认错误是人生中的一大难题。所有市场参与者所拥有的知识总量一般多于个人或部分群体。这种知识会表现为市场本身的行为，并通过各项指标反映出来，任何试图与市场对抗的人都将蒙受损失。在这种情况下，我们最好学会谦虚，让市场本身决定价格走势。认真分析各项指标通常有助于预测价格的未来走势，但有时候分析也可能是无效的，市场的反应并不符合预期。如果市场的意外情况改变了最初的判断基础，明智之举应该是及时承认错误，并做出相应的调整。

（4）**坚持**。如果市场环境不符合预期，但我们认定技术面状况并未发生改变，就应该坚持最初的判断。

（5）**独立思考**。一方面，即便指标分析得出的结果与大多数人的观点不同，结论仍可能是合理的；另一方面，我们也不能仅仅因为一个结论与大众观点相违就一味坚持。换言之，为了逆向投资而进行逆向投资是不对的。由于大多数人得出的结论往往是基于错误的假设，我们最好对这些假设进行分析、判定其准确与否。

（6）**简单至上**。大多数情况下，简单至上就意味着能获得成功。由于市场通常是根据常识来运行，因此分析市场的最佳方法基本上也非常简单。如果一位分析师必须求助于复杂的计算程序或交易模型，则表明他尚未掌握技术分析的基本技巧，因而只能求助于分析工具。

（7）**量力而行**。人们总是希望能预测所有的市场转折点并判定证券每一次波动的具体期限，若指望能通过个人力量实现这一不可能实现的目标，必将导致失败、失望及名誉受损。因此，分析应该集中于识别主要的转折点，而非预测每一波行情跨越的时间，因为到目前为止，还不存在任何已知方法可以准确一致地做出此类预测。

附录　艾略特波浪理论

介绍

艾略特波浪理论（Elliott Wave）由 R. N. 艾略特 (R. N. ElliottElliott) 提出，最初刊登在 1939 年《金融世界》（*Financial World*）的一系列文章中。艾略特波浪理论的基础是：规律性是自然界与生俱来的规则。艾略特发现，自然界的所有周期，无论是潮汐的起伏、天体的运行、行星的升陨、日与夜，甚至生与死都会永无止境地重复出现。这些周期性波动由两种力量构成：一种是上升、一种是下降。

艾略特波浪理论的核心部分与波浪形态有关，但其他方法还包括比率和期限。另外，此处的"形态"并不是指前文提到的价格形态，而是指波浪形态；"比率"与价格回落的概念相关；而"期限"是指重要的峰位与谷底之间相隔的时间。

本书第 15 章曾根据斐波纳契数列对几项技术进行分析，同样，也可以将这一序列用于艾略特理论的价格回落与期限变化的研究。

斐波纳契数列

自然法则的概念中也包含一种特殊的序列值，这些序列值由 13 世纪数学家斐波纳契发现，因此被命名为斐波纳契数列。该数列后面一个数等于前面两个数的和，如 2+1=3，然后是 3+2=5，5+3=8，8+5=13，13+8=21，21+13=34，依此类推。最初得出的斐波纳契数列为 1, 2, 3, 5, 8, 13, 21, 34, 55, 89, 144, 233, …

该数列具有以下特征：

（1）从第 3 项开始，数列中的任何一项都是前两项之和。例如 3+5=8，

8+5=13，等等。

（2）从第 3 项开始，数列中任何一项除以后一项的商介于 0.618～1，任何一项除以前一项的商都介于 1～1.618。

（3）比率 1.618 乘以 0.618 约等于 1。

艾略特之所以认为自然界中存在的重复性周期与斐波纳契数列之间存在联系，是因为据艾略特观察，斐波纳契数值与其中的比率经常出现在自然界中。例如，向日葵的花朵有 89 条曲线，其中 55 条朝某一方向弯曲，而另外 34 条朝另一方向；在音乐方面，钢琴上的一个全音阶由 13 个键组成，其中 5 个是黑键，8 个是白键；此外，树木的分枝总是以斐波纳契数列为基础，等等。

波浪理论

艾略特将他对自然界周期的观察与斐波纳契数列结合起来，发现市场的走势遵循 5 个上升浪与 3 个下跌浪的规律，因此，他认为一个周期由 8 个浪组成，如图 A-1 所示（当然，3、5 和 8 都是斐波纳契数值）。

周期的上半部分由 5 个波浪组成，其中波浪 1，3，5 呈上升趋势，称为脉冲浪；波浪 2，4 称为回调浪，因为它们调整了波浪 1 和 3 的

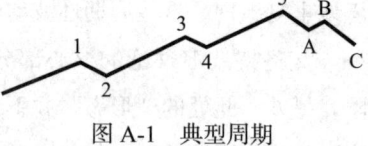

图 A-1　典型周期

走势。周期的下半部分由 3 个波浪组成，分别是图 A-1 中的 A、B 和 C 点。

艾略特将最长的周期称为**超级大周期**。然后，每个超级大周期又可分为 8 个超级周期，而超级周期进一步又可以分为 8 个周期浪。这一过程可以继续下去，从而分为主要型（primary）、中型（intermediate）、小型（minute）、微型（minuette）和次微浪（subminuette）。周期浪的级别相当烦琐，其具体形态如图 A-1、图 A-2 所示。

图 A-2 绘制出了一个完整的周期及其分支。波浪是细分为 5 支还是 3 支取决于下一支最大波浪的方向，但回调浪总是可细分为 3 个分支。

图 A-3 和图 A-4 表明艾略特对历史周期的看法。如图 A-3 所示，艾略特认为，超级大周期的前 5 浪始于 1800 年。一些艾略特波浪理论家认为，超级大周期于 20 世纪末达到峰位。

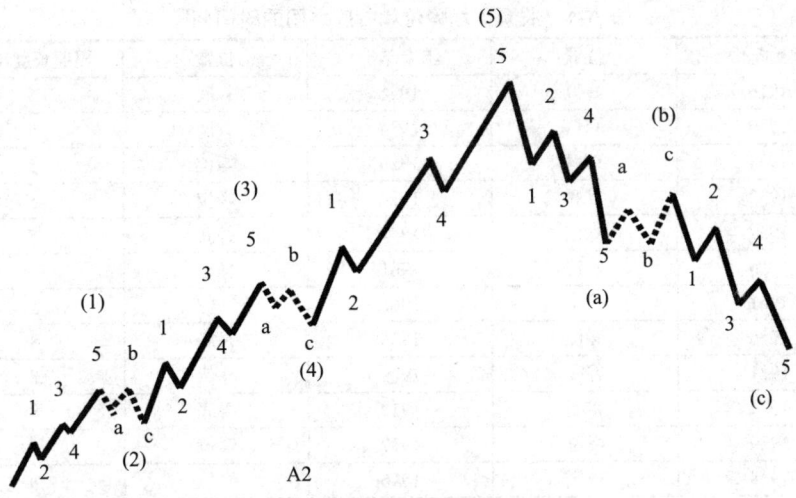

图 A-2 完整的周期及分支

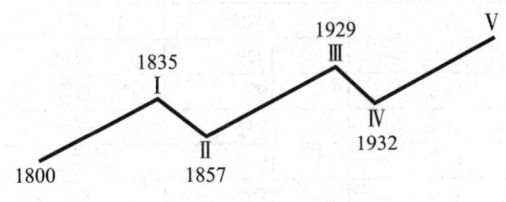

图 A-3 超级大周期

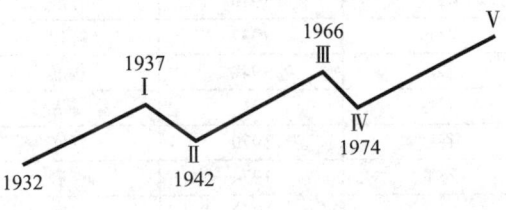

图 A-4 超级周期

由于波浪理论仅仅是一种形式，因此无法确定回调浪何时会发生。然而，周期中的峰位与谷底之间的时间间隔经常与斐波纳契数列相符，这一现象发生频率之高已不能简单地归为巧合。表 A-1 列出了相应的时间间隔。

以近年为例，1966 年和 1974 年的谷底、1968 年和 1976 年的峰位以及 1990 年和 1998 年的谷底之间，时间间隔均为 8 年；同样，1968 年和 1973 年的峰位之间，时间间隔为 5 年。当然，也有许多峰位和谷底之间的时间间隔并不属于斐波纳契数列。

表 A-1 股票市场峰位和谷底之间的时间间隔

起始年份	位置	结束年份	位置	周期长度（年）
1916	峰位	1921	谷底	5
1919	峰位	1924	谷底	5
1924	谷底	1929	峰位	5
1932	谷底	1937	峰位	5
1937	峰位	1942	谷底	5
1956	峰位	1961	峰位	5
1961	峰位	1966	峰位	5
1916	峰位	1924	谷底	8
1921	谷底	1929	峰位	8
1924	谷底	1932	谷底	8
1929	峰位	1937	峰位	8
1938	谷底	1946	峰位	8
1949	谷底	1957	谷底	8
1960	谷底	1968	峰位	8
1962	谷底	1970	谷底	8
1916	峰位	1929	峰位	13
1919	峰位	1932	谷底	13
1924	谷底	1937	峰位	13
1929	峰位	1942	谷底	13
1949	谷底	1962	谷底	13
1953	谷底	1966	谷底	13
1957	谷底	1970	谷底	13
1916	峰位	1937	峰位	21
1921	谷底	1942	谷底	21
1932	谷底	1953	谷底	21
1949	谷底	1970	谷底	21
1953	谷底	1974	谷底	21
1919	峰位	1953	谷底	34
1932	谷底	1966	峰位	34
1942	谷底	1976	峰位	34
1919	峰位	1974	谷底	55
1921	谷底	1976	峰位	55

艾略特波浪理论的真正问题在于无法给出完全令人信服的解释。实际上，每一位波浪理论家（包括艾略特）有时也无法确切地理解每一波浪的起始与终止位置。就斐波纳契的时间长度而言，尽管这些数值经常出现，但很难将此作为预测的基础。我们无法了解斐波纳契的时间间隔指的是指头部与头部还是底部与头部

或者其他情况，因为发生的位置有无限种排列可能。

尽管我们对艾略特理论的认识仍停留在表面，但在某些情况下，"浅学误人"一词可能非常适用于该套理论的专家们。艾略特波浪理论本身的主观性是非常危险的，因为市场行为很容易受到情绪的影响。基于这个原因，我们认为这套理论的实际运用价值会很有限。在附录中，我仅勾勒出了这套理论的基本框架，希望更详细地了解该理论的读者可以参考一些经典的教材，如 Frost 与 Prechter 的《艾略特波浪理论》(*Elliott Wave Principle*)。

词 汇 表

A/D line 腾落线 腾落线是指根据一组特定的时间（通常是日或周）数据进行累积复合计算后绘制而成的一条连续曲线。腾落线通常和总体市场指数方向一致。腾落线未能确认大盘指数创出的新高是市场走软的信号，也未能确认大盘指数创出的新低是市场走强的信号。

advisory services 咨询服务出版物 由私人机构发行、对金融市场未来走势进行评论的出版物，通常需要订购。

bear trap 空头陷阱 一种预示证券上升趋势已经逆转，但很快就被证实是误导性的信号。

breadth in the market 市场广度 "广度"与参与某一波动走势的证券数量有关。如果反弹过程中上涨股数的数量有所减少，则反弹信号值得怀疑；相反，如果下跌过程中下跌股数有所减少，则被认为是看涨信号。

bull trap 多头陷阱 一种显示证券下跌趋势已经逆转，但很快被证实是误导性的信号。

customer free balances 客户可用余额 客户的资金账户中已存入但尚未使用的资金总额。所谓"可用"资金是指可以用来购买证券的"闲置"现金。

cyclical investing 周期性投资 基于长期或主要市场波动买入和卖出股票的过程。此处所指周期大约相当于跨越4年的商业周期，商业周期通常与股价的主要波动相关。

divergence 背离 缺乏确认的情况。负背离通常出现在市场峰位，正背离通常出现在市场底部。背离的重要与否取决于背离的程度，也就是产生背离的时间长短及特定条件下的背离次数。

insider 内幕人员 直接或间接持有挂牌上市的任一类股票10%以上股份的人，或上市公司的高级管理人员或董事。

margin 保证金投资 保证金投资是指投资者支付购买证券的部分价格，余额通过向券商借入债务获得。保证金是买入股票市值与融资款项之间的差额。在期货市场中，保证金是对未来合约交割的信用保证。

margin call 保证金催付通知 要求客户向券商补缴现金或证券的通知。如果客户保证金账户的资产净值低于交易所或券商设定的最低标准，交易所或券商就会发出保证金催付通知。该通知通常发生在客户所持证券价格下跌的情况下。

members 会员 证券交易所会员,有权利在交易所场地内为他们的客户或自己买卖证券。

momentum 动能 推动价格上涨或下跌的潜在动力。在图形上,动能表示为一条围绕某一水平均值不断上下波动的曲线,这一水平均值则是上下两极端值的中点。动能是一种统称,包括许多不同的指标,如变动率、相对强弱指标及随机指标。

MA 移动均线 简单移动均线根据单位时间内的特定时间序列中的移动平均值绘制的曲线。价格向上或向下突破移动均线时,会发出买入(卖出)信号。移动均线通常起到支撑位或阻力位的作用。

MACD 平滑异同移动平均指标 一种用于衡量两条简单或指数平滑移动均线之间差值的摆荡指标。

noncofirmation 缺乏确认 如果市场的大部分指数和指标对连续的峰位或谷底加以确认,就表明市场处于正常状态。例如,若道琼斯指数创出新高,但腾落线却没有创出新高,则表明市场"缺乏确认"。如果其他指标或指数也未能确认道琼斯指数的上述走势,那么在"缺乏确认"的状况消失之前,市场一直看跌,反之亦然。

odd lots 零股 不足100股的股票,通常不会出现在报价单上。

odd-lot shorts 零股卖空数量 指被卖空的零股数量。由于零股通常由弱势交易员持有,若零股卖空数量占零股成交总量的比例偏高,通常是总体市场触底的征兆;反之则是总体市场触顶的征兆。

overbought 超买 体现对价格水平的看法。超买状态是指在一段强劲的买入期之后的一个特定指标或市场总体状况。由于此时价格已经超涨,可能需要经历一轮向下调整或横向盘整行情。

oversold 超卖 体现对价格水平的看法,与超买状态相反,价格已经超跌。

PE ratio 市盈率 股票价格与每股收益的比率。每股收益为公司年度利润除以流通股数量所得。

price patterns 价格形态 当市场趋势发生逆转,价格走势通常会形成一种"价格形态"。价格形态的规模越大、程度越深,影响就越大。市场顶部的价格形态被称为"出货形态",即股票或市场正从强势交易者手中转移到弱势交易者手中;市场底部的价格形态被称为"进货形态";当前主要趋势出现暂时性中断的价格形态被称为"连续形态"。

rally 反弹 证券价格水平在经历一段下跌或盘整行情后转而强势上涨。

reaction 回调走势 证券价格水平在经历一段上涨行情后出现的暂时性走软或盘整。

RS 相对强度 RS曲线是基于一只股票价格除以另一只股票价格所得比值绘制的曲线。一般而言,分母代表大盘指数,如道琼斯指数或CRB大宗商品指数。RS曲线上升,表明指数或个股的表现强于总体市场,反之亦然。与其他的价格趋势一样,也可以通过移动均线的穿越、趋势线突破等信号判定RS的趋势。

RSI 相对强弱指标 一种用来衡量价格序列内部动能的摆荡指标。RSI被设定在0~100之间摆动。这一指标可以基于任何时间跨度进行计算,但14天是最常用的时间单位。

请注意，不要将 RSI 与 RS 混淆，RS 用于衡量两种价格的相对强度。

secondary distribution or offering 增发　上市公司首次发行股票一段时间之后，再次发行股票。增发一般由证券公司承销，以场外交易的方式进行。增发股票通常以固定价格发行，且发行价格与当前股票价格相关。

security 证券　一个金融术语，泛指任何可自由交易的权证，如股票、债券、货币、商品或市场指数。

short covering 空头回补　买回此前卖空股票的过程。

short-interest ratio 放空比率　指空头头寸占单月平均日交易量的比率。放空比率高于 1.8% 通常被认为是看涨的征兆，但近年来，股指期货与期权的发展对比率构成较大影响，导致比率的作用大不如前。

short position 空头头寸　指特定时间被卖空的流通股票总量。空头头寸按月公布。

short selling 卖空　卖空通常是交易者认定股票价格即将下跌后进行的一种投机行为。证券在买入之前直接被卖出。交易者为了卖出自己持有的股票，首先必须向券商借入一定数量的股票。大多数交易所禁止以低于最近一次交易价格的价格卖空，然而，期货市场却并非如此。

specialist 专家交易者　股票交易所的会员，他们在交易所登记注册，成为与某一上市股票挂钩的专家。专家交易者一致承诺高效执行所有交易，以保证特定股票交易的公正、有序。

trendlines 趋势线　趋势线是指将一系列不断走低的峰位或不断走高的谷底连接起来的一条直线。趋势线连接的点数越多、斜率越小、时间跨度越大，意义就越重大。趋势线突破不一定意味着趋势逆转，也可能导致横盘整理。

yield curve 收益率曲线　表示各种不同期限债券的利率结构。通常情况下，到期期限越短，收益率越低，因此，3 月期国库券的利率往往低于 20 年期国债。收益率曲线的斜率表示变动速率，这一速率随着期限的增加而上升。在货币紧缩周期，短期债券的收益率通常高于长期债券，此时收益率曲线被称为逆向收益率曲线（inverse yield curve）。